Bretagne Sud

Port-Navalo, dans le golfe du Morbihan.
L. Lourdel/Photononstop

Les microrégions du guide :
(voir la carte à l'intérieur de la couverture ci-contre)

SOMMAIRE

A. Spani/hemis.fr

NOS INCONTOURNABLES

NOS COUPS DE CŒUR

NOS ITINÉRAIRES

DÉCOUVRIR LA BRETAGNE SUD

1 RENNES ET LES MARCHES BRETONNES

2 MORBIHAN

POUR CHAQUE SITE, RETROUVEZ NOS ADRESSES 😊

3 FINISTÈRE SUD

4 NANTES ET LA LOIRE ATLANTIQUE

NOS INCONTOURNABLES

★★★ **Vaut le voyage**   ★★ **Mérite un détour**   ★ **Intéressant**

★★★

Golfe du Morbihan

L'une des plus belles baies du monde abrite des dizaines d'îles ou îlots, comme l'île aux Moines. Paysages et patrimoine forment un ensemble unique, à decouvrir au départ de Vannes ou d'autres étapes de cette « Petite Mer ». **Voir p. 87.**

AGE/Photononstop

★★★

Presqu'île de Crozon

Un joyau préservé de la côte bretonne : eaux limpides, falaises vertigineuses, richesse exceptionnelle des milieux naturels. **Voir p. 237.**

Mauritius/Photononstop

★★★
Ménez-Hom

L'un des plus hauts reliefs bretons et sommet des Montagnes Noires. Il offre une vue exceptionnelle sur la baie de Douarnenez et la presqu'île de Crozon. **Voir p. 234.**

crossbrain66/iStock

★★★
Pointe du Raz

Grand Site de France, cet éperon rocheux, chef d'œuvre de la nature, occupe la la pointe extrême de la Bretagne. **Voir p. 276.**

ariobono/iStock

★★
Carnac

Plus de 1 000 menhirs disposés en 10 lignes parallèles. Les nombreux alignements de mégalithes ont fait de Carnac un haut-lieu de la préhistoire européenne. **Voir p. 119.**

B. Rieger/hemis.fr

★★★

Nantes

L'ancienne capitale du duché affiche une grande vitalité. Un vent de modernité souffle sur la cité des bords de Loire, en pleine évolution, depuis quelques années. **Voir p. 346**.

ARCO/B Boensch/Arco Images/age fotostock

★★★

Belle-Île

La plus grande des îles bretonnes abrite de superbes anses sablonneuses, d'étonnantes roches et des petits ports colorés. Séjour vivifiant assuré ! **Voir p. 135**.

Musat/iStock

Rennes

La capitale bretonne, connue pour son dynamisme culturel et universitaire, est aussi une ville agréable à vivre qui a su préserver son remarquable patrimoine architectural. **Voir p. 28**.

Josselin

L'un des plus beaux châteaux de l'ouest de la France, associant une forteresse médiévale et un logis Renaissance à la façade remarquablement sculptée. **Voir p. 192**.

Quimper

La capitale historique de Cornouaille a conservé sa magnifique cathédrale, ses maisons médiévales à colombages, ses rues et ses places pavées et animées. **Voir p. 216**.

Concarneau.

TOP 5 **Sites naturels**

Belle-Île, les Aiguilles de Port Coton.
J.-L. Bohin/age fotostock

❤ **Grimper sur les remparts de la ville close de Concarneau** et admirer la vue sur l'anse, les ports de pêche et de plaisance puis gagner la porte du Passage et prendre le petit bac pour traverser le bras de mer. **Voir p. 297**.

❤ **Se laisser surprendre par les œuvres insolites du parcours artistique « Estuaire »** qui jalonnent les rives de la Loire entre Nantes et St-Nazaire. Un excellent moyen de partir à la rencontre du travail de grands artistes internationaux, intégré dans un environnement naturel unique. **Voir p. 366**.

❤ **Flâner sur le marché place des Lices à Rennes** le samedi matin pour prendre le pouls de la ville, humer les parfums, sentir l'atmosphère, observer les marchands, déguster une galette-saucisse ou prendre un petit café en terrasse avant de faire ses emplettes. **Voir p. 33**.

❤ **Vibrer au son et à l'atmosphère du festival des Vieilles Charrues** à Carhaix-Plouguer. Des artistes pop-rock variés – pointures internationales et nouveaux talents de divers horizons– et un public de tout âge sont au rendez-vous. Ambiance extraordinaire garantie ! **Voir p. 329**.

l'artiste Huang Yong Ping.
F. Charel/hemis.fr

Île de Groix.

❤ **Arpenter l'île de Groix**
à pied et à vélo par le sentier
côtier et les chemins intérieurs,
à la découverte des mégalithes,
des lavoirs, des paysages contrastés,
des légendes, et faire de belles
rencontres. Un réel enchantement !
Voir p. 173.

❤ **Admirer le plafond
de la Grand'Chambre
du palais du Parlement**
de Bretagne à Rennes, œuvre
majeure de Charles Errard (17e s.)
et partie du palais la mieux
préservée lors de l'incendie
de 1994. **Voir p. 34**.

Palais du Parlement de Bretagne.

TOP 5 Sites mégalithiques

Locmariaquer, le grand menhir brisé.
F. Leroy/hemis.fr

 **Voguer sur les eaux limpides et turquoise de l'archipel de Glénan** avec ses bancs de sable immaculé. Une nature d'exception et un paradis pour les amoureux de la voile. **Voir p. 290**.

 **Goûter à la douceur de la Bretagne intérieure** en longeant à vélo le canal de Nantes à Brest, de Pontivy à Redon (111 km). Entre paysages bucoliques et cités de caractère (Josselin, Malestroit), le parcours se déroule loin de la foule. On peut aussi combiner le vélo et le bateau. **Voir p. 206**.

 **Se mettre dans la peau d'un marin-pêcheur** pour quelques heures – et en apprendre plus sur son quotidien – en embarquant à l'aube sur un chalutier du Guilvinec grâce aux « sorties iodées » proposées par Haliotika - La Cité de la Pêche. **Voir p. 259**.

 **Explorer les côtes bretonnes à pied** en suivant l'eblématique GR 34, ancien sentier des douaniers aménagé dès 1791 : des paysages splendides et un air vivifiant. Entre parcs à huîtres, petites falaises et criques, le tronçon entre Belon et Kerfany-les-Pins ménage des vues splendides sur l'estuaire du Belon (*boucle possible*). **Voir p. 316**.

Pontivy, chemin de halage le long du canal de Nantes à Brest.
E. Berthier/hemis.fr

Lorient La Base. : l'ancienne base sous-marin et la Cité de la voile Éric-Tabarly.

❤ **Se souvenir du destin – terrible – de Lorient** durant la Seconde Guerre mondiale en suivant une passionnante visite guidée de l'ancienne base sous-marine construite par l'occupant allemand. Fortement marqué par l'histoire, le site s'est aujourd'hui reconverti avec succès en pôle touristique autour de la voile. **Voir p. 161**.

❤ **Plonger dans l'univers des peintres de l'école de Pont-Aven** au musée de Pont-Aven avant de suivre leurs traces dans le Bois d'Amour, en fin de journée lorsque la foule s'est retirée, pour retrouver les paysages qui les ont inspirés. **Voir p. 304 et p. 305**.

❤ **Déguster les fameuses huîtres de Belon** sur une table en plein air – accompagnées de pain de seigle, de beurre et de muscadet – directement chez les producteurs, dans l'un des hauts lieux de l'ostréiculture bretonne (rive droite du Belon). **Voir p. 316**.

Le musée de Pont-Aven.
E. Berthier/hemis.fr

TOP 5 Ports de caractère

Douarnenez, le port de Rosmeur.
Ch. Goupi/age fotostock

❤ **Monter dans le phare d'Eckmühl,** phare mythique qui surveille la pointe sud de la Cornouaille depuis 1897. À 56 m de haut, la vue à 360 ° sur la baie d'Audierne est tout simplement époustouflante. **Voir p. 258**.

❤ **Se laisser porter par la magie des marais salants** de la presqu'île de Guérande au coucher du soleil. Bercé par le seul bruits des oiseaux, on évolue dans un milieu sauvage et une nature exceptionnels. **Voir p. 391**.

❤ **Se délasser en s'offrant une journée de soins thalasso** au Spa Miramar du Crouesty. Profiter des bienfaits de la spiruline marine pour se remettre en forme, avant d'aller arpenter, à pied ou à vélo, les sentiers de la presqu'île de Rhuys. **Voir p. 105**.

Phare d'Eckmühl.
smithore/Fotosearch LBRF/age fotostock

Roc Trévezel, monts d'Arrée.

❤ S'en mettre plein les yeux au Festival Photo La Gacilly.

Ce magnifique festival proposant des expositions en plein air est axé sur les rapports Homme-Nature. Il anime chaque été une jolie bourgade morbihannaise où sont installés de nombreux artisans d'art. **Voir p. 190**.

❤ S'imaginer émigrant,

au début du siècle dernier, vers les États-Unis, ou directeur de compagnie maritime en découvrant l'univers sans limites des grands paquebots transatlantiques de Escal'Atlantique, à St-Nazaire. **Voir p. 407**.

❤ Collectionner les panoramas en gravissant les sommets des monts d'Arrée.

Couverts de landes et de tourbières, couronnés de roc'hs aux formes déchiquetées et souvent recouverts de brume, ces paysages de la « montagne » bretonne sont envoûtants et laissent un souvenir impérissable. **Voir p. 339**.

❤ Revivre la passionnante épopée de la Compagnie des Indes orientales

au musée de Port-Louis. Suivre les remparts de la ville-citadelle et faire une pause sur la grande plage face à l'île de Groix ou prolonger la balade le long de la petite mer de Gâvres. **Voir p. 154**.

TOP 5 **Bretagne insolite et légendaire**

1. Forêt de Paimpont-Brocéliande (p. 66)
2. Rochers et forêt d'Huelgoat (p. 330)
3. Baie des Trépassés (p. 277)
4. Église de Kernascléden (p. 207)
5. Vallée des Saints à Carnoët (p. 326)

Chaos granitique de la forêt d'Huelgoat.
H. Krinitz/hemis.fr

Festival Photo La Gacillly.
Ph. Blanchot/hemis.fr

Préparez votre voyage en retrouvant tous nos coups de cœur sur notre site internet **voyages.michelin.fr**

Retrouvez-nous également sur Facebook®
fr-fr.facebook.com/MichelinVoyage

NOS ITINÉRAIRES

De Rennes au cœur du Morbihan
en 5 jours

En bref : 117 km de Rennes
à Pontivy.

● J-1 Rennes

Balade dans les rues de la vieille
ville sans manquer la cathédrale
St-Pierre et la place Ste-Anne,
puis visite du musée des
Beaux-Arts ou du musée de
Bretagne (**p. 28**).

● J-2 Paimpont

Direction Paimpont et la légendaire
forêt de Brocéliande, promenade
entre nature, châteaux et légendes
arthuriennes (**p. 66**).

Jubé de la chapelle Saint-Fiacre (15ᵉ s.),
Le Faouët.
Ch. Boisvieux/age fotostock

● J-3 Josselin

Une plongée dans l'Histoire à
Josselin, avec ses maisons médiévales
et son château, puis visite du musée
de St-Marcel dédié à la résistance
bretonne (**p. 192**).

● J-4 Canal de Nantes à Brest

Journée à vélo le long du canal
de Nantes à Brest entre Josselin
et Rohan (**p. 200**).

● J-5 Pontivy

Le château des Rohan (*pour le
moment de l'extérieur seulement
car des travaux sont en cours*) et
les rues médiévales à Pontivy le
matin (**p. 201**) ; expositions d'art
contemporain dans les chapelles
aux alentours (juil.-août) ou les
chapelles du Faouët l'après-midi
(**p. 206 et 210**).

*Conseils : Les plus sportifs pourront
prolonger l'excursion à vélo jusqu'à
Pontivy, le long du Blavet (50 km env.)
avec une nuit étape à Rohan.*

Vannes et le golfe du Morbihan
en 5 jours

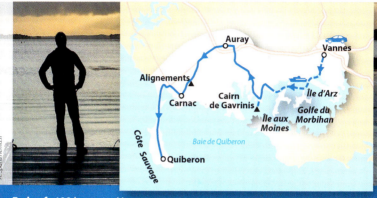

En bref : 100 km entre Vannes et Quiberon.

● J-1 Vannes
Les remparts et sa vieille ville (**p. 77**), balade sur la presqu'île de Conleau (**p. 81**) ; nuit à Vannes.

● J-2 Les îles du golfe
Croisière au départ de Vannes à la découverte de l'île d'Arz et de l'île aux Moines (**p. 88**).

● J-3 Gavrinis et Auray
Direction Larmor-Baden (**p. 92**), point d'embarquement pour visiter le cairn de Gavrinis (**p. 93**) ; soirée et nuit à Auray (**p. 106**).

● J-4 Carnac
Visite des sites mégalithiques de Locmariaquer (**p. 114**), des alignements et du musée de la Préhistoire de Carnac (**p. 119 et 121**). Séjournez à Carnac.

● J-5 Quiberon
Promenade balnéaire, jeux sur la Grande-Plage (**p. 126**) et découverte de la Côte sauvage (**p. 127**).

Conseils : Vous pouvez prolonger le séjour en vous évadant à Belle-Île (p. 135). Attention, en été, l'afflux touristique est important et les embouteillages sont fréquents sur les routes d'accès au golfe du Morbihan et notamment sur la presqu'île de Quiberon.

Port de Saint-Goustan, Auray.
RolfSt/iStock

D'Étel à Lorient, entre nature et patrimoine en 5 jours

Y. Guichaoua/Guichaoua Photo/age fotostock

En bref : 105 km le long de la ria d'Étel jusqu'à Lorient.

● J-1 Étel et la rive sud

La barre d'Étel et les plages d'Erdeven, croisière commentée sur la ria, St-Cado et sa chapelle (**p. 151**). En saison, le passeur Treh Simon permet de rejoindre le port du Magouër depuis Étel. Nuit à Étel (**p. 150**).

● J-2 Ria d'Étel, rive nord

Balade sur les berges sauvages de Locoal-Mendon, visite de l'église de Merlevenez (**p. 151 et 152**). Nuit à Port-Louis (**p. 154**).

La presqu'île de Gâvres.
Ph. Turpin/Photononstop

● J-3 Port-Louis

Découverte de la citadelle et des remparts puis visite du passionnant musée de la Compagnie des Indes (**p. 155**). Pause sur la grande plage ou batobus pour Gâvres et tour de la presqu'île à pied (**p. 157**).

● J-4 Lorient

La Cité de la voile Éric-Tarbaly (**p. 161**) et l'ancienne base de sous-marins de Keroman (**p. 162**). Balade à Larmor-Plage à pied ou à vélo (**p. 165**).

● J-5 Île de Groix

Tour de l'île à vélo ou boucle à pied de la partie est au départ de Port-Tudy (**p. 173**).

Conseils : Les routes labyrinthiques autour de la ria d'Étel se prêtent à une balade à vélo. Sans doute l'un des meilleurs moyens pour apprécier l'incroyable richesse de sa faune et de sa flore. La rade de Lorient est également bien aménagée pour les vélos (pistes cyclables et batobus).

Tour du Finistère Sud
en 7 jours

En bref : 300 km de Quimper à la presqu'île de Crozon.

● J-1 Quimper

Le centre ancien et ses musées ; nuit sur place (**p. 216**).

● J-2 Pont-Aven et Concarneau

Pont-Aven, son musée de peinture et la chapelle de Trémalo (**p. 303**) ; promenade à Kerascoët, Kercanic et la pointe de Raguenez (**p. 308**), découverte de la « ville close » de Concarneau ; nuit sur place (**p. 295**).

● J-3 La Riviera bretonne

Loisirs nautiques à Bénodet (**p. 284**) et aux Glénan (**p. 290**) ; nuit à Sainte-Marine (**p. 228**).

● J-4 & 5 La Cornouaille

Centre de Pont-l'Abbé (**p. 281**), manoir de Kerazan, et petit port de Loctudy (**p. 282**) ; balade sur la pointe de Penmarch ; nuit à Audierne (**p. 252**). Le lendemain, les paysages sauvages de la pointe du Raz (**p. 276**) et du cap Sizun (**p. 251**) ; nuit à Douarnenez (**p. 267**).

● J-6 Presqu'île de Crozon

Le panorama depuis le Ménez-Hom (**p. 234**) puis balade sur les pointes de la presqu'île de Crozon ; nuit sur place (**p. 237**).

● J-7 Monts d'Arrée

L'enclos paroissial de Pleyben (**p. 336**) et les monts d'Arrée (**p. 334**).

Conseils : Si vous avez le temps, gagnez l'île de Sein depuis Audierne.

Bénodet.
Firecrest Pictures/robertharding/age fotostock

De Nantes à la côte sauvage
en 6 jours

En bref : 215 km le long de la côte
Atlantique.

● J-1 & 2 **Nantes**

Visite du château des ducs
de Bretagne (**p. 347**), déjeuner
dans le quartier du Bouffay puis
découverte du musée d'Arts
(**p. 353**). En soirée, promenade le
long de l'Erdre. Le lendemain, soyez
le premier à acheter votre billet
pour les Machines de l'Île (**p. 360**) :
balade à dos d'éléphant à prévoir !
Ensuite, visite du quartier Graslin
(**p. 357**) avec flânerie dans le passage
Pommeraye. Départ pour St-Nazaire
en fin d'après-midi.

Nantes.
RossHelen/iStock

● J-3 **St-Nazaire**

Plongée dans l'univers des grands
paquebots à Escal'Atlantic (**p. 407**)
puis croisière sur l'estuaire de la Loire
(**p. 413**). En fin d'après-midi, baignade
sur la plage de St-Marc-sur-Mer
(**p. 411**). Nuit à La Baule (**p. 376**).

● J-4 **Guérande**

Matinée à la Baule, puis visite de
Guérande et des marais salants
(**p. 388**) ; balade à vélo en fin de
journée, aux lumières déclinantes,
sur la côte Sauvage (**p. 378**).
Nuit à La Baule (**p. 376**).

● J-5 **La Grande Brière**

Promenade en chaland dans les
canaux de la Grande Brière, assez tôt
pour observer les oiseaux (**p. 398**).
Nuit à La Mare au Oiseaux à
St-Joachim (**p. 399**).

● J-6 **La Turballe et Piriac**

La Turballe et Piriac-sur-Mer avec
promenade jusqu'à la pointe du
Castelli (**p. 391**). Retour à Nantes.

Au sud de la Loire
en 6 jours

F. Guiziou/hemis.fr

En bref : 105 km entre plages et vignoble.

● J-1 Nantes

Voir circuit précédent.

● J-2 L'estuaire

Matinée artistique le long de l'estuaire jusqu'à Saint-Nazaire (**p. 413**). L'après-midi, cap sur St-Brévin-les-Pins, plage et balade (**p. 437**). Nuit à Pornic (**p. 434**).

● J-3 La côte de Jade

Flânerie dans Pornic, sur les quais et autour du château (**p. 434**).

● J-4 Lac de Grand-Lieu

Étape au zoo de Planète sauvage (**p. 432**) ou au lac de Grand-Lieu (**p. 431**), observation des oiseaux.

● J-5 Clisson

Découverte de la « petite Italie » ligérienne (**p. 421**).

● J-6 Pays du Muscadet

Vignobles, brasseries artisanales et tables confidentielles (**p. 424**). Retour à Nantes par la levée de La Divatte (**p. 425**).

Clisson.
Frances-Wysocki/hemis.fr

Saint-Nazaire et l'estuaire de la Loire.
F. Leroy/hemis.fr

DÉCOUVRIR LA BRETAGNE SUD

Vue aérienne du golfe du Morbihan : Séné, Port-Anna, Conleau.
B. Stichelbaut/hemis.fr

Rennes et les marches bretonnes 1

Carte Michelin Départements 309 – Ille-et-Vilaine (35)

Vitré, le château et la rue d'En Bas.
F. Guiziou/hemis.fr

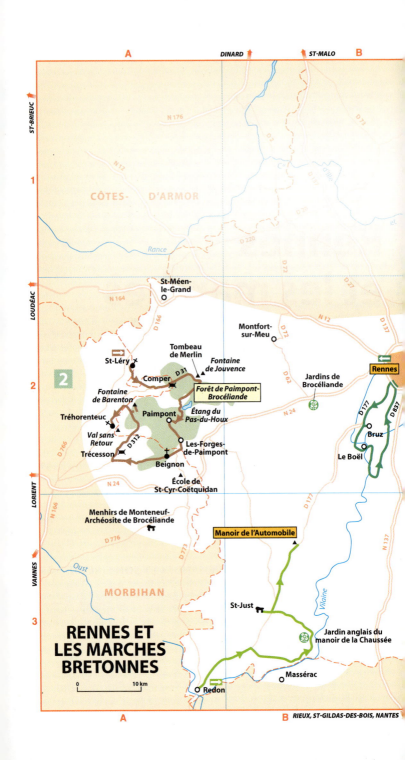

RENNES ET LES MARCHES BRETONNES

LE MONT ST-MICHEL · C · AVRANCHES · D

Rennes	★★ Mérite un détour
Champeaux	★ Intéressant
Paimpont	À voir

Ville de départ du circuit

Vallée de la Vilaine

Au pays des légendes

Châteaux et légendes

Sur la route de Rennes

ALENÇON

LAVAL

ILLE-ET-VILAINE

MAYENNE

Musée des Transmissions-Espace Ferrié

Champeaux

Vitré

Vilaine

Écomusée du Pays de Rennes

Bois-Orcan

Les Rochers-Sévigné

N 157

Châteaugiron

La Roche-aux-Fées

Étang de Marcillé

La Guerche-de-Bretagne

Lac des Mottes

Retiers

D 47

N

LOIRE - ATLANTIQUE

4

C · D

Rennes

213454 Rennais (agglomération : 313 480 habitants) – Ille-et-Vilaine (35)

Rennes doit sa fraicheur d'esprit et sa vitalité à la présence de ses 65 500 étudiants et à sa diversité culturelle toujours à l'avant-garde. La ville mêle dans un audacieux équilibre son passé médiéval aux ruelles intactes, ses deux élégantes places royales du 18e s., à l'architecture contemporaine d'une métropole ancrée dans son temps. Elle se découvre aussi au travers de ses cafés, boutiques et de ses magnifiques marchés, dont Les Lices.

NOS ADRESSES PAGE 43
Hébergement, restauration, achats, activités, etc.

S'INFORMER

Destination Rennes - Office du tourisme de Rennes Métropole – *11 r. St-Yves - 35000 Rennes - ☏ 02 99 67 11 11 - www.tourisme-rennes.com - juil.-août : 9h-19h, dim. et j. fériés 10h-13h, 14h-17h ; reste de l'année : 10h-18h, lun. 13h-18h, dim. et j. fériés 10h-13h, 14h-17h - fermé 1er janv., 1er Mai, 25 déc. - 2e bureau 6 r. d'Échange - ☏ 02 99 86 64 95.*

SE REPÉRER

Carte de microrégion B-C2 (pp. 26-27) – Rennes est l'un des nœuds routiers les plus importants de Bretagne. Ainsi, la N 137, qui vient de Nantes (113 km au sud), la traverse pour continuer vers St-Malo (74 km au nord). De sa rocade, souvent embouteillée à la sortie des bureaux, rayonnent aussi la N 157, qui part sur Laval (75 km à l'est) en frôlant Vitré, et la N 24, qui file vers Vannes (115 km) et Lorient (153 km) au sud-ouest. Quant à la N 12, elle continue son chemin jusqu'à Brest (242 km) en desservant toute la Bretagne Nord.
La ville en elle-même organise son centre autour de la Vilaine, avec au nord le cœur historique comprenant la cathédrale, le parlement, l'hôtel de ville, et toutes les demeures à pans de bois, tandis qu'au sud se trouvent le quartier des Halles centrales, la gare et le complexe des Champs Libres.

SE GARER

Les parkings sont nombreux aux abords du centre, notamment vers la place des Lices et vers les Champs Libres. En périphérie, 4 Parcs-Relais gratuits situés près du métro.

À NE PAS MANQUER

Le patrimoine architectural du vieux Rennes avec en particulier le palais du parlement, les collections du musée des Beaux-Arts et du musée de Bretagne et… un pique-nique dans le parc du Thabor.

ORGANISER SON TEMPS

Pensez à réserver la visite du parlement de Bretagne.

AVEC LES ENFANTS

Faites des expériences à l'Espace des sciences des Champs Libres, intéressez-vous aux technologies de l'information à l'Espace Ferrié, rendez-vous à l'écomusée du Pays de Rennes, caressez les animaux de la ferme aux jardins de Brocéliande, apprenez à reconnaître les oiseaux au parc ornithologique de Bretagne et découvrez la ville en participant aux ateliers ludiques proposés par l'office de tourisme.

Les hôtels particuliers de la place des Lices.
J. N. Sánchez/age fotostock

Se promener Plan de la ville p. 32

★★ LE CENTRE HISTORIQUE AB1

▶ *Circuit de 1h30 environ. Suivez le tracé du plan p. 32, mais n'hésitez pas à prendre les ruelles dont il est fait mention ci-après sous le titre « Maisons anciennes ».*

La capitale régionale bretonne tire son nom des Riedones, une tribu gauloise qui peuplait la région au 2e s. av. J.-C. Les vestiges encore visibles de ses remparts médiévaux portent toujours la trace de murs défensifs gallo-romains. Son histoire est donc ancienne, mais ce qu'on appelle aujourd'hui le centre historique désigne surtout la partie de la ville médiévale au nord de la Vilaine qui a échappé au grand incendie de 1720. Elle a conservé de nombreuses maisons des 15e et 16e s. aux étages en encorbellement, des hôtels aristocratiques aux façades sculptées ainsi que des rues aux pavés irréguliers.

Basilique Saint-Sauveur A1

Cet édifice a été élevé aux 17e et 18e s. À l'intérieur, beau **baldaquin** en bois doré et **buffet d'orgue** du 17e s. À droite en entrant, chapelle dédiée à N.-D.-des-Miracles qui sauva Rennes lors du siège de la ville par les Anglais, en 1357. On peut y admirer de nombreux ex-voto.

Maisons anciennes A1

Rue St-Sauveur, au n° 6, se trouve une maison canoniale – maison affectée à une communauté de chanoines – du 16e s. **Rue St-Guillaume★**, au n° 3, la maison Ti Koz (« vieille maison » en breton), est l'une des plus emblématiques du centre historique, puisque la plus ancienne et la plus belle de style médiéval. Fondée en 1505 par les chanoines, elle arbore fièrement sculptés un saint Michel et un saint Sébastien. Seule sa façade rouge est d'origine, l'intérieur ayant été complètement rénové suite à un incendie en 1994. La maison sert aujourd'hui de cadre au bar de nuit El Teatro. La **rue de la Psalette★**, qui

> ## SAVOIR LIRE LES MAISONS À PANS DE BOIS
>
> La présence alentour de nombreuses forêts a favorisé le développement d'une tradition architecturale qui a perduré jusqu'au 19e s. Rennes compte 286 maisons à pans de bois, dont les plus anciennes, qui se distinguent par un encorbellement prononcé, remontent au 15e s. Celles du 16e s. se reconnaissent à leurs façades plus alignées, et à leur décoration inspirée des motifs de la Renaissance (rinceaux, *oves*, *putti*…). Pour le 17e s., vous reconnaîtrez les façades au fait qu'elles sont totalement plates et rigoureusement symétriques, avec des baies verticales, par opposition à l'éclairage horizontal des siècles précédents. Enfin, celles du 18e s. se caractérisent par l'abandon progressif des pans de bois apparents au bénéfice de l'enduit. La préservation de ce bâti ancien, parfois très dégradé, a conduit la ville à mettre en place un vaste projet de réhabilitation pour tout le centre ancien.

longe les contours arrondis de l'abside de la cathédrale St-Pierre, est bordée de maisons à pans de bois. On peut y observer notamment, au n° 1, l'ancien hôtel Le Gonidec (ou « maison du coin »), bâti en 1609. La **rue du Chapitre★**, porte les marques du grand incendie du 22 décembre 1720 – lequel ravagea les deux tiers de la ville – qui s'est arrêté là, aux abords de la rue. Vous le constaterez aux différences de pavements et aux architectures distinctes des immeubles. Ainsi, dans la partie de la rue reconstruite au 18e s., se trouve au n° 6 l'**hôtel de Blossac** (1728), qui possède un très bel escalier monumental en granit à décor de marbre et rampe en fer forgé. Sa façade en tuffeau, son porche et son entrée façonnée par des colonnes de marbre rouge soulignent la richesse du parlementaire Blossac. Cet hôtel abrite aujourd'hui la Direction régionale des affaires culturelles (Drac), tout comme son voisin l'**hôtel de Brie** (1624), au n° 8. Au n° 22, vous pourrez apprécier une maison de style Renaissance au ton bordeaux.

La **rue St-Yves**, aux nos 6 et 8, accueille des maisons du 16e s. Au n° 11, la **chapelle St-Yves** (15e s.), accolée à l'office de tourisme, abrite une exposition sur l'histoire et le patrimoine de la ville. **Rue des Dames**, au n° 10, se remarque l'hôtel Freslon de La Freslonnière.

★ Cathédrale Saint-Pierre A1

Typique du style néoclassique des 18e et 19e s., la cathédrale St-Pierre fut achevée en 1844 après cinquante-sept ans de travaux. À l'origine (5e s.) se trouvait là un sanctuaire, puis une cathédrale gothique, construite au 12e s. C'est une chute de pierre en plein chœur qui donne le signal de sa reconstruction au 18e s., que l'on doit à l'architecte nantais Mathurin Crucy. La cathédrale a fait l'objet d'une importante restauration entre 2009 et 2014.

L'**Intérieur★** néoclassique s'inspire des basiliques romaines. Ainsi, les imposantes colonnes sont revêtues de stuc imitant le marbre. La nef du 19e s. s'est également parée de stucs et de dorures, dont l'exubérance peut parfois surprendre le visiteur. Dans l'une des chapelles (celle précédant le croisillon droit), on peut admirer un **retable★★** gothique du 16e s. *(en restauration au moment de la rédaction de ce guide)*. En bois sculpté et doré, il retrace la vie du Christ et de la Vierge. Par ses dimensions et son exécution, cette œuvre flamande est l'une des plus importantes du genre.

Portes Mordelaises A1

Vestiges de l'enceinte du 15e s., elles servaient d'entrée principale à la ville. Les ducs de Bretagne y passaient pour se faire couronner à la cathédrale. En 1598, on y présenta à Henri IV les clés de la ville, en argent doré. Pour ce genre de

De Condate à Rennes

DU DUCHÉ À LA PROVINCE

Les origines de la cité
Condate, l'ancienne cité de la tribu gauloise des Riedones (ou Redones), établie à la confluence de l'Ille et de la Vilaine, est conquise par les Romains en 57 av. J.-C. Elle s'entoure au 3e s. d'une large muraille qui marquera les limites de la ville jusqu'au 15e s.

Le rattachement à la France (1532)
En 1488, quand le duc de Bretagne François II (1435-1488) meurt, son héritière **Anne de Bretagne** n'a que 12 ans. Très vite, elle choisit d'épouser Maximilien d'Autriche, futur empereur ; le mariage religieux a lieu en 1490, par procuration. Mais le roi **Charles VIII,** qu'un mariage blanc lie à Marguerite d'Autriche, sollicite la main de la duchesse. Éconduit, il vient l'assiéger dans Rennes, en 1491. La population, qui souffre de la disette, presse la souveraine de consentir à l'épouser. Les fiançailles sont célébrées à Rennes, et les noces au château royal de Langeais, dans le Val de Loire, le 6 décembre 1491. Cette liaison marque un premier rapprochement de la Bretagne avec la France, mais le rattachement définitif ne sera ratifié que sous François Ier, en 1532.

L'émergence d'une capitale provinciale
Idéalement située au carrefour des voies terrestres et fluviales, la ville est choisie en 1561 pour accueillir le parlement de Bretagne et se voit ainsi propulsée au rang de capitale provinciale. Au 17e s., la construction de couvents, d'édifices publics et d'hôtels particuliers confirme la place de Rennes dans le royaume.

CATASTROPHE ET RENOUVEAU

Le grand incendie de 1720
Au 18e s., la ville a encore son aspect médiéval : ruelles étroites, maisons en torchis et en bois. Le 23 décembre 1720, un menuisier ivre enflamme un tas de copeaux. Le feu se propage : 900 maisons à pans de bois disparaissent. La ville est reconstruite sur les plans de l'architecte du roi **Jacques Gabriel** (1667-1742) : elle reçoit de belles rues rectilignes, bordées de maisons de granit à l'élégance sévère. Pour reloger au plus vite la population, les constructions neuves sont divisées en appartements, vendus séparément.

Un nouveau visage se dessine
Le remodelage de la ville se poursuit au 19e s. avec la canalisation de la Vilaine, la construction de la gare (1857), l'apparition de quartiers résidentiels et du tramway en 1897 (réseau aujourd'hui disparu). En 1899, toute la France a les yeux rivés sur Rennes où se déroule le second procès du capitaine Alfred Dreyfus.

Une ville universitaire
Dans la seconde moitié du 20e s., Rennes confirme son rôle de ville universitaire et connaît l'un des taux de croissance démographique les plus élevés de France grâce à la présence d'importantes infrastructures industrielles comme les usines Citroën. Elle s'affirme par ailleurs comme un pôle technologique et de recherche majeur, avec près de 3 500 chercheurs dans l'électronique, les télécommunications et les bio-industries.

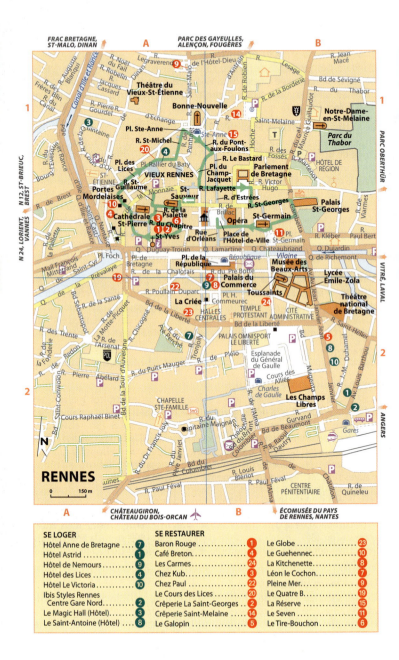

SE LOGER	SE RESTAURER	
Hôtel Anne de Bretagne 7	Baron Rouge 1	Le Globe 23
Hôtel Astrid 1	Café Breton 4	Le Guehennec 10
Hôtel de Nemours 9	Les Carmes 24	La Kitchenette 8
Hôtel des Lices 4	Chez Kub 3	Léon le Cochon 7
Hôtel Le Victoria 10	Chez Paul 22	Pleine Mer 9
Ibis Styles Rennes	Le Cours des Lices 20	Le Quatre B 19
Centre Gare Nord 2	Crêperie La Saint-Georges .. 2	La Réserve 15
Le Magic Hall (Hôtel) 3	Crêperie Saint-Melaine 14	Le Seven 11
Le Saint-Antoine (Hôtel) 8	Le Galopin 5	Le Tire-Bouchon 6

cérémonie, le Béarnais avait une formule rituelle dont l'effet était sûr : « Ces clés sont belles, mais j'aime encore mieux les clés des cœurs des habitants. » Depuis juillet 1997, un pont-levis, construit sur le modèle de celui du château de Montmuran, a été remis en place. Un vaste projet d'aménagement autour du site doit s'achever en 2020.

★ Place des Lices A1

Sur cette place située hors des murs de la ville médiévale se déroulaient jadis joutes et tournois. Avant l'incendie de 1720, de riches parlementaires s'y font construire demeures et hôtels particuliers en pierre et bois. Ainsi, au n° 34, l'**hôtel du Molant** (17e s.) est coiffé d'un toit à la Mansart et abrite un bel escalier en chêne, dont la cage est décorée au plafond d'un ciel et de boiseries en trompe l'œil. Aux nos 26 et 28, l'**hôtel de La Noue** et l'**hôtel Racapé de la Feuillée** sont tout aussi admirables.

Au centre de la place, Jean-Baptiste Martenot, architecte de la ville de 1858 à 1895, bâtit **deux halles** de briques, verre et fer – qui ne sont pas sans rappeler celles de Baltard. Restaurées et classées au titre des Monuments historiques, elles sont le samedi matin le cœur du **marché des Lices**, l'un des plus beaux et des plus importants de France *(voir encadré ci-dessous)*. Le soir, surtout le jeudi, les étudiants font de cette place l'un de leurs lieux de prédilection, se regroupant aux terrasses des bars alentour.

Rue Saint-Michel A1

Elle est bordée de vieilles maisons à pans de bois *(voir encadré p. 30)*. Jadis, elle faisait partie des faubourgs de Rennes et elle a conservé de cette époque ses auberges et ses tavernes.

Place Sainte-Anne A1

Cette bouillante et vaste place respire à la cadence de la vie étudiante… et des travaux de la ligne B du métro, qui doivent durer jusqu'en 2020. Les maisons colorées à pans de bois sont de tradition gothique et Renaissance : celle du maire Jean Leperdit (1752-1823) est au n° 19. Elles entourent une église néogothique du 19e s., la basilique Saint-Aubin, et jouxtent le couvent des Jacobins *(rue d'Échange)* où eurent lieu les fiançailles d'Anne de Bretagne avec le roi de France, Charles VIII. Son abbatiale, son cloître et ses bâtiments monacaux appartiennent aujourd'hui à Rennes Métropole et sont en train

ÉTAPE GOURMANDE

Si la capitale bretonne est bien pourvue en marchés où l'on découvre tous les produits issus des terroirs brétilien et armoricain, le plus emblématique de tous reste le **marché des Lices** du samedi matin. Plus de 10 000 visiteurs s'y pressent chaque samedi de 7h30 à 13h30. Depuis au moins quatre siècles – les premières traces datent de 1622 –, il accueille sur la place des Lices quelque 300 producteurs et marchands. Car l'on vient de toute la Bretagne vendre fruits et légumes, poissons et crustacés. Ici, la proximité de la mer est une bénédiction pour les amateurs d'huîtres, qui trouveront de nombreux ostréiculteurs de Cancale et du Morbihan, ainsi que des coquilles St-Jacques, de novembre à mars, arrivées directement de la baie de St-Brieuc. Volailles, légumes, fruits ou encore cidres méritent aussi le détour. Et bien sûr, on ne quitte pas le marché sans avoir croqué dans une **galette-saucisse**, cette tradition du pays de Rennes faite d'une galette de sarrasin (blé noir) froide ou juste tiédie qui entoure une saucisse de porc grillée et que l'on déguste sans ajouter quoi que ce soit.

d'être aménagés en centre des congrès. À partir de 2018, cet ambitieux projet architectural mêlant ancien et moderne doit accueillir un vaste ensemble d'auditoriums, mais aussi des commerces et lieux d'exposition.

De nombreux cafés et restaurants dotés de grandes terrasses occupent aujourd'hui la place qui est très animée en fin d'après-midi et en soirée.

Rue du Pont-aux-Foulons AB1

Rue commerçante aux maisons à pans de bois du 17e s.

★ Place du Champ-Jacquet A1

La rue du Champ-Jacquet mène à cette place en forme de triangle un peu étranglé. Côté nord s'élèvent de hautes maisons à pans de bois (17e s.). Au n° 5, on découvre l'**hôtel de Tizé**. Typique du 17e s., il associe pierre blanche, pans de bois et granit. Au pied de cet ensemble unique trône la statue en bronze de **Jean Leperdit** (1752-1823), mythique maire de Rennes qui, lors de la Terreur (années 1790), sauva des condamnés à mort.

Le circuit qui se poursuit par les rues La Fayette et Nationale permet de découvrir une partie de la ville classique où s'élèvent de majestueux édifices, dont le palais du parlement de Bretagne. On pénètre dans la partie construite après l'incendie de 1720.

★ Place du parlement de Bretagne B1

Premier architecte du roi, **Jacques Gabriel** (1667-1742) – auquel on doit également la place de la Bourse à Bordeaux, l'hôtel de ville de Blois ou le château de Compiègne – a imaginé cette place royale, dite « Louis-le-Grand », afin qu'elle soit l'écrin parfait à la statue équestre du roi Louis XIV qui y trôna jusqu'à la Révolution. Du plan initial dessiné par l'ingénieur militaire Isaac Robelin, rejeté car trop cher, on a seulement retenu l'**hôtel de Mucé**, au n° 4. Tout le reste est donc signé Jacques Gabriel. Celui-ci y applique un plan déjà éprouvé. Ainsi, les deux immeubles qui encadrent le palais du Parlement de Bretagne sont bâtis sur le modèle suivant : arcades de granit au rez-de-chaussée sur lesquelles reposent deux étages en tuffeau et un toit à la Mansart. L'harmonie qui règne ici tient pour beaucoup à la grâce délicate et rigoureuse de l'architecture. Mais une asymétrie volontaire est à noter, si vous prenez le temps de compter les mansardes des bâtiments perpendiculaires au Parlement.

★★ Palais du parlement de Bretagne B1

11 r. St-Yves - ℰ 02 99 67 11 66 - www.tourisme-rennes.com - visite guidée sur demande préalable (2h) horaires, se rens. - fermé 1er janv., 1er Mai, 25 déc. - 7,20 € (-19 ans 4,60 €) - réserv. à l'office de tourisme.

Œuvre essentielle du patrimoine rennais, parmi les joyaux de l'architecture française du 17e s., le monument le plus visité de l'agglomération abrite aujourd'hui la **cour d'appel de Rennes** et la cour d'assises d'Ille-et-Vilaine.

Le parlement de Bretagne, l'un des dix-sept parlements provinciaux que comptait le royaume, siégea d'abord tantôt à Rennes, tantôt à Nantes, avant

---

LA RENAISSANCE DU PARLEMENT

Le 4 février 1994, un dramatique incendie endommagea gravement le palais du parlement de Bretagne, actuel siège de la cour d'appel de Rennes. La remise en état du bâtiment, achevée en 1999, a représenté 400 000 heures de travail et un coût de 38 millions d'euros pour la reconstruction, sans compter les 22 millions attribués à la restauration des décors et des œuvres d'art. La récompense ? Un édifice magnifique, reconstitué à l'identique (galerie du rez-de-chaussée et salle des Assises du 1er étage).

de se fixer définitivement à Rennes en 1561. Cour suprême des 2 300 justices bretonnes, il jouait aussi un rôle législatif et politique. Son installation hissa Rennes au rang de capitale régionale et de cité aristocratique.

Germain Gaultier, un architecte local, dessina le palais, d'inspiration italienne. Ses plans furent repris, pour la façade, par l'architecte de la cour de Marie de Médicis, Salomon de Brosse (1571-1626). La construction dura près d'un siècle : de 1618 à 1655 pour l'architecture, et jusqu'à 1706 pour le décor. Ce fut, en pays breton, l'arrivée d'un art royal et parisien, marqué par l'alternance de matériaux – granit au rez-de-chaussée et tuffeau à l'étage – et par la belle unité de la toiture d'ardoise en façade.

L'intérieur, très richement orné, contraste avec la sobriété du décor extérieur. La **Grand'Chambre** est le joyau du palais, avec son imposant plafond en bois doré, dessiné par Charles Errard et son disciple Noël Coypel, servant d'écrin à des toiles allégoriques sur le thème de la Justice. Avec les autres salles d'audience, réalisées dans le même style, ce superbe ensemble décoratif affirme la puissance des parlementaires bretons aux 17e et 18e s., mais aussi l'influence artistique – et politique – des rois de France.

Rue Saint-Georges B1

Les flammes du grand incendie de décembre 1720 n'ont fait que lécher les abords de cette rue. Elle figure donc aujourd'hui parmi les plus anciennes de Rennes. Au n° 3, l'hôtel de Moussaye (16e s.) possède une splendide façade Renaissance. Les n°s 8, 10 et 12 forment un ensemble remarquable de maisons à pans de bois du 17e s., qui abrite la grande librairie Le Failler.

Tourner à droite dans la rue Gambetta ; au n° 2 se trouve la piscine St-Georges.

Piscine St-Georges B1

Inaugurée en 1926, toute en mosaïque et en faïence bleues et blanches signées Odorico (une famille de mosaïstes qui a travaillé à Rennes de 1882 à 1978), cette piscine arbore une façade et un intérieur Art déco au charme désuet.

Palais et jardin Saint-Georges B1

Le **palais** a été édifié en 1670 comme nouvelle aile de l'abbaye bénédictine St-Georges, elle-même fondée au 11e s. Transformé en caserne depuis la Révolution, il conserve sur sa longue façade, au-dessus de ses 18 arcades, le nom de l'abbesse à l'origine de sa construction, Magdelaine de La Fayette.

Il est précédé d'un beau jardin à la française *(ouvert au public)*.

★ Église Saint-Germain B1

R. du Vau-St-Germain - ☎ *02 99 38 87 29 - saint-germain-rennes.fr - tlj 8h-12h, 14h-18h30, dim. 8h-12h.*

Érigée au 12e s., l'ancienne église des marchands et des merciers de la ville a été reconstruite à la fin du 15e s. Achevée en 1620, elle doit son faste à l'industrie de la toile, alors florissante. Admirez son porche gothique flamboyant, sa voûte en bois et ses poutres à embouts sculptés ainsi que ses superbes vitraux.

★ Place de l'Hôtel-de-Ville B1

Cette place royale constitue le noyau central du quartier classique. Elle est bordée à l'ouest par l'hôtel de ville et à l'est par le théâtre. Au sud, au-delà de la rue d'Orléans, la perspective est fermée par le **palais du Commerce**, imposant bâtiment décoré de sculptures monumentales.

Hôtel de ville – ☎ *02 23 62 10 10 - http://metropole.rennes.fr - ♿ - 8h30-17h - fermé w.-end et j. fériés - gratuit.* Il a été bâti en 1734 par Jacques-Jules Gabriel, père de l'architecte qui édifia la place de la Bourse à Bordeaux. Une tour centrale en retrait portant l'horloge – le « Gros » pour les Rennais – se raccorde à

1

deux imposants pavillons par deux bâtiments incurvés. L'aile droite renferme le « Panthéon rennais », salle consacrée au souvenir des morts pour la France. **Opéra** – ☏ 02 23 62 28 00 - www.opera-rennes.fr - expositions : mar.-vend. 13h-19h, sam. 13-18h ; gratuit - visites guidées lors des J. européennes du Patrimoine (sept.) et dans le cadre de l'opération « À la découverte de l'Opéra » (1 sam. en mars et en déc., 4 € - se rens.) - fermé de mi-juil. à fin août.

L'ancien théâtre de la Ville, dessiné par Charles Millardet et inauguré en 1836, répond aux lignes de l'hôtel de ville. Sa **rotonde** semble en effet vouloir se glisser au creux du bâtiment voisin, conçu un siècle plus tôt. Dans un style néoclassique, il se pare de colonnes et se coiffe d'une **Ronde de muses** sculptées par le Rennais François Lanno. Figurant parmi les plus petits opéras de France, le bâtiment abrite une salle à l'italienne de 642 places dont le **plafond** (1914) est l'œuvre de Jean-Julien Lemordant. Le parterre se trouve, non pas au rez-de-chaussée, mais au 1er étage. Le lieu accueille des troupes internationales et sert depuis 1989 de résidence à l'Orchestre symphonique de Bretagne (voir « Nos adresses », p. 50).

Rues d'Orléans, d'Estrées et Le Bastard B2

Perpendiculaires à la place de l'Hôtel-de-Ville au sud (Orléans) et au nord (d'Estrées et Le Bastard), ces trois rues piétonnes fourmillent de boutiques et commerces en tout genre. Le samedi, des milliers de Rennais y font leur shopping.

Si vous souhaitez faire une pause au vert, rendez-vous au parc du Thabor (à 15mn à pied de la place de l'Hôtel-de-Ville ou à 9mn de la piscine St-Georges).

★★ Parc du Thabor B1

R. du Gén.-Guillaudot - ☏ 02 23 62 19 40 - http://metropole.rennes.fr - ♿ - mai-août : 7h30-20h30 ; mars et sept. : 7h30-20h ; reste de l'année : 7h30-18h30.

Comptant parmi les plus beaux jardins publics de France, ce parc s'étend sur 10 ha à l'emplacement des vergers de l'ancienne abbaye St-Melaine. Placé sur un promontoire, le lieu fut nommé par les moines en référence au mont Thabor, en Galilée. La ville fit l'acquisition des terrains en 1793. D'abord transformés en promenade, ceux-ci devinrent un vrai jardin après son aménagement entre 1866 et 1868 par les paysagistes Denis et Eugène Bühler – à qui l'on doit aussi le parc de la Tête-d'Or, à Lyon. D'une grande diversité, le parc comprend pas moins de 2 000 espèces florales et un millier d'arbres, parmi lesquels des marronniers, des séquoias géants, des cèdres de l'Atlas et des chênes. Il se révèle très agréable avec ses généreuses pelouses où reposent des **sculptures contemporaines** et néoclassiques, un boulingrin (carré Duguesclin), des allées aux parterres fleuris qui desservent un **jardin à la française**, un **jardin à l'anglaise**, un **jardin botanique**, une mare aux canards et une cascade. Le parc est ponctué de différents équipements : une aire de jeux et un manège pour enfants, un bassin à bateaux, un café-restaurant, une roseraie, une volière ainsi qu'un kiosque à musique, des serres et une **orangerie** conçus par l'architecte de la ville Jean-Baptiste Martenot entre 1862 et 1875. Encadrant deux serres en verre et en acier, l'orangerie porte les noms gravés de grands botanistes (Jussieu, Linné…) et accueille des expositions.

Tout au long de l'année, le Thabor accueille différentes manifestations culturelles.

RIVE SUD DE LA VILAINE Plan de la ville p. 32

Longtemps la rive sud de la Vilaine, ou « basse ville », fut insalubre. D'où une mauvaise image persistante, à tort. Elle est aujourd'hui très prisée et ne cesse de se développer. Très active culturellement, elle abrite en outre, à quelques exceptions près, les meilleurs commerces de bouche de la ville et de bons restaurants.

« Transat en ville » sur la place de la mairie, devant l'Opéra.
E. Berthier/hemis.fr

Place de la République AB1

Lieu de passage entre le nord et le sud-Vilaine, place où l'on se donne rendez-vous, esplanade sous laquelle coule le fleuve emprisonné : la place de la République est en passe de devenir l'épicentre de Rennes. Se pourrait-il alors que l'existence du **palais du Commerce** (dessiné par Jean-Baptiste Martenot et construit entre 1888 et 1929) soit remise en cause ? En effet, le bâtiment fut érigé là au début du siècle dernier pour cacher la misère du sud de la ville.

Les bords de la Vilaine constituent désormais « le » grand boulevard de Rennes, bordé de majestueuses façades et de nombreux commerces et grands magasins.

★★ Musée des Beaux-Arts B1-2

20 quai Émile-Zola - ☏ 02 23 62 17 45 - http://mba.rennes.fr - ♿ - 10h-17h, w.-end 10h-18h - fermé lun. et j. fériés - possibilité de visite guidée sur demande (1h) - 6 € (-18 ans gratuit) - gratuit 1er dim. du mois.

Le cabinet de curiosités constitué par Christophe Paul de Robien, président du parlement de Bretagne au 18e s., est à l'origine de ce musée très éclectique, de l'archéologie aux primitifs italiens puis à l'art contemporain.

La pièce maîtresse de la collection archéologique est la **Dame d'Antinoé★** (3e-4e s. apr. J.-C.), une momie peinte exhumée en Égypte en 1909. Des salles sur la Grèce, l'Étrurie et le monde romain complètent la présentation des civilisations antiques.

Le **cabinet de curiosités★** du président de Robien a été reconstitué au rez-de-chaussée et plonge le visiteur dans une joyeuse accumulation d'objets antiques en tout genre, mêlée avec des toiles et du mobilier 18e s.

Le département peinture possède un beau *Saint Luc peignant la Vierge*, de Martin Van Heemskerk (16e s.) et une riche série d'œuvres du 17e s. dont une émouvante et magistrale Crucifixion de Jacob Jordaens.

Voyez surtout l'exubérante *Chasse au tigre* de Rubens et le célèbre **Nouveau-Né★★** de Georges de La Tour. Le *Panier de prunes* de Chardin illustre avec bonheur le 18e s. Le *Massacre des Innocents*, chef-d'œuvre de Cogniet, voisine pour le 19e s. avec des toiles de l'école de Pont-Aven, comme *Solitude* de Paul Sérusier, *L'Arbre jaune* d'Émile Bernard ou **Effet de vagues★** de Georges Lacombe : un superbe paysage onirique, proche de l'estampe japonaise, qu'il réalisa vers 1893 à Camaret. À voir aussi : des Corot, Jongkind, Sisley, Denis et Caillebotte. Le 20e s. est illustré par Magnelli, Kupka, Tanguy, De Staël, Poliakoff, Sam Francis, Aurélie Nemours et Geneviève Asse, sans oublier Picasso. **La Baigneuse**, l'une des figures féminines disloquées que ce dernier peignit en 1928 à Dinard, compte parmi les plus surréalistes de ses toiles. On y retrouve l'anatomie recomposée chère à son cœur, associant les vues de face et de profil.

À noter, le musée organise régulièrement des événements artistiques (défilés de mode, performances…). Rénové en 2009, il accueille depuis 2016 une vitrine dédiée aux créateurs locaux.

Lycée Émile-Zola B2

2 av. Jean-Janvier.

Le plus prestigieux établissement scolaire de la ville est un lieu chargé d'histoire. Sa création en 1802 en fait un des plus anciens lycées de France. Rénové par Jean-Baptiste Martenot à partir de 1859, il prend alors la physionomie qu'on lui connaît aujourd'hui : un vaste ensemble de bâtiments de brique et de tuffeau. C'est dans ce cadre que se déroule, en 1899, le second procès du capitaine **Alfred Dreyfus** *(voir encadré ci-dessous)*, En souvenir de ce procès qui divisa la France, le lycée prendra en 1971 le nom du premier défenseur du capitaine.

Halles centrales AB2

Pl. Honoré-Commeureuc (autres accès par bd de la Liberté, r. Jules-Simon et r. de Nemours) - lun.-sam. 8h-19h30, dim. 8h-12h30.

Ce bâtiment, qui abrite 28 commerces de bouche et stands de petite restauration, a été construit entre 1912 et 1926 à l'emplacement d'une ancienne halle aux grains. Il s'agit d'un des tout premiers édifices de la ville influencés par le mouvement Art déco, aussi bien dans l'ornementation extérieure (éléments polychromes brique rouge, tuffeau, faïence, grès) qu'à l'intérieur, entièrement couvert de carrelage et de céramique pour faciliter le nettoyage à grandes eaux. Aujourd'hui labellisées « patrimoine du 20e s. », les Halles centrales ont pourtant bien failli être détruites dans les années 1970 pour qu'on y installe un parking.

La Criée – *Pl. Honoré-Commeureuc - halles centrales - 📞 02 23 62 25 10 - www. criee.org - ♿ - 12h-19h, w.-end et j. fériés 14h-19h - fermé lun., 1er janv., 1er Mai, 25 déc. - possibilité de visite guidée - gratuit.* Le centre d'art contemporain de la ville a pris place au sein de l'ancienne criée. On peut y voir une dizaine d'expositions temporaires par an.

UN PROCÈS HISTORIQUE

Alfred Dreyfus, ramené du bagne de Cayenne pour l'occasion, est jugé en révision en août 1899. Malgré un dossier d'accusation presque vide et la présence active d'**Émile Zola**, le tribunal militaire confirme la condamnation pour trahison, mais « avec circonstances atténuantes ». Cette nuance fait naître le doute au sein du gouvernement, qui décide quelques jours plus tard, le 19 septembre, de grâcier Dreyfus (sans toutefois l'innocenter).

★★ **Les Champs Libres** B2

10 cours des Alliés - ☏ 02 23 40 66 00 - www.leschampslibres.fr - ☍ - de fin juin à fin août : 13h-19h, w.-end 14h-19h ; reste de l'année : 12h-19h, w.-end 14h-19h - fermé lun. et j. fériés - possibilité de visite guidée (1h) - 6 € (-26 ans à 4 €) - 11 € billet combiné avec les expositions - planétarium vac. scol. (6 €) - animations (espace des sciences).

Ce **pôle culturel** rassemble en un même lieu trois institutions : le musée de Bretagne, l'Espace des sciences et la bibliothèque. Expositions, conférences, cafés scientifiques ou festivals : il s'y passe toujours quelque chose, même le dimanche.

Le **bâtiment** ultracontemporain est l'œuvre de l'architecte Christian de Portzamparc, qui a imaginé un édifice composé de trois « corps » imbriqués : un parallélépipède horizontal monté sur pilotis (le musée) traversé par une pyramide inversée (la bibliothèque) et par un cône coiffé d'un dôme (l'Espace des sciences). Au dernier étage, jolie vue sur la ville.

Musée de Bretagne – Le cœur du musée est constitué par l'exposition permanente « **Bretagne est univers** » : ce parcours rappelle l'histoire de la région en mettant en scène 2 300 objets (du galet taillé datant du paléolithique au minitel en passant par le gilet bigouden) en alternance avec des séquences vidéo. À la fois une introduction très pédagogique à la riche histoire de la Bretagne et une mise en avant de ses particularités.

Une section indépendante retrace le **procès de Dreyfus** *(voir encadré ci-contre)* à travers une muséographie interactive. Au rez-de-chaussée,

Espace des sciences – Ce lieu de vulgarisation scientifique propose une programmation variée de haute qualité, interactive et adaptée aux enfants. Il comprend 3 parties (sujettes à des tarifications différentes) qui nécessitent chacune d'y consacrer une petite heure. Pour découvrir les galaxies, le **Planétarium** *(3e étage)* dispose d'un écran hémisphérique de 14 m de diamètre où sont projetés de 3 à 5 films différents par jour, commentés en direct par un médiateur. On en profite vraiment à partir de 10 ans. Dans le **Laboratoire de Merlin** *(rdc)*, les enfants (à partir de 6 ans) sont invités à réaliser 30 expériences interactives leur permettant de mieux comprendre les phénomènes scientifiques. La programmation est très variée et la pédagogie ludique.

On peut enfin visiter deux **expositions** : l'une permanente *(1er étage, salle de la Terre)*, consacrée à la biodiversité (à partir de 6 ans) ; l'autre temporaire *(rdc, salle Eurêka)*. Les expositions temporaires sont renouvelées tous les six mois et sont accessibles aux moins de 10 ans.

À proximité Carte de microrégion p. 26-27

★ **FRAC Bretagne** Hors plan

Ligne A du métro, station Villejean-Université, puis bus C4 en dir. de Beauregard, arrêt Cucillé. 19 av. André-Mussat - ☏ 02 99 37 37 93 - www.fracbretagne.fr - ☍ - 12h-19h - fermé lun., 1er janv., 1er Mai, 25 déc., périodes de démontage et d'accrochage des expositions (se rens.) - possibilité de visite guidée (1h) - 3 € (-26 ans gratuit) - gratuit 1er dim. du mois.

C'est dans le nouveau quartier de Beauregard, au nord-ouest de la ville, que s'est installé en 2012 le Fonds régional d'art contemporain, dont la collection compte aujourd'hui 4 800 œuvres (500 artistes), régulièrement exposées en Bretagne, ailleurs en France et à l'étranger. Le **bâtiment**, imposant monolithe noir dessiné par l'architecte et urbaniste Odile Decq, s'accorde remarquablement avec l'œuvre monumentale d'Aurélie Nemours *(voir ci-après)*. Béton architectonique anthracite, inox noir, verre fumé et transparent, l'aspect massif de la structure est adouci par une faille surmontée d'une verrière. L'intérieur est plus étonnant encore : autour d'un atrium central d'un rouge éclatant et d'un puits de lumière se déploient quatre niveaux de circulation. La grande galerie d'exposition de 500 m² est entièrement construite en porte-à-faux. Une expérience de visite, couplée à un intéressant programme d'expositions temporaires.

Alignement du 21e siècle – *Av. André-Mussat (à côté du Frac Bretagne) - accès libre.* 72 colonnes en granit gris (provenant de Louvigné-du-Désert, en Ille-et-Vilaine) hautes de 4,50 m et larges de 90 cm, placées à intervalles réguliers, composent un ensemble unique, dernière œuvre de l'artiste **Aurélie Nemours** (1910-2005) qui rend hommage aux alignements mégalithiques de Carnac et Stonehenge tout en étant fidèle à l'abstraction qui a nourri tout son travail. Le soleil et les ombres animent l'installation, dans laquelle il est possible de circuler. Cette œuvre est la plus grosse commande publique de ces quarante dernières années.

Musée des Transmissions - Espace Ferrié C2

▶ *8,5 km à l'est par la rocade nord, sortie nº 15. Suivez le bd des Alliés et tournez à droite au 3e rond-point - 6 av. de la Boulais - ☏ 02 99 84 32 87 - www.espace-ferrie.fr - ♿ - 9h30-11h30, 13h30-16h45, mar. 14h-18h, vend. 9h30-11h30 - fermé w.-end et j. fériés - possibilité de visite guidée sur demande (1h30) - 4 € (enfant 3 €) - audioguide disponible.*

👥 Ce musée est une mine de renseignements pour qui se passionne pour les systèmes d'information et de communication… mais aussi pour les techniques d'espionnage ! On y découvre l'histoire des transmissions civiles et militaires, des premiers signaux de fumée jusqu'aux satellites et, grâce à des maquettes interactives, on pénètre dans l'univers de la télématique, du GPS ou de la télévision terrestre numérique.

★ Écomusée du Pays de Rennes C2

▶ *3,5 km au sud par l'av. Henri-Fréville en direction de Noyal-Châtillon-sur-Seiche, puis suivez la signalisation ; en transports en commun : métro en direction La Poterie, station Triangle puis bus 61, direction Saint-Erblon, arrêt Le Hil-Bintinais - Rte de Châtillon-sur-Seiche - ferme de la Bintinais - ☏ 02 99 51 38 15 - www.ecomusee-rennes-metropole.fr - avr.-sept. : 9h-18h, sam. 14h-18h, dim. 14h-19h ; reste de l'année : 9h-12h, 14h-18h, sam. 14h-18h, dim. 14h-19h - fermé lun. et j. fériés - possibilité de visite guidée sur demande (1h) - 6 € (-26 ans à 4 €) - gratuit 1er dim. du mois.*

👥 Située aux confins de la ville et de la campagne, la **ferme de la Bintinais** fut longtemps l'une des exploitations les plus grandes et les plus modernes du Pays de Rennes. À travers son histoire richement documentée, on découvre l'évolution du monde rural depuis le 16e s. Les techniques anciennes de construction sont également abordées. Un parcours à travers le domaine de 19 ha permet de s'intéresser au jardin, au rucher et aux vergers, ainsi qu'aux parcelles cultivées montrant l'évolution des pratiques agricoles.

Au conservatoire végétal s'est ajouté un cheptel de races de ferme rustiques en voie de disparition. Chevaux (trait-postier breton), vaches (pie noir, froment du Léon, nantaise et armoricaine), cochons (porc blanc de l'Ouest et porc de Bayeux), chèvres (des fossés), moutons (d'Ouessant, des landes de Bretagne, de l'Avranchin) et volailles (poules de La Flèche, coucou de Rennes et gauloise dorée) : toutes les anciennes races de la Bretagne se trouvent ici rassemblées.

☺ L'écomusée propose régulièrement des journées thématiques (cheval, bois…), des expositions (dans le pavillon d'accueil), fêtes et démonstrations : fête du pommé, tonte des moutons, vannerie, mycologie, récolte du miel.

Le moulin du Boël sur la Vilaine.
Ph. Josselin/age fotostock

Châteaugiron C2

▶ *16 km au sud-est par la D 463.*

Cette petite cité de caractère, déjà réputée au 17ᵉ s. pour ses toiles de voiles en chanvre utilisées par les vaisseaux de haut bord, a conservé de pittoresques maisons à pans de bois et un imposant **château**. De cette forteresse, plusieurs fois assiégée, il subsiste les douves, le donjon du 13ᵉ s. coiffé en poivrière au siècle suivant, la tour de l'Horloge du 15ᵉ s., lui faisant face, et la chapelle. Cette dernière, entièrement restaurée, abrite désormais un centre d'art proposant expositions et rencontres (*www.les3cha.fr*).

Pour découvrir le site du château, empruntez le boulevard du Château.

Château du Bois-Orcan C2

▶ *20 km au sud-est par la N 157 puis par la D 92 - ℰ 02 99 37 74 74 - www.bois-orcan.com - ‌ - de mi-juil. au 1ᵉʳ w.-end de sept. : 11h-17h30 - fermé lun. et j. fériés - possibilité de visite guidée (2h) - 8 € (-18 ans 5 €) - 6 € parc et jardin seul.*

Construit par l'argentier d'Anne de Bretagne, ce manoir en pierre du 15ᵉ s. abrite une importante collection d'objets et de meubles médiévaux. Contigu au château, le **jardin de la Fontaine de Vie** a retrouvé sa facture médiévale et le parc de sculptures présente l'**Athanor★,** ensemble d'œuvres d'Étienne Martin (1913-1995), artiste majeur du 20ᵉ s. Ces deux espaces ont reçu en 2009 le label Jardin remarquable.

Jardins de Brocéliande B2

▶ *18 km à l'ouest par la D 62. Les Mesnils - 35310 Bréal-sous-Montfort - ℰ 02 99 60 08 04 - www.jardinsdebroceliande.fr - ‌ - juil.-août : 11h-19h ; du w.-end de Pâques à la Toussaint : tlj sf lun. 13h30-18h, dim. et j. fériés 13h30-19h - fermé certains j. fériés - 8,50 € (-18 ans 4,80 €) - 19 € billet famille - possibilité de visite guidée et balade en train sur demande préalable (20 pers. mini). Boutique et jardinerie.*

🚶 *Deux circuits balisés (45mn ou 1h30).* Ces jardins inspirent tous les sens : les massifs colorés attirent le regard, les anciennes variétés fruitières cultivées dans les vergers titillent le goût, les cascades charment l'ouïe et la vingtaine de collections florales, dont la première collection de lilas en France et 1 000 variétés d'iris, enivre l'odorat. Quant au toucher, pour le plus grand ravissement des enfants, il est également satisfait car il est permis de caresser les animaux de la ferme, dont le célèbre coucou de Rennes ! Les **parcours sensoriels**, notamment « Réveille tes pieds » ou encore « Joue de l'eau », amusent beaucoup les enfants. De fin mai à fin août *(dim. et j. fériés à 16h)*, vous pourrez assister aux « Estivales », des spectacles d'art de rue.

Circuit conseillé Carte de microrégion p. 26-27

VALLÉE DE LA VILAINE B2

◯ *Circuit de 40 km, tracé en vert foncé sur la carte - environ 1h. Quittez Rennes par la D 177 vers Redon. Allez vers Bruz.*

Bruz B2

Le 8 mai 1944, un bombardement allié aussi violent qu'inexplicable raya la commune de la carte, occasionnant 183 morts dont 51 enfants, des centaines de blessés… Complètement reconstruit après la Seconde Guerre mondiale, le bourg de Bruz apparaît comme une réussite de l'urbanisme rural. En croissance continue, la commune compte aujourd'hui plus de 16 000 habitants et fait partie de Rennes Métropole. Elle abrite le parc des Expositions de l'agglomération.

★ **Église** – *Pl. du Chan.-Roullin* - ✆ 02 99 05 56 56 - *15h-17h*. Elle fut construite en 1950 en schiste veiné de rose. Une flèche pointue coiffe le clocher carré qui forme le porche. L'éclairage intérieur est très harmonieux. Dans la nef, des dalles de verre sont décorées de trois poissons dans un cercle. Dans l'abside, des vitraux représentent les sept sacrements. Au transept, deux verrières figurent à droite le Christ, à gauche la Vierge.

Parc ornithologique de Bretagne – *53 bd Pasteur* - ✆ 02 99 52 68 57 - *www.parc-ornithologique.com* - ♿ *- juil.-août : 10h-12h30, 14h-19h ; de mi-avr. à fin juin et de déb. à mi-sept. : 14h-19h ; vac. de fév. et vac. de la Toussaint : 14h-18h - possibilité de visite guidée (1h30) - 7,90 € (-12 ans 4,95 €).* 👥 Ce parc présente une collection intéressante de plus de 1 000 oiseaux, venus de tous les continents. Les enfants *(6-8 ans)* reçoivent un petit questionnaire dès l'entrée.
Poursuivez votre circuit vers le sud par la D 577. La route franchit le fleuve à Pont-Réan.

Pont-Réan B3

Ce joli village doit son nom au pont en schiste pourpre (1767) dont les neuf arches en plein cintre enjambent la Vilaine. À noter aussi, l'église de l'Immaculée-Conception (1865) et le château de la Massaye (17e-19e s.).

Le Boël B2

🌿 On peut faire une agréable promenade au bord de la Vilaine qui coule entre des collines rocheuses, dans un site verdoyant. Une petite écluse et un barrage semblent relier la rive droite au vieux moulin situé sur l'autre rive.
Revenez à Rennes.
♻ *Voir aussi Redon, p. 61.*

😊 NOS ADRESSES À RENNES

TRANSPORTS

Bus, métro – La ville de Rennes est desservie par une ligne de métro, le Val, qui la traverse du nord-ouest *(terminus J.-F. Kennedy)* au sud-est *(terminus La Poterie, Parc-Relais pour voitures)*. Nombre de lignes de bus sillonnent la ville. Ces transports en commun sont gérés par le STAR qui propose plusieurs titres de transport dont le ticket Unité *(1,50 €, 1h)* et pass valables de 1 à 7 jours *(à partir de 4,10 €/j.)*. Informations et vente dans les trois agences STAR – *12 r. du Pré-Botté (centre-ville) - ☏ 09 70 821 800 - www.star.fr.*

Vélo STAR – Service de vélos en libre-service 24/24h et 7/7 j dans 85 stations proches des arrêts de métro, de bus et de la gare ; premières 30mn gratuites puis 1 € pour la demi-heure suivante, 2 € de 1h à 2h, etc. Les utilisateurs occasionnels peuvent obtenir avec leur carte de paiement, dans dix stations du centre-ville, un code d'accès au service. *Infos sur www.levelostar.fr.*

VISITES

Visites guidées – *Rens. à la billetterie de l'office de tourisme - ☏ 02 99 67 11 66 - 7,20 € (-18 ans 4,60 €). Visites-découvertes (1h30-2h) et circuits-découvertes.*

👥 Ateliers ludiques du patrimoine – *☏ 02 99 67 11 66 - pour les 6-12 ans (2h, sur réserv.), animés par des guides conférenciers agréés par le ministère de la Culture et de la Communication - 5 €.*

Visite audioguidée –
Téléchargeable au format MP3 sur www.tourisme-rennes.com ou location d'un audioguide à la boutique de l'office de tourisme (4,50 €, disponible en 5 langues).

Applications pour mobiles – *Proposées gratuitement par l'office de tourisme (adresses, parcours thématiques et autres fonctionnalités).*

Visites en **vélo taxi** *(1h/30 €)* ou en **gyropode (Segway)**.

Visite avec un greeter – *☏ 02 99 67 11 15 - www.rennes-greeters.com - ♿ - sur demande au moins une sem. av. - pour découvrir la ville autrement, au travers des échanges avec un de ses habitants. Durée 2h.*

HÉBERGEMENT

Centre historique

BUDGET MOYEN

Hôtel des Lices – *7 pl. des Lices - ☏ 02 99 79 14 81 - www.hotel-des-lices.com - wifi - ♿ - 48 ch. 77/105 € - ☕ 10,80 €.* La célèbre place des Lices, avec ses maisons a colombages et son marché, est à vos pieds. Cet hôtel, rénové petit a petit, propose des chambres modernes avec petits balcons, parfois un peu bruyantes à cause de l'animation du quartier. Sur l'arrière, vue sur les vieux remparts.

Hôtel Le Magic Hall – *17 r. de la Quintaine - ☏ 02 99 66 21 83 - www.lemagichall.com - 19 ch. 60/210 € - ☕ 12 € (brunch 19 €).* Ouvert en 2016 dans une ancienne caserne, cet hôtel joue la carte de l'originalité. L'accent est mis sur les arts avec des chambres tout confort et décorées sur le thème de la musique, du théâtre, de la danse ou du cinéma. La convialité est de mise : expositions, concerts, rencontres d'artistes, ainsi qu'une belle cuisine en libre-service. À cela s'ajoute une démarche écoresponsable. La qualité de l'accueil vient parachever ce tableau des bonnes notes.

1

Rive sud de la Vilaine

PREMIER PRIX

Hôtel Le Victoria – *35 av. Jean-Janvier -* 📞 *02 99 31 69 11 - www.hotel-levictoria.com - wifi -* ♿ *-* 🅿 *7 € - 37 ch. 72/87 € -* ☕ *9,50 € -* 🍴 *formules 11,80/17,90 €.* Hôtel situé à proximité de la gare dont les petites chambres, sobres et fraîches, en font une étape convenable. Côté restaurant, ambiance bistrot. Sur un des murs de la salle, une fresque évoque un voyage de la reine Victoria.

BUDGET MOYEN

Hôtel Astrid – *32 av. Louis-Barthou -* 📞 *02 99 30 82 38 - www.hotel-astrid-rennes.eu - fermé 25 déc. et 1er janv. - wifi -* ♿ *- 30 ch. à partir de 82 € -* ☕ *9 €.* Dans une rue proche de la gare, cet hôtel ne manque pas de cachet avec sa décoration tendance dans les tons noir, gris et rose. Chambres presque toutes rénovées ; certaines peuvent accueillir les familles. La salle du petit déjeuner donne sur un minuscule patio.

Ibis Styles Rennes Centre Gare Nord – *15 pl. de la Gare -* 📞 *02 99 67 31 12 - www.ibis.com - wifi -* ♿ *-* 🅿 *13 € - 99 ch. 82 € (w.-end)/119 €* ☕. Outre sa situation à deux pas de la gare, cet hôtel aux chambres modernes est idéal pour les familles. Tarifs avantageux sur Internet, notamment pour le w.-end.

Hôtel de Nemours – *5 r. de Nemours -* 📞 *02 99 78 26 26 - www.hotelnemours.com - wifi -* ♿ *- 41 ch. 111/145 € + 4 appart. -* ☕ *10,50 €.* À proximité du métro République, cet hôtel central est heureusement bien insonorisé. Chambres, rafraîchies, desservies par un petit ascenseur. Jolie salle de petit déjeuner au cadre épuré.

Hôtel Anne de Bretagne – *12 r. Tronjolly -* 📞 *02 99 31 49 49 - www.hotel-rennes.com - fermé 25 déc. et 1er janv. - wifi -* ♿ *-* 🅿 *8,50 € - 44 ch. 68/119 € -* ☕ *12 €.* Près du centre historique, un hôtel moderne et fonctionnel, qui dispose d'un parking (non négligeable !). Vastes chambres, de bon confort et bien tenues ; celles donnant sur l'arrière sont plus calmes. Une adresse sans prétention, mais bien utile.

POUR SE FAIRE PLAISIR

Hôtel Le Saint-Antoine – *27 av. Jean-Janvier -* 📞 *02 23 44 33 33 - saint-antoine-hotel.fr -* 🅿 🛁 *- 61 ch. 110/260 € -* ☕ *17 € (mais souvent inclus dans le prix de la chambre).* À deux pas de la gare, cet établissement propose de spacieuses chambres au décor épuré ultramoderne dont les grandes baies vitrées offrent une surprenante vue sur la ville. Outre la piscine intérieure en accès libre, de nombreux services payants sont disponibles : Spa, hammam, Jacuzzi, salle de fitness, massages, lounge-bar, parking privé, etc.

À proximité

UNE FOLIE

Hôtel Ar Milin' – *24 km à l'est de Rennes par N 136 puis N 157 - 30 r. de Paris - 35220 Châteaubourg -* 📞 *02 99 00 30 91 - www.armilin.com - fermé 25 déc.-1er janv., 25 fév.-3 mars - wifi -* 🅿 ♿ *- 32 ch. 100/220 € -* ☕ *13 € -* 🍴 *fermé le midi (sf dim.) en juil.-août - formule 18 €, menus 29/39 €.* Situé dans un parc paisible, agrémenté d'œuvres contemporaines monumentales, ce moulin de pierre du 19e s. abrite de chaleureuses chambres (plus petites dans l'annexe). Salle à manger claire avec vue sur la rivière ; cuisine traditionnelle.

RESTAURATION

Centre historique

PREMIER PRIX

Chez Kub – *20 r. du Chapitre -* 📞 *02 99 31 19 31 - www.chezkub.*

fr - fermé 1re sem. de janv., 15 j. en août-sept., dim. midi et lun. - formules déj. 12/15 € - menus 19/25,50 €. Spécialités de grillades au four à bois (entrecôte, bavette, gambas), dans une ambiance conviviale près de la cheminée. Aux beaux jours, la terrasse s'ouvre sur la rue médiévale.

Crêperie La Saint-Georges – *11 r. du Chapitre - ☏ 02 99 38 87 04 - www.creperie-saintgeorges.fr - mar.-sam. 12h-14h, 19h-23h - 15/20 €.* Avec son décor design très contemporain, cette adresse révolutionne l'univers volontiers rustique des crêperies. Autre originalité, les patrons ont baptisé leurs plats du nom de « Georges » célèbres comme Pompidou, Brassens et Clooney. Côté salé, les bonnes galettes peuvent être accompagnées d'une boule de glace aux parfums inattendus (thym, sarrasin…). Côté sucré, c'est la régression assurée : Kinder, Tagada, Smarties, sans oublier l'incontournable caramel au beurre salé. Autre adresse : *17 r. Jules-Simon (quartier République) - ☏ 02 99 78 20 07 - mêmes horaires.*

BUDGET MOYEN

Le Tire Bouchon – *2 r. du Chapitre - ☏ 02 99 79 43 43 - www.tirebouchon.bzh - lun.-vend. 12h-14h, 19h-23h - fermé 3 sem. en août - env. 25 €, plat du jour 12 € (déj.).* L'un des temples de la bistrologie rennaise. Fondé en 1993, ce bel établissement à la patine bienveillante doit sa longévité à ses fameux vins sous influence bio-nature. Servis par un personnel enjoué, ils se marient à merveille à une cuisine de bistrot très correcte (charcuteries, tartines montagnarde ou fromagère, plats du marché) relevée par des pâtisseries soignées.

Pleine Mer – *19 r. de St-Malo - ☏ 02 99 87 56 62 - merc.-sam.*

10h-14h, 19-21h ; dim. 10h-13h - sur place : huîtres creuses 5/11,20 € la douz., huîtres plates 12/18 € la douz. Après Paris, Éric Mayer et Sylvain Bertheau, ostréiculteurs à Cancale, ont ouvert leur bar à huîtres à Rennes en 2015. Ils ont pris la suite d'une vieille institution locale, *La Moule Rieuse*. Une adresse toute simple où ils servent aussi un tarama d'oursin et de cabillaud, du saumon fumé et, en dessert, *kouign-amann* ou far aux pommes caramélisées au beurre salé.

Café Breton – *14 r. Nantaise - ☏ 02 99 30 74 95 - www.cafe-breton.fr - fermé dim. et lun. soir - formules midi 13/16,50 - ardoise 17/21 €.* Cette ancienne épicerie a trouvé la recette du succès : suggestions du marché a l'ardoise, vieux mobilier de bistrot, terrasse, service sans chichis et atmosphère conviviale.

Baron Rouge – *15 r. du Chapitre - ☏ 02 99 79 08 09 - www. lebaronrouge.fr - fermé dim.-lun. et j. fériés - formule déj. 14,60/19,40 € - 26/31 € - carte 35/62 €.* Un plaisant cadre contemporain. Ambiance chic et décontractée, et cuisine du marché, variant au gré des saisons.

La Réserve – *36 r. de la Visitation - ☏ 02 99 84 02 02 - restaurant-lareserve-rennes.fr - fermé dim. et lun. - menus midi 17 €, soir 26/34 € - plats 14/25 €.* Des expositions de peintures sont régulièrement organisées dans ce restaurant à étages, très lumineux. Cuisine de marché traditionnelle et goûteuse : ne manquez pas le pot de foie gras chutney, mangue et ananas, ou la crème brulée aux pistaches et à la griotte !

Le Seven – *7 pl. St-Germain - ☏ 09 80 74 75 84 - lun.-merc. 12h-14h, jeu.-vend. 12h-14h, 19h-23h, sam. 19h-23h ; merc. et sam. soir sur réserv. seult - plat du jour 10 € (déj.), menus 13/17 €, carte* *env. 20 €.* Ce sympathique bistrot prolongé d'une petite terrasse s'inscrit parmi les valeurs très sûres du centre-ville. On vient ici pour les produits choisis chez les bons producteurs locaux, la cuisine qui file droit au goût, l'ambiance sans manières et le patron discret et bienveillant. Très bon esprit.

Un Midi dans les Vignes – *115 r. de Paris - ℰ 02 99 36 95 45 - lun.-vend. 12h-14h - formules 16,40/20 € - cave à vins : lun. 10h30-16h30, mar. et jeu. 10h-19h, merc. 12h-19h30, vend. 10h-20h, sam. 10h30-16h.* Cette cave-bistrot est un brin éloignée de l'hypercentre-ville. Pourtant, en quelques années seulement, elle a su se bâtir une enviable réputation. Il faut dire que la maison a de quoi captiver son monde, entre la cuisine très fraîche et généreuse d'Isabelle Ligeron et les vins naturels, biologiques ou issus de la biodynamie sélectionnés par son mari, Christophe.

Crêperie Saint-Melaine – *13 r St-Melaine - ℰ 02 99 38 72 06 - lun. 11h45-14h15, mar.-sam. 11h45-14h15, 19h-22h30 - menu 15 € midi et soir.* Derrière une devanture colorée, une crêperie de valeur sûre. Si les saveurs classiques l'emportent sur les ingrédients originaux, un bel effort est fait sur la qualité des produits : entre autres, farines biologiques pour des galettes et des crêpes de bon niveau. Mieux vaut réserver.

POUR SE FAIRE PLAISIR

Le Cours des Lices – *C3* - *18 pl. des Lices - ℰ 02 99 30 25 25 - www.lecoursdeslices.fr - 12h-14h30, 19h30-22h - fermé dim.-lun. - formule déj. 21 €, menus 35/46 €, carte 40/60 €.* Patronné par Anne et Jacques Faby, voici un classique de l'univers bistrotier rennais. Une volée de marches, et l'on pousse la porte de cette maison renommée qui fait face à la place des Lices. Produits frais et bien choisis, cuissons justes : le chef respecte les fondamentaux pour élaborer des assiettes de très bonne tenue. Celles-ci s'accompagnent de vins issus de châteaux prestigieux ou de domaines plus confidentiels.

Le Guehennec – *33 r. Nantaise - ℰ 02 99 65 51 30 - fermé 2 sem. en août, sam. midi, dim. et lun. soir - ♿ - menu déj. 25 € - 36/58 €.* Près de la place des Lices, ce petit restaurant intime propose une cuisine soignée, rythmée par les saisons et les produits du marché. Décor contemporain.

Rive sud de la Vilaine

PREMIER PRIX

La Kitchenette – *2 r. Jules-Simon - ℰ 09 81 72 76 60 - www.lakitchenette.fr - tlj sf lun. 9h-18h30, dim. 10h-14h30 - fermé 3 sem. en août - formules 9,10/12 €, brunch le dim. 18/23 € - sur place ou à emporter.* « Local, convivial et fait maison » : c'est ainsi que Léna et Lucie, les deux maîtresses des lieux conçoivent leur *fast good*. Sens aigu de l'accueil et volonté farouche de servir du frais et de l'original, le tout dans un décor soigné (en grande partie réalisé par des créatrices rennaises) avec charmante terrasse. Les assiettes sont gourmandes et généreuses : soupes en hiver, tartes salées fondantes et goûteuses, salades aux saveurs recherchées. Et les desserts sont un pur délice. Réservation conseillée pour le brunch du dimanche.

BUDGET MOYEN

Léon le Cochon – *6 r. du Pré-Botté - ℰ 02 99 79 37 54 - www.leonlecochon.fr - fermé Noël et Jour de l'An, dim. (juil.-août) - ♿ - formules déj. 12,40/16,50 € - 20,50/26,50 €.* Le bistrot canaille et branché du centre-ville. Décor plutôt chic – sans être guindé –, et cuisine visant juste : poisson à la plancha, cochonnailles et abats, menu du marché…

Le Quatre B – *4 pl. de Bretagne -* 𝄢 *02 99 30 42 01 - www.quatreb. fr - fermé sam. midi et dim. soir - formules déj. 12,60/16,60 € - 26/33 €.* Tout le monde à Rennes connaît Le Quatre B ! Il faut dire que son concept est une réussite, alliance d'un décor tendance et d'une cuisine a la fois soignée et gourmande. Beaucoup d'invention, beaucoup de succès.

Le Galopin – *21 av. Janvier -* 𝄢 *02 99 31 55 96 - www.legalopin. fr - fermé 2 sem. en août, sam. midi, dim. et j. fériés -* ♿ *- formule 19,50 € - menus 19,50/41 € - carte 36/70 €.* Une jolie brasserie à la façade rétro, avec banquettes, vivier, tables serrées… et l'ambiance très animée qui va avec. La carte, entre terre et mer – dont un menu homard –, manifeste un vrai souci de qualité. En prime, un service voiturier.

Chez Paul – *30 r. Poullain-Duparc -* 𝄢 *02 99 78 22 49 - mar.-sam. 12h-14h, 19h15-22h30 - fermé 3 sem. en août - formules déj. 14/17 €, carte 25/35 €.* Passé chez Yves Camdeborde, à Paris, et au *Tire-Bouchon*, à Rennes, Paul Béranger revisite l'esprit bistrot, autant dans le décor, simple, que dans l'assiette. Au coude à coude, à table ou au comptoir, des petites foules assouvissent leurs appétits grâce à une savoureuse cuisine de marché et de saison, arrosée de vins nature chinés auprès d'excellents vignerons.

Le Globe – *32 bd. de la Liberté -* 𝄢 *02 99 79 44 44 - 12h-14h30, 19h-23h - fermé dim., lun., mar. soir - formule 12,50/16,50 € le midi, 25-30 € le soir à la carte.* Depuis qu'Aymeric Kräml a ouvert son bistrot (soyez attentifs aux mosaïques Odorico du sol !), le bouche-à-oreille lui a taillé une belle réputation, bien méritée ! D'ailleurs, il vaut mieux réserver. Derrière sa verrière, il concocte, en solo, une belle cuisine de marché, simple et futée. Pensez à réserver.

POUR SE FAIRE PLAISIR

Les Carmes – *2 r. des Carmes -* 𝄢 *02 99 79 28 95 - mar.-vend. et sam. midi 12h-14h, 19h-23h - formule 17-20 € le midi, 32 € le soir - menus 33/49 €.* La réouverture de la table d'Etienne Mangerel, après des travaux réussis, fut en 2017 une bonne nouvelle pour les gastronomes Rennais. Dans ce bistrot chic et sobre, intelligemment repensé, le chef est très à cheval côté technique et fraîcheur des produits, mais reste nventif côté saveurs, toujours justes. En outre, il soigne l'esthétisme de ses assiettes, ajoutant aux plaisirs des papilles celui des yeux. À ne pas manquer.

À proximité

UNE FOLIE

Auberge du Pont d'Acigné – *8 r. Le-Pont-d'Acigné - 35530 Noyal-sur-Vilaine - 3 km au nord par la rte d'Acigné par la D 392 -* 𝄢 *02 99 62 52 55 - www.auberge-du-pont-dacigne.com - fermé 1 sem. en avr., 1ʳᵉ quinz. d'août, 1 sem. en oct., dim. soir et lun.-mar. -* 🅿 ♿ *- menu déj. 35 € - 63/115 €.* Voilà ce qu'on appelle une cuisine du terroir maîtrisée et créative ! Les assiettes se révèlent subtiles, très soignées et parfumées… Le cadre, élégant et lumineux, la terrasse en bord de la Vilaine, et le service très agréable viennent parfaire cette parenthèse gastronomique. Excellent choix de vins.

BOIRE UN VERRE

😊 **Bon à savoir** – Les bars des rues St-Michel et St-Georges, ou de la rue St-Malo dans un style plus alternatif, proposent souvent des concerts de rock.

Les rues Vasselot et St-Melaine sont moins bruyantes, mais aussi populaires aux beaux jours.

Centre historique

Le Grand Sommeil – *8 r. St-Sauveur - 📞 06 84 16 65 87 - 18h-1h.* Hommage au Rennais Étienne Daho ? Sans doute. Quoi qu'il en soit ce bar rock plutôt branché – mais pas trop, juste ce qu'il faut – est rempli de trentenaires qui viennent boire un verre dans une ambiance détendue. Terrasse fumeurs et délicieux mojitos.

Café Babylone – *12 r. des Dames - 📞 02 99 85 82 99 - 8h30-21h.* L'été, à l'ombre de la cathédrale et des arbres, la terrasse est très agréable. Entre dîneurs, amateurs de foot qui s'y pressent pour assister à des matchs sur les écrans du bar, et jeunes gens à l'apéro, l'ambiance est bon enfant.

Le Vieux Saint-Étienne – *43 r. de Dinan - 📞 02 99 65 35 47 - dim.-lun. 16h-1h, mar.-sam. 12h-1h.* Une jolie terrasse au pied du théâtre du Vieux St-Étienne, où l'on peut apprécier une belle carte des vins, grignoter des tartines, ou voir des matchs sur écran (le patron est fan de sport). L'agréable devanture cache un intérieur cosy (marbre, cheminée et vitraux). Un lieu très convivial où le petit noir est l'un des moins chers de la ville *(1,10 €).*

Le Dejazey – *54 r. de St-Malo - 📞 09 67 24 51 62 - ledejazeyrennes. wixsite.com/dejazey - tlj sf dim. 18h-3h.* Depuis 1996, il enchante les nuits rennaises. Pour danser, s'amuser, boire un verre entre amis, il n'y a pas mieux que ce « club-concert » tout en longueur. Concerts et DJ vend. et sam.

Les Petits Papiers – *2 pl. St-Germain - 📞 02 99 79 71 03 - tlj sf dim. 11h-1h.* Un vrai coup de cœur pour ce bistrot où l'accueil est chaleureux, les vins bien choisis, et les planches de charcuterie et fromages gourmandes *(plat du jour 8,50 €).* Les fidèles aiment surtout y venir en fin de journée pour profiter du calme de la terrasse. Les expos et concerts proposés certains jours, ajoutent au plaisir de ce lieu très sympathique, ouvert le lundi soir.

La Terrasse – *2 r. de la Palestine - parc du Thabor - 📞 09 53 14 40 96 - www.thabor.fr - 10h-19h, w.-end 12h-19h.* À l'ombre des grands arbres du Thabor, ce lieu offre un décor idyllique pour boire un verre, déjeuner *(tlj sf dim. 12h-14h - plat du jour 11 €)* ou bruncher *(dim. 12h-15h - 25 € - sur réserv. seult)* face au kiosque à musique et aux parterres fleuris.

Thé au fourneau – *11 r. des Portes-Mordelaises - 📞 02 99 78 25 36 - 10h-18h30 - fermé 3 sem. en août et dim.-lun. - 6,50/15 €.* Salé ou sucré ? Tartes, salades, thés, tartines et scones… Pour une escale gourmande de l'après-midi. Vente de thé en vrac.

Rive nord de la Vilaine

La Piste – *68 mail F.-Mitterrand - 📞 02 57 21 53 99 - 11h-23h.* Le mail sort de sa léthargie avec l'arrivée de sympathiques cafés dont *La Piste*, petite sœur du *Hibou* et du *St-Germain*, née en mai 2017. On y boit un verre autour de jolies planches tout en assistant à des tournois de palets ou de mölkky. Ambiance garantie !

Rive sud de la Vilaine

Le Progrès – *7 r. de la Chalotais - 📞 02 99 79 00 04 - ♿ - 8h30-21h - fermé dim.* Juste à côté du théâtre de la Parcheminerie et tout près de la place de la République, ce troquet dispose d'une terrasse très prisée pour l'apéritif aux beaux jours.

O'Rétroviseur – *19 r. Poullain-Duparc - ℰ 02 99 79 99 01 - lun. 10h-19h, mar.-vend. 12h-1h, sam. 17h30-1h.* Artistes et étudiants, mais aussi voisins, habitués du coin et visiteurs de passage s'accoudent au zinc de ce bar de quartier au look rétro ou bien s'installent en terrasse. La patronne soigne la déco en chinant dans les brocantes des objets hétéroclites et concocte des cocktails inédits qu'elle sert dans de grands pots à confiture. Ambiance animée et joyeuse.

Le Balthazar – *19 r. Mar.-Joffre et 28 r. Vasselot - ℰ 02 99 32 32 32 - www.hotel-balthazar.com - bar : tlj 8h-0h (dim. 23h).* Siroter un *drink* dans un cinq-étoiles, il n'y a rien de plus *hype* ! À Rennes, il faut aller prendre le thé ou commander un cocktail au bar de l'hôtel Balthazar dans son décor à la fois cosy et contemporain. En terrasse, si le temps le permet, ou bien à l'abri du salon feutré, l'escapade hors du temps et loin des clameurs de la ville vaut absolument le détour.

ACHATS

Le marché – *Pl. des Lices - sam. mat.* Un des plus beaux marchés de France *(voir p. 33)* ; le jeudi matin à Châteaugiron.

Halles centrales – *Pl. Honoré-Commeurec - www.les-halles-liberte.fr - 8h-19h30, dim. et j. fériés 8h-12h30.* Marché alimentaire quotidien, sous une halle couverte datant des années 1920. Fromagerie Jean-Yves Bordier et produits Roellinger chez « Olives et saveurs ».

Mint – *12 r. du Champ-Jacquet - ℰ 02 99 02 10 31 - www.facebook.com/mintrennesboutique - mar.-vend. 11h-13h30, 14h30-19h, sam. 11h-19h.* Réunies dans un petit lieu cosy, quatre créatrices – Armêl s'en mêle, La Bohême,

Guapa Factory et Stereo Fields Forever – exposent leurs créations et leurs trouvailles : bijoux, vaisselle chinée, vases, bougeoirs, carnets… De bien jolies choses dans l'air du temps. Un vrai coup de cœur !

Ti Breizh – *2 r. Hoche - ℰ 02 99 79 17 83 - www.ti-breiz.com - lun. 14h-19h, mar.-sam. 10h30-12h30, 14h-19h.* Tous les symboles bretons sont là, du bol à prénom de la célèbre faïencerie Henriot-Quimper aux caramels au beurre salé en passant par les pulls marins, marinières et autres cirés jaunes, ou bien encore, le Gwenn ha Du (drapeau breton), les croix celtiques, l'hermine et le triskell.

La Supérette – *7 r. Hoche - ℰ 02 30 02 34 68 - lasuperetteboutique.tumblr.com - mar.-sam. 10h30-19h.* Dans l'esprit des échoppes dédiées à la création artisanale et locale, La Supérette est une référence. Son atmosphère subtilement feutrée invite à prendre son temps pour découvrir les créations made in Rennes, parfaitement mises en valeur. Il n'est pas simple de résister aux pochettes Mina Lou, aux sautoirs et colliers plastrons Marcel Bonnet, aux bijoux rouges Anna Elleouet, aux bracelets Loulataï… Essayez pour voir !

Le Daniel – *19 r. Jules-Simon - ℰ 02 99 78 85 82 - www.patisserieledaniel.fr - lun. 14h-19h, mar.-sam. 9h-19h, dim. 9h-13h. Et aussi 13 r. de la Monnaie.* Meilleur ouvrier de France, Laurent Le Daniel réjouit les Rennais avec ses créations pâtissières, chocolats, macarons, glaces et confiseries depuis 1998. En attendant de faire votre choix, contemplez, au sol de la boutique, la mosaïque d'Isidore Odorico. Et testez le « Cœur de Bretagne » (mousse de chocolat au lait, crème brûlée au chocolat noir, caramel au beurre salé et

1

biscuit noisette). Sinon, la glace à la pistache n'est pas mal non plus.

Les Boutiques de Joseph – *www.boutiquesdejoseph.com - épicerie fine : 32 av. Jean-Janvier (☎ 02 23 50 55 61), 8h-20h30, sam. 10h-20h30, dim. 10h-22h ; salon de thé : 30b av. Jean-Janvier (☎ 02 99 30 19 90), lun.-vend. 7h30-19h30 ; cave à vins : 49 av. Jean-Janvier (☎ 02 23 44 18 24), mar.-vend. 9h30-13h, 15h-20h, sam. 10h-13h, 15h-20h ; boulangerie : 30a av. Jean-Janvier (☎ 02 23 50 55 47), tlj sf sam. 6h30-14h, 16h30-20h30, dim. 6h30-13h.* Ce quatuor de bonnes adresses au design soigné est concentré près de la gare : une aubaine dans ce quartier, toujours en cours d'aménagement. Plein de bonnes choses comme de délicieuses chips au sarrasin à la boulangerie.

EN SOIRÉE

🛈 **Bon à savoir** – Plusieurs gratuits se révèlent bien utiles pour connaître les événements culturels de Rennes et alentour. Parmi eux, le mensuel municipal, *Les Rennais*, et *Wik* sont disponibles à l'OT qui propose un agenda sur son site Internet. Signalons aussi le « webzine » culturel *Unidivers* (*www.unidivers.fr*).

Théâtre national de Bretagne (TNB) – *1 r. St-Hélier - ☎ 02 99 31 12 31 - www.t-n-b.fr - &. - réserv. : mar. 11h-19h, merc.-sam. 13h-19h - fermé de mi-juil. à fin août, dim. et lun.* Ce lieu créé en 1990 est centré surtout sur le théâtre et la danse.

Opéra de Rennes – *Pl. de la Mairie - ☎ 02 23 62 28 28 - www. opera-rennes.com - &. - réserv. : 13h-19h - fermé dim.-lun. et de mi-juil. à déb. sept.* L'opéra propose chaque année 8 ou 9 ouvrages lyriques et concerts (de Monteverdi à la création contemporaine), et autant de concerts : opéra, opérette, musique de chambre, récital et musique baroque. Il dispose d'un chœur semi-professionnel d'une trentaine de chanteurs, recourt à l'orchestre symphonique de Bretagne et collabore avec la Maîtrise de Bretagne et le TNB.

Conservatoire à Rayonnement Régional de Rennes – *26 r. Hoche - ☎ 02 23 62 22 50 - www.conservatoire-rennes. fr - &. - période scol. : lun. et jeu.-vend. 8h15-20h30, mar.-jeu. 8h15-22h, sam. 9h-18h ; vac. scol. : lun.-vend. 9h-16h30 - fermé de mi-juil. à mi-août, dim. et j. fériés - gratuit (certains concerts 11 €).* L'établissement d'enseignement artistique est aussi un centre culturel a part entière, avec près de 150 manifestations par saison.

Le Triangle (Cité de la Danse) – *Bd de Yougoslavie - ☎ 02 99 22 27 27 - www.letriangle.org - &. - lun.-mar. et jeu.-vend. 14h-19h, merc. 10h-19h, sam. 10h-17h - fermé de mi-juil. à mi-août, dim., 25 déc. et 1er janv. - tarifs variables (5/19 €) selon les spectacles, se rens.* Ce centre culturel ouvre ses portes a la danse contemporaine et aux arts plastiques, mais aussi a la poésie et aux musiques actuelles (studio de création musicale). Plusieurs salles (15 à 250 places) et un auditorium (633 places).

Péniche-Spectacles - Théâtre du Pré Perché – *30 quai St-Cyr - ☎ 02 99 59 35 38 - www. penichespectacle.com - fermé juil.-août - tarifs variables (6/14 €) selon les spectacles, se rens.* Deux péniches sont amarrées Quai St-Cyr : *L'Arbre d'eau* et *La Dame Blanche* proposent spectacles pour enfants, ateliers et expositions. En été, la péniche-spectacle part en balade sur les canaux bretons.

ADEC - Maison du Théâtre Amateur – 45 r. Papu - ☏ 02 99 33 20 01 - adec-theatre-amateur. fr - ♿ - bibliothèque : lun.-vend. 14h30-18h ; théâtre : 9h-17h - fermé 15 juil.-25 août - 4/6 €. On y présente des spectacles de troupes amateurs. Au 16 r. Papu – l'une des plus importantes bibliothèques théâtrales de France – abrite un fonds d'œuvres considérable (nombreux auteurs contemporains).

Le Liberté, L'Étage et le MusikHall – ☏ 02 99 85 84 84 - www.leliberte.fr - ♿ - mar.-sam. 12h-19h - fermé sam. en juin, mi-juil.-mi-août. Ces salles accueillent toute l'année concerts nationaux et festivals. La Liberté (5 300 places) et L'Étage (950 places) se trouvent dans le centre, sur l'espl. du Gén.-de-Gaulle, Le MusikHall (7 000 places) en périphérie, a Bruz, dans le parc des Expositions. Accueil-billetterie des trois salles au Liberté (mar.-sam. 12h-19h - fermé sam. en juin).

ACTIVITÉS

👥 Parc des Gayeulles – R. du Professeur Maurice Audin - au nord-est du centre, accessible par la ligne de bus n° 3, dir. St-Laurent. Piscine, patinoire, accrobranche et le festival Quartiers d'été pour jeune public (2 j. fin juil.).

👥 Étang d'Apigné - Base de loisirs – 35550 Le Rheu - ☏ 02 99 60 71 31 - centre nautique ou 02 23 62 10 10 (mairie de Rennes) - tte l'année, baignade surveillée en juil.-août seult. Ancienne sablière devenue aujourd'hui poumon vert des Rennais, cette base de loisirs en périphérie (direction Vannes) offre une plage surveillée, un espace réservé au modélisme et un lieu de pratique pour le club nautique de Rennes. De mai a septembre, une navette vous permet de rejoindre le site en transports en commun depuis la place de la République (15mn, se rens. pour les h. sur www.star.fr).

AGENDA

Quartiers d'Été – www.quartiers-en-scène.fr - 2ᵉ quinz. de mars - gratuit/5 €/10 € (-18 ans 5 €). Festival de spectacle vivant (théâtre, cabaret, contes, etc.) dans les divers Cercles Paul-Bert de la ville.

Tombées de la Nuit – mai-juil. - ☏ 02 99 32 56 56 - www.lestombeesdelanuit.com. Plus de 80 spectacles de rue, théâtre, concerts, opéras, reprises ou créations contemporaines, dans le centre-ville et deux quartiers.

Transat en ville – Juil.-août. Spectacles dans les quartiers et détente dans des transats sur la place de l'Hôtel-de-Ville.

Rendez-vous place du Parlement – Place du Parlement - www.rendez-vous-parlement. com - mi-juillet-août, 22h30. Spectacle gratuit avec musique et projections d'images sur la façade du parlement.

Biennale d'art contemporain – www.lesateliersderennes.fr - en automne, les années paires. Expositions au couvent des Jacobins et ailleurs dans la ville.

Festival Yaouank – www.yaouank.com - en novembre. Durant trois semaines, ce festival des musiques bretonnes investit plusieurs lieux culturels de la ville. Concerts, théâtre, cinéma et aussi le plus grand fest-noz de Bretagne au MusikHall, parc des Expositions.

« Trans Musicales » de Rennes – 1ʳᵉ sem. de déc. - ☏ 02 99 31 11 88 - www.lestrans.com. Depuis près de quarante ans, trois jours de musique et de fête. Une institution.

1

Vitré

17571 Vitréens – Ille-et-Vilaine (35)

Aux marches de la Bretagne, Vitré a longtemps défendu la région du haut de son éperon rocheux où s'élève le château. Aujourd'hui, riche de son histoire, elle accueille, souriante et vivante, ceux qui veulent explorer ses remparts, ses ruelles, ses maisons à porche et toits d'ardoise et son château, bien sûr ! Vitré, la médiévale bien dans son temps, est à découvrir.

😊 NOS ADRESSES PAGE 59
Hébergement, restauration, achats, activités, etc.

🛈 S'INFORMER

Office du tourisme de Vitré – *Pl. du Gén.-de-Gaulle - 35500 Vitré - ☎ 02 99 75 04 46 - http://bretagne-vitre.com - juil.-août : 9h30-12h30, 14h-18h30, dim. et j. fériés 10h-12h30, 15h-18h (se rens.) ; avr.-juin et sept. : tlj sf dim. et j. fériés 9h30-12h30, 14h30-18h, sam. 10h-12h30, 15h-17h, lun. 14h-18h30 ; reste de l'année : tlj sf dim. 9h30-12h30, 14h30-18h, sam. 10h-12h30, 15h-17h, lun.-mar. 14h30-18h - fermé 1ᵉʳ janv., 1ᵉʳ et 11 Nov., 25 déc.*
Visites-découvertes – *Avr.-sept. : horaires et dates, se rens. - 6 € (-18 ans 4 €). Sept visites thématiques.*
Office du tourisme de La Guerche-de-Bretagne – *Centre Culturel Patrick-Lasourd - 35130 La Guerche-de-Bretagne - ☎ 02 99 96 30 78 - www.vivre-au-pays-guerchais.com -*

en sais. : 9h45-12h30, 14h-17h45, sam. 8h45-12h30, jeu. 9h45-12h30 ; reste de l'année : tlj sf lun. 9h45-12h30, 14h-17h45, sam. 8h45-12h30, jeu. 9h45-12h30 - fermé dim., 1ᵉʳ janv., 1ᵉʳ et 8 Mai, 1ᵉʳ et 11 Nov., 25 déc.

▶ SE REPÉRER

Carte de microrégion D2 (pp. 26-27) – Vitré se situe à l'intersection des D 857 et D 178. La première mène à Rennes (40 km à l'ouest) et la seconde relie Nantes à Fougères (30 km au nord).

🕐 ORGANISER SON TEMPS

Comptez une bonne demi-journée pour faire le tour de la cité.

😊 À NE PAS MANQUER

La visite du château et des ruelles en contrebas, le panorama sur la ville depuis les Tertres-Noirs, l'ensemble de mégalithes de la Roche-aux-Fées.

Découvrir

★★ Le château A

Pl. du Château - ☎ 02 99 75 04 54 - www.mairie-vitre.com - juil.-août : 10h-18h ; avr.-juin et sept. : 10h-12h30, 14h-18h, dim. 14h-18h ; mars et oct. : 10h-12h30, 14h-18h ; reste de l'année : 10h30-12h30, 14h-17h, w.-end 14h-17h - fermé mar., 1ᵉʳ janv., dim. de Pâques, 1ᵉʳ nov., 25 déc. - possibilité de visite guidée (45mn) - 6 € (-18 ans gratuit).

Depuis le 11ᵉ s. le château veille sur les remparts, les ruelles et la campagne environnante. Transformé aux 13ᵉ, 14ᵉ, 15ᵉ et 16ᵉ s, il a conservé tout son lustre que l'on observe dès l'entrée, laquelle est défendue par un pont-levis et un puissant châtelet flanqué de deux grosses tours à mâchicoulis. À l'angle sud

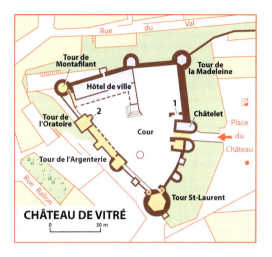

CHÂTEAU DE VITRÉ

0 — 30 m

se dresse le donjon, ou tour St-Laurent du haut de laquelle la vue sur l'enchevêtrement des toits d'ardoises de la ville permet de saisir l'étroitesse des rues ; à l'angle nord-est, la tour de la Madeleine ; à l'angle nord-ouest, la tour de Montafilant. Une enceinte court tout le long. Dans la cour, à droite, un porche roman **(1)** et ses claveaux de couleurs alternées (granit roux et schiste noir) ; l'hôtel de ville (1913) est adossé au front nord. Sur la tour de l'Oratoire, un joli oratoire, plus ancien, témoin de l'architecture Renaissance en Bretagne **(2)**.

La tour St-Laurent abrite, entre autres, des sculptures des 15ᵉ et 16ᵉ s. provenant de maisons de Vitré : une belle cheminée (1583) d'une maison de la rue de la Poterie a été remontée, le tombeau de Gui X, seigneur de Laval et de Vitré (15ᵉ s.), des tapisseries des Flandres (16ᵉ s.) et d'Aubusson (17ᵉ s.) ainsi que des blasons de marchands d'outre-mer *(voir encadré p. 56)*. Un étage est consacré à Aimée des Nétumières (19ᵉ s.). La tour de l'Argenterie abrite un cabinet de curiosités dont la collection d'histoire naturelle remonte à la fin du 19ᵉ s.

Les 82 marches de la tour de Montafilant *(fermée à la visite au moment de la rédaction de ce guide)* mènent à une plate-forme d'où l'on a une superbe **vue★** sur la ville, les quartiers des Tertres-Noirs et du Bourg-aux-Moines, la Vilaine et une ancienne tannerie.

Gagnez, par la courtine, la tour de l'Oratoire, où un beau **triptyque★** (16ᵉ s.) est orné de trente-deux plaques d'émaux de Limoges.

Se promener Plan de ville p. 56

★ CIRCUIT URBAIN

▸ *Partez de la place du Château, prenez la rue Notre-Dame, puis tournez à droite.*

★★ Rue de la Baudrairie A2
Cette rue, qui tire son nom de la confrérie des baudroyers, artisans du cuir, est la plus curieuse de Vitré. Chaque maison mérite d'être détaillée, comme le n° 5 qui a conservé son escalier extérieur, son décor peint de la fin du 15ᵉ s. (restauré) et son étal. Au n° 25, maison à pans de bois ornée de quatre têtes sculptées ; au n° 27, les ornements sont des têtes de lion. En face, au n° 30, belle porte en pierre sculptée.

Rue d'En-Bas A2

Admirez les nombreuses maisons à pans de bois. Au n° 10 se dresse l'ancien **hôtel du Bol d'Or** (fin 15e s.), entièrement en pierre, dont la tourelle d'escalier est très étrangement coiffée. La bâtisse du n° 20 a été construite en 1513 pour le marchand Thibault Le Coq. Longez-la sur la gauche pour apprécier la fenêtre à meneaux et sa frise sculptée ; la maison se prolonge autour d'une cour intérieure. Au n° 30, une belle demeure en pierre et pans de bois au décor sculpté.

À l'extrémité de la rue, au niveau de la tour (vestige d'une des portes de la ville), prenez la promenade St-Yves. Place du Gén.-de-Gaulle, tournez à gauche rue Garangeot. Vous croiserez la rue Sévigné : au n° 9, l'hôtel de Sévigné-Nétumières (début du 18e s.) a remplacé la « Maison de la tour de Sévigné » où habita la célèbre marquise *(voir p. 58).*

Tournez à droite.

Rue de la Poterie A2

Vitré est l'une des villes de France qui a conservé le plus de maisons à porche, datant de l'époque où le commerce du chanvre fit la fortune des marchands d'Outre-Mer. Vous en admirerez dans cette rue. La **maison de l'Isle** (carrefour rue de la Poterie-rue Sévigné) a la particularité d'être non mitoyenne et à double encorbellement.

Rejoignez à gauche la place du Marchix, puis prenez à droite la rue Notre-Dame qui conduit à la place de la République.

★ **Remparts** B1

Place de la République, la tour de la Bridolle (13e-15e s.) est coiffée de mâchicoulis. Au sud, les remparts suivaient l'actuelle rue de la Borderie (vestiges de la tour des Claviers au n° 16, intégrés dans un immeuble moderne), la place

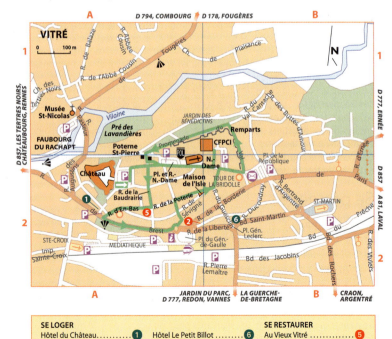

SE LOGER		SE RESTAURER	
Hôtel du Château..........❶	Hôtel Le Petit Billot ....❻	Au Vieux Vitré ....❺	
		Copains comme Cochons...❷	

Vitré, château et l'église Saint-Martin.
F. Guiziou/hemis.fr

St-Yves, et et rattrapaient le château. Si beaucoup de fragments sont enclavés dans les propriétés mais au nord et à l'est, l'enceinte est toujours debout. Le front est (13e s.), a connu une première restauration en 1590 ; le front nord se raccroche directement au château de Vitré.

La rue de Paris, qui s'ouvre sur cette même place, conserve encore des maisons anciennes.

Sur la place de la République, franchissez une belle grille (à gauche) ; elle ouvre sur la promenade du Val qui fait le tour de l'enceinte. Vers le bas de l'allée, après avoir dépassé une ancienne barrière, prenez à gauche la rampe qui passe sous la poterne St-Pierre ; suivez la rue du Bas-Val, en montée, et tournez à droite en arrivant sur la place, puis à gauche dans la rue Notre-Dame.

★ Église Notre-Dame A2

R. Notre-Dame - ☎ 02 99 75 02 78 - ♿ - 9h-17h - fermé j. fériés.

Elle fut édifiée aux 15e et 16e s. sur une église plus ancienne (11e s.) grâce aux riches marchands vitréens. La façade sud, avec ses sept pignons décorés de pinacles, ses deux portes finement sculptées et leurs vantaux, et sa chaire extérieure d'où s'effectuait la prédication pour les fidèles rassemblés, est la la partie plus curieuse. À l'intérieur, on peut voir de nombreux retables et, dans le bas-côté droit *(3e travée)*, un beau vitrail Renaissance figurant l'entrée du Christ à Jérusalem.

Centre français du Patrimoine culturel immatériel de l'Unesco - Maison des Cultures du monde (CFPCI)

2 r. des Bénédictins - ☎ 02 99 75 82 90 - www.maisondesculturesdumonde.org - ♿ - visite guidée sur demande préalable (1h) mar.-vend. 14h-18h - mar.-dim. pdt les expositions - fermé 1er janv., 25 déc.

Niché dans l'ancien **prieuré des Bénédictins** (17e s.), voisin de l'église Notre-Dame, il propose une petite exposition permanente d'instruments de musique du monde ainsi que des expositions temporaires.

> **TOILES DE CHANVRE ET BAS DE FIL**
> Du 15e au 17e s., Vitré fut une des plus actives cités bretonnes. Ses draps de laine, ses toiles de chanvre et ses bas de fil se vendaient en France, en Angleterre, en Allemagne, en Espagne et jusqu'en Amérique et aux Indes. Groupés à partir de 1472 au sein de la confrérie des Marchands d'outre-mer fondée, les commerçants vitréens construisirent à cette époque les riches demeures à pans de bois que vous pouvez voir encore aujourd'hui.

Rue Notre-Dame admirez, au n° 27, l'ancien hôtel Ringues de la Troussanais (16e s.), aux porches et lucarnes finement ouvragés.
Faites demi-tour et gagnez la place du Château.

QUARTIERS PÉRIPHÉRIQUES

Faubourg du Rachapt A1

Pendant la guerre de Cent ans, ce faubourg fut occupé plusieurs années par les Anglais, alors que la ville et le château résistaient à toutes les attaques. Les Vitréens achetèrent le départ des envahisseurs, d'où le nom donné à l'agglomération. Au pied du château, le faubourg traverse la vallée de la Vilaine et escalade le flanc nord. En suivant la rue Pasteur, on a une vue panoramique sur la rivière et le **pré des Lavandières**. Ce site naturel permet de pique-niquer agréablement face aux anciens lavoirs.

Musée Saint-Nicolas A1

R. Pasteur - ✆ 02 99 75 04 54 - www.mairie-vitre.fr - fermé au moment de la rédaction de ce guide. Cette chapelle du 15e s., aux peintures murales des 15e s. et 16e s., abrite un musée d'art sacré. Le maître-autel en bois doré est du 18e s.

★★ Tertres-Noirs Hors plan

Accès par la rue de Brest et le chemin des Tertres-Noirs, à droite après le pont sur la Vilaine.
De ce terre-plein ombragé par les sapins et les marronniers, on jouit d'une belle **vue★★** sur Vitré, son site et son château.

★ Jardin du Parc Hors plan

Prenez la direction de Redon.
Le Jardin du Parc de style anglais, étendu sur 7 ha et orné d'un plan d'eau et d'un kiosque à musique, constitue lui aussi un lieu de pique-nique appréciable.

À proximité Carte de microrégion p. 26-27

★ Champeaux C2

9 km à l'ouest. Quittez Vitré en direction de Rennes. À 2 km de la ville, tournez à droite (D 29).
La **place★** du village est un joli tableau : son église collégiale, sa mairie coiffée d'un grand toit à quatre pans et et ses vieilles demeures des chanoines, groupées autour du puits du Chapitre.
La **collégiale** (14e et 15e s.), à nef unique, présente des **stalles★** à baldaquin de la Renaissance et une élégante porte de même époque qui donne accès à la sacristie, ancienne salle capitulaire. Deux beaux **vitraux★** Renaissance, créés à Rennes, attirent l'attention : l'un dans l'abside représente la Passion du Christ, l'autre dans la sacristie figure le sacrifice d'Abraham. Dans la nef, la

chapelle de droite abrite un retable du 17e s. illustrant des scènes de la Passion, et celle de gauche, une Vierge du 14e s., tous les deux en bois polychrome. L'ensemble vient de bénéficier d'une restauration complète.

Parc du Bois-Cornillé – *5 km au nord de Champeaux par Val-d'Izé - R. du Château - ☏ 06 07 79 11 32 - ♿ - juil.-août : 10h-19h ; mai-juin et sept. : w.-end 10h-19h ; reste de l'année : sur demande préalable - possibilité de visite guidée sur demande (1h30) - 4 € (-18 ans gratuit).* L'été, il fait bon y flâner. De grands paysagistes – les frères Bülher en 1872, puis Édouard André – ont donné rigueur et fantaisie à ce domaine – labellisé « Jardin remarquable » – où se cache un étang muré, avec ses chênes d'Amérique et ses petits ponts de bois.

Circuit conseillé Carte de microrégion p. 26-27

AU PAYS DES LÉGENDES C-D/2-3

▷ *Circuit de 80 km, tracé en rouge sur la carte - une demi-journée. Quittez Vitré par la D 88 en direction d'Argentré-du-Plessis.*

Château des Rochers-Sévigné D2

À la sortie de la forêt du Pertre, prenez à gauche l'allée du château - Rte d'Argen-tré-du-Plessis - ☏ 02 99 75 04 54 - visite guidée (45mn) mars-oct. : 10h-12h30, 14h-18h - fermé mar. (mars. et oct.), déc.-fév., dim. de Pâques, 1er nov., 25 déc. - 6 € (-18 ans gratuit).

Récemment et joliment rénovée, l'**orangerie** abrite un musée dédié à l'incroyable vie de Marie de Rabutin-Chantal, marquise de Sévigné (1626-1696). Devenue bretonne par mariage, elle fit de longs séjours ici pour se « mettre au vert » et se faire oublier du roi. La visite, qui tourne autour de cette belle aristocrate, intellectuelle, féministe avant l'heure, spirituelle et parfois frivole, est passionnante. Le **château**, construit au 15e s. et remanié au 17e s., est habité. Outre la chapelle construite en 1671 pour le « bien bon » abbé de Coulanges, oncle maternel de la marquise, on ne visite que deux pièces dans la grosse tour nord. Dans le Cabinet vert, on voit quelques objets personnels de la marquise : des tableaux de famille, son portrait, des autographes et divers documents qui rappellent ses talents épistolaires.

Le **jardin à la française**, ses broderies de gazon et ses 5 000 fleurs, a été réalisé d'après les dessins de Le Nôtre. Au-dessus, Mme de Sévigné a fait construire la place Coulanges, dont les murs en hémicycle produisent un surprenant double écho (placez-vous sur les carrés de pierre), où elle venait déclamer quelques vers. Elle l'appelait « ce petit rediseur de mots jusque dans l'oreille ». Au-delà se déploie le grand **parc** boisé, son labyrinthe, ses allées dont les noms évoquent la marquise et son milieu littéraire : le Mail, la Solitaire, l'Infini…

Empruntez la D 88 en direction de Craon, puis à Cuillé prenez à droite la D 32.

La Guerche-de-Bretagne D3

Aux confins de la Bretagne et de la Mayenne, cette ancienne baronnie, dont Du Guesclin fut le seigneur, abrite une forêt aux nombreux sentiers.

Collégiale – De sa création (1206) ne subsistent que le chœur, son abside et la tour romane. La nef et le collatéral sud ont été reconstruits au 16e s. Le bas-côté nord et le clocher à galeries hautes datent de la fin du 19e s. On note les sablières ornant la voûte en bois de la nef et, au fond de l'abside, un vitrail représentant l'Assomption. Les **stalles** (début du 16e s.) sont ornées d'amusantes miséricordes gothiques.

1

Maisons anciennes – Une quinzaine de maisons à porches et à pans de bois (16e-17e s.) se dressent place du Gén.-De-Gaulle et près de l'église, rue du Cheval-Blanc et rue de Nantes.

Quittez La Guerche-de-Bretagne par la D 463 en direction de Rennes, puis à Visseiche prenez à gauche la D 48 vers Marcillé-Robert. On atteint une branche de l'étang de Marcillé, formé au confluent des vallées de la Seiche et de l'Ardenne. À la sortie de Marcillé-Robert, prenez à gauche vers Retiers ; longez la seconde branche du lac. Tournez à droite 800 m plus loin en direction du Theil, puis encore à droite, à 3 km. À 800 m à droite de la route se trouve la Roche-aux-Fées.

★ La Roche-aux-Fées C3

L'un des beaux monuments mégalithiques de Bretagne, possiblement construit au néolithique moyen (4e millénaire) à partir de schiste rouge. Des études ont montré que ses pierres ont été déplacées sur près de 4 km, mais la légende raconte que des fées les auraient transportées dans leur tablier !

Cette tombe à couloir compte 42 pierres, dont une demi-douzaine de 40 à 45 t chacune. Elle comprend une entrée monumentale en portique, suivie d'un couloir bas conduisant à une vaste chambre compartimentée (14 m de long, 4 de large et 2 de hauteur).

Maison de la Roche-aux-Fées – *La Roche - 35150 Essé -* ☏ *0 820 20 52 35 - www. cc-rocheauxfees.fr -* ♿ *- juil.-août : 11h-18h ; du dim. de Pâques à fin juin et sept. : w.-end, j. fériés et vac. scol. 11h-18h - fermé 1er et 11 Nov., 25-26 déc. - visite guidée possible (1h) - gratuit.* À proximité du site, le point d'information touristique propose des animations, des expositions ainsi que la projection d'un court-métrage sur le mégalithisme. Un espace d'interprétation invite à imaginer ce qui inspirait ces hommes du néolithique.

Faites demi-tour, gagnez Le Theil et prenez à gauche vers Ste-Colombe.

De la route, vue sur le **lac des Mottes**, charmant plan d'eau artificiel entouré d'arbres superbes.

Rejoignez Retiers par la D 47.

Retiers C3

Dans cette coquette localité, l'église abrite cinq tableaux et trois retables des 17e et 18e s. en bois sculpté.

Vous pouvez regagner La Guerche par Arbrissel et Rannée par la D 47 puis la D 178.

😊 NOS ADRESSES À VITRÉ

HÉBERGEMENT

BUDGET MOYEN

Le Petit Billot – *5 bis pl. du Gén.-Leclerc -* ☏ *02 99 75 02 10 - www. hotel-vitre.com -* 🅿 *- wifi - 21 ch. 65/68 € -* ☕ *9 € - 1/2 P 85 €.* Bien placé a deux pas de la gare, ce petit hôtel abrite des chambres toutes différentes. Le service aux petits soins compense la décoration désuète (rénovation en cours). Quelques chambres familiales.

Hôtel du Château – *5 r. Rallon -* ☏ *02 99 74 58 59 - www. hotelduchateauvitre.fr - fermé 25 déc. et 1er janv. -* 🅿 *public gratuit ou privé 4,50 € -* ♿ *- wifi - 23 ch. 77 € -* ☕ *9 €.* Cet hôtel familial est posté au pied du château de Vitré et certaines de ses chambres bénéficient d'une jolie vue sur l'édifice. Patio pour les petit-déjeuner. L'accueil est chaleureux.

Hôtel Ibis – *1 bd Chateaubriant -* ☏ *02 99 75 51 70 - www.ibishotel. com -* 🅿 *6 € -* ♿ *- wifi - 62 ch.*

63/89 € - 9,90 €. Cet hôtel récent, à proximité du centre médiéval, dispose de chambres au mobilier fonctionnel (mini-dressing). Celles donnant sur le parc à l'arrière sont plus calmes.

RESTAURATION

PREMIER PRIX

Au Vieux Vitré – *1 r. d'En-Bas - 02 99 75 02 52 - - fermé dim.-lun. et 2 sem. en août - formule déj. en sem. 12,20 €.* C'est la seule maison privée de Vitré classée Monument historique ; la façade et la cheminée datent du 16e s. C'est aujourd'hui une pizzeria-grill au feu de bois, tenue par un couple chaleureux et dynamique.

La Clé des Champs – *1 bd de Laval - 02 23 55 24 40 - www. creperie-vitre.fr - du mar. midi au dim. midi et du jeu. soir au sam. soir - fermé 5-26 août - menus 13,20/15,35 €.* Cette crêperie, un peu excentrée, mérite le détour pour la qualité de ses produits 100 % bio. Également salades et tartes aux légumes.

Copains comme cochons – *26 r. Neuve - 09 84 42 52 04 - du lun. au vend. midi et le vend. soir. - 12,50/15,50 €.* Ouvert ces dernières années, ce bistrot à la déco amusante anime la petite rue Neuve et sa terrasse. Sa salle et son comptoir ne désemplissent pas (mieux vaut réserver). Cuisine bistrotière, élaborée à partir de produits frais et de saison, qui revisite avec brio des plats classiques. La carte est courte – un bon signe. Service efficace.

À proximité

BUDGET MOYEN

La Calèche – *16 av. du Gén.-Leclerc - 35130 La Guerche-de-Bretagne - 22 km au sud - 02 99 96 21 63 - www.hotel-restaurant-la-guerche-de-bretagne.catchop.*

fr - fermé sam. soir et dim. soir 25-31 déc. - 16/40 € - 12 ch. 70 € - 11 €. Une cuisine du terroir, servie dans une salle familiale, doublée d'une véranda et d'un coin bistrot.

BOIRE UN VERRE

Bon à savoir – La rue d'En-Bas est la rue des bars et des restaurants. On y trouve plusieurs bars de nuit comme l'Aston Bar, le Machin Truk ou le Triskell qui sont prisés de la jeunesse vitréenne.

Bar du Golf des Rochers-Sévigné – *Les Rochers - 02 99 96 52 52 - www.vitre-golf.com - - 9h-18h - fermé lun. (déc.-fév.), 25 déc.-3 janv.* Charmant bar du golf établi dans les anciennes écuries du château où séjourna Mme de Sévigné. La terrasse permet d'admirer ce superbe édifice tout en prenant un verre.

ACHATS

Marché – *Lun. mat. et sam. mat. à Vitré, pl. de la République ; mar. mat. à La Guerche-de-Bretagne.*

Les Fermettes – *15 r. Garengeot - 02 99 74 58 14 - 8h-12h45, 15h-19h30, sam. 8h-19h30, dim. 9h-12h30 - fermé lun.* Épicerie, proposant une sélection de spécialités bretonnes mais aussi de quoi confectionner un pique-nique avec des produits frais.

ACTIVITÉS

ANCPV – *Bassin de Haute-Vilaine - 35500 St-M'Hervé - 02 99 76 74 46 - www.ancpv.com - 9h-12h, 14h-17h30, sam. 14h-17h30 - fermé dim.* Base nautique (catamaran, dériveur, planche a voile, aviron et canoë…). Location et stages.

AGENDA

Les jeudis de l'été « terroir et traditions » – *Esplanade de la Gare - jeu. en juil.-août.* Produits du terroir, artisanat et animations.

1

Redon

8921 Redonnais – Ille-et-Vilaine (35)

Situé au cœur d'un important réseau de voies navigables, Redon occupe une position frontalière au contact de trois départements – Ille-et-Vilaine, Loire-Atlantique et Morbihan. Les marins d'eau douce viennent en nombre apprécier le charme du port de plaisance bordé d'anciens greniers à sel et de maisons d'armateurs. Après une flânerie dans les ruelles de la bourgade, offrez-vous une balade au fil de l'eau.

☺ NOS ADRESSES PAGE 63
Hébergement, restauration, achats, activités, etc.

ⓘ S'INFORMER

Office du tourisme du Pays de Redon – *Pl. de la République - 35600 Redon - ☏ 02 99 71 06 04 - www.tourisme-pays-redon. com - ♿ - juil.-août : 9h30-13h, 14h-18h30, dim. et j. fériés 10h-12h30, 15h-17h30 ; avr.-juin et sept.-oct. : tlj sf dim. 9h30-12h30, 14h-18h, sam. 10h-12h30, 14h-17h ; reste de l'année : lun., merc. et vend. 9h30-12h30, 14h-18h, jeu. et sam. 9h30-12h30 - fermé de mi-sept. à fin oct., 1ᵉʳ janv., lun. de Pâques, 1ᵉʳ et 8 Mai, 1ᵉʳ et 11 Nov., 25 déc. Organisation de visites guidées (2h) juil.-août : lun. et jeu. ; visites nature et patrimoine juil.-août : merc. Des topoguides (5 €) détaillent les balades pédestres pour les randonnées alentour.*

▷ SE REPÉRER

Carte de microrégion A3 (p. 26) – Situé à 30 km à l'intérieur des terres, Redon est à l'intersection de nombreuses routes secondaires. La D 177 mène à Rennes (68 km au nord-est), la D 773 à St-Nazaire (56 km au sud) et la D 775 à Vannes (64 km à l'ouest).

☺ À NE PAS MANQUER

La tour de l'église St-Sauveur, le manoir de l'Automobile à Lohéac.

⏱ ORGANISER SON TEMPS

Prenez 2h pour faire le tour de la ville et promenez-vous ensuite le long de la Vilaine ou du canal de Nantes à Brest.

👥 AVEC LES ENFANTS

Les ateliers ludiques de la Maison Nature et Mégalithes à St-Just.

Se promener Plan de ville p. 62

Église Saint-Sauveur B1

Pl. St-Sauveur - ☏ 02 99 71 06 04 - 9h-18h - possibilité de visite guidée (2h) - gratuit.

Cette ancienne abbatiale, fondée en 832, fut un grand centre de pèlerinage jusqu'au 17ᵉ s., ce qui explique les dimensions imposantes de l'édifice. En 1622, Richelieu en est l'abbé commendataire. Depuis l'incendie de 1780, elle est séparée de son clocher gothique (14ᵉ s.). Une belle **tour★** romane à arcades (28 m), en grès et granit, coiffe le transept (à voir depuis la cour du **cloître** qu'occupe le collège St-Sauveur).

L'**intérieur** de l'abbatiale surprend par sa nef basse et obscure (11ᵉ s.), à voûte de bois, séparée des bas-côtés par des piliers plats. Notez les massifs piliers sculptés de la croisée du transept, qui soutiennent une voûte octogonale en pierre.

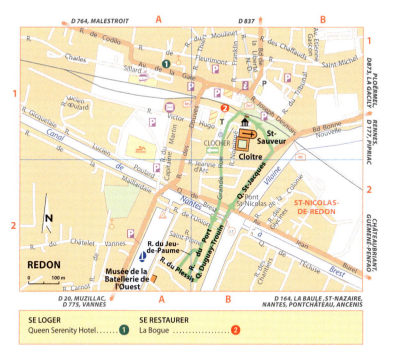

SE LOGER	SE RESTAURER
Queen Serenity Hotel...... **1**	La Bogue **2**

Vieille ville B1-2

Partez de l'église St-Sauveur et suivez la Grande-Rue.

En se promenant, on voit de belles maisons du 15e au 18e s., témoignages d'une architecture variée et du rôle historique tenu par Redon.

Une fois franchi le pont fleuri qui enjambe le canal, on arrive **rue du Port** où trois maisons à encorbellement font face à l'hôtel Carmoy *(n° 6)* qui date de la fin du 17e s. Dans la **rue du Jeu-de-Paume**, l'ancienne caserne des douaniers *(n° 10, aujourd'hui une crêperie)* dresse son austère façade à quatre étages, ainsi qu'un mur peint représentant des marchands de cochons et de poissons en costumes anciens. Au n° 3 de la **rue du Plessis** s'élève l'hôtel Richelieu.

En revenant rue du Port, on découvre au n° 40 d'anciens greniers à sel du 17e s. Jetez un coup d'œil aux maisons d'armateurs (17e et 18e s.) du **quai Duguay-Trouin,** en particulier aux nos 15 et 5. Les nos 7 et 6 appartenaient à la Compagnie des Indes. Sur le **quai St-Jacques** se dressent encore quelques vestiges de remparts.

Revenez au point de départ par la rue Richelieu.

Musée de la Batellerie de l'Ouest A2

12 quai Jean-Bart - ℘ 02 99 72 30 95 - www.redon.fr - ♿ - de mi-juin à mi-sept. : 10h-12h, 14h-18h ; reste de l'année : w.-end et lun. 14h-18h - fermé de mi-nov. à déb. avr., 1er et 8 Mai, Jeu. de l'Ascension, lun. de Pentecôte, 14 Juil., 15 août - possibilité de visite guidée (1h30) - 2,90 € (-14 ans 1,50 €).

Redon se situe au carrefour des voies navigables de Bretagne, le canal de Nantes à Brest et la Vilaine. Au 19e s., la batellerie connut un grand essor, et la ville devint un port maritime et fluvial très actif. Face à ses quais, le musée propose de revivre l'évolution des canaux bretons et la vie quotidienne des éclusiers. Photographies, objets de la vie quotidienne des mariniers et maquettes.

À proximité Carte de microrégion p. 26-27

Rieux B2 en dir.
▶ *7 km au sud par la D 20 et la D 114.*
À l'entrée du bourg, à gauche dans un virage, une route mène à un parking d'où l'on jouit d'une belle vue sur la vallée de la Vilaine et Redon. Sur le promontoire boisé subsistent les vestiges du château *(murs d'enceinte, porche).*

Massérac B3
▶ *15 km à l'est par la D 775. Tournez à gauche vers Avessac par la D 46.*
Au confluent de la Vilaine et du Don, cette commune est riche en zones humides, qui couvrent plus de la moitié (800 ha) de son territoire.

Saint-Gildas-des-Bois B2 en dir.
▶ *19 km au sud par la D 164 puis la D 773.*
Construite en grès rougeâtre, cette ancienne abbatiale romane des 12ᵉ et 13ᵉ s., remaniée au 19ᵉ s. et restaurée après les bombardements de 1944, renferme des vitraux modernes, création de l'artiste Pascal Convert (qui fait suite à celle de Maurice Rocher en 1956) et un beau mobilier du 18ᵉ s. Voyez la grille en fer forgé, vestige de l'ancienne clôture du chœur, ainsi que les stalles et le porche intérieur en bois sculpté.

Circuit conseillé Carte de microrégion p. 26-27

SUR LA ROUTE DE RENNES

▶ *Circuit de 48 km, tracé en vert clair sur la carte - comptez une demi-journée. Quittez Redon par la D 177 en direction de Rennes. À proximité de Renac, prenez la D 55. Dépassez Langon, puis tournez tout de suite à gauche avant la voie ferrée. C'est la 1ʳᵉ maison à gauche.*

Jardin anglais du manoir de la Chaussée B3
Port-Roche - ℰ 02 99 08 64 41 - ♿ - mai-nov. : tte la journée - 5 € (-12 ans gratuit) - jardinerie.
Ce jardin invite à une promenade parfumée et colorée sur des allées sinueuses serpentant entre cours d'eau et cascades, vivaces et arbustes de collection, roseraie, buis taillés et sous-bois aménagés.
De Port-de-Roche, empruntez la D 54 en direction de St-Just.

Saint-Just B3
🥾 De nombreuses promenades partent de ce bourg. Un sentier balisé mène dans la **lande de Cojoux**, où l'on découvre un mégalithe. L'étang de Val est un site d'escalade.
La région de St-Just est riche en vestiges préhistoriques : alignements, tumulus, allées couvertes. Une campagne de fouilles a mis au jour de nombreuses découvertes : poteries, haches, lames de silex… Elle a permis de dater les mégalithes, qui remontent aux environs de 3 500 av. J.-C.
👥 **Maison Nature et Mégalithes** – *10 allée des Cerisiers - ℰ 02 99 72 36 53 - www.maison-megalithes-cojoux.fr ♿ - juil.-août : tlj sf lun. 9h30-12h30, 14h30-18h30 ; mai-juin : w.-end et j. fériés 14h-17h30 ; sept. : w.-end 9h-30-12h30, 14h30-18h30 - gratuit - animations et visite guidée (5 €, -18 ans 3 €).* Expositions, ateliers pédagogiques, sentiers d'interprétations sont dédiés au rapport de l'homme avec la nature depuis la préhistoire jusqu'aux enjeux écologiques d'aujourd'hui.
Prenez la D 177 en direction de Rennes jusqu'à Lohéac, puis à gauche la D 772.

★★ Manoir de l'Automobile B3

4 r. de la Cour-Neuve - 35550 Lohéac - ℰ 02 99 34 02 32 - www.manoir-automobile.fr - ₠ - juil.-août : 10h-19h ; reste de l'année : tlj sf lun. 10h-13h, 14h-19h - fermé 1ᵉʳ janv., 25 déc. - possibilité de visite guidée sur demande (2h) - 12 € (-16 ans 8 €).
Il réunit les « ancêtres » du début du siècle, puis une succession impressionnante d'Alpine. Plus loin, c'est la famille quasi complète des Lamborghini, auxquelles s'ajoutent des Maserati, Ferrari, Porsche, Rolls-Royce, Renault, Citroën, Peugeot, Volkswagen.

La visite se poursuit par la **chapelle des Moteurs** (présentation originale de moteurs anciens) où un garage et une station-service d'autrefois sont reconstitués. Le 1ᵉʳ étage, peuplé de « belles étrangères », se termine par un mur d'enseignes lumineuses où figurent les grandes marques liées à l'automobile. Maquettes, dioramas minutieux et plus de 3 000 modèles réduits de toutes marques et de toutes formules sont également au rendez-vous.

L'**espace hippomobile** présente une cinquantaine d'attelages : berline de voyage ou berline de gala, dog-cart, omnibus, coupé… Une grille de départ d'une vingtaine de Formule 1, un circuit automobile en plein air d'une longueur de 2,5 km, une guinguette des années 1930 avec un bar à cidre et un espace de jeux vidéo complètent la visite. Une salle de projection propose également des films sur l'automobile.

Pour prolonger cet itinéraire, voir aussi l'itinéraire Vallée de la Vilaine, p. 42.

1

NOS ADRESSES À REDON

HÉBERGEMENT

Redon

BUDGET MOYEN

Queen Serenity Hotel –
16 av. de la Gare - ℰ 02 99 71 13 20 - www.queen-serenity-hotel. fr - ₠ ₽ - 23 ch. 55/69 € + 2 studios et 2 apparts - ⊇ 7 €. Chambres agréables et confortables, décorées chacune sur un thème différent invitant au voyage : Bali, Inde, Maroc, New York…

RESTAURATION

Redon

POUR SE FAIRE PLAISIR

La Bogue – *3 r. des États - ℰ 02 99 71 12 95 - fermé dim. soir et lun. et mar. soir, dernière sem. de juin - formule déj. 17 € - menu 22/62 € - 33/55 €.* La salle a manger aux boiseries moulurées de ce restaurant accueille des expositions de peintres régionaux. Cuisine traditionnelle simple et légère. Accueil charmant.

À proximité

BUDGET MOYEN

Crêperie Pile ou Face – *2 r. du Manoir - 35550 Lohéac - ℰ 02 99 34 06 50 - www.creperie-pileouface.com - fermé lun., jeu. soir et fêtes de fin d'années - ₠ - 15/30 €.* Située dans une bâtisse ancienne en pierre, au carrefour qui mène au manoir de l'Automobile, cette crêperie propose un large choix de galettes et de crêpes mais aussi des grillades et des salades variées. Jardin pour les beaux jours.

Le Gaudence – *2 r. de Redon - 56350 Allaire - ℰ 02 99 71 93 64 - www.hotel-legaudence.com - fermé dim. soir et vend. soir, vac. de noël - ₽ - formule déj. 8,70 € - menu 12/23/34 € - 12 ch. - 50/70 € - ⊇ 7 €.*

Une adresse utile sur la route de Vannes. La façade n'offre aucun attrait particulier mais la salle de restaurant est agréable et fort bien agencée. Cuisine traditionnelle. Chambres sobres et confortables.

ACHATS

Grande-Rue – Principale artère commerçante et piétonne de la ville.

Pâtisserie Olivier Perrichet – *6 Grande-Rue - ℘ 02 99 71 01 98 - www.facebook.com/ PatisserieOlivierPerrichet - merc.-lun. 7h30-19h - fermé mar., fév.-mars et de mi-août à déb. sept.* Ce pâtissier (intronisé Compagnon du Marron de Redon) prépare de délicieuses spécialités : bonbons de châtaigne, délice aux marrons et, en hiver, des marrons glacés. Le cake fondant aux marrons, une création, a de nombreux adeptes.

ACTIVITÉS

Location de bateaux

Embarquez à Redon pour une découverte du canal au fil de l'eau. À bord de ces bateaux sans permis, entièrement équipés (12 pers. maxi), vous naviguerez le temps d'un week-end, ou plus. Location toute l'année.

L'office du tourisme du Pays de Redon *(voir p. 61)* loue des bateaux électriques *(juil.-août : tlj 10h30-12h30, 14h30-18h ; mai-juin et sept. : sam. et dim.)*. Départ du **Repaire des Aventuriers** – *Quai Jean-Bart - ℘ 02 99 71 06 04 - bâteaux : 30 €/h, 108 €/j. (6 pers.) - 36 €/h, 136 €/j. (10 pers.) - velonautic 6 €/30mn, 9 €/h.*

Cris'boat France – *75 r. de Vannes - ℘ 02 30 96 08 57 - www.crisboat. com - compter entre 465 € et plus de 4 000 € pour une semaine selon la saison et le modèle du bateau.*

Locaboat Holidays – *28 r. du Golfe - 56200 St-Martin-sur-Oust - ℘ 03 86 91 72 72 - www.locaboat. com.* Flotte de pénichettes. Offre et gamme de prix très larges en fonction du nombre de bateliers *(2-12 pers.)*, de la période et de la durée du séjour : w.-end, sem. ou plus. La principale base de départ est située à St-Martin-sur-Oust.

Randonnées pédestres

De Redon à Rennes, 80 km de chemins de halage permettent de remonter à pied le fil de la Vilaine, rive droite, parmi les prés, les bois et les marais. Rens. et topoguides (payants) à l'office du tourisme du Pays de Redon *(voir p. 61)*.

Pour la basse vallée de l'Oust, *voir « Nos adresses » à La Gacilly (p. 191)*.

Cyclotourisme

Vélodyssée – Cet itinéraire cyclable suit les bords du canal, de Nantes à Brest. De Redon, on peut descendre vers Nantes ou remonter vers le cœur de la Bretagne (Josselin, Pontivy, Carhaix-Plouguer). *Voir p. 522.*

AGENDA

Les Musicales de Redon – *Juil. - www.musicalesderedon.fr ou OT.* Durant quatre jours, un festival de musique, surtout classique, dans le cadre magnifique de l'abbatiale Saint-Sauveur et de la chapelle des Calvairiennes, ainsi qu'à Allaire.

Les Concerts du Vendredi du port – *Juil.-août - ℘ 02 99 71 06 04 - www.tourisme-pays-redon.com.* Concerts (gratuits) de musique bretonne, traditionnelle et actuelle, et du monde entier.

Le mois du Marron – *2e quinz. d'oct.* Animations autour du Marron de Redon et du chant (repas, concerts, contes, etc.).

Forêt de Paimpont - Brocéliande

Ille-et-Vilaine (35)

Le village de Paimpont, aux belles maisons de pierre, étreint les rives de l'étang de l'Abbaye et se dévoile comme par enchantement au cœur de la mythique Brocéliande. Planent encore dans cette forêt, à la grâce mystérieuse, les sortilèges de l'enchanteur Merlin et de la fée Viviane… Futaies, landes, ruisseaux et étangs invitent aujourd'hui à de belles randonnées sur les traces des légendes bretonnes.

😊 NOS ADRESSES PAGE 71
Hébergement, restauration, achats, activités, etc.

🛈 S'INFORMER

Office du tourisme de Tréhorenteuc – *Pl. de l'Abbé-Gillard - 56430 Tréhorenteuc -* 📞 *02 97 93 05 12 - www.valsansretour.com - juil.-août : 9h30-18h ; avr.-juin et sept.-oct. : 9h30-12h30, 14h-17h30 ; reste de l'année : tlj sf dim.-lun. 9h30-12h30, 14h-17h30 - fermé de fin déc. à déb. janv. - balades contées (de mi-mars à mi-nov. et vac. scol.), se rens.*

Office du tourisme de Brocéliande – *1 pl. du Roi-St-Judicaël - 35380 Paimpont -* 📞 *02 99 07 84 23 - www.tourisme-broceliande.com -* ♿ *- juil.-août : 9h30-19h ; avr.-juin : 9h30-12h30, 14h-18h ; reste de l'année : tlj sf lun.-mar. 9h30-12h30, 14h-17h - fermé 1er janv., 25 déc. - parcours scénographique et balades contées (de mi-mars à mi-nov. et vac. scol.), se rens.*

▶ SE REPÉRER

Carte de microrégion A2 (p. 26) – À 40 km à l'ouest de Rennes, la forêt s'étend entre la N 24 et la D 766. Elle est traversée d'est en ouest par la D 40, et du nord au sud par la D 71.

😊 À NE PAS MANQUER

Les balades dans le Val sans Retour ; le musée du Souvenir de St-Cyr-Coëtquidan.

🕐 ORGANISER SON TEMPS

Entre les randonnées, prévoyez un déjeuner sur les rives du lac des Forges-de-Paimpont (D 724).

👫 AVEC LES ENFANTS

Immergez-vous dans les légendes arthuriennes en tentant un jeu légendaire sur le Moyen Âge au château de Comper ou en assistant à la scénovision « les Secrets de Brocéliande à Paimpont » ; découvrez la vie des hommes du néolithique sur le site mégalithique de Monteneuf ; rendez-vous au domaine de Tremelin pour le loisir.

Circuit conseillé Carte de microrégion p. 26-27

CHÂTEAUX ET LÉGENDES A2

▶ *Circuit d'une journée environ, en comptant les visites, le déjeuner et la promenade du Val sans Retour. Voir le tracé en marron sur la carte.*

Depuis St-Léry, l'itinéraire permet de faire un circuit complet à travers la forêt de Paimpont, en passant par les sites les plus connus. Après l'immense incendie de septembre 1990 sur les landes autour de Tréhorenteuc, la nature a repris le dessus. Si des arbres centenaires ont à jamais disparu, les ajoncs, les bruyères, les genêts et les fougères ont recomposé un paysage nouveau, dont le charme est indéniable.

Église de Saint-Léry A2

L'**église** (14e s.) présente sur le flanc droit un porche Renaissance, où deux belles portes en anse de panier sont surmontées d'accolades finement sculptées. Des personnages encadrent celle de droite : la Vierge, l'ange de l'Annonciation, saint Michel terrassant le dragon et un damné.

Près de l'église, on remarque une maison du 17e s. ornée de trois belles lucarnes.

Château de Comper - Centre de l'imaginaire arthurien A2

02 97 22 79 96 - www.centre-arthurien-broceliande.com - juil.-août : 10h-19h ; vac. scol. (hors juil.-août) : 10h-17h30 ; reste de l'année : tlj sf mar.-merc. 10h-17h30 - fermé de déb. nov. à mi-mars - possibilité de visite guidée (45mn) - 7 € (-9 ans 5 €) - 27 € billet famille (2 adultes + 2 enf.). Montfort, Charette, Rieux, Laval, Coligny, La Trémoille, Rosmadec : autant de grands noms qui furent, un temps, les propriétaires du lieu. Du château deux fois ruiné, au 16e et au 18e s., il ne reste que deux courtines, la poterne et une grosse tour. Le corps de logis a été reconstruit au 19e s. Le site accueille le Centre arthurien, qui organise des expositions ainsi que des animations, et des « jeux légendaires » sur le Moyen Âge, l'univers celtique et les légendes arthuriennes. Ne dit-on pas que la fée Viviane serait née à Comper ? Elle y aurait élevé Lancelot, le preux compagnon d'Arthur, en son château de cristal caché au fond des eaux du lac.

Tombeau de Merlin A2

Deux dalles de schiste et un pied de houx signalent le tombeau de l'Enchanteur. Ce vestige d'une allée couverte marquerait l'emplacement où Viviane enferma Merlin, en traçant autour de lui neuf cercles magiques. Voilà qui devrait suffire à faire le bonheur des amateurs de légendes.

Toute proche, la « **fontaine de Jouvence** » est en fait un simple trou d'eau.

Étang du Pas-du-Houx A2

Dans un site très agréable, c'est le plus vaste plan d'eau de la forêt (86 ha). En 1912, deux châteaux ont été construits sur ses berges : Brocéliande et Pas-du-Houx.

Paimpont A2

Ce bourg, situé en pleine forêt, date de la fin du 18e s. Il doit son origine à la fondation au 7e s. d'un monastère qui, érigé en abbaye à la fin du 12e s., subsista jusqu'à la Révolution.

L'**église abbatiale** du 13e s. a été décorée au 17e s. de **boiseries** d'une riche ornementation. Des bustes, des médaillons sculptés, des guirlandes de fleurs et de fruits ont été réalisés avec un talent remarquable. Le **trésor**, dans la sacristie, présente une statue de sainte Anne portant la Vierge et l'Enfant Jésus (15e s.), un curieux bras reliquaire du 15e s. de saint Judicaël qui a fondé le monastère de Paimpont et, surtout, un magnifique **Christ** en ivoire du 18e s.

La Porte des Secrets – *Office du tourisme de Brocéliande - 35380 Paimpont - & - avr.-oct. et vac. scol. : 9h40-11h40, 14h-17h, dép. ttes les 20mn ; nov.-mars (hors vac. scol.) : tlj sf lun.-mar. 9h40-11h40, 14h-17h, dép. ttes les 20mn - fermé 1er janv., 25 déc. - 7,50 € (-18 ans 4 €) - 18 € billet combiné avec Balade contée en Brocéliande.* Avec force effets spéciaux, cette scénovision présente l'essentiel de ce qu'il faut savoir sur la légendaire forêt. Un narrateur nous accompagne sur les lieux emblématiques de la forêt (le « chêne à Guillotin », le Val

Le château de Comper qui abrite les expositions du Centre de l'imaginaire arthurien.
B. Rieger/hemis.fr

sans Retour…), nous fait découvrir sa faune (cerfs, chevreuils, sangliers) et ses arbres, mais aussi son passé industriel lié au fer, activité qui faisait vivre nombre de familles de Paimpont. Une excellente initiation en prélude aux balades sur les différents sites de la forêt.

Étang de l'Abbaye (ou de Paimpont) – Ce vaste étang (75 ha) aux rives ombragées est bordé d'un sentier d'interprétation de 4 km *(compter 2h30)* qui traverse la tourbière et est ponctué d'œuvres d'art et de supports pédagogiques. On peut y croiser canards, foulques, échassiers… Le site est classé Natura 2000.

Site historique des Forges-de-Paimpont A2

📞 02 99 61 85 48 - www.forges-de-paimpont.eu - ♿ - *de mi-juil. à fin août : 10h-19h ; de fin mars à mi-juil. et de fin août à fin oct. : tlj sf lun. 14h-18h - fermé 14 Juil., autre fermeture pour événements (se rens. sur le site Internet) - visite guidée sur demande (45mn) - 10 € (-13 ans 5 €).* Ce hameau auprès d'un étang, tire son nom des forges qui y furent fondées en 1653 et restèrent en activité jusqu'à la fin du 19e s. On y transformait le minerai extrait de la forêt.

Église Saint-Pierre à Beignon A2

L'église renferme de beaux vitraux du 16e s. ; dans le chœur, derrière l'autel, on reconnaît le Crucifiement de saint Pierre et, dans le transept gauche, l'Arbre de Jessé.

Château de Trécesson A2

Visible uniquement de l'extérieur. Entouré des eaux de son étang, ce château construit en schiste rougeâtre à la fin du 14e s. a conservé son aspect médiéval. Un imposant châtelet flanqué de tourelles en encorbellement en commande l'entrée.

Fontaine de Barenton A2

Accès à pied (boucle de 4 km depuis le parking, sur la D 141). Elle a, nous dit-on, des pouvoirs merveilleux, comme celui de déchaîner des orages lorsque l'on verse de l'eau de sa source sur le Perron de Merlin, une pierre toute proche…

Église du Graal de Tréhorenteuc A2

📞 02 97 93 05 12 - ♿ - *juil.-août : 9h15-17h30 ; avr.-juin et sept.-oct. : 9h15-17h ; reste de l'année : tlj sf dim.-lun. 9h15-17h - fermé 1er janv., 25 déc. - possibilité de visite guidée (1h) - visite symbolique (3 €) vac. scol. : merc. 11h et visite contée vend. 11h.* Dans l'**église** (17e s.) et la sacristie, des mosaïques et des tableaux illustrent la légende des chevaliers de la Table ronde. Dans le chœur, vitrail consacré au Saint-Graal. La visite guidée permet de comprendre les multiples références aux légendes arthuriennes, au monde celte et à la chrétienté.

Val sans Retour A2

Accès depuis Tréhorenteuc. C'est l'un des sites les plus mythiques de la forêt de Brocéliande. D'après la légende, la fée Morgane, jalouse d'un chevalier, aurait jeté un sort à travers le Val pour empêcher d'en sortir tous ceux qui auraient quelque faute à se reprocher. Seul Lancelot, fidèle à Guenièvre, put mettre un terme à l'enchantement.

🐾 Jolie promenade de 3,5 km. Suivez le chemin après le deuxième parking. Vous atteindrez le **Miroir aux fées** et le **Rocher des faux amants** puis *L'Arbre d'or* de Fr. Davin (1991). Rappel de l'incendie de 1990, ce châtaignier calciné recouvert de feuille d'or symbolise la beauté des landes et de la forêt.

À proximité Carte de microrégion p. 26-27

Canton de Guer-Coëtquidan A2

▶ *À 12 km au sud de Paimpont par la D 773.*
École de Saint-Cyr-Coëtquidan – Elle compte l'École spéciale militaire, créée en 1802 par Napoléon Bonaparte, communément appelée Saint-Cyr, l'École militaire interarmes, établie en 1961 par le général De Gaulle, et l'École militaire du corps technique et administratif, instituée en 1977.

★ **Musée du Souvenir** – 📞 02 97 70 77 49 - www.st-cyr.terre.defense.gouv.fr - *10h-12h, 13h30-17h30, w.-end 10h-12h, 14h-18 - fermé lun., 20 déc.-1er fév., 1er Mai, lun. de Pentecôte - possibilité de visite guidée sur demande (1h30) - 5 € (-18 ans gratuit) - gratuit 8 Mai et 11 Nov. ; 8 € billet famille.* Il retrace l'histoire des écoles et de la formation des officiers de l'Ancien Régime à nos jours ; il rassemble de nombreux documents, uniformes, décorations, objets personnels et armes. Son mémorial conserve le souvenir des 17 000 officiers morts au champ d'honneur.

Saint-Méen-le-Grand A2

▶ *À 20 km au nord de Paimpont par la D 773 jusqu'à Gaël, puis la D 166.*
Au 6e s., saint Méen, moine venu de Grande-Bretagne, fonda en ce lieu une abbaye.

BROCÉLIANDE, TERRE DE LÉGENDES

Les lieux de la forêt mythique sont hantés par quelques grandes figures du cycle arthurien. La plus célèbre est sûrement l'enchanteur Merlin, dont le tombeau, non loin de la fontaine de Jouvence, recèlerait tous les secrets. La légende ne dit pas où se trouve le rocher d'où Arthur arracha Excalibur, ni où se situe la Table ronde qui accueillait ses 365 chevaliers, mais la seule évocation des noms de Lancelot, d'Uther Pendragon ou encore de la fée Viviane suffit à réveiller les légendes.

La forêt de Paimpont-Brocéliande.
B. Colliot/age fotostock

Abbatiale de St-Méen – Elle arbore une belle **tour** carrée du 12ᵉ s. À l'intérieur du transept droit se trouvent la statue et le monument funéraire de saint Méen. Dans la chapelle du Paradis, admirez les fresques (début du 14ᵉ s.) représentant des épisodes de la vie du saint, mises au jour dans les années 1990.

Espace scénographique Tous à vélo avec Louison-Bobet – *5 r. de Gaël (bâtiment de l'office de tourisme) - ℘ 02 99 09 58 04 - http://louison.bobet-tousa-velo.fr - ఉ - juil.-août : 9h30-12h, 14h-17h30, dim. 14h-17h ; avr.-juin et sept.-oct. : tlj sf lun. 9h30-12h, 14h-17h, dim. 14h-17h ; reste de l'année : tlj sf lun. 9h30-12h, 14h-17h, jeu. et dim. 14h-17h - fermé j. fériés - visite guidée sur demande (45mn) - 5 € (-18 ans 2 €).* Fils du boulanger de St-Méen, **Louison Bobet** (1925-1983), fut un champion cycliste de légende, le premier à remporter trois fois consécutivement le Tour de France entre 1953 et 1955. Après avoir raccroché le vélo, il se reconvertit en chef d'entreprise, créant la thalassothérapie moderne. Le musée retrace la brillante carrière du champion à travers des vidéos, des documents, et des souvenirs (collection de maillots), avant d'insister sur le cyclisme de loisir notamment sur les voies vertes de Bretagne.

Montfort-sur-Meu B2

▶ *19 km au sud-est de Saint-Méen par la D 125.*

Située au confluent du Meu et du Garun, cette petite ville bâtie en pierre rouge du pays possède un certain cachet.

Maison natale de saint Louis-Marie Grignion de Montfort – *15 r. de la Saulnerie - ℘ 02 99 09 15 35 - ఉ - horaires, se rens. - possibilité de visite guidée - gratuit.* Ce missionnaire, qui naquit dans cette maison le 31 janvier 1673, fit élever le calvaire de Pontchâteau.

La maison natale du saint est le point de départ du **sentier des Trois Abbayes** reliant Montfort, Saint-Méen et Paimpont. Il s'agit d'une boucle de 95 km conçue comme un pèlerinage sur les pas des saints fondateurs. On peut se procurer le « pas à pas » de ce sentier en adhérant à l'association des Trois abbayes sur le site www.sentier3abbayes.com *(cotisation 10 €)*.

Beaucoup plus profane mais d'un certain intérêt architectural, la **médiathèque La Girafe**, installée dans l'ancien tribunal d'instance, se signale par la sculpture en bois de tilleul de 6 m de haut due à Thierry Laudren… et représentant une girafe fort intéressée par ce qui se passe à l'intérieur du bâtiment.

Menhirs de Monteneuf - Archéosite de Brocéliande A3

▶ *À 25 km au sud de Paimpont, le long de la D 776 entre Guer et Monteneuf - Site des Pierres-Droites - ℘ 02 97 93 26 74 - www.menhirs-monteneuf.com - entrée libre - 6 € (-18 ans 3 €) activité, organisation d'ateliers et visite guidée, se rens.*

Le site mégalithique des « **Pierres droites** » est implanté dans la réserve naturelle régionale des Landes de Monteneuf. Des zones de taille ont été mises au jour lors des fouilles archéologiques réalisées depuis 1989. Aujourd'hui, une quarantaine de blocs de schiste pourpre sont redressés sur le site : en particulier un monolithe de 36 t. Deux espaces de reconstruction sont proposés : un « espace chantier mégalithique » qui présente toutes les étapes de l'extraction à l'érection d'un menhir, et un « espace vie quotidienne au néolithique » (maison, foyer…). Nombreuses animations proposées tout au long de l'année.

Deux circuits piétons de 7 km permettent de découvrir la Loge Morinais (allée couverte en schiste), les menhirs de Chomet, de Coëplan, des Pierres droites, la Pièce couverte, le Rocher Maheux et les Bordoués (autres allées couvertes). Le long de la D 776, 420 monolithes, abattus vers la fin du 1ᵉʳ millénaire, probablement sur décision de l'autorité religieuse, sont actuellement recensés.

😊 NOS ADRESSES AUTOUR DE LA FORÊT DE PAIMPONT

HÉBERGEMENT

PREMIER PRIX

Hôtel Au Relais du Porhoët – 11 pl. de l'Église - 56490 **Guilliers** - 13 km au nord de Ploërmel par D 766 et D 13 - ☎ 02 97 74 40 17 - www.aurelaisduporhoet.com - fermé 2 sem. en janv. - wifi - 🅿 - 12 ch. 53/68 € - 🍽 8,50 € - 🍴 fermé lun. midi en juil.-sept., dim. soir et lun. hors sais. - formule 10,50 € (sem.), menus 15/45 €. Façade fleurie, chambres insonorisées et cheminée monumentale dans l'une des trois salles de restaurant ou l'on sert une savoureuse cuisine régionale.

BUDGET MOYEN

Chambre d'hôte La Corne du Cerf – 35380 **Paimpont** - Le Cannée - ☎ 02 99 07 84 19 - www.corneducerf.bcld.net - 15 déc.-1er mars - wifi - 🚭 - 3 ch. 63 € 🍽. Cette demeure, décorée de peintures, de tapisseries et de meubles peints, respire l'élégance et le bon gout. Ses chambres, lumineuses et printanières, s'ouvrent sur un jardin fleuri.

Auberge des VoyaJoueurs – R. du Chaperon-Rouge - 56380 **Monteneuf** - ☎ 02 97 93 22 18 - www.auberge-des-voyajoueurs.com - fermé 3 premières sem. de janv. - wifi - 🅿 - 10 ch. + 1 appart. 83 € - 🍽 9 €. Le bâtiment, très épuré, est voué aux jeux de société (plus de 700 !), qui inspirent aussi la décoration des chambres. Déjeuner ou dîner ludique (sur réserv., 8 €, enf. 6 €), location de vélos et veillées contées.

RESTAURATION

PREMIER PRIX

Crêperie La Fée Gourmande – 16 av. du Chevalier-Ponthus - 35380 **Paimpont** - ☎ 02 99 07 89 63 - www.creperie-la-fee-gourmande-paimpont.fr - juil.-août : tlj ; 13-30 juin, 5-25 sept. et vac. scol. : merc.-dim. ; hors sais. : vend. soir au dim. soir et j. fériés. Sympathique crêperie donnant sur l'étang de Paimpont. Terrasse agréable.

POUR SE FAIRE PLAISIR

Auberge Tiegezh – 7 pl. de la Gare - 56380 **Guer** - ☎ 02 97 22 00 26 - www.aubergetiegezh.fr - 🚹 - fermé 1re sem. de janv., de mars, dern. sem. de juin et 1re sem. de sept. et août, sam. midi, dim. soir et lun.-mar. - menus 26 € (déj. sem.), 54/88 €. Un jeune chef au parcours prometteur est au piano de ce lieu contemporain et chic. Annexe de ce restaurant gastronomique, le bistrot **Tiegezh fait sa Béa** concocte une cuisine simple et goûteuse (formule déj. sem. 12,50 €).

ACTIVITÉS

👥 Domaine de Trémelin – 3,5 km au sud d'Iffendic - 35750 Iffendic - ☎ 02 99 09 73 79 - www.tremelin.bzh - avr.-sept. : tlj 14h-18h (juil.-août 19h). Loisirs et détente au bord d'un lac de 50 ha. Parcours « escalad'arbres » dès 3 ans, baignade et pédalo, voitures électriques, balades à poney, etc.

Randonnée – Plus de 300 km de sentiers sont balisés dans la forêt et ses alentours. Plans dans les offices de tourisme.

Vélo – Brocéliande Bike Tour, à Paimpont - ☎ 06 45 41 59 88 - www.broceliande-bike-tour.com. Location de vélos à assistance électrique, à partir de 17 € les 2h.

AGENDA

La Fête du fer – 2e w.-end de juil., Paimpont. Rencontre de forgerons avec démonstrations.

Morbihan 2

Carte Michelin Départements 308 – Morbihan (56)

Paysage de la presqu'île de Séné, golfe du Morbihan.
E. Berthier/hemis.fr

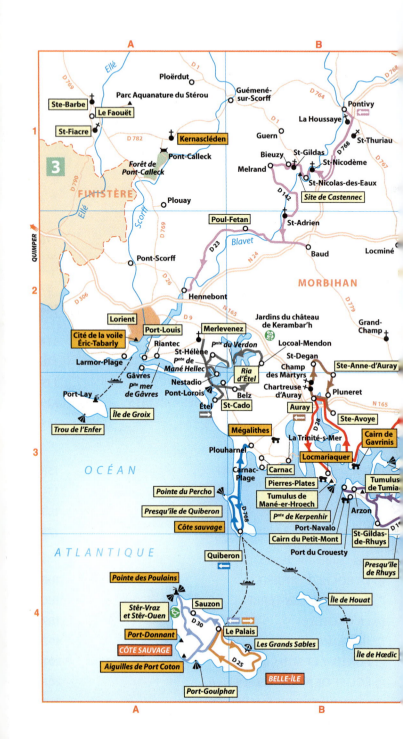

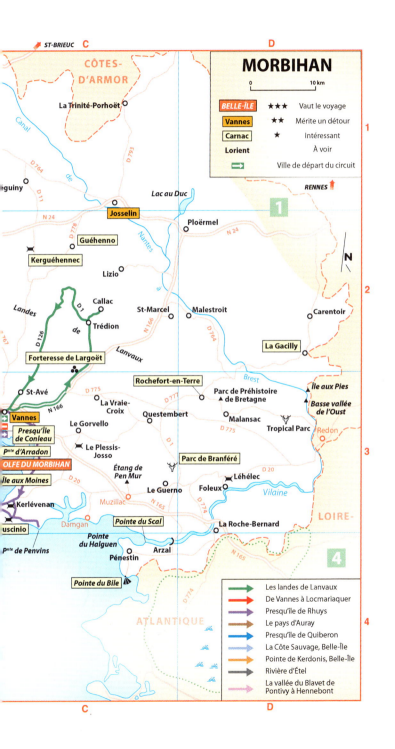

ST-BRIEUC

CÔTES-D'ARMOR

MORBIHAN

0   10 km

BELLE-ÎLE	★★★	Vaut le voyage
Vannes	★★	Mérite un détour
Carnac	★	Intéressant
Lorient		À voir
➡		Ville de départ du circuit

RENNES

La Trinité-Porhoët

Canal

guiny

Lac au Duc

1

Josselin

Ploërmel

N 24

Guéhenno

Nantes

Kerguéhennec

Lizio

Callac

St-Marcel

Malestroit

Carentoir

2

Landes

Trédion

de

Lanvaux

La Gacilly

Forteresse de Largoët

Rochefort-en-Terre

Brest

Île aux Pies

St-Avé

La Vraie-Croix

Parc de Préhistoire ▲ de Bretagne

Basse vallée de l'Oust

Vannes

Le Gorvello

Questembert

Malansac

Redon

Presqu'île de Conleau

Tropical Parc

Le Plessis-Josso

Parc de Branféré

Pte d'Arradon

OLFE DU MORBIHAN

Étang de Pen Mur

Léhélec

3

Île aux Moines

Le Guerno

Foleux

Vilaine

Kerlévenan

Muzillac

N 165

LOIRE-

uscinio

Damgan

Pointe du Scal

La Roche-Bernard

Pte de Penvins

Pointe du Halguen

Arzal

4

Pénestin

Pointe du Bile

| Les landes de Lanvaux |
| De Vannes à Locmariaquer |
| Presqu'île de Rhuys |
| Le pays d'Auray |
| Presqu'île de Quiberon |
| La Côte Sauvage, Belle-Île |
| Pointe de Kerdonis, Belle-Île |
| Rivière d'Étel |
| La vallée du Blavet de Pontivy à Hennebont |

ATLANTIQUE

Vannes

★★

53 036 Vannetais – Morbihan (56)

Des ruelles médiévales bordées de superbes maisons à colombages, des remparts fleuris, une animation intense en été… Vannes, très visitée pour son riche patrimoine architectural est une ville dynamique dans laquelle il fait bon flâner. Son festival de jazz et ses fêtes historiques attirent un public nombreux qui peut ensuite s'attabler aux terrasses du port de plaisance ou de la vieille ville. Bâtie en amphithéâtre au fond du golfe du Morbihan, elle constitue par ailleurs le point de départ idéal pour toute excursion vers la « petite mer », ses îles, mais aussi un arrière-pays riche de villages et châteaux médiévaux.

NOS ADRESSES PAGE 84
Hébergement, restauration, achats, activités, etc.

S'INFORMER

Office du tourisme de Vannes - Golfe du Morbihan – *Quai Éric-Tabarly - 56000 Vannes -* 📞 *02 97 47 24 34 - www.tourisme-vannes.com - juil.-août : 9h30-19h, dim. et j. fériés 10h-18h ; reste de l'année : tlj sf dim. 9h30-12h30, 13h30-18h - fermé 1er janv.*

SE REPÉRER

Carte de microrégion C3 (p. 74-75) – Séparée de la mer par le golfe du Morbihan, Vannes est traversée par la N 165, qui vient de Nantes (112 km) et continue ensuite jusqu'à Brest.

SE GARER

Laisser votre véhicule près de la gare maritime, dans le parking relais du parc du Golfe ou place de la République, car il est très difficile de stationner dans le centre.

À NE PAS MANQUER

Les maisons anciennes du cœur historique, la cathédrale, la vue depuis les remparts et la tranquillité de la presqu'île de Conleau en fin d'après-midi.

ORGANISER SON TEMPS

Consacrez une journée minimum à la découverte de la ville avant d'aborder ses environs et les rives du golfe du Morbihan.

AVEC LES ENFANTS

Une balade poétique au jardin aux Papillons ; et, à l'aquarium de Vannes, les piranhas attendent les plus téméraires ! Une visite guidée pour découvrir les oiseaux dans la réserve naturelle de Séné.

LOINTAINES ORIGINES

Les Vénètes, une branche des Vénitiens de Vénétie, ont laissé leur nom à leur capitale. Mais, de leur temps – c'est-à-dire à l'époque gallo-romaine – l'agglomération s'appelait *Darioritum. Ritum* signifie « gué » (le gué de St-Patern, au nord-est de la ville, *voir p. 80*). La cité était un important lieu de convergence de voies romaines. L'empereur Probus la dota de fortifications au 3e s.

Le port de plaisance, la place Gambetta et la porte St-Vincent.
F. Guiziou/hemis.fr

Se promener Plan de la ville p. 78

★★ VIEILLE VILLE

2

Enfermée dans ses remparts et groupée autour de la cathédrale St-Pierre, la vieille ville a été aménagée en zone piétonne. Choisie comme capitale par le duc de Bretagne Jean IV, elle se développa considérablement et doubla de superficie à la fin du 14e s. Remarquablement conservée, elle abrite un bel ensemble de maisons à pans de bois. Prenez le temps d'observer les façades : décors sculptés, encorbellements, couleurs, chacune affiche sa singularité.

Place Gambetta A2

Cette place en hémicycle (19e s.) encadre la **porte St-Vincent** qui donne accès à la vieille ville par la rue du même nom, bordée de beaux immeubles du 17e s. À l'entrée de la rue, l'hôtel Dondel fut le quartier général de Hoche en 1795.

Prendre tout de suite à droite la venelle de la tour Trompette, qui longe les remparts et franchissez la porte Calmont.

★★ **Remparts** B1-2

Entre la porte Calmont et la porte Poterne, à l'emplacement occupé aujourd'hui par le **château de l'Hermine** (18e s.), s'élevait au Moyen Âge le château ducal. Le ruisseau (la Marle) qui coule au pied des remparts élevés au 13e s. sur des vestiges gallo-romains et remaniés jusqu'au 17e s., les jardins à la française et la cathédrale à l'arrière-plan composent un tableau qui a tenté de nombreux peintres. Du petit pont conduisant à la porte Poterne, on domine de vieux **lavoirs**★ (19e s.) ourlés d'une longue toiture.

On peut prendre de la hauteur en gagnant la promenade de la Garenne *(de l'autre côté de la rue)* pour mieux profiter de la **vue**★★ qui se développe sur ce coin le plus pittoresque de Vannes, ou traverser les jardins au pied des remparts.

Au bout de la promenade, la rue F. Decker conduit à la **porte Prison** (15ᵉ s.).
Au début de la rue St-Guenhaël, à gauche, la rue des Vierges et un passage
(cour St-Émilion) donnent accès à une section des remparts qui offre une
jolie vue sur les jardins.
Revenez sur vos pas.
La **rue St-Guenhaël**, bordée de maisons anciennes (la n° 19, classée aux monuments historiques, et la n° 17 ont été restaurées), conduit à la place St-Pierre.

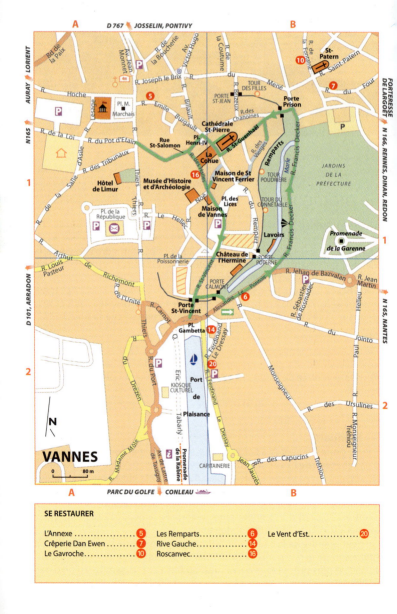

La Cohue (musée des Beaux-Arts) A-B1

La Cohue est le terme fréquemment employé en Bretagne pour désigner les halles, le lieu de commerce et de la justice. Au 13e s., la salle basse abritait une foule de petites échoppes, tandis que, dans la salle haute, siégeait la justice ducale. À partir de 1675, le parlement de Bretagne, exilé à Vannes, y tint ses séances. Il fut remplacé à la Révolution, et jusque dans les années 1950, par un théâtre.

Restauré depuis, ce bâtiment est devenu le **musée des Beaux-Arts**, dont la programmation est principalement orientée vers l'art du 20e s. Une importante donation de Geneviève Asse, peintre née à Vannes en 1923, est logée sous une belle charpente en chêne, dans la salle du Tribunal (1550), jadis siège de juridiction du présidial *(1er étage)*. La collection historique est composée de statuaire religieuse et de peintures des 19e s. et 20e s. dont une partie est visible au rez-de-chaussée. Remarquez le beau tableau représentant le Christ sur la croix d'Eugène Delacroix (1835), seule peinture ancienne d'intérêt exposée.

9 pl. St-Pierre - ✆ 02 97 01 63 00 - juin-sept. : 13h30-18h ; reste de l'année : tlj sf lun. et j. fériés 13h30-18h - 4,60 € (-18 ans gratuit) - 6,50 € billet combiné avec le musée d'Histoire et d'Archéologie.

★ Cathédrale Saint-Pierre B1

22 r. des Chanoines - ✆ 02 97 47 10 88 - ♿ - 8h30-19h.

Elle fut érigée du 13e au 19e s. La tour gauche, surmontée d'une flèche moderne, est le seul souvenir de la construction d'origine. La **chapelle★** en rotonde, qui fait saillie sur le mur de la nef, est un exceptionnel témoignage de la Renaissance en Bretagne ; elle a été construite en 1537. Les murs extérieurs comportent deux étages d'une belle décoration sculptée où alternent au rez-de-chaussée des niches à frontons curvilignes et triangulaires.

Entrez dans l'église par le beau portail du transept (gothique flamboyant, avec niches Renaissance). À l'entrée, à gauche, un tableau évoque la mort de **saint Vincent Ferrier** en présence de la duchesse de Bretagne.

Dans la deuxième chapelle, en rotonde, du bas-côté gauche se trouve son tombeau. La chapelle absidiale et les chapelles de la nef abritent des autels, retables, tombeaux, statues des 17e et 18e s. La nef (15e s.) a perdu une part de son caractère d'origine : les lourdes voûtes du 18e s. ont réduit son élévation tout en masquant la charpente lambrissée.

★ Place Henri-IV A-B1

Autrefois nommée Mein Gwer (« colline de la chèvre » en breton), cette place est bordée de jolies maisons à pignons et pans de bois (16e s.). Jetez un coup d'œil dans la rue des Chanoines.

Rue St-Salomon A1

Elle est jalonnée de vieilles demeures : remarquez au n° 10 l'ornementation des deux piliers en pierre et, au n° 13, les consoles sculptées d'animaux fantastiques.

Tourner dans la rue des Halles.

Maison de saint Vincent Ferrier B1

Au n° 17, place Valencia.

C'est dans cette maison, remaniée au 16e s., que Vincent Ferrier mourut en 1419. Bel exemple de maison à colombages, avec son rez-de-chaussée en pierre.

Maison de Vannes A-B1

À l'angle de la rue Noé. Cette demeure médiévale est ornée de deux bustes en granit, aux visages hilares, connus sous le nom de *Vannes et sa femme*.

2

★ **Musée d'Histoire et d'Archéologie** A1

2 r. Noé - ☎ *02 97 01 63 00 - juin-sept. : 13h30-18h - 6,50 € (-18 ans gratuit) - billet donnant accès au musée des Beaux-Arts.*

Le **château Gaillard** (15ᵉ s.) a abrité pendant quelque temps fin 17ᵉ s. le parlement de Bretagne. Le musée est très riche en objets préhistoriques provenant, pour la plupart, des premières fouilles des mégalithes du Morbihan – Carnac, Locmariaquer, presqu'île de Rhuys – qui permirent de mettre au jour de très belles pièces.

Remarquable collection de **colliers**, de bracelets, de **haches** polies, d'épées et de curieux anneaux-disques. Une salle rassemble des objets d'art en tout genre, du 13ᵉ au 18ᵉ s. Au 2ᵉ étage, étonnant **cabinet de travail** du 17ᵉ s., dont les boiseries sont peintes sur le thème des Pères du Désert.

Continuer la rue des Halles.

Place des Lices B1

Elle est ainsi nommée en raison des tournois et luttes bretonnes qui s'y déroulèrent en 1532, à l'occasion de la célébration de l'union entre la Bretagne et la France. De nos jours, le mercredi et le samedi matin, s'y tient un grand marché. Dans le bas de la place, une statue de saint Vincent Ferrier, nichée dans une maison à tourelle, rappelle qu'il discourut en ces lieux en 1418. Ce dominicain espagnol, grand prédicateur, est mort à Vannes l'année suivante.

Rejoignez la porte St-Vincent par la très commerçante rue St-Vincent.

AUTOUR DE LA VIEILLE VILLE

Quartier Saint-Patern B1

Ce quartier extra-muros est en fait le plus ancien de la ville puisqu'on y a retrouvé des vestiges du 1ᵉʳ s. apr. J.-C. correspondant à la ville gallo-romaine de *Darioritum (voir encadré, p. 76).* Il porte le nom de saint Patern (5ᵉ s.), l'un des sept saints fondateurs de la Bretagne.

L'**église** actuelle (18ᵉ s.), édifiée sur l'emplacement d'églises antérieures, a été restaurée en 2006-2007. Les petites rues bordant l'édifice *(r. St-Patern et r. de la Fontaine)* conservent de nombreuses maisons à pans de bois et sont animées de nombreux restaurants et boutiques.

Promenade de la Garenne B1-2

Le parc de l'ancien château ducal de Vannes a été aménagé en promenade publique au 17ᵉ s. Dans la partie haute du jardin, le long du mur, à gauche du monument aux morts, une plaque de marbre rappelle l'exécution en 1795 de M. de Sombreuil, Mgr de Hercé et de 14 autres émigrés *(voir Quiberon, encadré p. 130).*

Hôtel de Ville A1

Pl. M.-Marchais. De style néo-Renaissance, il fut édifié à la fin du 19ᵉ s. En face, la **statue** équestre du connétable de Richemont rappelle ce compagnon de Jeanne d'Arc qui conduisit l'armée française, victorieuse des Anglais, à la fin de la guerre de Cent Ans. Succédant à son frère, il devint duc de Bretagne en 1457 et mourut l'année suivante.

Hôtel de Limur A1

31 r. Thiers. Ce bel exemple d'hôtel particulier (fin 17ᵉ s.) présente un escalier monumental en pierre. Il accueille des concerts l'été et des expositions temporaires du musée des Beaux-Arts le reste de l'année.

DU PORT DE PLAISANCE À CONLEAU

★ Port

Le quai Éric-Tabarly accueille des bâtiments aux lignes contemporaines, associant bois, verre et acier : le kiosque culturel *(espace d'exposition)*, l'office de tourisme et, de l'autre côté du bassin, la capitainerie dotée d'une grande terrasse à l'étage *(voir « Nos adresses » p. 86)*.

En bas de la rue Thiers, une maison à pans de bois du 17e s. abrite le « Club des plus belles baies du monde », association vannetaise qui fédère aujourd'hui 17 baies… dont le golfe du Morbihan *(expositions temporaires)*. La rue du Port est bordée également de maisons à colombages et de petits restaurants.

🐾 Vous pouvez suivre au sud la **promenade de la Rabine,** belle allée arborée qui longe la rive droite de la Marle *(comptez env. 15mn pour atteindre le parc du golfe)*.

Parc du golfe A2 en dir.

Situé à la sortie du port de plaisance, il est le point de départ des promenades en bateau. Grands parkings et navettes gratuites *(juil.-août)* pour rejoindre le centre.

★ **Aquarium de Vannes** – *21 r. Daniel-Gilard -* 🕿 *02 97 40 67 40 - www. aquariumdevannes.fr -* ♿ *- juil.-août : 9h30-19h ; avr.-juin : 10h-18h ; vac. de fév., vac. de la Toussaint et vac. de Noël : 10h-18h ; sept. : 10h-12h, 14h-18h ; reste de l'année : 14h-18h - fermé 1er janv., 25 déc. - 13 € (-12 ans 8,90 €) - 19,10 € billet combiné avec le jardin aux Papillons - parking gratuit, mini-golf et aire de pique-nique.* 👨‍👧 Dans plus de cinquante bassins où les milieux naturels ont été reconstitués évoluent un millier de poissons provenant de toutes les eaux du monde. Un bassin de 35 000 l recrée un récif corallien avec ses nombreuses espèces de poissons. Une grande fosse, que l'on peut découvrir depuis une passerelle transparente au ras de l'eau, présente les requins de récif et des tortues géantes. Un espace « nurserie » permet désormais de découvrir les nouveaux-nés de l'aquarium.

Jardin aux Papillons – *18 r. Daniel-Gilard -* 🕿 *02 97 40 67 40 - www. jardinauxpapillons.com -* ♿ *- juil.-août : 10h-19h ; reste de l'année : 11h-17h30 - fermé oct.-mars - 10,90 € (-12 ans 7,60 €) - 19,10 € billet combiné avec l'aquarium de Vannes - parking et aire de pique-nique.* 👨‍👧 Le visiteur se promène librement au milieu d'une multitude de papillons vivants, dans un décor d'arbres tropicaux et d'arbustes fleuris. Dans les éclosoirs, il peut suivre les transformations successives de la chrysalide.

De la **gare maritime** située à proximité, départ en saison des croisières dans le golfe du Morbihan et liaison avec l'île d'Arz *(voir Golfe du Morbihan, p. 88)*.

À proximité Carte de microrégion p. 74-75

★ Presqu'île de Conleau C3

🐾 *À 5 km au sud, plus 30mn à pied. Sortez par la promenade de la Rabine au sud. Après avoir franchi l'estuaire du Vincin, entrez dans la presqu'île de Conleau.*

Conleau – Bien situé à l'embouchure du Vincin, ce quartier résidentiel boisé est un lieu de promenade prisé des Vannetais. Par la digue-route aménagée fin 19e s., on atteint la plage : belle vue entre la pointe de Langle, à gauche, et la pointe de Kerguen, à droite, sur l'île de Boëdic. Pour les enfants, piscine d'eau de mer bordée d'une pinède.

Presqu'île de Séné C3

▶ *À 10 km au sud. Quittez Vannes par la rue Ferdinand-Le Dressay qui longe la rive gauche du port, puis tournez à gauche.*

Séné – Anciennement connu pour ses bateaux de pêche typiques, à deux voiles, les sinagots *(voir p. 98)*, l'un des derniers exemplaires mouille dans le port), le bourg conserve sa vocation maritime.

À la sortie de Séné, tournez à droite en direction de Bellevue et Port-Anna.

Les anciens marais salants (près de 220 ha) sont devenus depuis peu un havre de paix pour les milliers d'oiseaux (migrateurs ou non) de la région.

La **réserve naturelle des marais de Séné** (410 ha) a mis en place sept observatoires, dont quatre en accès libre *(suivre balisage rouge)*. Le sentier balisé en jaune est accessible seulement pendant les horaires d'ouverture.

Le **centre d'accueil** *(suivre les panneaux « Réserve naturelle »)* abrite des expositions et une boutique. *Rte de Brouël - ℘ 02 97 66 92 76 - www. reservedesene.bzh - juil.-août : 10h-13h, 14h-19h ; avr.-juin : 14h-19h ; reste de l'année : 14h-18h - fermé sept.-janv. - 5 € (-18 ans 2,50 €) - 12 € billet famille - topoguide de la réserve naturelle disponible au Centre nature - visite guidée (2h) et visites thématiques organisés tte l'année, se rens.*

Port-Anna – Ce petit port, où se côtoient bateaux de pêche et de plaisance, commande l'étroit goulet qu'empruntent les bateaux ralliant Vannes.

Revenez dans Bellevue et prenez à droite vers l'embarcadère.

Embarcadère – Réservé aux marchandises destinées à l'île d'Arz. Du parc de stationnement, la **vue★** se développe sur la rivière de Vannes, la presqu'île de Conleau à gauche, Séné, sur la droite, au fond de l'anse.

Château du Plessis-Josso C3

▶ *À 15 km à l'est. Quittez Vannes par la N 165-E 60 en direction de Nantes ; 3 km après Theix, prenez à gauche la D 183 en direction de Sulniac - ℘ 06 16 12 58 06 - www.plessis-josso.com - visite guidée (40mn) de mi-juil. à fin août : 14h-19h - 6 € (-7 ans gratuit).*

Ce charmant manoir fortifié, bâti dans un agréable cadre de verdure à proximité d'un étang, est le témoin de l'évolution de la vie dans les manoirs bretons. Il se compose de trois parties construites à des époques différentes : une maison forte du 14ᵉ s., un corps de logis avec tour d'escalier polygonale du 15ᵉ s. et un pavillon Louis XIII. Visitez la grande salle basse, la chambre d'apparat et les cuisines.

À 1,5 km du château *(continuez sur la D 183 en direction de Questembert)*, le village de **Le Gorvello** abrite une église du 16ᵉ s. construite par les hospitaliers de St-Jean-de-Jérusalem et une fontaine (16ᵉ s.) équipée sur le côté d'une vasque pour abreuver les animaux ou nettoyer les ustensiles des pèlerins du chemin de St-Jacques-de-Compostelle. Un éclairage nocturne met bien en valeur le village.

Grand-Champ B2

▶ *À 19 km au nord-ouest. Quittez Vannes par la rue Hoche et prenez la D 779.*

L'**église** possède, dans la nef, deux panneaux en bois sculpté provenant de N.-D.-de-Burgo, chapelle ruinée joliment située dans un bois, à 2 km à l'est.

Circuit conseillé Carte de microrégion p. 74-75

LES LANDES DE LANVAUX

▶ *Circuit de 55 km, tracé en vert foncé sur la carte – comptez environ 3h. Quittez Vannes par la rue du Maréchal-Leclerc et prenez la N 166 vers l'est. À 14 km, tournez à gauche vers la forteresse de Largoët.*

★ **Forteresse de Largoët** C2

Il faut parcourir environ 800 m à pied pour rejoindre le site - ☏ 02 97 53 35 96 - www.largoet.com - juil.-août : 10h30-12h10, 14h20-18h30 ; juin et sept. : tlj sf mar. 10h30-12h10, 14h20-18h30 ; vac. de la Toussaint : 14h-18h30 : reste de l'année : w.-end et j. fériés 14h-18h30 - fermé de déb. nov. à mi-mars - 5,50 € (-10 ans gratuit).

Également appelée « tours d'Elven », la forteresse appartenait au sire de Rieux, conseiller du duc François II, puis tuteur de sa fille Anne de Bretagne. Quand les troupes du roi de France Charles VIII envahirent la Bretagne en 1488, toutes les places fortes du maréchal, y compris celle de Largoët, furent incendiées. L'arrivée est assez spectaculaire. L'imposant ensemble fortifié (14e et 15e s.) est en partie ruiné mais a conservé son châtelet d'entrée du 15e s. aux armes des Rieux, une tour *(à gauche)* très bien restaurée, ainsi qu'un impressionnant **donjon★** octogonal du 14e s., de plus de 45 m de haut *(escalier déconseillé aux personnes âgées et aux enfants).* Ses murs ont 6 à 9 m d'épaisseur. La promenade sur la digue de l'étang permet de contempler les tours se reflétant dans l'eau, au milieu d'un beau cadre forestier.

À la sortie d'Elven, prenez à gauche la D 1.

Landes de Lanvaux C2

Cette longue crête schisteuse, inculte au siècle dernier, est devenue une belle région plantée d'arbres, riche de cultures variées et de pâturages. De nombreux monuments mégalithiques y ont été découverts.

Trédion C2

Si l'imposant château, très remanié au 19e s. et transformé en établissement hôtelier, ne se visite pas, on peut en revanche profiter de son beau **parc** paysager s'étendant sur 22 ha.

Prenez la D 133 au nord vers Callac.

Callac C2

🌿🌿 Avant une bifurcation, sur la gauche de la route, est creusée une « grotte de Lourdes ». À sa gauche commence un sentier en pente raide qui gravit la colline. Ce Chemin de croix est bordé de stations composées de groupes en granit, de taille humaine. Du pied du calvaire, la vue s'étend sur les landes de Lanvaux. La descente s'effectue par un autre sentier qui passe à proximité de la chapelle.

Prenez le chemin de gauche. À sa rencontre avec la route de Plumelec, tournez à gauche et, 600 m plus loin, à droite ; 2 km après, suivez la D 126 vers Vannes.

Saint-Avé C3

Un calvaire et une fontaine précèdent la **chapelle N.-D.-du-Loc** (15e s.). À l'intérieur, remarquez les sculptures des engoulants, ces gueules d'animaux ouvertes aux extrémités des pièces de bois. Au milieu de la nef, le calvaire à personnages est surmonté d'un dais en bois.

Poursuivez par la D 126 jusqu'à Vannes.

2

NOS ADRESSES À VANNES

SE DÉPLACER

On peut se déplacer à vélo à Vannes grâce au service **Vélocéo**. Vélos à assistance électrique (mise en service au printemps 2018).

VISITES

Vannes, qui porte le label Ville d'art et d'histoire, propose des visites-découverte animées par des guides-conférenciers agréés par le ministère de la Culture et de la Communication. *Rens. au service Animation du Patrimoine - Les Lavoirs - 15 r. Porte-Poterne - ℰ 02 97 01 64 00 - www.vpah. culture.fr/bretagne/vanne-pr.htm - horaires, se rens. à la mairie - 5,80 € (-26 ans 3,60 €, -18 ans gratuit). Une visite audioguidée téléchargeable (www.mairie-vannes.fr) permet de découvrir l'histoire de Vannes en cinq étapes.*
Pass Patrimoine : *10 visites, 43,50 € (valable 2 ans), rens. au service patrimoine ℰ 02 97 01 64 00.*

HÉBERGEMENT

BUDGET MOYEN

Hôtel de France – *57 av. Victor-Hugo - ℰ 02 97 47 27 57 - www. hotelfrance-vannes.com - fermé 21 déc.-3 janv. - ᵹ - 🅿 - 30 ch. à partir de 49/59 € - ⌷ 9,90 €.* On reconnaît aisément cet hôtel à sa façade de bois et de zinc. Chambres fraîches et fonctionnelles, rénovées dans un plaisant style contemporain. Salon-véranda. Accueil sympathique et très professionnel.
Hôtel Manche-Océan – *31 r. du Lt-Col.-Maury - ℰ 02 97 47 26 46 - www.manche-ocean.com - fermé 19 déc.-16 janv. - 🅿 6 € - 42 ch. 68/99 € - ⌷ 9,50 €.* Atmosphère familiale dans cet hôtel idéalement situé aux portes de la vieille ville.

Chambres fonctionnelles, colorées et bien tenues.
Kyriad Image Ste-Anne – *8 pl. de la Libération - ℰ 02 97 63 27 36 - www.kyriad-vannes.fr - 🅿 5,90 € - ᵹ - 45 ch. 50/89 € - ⌷ 9,90 € - ✕ plat du jour 11,90 € - formule 15,90 € - menu 20,90 €.* Cet établissement central recèle des chambres confortables, climatisées et bien insonorisées. Chaleureux restaurant au décor breton et carte traditionnelle.

POUR SE FAIRE PLAISIR

La Marébaudière – *4 r. A.-Briand - ℰ 02 97 47 34 29 - www. marebaudiere.com - 🅿 - 41 ch. 103/133 € - ⌷ 13 €.* À 5mn à pied du quartier historique, bâtisse régionale coiffée d'ardoise, aux chambres colorées (tons bleu, jaune et rouille), pratiques et bien équipées. Tenue irréprochable. Spa, sauna et fitness sur réservation.

À proximité

PREMIER PRIX

Chambre d'hôte La Ferme de Guerlann – *Guerlann - 15 km à l'ouest de Vannes - 56400 **Plougoumelen** - ℰ 06 15 71 19 49 - www.lafermedeguerlann.fr - fermé de mi-nov. à mi-mars - ⊠🅿 - 5 ch. 55 € ⌷.* Cette imposante bâtisse du 18ᵉ s. est un pied-à-terre pratique pour découvrir le golfe du Morbihan. Ses chambres (dont une familiale) allient l'ancien et le moderne. Sur demande, visite de la ferme.

RESTAURATION

PREMIER PRIX

Crêperie Dan Ewen – *3 pl. du Gén.-de-Gaulle - ℰ 02 97 42 44 34 - www.creperie-danewen.fr - lun.-sam. midi et mar.-sam. soir - fermé dim.(hors sais.), 1 sem. vac. de fév., 4ᵉ sem. de sept., 1ʳᵉ sem d'oct. - 10/20 €.* Cette belle maison à colombages proche de l'église St-Patern, cultive la tradition bretonne : crêpes à l'ancienne, mobilier breton, musique celte… Un bastion culturel.

BUDGET MOYEN

L'Annexe – *18 r. Émile-Burgault - ☏ 02 97 42 58 85 - fermé lun. sf juil.-août et dim. - formule 18 €, menu 22 (déj.)/30/58 €.* Élise et David, deux jeunes professionnels pleins d'allant, tiennent les rênes de cette maison conviviale. La cuisine met l'accent sur la fraîcheur des produits, majoritairement issus de producteurs locaux, dont le nom est même affiché fièrement à la carte. Beaux accords mets et vins.

La Tête en l'air – *43 r. de la Fontaine - ☏ 02 97 67 31 13 - www. lateteenlair-vannes.fr - fermé mar., merc. de sept. à juin, jeu. en juil.-août - formule 16 €, menus 28/55 €.* L'ancien Boudoir est aujourd'hui le fief d'un jeune couple dynamique et accueillant, qui a bel et bien la tête… sur les épaules. Les assiettes sont modernes en diable, soignées et pleines de saveurs, et s'accompagnent de bons vins de petits producteurs. Vu le prix, il serait dommage de s'en priver.

Café de Conleau – *10 allée des Frères-Cadoret - ☏ 02 97 63 47 47 - www.le-roof.com -* 🅿 ♿ *- formule 18/23 €.* Cette annexe du restaurant de l'hôtel Le Roof propose un menu brasserie et des tarifs allégés. Cadre très agréable.

Le Gavroche – *17 r. de la Fontaine - ☏ 02 97 54 03 54 - www.legavroche-vannes.com -* ♿ *- fermé dim. soir et lun.- formule déj. (sem.) 12,90 € - 17,90/21,90/27,90 €.* Dans une rue envahie par les restaurants de toutes nationalités, cette adresse sort du lot par sa

cuisine traditionnelle : blanquette, foie gras maison, tête de veau, pied de porc… Terrasse d'été. Pousse-café offert.

Le Salgado – *43 r. de la Fontaine - ☏ 02 97 47 66 93 - www.lesalgado. com - fermé dim.-lun., 10 j. fin août et pour les fêtes - formule déj. (mar.-vend.) 11,90 € - menu 21,90 € - 25/30 €.* Restaurant portugais à l'ambiance feutrée, et au service attentionné. La morue est reine mais elle a de nombreux rivaux : *carne alentejana* (fricassée de porc mariné et palourdes) ou *bifana* (escalopines de porc épicées). Bon choix de vins.

POUR SE FAIRE PLAISIR

Rive Gauche – *5 pl. Gambetta - ☏ 02 97 47 02 40 - www.le-rive-gauche.com - fermé dim.-lun. - formules midi 19/25, soir 36/42 €.* Beau bistrot installé dans une maison bourgeoise du port, où l'on mange au coude à coude une cuisine du marché arrosée de bons crus.

L'Eden – *3 r. Pasteur - ☏ 02 97 46 42 62 - jeu.-sam. soir, lun.-sam. midi - fermé dim. - menu 18/22 € (déj. en sem.) - 22/42 €.* Un jardin des délices à côté de l'ancien cinéma Eden. Les habitués viennent y savourer une cuisine fraîche et actuelle, qui ose des associations originales.

Le Vent d'Est – *21 r. Ferdinand-Le-Dressay - ☏ 02 97 01 34 53 - fermé dim. (sf midi, oct.-mars) et lun., 20 avr.-6 mai et 15 juil.-10 août -* ♿ *- formule déj. sem. 15,50/17,50 €, menu 26 € - 16/47 €.* Ici, on savoure de goûteuses spécialités de l'est, servies avec générosité dans un décor de brasserie alsacienne.

Les Remparts – *6 r. Alexandre-le-Pontois - ☏ 02 97 47 52 44 - fermé sam. midi et dim.-lun., 1 sem. en fév. et 1 sem. en nov. - formule*

2

14 € - menu 19 € (déj. sem.).
Face aux remparts, la cuisine
bistronomique a trouvé un fer
de lance ! Anthony Evin met
à l'honneur les producteurs
locaux, le marché et les vins
naturels : sa cuisine est un
joli panaché d'inspiration, de
fraîcheur et de fine simplicité.

UNE FOLIE

Roscanvec – 17 r. des Halles -
☎ 02 97 47 15 96 - www.roscanvec.
com - fermé dim. soir, lun. et mar.
(sf juil.-sept.), 2ᵉ quinz. de janv.,
de juin et de nov. - formule déj.
25 € - menu 30 (déj. sem.)/54/90 € -
61/76 €. Maison à colombages
dans une pittoresque ruelle
piétonne. Quelques tables au
rez-de-chaussée ouvrant sur
la cuisine, et salle principale
à l'étage. Carte inventive.

BOIRE UN VERRE

À l'aise Breizh Café – 4 r. du
Commerce - ☎ 02 97 68 15 89 -
www.alaisebreizhcafe.com - ♿ -
9h-1h (cuisine 22h30). Ce café-
brasserie situé à l'étage de
la capitainerie dispose d'une
agréable terrasse donnant sur
le port de plaisance. Petite
restauration (salades, burgers)
et plats traditionnels.

Le Corlazo – 5 allée du Dr François-
Salomon - Conleau - ☎ 02 97 63
24 43 - 10h-21h (22h l'été) - ♿.
Terrasse au bord de l'eau, ou salle
avec cheminée, l'endroit parfait
pour faire une halte à Conleau.
Petite restauration le midi.

ACHATS

Pâtisserie Cartron – 15 r.
St-Vincent - ☎ 02 97 47 30 34 -
www.cartron-gourmandises.com -
lun.-mar. et jeu.-vend. 9h-19h, merc.
et sam. 8h30-19h, dim. 8h-13h,
15h30-19h. Pâtisserie-salon de thé,
où l'on déguste des spécialités
maison : le Tonkinois (meringue

et chocolat), le Menhir de Carnac
(praliné noisette enrobé de
chocolat au lait)…

EN SOIRÉE

L'Océan – 4 pl. Gambetta -
☎ 02 97 47 22 81 - ♿ - 7h-1h.
Ce bar d'hôtel est situé face au
petit port de Vannes. Magnifique
terrasse donnant sur la place
Gambetta où les Vannetais se
rassemblent le midi et le soir
à la sortie du travail.

ACTIVITÉS

**Croisières dans le golfe
du Morbihan** – Voir Golfe
du Morbihan, p. 88.
**Centre équestre de Vannes-
Ploeren** – 11 rte de Kerponsal -
56880 Ploeren - ☎ 06 14 97 15 82 -
www.ploerenequitation.com -
9h-21h - fermé lun. et fin juin-
déb. sept. Promenades à cheval
ou poney dans les forêts et sur
les plages. En été, le centre se
transfère à Belle-Île (voir p. 148).

AGENDA

Ailleurs – www.ailleurs-vannes.fr -
avr. Expositions photos dans
divers lieux de la ville.
Fêtes historiques – ☎ 02 97 01
62 44 - www.mairie-vannes.fr -
12-14 Juil.
Fête des Voiles rouges – 2 j.
fin juil.-déb. août, années paires.
À Port-Anna, diverses animations,
rassemblement de vieux
gréements, concerts, repas, etc.
Festival Jazz en ville – Vannes -
☎ 02 97 01 62 44 - www.
festivaljazzenville.fr - fin juil. -
35 €/concert, 120 €/pass 5 j.
Musicales du Golfe – ☎ 0 825
135 610 - www.musicalesdugolfe.
com - 1ʳᵉ quinz. d'août - 19 €/
concert.
Fêtes d'Arvor – ☎ 02 97 01 60 00 -
www.fetes-arvor.org - 13-15 août.

Golfe du Morbihan

★★★

Morbihan (56)

D'une largeur de 20 km, cette petite mer intérieure parsemée de soixante îles ou îlots est une destination recherchée pour la beauté de ses paysages. La lumière des couchers de soleil s'y fait particulièrement séduisante, surtout à marée basse. En mer, barques de pêche et barges ostréicoles côtoient plaisanciers et adeptes de sport nautique. Dans les terres, c'est à pied ou à vélo que se dévoilent les trésors à l'instar de la faune et la flore des marais ou encore des nombreux dolmens et cairns témoins d'un mystérieux passé. Paysages, milieux naturels et patrimoine composent un ensemble unique qui a été labellisé Parc naturel régional en 2014. Dans la lumière du matin ou du soleil couchant, les innombrables petites îles dansent sur les eaux calmes ou agitées de l'une des plus belles baies du monde.

😊 NOS ADRESSES PAGE 100
Hébergement, restauration, achats, activités, etc.

🅸 S'INFORMER

Office du tourisme de Vannes - Golfe du Morbihan – *Voir p. 76.*

Mairie de l'île aux Moines – *📞 02 97 26 32 61 - www.mairie-ileauxmoines.fr - mai-sept. : 9h-12h, 15h-17h, lun., merc. et vend. 9h-12h, sam. (sem. impaire) 9h-12h - fermé dim. et j. fériés - 2ᵉ bureau au port - 02 97 26 32 45 - en sais.*

Mairie de l'île d'Arz – *Le Prieuré - 📞 02 97 44 31 14 - www.iledarz.fr - 9h30-12h30 - fermé w.-end, merc. et j. fériés - attention, il n'y a pas de distributeur d'argent sur l'île.*

Golfe du Morbihan Vannes Tourisme - Bureau de Sarzeau – *R. du Père-J.-M.-Coudrun - 56370 Sarzeau - 📞 02 97 53 69 69 - www.golfedumorbihan.bzh - en sais. : 9h-13h, 14h-19h, dim. 10h-13h ; reste de l'année : tlj sf dim. 9h-12h, 14h-18h.*

Parc naturel régional du Golfe du Morbihan – *www.parc-golfe-morbihan.bzh*

▶ SE REPÉRER

Carte de microrégion BC3 (pp. 74-75) – Le golfe du Morbihan débute au sud de Vannes et s'étend à l'ouest jusqu'à la rivière d'Auray.

Les deux ports qui ferment le golfe, Port-Navalo et Locmariaquer, sont respectivement accessibles par la D 780 (35 km depuis Vannes) et par la voie rapide, la D 28 et la D 781 (32 km depuis Auray). Une myriade de routes en cul-de-sac dessert les bourgs qui bordent le golfe.

2

😊 À NE PAS MANQUER

Une croisière en bateau dans le golfe ; une excursion sur l'île de Gavrinis pour en admirer le cairn néolithique ; une balade dans l'un des nombreux sites protégés pour observer les oiseaux ; une dégustation d'huîtres.

🕐 ORGANISER SON TEMPS

Durant la saison estivale, l'île aux Moines et île d'Arz sont très visitées. De même, la circulation est difficile sur les routes bordant le golfe. Pour visiter des sites, comme Gavrinis, accessibles par bateau, n'oubliez pas de réserver au moins la veille.

👥 AVEC LES ENFANTS

Visite du cairn de Gavrinis, du château de Suscinio ; balade à la découverte des oiseaux dans l'une des réserves naturelles du golfe.

Découvrir Carte Golfe du Morbihan p. 90-91

★★★ TOUR DU GOLFE EN BATEAU

Départ : Vannes, Locmariaquer, Auray, Le Bono, Larmor-Baden ou Port-Navalo. Hors du golfe : depuis Port-Haliguen, sur la presqu'île de Quiberon. Nombreuses formules (voir ci-dessous).

C'est indiscutablement la meilleure façon de voir le golfe du Morbihan, à moins d'apprécier ses contours en avion. Une quarantaine d'îles sont des propriétés privées, habitées par des amateurs de solitude. Les deux plus grandes, Arz et l'île aux Moines, sont les seules communes du golfe.

Île d'Arz C2

Dép. de Séné et Vannes - bateaux Bus du Golfe - ☎ 02 97 44 44 40 - www.ile-arz. fr - passages réguliers tte l'année : horaires, se rens. - 10,20 € (-10 ans 5,60 €) AR.

Dép. de Vannes et Port-Navalo - Compagnie du Golfe - ☎ 02 97 67 10 00 - www. compagnie-du-golfe.fr - croisière commentée avec escale horaires, se rens. - 24,60 € (-12 ans 16,80 €).

Dép. de Port-Blanc (Baden) - Izenah Croisières - ☎ 02 97 26 31 45 - www.izenah-croisieres.com - liaisons régulières juil.-août : tlj sf sam. 9h45 et 14h10, jeu. 9h15 et 14h10 - 10 € (-13 ans 8 €) AR. Tour du golfe + escale sur l'île d'Arz : dép. de Port-Blanc (Baden) avr.-sept. : 10h15 - 21 € (-13 ans 10 €) AR.

Golfe Croisières - ☎ 02 97 57 15 27 - www.croisieres-golfe-du-morbihan.com - juil.-août : 10h35 ; avr.-juin et sept. : tlj sf sam. 10h35 - 21 € (-12 ans 10 €) AR.

Depuis Port-Navalo, Kerners et Locmariaquer : Le Passeur des Îles - ☎ 02 97 49 42 53 - www.passeurdesiles.com - 8 juil.-31 août : lun.-mar., jeu. et dim. dép. de Locmariaquer 9h20, dép. de Port-Navalo 9h45 ; de déb. avr. à déb. juil. et sept. : merc. dép. de Locmariaquer 9h20, dép. de Kerners 10h30 - 16 € AR (enf. 9 €).

Habitée par les Îldarais et les nombreuses espèces d'oiseaux, cette île (5 km de long sur 3 de large) a conservé son côté sauvage. Son atmosphère paisible (hors saison) se décline entre marais, prés et criques. Un sentier côtier fait le tour de l'île, découpée de plages. Plusieurs **dolmens** sont situés à la pointe de Pen Liouse. Le **moulin à marée** de Berno (12ᵉ s.), restauré en 2000, témoigne également de l'occupation ancienne de l'île.

★ Île aux Moines B3

Dép. de Vannes (gare maritime), Locmariaquer et Port-Navalo ; Auray et La Trinité (juil.-août) : Navix - ☎ 02 97 46 60 00 - www.navix.fr - croisière commentée.

Dép. de Vannes (gare maritime) et Port-Navalo : Compagnie du Golfe - ☎ 02 97 67 10 00 - www.compagnie-du-golfe.fr - tour du golfe + escale sur l'île aux Moines - avr.-sept. et vac. de la Toussaint - 24,60 € (-12 ans 16,80 €).

Dép. de Larmor-Baden : Golfe Croisières - ☎ 02 97 57 15 27 - www.golfe-croisieres. com - juil.-août : tlj ; avr.-juin et sept. : tlj sf sam. et dim.-lun. de Pâques - dép. 10h35 - 21 € (-12 ans 10 €).

Depuis Kerners (Arzon) : Le Passeur des Îles - ☎ 02 97 49 42 53 - www. passeurdesiles.com - de déb. juil. à mi-sept. : 9h30, 10h30, 11h30, 12h45 et 13h45 ; avr.-juin et de mi- à fin sept. : lun., merc.-jeu. et dim. 10h30 - 13,50 € (-12 ans 7 €) AR.

Accès en bateau, sans excursion dans le golfe depuis Port-Blanc (Baden) : Izenah Croisières - ☎ 02 97 26 31 45 - www.izenah-croisieres.com - dép. ttes les 30mn (passage 5mn) - juil.-août : 7h-22h ; avr.-juin, sept. et vac. de la Toussaint : 7h-19h30 ; reste de l'année : se rens. - 5 € (-10 ans 2,70 €) AR, 4 €/vélo.

🛈 Point info sur le port - *voir p. 87.*

L'île aux Moines : la Grande Plage.
AGE/Photononstop

Cette ancienne propriété des moines de Redon est la plus grande, la plus peuplée (600 habitants à l'année, 6 000 habitants pendant l'été) et la plus visitée (4 000 touristes par jour en haute saison) des îles du golfe. Elle frappe d'emblée par son opulence et sa végétation luxuriante : grandes villas balnéaires du 19e s., camélias, mimosas, hortensias, rosiers, figuiers, palmiers, eucalyptus et pins gigantesques…

L'île, en forme de croix (6 km de long sur 3,5 de large), recèle aussi bien d'autres visages : modestes maisons de pêcheurs aux murs blanchis, maisons cossues de capitaines ou d'armateurs au granit parfois sculpté, fontaines, chapelles, vieux moulins et vestiges mégalithiques, plages et rochers, minicollines et minibois dont les noms invitent à rêver : bois d'Amour, bois des Soupirs, bois des Regrets…

L'idéal est d'y passer la journée pour en apprécier tous les aspects en prenant son temps. Quatre sentiers balisés (fléchage de couleur au sol) permettent de se repérer facilement : les sentiers jaune *(1h30)*, rouge *(2h)* et bleu *(3h30)* conduisent à chacune des pointes et sont accessibles aux vélos tandis que le sentier côtier, qui fait le tour de l'île, est réservé aux piétons *(4h30)*. La partie nord est nettement plus habitée que la partie sud, restée plus sauvage.

Depuis le port du Lerio, rejoignez le bourg de **Locmiquel**, aux ruelles pittoresques et fleuries. C'est là que se concentrent la plupart des cafés, restaurants et boutiques.

On découvre, au nord de l'île, la **pointe de Trech** (curieux calvaire à paliers) donnant sur la pointe d'Arradon et le golfe ; à l'est, la **pointe de Brouel** où la vue s'étend sur l'île d'Arz ; au centre, l'**enceinte mégalithique** de Kergonan, composée de 26 pierres dressées ; au sud, le **dolmen** de Boglieux et les **pointes de Brannec et de Nioul**.

Pour la baignade, l'île compte plusieurs **plages**, petites mais bien protégées : sur la côte ouest, la Grande Plage, reconnaissable à ses cabines colorées, ainsi que celles du Gored et du Rudel ; côté est se trouve la plage de Port Miquel.

GOLFE DU
MORBIHAN

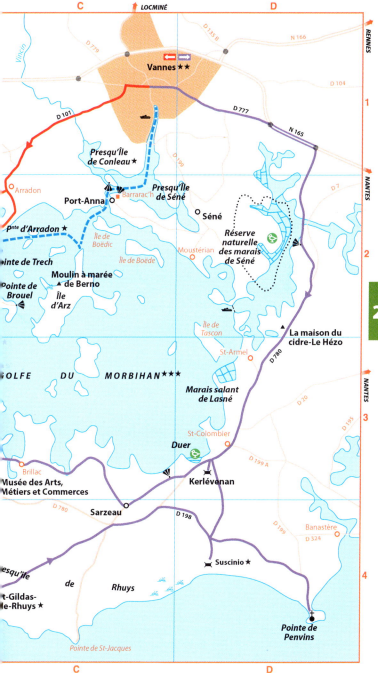

LOCMINÉ

C D

RENNES

N 166

D 135 B

D 779

D 104

Vannes ★★

D 777

D 101

N 165

D 99

NANTES

D 7

Presqu'Île
de Conleau ★

Arradon

Presqu'Île
de Séné

Port-Anna
Barrarac'h

Séné

Réserve
naturelle
des marais
de Séné

Pnte d'Arradon ★

Île de
Boëdic

Pointe de Trech

Île de Boëde

Moustérian

Pointe de
Brouel

Moulin à marée
de Berno

Île
d'Arz

La maison du
cidre-Le Hézo

Île de
Tascon

D 780

St-Armel

GOLFE DU MORBIHAN ★★★

Marais salant
de Lasné

D 20

D 195

St-Colombier

Duer

D 199 A

Brillac

Kerlévenan

Musée des Arts,
Métiers et Commerces

D 780

Sarzeau

D 198

Banastère

D 199

D 324

NANTES

Presqu'île

de

Rhuys

Suscinio ★

St-Gildas-
de-Rhuys ★

Pointe de St-Jacques

Pointe de
Penvins

C D

2

DÉCOUVRIR LE GOLFE EN KAYAK

Outre le plaisir de la balade à pied ou à vélo, le golfe du Morbihan offre un extraordinaire terrain d'entraînement pour les activités nautiques : voile, régates, kayak de mer (jet-ski et ski nautique sont en revanche interdits). Mais attention, derrière son apparence de lac, le golfe présente de sérieuses difficultés de navigation. Attention aussi aux nombreux parcs à huîtres et aux horaires de marée, pour ne pas vous retrouver échoué… Le kayak de mer, en particulier, permet d'accoster à marée basse sur les grèves de toutes les îles à l'exception des réserves naturelles interdites d'accès comme Er Lannic. Dans les îles privées, il faut se cantonner dans la zone de marnage (ne pas dépasser la hauteur maximum atteinte par la mer) sauf sur la ravissante île Berder où l'accès au sentier côtier est autorisé aux visiteurs. Le kayak permet aussi de naviguer dans les zones marécageuses de la partie orientale du golfe (sauf dans la réserve naturelle du marais de Sené, interdite à toute embarcation), très riche en oiseaux.
Pour la location de kayaks, voir « Nos adresses » p. 104.

Circuits conseillés Carte Golfe du Morbihan p. 90-91

★ DE VANNES À LOCMARIAQUER

Circuit de 50 km, tracé en rouge sur la carte – comptez une demi-journée. Quittez Vannes par la D 101 (ouest du plan). À 5 km, prenez à gauche vers la pointe d'Arradon. La route contourne Arradon. Trait d'union entre la rivière d'Auray et le golfe du Morbihan, ce bout de terre offre de belles échappées entre une nature généreuse et un patrimoine mégalithique d'exception.

★ Pointe d'Arradon C2

Prenez à gauche vers la cale de la Carrière.
La **vue★** sur le golfe du Morbihan est très représentative du paysage insulaire. De gauche à droite : les îles de Logoden ; au loin, l'île d'Arz ; ensuite, l'île Holavre, rocheuse, et l'île aux Moines. Pour gagner la pointe, empruntez le sentier derrière l'hôtel *Les Vénètes*, longeant les roches.
Faites demi-tour pour gagner Le Moustoir où vous tournerez sur votre gauche pour prendre la D 316.
Au lieu-dit **Moulin de Pomper**, remarquez sur la gauche le vieux moulin à marée, qui abrite aujourd'hui un magasin d'antiquités. La route longe l'anse de Kerdelan et offre une jolie vue sur le golfe et, au fond, l'île aux Moines.

Marais de Pen en Toul B2

Un sentier de 3,5 km permet d'apprécier le patrimoine naturel de ce marais endigué, entouré de landes, de bosquets et de prairies humides riches en fleurs et en insectes. Plus d'une quarantaine d'espèces de papillons y sont recensées, aux côtés des nombreux oiseaux tels que tadornes, aigrettes, martins-pêcheurs, avocettes et chevaliers.
Poursuivez sur la D 316.

Larmor-Baden B2

Cette charmante station balnéaire abrite un petit port doté d'un club de voile, et un important centre ostréicole. Quatre îles du golfe sont rattachées à la commune : Radenec et l'île Longue qui sont aujourd'hui des propriétés privées, l'île de Gavrinis qui abrite le célèbre cairn (*voir ci-contre*) et enfin l'**île Berder**. Jusque-là propriété de la société Yves Rocher qui la louait à un

Le golfe a plusieurs espaces protégés pour les oiseaux (spatules blanches, marais de Suscinio).
E. Berthier/hemis.fr

centre de vacances, cette dernière a été vendue en 2013 au groupe immobilier Giboire qui envisage d'y construire un hôtel d'une centaine de chambres. Néanmoins, son accès devrait toujours être autorisé aux visiteurs, des associations locales veillant au grain.

Accès à marée basse par une route goudronnée. Attention à respecter les horaires de marées. Plantée de pins et de cyprès magnifiques, mais aussi de palmiers, d'arbousiers et de figuiers, elle offre une très jolie balade ombragée (2,2 km), jalonnée de petites criques où se baigner.

Larmor-Baden est, avec Port-Navalo, un point d'embarquement pour l'île de Gavrinis.

★★ Cairn de Gavrinis B3

Cale de Pen-Lannic - ☎ 02 97 57 19 38 - www.morbihan.fr/gavrinis - visite guidée sur demande préalable (55mn) avr.-août : 9h30-12h30, 13h30-18h30 ; vac. de fév. et vac. de la Toussaint : tlj sf lun. 13h30-18h30 - 18 € (-18 ans 8 €) - 22 € billet combiné avec le circuit des mégalithes - Le Pass des mégalithes permet d'obtenir un tarif réduit dès le deuxième monument visité (fonctionne à Carnac, Gavrinis, Petit Mont et Locmariaquer).

Construit au néolithique sur l'île de Gavrinis, voici environ cinq mille ans, ce cairn est l'un des plus intéressants monuments mégalithiques de Bretagne. Constitué de pierres amoncelées sur une petite butte, il atteint 6 m de haut et 50 m de diamètre. Une galerie couverte de 14 m de longueur, formée de 23 supports sur lesquels reposent neuf tables, mène à la chambre funéraire. Cette petite pièce (environ 2,50 m de côté) est recouverte d'une seule pierre de granit, reposant sur des supports ornés de gravures représentant des haches, des arcs et des spirales, symbolique qui reste mystérieuse.

Le circuit des Mégalithes permet de prolonger la visite du cairn avec l'îlot d'**Er Lannic**. Un peu au sud de Gavrinis, cet îlot porte deux *cromlechs*, des cercles de menhirs. Disposés en forme de 8, ils sont à moitié immergés. En effet, depuis l'époque préhistorique, le niveau de la mer a monté, donnant naissance au golfe. À marée basse, une partie de ces menhirs réapparaît sur

l'île *(réserve ornithologique, interdite d'accès. Stationnement devant et commentaire à bord. Comptez environ 2h pour ce circuit.)*
Depuis Larmor-Baden, rejoignez Baden par la D 316, puis la D 101 en direction de Le Bono.

Le Bono A1

Ce village au riche passé maritime a conservé son authenticité. Au nord par la D 101E, remarquez le **moulin à marée de Kervilio** datant de 1455. Au sud, à la sortie de **Kernours**, dans un bosquet de pins à droite, un dolmen coudé évoque une allée couverte. Poursuivez la route jusqu'à **Mané-Vehr**, petit port ostréicole d'où l'on jouit d'un beau point de vue sur la rivière d'Auray.

Le nouveau pont offre également une **vue★** irrésistible sur la rivière du Bono, le port et le village, avec son vieux pont suspendu (1840) et ses bateaux de plaisance.
Poursuivez sur la D 101.

★ Auray *(voir p. 106)* A1

Sortez d'Auray par la D 28 en direction de La Trinité-sur-Mer. À 8 km, tournez à gauche dans la D 781.

Vous passez à proximité des célèbres monuments mégalithiques de Locmariaquer.

★★ Locmariaquer *(voir p. 114)* A3

★ PRESQU'ÎLE DE RHUYS Carte Golfe du Morbihan p. 90-91

 Circuit de 100 km, tracé en violet sur la carte – comptez une journée. Quittez Vannes par la N 165 vers Nantes. Après St-Léonard, prenez à droite la D 780.

Cette langue de terre et de sable (10 km de long, 2 km de large en moyenne) ferme au sud le golfe du Morbihan. Aux criques rocailleuses du golfe, répondent les plages de sable fin de l'Atlantique, tandis que les terres se déclinent en bocages et marais.

 De nombreuses pistes cyclables sur route ou sur chemin permettent de traverser la presqu'île jusqu'à Port-Navalo.

La maison du cidre-Le Hézo D2

11 r. Lann-Vrihan - ℘ 02 97 26 47 40 - www.museeducidre.com - &. - juil.-août : 10h-18h30, dim. et j. fériés 10h-12h, 15h-18h ; avr.-juin et sept.-oct. : tlj sf dim. 10h-12h, 14h30-18h30, j. fériés 10h-12h, 15h-18h - boutique tte l'année - fermé 1er janv., Vend. saint, 25-26 déc. - 5 € (-16 ans gratuit) - tarif réduit sur présentation du Guide vert Michelin de la région.

Cette maison du cidre propose, outre une boutique bien approvisionnée, une partie muséographique dotée d'une belle collection d'outils et machines utilisées autrefois dans la fabrication du cidre et de l'eau-de-vie par distillation. Possibilité de pique-niquer dans le verger.
Quittez Le Hézo par la D 310.

Marais salant de Lasné D3

Cette étendue, qui fait face à l'île Tascon, a été créée artificiellement au 17e s. par des paludiers guérandais pour les moines de Saint-Gildas. Depuis 2003, un paludier s'est réinstallé pour assurer la pérennité du marais aux côtés d'ostréiculteurs.

 Un sentier permet d'apprécier ses paysages et d'observer les nombreux oiseaux migrateurs qui viennent y nicher. Il longe les huîtrières ainsi qu'un élevage de palourdes et se prolonge jusqu'à la presqu'île du Passage.

Un territoire exceptionnel

LE 50ᵉ PARC NATUREL FRANÇAIS

La création en octobre 2014 du **Parc naturel régional du Golfe du Morbihan** reconnaît le caractère exceptionnel de cette portion du littoral breton et la nécessité de la préserver. Les 64 200 ha du parc, auxquels s'ajoute une aire d'intérêt maritime d'environ 17 000 ha parsemée d'îles et d'îlots – une quarantaine émergés en permanence –, constituent en effet un ensemble unique à plus d'un titre.

LA PETITE MER

En breton, *Mor-bihan* signifie « petite mer », par opposition à *Mor-braz*, la « grande mer océane ». Ce vocable évoque le golfe du même nom, né au tertiaire d'un affaissement de son bassin. La mer a alors recouvert 12 000 ha déjà modelés par l'érosion des cours d'eau, d'où ces découpures et ces estuaires, ces îles et ces îlots innombrables qui font aujourd'hui son originalité.

Attention : cette « petite mer » est soumise aux marées. Les eaux y pénètrent en bouillonnant par un étroit et dangereux goulet d'un kilomètre à peine, entre Port-Navalo et Locmariaquer, dans lequel les courants peuvent atteindre 10 nœuds (18 km/h).

LE ROYAUME DES OISEAUX

Sous l'effet des marées se développent autour des îles et dans le fond du golfe (70 % de la superficie du bassin) des terrains très divers et riches en vie marine. Submergé uniquement aux grandes marées, le schorre ou pré salé favorise la reproduction de certaines plantes comme la salicorne et la lavande de mer, qui retiennent les sédiments. Le slikke (zone vaseuse découverte puis recouverte à chaque marée) est propice au développement des herbiers et des algues, où nichent des milliers d'animaux (parfois plus de 4 000/m²), crabes, palourdes, vers… Un fabuleux garde-manger pour une foule d'oiseaux sédentaires (tadornes de Belon, aigrettes, hérons, goélands…) ou migrateurs (oies bernache de Sibérie, canards, sternes, spatules blanches, etc.). Ce qui explique que le golfe soit **un des grands sites ornithologiques** du littoral atlantique, classé en zone de protection spéciale (Natura 2000).

Voir marais de Pen en Toul et de Lasné, réserves du Duer et de Séné (p. 96 et 82).

UNE OCCUPATION HUMAINE MILLÉNAIRE

Dans ce site naturellement protégé, l'occupation humaine est très ancienne comme en témoignent les nombreux **vestiges mégalithiques** présents sur tout le pourtour du golfe. Dès l'Antiquité sont établis les deux ports principaux, **Auray-St-Goustan** et **Vannes**, qui vont connaître une grande prospérité aux 16ᵉ-17ᵉ s. Bateaux de transports de marchandises et de pêche, chantiers navals, moulins à marée, marais salants, parc à huîtres et même culture de la vigne (sur la presqu'île de Rhuys), de multiples activités humaines se développent dans la zone au fil des siècles. Certaines de ces activités traditionnelles existent encore de nos jours même si le golfe vit beaucoup du tourisme. Plus de 165 000 habitants vivent et travaillent dans les trente communes du parc. Milieux naturels et patrimoine construit par l'homme s'associent donc dans un équilibre fragile. Le parc a pour mission d'organiser et maîtriser leur cohabitation dans un objectif de développement durable.

> **LE TRIOMPHE DE BRUTUS**
>
> Au 1ᵉʳ s. av. J.-C., les Vénètes formaient le peuple le plus puissant d'Armor, avec une flotte qui leur assurait la suprématie des côtes. Conquérant, César décida de rassembler à l'embouchure de la Loire un grand nombre de galères commandées par son lieutenant **Brutus**.
>
> Des géologues affirment que le golfe du Morbihan n'existait pas encore lors de la guerre des Gaules, mais il est certain que le combat naval se déroula le long de la côte sud-est de la Bretagne, probablement devant Port-Navalo. Aux 220 gros voiliers des Gaulois, les Romains opposèrent leurs grandes barques plates, marchant à l'aviron. Le triomphe de Brutus, inespéré, tint à plusieurs causes : une mer calme et sans vent favorisant des galères, incapables de résister au mauvais temps, et condamnant les voiliers vénètes à l'immobilité, mais aussi aux faux que les Romains avaient attachées à l'extrémité de longues perches, et qui leur permirent de sectionner les cordages des bateaux ennemis.
>
> Après cette victoire, César occupa le pays vénète : tous les membres du Sénat furent mis à mort et le peuple fut vendu comme esclave.

De mai à septembre, le petit passeur permet de rejoindre Le Passage à Séné qui abrite une réserve naturelle *(voir p. 82)*.

Rejoignez la D 780 en direction de St-Colombier. L'anse abrite la réserve ornithologique du Duer.

Réserve ornithologique du Duer D2

Site privilégié pour la découverte de la faune et de la flore, les anciennes salines du Duer s'étendent sur 21 ha. Un chemin d'observation, jalonné d'observatoires ornithologiques, permet de découvrir les oiseaux. Des visites guidées sont régulièrement organisées. *Rens. et inscription à la mairie de Sarzeau au ☎ 02 97 41 85 15 - www.sarzeau.fr.*

Château de Kerlévenan D3

☎ 02 97 26 46 79 - de déb. juil. à mi-sept. : 14h-18h ; reste de l'année : sur demande préalable - fermé 1ᵉʳ janv., 1ᵉʳ Mai, 25 déc. - possibilité de visite guidée sur demande (1h) - 3 € (-13 ans 1,50 €).

Ce château (18ᵉ s.) de style Louis XVI a été construit en tuffeau provenant de Touraine. Sa façade, aux lignes harmonieuses, rappelle le Petit Trianon, avec ses quatre colonnes ioniques couronnées d'une galerie. Dominant le golfe, le **parc** (30 ha) comporte deux petites « fabriques » à la mode du 18ᵉ s. : un pavillon chinois et une chapelle (temple dédié à l'Amour à l'origine).

Sarzeau C4

Sur la petite place, à droite de l'église, s'élèvent deux belles maisons Renaissance. Le bourg s'anime les jours de marché à moins de lui préférer ses longues **plages** orientées sud sur sa côte océane : Roaliguen, Kerfontaine et pointe de St-Jacques.

En empruntant la route touristique en direction de Brillac, rejoignez **Le Logeo**. Ce joli port ostréicole est lové dans l'anse du même nom, face à l'île Govéan.

Avant de rejoindre la D 780 en direction d'Arzon, remarquez, à la sortie du hameau de Kermaillard, le tumulus éponyme. Au pied de ses cinq mètres de hauteur, deux cartouches symbolisent la déesse des mégalithes.

★ Tumulus de Tumiac B3

À 15mn à pied. Garez-vous au parking et prenez à droite un chemin de terre.
Ce tumulus (20 m de haut, 300 m de large) est également appelé Butte de
César. Selon la légende, c'est d'ici que l'empereur aurait suivi la bataille navale
remportée contre les Vénètes *(voir encadré ci-contre)*. Beau **panorama★**.
Empruntez la D 198 à droite en direction de Beninze.

Pen-Castel B3

En bas du village de Béninze, à l'est, le très beau **moulin de Pen-Castel** – *(R. de
Keravello - ℘ 02 97 53 88 06 - www.moulin-pen-castel.fr - ♿ - juil.-août : 10h-13h,
15h-19h; vac. scol. (hors juil.-août) : tlj sf lun.-mar. 14h-18h; reste de l'année : tlj
sf dim.-mar. 14h-17h - fermé janv., certains j. fériés - possibilité de visite guidée
(15mn) - conférences, concerts et spectacles.)* – a bénéficié d'une importante
restauration. Expositions, animations, concerts, courts-métrages, résidences
d'artistes, événements très éclectiques tout au long de l'année.

🐾 *Départ à 100 m sur votre droite après le pont. Compter 1h30 AR.* Du moulin
de Pen Castel, suivez le sentier côtier fléché qui file de la pointe Saint-Nicolas
via l'anse de Kerners jusqu'à la **pointe de Kerners**, offrant une très belle
perspective★ sur le golfe du Morbihan. Joli parcours avec des points de vue
idéaux pour pique-niquer. Le sentier continue jusqu'à la pointe de Bilgroix
avec un autre point de vue panoramique face au phare de Port-Navalo.
Gagnez le bourg d'Arzon par la rue de Kerners.

Arzon B3

Dans l'**église** d'Arzon, deux vitraux rappellent le vœu fait par les marins à
sainte Anne, en 1673, durant la guerre de Hollande : celui de rentrer entiers.
Depuis, chaque lundi de Pentecôte, les hommes de mer prennent part à la
procession de Ste-Anne d'Auray.

😊 Depuis Kerners (Arzon) on peut aussi rejoindre l'île aux Moines avec la
compagnie Le Passeur des îles *(voir p. 88)*.

Port-Navalo B3

La rade de ce petit port est fermée au sud par un promontoire portant un
phare. C'est aussi une sympathique station balnéaire, avec sa plage aux allures
de carte postale, nichée dans une crique.

🐾 Au phare de Port-Navalo débute une belle promenade *(2 km)* jusqu'au
tombeau du Petit Mousse, noyé inconnu qui fut retrouvé en 1859 sur les
rochers. Elle se poursuit jusqu'au Crouesty. Un autre sentier *(3 km)* aboutit
au nord à la pointe de Kerners *(voir Pen Castel, ci-dessus)*.

Port du Crouesty B3

Ce port de plaisance, d'allure moderne, est un véritable complexe qui abrite
un centre de thalassothérapie *(voir « Nos adresses » p. 105)*, et peut accueillir
plus de 1 400 bateaux : agréable promenade le long du quai.

★**Cairn du Petit-Mont** – *Pointe du Petit-Mont - Port Crouesty - ℘ 06 03 95 90 78 -
www.petit-mont.info - juil.-août : 11h-18h30; vac. de fév., avr.-juin, sept.-oct.
et vac. de la Toussaint : tlj sf lun. 14h-18h30 - possibilité de visite guidée sur
demande (45mn) - 7 € (-17 ans 3 €) - 16 € billet famille (2 adultes + 1 enf. mini).*

😊 Le Pass des Mégalithes permet d'obtenir un tarif réduit dès le deuxième
monument visité (fonctionne à Carnac, Gavrinis et Locmariaquer).

Hissée sur un majestueux promontoire dominant la presqu'île, cette masse
de pierres au volume impressionnant – plus de 10 000 m^3 – résulte d'une
construction complexe s'étalant sur plus de 7 000 ans.

2

Le premier cairn (4500 av. J.-C.) ne comprenait ni chambre ni couloir, à la différence du second (4000-3500 av. J.-C.), dont la chambre sépulcrale fut conçue autour d'une stèle-idole marquée au sol. Le troisième cairn (2700-2500 av. J.-C.) vint encercler les deux premiers.

Durant la Seconde Guerre mondiale, les Allemands détruisirent l'un des quatre dolmens pour y construire un bunker.

Reprenez la D 780 en direction de Saint-Gildas-de-Rhuys. Au rond-point, prenez la direction Largueven.

Musée des Arts, Métiers et Commerces C3

D 780 - Largueven - ℘ 02 97 53 68 25 - www.musee-arts-metiers.com - ♿ - juil.-août : 10h-12h, 14h-19h, dim. et j. fériés 14h-19h ; de mi-mars à fin juin et 1er sept.-12 nov. : tlj sf lun. 14h-19h - 7 € (-12 ans 4 €).

Il présente sur 900 m^2 plus d'une soixantaine de métiers, dans des boutiques ou des ateliers reconstitués. Classe des années 1930 et expositions thématiques, dont une permanente consacrée aux costumes bretons. Démonstrations de broderies et dentelles au fuseau durant la saison estivale.

Revenez au rond-point sur la D 780 pour prendre la route qui mène à Saint-Gildas-de-Rhuys.

★ Saint-Gildas-de-Rhuys C4

Ce village doit son origine au monastère fondé au 6e s. par saint Gildas. Parmi les abbés qui le gouvernèrent, le plus célèbre fut Abélard, au 12e s.

★ Église – *℘ 02 97 45 24 71 - www.saintgildasderhuys.com - ♿ - 9h-19h (en dehors des offices).* Cette ancienne abbatiale (début du 11e s.) a été reconstruite en grande partie aux 16e et 17e s. Le chevet, particulièrement harmonieux, est orné de plusieurs sculptures dont l'une représente une scène de tournoi. Au bas de la nef, deux beaux chapiteaux sculptés servent de bénitier. Le **chœur★** roman est remarquable. Derrière le maître-autel baroque, remarquez le tombeau de saint Gildas (11e s.). Dans le croisillon gauche se trouve le tombeau de saint Goustan (11e s.). Le déambulatoire abrite les pierres tombales des enfants de Bretagne (13e et 14e s.) et celles d'abbés et de chevaliers. Le **trésor★** comprend des châsses (14e et 18e s.), des reliquaires (15e s.), un chef de saint Gildas (16e s.) en argent rehaussé d'or, une mitre brodée…

La plage du Goh Velin est un spot de fun board, kite surf, dériveur et catamaran. Elle abrite un centre nautique *(voir « Nos adresses » p. 104).*

Regagnez la D 780 en direction de Vannes puis prenez à droite la D 198.

★ Château de Suscinio D4

À 3,5 km de Sarzeau par la D 198 - D 198 - ℘ 02 97 41 91 91 - www.suscinio.fr - avr.-sept. : 10h-19h ; fév.-mars et oct. : 14h-18h ; reste de l'année : 14h-17h - fermé

LE SINAGOT

Avec sa coque noire et ses voiles rouge, c'est l'un des emblèmes du golfe et pourtant ce voilier de travail, né au début du 19e s. dans le port de Séné – d'où son nom –, a bien failli disparaître. Grâce à l'engagement d'associations de passionnés du patrimoine maritime, en particulier « Les Amis du sinagot », des bateaux de ce type ont été restaurés et d'autres reconstruits à l'identique. Ils sont cinq aujourd'hui à naviguer régulièrement dans la zone et sont reconnaissables à la bande de couleur qui orne leur coque : *Les Trois Frères* (bleu clair), *Jean et Jeanne* (blanc), *Joli Vent* (vert), *Mab Er Guip* (rouge) et *Crialeis* (bleu foncé). *Les Trois Frères*, construit en 1943, a été classé Monument historique en 1985. ♿ *http://sinagot.bzh/.*

Le château de Suscinio.
B. Stichelbaut/hemis.fr

1er janv., 24-25 et 31 déc. - possibilité de visite guidée (1h30) - 7,50 € (-18 ans 2,50 €) - 16 € billet famille (2 adultes + enf.) - visite conférence (+ 2 €), visite thématique enf., etc.

Résidence importante des ducs de Bretagne, cet imposant château est posé dans un environnement aussi fragile que remarquable. Il a été édifié au 13e s., remanié aux 14e et 15e s., puis est passé à partir de 1532 dans le domaine royal. À la Révolution, les bâtiments sont vendus puis dépecés de leurs charpentes et pierres taillées, pour finir à l'état de ruines. Acquis par le département en 1965, le château a fait l'objet d'importantes restaurations.

Visite – Les douves franchies, pénétrez dans le logis est. Au premier étage est retracée l'histoire du domaine, illustrée de pièces archélogiques issues des fouilles de la chapelle et du château. À l'étage ducal, présentation de la vie quotidienne de la cour des ducs de Bretagne. Un exceptionnel ensemble de **pavements★★** en céramique vernissée (13e et 14e s.) est visible au dernier étage. Par la variété et la qualité de leur décor, ils constituent un beau témoignage de l'art décoratif médiéval. Empruntez la courtine nord pour accéder au logis ouest, ouvert depuis 2016, puis à la terrasse qui offre un beau **panorama** sur la presqu'île et l'océan.

Un parcours aménagé dans les **marais** bordant le château côté mer permet de rejoindre la plage. Ces anciennes salines, classées « espace naturel sensible », sont le paradis des oiseaux : plus de 180 espèces y ont été observées depuis 2000. Par le GR 34, on peut poursuivre jusqu'à la pointe de Penvins (à 3 km environ, *voir ci-après*).

Poursuivez sur la D 198 jusqu'à Penvins.

Pointe de Penvins D4

Elle abrite la chapelle Notre-Dame-de-la-Côte. Érigée sur un ancien site gallo-romain au 17e s., elle a été reconstruite en 1897. Remarquez son architecture en croix destinée à mieux résister aux vents, parfois violents, qui soufflent sur la pointe.

Regagnez Vannes par la D 780 puis la N 165.

DANS LE GOLFE DU MORBIHAN

♿ *Voir aussi Nos adresses à Auray (p. 112), Vannes (p. 84), La Trinité-sur-Mer (p. 117) et Carnac (p. 124).*

INFORMATIONS UTILES

Capitainerie de Vannes – *Quai Bernard-Moitessier -* ☎ *02 97 01 55 20.* **Capitainerie de l'Île aux Moines** – *R. Bernoni-Praud -* ☎ *02 97 26 30 57.*

Courant – Le courant de la Jument à l'entrée du golfe peut atteindre 10 nœuds (18 km/h). **Météo** – ☎ *0892 68 02 56.* **Température de l'air** – Moyenne en été : 22 °C. Plus de 2 000 heures de soleil par an (autant qu'à Toulouse).

TRANSPORTS

Arriver/partir

Voir p. 88 ; au départ d'Auray, voir p. 113 ; au départ de La Trinité, voir p. 118.
Le Petit Passeur – *De St-Armel et Montsarrac -* ☎ *06 20 23 62 64 - juil.-août : 9h30-12h30, 14h-19h ; mai, juin et sept. : w.-end 9h30-12h30, 14h-18h - AS 2 €, AR 3 € (-6 ans gratuit).* Cette navette relie en saison la presqu'île de Rhuys à celle de Séné, permettant ainsi aux randonneurs à pied et à vélo d'éviter 30 km de route.

Se déplacer sur les îles

Île aux Moines : nombreuses locations de vélos.
L'île à Vélo – ☎ *02 97 26 38 70 - locationvelosileauxmoines.com.*
P'tit Louis – ☎ *02 97 26 35 21 - www.locationdevelosptitlouis.com.*
Location du Port – ☎ *06 11 84 59 54.*
Taxi – Fredo Transport - ☎ *06 45 27 62 54.*
Taxi Christophe – ☎ *06 78 90 61 38 - www.ile.aux.moines.online.fr/taxi-p1.html.*

Visite guidée en minibus – *Guy Allioux -* ☎ *06 88 17 24 23 - 13 €, 10 pers. max.*
Île d'Arz : plusieurs loueurs de vélos à la cale de Béluré (arrivée des bateaux).
Arz Locations – ☎ *06 73 58 72 33 - www.velocouest.fr.*
L'Arz et la Manière – ☎ *02 97 44 33 65.*
Transports Ildarais – ☎ *02 97 44 30 82 (le soir) - 2,20/2,50 € le trajet (sans/avec bagage) en « taxibus » de 22 places jusqu'au bourg.*
Presqu'île de Rhuys :
Cycles de l'Océan – *50 r. Centrale, 56640 Arzon –* ☎ *02 97 53 74 19 - www.cycles-ocean.com.* Vélo, tandem, Rosalie, VTT, VTC, etc.

HÉBERGEMENT

Camping Sites et Paysages Penboch – *9 chemin de Penboch (2 km au sud-est d'**Arradon** par rte de Roguedas) - 56610 Arradon -* ☎ *02 97 44 71 29 - www.camping-penboch.fr - de mi-avr. à fin sept. -* ♿ *- 192 empl. 35,80 € - locatif 52/128 €.* Membre du réseau « Sites et Paysages », valorisant la la décoration florale et arbustive des campings. À cela s'ajoute un bon équipement aquatique avec toboggans, bassins couverts et découverts, un terrain multisports et un minigolf. Pour une nuitée (hors saison) ou une semaine, possibilité de louer des mobile homes de bon confort.
Camping Les Castels Manoir de Ker An Poul – *1 rte de La Grée-à-Penvins - 56370 **Sarzeau** -* ☎ *02 97 67 33 30 - www. manoirdekeranpoul.com - de mi-avr. à fin sept. - 320 empl. 36 € - locatif 37/124 €.* Emplacements bien ombragés autour d'une ancienne ferme en pierre

joliment restaurée. Nombreux loisirs avec le parc aquatique en partie couvert, le bar-restaurant, l'épicerie et un club enfants. Pour le locatif : roulottes, nombreux mobile homes de bon confort et quelques-uns plus simple sans sanitaires.

Camping Lann-Brick – *18 lieu-dit Lann Brick - 56740* **Locmariaquer** - *deuxième à droite après rond-point du Chat-Noir -* ✆ *02 97 57 32 79 - www.camping-lannbrick.com - mars-oct. -* ♿ *- 97 empl. 23 € - locatif 55/155 €.* Une adresse à l'ambiance calme et familiale autour de la jolie piscine paysagère. Des emplacements verdoyants, bien délimités et pour le locatif un choix varié avec les mobile homes classiques, d'autres sans le confort sanitaire mais terrasse couverte et aussi 2 bungalows toilés meublés. Bar et location de vélos.

BUDGET MOYEN

Hôtel Glann Ar Mor – *27 r. des Fontaines - 56640* **Arzon** *-* ✆ *02 97 53 88 30 - www.glannarmor.fr - fermé mi-nov.-mi-fév. - 9 ch. 87 € -* ☕ *9 €.* Ce petit hôtel familial donnant sur une rue tranquille est situé dans un secteur calme entre golfe et océan, à 150 m de la rade de Port-Navalo et à 800 m de l'océan.

POUR SE FAIRE PLAISIR

Yelloh village Camping Mané Guernehué – *52 r. Manné-Er-Groëz (1 km au sud-ouest de* **Baden** *par rte de Mériadec) - 56870 Baden -* ✆ *02 97 57 02 06 - www.camping-baden.com - avr.-oct. -* ♿ *- 377 empl. 47,10 € - locatif 980/1680 €.* Un camping-village vacances idéal pour un séjour riche en activités : tennis, parc aquatique en partie couvert, salle d'animations et un vrai centre équestre avec chevaux et poneys. Côté locatif, plus de 160 mobile homes dont certains de grand confort, des roulottes, des tentes lodges et des gîtes. Enfin pour la détente et le bien-être un magnifique centre balnéo.

Auberge du Parc Fétan – *17 r. de Berder - 56870* **Larmor-Baden** *-* ✆ *02 97 57 04 38 - www.hotel-parcfetan.com - fermé de mi-nov. à mi-mars -* ♿♿ *- 25 ch. et 9 appart. 78/130 € -* ☕ *9,50 € -* ✖ *formule déj. (sem.) 16 € - menu 23/40 €.* Dotée d'une petite plage. La majorité des chambres (dont une familiale) offre une vue sur le golfe du Morbihan et l'île aux Moines. Celles du 2e étage sont climatisées. Sur l'arrière, deux bâtiments indépendants abritent des appartements. Piscine chauffée (avr.-sept.).

Hôtel Le Gavrinis – *1 r. de l'Île-Gavrinis - 56870* **Baden** *- 2 km par rte de Vannes -* ✆ *02 97 57 00 82 - www.gavrinis.com - fermé 2 janv.-5 fév. et de mi- à fin nov. -* ♿ *- 18 ch. 72/108 € -* ☕ *10,90 € -* ✖ *(tlj sf sam. midi, dim. soir et lun.) formule 17,50/20,80 € (déj. sem.) - menu 27/43 €.* Cette maison néo-bretonne, entourée par un beau jardin, abrite des chambres confortables et sobres rénovées dans un style contemporain.

Hôtel Les Trois Fontaines – *11b rte d'Auray - 56740* **Locmariaquer** *-* ✆ *02 97 57 42 70 - www.hotel-troisfontaines.com - fermé de mi-nov. à mi-fév. -* ♿♿ *- 18 ch. 79/145 € -* ☕ *12 €.* Avec sa façade avenante précédée d'un joli jardin, cet hôtel de construction récente est la bonne étape du coin. Chambres spacieuses, dont le mobilier « bateau » en bois donne une petite touche marine, que l'on retrouve dans le salon.

Hôtel Lesage – *3 pl. de la Duchesse-Anne - 56370* **Sarzeau** *-* ✆ *02 97 41 77 29 - www.hotelrestaurantlesage. com - fermé janv. - j - 12 ch. dont 2 suites - 95/155 € -* ☕ *11 € -* ✖

2

fermé dim. soir et lun. - menu déj. 24 € - menu-carte 34 €. Située à proximité de l'église, en plein cœur du bourg, cette demeure entièrement rénovée offre une ambiance chaleureuse entre cheminées et pierres de taille. Les chambres décorées dans un style contemporain sont agréables.

Hôtel de la Plage – *38 bd de l'Océan - 56750* **Damgan** *- à l'est du golfe - ☎ 02 97 41 10 07 - www. hotel-morbihan.com - fermé de mi-nov. à mi-fév. -* 🅿️♿ *- 17 ch. 85/165 € - ⧠ 13,50 € -* ✕ *formule sem. 24,50 € menu 29,50/39 €.* Cet hôtel n'est séparé de la plage que par une petite rue. Les chambres, décorées dans un style épuré, donnent sur la mer. Salle de détente (sauna et jacuzzi). Par beau temps, petit-déjeuner en terrasse.

UNE FOLIE

Hôtel Le Crouesty – *18 r. du Croisty - 56640* **Arzon** *- ☎ 02 97 53 87 91 - www.hotellecrouesty.com - fermé mi-nov.-fév. -* 🅿️♿ *- 26 ch. 89/159 € - ⧠ 12 €.* Cet hôtel récent ancré à deux encablures du port éponyme abrite des chambres entièrement rénovées. Vous pourrez prendre votre petit-déjeuner en terrasse et, lorsque le temps est moins clément, apprécier le salon réchauffé par une cheminée et doté d'un piano.

Île aux Moines

UNE FOLIE

Le San Francisco – *Le port, 56780 Île aux Moines - ☎ 02 97 26 31 52 - www.le-sanfrancisco.com - fermé nov.-mars - 8 ch. 100/165 € - ⧠ 12 € -* ✕ *formule déj. 22 €, menu homard bleu 50 €, plateau de fruits de mer 30 € - 53/66 €.* Cet hôtel domine majestueusement le port et le golfe. Chambres de charme auxquelles s'ajoute un bon restaurant dôté d'une terrasse

avec vue imprenable. Cuisine axée sur les produits de la mer et service soigné.

RESTAURATION

PREMIER PRIX

Crêperie de Keroyal – *3 imp. Keroyal - 56400* **Plougoumelen** *- ☎ 02 97 24 03 81 - www.creperie-keroyal.com - fermé mar. midi et lun. (hors sais.), déb. nov.-mi-déc. - 12/20 €.* Cette chaumière au décor rustique surplombe la ria du Sal. On s'y régale de galettes et de crêpes essentiellement préparées avec des produits bio. Jeux d'enfants.

BUDGET MOYEN

La Folie Berder – *53 r. de Berder - 56870* **Larmor-Baden** *- ☎ 02 97 29 11 02 -* ♿ *- fermé lun.-merc. (de fin sept. au w.-end de pâques) - huîtres 6 € les 6 - 13/15 €.* En surplomb, face au passage de Berder, ce bar-restaurant, à l'initiative de deux anciennes ostréicultrices, est l'adresse idéale pour déguster huîtres et autres produits de la mer, en contemplant le doux ballet des kayakistes.

Le Gavrinis – *Dans l'hôtel du même nom (voir p. 101).* Ici on cultive l'âme bretonne et la fierté d'un terroir riche et vivant : filets de maquereaux et compotée d'oignons, poitrine de porc confite… À savourer dans un décor soigné où dominent le bois flotté et les teintes douces.

POUR SE FAIRE PLAISIR

Le Vert d'O – *94 r. de Guernevé - 56730* **St-Gildas-de-Rhuys** *- ☎ 02 97 45 25 25 - www.levertdo. fr - fermé dim. soir, lun., mar. et merc. midi, 10 j. déb. nov. et janv. -* ♿ *- menu 19,50 € (déj. sem.) 28/38/46 €.* Près de la plage du Goh Velin, ce restaurant est entièrement tourné vers la mer : salle au décor design

avec grandes baies vitrées et savoureux menus concoctés avec des produits frais locaux. Service efficace et souriant.

Le P'tit Zèph – *1 r. du Phare - 56640* **Arzon** *- ☎ 02 97 49 40 34 - www.bar-ptitzeph.fr - fermé lun.-mar. (hors sais.), de mi-nov. à mi-fév. (sf vac. de Noël) - ♿ - menu 26/32 €.* Ce bar à huîtres jouit d'une situation privilégiée sur le port. Homard grillé et soufflé au Grand-Marnier comptent parmi les spécialités de la maison.

Le Boucanier – *3 r. du Gén.-de-Gaulle - 56640* **Arzon** *- ☎ 02 97 53 89 22 - www.facebook.com/ Boucanier56 - fermé mar.-mer., de fin déc. à mi-fév. - 22/45 €.* En activité depuis plus de vingt-cinq ans, ce bistrot cossu d'arrière-port a une salle à manger au décor marin (lambris sur les murs et coque de bateau en guise de bar). Grande terrasse couverte et vue sur l'océan. Cuisine alliant fraîcheur à originalité et service attentif.

UNE FOLIE

Le Médaillon – *10 r. Bouruet-Aubertot - 56610* **Arradon** *- ☎ 02 97 44 77 28 - lemedaillon. chez-alice.fr - fermé dim. soir, mar. soir et merc. (sf juil.-août), 24-26 déc. menu 18,40/27,50/38 € - 35/54 €.* Aux portes du village, ancien bar converti en restaurant. Poutres et pierres apparentes agrémentent la sobre salle à manger. Terrasse d'été sous les tonnelles et jeux d'enfants.

Le Manoir de Kerbot – *Sur la D 780 en dir. de Sarzeau, 300 m apr. le château de Kerlévenan - 56370* **Sarzeau** *- www.kerbot.com - fermé dim. soir, lun. et mar. midi, 3 sem. en janv. - ♿ - formule déj. 24 € - menu 34/65 €.* Un parc de 5 ha entoure ce manoir bâti au 16e s. mais largement remanié depuis. Le restaurant est installé dans

une salle spacieuse dotée d'une cheminée monumentale. Martial Berge (qui a fait ses classes au Martinez, à Cannes) propose une cuisine raffinée où les produits frais et régionaux (poissons) sont privilégiés.

Le Mur du Roy – *43 chemin du Mur-du-Roy - 56370 Penvins - 4 km au sud-ouest de* **Sarzeau** *par D 198 - ☎ 02 97 67 34 08 - www.lemurduroy.com - fermé jeu., vend. midi, dim. soir (hors sais.), de fin déc. à fin janv. - ♿ 🅿 - menu 19,50 € - 25/40 € - 10 ch. 79/95 € - ☕ 11 €.* Maison au calme, face à l'océan. Le confort est assez simple, mais la terrasse, le jardin et la salle à manger en véranda ont vraiment du charme. La cuisine soignée du patron est, elle aussi, tournée vers la mer.

Île aux Moines

BUDGET MOYEN

Les Embruns – *R. du Commerce - 56780 Île-aux-Moines - ☎ 02 9726 30 86 - www.restaurant-ile-morbihan.com - fermé merc. (sf juil.-août), janv.-fév. et de déb. à mi-oct. - menu 20,50/25/29 € - 26/38 €.* Habitués et touristes se retrouvent dans ce bar-restaurant sans chichi du bourg. Pêchés dans la journée, les produits de la mer sont travaillés le plus simplement du monde.

ACHATS

Marchés – À **Arradon** mar. et vend. mat.; à **Arzon** mar. mat.; **Larmor-Baden** merc. et dim. matin, ainsi qu'un marché nocturne le jeu. soir en juil.-août; au port du **Crouesty** lun. mat. (été); à **Port-Navalo** de Pâques à la Toussaint vend. mat., ainsi qu'un marché artisanal nocturne le mar. soir en juil.-août; à **Sarzeau** jeu. mat., ainsi qu'une foire le 3e merc. du mois.

2

Brasserie Mor Braz – *4 r. Ampère - 56450* **Theix** *- ZA Saint-Léonard -* 02 97 42 53 53 *- www.brasserie-morbraz.com - boutique 9h-12h30, 14h30-19h - fermé w.-end (hors sais.).* Michelle et Thierry Bernard, un couple de brasseurs bretons passionnés, fabriquent de la bière 100 % naturelle à partir de l'eau de mer puisée au large de l'île de Groix (15 m de profondeur) puis filtrée. Une visite de la brasserie (1h), suivie d'une dégustation sont proposées (jeu. 17h30).

Ferme fromagère de Suscinio – *Rte Duchesse-Isabeau-d'Écosse - 56370* **Sarzeau** *-* 06 60 73 59 12 *- www.tomederhuys.fr -* &. Fromage fabriqué à base de lait de vache, notamment de race bretonne pie noire, et frotté au sel de St-Armel. *Visite guidée (1h) sur demande préalable du w.-end de Pâques à la Toussaint : 10h30-12h, 16h30-19h et possibilité d'assister à la traite des vaches. Vente de sel de Guérande.*

Fumage artisanal d'Arzon – *23 r. Centrale - 56370* **Sarzeau** *-* 02 97 41 86 76 *- www.fumage-arzon.fr - 9h-12h30, 16h-19h, (mars, oct. et nov. uniquement le matin) - fermé lun.-dim., janv.-mi-fév.* Patrick Chauchard a développé une gamme de produits à base de saumon fumé dont les fameuses rillettes de saumon fumé et de nombreuses conserves de produits de la mer.

Les viviers du Pont de Banastère – *Pont de Banastère - 56370* **Le Tour-du-Parc** *-* 02 97 67 40 79 *- www.viviers-banastere.com - mar.-dim. 8h30-12h30, 16h-19h.* Ce spécialiste des plateaux de fruits de mer propose les huîtres issues de ses parcs ainsi que la pêche du jour des petits bateaux côtiers.

Le Moulin à café – *1 r. de la Mairie - 56450* **St-Armel** *-* 02 97 26 41 43 *-* ⊠ *- 7h30-13h, 14h30-20h - fermé lun.* Une adresse incontournable sur la presqu'île de Rhuys pour déguster le *gochtial*, un pain brioché inventé dans cette boulangerie-pâtisserie-bar- tabac, et autres spécialités sucrées… ou salées (huîtres).

ACTIVITÉS

Club Nautique du Rohu – *70 rte du Rohu - 56730* **St-Gildas-de-Rhuys** *-* 02 97 45 37 05 *- www.voile-en-morbihan.com - avr.-oct. : lun.-vend. 9h-19h, w.-end 10h-19h.* Stages, locations et cours particuliers en dériveur, catamaran, planche à voile, quillard de sport J80, mais aussi en kayak et en stand-up paddle.

Le Blan marine – *7 r. de la Carrière - 56610* **Arradon** *-* 02 97 44 06 90 *- www.leblanmarine.com - fermé déc.-fév.* Location de bateaux, à moteur avec ou sans permis, voilier, catamaran, kayak. Livraison possible du bateau sur l'île où vous séjournez.

Centre nautique d'Arradon – *7 r. de la Carrière - 56610* **Arradon** *- La Pointe -* 02 97 44 72 92 *- www.centre-nautique-arradon.com* Cours et stages de voile, jardin des mers pour les plus jeunes.

Tradiloc – *Port de Plaisance - 56610* **Arradon** *-* 06 84 94 05 46 *- tradiloc.monsite-orange.fr* Location de bateaux à caractère traditionnel.

Location de kayak Varec'h – *70 r. Bois-Bas - 56870* **Baden** *- au sud-ouest de Vannes par D 101, au rd-pt Moulin de Pomper, prendre à gauche -* 06 03 32 35 67 *- www.bretagne-kayak.fr - mai-oct. : 9h-19h ; reste de l'année sur rdv.* Location (avec ou sans moniteur) de kayaks, de bateaux à moteur et de drakkars à 8 places.

Association Le Forban du Bono – *Mairie - 56400* **Le Bono** *-* 06 72 58 68 76 *- www.forbandubono.net - sur réserv.*

Envie d'une sortie sur un vieux gréement ? Le *Notre-Dame-de-Béquerel*, ce « forban » (bateau de pêche, traditionnel, *voir photo p. 461*), réplique d'un forban de 1912, embarque dix personnes pour une promenade autour des îles du golfe et dans la baie de Quiberon.

Ateliers-randos Mélanie Chouan – ☏ *06 25 93 59 85 - www.escapade-en-terreiodee.fr.* Balades thématiques (découverte des algues comestibles, pêche à pied, par ex.) et atelier cosmétique, balades en bateau, etc. - *compter 6 à 29 €/pers. selon le programme.*

Sorties Nature Gwen Mallejac – *Damgan - 56750* **Damgan** *- sur la presqu'île de Rhuys -* ☏ *06 82 18 34 36 - de déb. fév. à la fin des vac. de la toussaint : horaires, se rens.* Balades à pied ou à vélo pour découvrir la pêche à pied, les marais salants, les chantiers ostréicoles, randonnées sur les îles…

Balades et randonnées – Un guide des 18 circuits de randonnées de la presqu'île de Rhuys est en vente dans les bureaux d'information touristique, *(voir p. 87) - 6 €.*

Miramar La Cigale - Hôtel Thalasso & Spa – *Port-Crouesty - 56640* **Arzon** *-* ☏ *02 97 53 49 00 - www.miramar-lacigale.com -* &. *-* 🅿 *gratuit en extérieur ou couvert à 15 €/j - 9h-18h - fermé 4 janv.-1er fév.* Ce centre de thalassothérapie propose massages, hydrothérapie, aromathérapie, algothérapie… piscine et espace dédié à la relaxation. Cures et formules à la journée. Nursery et activités pour enfants. L'hôtel de l'établissement propose des chambres spacieuses, avec vue sur l'océan.

Golf de Rhuys-Kerver – *Domaine de Kerver - 56730* **St-Gildas-de-Rhuys** *-* ☏ *02 97 45 30 09 - www.bluegreen.com - juil.-août :* *8h-20h ; avr.-juin et sept.-oct. : 8h30-19h30 ; reste de l'année : 9h-18h - fermé 1er janv., 25 déc. - 41/64 €.* C'est au cri des oiseaux de la réserve ornithologique que vous effectuerez ce 18 trous aménagé sur 60 ha et où l'eau est omniprésente.

AGENDA

La Semaine du golfe – ☏ *02 97 62 20 09 - www. semainedugolfe.com - sem. de l'Ascension, années impaires.* Fête maritime attirant des centaines de bateaux répartis en huit flottilles, avec en vedette les vieux gréements. Animations diverses et concerts ponctuent l'arrivée des flottilles dans la quinzaine de ports qui se joignent à l'événement.

Festival du conte de Baden, passeurs d'histoires – ☏ *06 76 43 47 06 - contesbaden. com - 3e sem. de juil.* Récits et légendes populaires de Bretagne et d'ailleurs.

Château de Suscinio – *voir p. 98.* Des spectacles sont organisés pendant l'été dans le domaine, notamment des concerts dans le cadre du festival Jazz à Vannes.

Les Musicales du Golfe – ☏ *0 825 13 56 10 - www.musicalesdugolfe. com - les 2 prem. sem. d'août.* Musique classique dans des églises et chapelles de communes du Pays de Vannes.

Mille Sabords – ☏ *02 97 53 74 43 - www.lemillesabords.com - w.-end de la Toussaint.* Le plus grand salon nautique du bateau d'occasion a lieu à Port du Crouesty.

2

Auray

13 397 Alréens – Morbihan (56)

Au fond de sa ria qui prolonge le golfe du Morbihan, le port d'Auray – St-Goustan – invite à la flânerie : rues pavées, maisons à pans de bois et jardins clos composent un décor presque intemporel, au charme indéniable. La ville, établie sur les hauteurs qui dominent la rivière du Loc'h, offre un aspect plus contemporain et dynamique avec ses halles, ses nombreuses boutiques et ses terrasses.

NOS ADRESSES PAGE 112
Hébergement, restauration, achats, activités, etc.

S'INFORMER

Office du tourisme d'Auray – *20 r. du Lait - 56400 Auray - ℘ 02 97 24 09 75 - www.auray-tourisme.com - juil.-août : 9h30-19h, j. fériés 9h30-12h30 ; de mi-avr. à fin juin et de mi- à fin sept. : 9h30-12h30, 14h-17h30, j. fériés 9h30-12h30 ; reste de l'année : tlj sf sam. 9h30-12h30, 14h-17h, j. fériés 9h30-12h30 - fermé dim., 1er janv., 1er et 8 Mai, lun. de Pentecôte, 1er et 11 Nov.*

Office du tourisme de Ste-Anne-d'Auray – *1 r. de Vannes - 56400 Ste-Anne-d'Auray - ℘ 02 97 24 34 94 - www.auray-tourisme.com - été : tlj sf dim.-lun. 9h30-12h30, 13h30-17h30 ; reste de l'année : tlj sf w.-end 9h30-12h30, 13h30-17h30.*

SE REPÉRER

Carte de microrégion B3 (pp. 74-75) – Bâtie entre Vannes (19 km à l'est par la N 165) et Lorient (41 km à l'ouest), la ville d'Auray appartient déjà au golfe du Morbihan. Elle se trouve également sur la route de Quiberon (28 km au sud par la D 768).

À NE PAS MANQUER

La promenade du Loc'h et le quartier St-Goustan, en grande partie piétonnier, ainsi que le trésor de la basilique de Ste-Anne-d'Auray.

ORGANISER SON TEMPS

Consacrez votre journée à la visite des alentours, aux balades sur la rivière d'Auray ou sur le Crac'h ainsi qu'à la plage en saison, et réservez les soirées pour flâner dans les vieux quartiers qui bordent le port.

Se promener Plan de la ville page ci-contre

Partez de l'office de tourisme installé dans la chapelle de la Congrégation.

★ Église Saint-Gildas A2

Pl. Gabrielle-des-Hayes - ℘ 02 97 24 01 18 - ♿ - avr.-sept. : 9h-19h ; reste de l'année : 9h-18h30.

Cet édifice du 17e s. au porche Renaissance abrite un très beau **retable**★ en pierre et marbre (1664) attribué à Olivier Martinet, ainsi qu'un gisant du Christ du 16e s. qui faisait autrefois partie d'une Mise au tombeau. On remarque les boiseries du 18e s. dans les chapelles latérales, ainsi qu'un élégant buffet d'orgue (1761) réalisé par le facteur d'orgues Waltrin, originaire d'Auray.

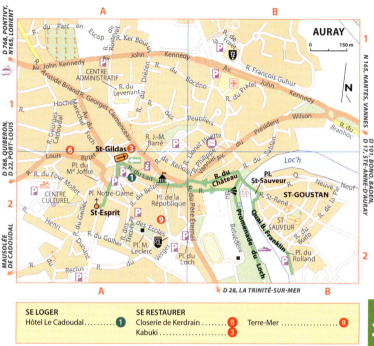

SE LOGER
Hôtel Le Cadoudal . . . . ❶

SE RESTAURER
Closerie de Kerdrain . . . . ❻
Kabuki . . . . ❸

Terre-Mer . . . . ❾

2

Chapelle du Saint-Esprit A2

Pl. du Four-Mollet

Construite par l'ordre du Saint-Esprit aux 13ᵉ et 14ᵉ s., cette chapelle de plan rectangulaire faisait partie de l'importante maison hospitalière d'Auray.

★ Promenade du Loc'h B2

En descendant vers le port par la rampe, on profite d'une très jolie **vue** sur le port, le quartier de St-Goustan et la rivière du Loc'h que franchit un vieux pont de pierre.

★ Quartier de Saint-Goustan B2

Le port occupe un site stratégique qui, au Moyen Âge, lui permit de s'enrichir grâce aux droits de passage que payaient les bateaux. Aux 16ᵉ et 17ᵉ s., St-Goustan était le troisième port breton.

À côté du pont à arches en éperon sur le Loc'h, remarquez le pavillon d'En-bas, belle demeure du 16ᵉ s.

Des maisons du 15ᵉ s. subsistent sur la **place St-Sauveur** et dans les ruelles montantes, parfois entrecoupées de larges marches.

Au n° 8 du **quai Benjamin-Franklin**, une plaque commémorative rappelle que l'illustre Américain logea ici en 1776. Son navire, le *Reprisal*, n'ayant pu remonter jusqu'à Nantes du fait de vents contraires, il débarqua en effet à Auray avant de se rendre à la cour de Versailles pour y négocier, en pleine guerre de l'Indépendance américaine, un traité avec la France.

On peut remonter vers la place de la République en empruntant la belle **rue du Château**, bordée de galeries d'art et de magasins d'antiquaires.

> **UN CHOUAN CÉLÈBRE**
>
> Fils d'un cultivateur des environs d'Auray, **Georges Cadoudal** a 22 ans quand éclate la **chouannerie**, en 1793. Il s'y jette à corps perdu. Les Vendéens vaincus, il continue la lutte dans le Morbihan. Emprisonné à Brest, il s'évade, reprend sa guérilla et participe à l'affaire de Quiberon *(voir p. 130)*, dont il sort indemne. En 1796, il fait sa soumission à Hoche et repart en campagne trois ans plus tard. Bonaparte offre au rebelle la grâce et le grade de général en échange de sa reddition, mais Cadoudal refuse. La lutte se termine en 1804 : à Paris, Cadoudal tente d'enlever le Premier consul ; il est arrêté, condamné à mort et guillotiné.

Mausolée de Cadoudal A2 en dir.

Accès en voiture depuis la place du Loc'h, par la rue du Verger en suivant la direction du Reclus.

Le mausolée s'élève face à la maison familiale du général chouan *(voir encadré ci-dessus)*. C'est un petit édifice rond coiffé d'un dôme.

Circuit conseillé Carte de microrégion p. 74-75

LE PAYS D'AURAY

◗ *Itinéraire de 23 km, tracé en marron sur la carte – comptez environ 3h. Quittez Auray par l'avenue du Gén.-De-Gaulle.*

Chartreuse d'Auray B3

✆ *02 97 24 27 02 - & - de mi-juil. à mi-août : tlj sf lun. 14h-19h ; reste de l'année : sur demande - possibilité de visite guidée (1h) - gratuit.*

Sur le champ de bataille où il triompha de Charles de Blois *(voir L'épopée de Du Guesclin, p. 110)*, Jean de Montfort, devenu le duc Jean IV, fit élever une chapelle et une collégiale transformée en chartreuse de 1482 à 1790.

La chapelle funéraire (début 19e s.) renferme les restes d'émigrés et de chouans fusillés après le débarquement de Quiberon, en 1795 : au centre, le mausolée en marbre blanc porte 953 noms.

Champ des Martyrs B3

Une chapelle en forme de temple grec, édifiée en 1828 selon les vœux de la duchesse d'Angoulême, s'élève à l'emplacement où furent exécutés les émigrés et les chouans *(voir encadré, p. 130)*.

Suivez la D 120 vers Ste-Anne-d'Auray.

La route longe le marais de Kerzo, à droite, où se déroula la bataille d'Auray, le 29 septembre 1364.

À 500 m, prenez à gauche la direction de St-Degan.

Écomusée du pays d'Auray à Saint-Degan B2

Dans le hameau dominant la vallée encaissée du Loc'h, l'**écomusée** met en valeur un ensemble de bâtiments de fermes des 17e et 18e s. comportant maisons d'habitation, cour, cave, four à pain… Les intérieurs ont été reconstitués avec du mobilier et des objets usuels de la région au début du 20e s. Autour, verger conservatoire et plusieurs sentiers de randonnée. *R. Park-Segal -* ✆ *02 97 57 66 00 - www.ecomusee-st-degan.fr - juil.-août : 10h-19h, w.-end et j. fériés 14h-19h ; fév.-juin et sept.-oct. : tlj sf w.-end (sf certains dim.) 14h-17h - fermé 1er et 8 Mai, Jeu. de l'Ascension, 1er et 11 Nov. - possibilité de visite guidée*

(1h) - 6 € (-18 ans 3 €) - gratuit J. du patrimoine de pays (juin). Journées théma-
tiques en été, visite guidée et ateliers.
Gagnez Brech et tournez à droite.

★ Sainte-Anne-d'Auray B3

En 1623, sainte Anne (mère de Marie, grand-mère de Jésus) apparaît à un laboureur, Yves Nicolazic, et lui demande de relever une chapelle qui lui avait été autrefois consacrée, sur le terrain qu'occupe un de ses champs. Le 7 mars 1625, Yves déterre, à l'endroit indiqué, une ancienne statue de sainte Anne. Depuis lors, Sainte-Anne-d'Auray est la capitale spirituelle de la Bretagne. Son grand pardon a lieu le 26 juillet *(voir « Nos adresses » p. 113).*

Basilique – Une première église fut élevée dès 1625. Elle a été remplacée à la fin du 19e s. par cette basilique, de style néo-Renaissance, dessinée par E. Deperthes, architecte de l'Hôtel de Ville de Paris. Le grand orgue Cavaillé-Coll est classé Monument historique.

Cloître – Construit par les Carmes au 17e s. dans un style classique, il abrite la galerie comprenant le trésor, des espaces d'expositions et l'Académie de Musique & Arts sacrés.

★ Trésor – *9 r. de Vannes - ℰ 02 97 57 68 80 - www.sainteanne-sanctuaire.com -*
& - trésor 14h-18h - galerie mars-oct. : 14h-18h - visite guidée possible (30mn) -
libre participation aux frais. Il rassemble des objets ayant trait au culte de sainte Anne. On y voit notamment une relique de la sainte, offerte par Anne d'Autriche en remerciement pour la naissance de Louis XIV, des pièces d'orfèvrerie, le manteau de l'ancienne statue et, dans une vitrine centrale, des ornements donnés par la reine. De nombreux **ex-voto** expriment la reconnaissance à sainte Anne, du bijou précieux aux simples chaussons d'enfant.

Au premier étage du cloître, faïences, orfèvreries, peintures, sculptures et costumes traditionnels racontent l'histoire du site. Une exposition temporaire d'art sacré complète le parcours.

Scala Santa – Des pèlerins montent encore à genoux le double « escalier saint » de cette ancienne porte d'entrée du parvis.

Fontaine miraculeuse – Formée d'une piscine et d'une colonne ornée de vasques, elle est coiffée de la statue de sainte Anne et Marie.

Mémorial – Ce monument aux morts fut élevé grâce à une souscription faite dans toute la Bretagne à la mémoire des 154 000 soldats et marins bretons morts pendant la Première Guerre mondiale. Il est devenu le Mémorial des victimes de guerre du 20e s. et appelle à la paix. De l'autre côté de la route, un cimetière militaire franco-belge rassemble les restes de 1 338 soldats.

Historial de sainte Anne – *6 r. de Vannes - ℰ 02 97 57 64 05 - www.musee-de-*
cire.com - & - visite guidée (30mn) mars-oct. : 10h-12h, 14h-18h ; reste de l'année :
sur demande préalable - fermé 25 déc. - 5 € (-14 ans 2 €). Des personnages de cire évoquent la vie d'Yves Nicolazic et l'histoire du pèlerinage. Une scène rappelle la venue du pape Jean-Paul II en 1996.

Maison de Nicolazic – *Pl. Nicolazic - ℰ 02 97 24 34 94 - & - avr.-oct. : 9h30-18h -*
fermé 1er janv., 25-26 déc. - gratuit. C'est la maison où sainte Anne apparut à Yves Nicolazic (oratoire et meubles du pays d'Auray datant du 17e s.).

Monument du comte de Chambord – *En direction de Brec'h, sur la gauche*
à environ 500 m du bourg. Ce monument fut érigé en 1891, à la mémoire du comte de Chambord (1820-1883), petit-fils de Charles X et prétendant légitimiste au trône de France, qui mit en péril la IIIe République naissante. Chaque année, pour la Saint-Michel, partisans et amis venaient en pèlerinage à Ste-Anne. Les représentations de Bayard, Du Guesclin, sainte Geneviève et sainte Jeanne d'Arc encadrent la statue du petit-fils de Charles X.

Rejoignez Pluneret par la D 17 au sud.

2

L'épopée de Du Guesclin

UN HÉROS FRANÇAIS

Bertrand Du Guesclin, né vers 1320 près de Dinan, est l'incarnation du héros français. Entré au service du roi en 1356, il est armé chevalier au château de Montmuran, le lendemain de la prise de Rennes. Ses victoires lui valent titres et honneurs : gouverneur de Pontorson, comte de Longueville, duc de Molina, duc de Transtamarre, roi de Grenade et, enfin, connétable de France. À sa mort, les possessions de la Couronne s'étaient considérablement agrandies aux dépens des Anglais *(voir carte ci-contre)*.

❶	1356	Prise de Rennes.
❷	1359	Délivrance de Dinan.
❸	1363	Prise de plusieurs villes bretonnes.
❹	1364	Prise de Mantes et de Meulan.
❺	–	Victoire de Cocherel (16 mai).
❻	–	Défaite d'Auray.
		Du Guesclin est fait prisonnier.
❼	1366	Les « Grandes Compagnies » pénètrent en Espagne.
		Succession de victoires sur Pierre le Cruel et les Anglais.
	1367	Défaite de Nájera (3 avril).
		Du Guesclin est fait prisonnier par les Anglais à Bordeaux.
	1369	Du Guesclin est libéré contre une rançon (17 janvier).
❽	1370	Prise de Moissac. Libération du Périgord.
❾	–	Libération du Mans.
		Victoire de Pontvallain.
		Le Maine et l'Anjou sont libérés.
❿	–	Prise de Bressuire.
⓫	–	Défaite du Pont-de-Juigné.
		Du Guesclin est fait prisonnier.
⓬	1371	Prise de Briouze.
⓭	1372	Victoire de Mortain.
		Le Bocage normand est libéré.
⓮	1372-1373	Prise de nombreuses villes en Poitou-Saintonge-Angoumois.
⓯	1373	La Bretagne est conquise, sauf Brest et Derval.
⓰	1374	Prise de St-Sauveur-le-Vicomte.
⓱	1378	La Normandie est soumise, sauf Cherbourg.
⓲	1380	Prise de Chaliers (27 juin).
⓳	–	Prise de Châteauneuf-de-Randon (13-14 juillet).
		Mort de Du Guesclin.

LA BATAILLE D'AURAY

En 1364, la ville devint célèbre dans l'histoire bretonne pour la bataille qui se livra sous ses murs et qui mit fin à la guerre de Succession. Les troupes de Charles de Blois, secondé par **Du Guesclin**, fidèle au roi de France, occupent alors une mauvaise position dans une plaine marécageuse, au nord d'Auray. Cousin et rival de Charles, Jean de Montfort est allié aux Anglais, commandés par Chandos ; ils bénéficient d'une situation dominante. Contre l'avis de

Du Guesclin, Charles attaque et tombe sur le champ de bataille. Toutes les armes du connétable sont rompues. Il se défend en assommant ses adversaires à coups de gantelets de fer, mais finit par se rendre à l'injonction du chef anglais : « Cette journée n'est pas vôtre, Messire Bertrand. Une autre fois, vous serez plus heureux. »

LES TOMBEAUX DE DU GUESCLIN

Après avoir guerroyé durant plus de vingt ans pour le roi de France, Bertrand Du Guesclin meurt en Auvergne, le 13 juillet 1380, durant le siège de Châteauneuf-de-Randon.

Le connétable avait demandé à être inhumé à Dinan. Le cortège funèbre s'achemine donc vers cette ville… Mais, au Puy, le corps est embaumé, les entrailles enterrées dans l'église des Jacobins (actuelle église St-Laurent). L'embaumement étant insuffisant, à Montferrand on fait bouillir les chairs pour les détacher du squelette et les ensevelir dans l'église des Cordeliers (détruite en 1793). Au Mans, un officier royal apporte l'ordre de conduire le corps à la basilique de St-Denis : le squelette lui est alors remis. Seul le cœur arrive à Dinan, où il est déposé dans l'église des Jacobins – aujourd'hui, il se trouve dans l'église St-Sauveur *(voir Le Guide Vert Bretagne Nord)*. Alors que les rois de France n'avaient que trois tombeaux (cœur, entrailles, corps), Du Guesclin eut donc quatre monuments funéraires !

Pluneret B3

Dans le cimetière, en bordure de l'allée centrale, à droite, se trouvent les sépultures de Sophie Rostopchine, comtesse de Ségur, l'auteur, bien connue de livres pour la jeunesse, et de son fils, Mgr Louis Gaston de Ségur.
Continuez la D 101 direction Bono et, à 2 km, tournez à gauche vers Ste-Avoye.

★ Chapelle de Sainte-Avoye B3

℘ 02 97 24 01 06 - www.pluneret.fr - visites guidées de mi-juin à mi-sept. : 15h-18h - expositions de fin juil. à déb. août : 15h-18h.

Au milieu de ce charmant village se dresse une **chapelle** Renaissance. L'intérieur est remarquable par sa belle **charpente★** en carène de bateau renversée. Admirez aussi son **jubé★**, en chêne sculpté et peint. Côté nef, il représente les apôtres. Côté chœur, les Vertus sont entourées de saint Fiacre et saint Laurent à gauche, et, à droite, de saint Yves entre le riche et le pauvre.
Reprenez vers Ste-Anne-d'Auray et tournez à gauche pour regagner Auray.

À proximité Carte de microrégion p. 74-75

Jardins du château de Kerambar'h B2

◖ *À Landaul. 16 km au nord-ouest par la N 165, sortie Landévant n° 36-1 - ℘ 02 97 24 63 86 - ⛄ - avr.-nov. : horaires, se rens. - 8 €.*

Ces jardins étaient conçus pour les services du château *(qui ne se visite pas)*. Sur plus de 3 ha, une promenade propose de découvrir l'art des jardins du Moyen Âge à la Renaissance : on visite successivement des enclos destinés à l'apothicaire (où poussent les « simples », les plantes médicinales), d'autres parterres pour le chapelain ou encore les cuisines.

☺ NOS ADRESSES À AURAY

VISITES

Ville d'art – *Visite guidée (1h30) juill.-août et vac. scol. se rens. à l'office de tourisme au ℘ 02 97 24 09 75 - 4 € (enf. 1,50 €).*

HÉBERGEMENT

PREMIER PRIX

Hôtel Le Cadoudal – *9 pl. Notre-Dame - ℘ 02 97 24 14 65 - www.lecadoudal.com - ⛄ - 12 ch. 70/74 € - ⛌ 5/8,50 € - ✗ fermé w.-end - plat du jour déj. 11 € - formule déj. 14,10/17,10 € - plat du jour dîner 12,50 € - 16,10/19,50 €.* Cet hôtel sans prétention propose des chambres simples équipées d'un double vitrage efficace et une agréable salle des petits-déjeuners réchauffée d'une cheminée. Restauration rapide, servie en terrasse aux beaux jours.

BUDGET MOYEN

Chambre d'hôte Talvern – *Talvern - 56690 **Landévant** - ℘ 06 16 18 08 75 - www. chambre-morbihan.com - ⛝ 🅿 ⛄ - 5 ch. (dont 2 suites familiales) 71/86 € - ⛌ - ✗ (sur réserv.) 27 €.* Cette longère du 19e s. abrite des chambres confortables et élégantes, déclinant le thème des épices. La table d'hôte, tenue par un véritable chef, met à l'honneur les légumes du potager bio. Stages de cuisine.

RESTAURATION

PREMIER PRIX

Kabuki – *32 r. Barré - ℘ 02 97 59 39 92 - www.kabuki-le-resto-du-sushi.fr - fermé sam. midi, dim. midi et lun. - formule 13 €, menus 17/58 €, carte 25/60 €.* Voilà une adresse comme on en voit rarement ! Le jeune chef, un Français passionné de cuisine japonaise, prépare sushis, makis et sashimis en utilisant les meilleurs poissons de la pêche bretonne… et sert le tout dans une salle de poche moderne et conviviale, au comptoir ou à table. Dans les deux cas, un régal !

UNE FOLIE

Terre-Mer – *16 r. du Jeu-de-Paume - ☎ 02 97 56 63 60 - www. restaurant-terre-mer.fr - fermé sam. midi, dim. soir et lun. - ♿ - formule/menu 25/29 € (déj. sem.), 42/65 €.* Après un joli parcours international, Anthony Jehanno a repris cette adresse avec son épouse Anne-Sophie et ce duo complice ne cesse de la faire évoluer. Dans un élégant décor contemporain, on déguste une cuisine très aromatique et soignée. La terre épouse la mer… pour le meilleur !

Closerie de Kerdrain – *26 r. L.-Billet - ☎ 02 97 56 61 27 - www. lacloseriedekerdrain.com - fermé dim. soir et lun. - 🅿️♿ - menu 28 (déj. sem.)/45/65 € - 60/75 €.* Charmant petit manoir breton niché dans un jardin. Salles classiques, véranda et agréable terrasse. Le chef aime utiliser les herbes et les fleurs du jardin.

À proximité

L'Auberge – *56 r. de Vannes - 56400 Ste-Anne-d'Auray - ☎ 02 97 57 61 55 - www. auberge-sainte-anne.com - 🅿️♿ - 16 ch. - 60/150 € - ☕ 12 € - ✖ tlj sf lun., mar. midi et merc. midi - menu 29/85 € - 40/94 €.* Ste-Anne-d'Auray est une ville pieuse et Jean-Paul-II se serait arrêté au restaurant de l'Auberge en 1996. Contentons-nous d'un pèlerinage devant ses assiettes joliment présentées et ses produits de la mer de qualité… L'établissement propose aussi quelques chambres douillettes et bien tenues.

ACHATS

Au Régal breton – *17 r. du Belzic - ☎ 02 97 24 22 75 - www. auregalbreton.fr - lun.-vend. 9h-13h, 14h-19h, sam. 9h-19h - fermé dim.* Après avoir fait ses premières armes chez Jean-Paul Hévin, Sylvain Tallon a repris en 2002 cette pâtisserie bien connue des Alréens. Avec talent, il continue à réaliser les produits qui ont fait la réputation de la maison (far, quatre-quarts, gâteau breton, *kouign-amann*).

ACTIVITÉS

Le golfe du Morbihan en bateau – *56000 **Vannes** - ☎ 02 97 46 60 00 - www.navix.fr - 10 juil.-fin août : tlj sf sam., dép. du port d'Auray ou du Bono - 24/29,60 € (4-12 ans 15,30/16,30 €, 13-25 ans 19,90/25,50) selon le nombre d'escales.* Agréable excursion qui permet de remonter la rivière d'Auray jusqu'au Bono et de découvrir ainsi le golfe bien mieux qu'en voiture.

Excursion à vélo sur la presqu'île de Quiberon – Empruntez le **Tire-Bouchon**, petit train estival reliant Auray à Quiberon (*voir « Nos adresses »* p. 132) puis louez un vélo.

AGENDA

Ste-Anne-d'Auray symbolise le pèlerinage breton par excellence. Des **pèlerinages** paroissiaux *(merc. et dim.)* entrecoupés des plus célèbres pardons : le 7 mars a lieu le premier **pardon**, puis celui de sainte Anne (*26 juil.*), celui du 15 août et celui du Rosaire.

Détour d'Art – *8 juil.-17 sept.* Visites libres ou guidées d'une vingtaine de chapelles du pays d'Auray, animations.

Ensemble mégalithique de Locmariaquer

1 566 Locmariaquérois – Morbihan (56)

La presqu'île de Locmariaquer doit sa notoriété à la remarquable concentration de monuments mégalithiques, datant du néolithique, à son extrémité. Le bourg est également une destination recherchée des familles et le point de départ de belles croisières autour du golfe du Morbihan.

ⓘ S'INFORMER

Office du tourisme de Locmariaquer-Crac'h et Saint-Philibert – 1 r. de la Victoire - 56740 Locmariaquer - ✆ 02 97 57 33 05 - www.morbihan-way.fr - juil.-août : 9h30-18h, dim. 9h30-13h ; avr.-juin et sept. : tlj sf dim. 9h30-12h30, 14h-17h30 ; reste de l'année : tlj sf dim. 9h30-12h30, 14h-17h30, sam. 9h30-12h30 - fermé 1er janv., 1er Mai, 25 déc. - 2e bureau biscuiterie La Trinitaine - St-Philibert - juil.-août : 10h-13h, 15h-19h, dim. 15h-19h.

▶ SE REPÉRER

Carte de microrégion B3 (p. 74) – À 13 km au sud d'Auray, Locmariaquer commande, avec Port-Navalo, l'entrée du golfe du Morbihan.

☺ À NE PAS MANQUER

La chambre funéraire de la Table des Marchands.

⏱ ORGANISER SON TEMPS

Commencez la journée par la visite des mégalithes ; vous aurez tout le loisir de lézarder ensuite sur la plage.

👫 AVEC LES ENFANTS

Entre les dolmens et la chambre sacrée de la Table des Marchands, les mégalithes de Locmariaquer les transporteront au temps d'Astérix et de Conan le Barbare.

Se promener Carte du golfe du Morbihan p. 90-91

★★ Ensemble mégalithique de Locmariaquer B3

Rte de Kerlogonan - ✆ *02 97 57 37 59 - http://locmariaquer.monuments-nationaux. fr -* ♿ *- juil.-août : 10h-19h ; mai-juin : 10h-18h ; reste de l'année : 10h-12h30, 14h-17h15 - fermé 1er janv., 1er Mai, 25 déc. - possibilité de visite guidée (1h) - 6 € (-18 ans 5 €).*

☺ Le Pass des Mégalithes permet d'obtenir un tarif réduit dès le 2e monument visité. Il fonctionne pour les sites de Carnac *(voir p. 119)*, les cairns du Petit-Mont et de Gavrinis *(voir Golfe du Morbihan p. 93)*.

Cet ensemble, qui fait l'objet d'un programme de sauvegarde des sites mégalithiques, présente un groupe de trois monuments importants.

Grand Menhir brisé – Appelé *Men-er-Hroeg* (la « pierre de la sorcière »), ce monolithe, aujourd'hui brisé en quatre morceaux, atteignait 20 m et pesait 280 t. Il est en orthogneiss, une roche qu'on ne trouve aujourd'hui qu'à 12 km de là ! Une hache gravée sur l'une de ses faces renforce son caractère symbolique. Au néolithique ancien (vers 4500 av. J.-C.), il faisait partie d'un sanctuaire très important, pivot d'un alignement de 50 m. C'est un séisme qui aurait fait chuter l'ensemble des pierres trois siècles plus tard.

Table des Marchands – Daté du néolithique moyen (3900 av. J.-C.), ce monument a été restauré et a retrouvé son cairn. Un couloir de 7 m conduit à la chambre funéraire. La dalle du plafond est une partie d'un grand menhir dont on retrouve deux autres morceaux dans le tumulus d'Er-Grah *(voir ci-dessous)* et dans le cairn de l'île de Gavrinis, à 4 km de là *(voir Golfe du Morbihan p. 93)*. Cette dalle est ornée d'une grande hache, d'une crosse et d'un fragment de taureau. Sur la dalle de chevet : un double registre de crosses symétriques. La gazelle est un graffiti moderne !

Tumulus d'Er-Grah – Au nord de l'ensemble, monument très allongé dont on estime la longueur d'origine à plus de 170 m.

★ Dolmen de Mané-Lud B3

Ce dolmen se trouve à l'entrée de Locmariaquer, sur la droite. À l'intérieur de la chambre, les pierres debout sont sculptées.

★ Dolmen de Mané-Rethual B3

Au cœur du village, à droite de l'ancienne mairie, prenez l'allée qui se faufile entre des maisons et traverse des jardins.

Il se compose d'une allée couverte d'environ 15 m de long menant à une vaste chambre double qui présente des supports sculptés.

Village

Il présente de jolies rues bordées de vieilles demeures aux façades blanches et volets bleus. Il est dominé par l'église dont la flèche est posée sur un bulbe d'ardoise. À l'intérieur de celle-ci, remarquez de beaux chapiteaux romans et deux retables baroques de style lavallois.

La **plage** de Saint-Pierre, très sauvage, offre de belles vues vers Carnac et les îles (nombreux parkings).

🚲 Desserte de l'île d'Arz et l'île aux Moines en saison *(voir p. 88)*.

2

Circuit conseillé Carte du golfe du Morbihan p. 90-91

LES MÉGALITHES

▶ *Circuit de 5 km. Sur la place Évariste-Frick, prenez la rue Wilson.*
À la sortie du village, sur la droite, une route mène au hameau de **Kerlud**. Face à la dernière maison se trouve le **dolmen de Kerlud**, en partie enfoui. *Revenez à la grande route et prenez à droite, puis en bordure de plage, à droite.*

★ Dolmen des Pierres-Plates B3

Un menhir marque l'entrée de ce dolmen. Deux chambres sont reliées par une longue allée coudée ; de remarquables gravures ornent les supports.

Du terre-plein, belle vue sur la pointe de Port-Navalo et la pointe du Grand-Mont, l'île d'Houat, en arrière, Belle-Île et la presqu'île de Quiberon. *Faites demi-tour et suivez la grève pour gagner la pointe de Kerpenhir.*

★ Pointe de Kerpenhir B3

Avancez-vous au-delà du blockhaus.

Vue★ sur le goulet du golfe. À la pointe, la statue de granit de N.-D.-de-Kerdro protège les marins (*kerdro* signifie « bon retour »).

★ Tumulus de Mané-er-Hroech B3

Au lieu-dit Kerpenhir, empruntez l'allée, à gauche de la route, vers le tumulus.

Un escalier de 23 marches permet d'accéder à une chambre funéraire et de découvrir les pierres sèches composant le tumulus.

La Trinité-sur-Mer

1 633 Trinitains – Morbihan (56)

Un port de plaisance toujours animé par des passionnés de voile ; des ruelles blanches dévalant vers la mer ; des plages et des criques aux eaux limpides. La Trinité-sur-Mer est passée en quelques années d'un petit port de pêche à une station balnéaire au charme chic et décontracté. Les plus gros trimarans du monde y font régulièrement escale. Ses régates attirent de nombreux marins du monde entier, et du pont de Kérisper, on ne se lasse pas d'admirer le ballet des navires qui entrent et sortent de la rivière de Crach bordée de maisons blanches.

NOS ADRESSES CI-CONTRE
Hébergement, restauration, achats, activités, etc.

S'INFORMER
Office du tourisme de La Trinité-sur-Mer – *30 cours des Quais - 56470 La Trinité-sur-Mer - ℘ 02 97 55 72 21 - www.ot-trinite-sur-mer.fr - juil.-août : 9h-13h, 14h-19h ; de mi-avr. à fin juin et sept. : tlj sf dim. 9h-13h, 14h30-18h, sam. 9h-13h, 14h30-17h30 ; reste de l'année : tlj sf dim. 9h-13h, 14h30-17h30 - fermé 1ᵉʳ janv., 1ᵉʳ et 11 Nov., 25 déc.*

SE REPÉRER
Carte de microrégion B3 (p. 74) – La Trinité est accessible depuis Carnac (4 km à l'est) par la D 781, et par la D 28 à partir d'Auray (12 km au nord).

À NE PAS MANQUER
La vue depuis le pont de Kérisper, une balade sur le port pour voir les géants des mers.

ORGANISER SON TEMPS
Flânez sur les quais à toute heure pour admirer le ballet des voiliers.

Se promener

La Trinité est bien sûr le célèbre port de plaisance que l'on connaît, mais c'est aussi un petit port de pêche que l'on apprécie en se baladant le matin sous la halle aux poissons.

Le bourg dévoile son charme à travers les vieilles ruelles qui entourent l'**église**, à l'intérieur de laquelle se trouve un beau retable baroque de style lavallois (17ᵉ s.). Quant aux plages, il y en a pour tous les goûts ; Kervillen, la plus grande, orientée plein sud, accueille un club pour les enfants.

Les amateurs de sports nautiques trouveront également de quoi se régaler. Avec un peu de chance, vous pourrez admirer dans le port une « formule 1 » de la mer, amarrée le long du môle Loïc Caradec (du nom du célèbre navigateur, disparu lors de la Route du Rhum 1986), ou assister à l'une des nombreuses compétitions de voile qui se déroulent tout au long de l'année.

★ Chemin des douaniers

Depuis le port, le sentier côtier mène à la **pointe de Kerbihan** puis à la plage de Kervillen. Juste après cette dernière, on aperçoit les marais de Kerdual, nouvellement exploités.

Rendez-vous ensuite à la petite **île de Stuhan**, accessible à marée basse par une étroite bande de sable, appelée tombolo. Puis rejoignez la **plage du Men-Du**, juste avant Carnac, « spot » des pêcheurs de coques ! Belles échappées vers la baie de Quiberon.

Pont de Kérisper

De ce pont qui franchit la rivière de Crach, la **vue**★ est superbe sur le site et ses installations portuaires. Le port de plaisance peut accueillir 1 254 bateaux. Tous les grands marins viennent s'y amarrer ; les vieux gréements s'y réunissent.

😎 NOS ADRESSES À LA TRINITÉ-SUR-MER

HÉBERGEMENT

POUR SE FAIRE PLAISIR

Hotel restaurant L'Ostrea – *34 cours des Quais -* ☎ *02 97 55 73 23 - www.hotel-ostrea.com -* ♿ *- 18 ch. 90/125 € -* ☕ *12 € -* 🍴 *menu déj. sem. 16,80 € - 19,90/35 €.* Cet hôtel dispose, avec sa villa, de chambres claires (dont trois familiales), pas toujours bien insonorisées, mais dont la majorité donne sur le port. Le déjeuner est pantagruélique. Attenant, le Bistrot du Marin (cuisine traditionnelle aux saveurs marines comme le pavé de cabillaud à l'andouille de Guéméné), avec terrasse et bar. Un espace très agréable et convivial.

UNE FOLIE

Le Lodge Kérisper – *4 r. du Latz -* ☎ *02 97 52 88 56 - www.lodgekerisper.com - fermé 3 sem. en janv. et 1ʳᵉ quinz. de déc. -* 🅿 ♿ *- 17 ch. et 3 suites - 160/290 € -* ☕ *14 €.* Ces deux longères du 19ᵉ s. offrent un intérieur chaleureux et épuré, associant matériaux nobles, meubles chinés et tissus choisis. Plusieurs chambres disposent d'une terrasse.

RESTAURATION

BUDGET MOYEN

Crêperie Ty Malou – *10 cours des Quais -* ☎ *02 97 30 17 30 - formule déj. 12 € - 15/20 €.* Vue sur le port, accueil charmant, bon choix de crêpes et desserts gourmands, autant de bonnes raisons de se poser dans cette agréable crêperie.

Le Surcouf – *21 r. des Résistants -* ☎ *02 90 61 39 03 - tlj - 16/33 €.* Au bout du pont, cette maison basse typique abrite ce vrai bistrot pour la décoration des deux salles à manger (préférez celle du fond, plus calme). Côté cuisine, des produits frais, une carte alléchante qui ne déçoit pas à l'arrivée des plats : soupe crémeuse d'étrilles, sole perdrix et pour finir la tarte fine aux pommes… Accueil jeune, sympathique et agréable terrasse aux beaux jours.

POUR SE FAIRE PLAISIR

Le Quai – *8 cours des Quais -* ☎ *02 97 55 80 26 - juil.-août : 12h-23h ; reste de l'année : 12h-14h, 19h-22h - fermé lun.-merc. soir (sem., nov.-mars) -* ♿ *- plat 12/15 € - 30/40 €.* Dans ce bistrot sympathique, vous pourrez prendre un verre ou déguster des plats de la mer. On y mange au coude à coude (ambiance brasserie) ! Attention, pas de réserv.

À proximité

POUR SE FAIRE PLAISIR

Chez Jaouen – *Rte de La Trinité (D 781, à droite avant le pont de Kérisper) - 56470 **St-Philibert** -* ☎ *02 97 30 00 24 - www.jaouenaquaculture.objectis.net - juil.-août et vac. scol. : tlj ; mai-juin et sept.-oct. : jeu. midi, vend.-sam. et dim. midi - fermé nov.-mars -* ♿ *- formule buffet de fruits de mer 29,50 €.* Grande salle donnant sur la rivière, avec un décor très marin mais une pointe de design. Grandes tables où vous dressez votre couvert. Le jardin est très

2

agréable également. Menu enfant et buffet de fruits de mer à volonté l'été.

PRENDRE UN VERRE

Le Carré – *9 cours des Quais -* ☎ *02 97 30 12 83 - 9h-1h.* L'endroit idéal pour prendre un verre face aux bateaux, dans une ambiance bon enfant parmi une clientèle de « voileux » plus ou moins authentiques.

Bar à l'Étage – *Cours des Quais -* ☎ *02 97 59 56 12 - 10h-1h - fermé lun. (sf juil.-août) et janv.* L'adresse jouit d'une belle terrasse surplombant le port. Petite restauration possible.

ACHATS

☺ **Bon à savoir** – La Halle aux poissons tient son marché 7j/7 de 7h30 à 13h30 et vend.dim. 16h30-19h30 nov.-mars *(cours des Quais)*. Marché au frais place du Voulien le mardi et le vendredi matin toute l'année.

L'Épicerie du port – *24 cours des Quais -* ☎ *02 97 55 76 97 - 10h-13h, 15h30-19h30 - fermé lun. et dim. apr.-midi (hors été), janv.* Outre des produits liés à la mer, cette charmante épicerie propose une sélection de charcuteries, des fromages affinés et quelques bouteilles de petits vignerons respectueux des traditions.

ACTIVITÉS

Nautic Sport – *35 cours des Quais -* ☎ *02 97 30 10 00 - www.nautic-sport.com - 9h-12h30, 14h-18h30 - fermé w.-end (sf avr.-sept.).* Location de kayaks, de voiliers habitables, de bateaux à moteur de 5 à 14 m. Centre de formation permis bateau.

Clubs de plage – Le Club Plein Air Mickey : ☎ *06 61 13 60 91 - www.clubdeplagepleinair.com* *(plage du Men-Du).* L'Olympic Club Mickey : ☎ *06 89 30 91 84 - www. club-de-plage-la-trinite-sur-mer. com (plage de Kervillen).*

Louer un bateau – Demandez la liste des loueurs à l'office de tourisme. Le choix est large. Il est également possible de remonter la rivière de Crach et d'admirer ses jolis paysages, dans un bateau électrique sans permis en juillet et août. Départ du môle Caradec - ☎ *06 76 82 23 32 - 45 €/1h, 80 €/2h.*

Stages de dériveur et de catamaran – *Société nautique - Môle Éric-Tabarly -* ☎ *02 97 55 73 48 - www.snt-voile.org - 9h-12h, 13h30-17h30 - fermé w.-end (sf régates), vac. de Noël.* Stages de voile, planche à voile et kayak. Centre de formation agréé (moniteurs et permis mer côtier et hauturier).

Excursions dans les îles – *Île d'Arz et île aux Moines depuis La Trinité - Compagnie Navix :* ☎ *02 97 46 60 00 - www.navix. fr - 10 juil.-fin août : tlj sf sam., dép. du port d'Auray ou du Bono - 24/29,60 € (4-12 ans 15,30/16,30 €, 13-25 ans 19,90/25,50 €) selon le nombre d'escales - autres excursions avr.-sept.*

Ateliers-randos Mélanie Chouan – *Voir p. 105.*

AGENDA

Courses et régates se succèdent tout au long de l'année, en particulier le week-end de Pâques, lors du **Spi Ouest-France Destination Morbihan** (*www.spi-ouestfrance.com*) qui rassemble plus de 3 000 marins. Beaucoup d'affluence aussi à l'occasion du **Tour de Belle-Île** (*un w.-end fin avr. ou déb. mai*) auquel participent près de 500 bateaux.

Carnac

4 212 Carnacois – Morbihan (56)

Les alignements de mégalithes ont fait de Carnac le symbole de la préhistoire, à l'égal de Stonehenge en Grande-Bretagne. Depuis la fin du 18ᵉ s., quand se sont vulgarisés les termes de « dolmen » et de « menhir », aucun site n'a fait naître autant de théories et de controverses… Son musée de Préhistoire est mondialement connu pour sa collection d'objets de la période mégalithique. Mais, au-delà des vieilles pierres, Carnac est aussi une station balnéaire bien équipée et dotée de longues plages, idéale pour les vacances en famille.

NOS ADRESSES PAGE 124
Hébergement, restauration, achats, activités, etc.

S'INFORMER
Office du tourisme de Carnac –
74 av. des Druides - 56340 Carnac -
℘ 02 97 52 13 52 - www.ot-carnac.fr -
juil.-août : 9h30-13h, 14h-19h, dim.
et j. fériés 10h-13h ; avr.-juin et sept. :
9h30-12h30, 14h-18h, dim. et j. fériés
10h-13h ; reste de l'année : tlj sf dim.
14h-17h - fermé 1ᵉʳ janv., 11 Nov.,
25 déc. - 2ᵉ bureau pl. de la Chapelle.

SE REPÉRER
Carte de microrégion B3 (p. 74) –
Carnac est à deux pas de
La Trinité-sur-Mer, juste à côté
de la presqu'île de Quiberon.

On y accède depuis Auray (13 km)
par la D 768 ou la D 28.

À NE PAS MANQUER
Les mégalithes du Menec et de
Kermario.

ORGANISER SON TEMPS
Préférez le matin tôt ou la fin de
journée pour profiter à la fois de la
fraîcheur et des lumières rasantes.

AVEC LES ENFANTS
Emmenez-les voir les alignements
de menhirs puis visitez avec eux
le musée de Préhistoire pour en
comprendre la signification.

Découvrir Carte de microrégion p. 74-75

★★ LES MÉGALITHES

Au nord de Carnac, dont le nom vient du celte *karn*, « pierre » ou « rocher »,
une promenade fait découvrir l'essentiel des monuments mégalithiques de
la région : alignements, dolmens, tumulus. Ils sont aujourd'hui protégés par
des clôtures afin que la végétation stabilise le sol et empêche le déchausse-
ment des menhirs.

En face des alignements du Menec, la **Maison des mégalithes** organise des
visites guidées des alignements. D'avril à septembre, c'est le seul moyen de
circuler au milieu des alignements qui sont fermés aux individuels en période
de forte affluence. *Rte du Ménec - ℘ 02 97 52 29 81 - www.carnac.monuments-*
nationaux.fr - visite guidée (1h) juil.-août : 9h-19h ; avr.-juin et sept. : 9h30-18h ;
reste de l'année : 10h-13h, 14h-17h - fermé 1ᵉʳ janv., 1ᵉʳ Mai, 25 déc. - 6 € (-18 ans
gratuit).

2

★★ Alignements du Menec

Datés approximativement du néolithique moyen (3 000 av. J.-C.), ces aligne-ments s'étendent sur une longueur de 1 160 m et une largeur de 100 m. Ils comptent 1 099 menhirs disposés sur 11 files – le plus élevé mesure 4 m de haut – et sont orientés sud-ouest/nord-est. Un **cromlech** (hémicycle) se trouve à chacune des extrémités : l'un comprend 70 menhirs, l'autre, 25 seulement (très abîmé).

★★ Alignements de Kermario

Ici, 1 029 menhirs sont disposés en 10 lignes parallèles sur 1 120 m de long et 100 m de large. Ils sont sensiblement contemporains de ceux du Menec, et de même superficie. On observe la progression de la taille des menhirs d'est en ouest. Un dolmen à couloir est situé au sud-ouest. Plus loin, les aligne-ments passent sur les restes d'un **tumulus** de 35 m de long, sur le plateau du Manio. Un menhir de 3 m de haut qui porte à sa base cinq serpents gravés ; cinq haches polies avaient été enterrées à son pied…

★ Alignements de Kerlescan

Poursuivez vers l'est sur la D 196.
Dans ce champ de 355 m sur 139 m, 555 menhirs sont rangés sur 13 lignes convergentes. Un **cromlech** de 39 menhirs les précède.

★ Tumulus Saint-Michel

Le tumulus St-Michel, long de 125 m, large de 60 et haut de 12, remonte au néolithique ancien (4 500 av. J.-C.). Il renferme deux chambres funéraires et une vingtaine de coffres de pierre. Les objets trouvés dans les sépultures sont exposés au musée de Préhistoire de Carnac *(voir ci-contre)*. et au musée d'His-toire et d'Archéologie de Vannes *(voir p. 80)*.

Sur le sommet se trouvent la **chapelle St-Michel★**, décorée de belles fresques (1961) d'Alice Pasquo, ainsi qu'un petit cal-vaire (16e s.) et une table d'orientation. La **vue★** s'étend sur la région des mégalithes, la côte et les îles.

Dolmens de Mané-Kerioned

Ensemble de trois dolmens dont le premier présente huit supports gravés de divers sym-boles stylisés : haches, spirales, écussons…

> **☺ LE PASS DES MÉGALITHES**
> *Il permet d'obtenir un tarif réduit dès le 2e monument visité. Fonctionne à Carnac (musée de préhistoire et Alignements), Gavrinis, Petit-Mont et Locmariaquer.*

Les alignements de menhirs de Carnac.
Hiroshi Higuchi/age fotostock

Tumulus de Kercado

☏ 02 97 55 71 22 - ♿ - 9h-20h - 1 € (-12 ans 0,50 €).
Ce cairn, très ancien (4 670 av. J.-C.), est vraisemblablement contemporain de celui de Barnenez. Il mesure 30 m de diamètre et 3,50 m de hauteur, et recouvre un beau dolmen. À son sommet se dresse un menhir. Remarquez les sculptures sur la table et quatre supports. Pendant la Révolution, il aurait servi de cachette à des chouans.

CARNAC VILLE

★★ Musée de Préhistoire James-Miln-Zacharie-Le Rouzic

10 pl. de la Chapelle - ☏ 02 97 52 66 36 - www.museedecarnac.com - ♿ - juil.-août : 10h-18h30 ; vac. scol. (sf juil.-août) : 10h-12h30, 14h-17h30 ou 18h ; avr.-juin et sept. : tlj sf mar. 10h-12h30, 14h-18h ; reste de l'année : se rens. - fermé déc.-fév. (hors vac. scol.), 1er janv., 1er Mai, 25 déc. - possibilité de visite guidée (1h) - 6 € (-18 ans 3 €) - ateliers familiaux (tissage, poterie, cuisine, etc.) vac. scol., se rens.
Créé en 1881 par l'Écossais James Miln et enrichi par le Carnacois Zacharie Le Rouzic, le musée rassemble d'exceptionnelles collections allant du paléolithique inférieur au début du Moyen Âge.
La visite se déroule selon un ordre chronologique : le paléolithique inférieur (600 000 av. J.-C.), les paléolithiques moyen et supérieur (de 300 000 à 12 000 av. J.-C.), le mésolithique (de 12 000 à 5 000 av. J.-C.). Le néolithique (de 5 000 à 2 000 av. J.-C.), période où l'homme devient agriculteur et éleveur, est marqué par la réalisation des mégalithes : à chaque site correspond une présentation du mobilier funéraire (parures, haches polies, pendeloques, poteries, etc.) ; de nombreux objets évoquent également la vie quotidienne. Le nombre de pièces découvertes aux environs de Carnac depuis le 19e s. montre que cette région devait constituer au 5e millénaire un centre de pouvoir important à l'échelle de l'Europe. Aux sources de cette richesse, avancent les archéologues, figure peut-être une exploitation de sel. La dernière découverte d'importance dans la région de Carnac remonte à 2007. Il s'agit de quatre haches en jadéite qui avaient été déposées dans un marais, plantées par paire, verticalement, tranchant vers le ciel à deux pas d'un alignement de menhirs. Leur polissage soigné montre que ces objets revêtaient une importance sociale, magique.
Le 1er étage est consacré à l'âge du bronze (haches à douille, bijoux en or) et à la période romaine (maquette d'une villa, statuettes de Vénus). Des panneaux évoquent le Moyen Âge breton et les méthodes de fouilles des agriculteurs.

★ **Église**

Pl. de l'Église - ☎ 02 97 52 08 08 - www.interclochers.fr - possibilité de visite guidée, se rens.

Cette église du 17e s. est dédiée à **saint Cornély**, protecteur des bêtes à cornes (il figure sur la façade entre deux bœufs). À l'intérieur, de curieuses peintures du 18e s. recouvrant les voûtes en bois illustrent sa vie, ainsi que celles du Christ, de saint Jean Baptiste et de la Vierge. La table de communion, la chaire, la grille du chœur sont de remarquables œuvres du 18e s., en fer forgé. À gauche, à l'entrée du chœur, buste reliquaire de saint Cornély en bois doré du 18e s. Le trésor de l'église conserve calices, ostensoirs, chasubles, croix, etc.

À proximité Carte de microrégion p. 74-75

Carnac-Plage B3

Plus récente que le bourg, la station de Carnac-Plage s'est développée à l'abri de la presqu'île de Quiberon, sur une grève en pente douce. Elle compte plusieurs **plages** : la Grande Plage, au sud (2 km de long) ; Légenès, Ty Bihan et St-Colomban, très fréquentée par les véliplanchistes, à l'ouest ; Beaumer et Men-Du, à l'est.

★ Autres mégalithes

▶ *Au nord-ouest, par la D 781 vers Lorient.*

Dolmens de Rondossec – *À gauche, à la sortie de Plouharnel.* Ce sont trois chambres enfouies dans le sol.

Menhirs du Vieux-Moulin – *Après le passage à niveau.* Ils sont plantés dans un champ à droite de la route.

Alignements de Ste-Barbe – *À proximité de la route à gauche en prenant la direction du camping Le Kersily.* Au nombre de quatre, plantés en bordure d'un champ.

Dolmen de Crucuno – *Route à droite.* Il se dresse au cœur du hameau de Crucuno, adossé à une ferme. Seule la chambre subsiste ; la lourde table repose sur onze supports.

Dolmen de Mané-Croc'h – *À 500 m au-delà de Crucuno, sur la gauche.* Type même du dolmen à chambres latérales.

Alignements de Kerzerho – *À droite de la route, à l'entrée d'Erdeven.* Environ 1 130 menhirs les composent et sont disposés en dix lignes.

Grand arc mégalithique – *À 8 km* 🥾 Un sentier de randonnée débute au parking de Kerzerho pour s'enfoncer dans la campagne environnante et conduire à d'autres mégalithes, comme celui de Mané-Croc'h.

PETIT LEXIQUE DES MÉGALITHES

Allée couverte : double rangée de pierres dressées recouvertes de dalles. Contrairement au tumulus, elle peut stocker les ossements de plusieurs centaines d'individus.

Cairn : tombe à couloir recouverte d'une structure de pierre ou de bois. Contrairement au tumulus, le cairn est accessible en permanence (cérémonies cultuelles ou nouvelle sépulture).

Dolmen : vestige de chambres funéraires.

Menhir : pierre dressée souvent alignée de façon rectiligne ou en cercle (**cromlech**).

Tumulus : tombe fermée recouverte de terre.

LES MÉGALITHES DANS LE MORBIHAN

Quelque 500 sites mégalithiques ont été recensés dans le département du Morbihan. Les lieux où ils ont été dressés ne sont pas forcément synonymes de ressources en granit. Les sites de Locmariaquer (le grand menhir brisé) ou de Gavrinis prouvent que leurs bâtisseurs pouvaient transporter sur des distances considérables plusieurs tonnes de pierre. Il n'empêche : leur concentration est exceptionnelle, entre l'estuaire du Blavet et la presqu'île de Rhuys, plus particulièrement entre les estuaires des rivières d'Étel et d'Auray. Pourquoi une telle activité, dès le 5ᵉ millénaire et jusqu'au 2ᵉ millénaire av. J.-C. ? La configuration et le climat bénéfique du golfe du Morbihan ont-ils été propices à une sédentarisation de peuples jusque là nomades ? Ou, selon d'autres théories, s'agissait-il de rouages liés à l'étude des phénomènes astronomiques et aux rythmes de la vie agricole ? Pour l'heure planent encore quelques mystères qui contribuent au charme du site.

Plouharnel B3

Bénéficiant d'une position stratégique dans la baie de Quiberon, ce bourg a conservé quelques anciennes maisons et une attachante chapelle du 16ᵉ s., restaurée en 2005 : **N.-D.-des-Fleurs**. *R. N.-D.-des-Fleurs - ♿ - de fin juin aux J. du patrimoine : 10h30-12h, 16h30-18h, dim. 16h30-18h ; reste de l'année : se rens. à l'office de tourisme - possibilité de visite guidée (30mn).* Remarquez son clocher carré flanqué de deux tourelles d'escalier et, à l'intérieur, un bel Arbre de Jessé en albâtre (15ᵉ s.). Un sentier utilisé pendant les pardons descend à la fontaine de la chapelle (16ᵉ s.)

À l'ouest, le hameau de **Sainte-Barbe**, formé d'un bel ensemble de longères des 16ᵉ et 17ᵉ s., abrite une jolie chapelle éponyme construite au début du 17ᵉ s. Flèche en saillie, tourelle polygonale et portes en anse de panier lui confèrent son charme. Un peu plus loin, l'immense **plage de Sainte-Barbe** attire une foule de surfeurs dans des paysages sauvages balayés par les vents. *Par la D 768 direction Quiberon, à 1 km.* Un blockhaus abrite le **musée de la Chouannerie** (grands dioramas, armes, habits, guillotine). Il revient sur ce mouvement dont l'un des héros fut **Georges Cadoudal** *(voir encadré p. 108). Bois du Bégo - ☎ 02 97 52 31 31 ou 07 61 16 19 92 - www.musee-vendee-chouannerie.com - de mi-juin à fin sept. : 10h-12h, 14h-18h ; de déb. avr. à mi-juin : 14h-18h - possibilité de visite guidée (1h30) - 7 € (-12 ans gratuit).*

À la sortie de Plouharnel se détachent les imposantes silhouettes de deux abbayes bénédictines fondées par Solesmes à la fin du 19ᵉ s.

Sur la route d'Auray, l'**abbaye Ste-Anne-de-Kergonan**, accueille des moines bénédictins qui partagent leur temps entre la prière et la décoration de céramique *(boutique). Rte d'Auray - ☎ 02 97 52 30 75 - www.kergonan.org - messe en grégorien à 10h - vêpres en grégorien dim. et j. fériés 16h30, sem. 18h. Visite de l'église abbatiale et du magasin monastique uniquement.*

Non loin de là, sur la route de Carnac, l'**abbaye St-Michel-de-Kergonan** (1898) est une fondation de la même congrégation, pour les moniales. Après un terrible incendie qui ravagea en 2007 le noviciat et l'église abbatiale, l'église a repris vie. L'important édifice en granit comprend une église très sobre. Au-delà du magasin (livres, produits réalisés par les sœurs), une galerie abrite une exposition consacrée au monachisme bénédictin. *☎ 02 97 52 32 14 - http://saintmicheldekergonan.org - ♿ - magasin et exposition 11h15-12h15, 14h30-17h (en dehors des offices) - messe en grégorien à 10h ; vêpres en grégorien 17h, dim. et j. fériés 16h.*

😊 NOS ADRESSES À CARNAC

HÉBERGEMENT

PREMIER PRIX

Camping Les Druides –
*55 chemin de Beaumer - À l'est,
quartier Beaumer -* 📞 *02 97 52
08 18 - www.camping-les-
druides.com - de mi-avr. à déb.
sept. - 110 empl. 39,90 € - locatif
250/820 €.* Autour de la piscine
des emplacements calmes,
sur une belle pelouse, un petit
ombrage et, pour ceux qui
le souhaitent, des locations
en mobile homes classiques,
certains avec terrasses semi-
couvertes. À 500 m, une
résidence avec 3 appartements
de bon confort qui ouvrent à
toutes les activités du camping.
Ces deux adresses sont à 400 m
de la plage.

BUDGET MOYEN

Chambre d'hôte L'Alcyone –
2 imp. de Beaumer - 📞 *06 74 24
33 53 - fermé 1ʳᵉ sem. de fév. et
dernière sem. de nov. -* 🚭 🅿 *- 5 ch.
71/73 €* 🍽. Cette longère de 1870
vous invite au farniente : transats
dans le grand jardin face à la
campagne, moelleux canapés
au salon et calme ambiant.
Chambres agréables avec murs
blancs, parquet.

À proximité

BUDGET MOYEN

**Chambre d'hôte Ty Me
Mamm** – *Quelvezin - 5 km au
nord de Carnac par D 768 et C
202 rte de Quelvezin -* 📞 *02 97 52
45 87 - www.tymemam.com -* 🚭
🅿 *- 4 ch. 75 €* 🍽. Hospitalité et
spontanéité sont la devise de
cette ferme de 1900 dotée d'un
grand jardin bordé d'un étang.
Les chambres conjuguent avec
succès rustique et contemporain.
Réfrigérateur, micro-ondes et
vélos à disposition.

POUR SE FAIRE PLAISIR

**Chambre d'Hôte Imagin'Le
Morbihan** – *Hameau de
Kergazec - 2 km au nord-ouest de
Plouharnel par D 781 -* 📞 *02 97 52
37 03 - www.imaginlemorbihan.
com - 3 ch. 75/90 €.* Dans un
petit hameau, cette maison
contemporaine fait la part belle
au bois et aux grands volumes
dans la salle à manger-salon.
Au rez-de-chaussée, avec accès
direct à la piscine, 3 chambres de
conforts différents. La « Parme »
est vaste avec ses sanitaires
privatifs (douche et baignoire).
Les deux autres, « Bleue » et
« Orange », mieux adaptées aux
familles avec enfants, partagent
la salle d'eau. Petit-déjeuner en
terrasse par beau temps.

RESTAURATION

PREMIER PRIX

Crêperie La Potion Magique –
*10 r. St-Cornély - sur la placette
piétonne -* 📞 *02 97 52 63 46 - fermé
dim. soir et lun. (hors vac. scol.),
1ʳᵉ quinz. de déc. et 10 j. après les
fêtes - 9/25 € - réserv. conseillée.*
Très bien située dans le bourg
de Carnac, cette crêperie ne
désemplit pas. Vous y dégusterez
de délicieuses galettes bretonnes
agrémentées d'ingrédients de
votre choix, dans une ambiance
salée sucrée sympathique ! Coin
dessin pour les enfants dont les
œuvres les plus réussies auront
le droit d'orner les murs.

BUDGET MOYEN

Memes Tra – *3 av. Miln -*
📞 *02 97 52 26 87 -* ♿ *- 9h-23h
avr.-oct.; hors sais les midis, et
vend.-sam. soir - fermé du 11 Nov.
au vac. de Noël et déb. janv.-mi-
fév. - plat du jour 13 € - 17/28 €.*
À Carnac-Plage, près de la plage,
ce restaurant-pizzeria est doté

d'une grande terrasse. Plats type brasserie et pizzas en portions généreuses, accueil sympathique et efficace.

Crêperie Saint Georges – *8 allée du Parc -* 📞 *02 97 52 18 34 - ouvert mi-fév.-déc. - 15/20 € - réserver.* Située à Carnac-Plage et un peu à l'écart de l'animation de la rue principale, ambiance design et moderne, avec un patio très agréable, pour des crêpes (et salades) de bonne qualité.

POUR SE FAIRE PLAISIR

Côté Cuisine – *36 av. de la Poste -* 📞 *02 97 57 50 35 - www. cotecuisine-carnac.fr - fermé janv., mar. (15 sept. -15 juin) et lun. - menus 18,50/23,50 (déj. lun.-sam.)/31/40 €.* Dans l'enceinte de l'hôtel Lann Roz, un couple réalise à quatre mains une cuisine parfumée et bien goûteuse, qui met en valeur les produits régionaux de la plus belle des manières. On s'en régale au coin de la cheminée, en hiver, ou sur l'agréable terrasse aux beaux jours.

Auberge Le Râtelier – *4 chemin du Douet -* 📞 *02 97 52 05 04 - www.le-ratelier.com - fermé mar.-merc. (hors sais.), de mi-nov. à mi-déc. et janv. - formule déj. (sem.) 18,50/19,50 € - menu 23,50/28 € (sf sam. soir et j. fériés)/33,50/52 € - 40/80 € - 7 ch. (+ 1 ch. familiale) 63/73 € -* ☕ *8 €.* L'authentique façade en granit où grimpe la vigne vierge abrite une chaleureuse salle à manger rustique. Cuisine régionale faisant la part belle au poisson. Chambres (dont une familiale) à la fois simples et cosy.

UNE FOLIE

La Côte – *Imp. Parc-Er-Forn - 2 km rte d'Auray -* 📞 *02 97 52 02 80 - www.restaurant-la-cote.com - fermé 4 janv.-10 fév. et 1 sem. fin oct., dim. soir (sept.-juin), mar. et lun. -* 🅿️ ♿ *- menu 26 (déj.*

sem.)/39/58 €. Étape gourmande à ne pas « brûler » après la visite des mégalithes de Kermario, dans cette ancienne ferme dont la petite véranda est grande ouverte sur le jardin aux beaux jours. Cuisine originale.

EN SOIRÉE

Casino Circus de Carnac – *41 av. des Salines -* 📞 *02 97 52 64 64 - www.casinodecarnac.fr -* ♿ 🅿️ *- 10h-2h, vend.-sam. 10h-3h.* Face aux salines du Breno, machines à sous et jeux de table. Spécialités locales à base de produits de la mer au restaurant.

ACTIVITÉS

Carnac Thalasso & Spa resort – *Av. de l'Atlantique -* 📞 *02 97 52 62 44 - www.thalasso-carnac.com - 9h-13h30, 14h30-20h - 1 entrée spa/fitness 40 €, 2h consécutives 34 €.* Ce centre assure un environnement de qualité pour une détente parfaite. Vous découvrirez ainsi l'hydrothérapie et l'algothérapie tout en profitant de la plage. Piscine ouverte au public.

Carnac Evasion Surfshop – *52 av. des Druides -* 📞 *02 97 52 63 30 - www.carnac-evasion.com - tlj toute l'année.* École de kitesurf (90 €/1/2 j.) et de stand up paddle (40 €/1h30).

AGENDA

Skedanoz – *Fin juil.-déb. août.* Selon les soirs et les sites, mise en lumière des mégalithes, visites contées, etc. (*certaines animations sont paysantes, 5 €, et sur réserv. seult*). Une manière inédite de découvrir le patrimoine mégalithique.

Pardon de la St-Cornély – 📞 *02 97 52 08 08 - www.ot-carnac. fr - 2ᵉ dim. de sept.*

Presqu'île de Quiberon

Morbihan (56)

Belles plages de sable réputées pour leur ensoleillement d'un côté, reliefs spectaculaires et sauvages de l'autre, la presqu'île est à elle seule comme un petit concentré de Bretagne maritime. Cette destination, appréciée des familles et des adeptes du surf ou de la voile, donnera le meilleur d'elle-même hors saison.

😀 NOS ADRESSES PAGE 132
Hébergement, restauration, achats, activités, etc.

🛈 S'INFORMER

Bureau d'information touristique de Quiberon – *14 r. de Verdun - 56170 Quiberon - ☎ 02 97 50 07 84 - www.quiberon.com - de la 2ᵉ sem. de juil. à fin août : 9h-19h, dim. et j. fériés 10h-13h, 14h-17h ; de déb. avr. à la 1ʳᵉ sem. de juil. et sept. : 9h-12h30, 14h-18h, dim. de Pâques, dim. de Pentecôte et j. fériés 9h30-12h30, 14h-17h, dim. 9h-13h ; reste de l'année : se rens. - fermé 1ᵉʳ janv.*

▶ SE REPÉRER

Carte de microrégion A-B3 (p. 74) – Face à Belle-Île, la presqu'île de Quiberon se trouve à une encablure à l'ouest du golfe du Morbihan (Vannes est à 47 km). Il n'existe cependant qu'une seule route vers Quiberon : la D 768 qui s'amorce à Auray (28 km au nord-est). Gare aux bouchons en été !

🅿 SE GARER

Difficile de se garer sur la presqu'île pendant la saison estivale. Si c'est encore faisable du côté de la Côte sauvage, c'est presque impossible autour des plages de la baie de Quiberon. Dans la ville même, il existe des parkings publics non loin du centre, au stationnement limité *(jusqu'à 4h)* ou payant *(voir « Nos adresses » p. 132).*

😊 À NE PAS MANQUER

Côté baie, les plages de Quiberon pour leur invitation au farniente ; vers la Côte sauvage, les criques confidentielles battues par les rouleaux (attention à la baignade).

🕐 ORGANISER SON TEMPS

Dès que le ciel se couvre, rendez-vous sur la Côte sauvage pour voir l'océan se déchaîner. Sinon, ne manquez pas le marché du samedi matin à Quiberon, pour sa multitude de petits producteurs.

Se promener

Cette presqu'île est en fait une ancienne île, que les apports d'alluvions ont rattachée à la terre par un isthme étroit, appelé « tombolo ».

★ Quiberon

Située à la pointe de la presqu'île, Quiberon est une station balnéaire recherchée pour sa belle plage de sable fin, bien exposée au sud, et la proximité de la Côte sauvage.

Port-Maria – Port d'embarquement pour Belle-Île, Houat et Hœdic, ce port de pêche bénéficie d'une animation permanente.

Château Turpault – Ce curieux édifice, qui figure sur tant de cartes postales, fut bâti en 1904 par un filateur de Cholet, Georges Turpault *(Pointe de Ber Er Lann - ne se visite pas)*.

Saint-Pierre-Quiberon

Cette charmante station balnéaire possède deux plages, situées de part et d'autre du petit port d'Orange. En suivant la rue des Menhirs, découvrez sur la droite le bel alignement de Kerbourgnec, composé de 22 **menhirs**.

Beg-Rohu

Sur cette avancée rocheuse est installée depuis 1966 l'École nationale de voile. C'est l'un des centres d'entraînement les plus renommés du monde.

Circuits conseillés Carte Presqu'île de Quiberon p. 128

★★ LA « CÔTE SAUVAGE »

▶ *Circuit de 18 km au départ de Quiberon, tracé en bleu sur la carte – comptez 2h. Gagnez Port-Maria, puis prenez à droite la route signalée « Route côtière ».* Cette côte inhospitalière, aujourd'hui protégée par le Conservatoire du littoral, est une succession de falaises déchiquetées où grottes, crevasses, gouffres alternent avec de petites plages de sable sur lesquelles les vagues se brisent en rouleaux *(attention, baignade interdite à cause des lames de fond)*. Des rocs de toutes tailles et de toutes formes créent des couloirs où la mer tourbillonne en mugissant.

🐾 Des stèles de granit jalonnent la route à gauche. Elles marquent l'emplacement de sites qu'il faut découvrir à pied : Port-Pilote, Trou du Souffleur, pointe de Scouro, grotte de Kerniscob, etc.

2

Beg er Goalennec

En contournant le café Le Vivier, on gagne, sur les rochers, l'extrémité du promontoire d'où l'on jouit d'une jolie vue sur toute la Côte sauvage.

Après le Kroh-Kollé, tournez à gauche.

La route descend vers **Port-Bara**, belle anse piquetée de rochers déchiquetés. Des chemins revêtus mènent à Port-Rhu et Port-Blanc, avec son agréable plage de sable blanc.

★ Pointe du Percho

Gagnez à pied l'extrémité de la pointe.

Belle **vue★** sur la Côte sauvage, sur l'isthme de Penthièvre, son fort et sa plage ; au large, Belle-Île et l'île de Groix. La dernière stèle situe Beg en Aud, avancée extrême de cette côte.

Traversez Portivy et rejoignez St-Pierre-Quiberon puis Quiberon.

VERS LA POINTE DU CONGUEL

▶ *Circuit de 6 km, tracé en vert sur la carte – comptez environ 1h30. Quittez Quiberon par le bd Chanard.*

> 😊 **LE GRAND SITE GÂVRES-QUIBERON**
>
> 2 500 ha, 35 km de long sur une largeur pouvant aller jusqu'à 2 km, le site littoral de Gâvres à Quiberon, démarrant sur la Côte sauvage et s'étirant jusqu'à **Gâvres** (face à Lorient, *voir p. 156*), est le plus grand **massif dunaire** de Bretagne ! Une voie verte de 25 km pour les piétons et cyclistes a été aménagée. ☎ 02 97 55 50 89 - www.site-gavres-quiberon.fr.

Pointe du Conguel

30mn à pied AR.

Belle vue depuis l'extrémité de la pointe *(table d'orientation)*. Le regard porte jusqu'au phare de la Teignouse, qui vit le cuirassé *France* couler en 1922. À gauche, l'aérodrome communal est équipé d'une piste pour appareils légers. Après le Fort-Neuf, le Centre nautique de l'Éducation nationale, le Cercle de voile et la Société nautique créent une grande activité sur la plage. On dépasse la stèle commémorative de la reddition des émigrés en 1795 *(voir encadré p. 130)*, sur la droite.

Port-Haliguen

Ce petit port de pêche et de plaisance est animé l'été par des régates. Il abrite également la **Maison du Patrimoine** - *11 r. de Port-Haliguen - ℘ 02 97 50 07 84 - de mi-juin à fin sept. : 14h-18h - fermé mar. et j. fériés - 4 € (-15 ans gratuit).* Ce petit musée rassemble des objets (archéologie, drapeaux, cartes postales…) témoins du patrimoine local et de l'histoire de la presqu'île. Au 1er étage, des scènes de la vie quotidienne sont reconstituées tandis qu'au 2e étage, l'exposition évoque les métiers de la mer et l'histoire des naufrages.

La sardine bretonne

UNE TECHNIQUE RÉVOLUTIONNAIRE

La pêche à la sardine se développe en Bretagne à partir du 17e s., grâce à la technique de la presse : les sardines fraîches sont « pressées » dans une barrique avec des couches de sel, et peuvent ainsi se conserver quelques mois. Au 18e s., la Bretagne débarque plus de la moitié de la production française, et Douarnenez en est le port le plus important.

Cependant, jusqu'au milieu du 19e s., les produits de pêche sont difficilement exportables. Grâce à la découverte du chimiste **Nicolas Appert** (1749-1841), qui permet la stérilisation des aliments et leur conservation, la consommation n'est plus exclusivement côtière. Sous l'égide d'industriels dont les noms « parlent » encore aujourd'hui (Arsène Saupiquet, Charles Cassegrain…), les usines à sardines se mettent en place, basées sur la division des tâches et des sexes. Pendant que les hommes sont en mer, à bord de chaloupes en voiles, les femmes enlèvent, sans ouvrir le ventre, tête et intestin. Les sardines sont lavées, plongées dans des cuves à saumure, séchées, immergées dans des bacs d'huile bouillante, égouttées, mises en boîtes, en « blanc », ventre en l'air, ou en « bleu », dos dessus. La boîte remplie d'huile est présentée à la sertisseuse, avant d'être stérilisée. Le commerce de la sardine connaît un essor sans précédent : à la fin du 19e s., la France compte environ 200 usines de traitement (dont 14 à Quiberon). Et malgré une grave crise entre 1902 et 1909, due à la désertion des sardines des côtes bretonnes, le secteur continue à se développer au début du 20e s. Mais avec la raréfaction des sardines sur le littoral atlantique français, l'activité décline après la Seconde Guerre mondiale. Aujourd'hui, Quiberon ne compte plus que deux conserveries.

À QUIBERON

La Quiberonnaise – 30 r. du Port-de-Pêche et 5 quai de Houat - Port-Maria - 56170 Quiberon - ℘ 02 97 50 12 54 - www.laquiberonnaise.fr - avr.-sept. : 10h-12h15, 15h15-19h ; reste de l'année : tlj sf dim. et j. fériés 9h-12h, 14h-18h30, sam. 10h-12h, 14h30-18h30 - fermé 1er Mai.

L'usine a été créée en 1921 par les grands-parents des actuels propriétaires, Thierry et Bernard Jourdan, et a obtenu le label « Entreprise du Patrimoine vivant » qui distingue le savoir-faire artisanal et d'excellence. Ses conserves, préparées à la main en utilisant uniquement du poisson frais, font partie des incontournables de la gastronomie bretonne. Dans les deux boutiques, vous aurez à choisir parmi les boîtes de sardines millésimées, de thon blanc Germon, de maquereaux, d'anchois, et les soupes de poisson ou les crèmes à toaster !

Conserverie la Belle-Iloise – À l'entrée de Quiberon, ZA Plein-Ouest - 56170 Quiberon - ℘ 02 97 50 08 77 - www.labelleiloise.fr - visite guidée (45mn) juil.-août : 10h30, 11h30, 14h30, 15h30, 16h30 et 17h, sam. 10h30, 11h30, 14h30, 15h30 et 16h30 ; avr.-juin et de déb. sept. à la fin des vac. de la Toussaint : 10h, 11h, 15h et 16h, sam. 11h et 15h ; reste de l'année : tlj sf lun. et sam. 11h et 15h - fermé dim.

Cette conserverie, fondée en 1932, présente les différentes étapes de fabrication de ses produits (films et reconstitutions). On observe le travail à la main des sardinières sur les lignes d'étripage ou d'emboîtage. La visite s'achève par une dégustation à la boutique où vous trouverez toute une gamme de produits pour l'apéritif, sauces, soupes, sardines, maquereaux et thon.

Ⓖ Voir aussi Douarnenez p. 269.

DÉFAITE ROYALISTE

En 1795, Quiberon est le théâtre d'un désastre infligé aux royalistes. Cent mille émigrés, les princes en tête, devaient passer en Bretagne, s'unir aux chouans et balayer les Bleus. En fait, ils sont moins de 10 000, autour de 5 400 selon les sources : les princes se sont abstenus, alors qu'entre 10 000 et 15 000 chouans de **Georges Cadoudal** sont au rendez-vous *(voir encadré p. 108)*. Ils comptent néanmoins un soutien militaire important des Anglais, dont la flotte est ancrée au large de la presqu'île. Le débarquement a lieu à partir du 27 juin sur les plages de Carnac.

Il se heurte à une féroce défense républicaine, menée par Hoche. Les troupes de la Convention refoulent les royalistes dans la presqu'île. Ils prennent le fort de Penthièvre et acculent les insurgés à la mer. Ces derniers ne peuvent rejoindre les vaisseaux britanniques en raison de la houle, et sont alors massacrés en masse par l'artillerie des Bleus et par la riposte des bâtiments anglais. Les survivants, faits prisonniers, sont fusillés à Quiberon, Auray et Vannes.

ISTHME DE PENTHIÈVRE

○ *Circuit de 15 km, tracé en violet sur la carte. Quittez Quiberon par la D 768 en direction de St-Pierre-Quiberon.*

Fort de Penthièvre

Reconstruit au 19e s., il commande l'entrée de la presqu'île et sert de centre d'entraînement pour l'armée. Un monument et une crypte rappellent le souvenir des 59 résistants fusillés en 1944.

Penthièvre

Deux belles plages de sable fin (10 km) sont situées de part et d'autre de l'isthme.

Plouharnel *(voir Carnac, p. 123)*

Excursions Carte de microrégion p. 74-75

★ LES ÎLES DE HOUAT ET HŒDIC

Les petites îles de Houat et Hœdic se parcourent à pied *(prévoyez une journée pour chaque île)*. Leurs principaux attraits résident dans leurs plages, dans les agréables sentiers qui permettent de découvrir une nature relativement bien préservée et dans le charme de leurs petites maisons blanches largement fleuries. Amateurs de solitude : s'abstenir en période estivale.

Houat B4

Houat signifie « le canard » (5 km sur 1,3 km). Sa position, à l'entrée de la baie de Quiberon, en a fait une île très convoitée : elle a été occupée trois fois par les Anglais aux 17e et 18e s.

Le bourg – Du port où s'abrite la flottille de pêche, une courte montée mène au bourg. Des maisons blanchies à la chaux bordent les rues et ruelles sinueuses, conduisant à deux placettes. Tout semble ici conçu pour résister au vent.

Contournez l'église et suivez le sentier qui longe le cimetière. On débouche sur un petit belvédère offrant une très belle **vue**★ sur le port et la presqu'île de Rhuys.

Île de Houat, randonnée le long de la côte.
Ph. Renault/hemis.fr

Éclosarium – *Rte de l'Écloserie -* ☎ *02 97 52 38 38 - www.mairiedehouat.fr -* ♿ *- juil.-août : 10h-12h30, 14h-17h30 ; mai-juin et sept. : 10h-12h, 14h-16h - fermé lun. - 4 € (-12 ans 2 €) - gratuit J. des Océans (juin).* Écloserie de homards autrefois, le site est aujourd'hui un centre de production de phytoplancton pour les laboratoires de biologie marine Daniel Jouvance, filiale du groupe Yves Rocher. L'activité de recherche et de production fait aussi place à la pédagogie : un espace muséographique de 250 m² présente une exposition sur l'histoire de l'île et sur le monde microscopique marin. On y découvre l'importance du phytoplancton, à la base de toute vie marine et « poumon bleu » de la planète (il produit 80 % de l'oxygène terrestre). En fin de visite, on peut acheter les produits cosmétiques à base d'algue et de plancton de Daniel Jouvance.

Hœdic B4

Hœdic, plus petite que Houat, est « le caneton » (2,5 km sur 1 km). Île granitique, elle présente de nombreuses plages et deux lagunes à l'est du bourg, tandis que dans la lande croissent les œillets sauvages, des figuiers, des tamaris et quelques cyprès.

👣 Des sentiers tracés en bordure de mer permettent d'en faire le tour. Belles vues sur le continent, l'île d'Houat, Belle-Île et les nombreux récifs qui précèdent le grand large.

Le bourg – Toutes tournées au sud, les maisons s'alignent par trois ou quatre, formant des amorces de rues. Près de l'ancien sémaphore se dresse l'**église**, dédiée à saint Goustan, venu de Cornouailles, et qui se retira ici quelques années. À l'intérieur, voir les ex-voto.

Ancien fort – Construit en 1859 et en partie enfoui dans les dunes, il se voit depuis la route qui conduit au port de la Croix.

😊 DANS LA PRESQU'ÎLE DE QUIBERON

TRANSPORTS

Presqu'île de Quiberon
Évitez l'encombrement du trafic automobile sur l'étroite bande de terre qui permet d'atteindre la presqu'île de Quiberon : empruntez le **Tire-Bouchon**, petit train estival reliant Auray à Quiberon (28 km, 9 arrêts). *10 AR quotidiens juil.-août : 1ᵉʳ dép. d'Auray 8h28, de Quiberon 8h ; dernier dép. d'Auray 20h15, de Quiberon 21h22 - 3,50 € le trajet, 6,20 € AR, 24,20 € le carnet de 10 tickets (-12 ans gratuit).*

Îles de Houat et de Hœdic
Depuis Quiberon – *avr.-mai ou juin-sept., 1 à 6 rotations/j. selon la période.*
Compagnie Océane - *www. compagnie-oceane.fr - ♿ - tarifs, horaires et réservations sur le site Internet.*
Quiberon/Houat : 45mn, Quiberon/Hoedic : 70mn, Quiberon/Belle-Île : 45mn.
Compagnie Navix, la Compagnie des îles : *www.navix.fr - du 12 avr. au 18 sept. : tlj sf lun. hors saison (11 juil.-26 août) - tarifs, horaires et réservations sur le site Internet.*

PARKING

Pour ceux qui veulent partir une journée ou plus vers les îles : la zone du port est payante et le temps limité à 4h. Il faut donc utiliser le grand **parking du Sémaphore** à l'entrée de la ville (1 300 places, payant, navettes régulières), le **parking de Kerné** (vers Côte sauvage, navettes gratuites - *☎ 06 86 62 69 18 - www. parkingdekerne.com*) ou les loueurs privés proches du port : *Sizorn (36 r. de Port-Maria - ☎ 02 97 50 06 71), hôtel de la Mer (8 quai de Houat - ☎ 02 97 50 09 05).*

HÉBERGEMENT

PREMIER PRIX
Camping Flower Le Bois d'Amour – *87 r. St-Clément - 1,5 km au sud-est de Quiberon - ☎ 02 97 50 13 52 - www. quiberon-camping.com - avr.-sept. - ♿ - 242 empl. 43 € - locatif 335/1260 sem. €.* À 200 m de la plage, agréable camping ombragé doté d'un parc locatif varié et de bon confort. Mobile homes, chalets, tentes lodges, *home-flower* dont certaines sur pilotis et équipées de sanitaires. Il y en a pour tous les goûts et tous les budgets. Vous pourrez profiter des animations, du club enfants, d'un bar-restaurant et d'une grande piscine, découverte aux beaux jours. À proximité, un minigolf, un tennis et une école de voile.

Hôtel Le Bretagne – *37 r. du Gén.-de-Gaulle - 56510 **St-Pierre-Quiberon** - ☎ 02 97 30 91 47 - www.hotel-bretagne-quiberon.fr - fermé de déb. nov. au w.-end de Pâques - 🅿 - 20 ch. 69/75 € - ☕ 9,50 € - brasserie et rest. 17/35 €.* Cette hostellerie traditionnelle vaut par sa situation au cœur de la station balnéaire et à 50 m de la plage. Les chambres sont claires et bien entretenues. L'hiver, de belles flambées crépitent dans la cheminée de la salle à manger.

BUDGET MOYEN
Hôtel Le Neptune – *4 quai de Houat - 56173 Quiberon - ☎ 02 97 50 09 62 - www.hotel-neptune-quiberon.com - fermé de déb. janv. à mi-fév. - 21 ch. 69/86 € - ☕ 9 €.* Accueil chaleureux dans ce petit hôtel simple et bien tenu. Les chambres sur mer jouissent d'un petit balcon bien agréable pour petit-déjeuner.

POUR SE FAIRE PLAISIR

Hôtel des Druides – *6 r. de Port-Maria - 56173 Quiberon - 📞 02 97 50 14 74 - www.hotel-des-druides.com - fermé de mi-nov. à déb.-fév. - 31 ch. 69/140 € - ☕ 11,50 € - ✗ menu 19/36 €.* Situé au cœur de Quiberon, à proximité de la grande plage et de l'embarcadère pour Belle-Île, les chambres sont correctes et bien tenues. Le restaurant aux teintes sable et blanc propose une cuisine, bien faite, à base de bons produits du terroir.

Hôtel Bellevue – *4 r. de Tiviec - 56173 Quiberon - 📞 02 97 50 16 28 - www.hotel-bellevuequiberon. com - fermé oct.-mars - 🅿️♿ - 38 ch. 74/159 € - ☕ 11 € (-12 ans 6 €), ½ P 32 €/j./pers. (20 € -12 ans) ☕ compris.* Architecture passe-partout, mais intérieur printanier : gamme étendue de couleurs dans des chambres équipées de terrasses ; certaines offrent une échappée sur l'océan. Piscine.

Hôtel Europa – *Port-Haliguen - 56173 Quiberon - 📞 02 97 50 25 00 - www.europa-quiberon.com - fermé de déb.-nov. à mi-mars - 🅿️ - 53 ch. 108/234 € - ☕ 12 € - ½ P 41 €/pers. - ✗ menu 20/37 €.* Bel établissement familial face à la baie de Quiberon. Les chambres sont avec balcon (avec vue mer ou vue jardin) et l'hôtel dispose d'un bon restaurant où l'été des buffets de fruits de mer à volonté sont proposés. Une piscine couverte et un spa permettent de se sentir en vacances en toute saison.

RESTAURATION

PREMIER PRIX

La Criée - Restaurant de la Maison Lucas – *11 quai de l'Océan - 56170 Quiberon - 📞 02 97 30 53 09 - www.maisonlucas.bzh - fermé dim. soir et lun., janv. - ♿ - menu à partir de 18 € - carte à partir de 17 € - réserv. conseillée.* Institution de Quiberon, la Maison Lucas possède ce restaurant de fruits de mer, installé sur Port-Maria, depuis plus de trente ans.

POUR SE FAIRE PLAISIR

La Chaumine – *79 r. de Port-Haliguen - 56170 Quiberon - 📞 02 97 50 17 67 - www.restaurant-lachaumine.com - fermé de mi-nov. à mi-mars, dim. soir (sf juil.-août), mar. midi et lun. - ♿ - menu 28/52 € - 30/56 €.* Si le cadre de cette maison ancienne est un peu passe-partout, l'assiette, copieuse, est bien tournée. Le taquez de crabes au coulis de crustacés suivi par une sole au jus de girolles ou un feuilleté de ris d'agneau aux pleurottes en réjouiront plus d'un.

Le Verger de la Mer – *Bd L.-Bobet - 56170 Quiberon - 📞 02 97 50 29 12 - www.le-verger-de-la-mer.com - fermé mar. et merc., mi-nov.-déb. avril - ♿ - formule 21 €, menu 27/39,50 € - 30/65 €.* Cette discrète façade, voisine de l'Institut de thalassothérapie, dissimule un plaisant restaurant : salle à manger colorée et cuisine dans l'air du temps.

UNE FOLIE

Le Petit Hôtel du Grand Large – *11 quai St-Ivy à **Portivy**, à 6 km au nord de St-Pierre-Quiberon par la D 768 et rte secondaire - 📞 02 97 30 91 61 - www.lepetithoteldugrandlarge.fr - fermé 4 janv.-15 fév. - menu 40 € (déj. en sem.), carte 60/95 €.* Un étonnant bistrot marin, tenu par un chef autodidacte amoureux de la mer et approvisionné chaque jour par un ami pêcheur ! Le poisson est remarquable de qualité et de fraîcheur, et il est accompagné des herbes, fleurs et légumes du potager de la maison.

2

BOIRE UN VERRE

Sur l'île de Hœdic

Café du Nord – *Le Bourg, 56179 Hœdic.* Le jardin cerclé d'un muret bas est un spot parfait pour contempler la mer et observer la valse des bateaux sur le port en sirotant un café ou une bolée de cidre. Le meilleur endroit pour se poser à Hœdic !

ACHATS

Maison Lucas-Atelier de fumaison artisanale – *Quai des Saveurs - ZA Plein-Ouest - ℘ 02 97 50 59 50 - www. maisonlucas.bzh - espace visite du w.-end de Pâques à la Toussaint : tlj sf w.-end 10h-12h, 14h30-16h30 ; reste de l'année : se rens.* Filetage du saumon, fumage des harengs au bois de hêtre vert, conditionnement des sardines : aucune étape de la préparation des poissons fumés ne vous échappera, grâce aux vitrines ouvertes de ces laboratoires.

La Maison d'Armorine – *1 r. des Confiseurs - ℘ 02 97 50 24 25 - www. maison-armorine.com - espace visite, juil.-août : visites à 10h, 11h, 14h30 et 15h30 ; reste de l'année : 11h et 15h - fermé dim. et j. fériés.* Pour contempler l'élaboration des fameuses niniches acidulées, créées en 1946 et déclinées en 50 parfums, et en acheter ! Salidou (caramel au beurre salé) et palourde vous y attendent aussi, dans un décor de vieilles machines de confiserie. Boutique en ville : **Les Niniches** - *5 bd Chanard - ℘ 02 97 50 09 96 - juil.-août : 9h30-12h30, 14h-22h30 ; reste de l'année : 9h30-12h30, 14h30-18h30.*

Conserveries – ♿ *Voir p. 129.*

EN SOIRÉE

Casino de Quiberon – *2 bd René-Cassin - ℘ 02 97 50 23 57 - www.casinodequiberon.com - ♿ -* 10h-2h, w.-end 10h-4h. Décor revu et ambiance parfois fébrile autour de la table de boule et des 75 machines à sous *(1-2 €)* de ce casino donnant sur la grande plage et Belle-Île.

ACTIVITÉS

Balades et randonnées – *Un topoguide des balades et randonnées du pays d'Auray est en vente à l'office du tourisme de Quiberon - 6 €.*

Petit train – *℘ 02 97 24 06 29 - www.petittrain-quiberon.com - avr.-sept. : 10h-18h (dép. pl. Hoche) - 7,50 € (-12 ans 4,50 €).* Une façon agréable et ludique de découvrir, le temps d'une heure, Quiberon de la pointe du Conguel à la Côte sauvage, en revenant par Port-Maria.

Promenades équestres – *Centre de tourisme équestre - Kervihan - face au stade - ℘ 06 12 90 94 12 - www.lagranderandonnee.fr - de mi-avr. à fin août - 25 € (-12 ans 10 €) pour 1h.* Installé dans un break de chasse, découvrez au pas d'un cheval les villages de pêcheurs de la presqu'île et la côte sauvage.

Calèche – *1 bd René Cassin, face au Casino jeux - 56170 Quiberon - ℘ 06 25 74 33 48 - juil.-août à partir de 16h - 45mn/5 € (enf. 3 €, 3e enf. gratuit).* Appréciez le bord de mer en calèche tirée par deux juments de trait.

Thalassa sea & Spa de Quiberon – *Bd Louison-Bobet - pointe de Goulvars - ℘ 02 97 50 20 00 - www.thalassa.com - fermé 15 j. en déc. - ♿ 🅿 - 9h-13h, 14h-18h.* Installé sur un site exceptionnel à la pointe de la presqu'île, cet institut propose toute une gamme de soins : massages, modelages, esthétique.

Belle-Île

★★★

4 489 Bellilois – Morbihan (56)

Son nom est déjà une invitation prometteuse… Sur place, on cherche les superlatifs. Des vallons entaillent de hauts rochers, pour aboutir à des plages ou des ports enchâssés dans des criques. Des champs alternent avec les ajoncs, les maisons blanchies à la chaux sont entourées de grasses prairies. Avec quelque 2 200 heures de soleil par an et moins de 700 mm de pluie, son climat océanique tempéré attire chaque été de nombreux visiteurs. À la Belle Époque, la comédienne Sarah Bernhardt déclarait puiser « sous son ciel vivifiant et reposant de nouvelles forces artistiques ». Aujourd'hui, amoureux des promenades et des randonnées équestres viennent se ressourcer devant ses paysages immuables. Voici Belle-Île, la plus grande des îles bretonnes.

NOS ADRESSES PAGE 144
Hébergement, restauration, achats, activités, etc.

S'INFORMER
Office du tourisme de Belle-Île – *Quai Bonnelle - 56360 Le Palais - ℘ 02 97 31 81 93 - www.belle-ile.com - juil.-août : 9h-13h, 14h-19h, dim. 9h-13h ; reste de l'année : tlj sf dim. 9h-12h30, 14h-18h, jeu. 10h-12h30, 14h-18h - fermé 1er janv., 25 déc.*

SE REPÉRER
Carte de microrégion A-B4 (p. 74) – Belle-Île est un plateau schisteux culminant à 63 m, long de 17 km et large de 5 à 10 km. Située à une vingtaine de kilomètres au sud de la presqu'île de Quiberon, elle est reliée au continent par une kyrielle de ferries.

À NE PAS MANQUER
La citadelle Vauban, la pointe des Poulains les jours de grand vent et le charmant petit port de Sauzon.

ORGANISER SON TEMPS
Évitez dans la mesure du possible de découvrir Belle-Île en juillet ou en août, l'afflux touristique gâche parfois les charmes de l'île.

BELLE-ÎLE EN 3-4 JOURS	
Jour 1	Découvrez Le Palais, l'ambiance de son marché quotidien avant d'entamer une balade le long des remparts et une visite de la citadelle.
Jour 2	Partez découvrir la pointe de Kerdonis, déjeunez vers Locmaria avant de prendre l'air du large au cours d'une balade pédestre de Port-Blanc à la pointe du Skeul.
Jour 3	Séjournez dans le charmant petit port de Sauzon pour découvrir la pointe des Poulains et le musée Sarah-Bernhardt.
Jour 4	Farniente sur la magnifique plage de Port-Donnant avant de partir découvrir le Grand Phare et les aiguilles de Port-Coton.

2

Se promener

★ **LE PALAIS** Plan de la ville

Depuis le bateau, vous apercevez une jolie vue sur les bassins du port de la « petite capitale », que les Bellilois nomment tout simplement « Palais ».

★ Citadelle Vauban

𝄞 02 97 31 85 54 - www.citadellevauban.com - ♿ - juil.-août : 9h-19h ; avr.-juin et sept.-oct. : 9h30-18h ; reste de l'année : se rens. - possibilité de visite guidée sur demande (1h30) - 8,75 € (-10 ans gratuit).

La passerelle de l'écluse et la porte du Bourg franchies, on chemine dans le **grand fossé** taillé à même le roc jusqu'à la porte du Donjon. *Un circuit numéroté permet de découvrir l'ensemble des ouvrages.*

Construite en 1549, la citadelle fut agrandie par les ducs de Gondi de Retz, puis par Fouquet. Sa double enceinte, ses puissants bastions et ses dehors portent la marque de Vauban, qui séjourna ici en 1683, en 1687 puis en 1689.

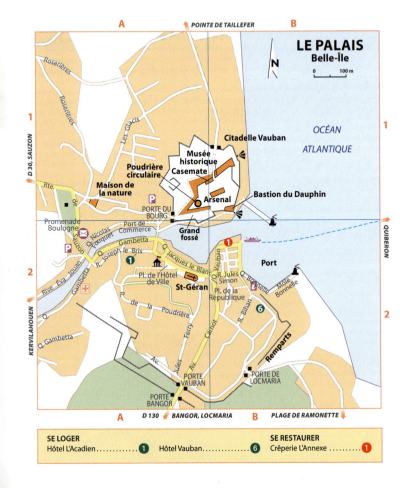

Le Palais : le port et la citadelle Vauban.
F. Leroy/hemis.fr

Douze complices de la Voisin, compromise dans la sinistre affaire des Poisons (1679), ainsi que le fils de l'homme politique haïtien, Placide Toussaint-Louverture (1802), y firent aussi un séjour, mais en tant que prisonniers. À la fin de la guerre de Sept Ans, la forteresse tomba entre les mains des Anglais qui l'occupèrent jusqu'au traité de Paris (1763). Délaissée par l'armée, elle fut vendue en 1960 à des propriétaires privés.

Le **Musée historique**, installé dans les casemates Louis-Philippe voûtées « en feuilles d'érable », expose des documents sur l'histoire de l'île et ses hôtes illustres dont Sarah Bernhardt *(voir p. 140)*.

À voir aussi : la **poudrière circulaire**, à l'étrange acoustique ; le grand **arsenal** qui accueille des expositions ; les **magasins** ; la **casemate** où se trouve la salle des Cartes ; les **cachots**.

Des **bastions** de la Mer et du Dauphin, **points de vue★** remarquables sur Le Palais, le port et la côte nord, ainsi que sur les îles de Houat et de Hœdic.

La citadelle accueille chaque année de nombreuses manifestations artistiques dont un festival d'art lyrique, **Lyrique-en-mer** *(Voir « Nos adresses », p. 148)*. Elle abrite aussi un hôtel de prestige.

Maison de la nature

Les Glacis - ℘ 02 97 31 40 15 - www.belle-ile-nature.com - ⬥ - 10h-12h30, 15h30-17h30, merc. 10h-12h - fermé w.-end et j. fériés - 7 € (-12 ans gratuit).

Ce Centre permanent d'initiatives pour l'environnement propose des expositions sur la faune et la flore de l'île. Vous y trouverez des informations et pourrez vous inscrire à l'une des nombreuses sorties nature.

Les remparts

🔊 *Prendre la rue de l'Escalier dans la rue Jules-Simon pour rejoindre la rue des Remparts.*

☺ LE PASS CULTUREL

Il permet d'obtenir un tarif réduit dès le 2ᵉ monument visité. Il fonctionne aux musées de la pointe des Poulains, à la citadelle Vauban et au Grand Phare.

En suivant les remparts, appréciez la très belle **vue★** sur l'avant-port et la baie. Puis le chemin longe un fossé, la « coupure », jusqu'au Réduit A, ancien bâtiment militaire du 19e s. Descendez à droite et passez sous la porte de Locmaria, une des trois portes qui gardaient la ville. En continuant à longer le rempart intérieur de l'enceinte, vous rejoignez la porte Vauban qui débouche sur l'avenue Carnot et vous ramène vers le port.

Le port

Entre deux balades sur les fortifications de la ville, il fait bon respirer l'ambiance locale en flânant le long du **port** qui pénètre au cœur de la ville. Certes, vous ne verrez plus les sardiniers qui firent la fortune de Belle-Île au 19e s. : la dernière conserverie a fermé en 1976 et il ne reste plus que quelques pêcheurs sur l'île. Mais, au retour de la marée, vous verrez peut-être les pêcheurs vendre leurs poissons sur le quai.

Le matin, faites un tour au **marché** qui se tient place de la République. L'ambiance est animée et les produits frais de Belle-Île abondent : tomates, fraises, melons, fromage de chèvre particulièrement savoureux, de même que l'agneau de Belle-Île aux embruns salés. Vous pourrez y acheter de délicieuses spécialités locales pour agrémenter un pique-nique ou rapporter en souvenir. Jetez également un coup d'œil dans l'**église Saint-Géran**, construite en 1905, dotée d'une intéressante décoration Art déco.

Circuits conseillés Carte Belle-Île-en-Mer p. 142

Vous pouvez choisir de faire le tour de l'île à pied. Comptez 4 jours à 6 jours (85 km, avec dénivelés) en suivant le sentier côtier.

★★★ LA CÔTE SAUVAGE

Circuit de 50 km, tracé en bleu sur la carte – comptez environ 3h30.
Outre le charme du petit port de Sauzon et la magie de la pointe des Poulains, vous apprécierez sur cette côte l'impressionnante dentelle rocheuse, entrecoupée de quelques superbes anses sablonneuses.
Quittez Le Palais par le quai Gambetta et la promenade Boulogne. Tournez à droite vers la citadelle. En bordure de la côte, prenez à gauche puis à droite.

Pointe de Taillefer

Des abords du sémaphore, belle **vue** sur la rade du Palais et la pointe de Kerdonis à droite ; au large, les îles de Hœdic et de Houat ; en face, la presqu'île de Quiberon. Vous pouvez prolonger jusqu'à **Port-Fouquet**, dont la plage est bien abritée.
Faites demi-tour et gagnez Sauzon.

UN DRÔLE DE CRUSTACÉ

Arpenter le littoral de Belle-Île sera l'occasion de découvrir sa flore et sa faune, dont l'étonnant **pouce-pied**. Il vous faudra cependant vous transformer en sportif de haut niveau pour dénicher ce crustacé qui fait penser à des pouces humains : il se fixe en effet à la base des falaises abruptes. Bravant les éléments, les pêcheurs deviennent alpinistes pour le détacher ! Sujets à une exploitation intensive durant la seconde moitié du 20e s., la pêche des pouces-pieds n'est désormais autorisée que deux jours par semaine, et interdite en juillet et août. La récolte part principalement à l'exportation, notamment vers l'Espagne.

Hôtes volontaires… ou forcés

LE MARQUIS DE BELLE-ISLE

En 1658, la famille de Gondi vend l'île à **Nicolas Fouquet**. Le surintendant des Finances de Louis XIV complète les fortifications et fait placer 50 canons. Ses immenses richesses lui permettent même d'avoir une flotte personnelle, dont le navire-amiral est le *Grand Écureuil*. Les armes du surintendant comportent en effet une représentation de cet animal, dont l'appellation ancienne était « fouquet », ainsi qu'une devise : *Quo non ascendet*, « Jusqu'où ne montera-t-il pas ? » Cette politique audacieuse, s'ajoutant à la jalousie de Colbert et aux blessures d'orgueil infligées à Louis XIV lors des fêtes fastueuses données à Vaux-le-Vicomte, conduit Fouquet à sa perte. En 1661, tandis que la Cour est en déplacement à Nantes, d'Artagnan l'arrête à la sortie du château et le conduit à Vincennes.

UN ROCHER FORTIFIÉ

Belle-Île a été maintes fois attaquée par les Anglais et les Hollandais : en effet, c'est la seule île entre la Manche et la Méditerranée qui possède de l'eau douce en abondance. Prise deux fois par les Anglais, en 1572 puis en 1761, elle reste occupée jusqu'au traité de Paris (1763) qui la restitue à la France. Elle conserve encore un système défensif fort développé : la citadelle de Palais fortifiée par **Vauban** et plusieurs redoutes jalonnent la côte.

BRETONS ET CANADIENS

En 1766, 78 familles canadiennes s'établissent dans l'île. Ces descendants de colons français résidaient en **Acadie** depuis le début du 17e s. Mais en 1713, après que les Anglais eurent pris possession de cette province, les Acadiens furent contraints à la déportation : c'est le « Grand Dérangement » de 1755. Installés par Louis XV à Belle-Île, ils y introduisent notamment la pomme de terre.

ART ET NATURE

Depuis la fin du 19e s., nombreux sont les artistes qui, attirés par la beauté du site, viennent chercher à Belle-Île l'inspiration ou le repos : Claude Monet peint plus d'une trentaine de toiles en 1886 ; Sarah Bernhardt (*voir ci-dessous*) se délasse des fatigues de la vie parisienne ; Albert Roussel unit la composition musicale à son amour pour la mer ; après-guerre, en 1947, Arletty et d'autres comédiens font de l'île un discret refuge.

LA DAME DE BELLE-ÎLE

Ce fut un véritable coup de foudre que ressentit la tragédienne **Sarah Bernhardt** pour le site de la pointe des Poulains *(voir p. 140)*, ce jour de 1894 où elle s'approcha du fortin et vit se balancer sur la porte un écriteau où on pouvait lire « Fort à vendre, s'adresser au gardien du phare ». Ni une ni deux, Sarah Bernhardt devint propriétaire le jour même de ce lieu si sauvage. Elle y revint chaque année pendant trente ans. Pourtant, depuis Paris, il lui fallait faire plus de douze heures de train et plusieurs heures de traversée avant qu'elle ne se fasse enfin déposer à bras d'hommes sur la plage en face de chez elle.

★ Sauzon

Ce petit port qu'animent les voiliers occupe un joli **site★** sur le versant gauche de l'estuaire de la rivière de Sauzon. La ria s'enfonce sur près d'un kilomètre dans les terres et offre des paysages qui se dessinent au rythme des marées. Au-dessus du port, les maisons s'étagent à flanc de colline. Autrefois, les fonds de peinture qui avaient servi pour les coques de bateaux donnaient leur couleur aux façades ; aujourd'hui encore de jolies maisons colorées donnent son charme au village.

Depuis le port, une agréable promenade *(1h30 à pied AR)* permet de faire le tour de la **pointe du Cardinal** et offre des vues sur l'entrée du port, la pointe de Taillefer à droite et, à gauche, la pointe des Poulains.
Quittez Sauzon par la route de Bordery.

Eden du Voyageur

À la sortie de Bordery, sur le chemin de Deuborh, juste avant la descente vers la plage. ☏ 02 97 31 63 37 - ♿ - visite guidée sur demande préalable (1h45) juil.-août : merc. et sam. 14h30 ; reste de l'année : se rens. - 10 € (-16 ans 5 €).
Ce jardin de 3 000 m² présente une belle collection de plantes du monde entier. Aromatiques et officinales s'épanouissent aux côtés des soucis d'eau, des jonquilles, des bruyères et rivalisent avec les euryops et céanothes.
Rejoignez la D 25.

★★ Pointe des Poulains

30mn à pied AR.
Ce site superbe, qui avait tant séduit Sarah Bernhardt *(voir p. 139)*, a été réaménagé par le Conservatoire du littoral qui en a fait l'acquisition en 2000. Des sentiers bien tracés *(dont le GR 34)* permettent de se promener jusqu'au **phare**, que l'on n'atteint qu'à marée basse, ainsi qu'aux différents bâtiments dédiés à Sarah Bernhardt.
La **villa Lysiane** qui portait le nom de la petite-fille de la tragédienne abrite aujourd'hui la maison du site où vous trouverez accueil, boutique et expositions temporaires. *☏ 02 97 31 61 29 - www.ccbi.fr - juil.-août : 10h30-18h ; avr.-juin et sept. : tlj sf lun. 10h30-17h30 ; oct. : jeu.-sam. et vac. scol. (sf juil.-août) 13h-17h - possibilité de visite guidée sur demande (45mn) - 5 € (-12 ans 3 €).*
De là, un sentier descend vers la villa des Cinq Parties du monde et le fort Sarah-Bernhardt qui composent le musée Sarah-Bernardt.

★★ Musée Sarah-Bernhardt

☏ 02 97 31 63 29 - www.belle-ile.com - juil.-août : 10h30-18h ; avr.-juin et sept. : tlj sf sam. et lun. 10h30-17h30 ; vac de la Toussaint : tlj sf lun. 13h-17h ; oct. (hors vac. scol.) : jeu.-sam. 13h-17h - possibilité de visite guidée (1h) - 5 € (-12 ans 3 €) - audioguide disponible.
La **villa des Cinq Parties du monde** fut construite pour le fils de la tragédienne, Maurice. Aujourd'hui une exposition ludique et un commentaire sur audioguide, dont le texte est récité par Fanny Ardant, font découvrir la personnalité extraordinaire et la vie tumultueuse de la grande tragédienne, et surtout sa relation avec l'île et ses habitants.
Dans le **fort de Sarah-Bernhardt** où elle avait installé sa demeure, le décor a été si bien recréé que l'on s'attendrait à la voir arriver en personne. La table est mise ; par la baie vitrée, on aperçoit le phare et les vagues qui viennent se fracasser sur les rochers. Plusieurs de ces petits forts avaient été construits dans les années 1830 comme système de défense et l'on peut en voir quelques autres dans l'île.
Du fort, poursuivez le chemin des Poulains, qui traverse une petite plage de galets blancs submersible à marée haute, jusqu'au phare.

Port de Sauzon.
Musat/iStock

Dans **le phare**, un garde vous présentera les richesses naturelles de la pointe. De la pointe des Poulains, vous pouvez suivre le littoral à pied par le GR 34, la côte est magnifique. Au début, le sentier longe un golf.
Retrouvez la D 25 puis empruntez à droite la D 30.

★ Stêr-Vraz et Stêr-Ouen

Ces profonds abers échancrent la côte, au pied de la **réserve ornithologique de Koh Kastell**. Cette réserve, qui s'étend sur une presqu'île de 17 ha, fut créée pour protéger la mouette tridactyle (pattes noires, bec jaune et poids plume la distinguent des goélands). Elle abrite aussi des colonies nicheuses de goélands argentés, bruns et marins, des cormorans huppés, des huîtriers pie. On peut y voir également des fulmars boréal, oiseau de haute mer de la famille des albatros, et des espèces terrestres. Interdit d'accès en période de reproduction (du 15 mars au 15 août), le site peut néanmoins se visiter (*☎ 02 97 66 92 76 - visite guidée sur demande préalable (2h) à la réserve naturelle de Séné de déb. juil. à mi-sept. : 10h-13h, 14h-19h ; avr.-juin et de mi- à fin sept. : 14h-19h ; fév.-mars : merc. et dim. 14h-18h - fermé vac. de Pâques - 5 € (-18 ans 2,50 €).*
Rejoignez la D 25 puis la D 30 en direction de Keroyan.

Dans la lande de Kerlédan se dressent les **menhirs Jean et Jeanne** : ces deux jeunes fiancés auraient été punis d'avoir voulu se rencontrer avant le jour du mariage.

★★ Port-Donnant

Le site est superbe : la plage de sable, où déferlent des rouleaux, est encadrée de hautes falaises. Attention, la force de la mer et les courants y rendent les bains très risqués.
Empruntez la D 190.

Grand Phare

Kervilahouen - ☎ 02 97 31 83 04 - www.ccbi.fr - juil.-août : 10h30-13h, 14h-18h, vend. 14h-18h ; avr.-juin et sept. : tlj sf lun.-mar. 10h30-13h, 14h-18h, vend. 14h-18h ; oct. : merc. et vend.-sam. 13h-17h ; vac. de fév. : sur réserv. ; vac. de la Toussaint :

tlj sf lun. 13h-17h ; vac. de Noël : 13h-16h ; reste de l'année : se rens. - possibilité de visite guidée - 2,50 € (-7 ans gratuit).

Inauguré en 1836, ce phare haut de 52 m atteint une portée de près de 48 km. Du balcon, magnifique **panorama★★** sur l'île, les îlots voisins et toute la côte continentale.

Poursuivez sur la D 190.

★ Port Goulphar

Après le manoir de Goulphar, une route en forte descente *(15mn à pied AR)* mène au port de Goulphar, échancrure spectaculaire au pied de belles falaises. Un ensemble d'îlots en marque l'entrée. C'est du rebord de la falaise que l'on a la meilleure **vue★** sur ce chaos rocheux.

★★ Aiguilles de Port Coton

À l'extrémité de la route surgissent les Aiguilles, qui offrent certainement un des plus beaux spectacles de la côte et probablement l'un de plus connus grâce aux tableaux de Claude Monet (1886). Port Coton est ainsi appelé parce qu'en période de tempête, les aiguilles battues par les flots sont ouatées d'écume blanche pareille à du coton.

Rejoignez Bangor par la D 190.

Bangor

Ce village est encadré par les sites les plus sauvages de l'île. Il tire son nom de l'abbaye de Bangor (Irlande du Nord), qui fut l'une des plus célèbres de l'Occident chrétien et d'où sont venus les premiers moines celtiques qui s'installèrent à Belle-Île au 6e s.

Dans un site rocheux s'étend la plage de **Port-Kérel**, l'une des mieux orientées, fréquentée dès le printemps.

Regagnez Le Palais.

★ **POINTE DE KERDONIS**

▶ Circuit de 35 km, tracé en orange sur la carte – comptez environ 3h.

Tournée vers le continent, la côte nord-est de Belle-Île dévoile des vues remarquables sur la presqu'île de Quiberon, Houat et Hoedic, tandis que dans les terres, les authentiques villages respirent la quiétude.

Quittez Le Palais par l'avenue Carnot, passez sous la porte de Bangor et empruntez à gauche la route côtière C 3.

La **plage de Ramonette**, adossée à la pointe du même nom, est la plage du Palais.

À l'entrée de Port-Salio, tournez à gauche.

Brasserie La Morgat – *Port-Salio -* ℘ *02 97 31 56 88 - www.brasserielamorgat. com -* ♿ *- visite guidée (30mn) avr.-sept. : 18h - boutique juil.-août : tlj sf dim. 16h-19h ; avr.-juin et sept. : tlj sf w.-end 16h-19h - gratuit - avec dégustation.* C'est dans cette brasserie qu'est née La Morgat, la bière artisanale emblématique de l'île. Brasseur passionné, Thibaud Etorre, a créé cette bière il y a une dizaine d'années. Si aujourd'hui sa production s'est amplifiée et diversifiée, il vous propose de découvrir sa méthode de fabrication – toujours artisanale – et le métier méconnu de brasseur au cours d'une visite guidée. Une dégustation, une pause à la terrasse du bar, et un passage à la boutique complèteront agréablement la visite !

Poursuivez la route sur 200 m environ, puis tournez à gauche.

La Belle Fontaine (Aiguade Vauban) (℘ *02 97 31 80 16 - juin-sept. et vac. scol. : 9h-17h).* Créée sur ordre de Vauban, cette retenue d'eau de 860 000 l était destinée à alimenter en eau douce les navires de haut rang.

Faites demi-tour et prenez à gauche.

La **plage de Bordardoué**, bien abritée, est l'une des plus agréables de l'île.

Faites demi-tour et prenez deux fois à gauche.

La route descend vers **Port Yorc'h**, fermé par la pointe du Bugul à droite et la pointe du Gros-Rocher à gauche, prolongée par un îlot supportant un ancien fort. De Port Yorc'h à la pointe de Kerdonis, le parcours offre de remarquables **vues★★** sur l'île de Houat et la rade du Palais.

Poursuivez sur la C 3.

★ **Les Grands Sables**

La plus vaste plage de Belle-Île (1 800 m de long) conserve d'importants vestiges des fortifications élevées en 1747. Elle fut en effet témoin, aux 17e et 18e s., de nombreuses tentatives de débarquement de la part des Anglais et des Hollandais *(voir p. 139).*

Pointe de Kerdonis

Au sud se trouve le phare du même nom, qui signale aux navires le passage entre Hœdic et Belle-Île. À proximité, c'est sur la plage de sable de **Port-Andro**, au débouché d'un vallon, que les Anglais prirent pied en 1761.

Poursuivre la route jusqu'au croisement avec la C 1 où vous prendrez à gauche vers Locmaria.

Locmaria

Le village est charmant, avec ses maisons colorées. L'**église Notre-Dame**, toute blanche, se dresse sur une place arborée. De style roman, elle fut édifiée au 11e s. puis rénovée au 17e s. à l'intérieur, remarquez un très bel ex-voto, une maquette de bateau suspendue dans la nef.

Autrefois, on abordait cette paroisse « les pouces en dedans » pour conjurer le mauvais sort, car elle avait la réputation de cacher des sorcières.

2

Une route en descente, à droite de l'église, mène à **Port-Maria**, profonde échancrure rocheuse qui offre à marée basse une belle plage de sable fin. *Quittez Locmaria par la D 25 en direction de **Port-Blanc**. Cette petite anse est dominée par les falaises de la pointe d'Arzic.* 🐾 *De Port-Blanc, gagnez la Pointe du Skeul par le sentier côtier. Comptez 1h à pied AR. Vous pouvez aussi choisir de rejoindre le site en empruntant la piste en terre après le hameau du Skeul.*

Pointe du Skeul

Site sauvage aux rochers déchiquetés, dressés en hémicycle. Admirez le rocher du Pilor qui semble se dresser vers le ciel.
Revenez sur la D 25 et jusqu'au village acadien du Grand-Cosquet.

Jardin La Boulaye

Le Grand-Cosquet - 📞 *02 97 31 76 09 - tte l'année, sur RV uniquement - 9 € (-21 ans gratuit).* Façonné à partir de 1993, ouvert au public en 2003, ce jardin de 6 ha occupe une terre agricole depuis longtemps abandonnée, répartie sur deux vallons. Défrichage, dégagement des arbres, nettoyage du ruisseau, plantation des brise-vent, traçage des sentiers au flanc des vallons : le travail accompli a permis d'aménager des plans d'eau, et mis en valeur la beauté des reliefs où les espèces indigènes côtoient des sujets apportés (pins d'Alep, *Ginkgo biloba*, etc.). Remontés, les murets des anciennes parcelles délimitent les tableaux paysagers : ainsi découvre-t-on dans un pré un drôle d'œuf monumental en pierres sèches… plus loin, un champ d'ajoncs tondus formant un labyrinthe. Les fleurs – cistes, Erigeron, santolines, véroniques – s'épanouissent sur des terrasses autour de la maison, sans jamais cacher la mer. De ce havre, tout à la fois paysage et jardin, sauvage et domestiqué, se dégage une indéniable sensation de dépaysement.
Regagnez Le Palais par la D 25 puis la D 190.

😊 NOS ADRESSES À BELLE-ÎLE

TRANSPORTS

Arriver/partir
Au départ de Quiberon
Dép. quotidien vers Le Palais ou Sauzon (moins fréquent). Compagnie Océane – 📞 0 820 056 156 (0,12 €/mn) - *www.compagnie-oceane.fr.* AR journée 30 ou 34,50 € selon saison (4-18 ans 15 €), vélo 15 €, voiture 65 à 290 € selon catégorie.
Au départ de Vannes, de Port-Navalo et de Locmariaquer *(changement de bateau à Port-Navalo)*
Desserte assurée par – Navix, la Compagnie des Îles - 📞 02 97 46 60 00 - *www.navix.fr.* AR depuis Vannes 31 € (13-25 ans 26 €, 4-12 ans 22 €), depuis Locmariaquer

34,50 € (13-25 ans 31 €, 4-12 ans 27 €).
– Compagnie du Golfe - 📞 02 97 671 10 00 - *www. compagnie-du-golfe.fr* : de mi-avr. à fin juin et en sept. : lun. et jeu.; juil.-août : tlj - AR journée 32 € (13-25 ans 28 €, 4-12 ans 22,50 €).
Au départ de La Turballe et du Croisic
Service assuré par Navix, la Compagnie des Îles – 8 juil.-août : tlj - AR journée 42 € (13-25 ans 35 €, 4-12 ans 28,40 €, -4 ans 5,70 €).

Se déplacer sur Belle-Île
Les bus – Un bon réseau de bus *(compagnie Taol Mor)* est mis en place d'avril à début novembre. Procurez-vous le dépliant dès votre arrivée. Au Palais, la station

de bus se trouve près de la citadelle Vauban.

Deux roues et voitures – L'un des meilleurs moyen de découvrir l'île est le VTC, quand il n'y a pas trop de vent. Mais il faut être relativement sportif, car l'île est loin d'être plate (guide des randonnées à l'office de tourisme). Il est également possible de louer des scooters, des voitures ou de choisir des excursions organisées. De nombreux loueurs vous attendent au Palais *(compter 11/13 € pour un VTC et 23 € pour un vélo électrique)*.

Cycles Reversade – *14 r. de l'Église - 56360 Le Palais - ☎ 02 97 31 84 19/06 80 62 62 28. Vélos, VTT, vélos électriques, scooters.*

A Loca Scoot – *☎ 02 97 31 49 94/06 16 48 63 26 - 4 quai Bonnelle - 56360 Le Palais - www.velo-scooter-belle-ile.fr. Vélos, VTT, vélos électriques, scooters.*

Locatourisle – *2 quai Bonnelle - 56360 Le Palais - ☎ 02 97 31 83 56 - www.locatourisle.com. Location de tout type de voitures. 61 à 131 €/j selon modèle en haute saison.*

Pour les randonneurs et cyclistes, il existe un service de **transfert de bagages** : BiBags *☎ 06 23 39 91 68 -www.bi-bags. fr - 95 € sur 4 étapes, jusqu'à 5 bagages.*

HÉBERGEMENT

PREMIER PRIX

Camping Bordenéo – *Lieu-dit Bordénéo - 56360 Le Palais - 1,7 km au nord-ouest du Palais par rte de Port-Fouquet - ☎ 02 97 31 88 96 - www.bordeneo.com - de mi-avr. à fin sept. - ᕁ - 202 empl. 27,50 € - locatif 450/585 € sem.* Bel ensemble, parfois ombragé sous une belle pinède, avec des emplacements bien délimités. Autour de l'espace aquatique en partie couvert, du locatif varié (mobile homes, chalets, bungalows toilés). Pour les plus traditionnels, 4 studios. Bar, snack (juil.-août) et une petite épicerie complètent le décor.

Hôtel L'Acadien – *36 r. Joseph-Le-Brix - 56360 Le Palais - ☎ 02 97 31 84 86 - www.hotel-acadien. com - 11 ch. 51/68 € - ☕ 9 €.* Prisé par les randonneurs, cet hôtel propose des chambres simples à la décoration épurée. Sa situation en plein cœur du Palais et à deux pas de l'embarcadère est en outre appréciable.

BUDGET MOYEN

Hôtel Aux Tamaris – *11 allée des Peupliers - 56360 Sauzon - ☎ 02 97 31 65 09 - www. auxtamaris.fr - tte l'année - ᕁ - 14 ch. + 2 mobilhome 60/75 € - ☕ 8,50 €.* Cet hôtel sympathique est un ensemble de petites maisons typiques de Belle-Île, rénovées ces dernières années. Simples, à l'étage ou en rez-de-jardin, elles proposent un confort et une décoration au goût du jour. L'amabilité des propriétaires et le cadre verdoyant du jardin en font une agréable adresse sur l'île. Sur demande, panier repas et transfert sur lieu de randonnée (2,50 €/pers.).

Hôtel Vauban – *1 r. des Remparts - 56360 Le Palais - ☎ 02 97 31 45 42 - www.hotel-vauban-belleile. com -* 🅿 ᕁ *- 22 ch. 86/98 € - ☕ 11 €.* Au calme, dans une petite rue peu passante, l'hôtel domine le port du Palais. La plupart des chambres, joliment décorées, donnent sur la mer ; deux jouissent d'une terrasse. Commerces et restaurants ne sont qu'à quelques pas.

UNE FOLIE

Chambres d'hôtes L'Aubergerie – *Borgroix - 56360 Sauzon - ☎ 06 49 56 77 50 -*

www.aubergerie-belleile.com -
2 ch., 2 suites et un duplex (3-4
pers.) - 🅿 - 160/210 € 🛏. Située à
2,5 km de Sauzon, cette ancienne
bergerie offre un cadre champêtre
idéal pour un séjour en famille.
Chaque chambre est décorée
avec soin et raffinement. Grand
jardin et calme absolu. Piscine
extérieure.

Hôtel La Désirade – *Le Petit
Cosquet - 56360 Bangor -
☎ 02 97 31 70 70 - www.hotel-la-
desirade.com - fermé
12 nov.-29 mars - ♿ - 🅿 - 28 ch.,
4 suites 115/234 € - 🛏 17 € - 🍴 ouv.
tous les soirs - menu 32/80 € - carte
env. 60 €.* Un accueil chaleureux
et une atmosphère cosy vous
attendent dans ces maisons
néobretonnes aux chambres
personnalisées. Espace bien-être.
Plaisante table qui concocte des
recettes dans l'air du temps.

RESTAURATION

😊 Le Palais et Sauzon sont les
deux centres les plus animés
de l'île. Vous y trouverez de
nombreuses crêperies, bars,
restaurants, avec des terrasses
agréables, notamment à Sauzon,
sur les quais.

PREMIER PRIX

Crêperie Les Embruns – *Quai
Joseph-Naudin - 56360 Sauzon -
☎ 02 97 31 64 78 - www.
creperielesembruns-sauzon.fr -
♿ - du w.-end de pâques à la
toussaint - 5/10 € la crêpe.* Ici, la
farine est bio, le lait et le caramel
au beurre salé sont de Belle-Île.
Produits frais et le plus souvent
issus des productions locales,
un parti pris qui fait la différence
et la qualité !

Crêperie L'Annexe – *3 quai de
l'Yser - 56360 Le Palais - ☎ 02 97 31
81 53 - fermé, merc., janv.-mars -
crêpe 7/16 €.* Atmosphère
conviviale, service rapide et

informel : on vient surtout ici pour
la qualité des produits de la mer.
Les crêpes au crabe sont réputées.

BUDGET MOYEN

Auberge Chou'Kazé – *Chemin
du Petit-Houx - 56360 Locmaria -
☎ 09 51 93 39 90 - fermé lun.
(hors vac. scol.), de fin sept. à la
toussaint, et mi-nov.-fin mars. - 🅿
♿ - 19/30 €.* Chou'kazé signifie
quelque chose comme « assieds-
toi donc, parlons… ». Cette
guinguette, à l'accueil souriant,
propose une cuisine qui met à
l'honneur les productions locales.

La Ferme de Sarah – *Pointe des
Poulains - 56360 Sauzon - 1,9 km au
nord-ouest de Sauzon - ☎ 02 97 29
12 21 - juil.-sept. : tlj ; de mi-mars à
fin juin et de déb. oct. à mi-nov. :
jeu.-mar. et j. fériés - 14/28 €.* En
pleine nature, sur le golf de Belle-
Île, cette ancienne bâtisse revit
grâce à ses jeunes propriétaires.
À l'étage au-dessus du clubhouse,
une salle à manger toute
pimpante et confortable vous
attend pour des repas simples
mais préparés maison. Grandes
salades paysannes ou pêcheurs,
tartes salées, brochettes (bœuf-
poisson-agneau) et… vraies
frites ! Mais le plus c'est la terrasse,
qui domine le golf, le phare des
Poulains et l'océan !

Mabalulu – *Plage des Grands
Sables - 56360 Le Palais -
☎ 06 56 80 33 07 - juin-sept. tlj
11h-fermeture variable selon
affluence et programmation
événementielle sur la plage -
15/25 €.* Un *food truck* de bord
de plage pas comme les autres.
En cuisine, Nathalie privilégie
les produits locaux et les circuits
courts. Goûtez au *fish & chips*
avec son cabillaud fraîchement
pêché ou au burger géant !
Également de très belles salades,
sandwiches et desserts maison,
le tout dans une ambiance très
conviviale.

POUR SE FAIRE PLAISIR

Café de la Cale – *Quai Guerveur - 56360 Sauzon - ℘ 02 97 31 65 74 - cafedelacale.pagecom.fr - ♿ - fermé oct.-mars (sf vac. scol.) - menu 22 (déj.)/29 (sem.) € - 40 €.* Face au port, une ancienne sardinerie transformée en bistrot marin. Ici, on joue des coudes pour apprécier la fraîcheur des poissons et des coquillages. À la carte, seule une viande subsiste : l'agneau de Belle-Île-en-Mer.

UNE FOLIE

Roz Avel – *R. du Lt-Riou - 56360 Sauzon - ℘ 02 97 31 61 48 - restaurant.roz-avel.pagesperso-orange.fr - fermé merc., de déb. janv. à mi-mars et 11 nov.-15 déc. - ♿ - formule 25 € - menu 32/55 € - carte 48/65 €.* Maison de pays possédant une salle à manger garnie de meubles bretons et une terrasse prolongée d'un jardinet. Beaux produits de l'océan préparés avec soin.

ACHATS

Gastronomie

Marchés – À **Le Palais** ts les mat. ; à **Sauzon** marché des producteurs, tlj 17h-20h ; à **Locmaria** ts les mat. ; à **Bangor**, mar. 16h-19h, juil.-sept. : mar. et vend. 17h-20h.

☺ L'été, le marché du Palais compte, outre les producteurs locaux, les artisans d'art de l'île.

Au coin des producteurs – *ZA Mérezelle - 56360 Le Palais - ℘ 02 97 31 64 32 ou 06 24 28 06 86 - vend. 9h30-12h30, 17h-19h, sam. 9h30-12h30 - vac. de printemps et été : jeu. 9h30-12h30.* Produits laitiers, fromages, viandes, légumes, miels, tisanes, cosmétiques… issus directement des producteurs bellilois.

☺ Certains producteurs proposent des visites pour découvrir leur exploitation.

Les Niniches - La Maison d'Armorine – *9 r. de la Citadelle - 56360 Le Palais - ℘ 02 97 31 42 33 - www.maison-armorine.com - avr.-oct. : 10h-12h45, 15h-19h - juil.-août : 9h-13h, 14h30-22h.* Depuis trois générations (1946), ce confiseur confectionne un vaste choix de douceurs *(voir p. 134).*

Biscuiterie Confiserie la Bien Nommée – *ZA Bordilla - 56360 Le Palais - ℘ 02 97 31 34 99 - www.labiennommee.bzh - avr.-sept. : 14h-19h ; oct.-mars : tlj sf sam. 10h-12h, 14h-18h - fermé dim. - ♿.* Cette biscuiterie familiale propose une gamme de produits – sablés, galettes, palets bretons, caramels au beurre salé, crème de caramel – misant sur le savoir-faire traditionnel. Espace découverte *(10h-12h, 14h-17h).*

Artisanat

☺ Terre d'élection de Monet, Matisse ou Vasarely, Belle-Île-en-Mer conserve son pouvoir de séduction auprès de nombreux artistes inspirés par sa lumière et ses paysages. Peintres, sculpteurs ou photographes s'exposent dans les nombreuses galeries de l'île.

Café littéraire

Liber & Co – *2 r. des Remparts - 56360 Le Palais - ℘ 02 97 31 82 41 - www.liberandco.com - 10h-13h, 17h-20h - fermé lun.* Plus qu'une librairie, ce café littéraire niché sur les remparts domine le port. Entrez dans le monde du livre en savourant un thé dans un fauteuil club. Rencontres et lectures régulièrement proposées.

ACTIVITÉS

☺ Un guide des randonnées cyclistes et un guide des randonnées pédestres sont en vente à l'office de tourisme *(5 €).*

2

Nautisme

Belle-Île Voile – *Kerguénolé - 56360 Bangor -* ✆ *02 97 31 59 37 ou 06 10 35 23 09 - www.belle-ile-voile.com.* À bord du catamaran *Tangata Manu*, découvrez le golfe du Morbihan et les îles de Houat et de Hœdic. Sorties à la journée *(9h-18h)* et croisières.

Vives Eaux – *Base nautique - Chemin de Port Puce - 56360 Sauzon -* ✆ *02 97 31 00 93 ou 06 82 05 22 53 - www.vives-eaux.fr.* Initiation et randonnée en kayak de mer. Départ depuis le port de Sauzon *(34 €/demi-journée).* Location de kayaks *(monoplace 30 €/3h, biplace 15 €/h),* et de stand-up paddle *(15 €/h).*

Aviation

Aéroclub – *Aérodrome Bangor - 56360 Bangor -* ✆ *02 97 31 53 19 - www.acbelleile.com.* Cours de pilotage et des baptêmes de l'air : l'occasion de saisir un point de vue unique sur l'île. *Baptême de l'air (25mn, tour de Belle-Île) 135 €, vol d'initiation aux commandes d'un avion (30mn) 110 €.*

Équitation

Domaine des Chevaliers de Bangor (Centre Équestre et Poney-club) – *56360 Bangor (face à l'aérodrome) -* ✆ *02 97 31 52 28 - www.equitation-belle-ile. com - juil.-août : 9h-21h - reste de l'année, se rens. au* ✆ *02 97 40 00 06.* Les chevaux, double-poneys et shetlands de ce grand domaine appartiennent à l'école d'équitation de Vannes-Ploeren *(voir p. 86)* où ils sont en activité toute l'année.

La Ferme du poney bleu – *Anterre - 56360 Sauzon -* ✆ *02 97 31 64 32 - poneybleu. pagesperso-orange.fr - 9h-19h - fermé dim.* Stages, promenades et randonnées de 2 ou 3 jours *(hors sais.)* : idéal pour découvrir les beautés de l'île.

Île âne – *Port Guen -* ✆ *02 97 31 34 97 - ileane.ane-et-rando.com - 50 €/j.* pour la location de l'âne avec son équipement. Depuis huit ans, Fabienne et Stéphane font arpenter les sentiers de Belle-Île à leurs adorables compagnons. Une fois bâté, l'âne se révèle un excellent complice de randonnée pour vous soulager d'un trop lourd sac à dos ou reposer les jambes des plus petits en fin de balade. Très beaux itinéraires, faciles d'accès, de quelques heures, la journée, ou sur plusieurs jours pour un tour complet de Belle-Île.

Thalassothérapie

Castel Thalasso Belle-Île – *Port-Goulphar - 56360 Bangor -* ✆ *02 97 31 84 21 - www.castel-clara.com - &⃫ ▣ - 9h-12h30, 14h30-18h45, dim. 9h-12h30 - fermé de mi-nov. à mi-déc. - formules soins 88/107 €.* Ce centre profite d'un très bel environnement naturel au fond de l'anse de Goulphar. Cures de remise de forme, soins et massages.

AGENDA

Festival Lyrique-en-Mer – ✆ *02 97 31 59 59 - www.festival-belle-ile.org - mi-juil.-mi-août.* La Citadelle Vauban et la salle Arletty au Palais accueillent des artistes lyriques internationaux. Concerts de musique sacrée dans les églises de l'île.

Tour de Belle-Île à la voile – ✆ *02 97 52 13 52 - www. tourdebelleile.com - déb. mai.- 2ᵉ dim. de sept.* Cette régate (voiliers de plus de 6 m) ouverte à tous, marins amateurs ou professionnels, offre un beau spectacle autour de l'île.

Belle-Île : plage d'Herlin, sur la côte sud.
B. Merle/Photononstop

Ria d'Étel

Morbihan (56)

La ria d'Étel, dont les eaux sont riches en poissons et coquillages, s'écoule sur une quinzaine de kilomètres avant d'atteindre la mer. Mais le pourtour, particulièrement dentelé, en totalise une centaine! Les échancrures s'y multiplient et les petites îles abondent, semées de chapelles et de fontaines. Prenez plaisir à vous perdre dans la multitude de petites routes labyrinthiques qui relient chaque recoin des îles et presqu'îles.

NOS ADRESSES PAGE 153
Hébergement, restauration, achats, activités, etc.

S'INFORMER

Office de tourisme d'Étel – *1 pl. des Thoniers - 56140 Étel - 02 97 55 23 80 - www.etel-tourisme. com - juil.-août : 9h30-18h30, dim. 10h-13h, 14h-18h ; avr.-juin et sept. : tlj sf lun. et merc. 9h30-12h, 14h-17h30 ; reste de l'année : tlj sf dim.-lun. 9h30-12h, 14h-17h30 - fermé 1er janv., 11 Nov., 25 déc.*

SE REPÉRER

Carte de microrégion A-B 2-3 (pp. 74-75) – La ria coupe la côte, quasi rectiligne, qui sépare la presqu'île de Quiberon et Lorient. Depuis la voie rapide et Nostang, la D 158 suit de loin la berge droite, tandis que la D 16 donne accès aux myriades de petites routes desservant les bourgs de la rive gauche. La D 781 reliant Carnac à Lorient franchit quant à elle la ria à Kergo, quasiment sur l'estuaire.

À NE PAS MANQUER

Le port de St-Cado, pour le charme de ses maisons de pêcheurs, et l'église de Merlevenez pour ses portails romans.

ORGANISER SON TEMPS

Il est possible de faire le tour de la ria d'Étel en quelques heures, mais les paysages y sont tellement captivants que vous voudrez rester plus longtemps!

Se promener

Étel A3

L'Océan s'ouvre devant la ria d'Étel connue pour sa **barre** *(voir p. 151)*, qui offre un paysage spectaculaire par mauvais temps. Baignade interdite et navigation difficile. La vue porte au large sur l'île de Groix et Belle-Île, et sur la presqu'île de Quiberon. Étel, petit **port de pêche**, qui fut jusqu'aux alentours de 1960 un des premiers ports thoniers de Fance, occupe la rive gauche.

D'avr. à sept., le Treh Simon assure la traversée entre le port d'Étel et celui du Magouër sur l'autre rive de l'estuaire. Juil.-août : 10h-14h, 15h-19h30, mar. 9h30-14h, 15h-20h ; reste de l'année : mar. 9h-14h, w.-end, ponts et j. fériés 10h-14h, 15h30-19h30.

Musée des Thoniers – *3 imp. Jean-Bart - 02 97 55 26 67 - www.museedes thoniers.fr - ᵫ - 1er avr.-27 sept. : 10h-12h, 14h-18h ; de mi-déc. à mi-janv. : 14h-18h ; reste de l'année : se rens. - fermé lun. et j. fériés (se rens.) - visite guidée sur demande (1h15) - 5,50 € (-12 ans 3 €).* Maquettes, dioramas, vidéos et anecdotes d'anciens marins jalonnent cet espace de 450 m² consacré à l'histoire

> **UNE BARRE FUNESTE POUR « L'HÉRÉTIQUE »**
>
> Étel tire son origine d'un mot tombé en désuétude, *ételle*. Il désignait les vagues qui suivent une barre ou un mascaret. La barre d'Étel, tant redoutée, est un banc de sables mouvants sur lequel se heurtent les flots de l'Océan et ceux de la rivière d'Étel. Elle rend très malaisée l'entrée des navires dans le goulet, car elle est instable. Même par temps calme, le passage reste redoutable. Dans la région, toute allusion à la rivière d'Étel évoque sa dangereuse barre. Alain Bombard voulut la braver en 1958, pour tester les qualités de son radeau pneumatique de survie. Malheureusement, l'expérience fut dramatique, coûtant la vie à neuf sauveteurs.

de la ria et de son port thonier. Parmi les installations temporaires, la grande exposition de **crèches maritimes**, résultat d'un concours national sur le thème de la Nativité en bord de mer, connaît un vif succès.

À l'est d'étel, en direction d'**Erdeven**, un cordon dunaire abrite plusieurs belles plages étalées sur 8 km de littoral : Kerhillio, la familiale au sable fin, Kérouriec, plus rocheuse et idéale pour la pêche à pied et Kerminihy où le naturisme est toléré. Erdeven abrite le **site mégalithique de Kerzerho** *(voir p. 122).*

Circuit conseillé Carte de microrégion p. 74-75

LE TOUR DE LA RIA A3 B2-3

Circuit de 90 km tracé en gris – Comptez une journée. Quittez étel par la D 16 en direction de Belz puis prendre à gauche la D 9.

2

Rive sud A3 B2-3

★ **Saint-Cado** – Le pont servait autrefois d'accostage aux chaloupes sardinières. De la digue, l'île de Nichtarguer est facilement identifiable à sa minuscule et unique maison ostréicole.

Avec ses petites maisons de pêcheurs, le site est charmant. On comprend que cette île minuscule ait pu faire l'objet d'âpres négociations entre le diable et saint Cado pour être reliée à la terre ferme. La légende raconte que, pour la construction de la chaussée, le moine avait dû promettre au diable de le rétribuer avec l'âme du premier passant. Le moine tint parole sauf qu'il s'arrangea pour que le premier passant fût un chat. Fils d'un prince du pays de Galles, saint Cado aurait débarqué en Armorique entre le 5ᵉ et le 7ᵉ s. Du monastère fondé par le saint ne reste que la **chapelle St-Cado**, l'un des rares édifices romans du Morbihan : arcs en plein-cintre non ornés, chapiteaux très simples, éclairage réduit. Les sourds venaient y demander la guérison de leur infirmité à saint Cado dont on voit le lit et l'oreiller de pierre.

En contrebas de la chapelle, une grande **fontaine** édifiée au 18ᵉ s. et dédiée au saint est accessible, à marée basse, par deux escaliers. Vue magnifique sur la ria et ses îlots. à proximité de l'église, remarquez le calvaire érigé en 1832. *Poursuivre sur la D 16.*

Belz – À quelques kilomètres au nord de la commune, la pointe du Perche offre un point de vue idéal pour observer la ria. Une table d'orientation permet de repérer les différents îlots.

Locoal-Mendon – Ses berges sauvages constituent un bon poste d'observation ornithologique (canards, hérons, cormorans, etc.).

Rejoignez le village de La Forest à l'extrémité de presqu'île de Locoal.

Le sentier de Cadoudal – *1h30.* Pendant la Révolution, les rives de la ria, haut lieu de la chouannerie, abritaient des prêtres réfractaires. Au départ de La Forest, ce sentier fléché constitue une agréable balade sous les bois.
Rejoignez Locoal-Mendon pour reprendre à gauche la direction de l'Istrec.

Pointe du Verdon – Comme ses voisines, cette pointe est occupée par les ostréiculteurs. Remarquez au niveau de la Pointe de l'Istrec, dans le marais du Plec, la stèle dite « **Quenouille de Brigitte** ». Cette colonne de granite cylindrique, de plus de 3 m de hauteur, est couronnée d'une autre stèle plus petite dont la face est sculptée d'un christ en croix. *Dès le franchissement du petit isthme, prenez à droite pour gagner un terre-plein* : jolie vue sur la zone ostréicole. À marée basse, il est possible de faire le tour de la pointe à pied.
Passez sur la rive nord en suivant Langonbrac'h puis Nostang. La D 33 conduit jusqu'à Merlevenez.

Rive nord A2-3 B2

★ **Merlevenez** – L'**église**★ de ce bourg est l'une des rares églises romanes de Bretagne qui ait conservé intacts ses élégants portails aux archivoltes à chevrons et en dents de scie, ses arcades en tiers-point de la nef, ses chapiteaux historiés et sa coupole sur trompes à la croisée du transept. Détruite lors des bombardements de 1944, l'église a été entièrement restaurée. Les vitraux, figurant la vie de la Vierge, sont l'œuvre de Grüber.
Empruntez la C 11 pour rejoindre Sainte-Hélène.

Sainte-Hélène – Ce village possède une fontaine où les marins d'Étel venaient en pèlerinage avant d'embarquer sur les thoniers. Si la mie de pain jetée dans la fontaine surnageait, le marin reviendrait de sa campagne de pêche.

Pointe de Mané Hellec – *À hauteur d'un petit transformateur, tournez à gauche dans un chemin revêtu.* Une belle vue se développe sur St-Cado et sa chapelle, Pont-Lorois, la ria d'Étel et la forêt de Locoal-Mendon.

Presqu'île de Nestadio – Ce village a conservé ses maisons du 16e s. À l'extrémité de la presqu'île, remarquez la minuscule chapelle St-Guillaume (7,50 m sur 3,70 m).
Revenez à Étel par la D 9 qui passe au-dessus de la ria.

Pont-Lorois – Ce court et très joli passage (237 m), dont la dernière restauration date de 1958, permet d'apercevoir le vaste estuaire qui, d'un côté, se dessine en golfe et, de l'autre, s'étrangle en un goulet découpé et sinueux.

Saint-Cado, maison ostréicole de l'île de Nichtarguer.
guy-ozenne/iStock

😊 NOS ADRESSES DANS LA RIA D'ÉTEL

HÉBERGEMENT

BUDGET MOYEN

La Petite Presqu'île – *16 r. du Coedo - 56650 Locoal-Mendon -* ☎ *06 84 59 45 97 - www.la-petite-presquile.com - ♿ ⛱ - 6 ch. 66/72 € - ☕ 7 €.* Cette agréable maison bioclimatique s'ouvre sur la ria et ses berges sauvages. Les chambres (2 -4 pers.), sont orientées au sud et donnent sur le jardin. Cuisine et salle partagée.

POUR SE FAIRE PLAISIR

Hôtel Le Trianon – *14 r. du Gén.-Leclerc - 56410 Étel -* ☎ *02 97 55 32 41 - www.letrianon56.com - fermé janv. -* 🅿 *- 19 ch. 68/118 € - ☕ 10/12 € -* ✕ *tous les soirs et dim. midi - menus 25/38 €.* Près du port de pêche, chambres bonbonnières agréablement provinciales ; préférez celles de la villa annexe. Pour la détente, salon-cheminée ou jardinet. La salle à manger rustique sert de cadre à une cuisine traditionnelle. Terrasse.

RESTAURATION

PREMIER PRIX

Ché Luz – *1 cours des Quais - 56410 Étel -* ☎ *06 10 77 70 53 - www.facebook.com/Ché-luz-Etel - ♿ - avr.-sept. : tlj sf dim. soir et lun. - 9/17 € - plateau fruits de mer 34/62 €.* Accueil des plus chaleureux dans ce bar à huîtres où l'on déguste les productions locales face à la barre d'Étel. En arrière-boutique, la brocante d'objets vintage s'ajoute aux charmes des lieux.

Le Bistrot à thons – *6 ruelle des Quais - 56410 Étel -* ☎ *02 97 55 32 50 - fermé lun.-mar. (sf veilles de fêtes) - 10/17 €.* Chaque jour, le thon (germon) est décliné en une dizaine de recettes, proposée à la clientèle : thon gratiné normand aux pommes ou au Roquefort, thon argentin mijoté à la banane, ou le fameux thon Rossini… Pour le dessert, le far frit (avec une goutte de calvados), recette typique d'Étel, prolongera votre surprise.

BUDGET MOYEN

Le Goût du large – *29 r. de la Libération -* ☎ *02 97 55 53 68 - ♿ - fermé mar.-merc. (hors sais.), janv. - menu 12,50 (déj. sem.)/15,80/26 €.* Cuisine traditionnelle tanguant entre mer et terre (maquereaux en marinade de framboise, tournedos d'agneau, far breton poêlé au caramel salé…). Plats simples, goûteux, service attentionné. Évitez la véranda sur cour intérieure en été, elle peut se transformer en étuve.

ACTIVITÉS

🐾 **Balades et randonnées** – Plusieurs sentiers permettent de longer les rives de la ria notamment au départ du Pont-Lorois *(la carte détaillée est en vente à l'office du tourisme d'Étel, 6 €).*

Croisières sur la ria - Navix – *www.navix.fr.* Promenades d'env. 1h30 au dép. d'Étel, 4 fois/j. en été *(19,20 €, ados 13-25 ans 15,50 €, enf. 4-12 ans 11,80 €, -4 ans 5,50 €).*

Les vélos de la Ria – *19 r. des Sports - 56550 Belz -* ☎ *02 97 55 56 89 - lesvelosdelaria.monsite-orange.fr.* Locations de vélos, tandems, VTT, VTC, vélos enfants, remorques…

2

Port-Louis

2 644 Port-Louisiens – Morbihan (56)

Des remparts et une citadelle, abritant un superbe musée consacré à la Compagnie des Indes, telle est l'empreinte du passé sur Port-Louis. L'ancien petit port de pêche, ainsi nommé en l'honneur de Louis XIII, recèle de belles maisons anciennes et possède une plage fort appréciée.

NOS ADRESSES PAGE 157
Hébergement, restauration, achats, activités, etc.

S'INFORMER

Lorient Bretagne Sud tourisme – Agence de Port-Louis –
Av. Marcel-Charrier - 56290 Port-Louis - ℘ 02 97 84 78 00 - www.lorientbretagnesudtourisme. fr - &. - juil.-août : 10h-12h30, 14h-18h30, dim. 9h30-13h30 ; avr.-juin et sept. : 10h-12h, 14h-18h ; fév.-mars et oct.-déc. : 10h-12h, 14h-17h - fermé janv., certains j. fériés - visite guidée de la ville juil.-août.

SE REPÉRER

Carte de microrégion A2 (p. 74) – Face à Lorient, Port-Louis est accessible par la D 781 et par batobus (du quai des Indes et du port de pêche).

ORGANISER SON TEMPS

Entre musées, citadelle, remparts et plage, comptez une grosse demi-journée.

À NE PAS MANQUER

Le tour de la citadelle et le musée de la Compagnie des Indes pour son histoire et sa collection de porcelaines chinoises.

AVEC LES ENFANTS

Les musées de la citadelle ; l'Observatoire du plancton et la grande plage.

Se promener

La ville se parcourt facilement à pied. Un circuit d'interprétation jalonné de 21 panneaux permet d'en découvrir l'histoire *(départ près de la citadelle, du côté des remparts).*

★★ Citadelle

La construction de cette place forte, commandant l'entrée de la rade de Lorient, fut entreprise en 1590 par Cristobal de Rojas (qui devint l'un des collaborateurs d'Herrera, l'architecte du fameux palais de l'Escurial) sous les ordres de don Juan del Águila, durant l'occupation espagnole provoquée par le duc de Mercœur, gouverneur de la Bretagne, hostile à l'arrivée sur le trône du protestant Henri de Navarre. En partie détruite à la fin de l'occupation espagnole (1598), la citadelle fut reconstruite de 1616 à 1622 par le maréchal de Brissac, et fut achevée en 1637 sur l'ordre de Richelieu par l'architecte Jacques Corbineau. Elle présente un plan rectangulaire bastionné aux angles. Sur les côtés, deux ponts et une demi-lune en protègent l'accès. C'est en 1621 que la cité prit son nom actuel, lorsque Louis XIII lui accorda le statut de « ville royale ».

Vue aérienne de la citadelle.
B. Stichelbaut/hemis.fr

Un parcours fléché emprunte le chemin de ronde (on voit des canons dans les bastions tournés vers l'île de Groix) et permet de découvrir les deux cours, la crypte et les différentes installations qui abritent les **musées de la citadelle**. ℘ 02 97 82 19 13 - *http://musee.lorient.fr* - mai-août : 10h-18h30 ; sept. : 10h-18h ; reste de l'année : tlj sf mar. 13h30-18h - fermé de mi-déc. à fin janv., 1er Mai - possibilité de visite guidée - 8 € (-26 ans gratuit) - audioguide inclus - billet donnant accès à tous les musées de la Citadelle.

★★ **Musée de la Compagnie des Indes** – Il retrace de façon intéressante l'histoire de cette prestigieuse compagnie *(voir p. 165 et 489)*. La fondation de Lorient, l'essor du 18e s., les équipages, les cargaisons, les comptoirs en Inde, en Afrique et en Chine, des cartes et des meubles illustrent cet important et fructueux négoce des 17e et 18e s.

Une salle est consacrée à la marine de la Compagnie des Indes, la flotte notamment, avec des maquettes de vaisseaux comme le *Comte d'Artois* (en coupe) sorti des chantiers de Lorient. Très belle collection de porcelaines chinoises aux décors et couleurs variés : émeraude, Imari chinois, bleu de Chine… Certaines étaient utilisées par les Portugais pour lester leurs caraques, navires de fort tonnage très hauts sur l'eau. Quand aux vestiges issus du *Saint-Géran* que l'on peut observer dans une vitrine attenante, ils inspirèrent à Bernardin de Saint-Pierre le célèbre *Paul et Virginie*.

Espace du sauvetage en mer – *En face du musée de la Compagnie des Indes*. Ce musée évoque l'histoire du sauvetage maritime français, depuis ses origines au milieu du 19e s. jusqu'aux moyens actuels d'héliportage, en passant par la création de la Société nationale de sauvetage en mer en 1967. De nombreux objets appartenant aux collections du musée national de la Marine, des films et des archives sonores rendent hommage aux sauveteurs. Ne manquez pas le canot *Commandant Philippes de Kerhallet*, un bateau de sauvetage à voile, qui œuvra depuis Roscoff de 1897 à 1939, avec un équipage de 12 hommes à son bord. Belle collection de cornes de brume, de bouées couronne et d'insolites ex-voto.

> **DU FORT AU PORT**
>
> Richelieu installe la première Compagnie des Indes à Port-Louis, sans succès. Quand Colbert fonde la seconde, Lorient est créée pour la recevoir. Dès lors, Port-Louis périclite. La ville revit sous Louis-Philippe grâce à la pêche à la sardine. Elle possède deux **ports** de pêche : celui de Locmalo dans l'anse du Gâvres et, face à Lorient, celui de la Pointe qui s'est vu équiper de 450 postes d'amarrage pour les bateaux de plaisance.

★ **Trésors d'océans** – *À côté de l'Espace du sauvetage en mer.* Superbement mise en scène, l'exposition présente la donation de Franck Goddio, archéologue sous-marin qui compte à son actif un nombre de découvertes impressionnant. Les 158 objets exposés proviennent de jonques du 11ᵉ au 16ᵉ s., d'un galion du 18ᵉ s. et d'un vaisseau de la Compagnie des Indes du 18ᵉ s. Sont également réunis une belle collection de canons du vaisseau hollandais *Le Mauritius*, naufragé en 1609, ainsi que de rares modèles de bateaux européens et exotiques.

Pavillon de l'arsenal - Musée national de la Marine – Cette grande salle abrite des maquettes de navires de la Compagnie des Indes (corvettes, frégates, bâtiments de commerce et de pêche, croiseurs, torpilleurs, etc.), des portraits de grands marins, ainsi que des documents et peintures se rapportant à la navigation dans l'océan Atlantique.

Poudrière - Musée des Armes – Elle sert de cadre à un musée où sont réunies des collections d'armes du 17ᵉ au 20ᵉ s.

Remparts★ et grande plage

Bâtis de 1649 à 1653 par le maréchal de La Meilleraye, les remparts bien conservés enserrent la ville sur deux côtés. Vous pouvez y grimper et profiter du splendide panorama sur la rade de Lorient et sur l'île de Groix.

Sur la promenade des Pâtis, une porte ménagée dans la muraille (*av. du Fort-de-l'Aigle*) donne accès à la **plage** de sable fin. Orientée sud, avec ses cabines adossées aux remparts, la plage est bien abritée et offre une **vue** étendue sur la pointe de Gâvres, l'île de Groix et Larmor-Plage. Sur le vaste terreplein, devant la plage, se trouvent aire de jeux, terrain de sports et skate-park.

Centre-ville

Promenez-vous dans la **Grand-Rue**, jolie artère commerçante, particulièrement animée le samedi matin, jour de marché. Empruntez aussi les rues de la Poste, des Dames, Petite-Rue et du Driasker, où l'on découvre plusieurs **demeures anciennes**.

À proximité Carte de microrégion p. 74-75

Petite mer de Gâvres A2

Un long et étroit cordon dunaire isole cette zone de l'océan, créant une lagune intérieure unique en Bretagne : cette « petite mer », appréciée par les pêcheurs à pied à l'affût de palourdes. La zone dunaire, toujours partiellement terrain militaire, fait partie du Grand Site dunaire Gâvres-Quiberon (*voir p. 127*).

Riantec – *À 4 km de Port-Louis par la D 781.* La commune située le long de la lagune abrite la **maison de l'île de Kerner**. Cette ancienne demeure d'ostréiculteur, permet de découvrir le milieu naturel de cette contrée, où se réfugient de nombreux oiseaux migrateurs : carte des espèces, trésors de la vasière, techniques d'élevage de l'huître. Dans son café reconstitué, les habitants de Riantec, les « gens de mer », viennent raconter leur métier de pêcheur.

Le jardin botanique recèle des plantes du schorre et de la dune. Des sorties nature sont organisées pendant les vac. scol. *Accès au site en voiture, par le gué - R. de la Grève - ℰ 02 97 84 51 49 - www.maison-kerner.fr - ⅋ - 8 juil.-31 août : 10h-12h30, 14h-19h ; 1ᵉʳ juin-7 juil. et sept. : merc. et w.-end 14h-18h ; reste de l'année : se rens. - possibilité de visite guidée (1h15) - 7,50 € (-17 ans 5 €) - 21,20 € billet famille (2 adultes + 2 enf.).*

Gâvres – *À 14 km de Riantec par la D 781 puis D 158 ou accès en Batobus ligne 13 depuis Port-Louis Locmalo (5mn) - www.site-gavres-quiberon.fr.* Sur la **presqu'île** située à l'extrémité du cordon dunaire, cette commune regroupant trois anciens villages de pêcheurs a gardé toute sa simplicité. Le port de Ban-Gâvres était autrefois un important port sardinier.

🐾 Comptez 1h pour faire le tour la presqu'île. Belles **plages** sur l'océan, avec un spot réputé pour les amateurs de kitesurf.

☺ NOS ADRESSES À PORT-LOUIS

TRANSPORTS

🚌 *Liaisons fréquentes en Batobus pour Lorient et Gâvres par la CTRL - horaires et infos sur www.ctrl.fr.*

HÉBERGEMENT

POUR SE FAIRE PLAISIR

La Chaumière de Kervassal « Ti Maya » – *Lieu-dit Kervassal - 56670 Riantec - 8 km à l'est de Port-Louis par D 781 puis D 33, rte de Merlevenez - ℰ 02 97 33 58 66 - www.tymaya.com - 🚫 🅿 ⅋ - 2 gîtes 500/1 200 € sem.* Cette chaumière du 17ᵉ s. est entourée de verdure et de calme absolu. Les chambres, joliment meublées d'ancien, sont équipées de salles de bains modernes. L'été, exquis petits-déjeuners dans le jardin.

RESTAURATION

PREMIER PRIX

Crêperie Le Jean Bart – *14 Grande-Rue - ℰ 02 97 82 42 26 - http://creperielejeanbart.e-monsite. com - fermé lun. soir et mar. hors sais. - formule 9,90 €.* Une petite crêperie toute simple, disposant de quelques tables en terrasse. Spécialités de galettes de blé noir garnies de produits locaux, comme l'andouille de Guémené ou le caramel au beurre salé.

BUDGET MOYEN

À proximité

Er Boatez Nevez – *Kervern - Locmiquélic - ℰ 02 97 21 24 11 - fermé merc. et dim. soir - formule déj. 14 €, menus 23,50/30 €.* On apprécie le « nouveau sabot » pour son lieu – une agréable maison blottie dans un hameau –, sa cuisine goûteuse et généreuse (plats traditionnels revisités) et son accueil. Viandes grillées au feu de bois dans la cheminée.

POUR SE FAIRE PLAISIR

Le Bistroy – *18 bis r. de Locmalo - ℰ 02 97 82 48 41 - www.le-bistroy. com - mi-avr.-fin août : fermé dim. soir et lun. ; déb.-sept.-mi avr. : fermé merc., jeu. et dim. soir - formule du jour 14,50 € (sf juil.- août), formule 27 €, menu 35 €.* Surplombant le minuscule et charmant port de Locmalo, le Bistroy sert de délicieux plats évoluant selon le marché accompagnés de légumes de saison.

UNE FOLIE

Avel Vor – *25 r. de Locmalo - ℰ 02 97 82 47 59 - www.restaurant- avel-vor.com - fermé dim. soir, lun. et mar. (sf juil.-août), 3 sem. en janv., 1 sem. en juin et 2 sem. en oct. - ⅋ - menu 30 € (sem.) - 57/96 €.* Un Avel Vor (« vent de

2

mer » en breton) souffle sur ce restaurant au cadre contemporain raffiné. Cuisine pleine de finesse qui sublime, entre autres, les poissons fraîchement pêchés.

ACTIVITÉS

Croisières à bord du Bro Warok – *7 bd de la Compagnie-des-Indes -* ℘ *02 97 28 80 57 - www.bageal.com - fermé nov.-fév. - 60 € (2-12 ans 30 €) pour la journée, pique-nique fourni.* Navigation à bord d'un ancien langoustier. Vous pourrez participer aux manœuvres de voile pour voguer vers l'île de Groix.

Centre nautique de Port-Louis – *Quai de la Pointe -* ℘ *02 97 82 18 60 - www.sellor-nautisme.com.* Voile, plongée (baptêmes et plongeurs confirmés), kayak de mer.

Observatoire du plancton – *Bd de la Compagnie-des-Indes -* ℘ *02 97 82 21 40 - www.observatoire-plancton.fr - fermé j. fériés -* &. À la rencontre de l'étrange univers du plancton au microscope. Vous serez surpris de découvrir l'incroyable diversité de la vie dans une simple goutte d'eau de mer ! L'observatoire propose une animation *(2h)* pendant les vacances scolaires (*« La vie dans une goutte d'eau »* - *6/8 €, -17 ans 4,50 € sur réserv.*).

Randonnée – Plusieurs parcours possibles autour de la petite mer, voir fiches téléchargeables sur le site www.maison-kerner.fr. Lorient Agglomération a édité une carte du tour de la rade à pied, à vélo et en bateau, soit 29 km de Larmor-Plage à Gâvres, ou inversement. Disponible dans les offices de tourisme et sur le site www.lorientbretagnesudtourisme.fr.

ACHATS

Marché – *Pl. du marché et Grand-Rue - sam. matin et mar. soir en juil.-août.* Il rassemble de nombreux commerçants et producteurs de la région.

Boulangerie-pâtisserie Denigot – *9 Grand-Rue -* ℘ *02 97 82 46 89 - 7h-13h, 15h-19h30 (dim. 19h), fermé merc.* Belle boulangerie offrant une grande variété de délicieux pains et gâteaux dont les fameux *kouign-amann.*

AGENDA

Avis de Temps fort - *W.-end de l'Ascension.* Festival des arts de la rue sur 4 communes (Locmiquélic, Port-Louis, Gâvres et Riantec) - *programme sur : www.avisdetempsfort.fr.*

Fête de la Sardine – *1 j. en juillet.* Dans le port de Gâvres.

Lorient

57 662 Lorientais (agglomération : 114 332 habitants) – Morbihan (56)

Chaque été, Lorient devient le centre du monde celtique grâce à son festival désormais connu bien au-delà des frontières bretonnes. Musique et convivialité manifestent de façon éclatante le dynamisme de la cité morbihannaise. La reconversion de la base de sous-marins – désormais pôle touristique majeur consacré à la voile et à la course au large – lui ouvre de nouveaux horizons tandis que le patrimoine issu de la guerre et de la reconstruction est mis en valeur. À proximité, les vallées du Scorff et du Blavet offrent de multiples possibilités de promenades et de visites en famille, autour de la nature et des animaux ou du patrimoine.

😊 NOS ADRESSES PAGE 167
Hébergement, restauration, achats, activités, etc.

🔎 S'INFORMER

Lorient Bretagne Sud Tourisme - Agence de Lorient – *Maison de la Mer - quai de Rohan - 56100 Lorient -* 📞 *02 97 81 78 00 - www.lorientbretagnesudtourisme. fr - juil.-août : 9h30-13h, 14h-19h, dim. 9h30-13h, festival Interceltique 9h30-20h ; avr.-juin et sept. : tlj sf dim. 10h-12h, 14h-18h ; reste de l'année : tlj sf dim. 10h-12h, 14h-17h - fermé certains j. fériés.*

Lorient Bretagne Sud Tourisme -Agence d'Hennebont – *9 pl. Foch - 56700 Hennebont -* 📞 *02 97 84 78 00 - www. lorientbretagnesudtourisme.fr - juil.-août : 9h30-12h30, 14h-18h30, dim. 10h-13h30 ; sept. : tlj sf dim. 10h-12h, 14h-18h ; vac. scol. (sf juil.-août) : tlj sf dim.-lun. 9h-12h30 - fermé 1er janv., 1er et 8 Mai, 25 déc.*

▶ SE REPÉRER

Carte de microrégion A2 (p. 74) – Au confluent du Scorff et du Blavet, le port de Lorient est protégé de l'Océan par ses deux sentinelles : Larmor-Plage et Port-Louis. La N 165 passe au nord de la ville : elle dessert Quimper (69 km à l'ouest) et Vannes (59 km à l'est en passant par Auray).

🅿 SE GARER

Ville moderne s'il en est, Lorient est truffée de parkings publics. En centre-ville, vous bénéficiez de la première demi-heure gratuite *(zone bleue)*.

😊 À NE PAS MANQUER

La Cité de la voile Éric-Tabarly et, à côté, la base de sous-marins pour une incroyable leçon d'histoire (les guides sont excellents), sans oublier le Festival interceltique début août.

🕐 ORGANISER SON TEMPS

Planifiez les visites et les parties de pêche en mer le matin. Gardez vos après-midi pour explorer l'arrière-pays et passer du temps à la plage.

👫 AVEC LES ENFANTS

Utilisez les simulateurs de la Cité de la voile pour connaître les sensations de la course à voile ou glissez-vous dans la peau d'un sous-marinier du Flore ; découvrez l'histoire de la base de sous-marins ; admirez les félins au zoo de Pont-Scorff et faites une randonnée en kayak au centre de Kerguélen.

2

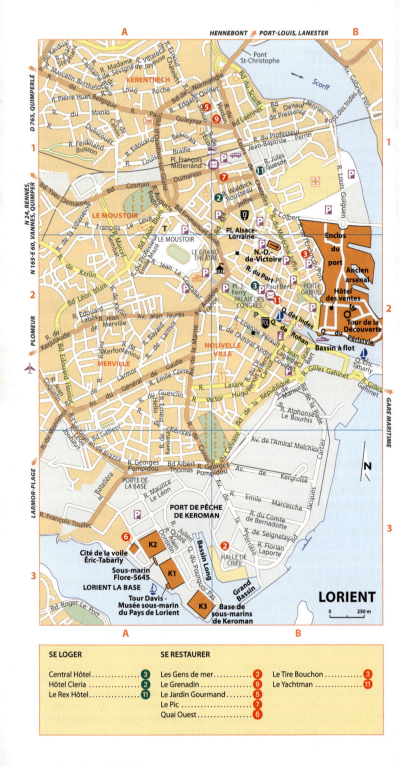

LORIENT

Lorient La Base, avec la Cité de la voile Éric-Tabarly.
Yvan Zedda/Cité de la Voile Éric Tabarly

Se promener Plan de la ville ci-contre

★★ LORIENT LA BASE 2

Reconvertie, l'ancienne base de sous-marins est devenue en une dizaine d'années, un pôle de nautisme et de course au large de dimension européenne, où sont basés les plus grands teams et skippers. 800 m de pontons aménagés reçoivent des bateaux de course.

☺ Billetterie centrale de la base à l'intérieur de la Cité de la voile. Réserv. conseillée en saison.

★★ Cité de la voile Éric-Tabarly A3

℘ 02 97 65 56 56 - www.citevoile-tabarly.com - juil.-août : 10h-19h ; vac. de Pâques : 10h-18h30 ; vac. scol. (hors vac. de Pâques et juil.-août) : 10h-18h ; reste de l'année : se rens. - fermé janv., 25 déc. - 12 € (-17 ans 9 €) - 36 € billet famille (2 adultes + 2 enf.).

Dans le sillage d'Éric Tabarly, vous découvrirez ce vaste espace de 2 000 m² dédié à la plaisance et à la course au large, depuis la conception des voiliers, leur construction et leurs usages jusqu'aux grandes courses.

Le parcours d'exposition mise sur l'interactivité : écrans, simulateurs, bornes multimédias, maquettes à manipuler, etc. : tout est concret et ludique. Un dispositif audiovisuel de 120 m² vous entraîne sur le pont d'un trimaran de course tandis qu'une spectaculaire animation 4D vous fait partager les sensations fortes d'un concurrent du Vendée Globe. Un espace de 200 m² est spécialement aménagé pour les enfants de 3 à 6 ans, un autre est consacré au parcours d'Éric Tabarly. Au fil du parcours, des mini-ateliers proposés par des animateurs *(se rens. sur les horaires)* vous immergent dans ces environnements techniques ou pratiques qui façonnent la vie quotidienne du marin en mer.

Sur le ponton, auquel on accède par une passerelle et par la tour des vents, on peut admirer le tout premier *Pen Duick* qui fut suivi par les géants sur lesquels Éric Tabarly gagna tant de courses.

On peut aussi embarquer sur l'un des voiliers pour connaître la griserie des courses (mais, chaque jour, il y a peu d'élus, aussi vaut-il mieux venir tôt) ou visiter le pôle course au large.

Pour les trois sites qui suivent, plusieurs formules de pass permettent de cumuler deux ou trois visites à un prix préférentiel ; rens. à la billetterie centrale.

★ Sous-marin Flore-S645 A3

Situé entre le K2 et le K1 - ☎ 02 97 65 52 87 - www.la-flore.fr - & - août : 10h-20h, dép. ttes les 40mn ; juil. : 10h-19h ; mai-juin et de déb. sept. à mi-oct. : tlj sf lun. 10h-12h, 14h-18h ; reste de l'année : se rens. - fermé 1er janv., 25 déc. - possibilité de visite guidée (1h30) - 9 € (-18 ans 7 €) - 19,08 € billet combiné avec la Cité de la voile Éric-Tabarly - 27,40 € billet famille (2 adultes + 2 enf.) - avec audioguide - réserv. conseillée (35 pers. maxi).

La visite commence dans une alvéole où est présentée l'histoire de Lorient. Elle se poursuit par une représentation des espaces d'un sous-marin : salle de propulsion, salle de la vie quotidienne, central opération et systèmes d'armes… Le parcours se termine par la visite du sous-marin. Muni d'un audioguide, c'est en compagnie des témoignages d'anciens sous-mariniers que le visiteur explore ce bâtiment de 800 tonnes. Long de 58 m, large de 7 m et haut de 5 m, ce sous-marin a parcouru près de 15 fois le tour de la terre entre 1963 et 1984. L'équipage était constitué d'une cinquantaine d'hommes.

★ Tour Davis - Musée sous-marin du Pays de Lorient A3

Le bâtiment se trouve une centaine de mètres plus loin - ☎ 06 07 10 69 41 - www. musee-sous-marin.com - juil.-août : 13h30-18h30 ; reste de l'année : dim. et vac. scol. 14h-18h - fermé certains j. fériés - possibilité de visite guidée (1h) - 5,50 € (-17 ans 3,50 €) - 16 € billet famille (2 adultes + enf.).

En 1942, la guerre maritime étant de plus en plus néfaste aux sous-mariniers, la Kriegsmarine décida de se doter d'un simulateur pour entraîner ses marins à l'évacuation des submersibles. Ce simulateur appelé *Tauchtopf* sera repris en 1953 par la Marine nationale française qui formera à son tour, jusqu'aux années 1995, des générations de sous-mariniers.

★ Base de sous-marins de Keroman AB3

Base de sous-marins de Keroman - ☎ 02 97 02 23 29 - http://patrimoine.lorient. fr - visite guidée (1h30) - vac. scol. : 15h ; reste de l'année : merc. et dim. 15h - fermé 1er janv., 25 déc. - - 6,20 € (-18 ans 3,10 €).

Les trois grands blocs de la base *(on en visite un)* furent construits à une vitesse record *(voir ci-contre)*. Bâtis en 1941, les deux premiers, longs de 130 m et hauts de 18,50 m, disposaient de 13 alvéoles pouvant accueillir des sous-marins. Le troisième bloc que l'on visite, **Keroman 3 (K3),** est le plus important avec 170 m de long et 20 m de haut (1943). Contrairement aux deux premiers, il accueillait les sous-marins à flot avec des cales de radoub. Il possède une double toiture, épaisse de 7,50 m en béton armé (9 m à certains endroits), avec des poutres antidéflagration. Au lendemain de la guerre, la Marine prit possession de la base pour y installer la deuxième escadrille des sous-marins de l'Atlantique, dissoute en 1995. Rendue à la ville, la base accueille désormais le pôle Grand Large, avec le Défi français, par exemple, ainsi que des industries nautiques (catamarans, accastillage, mâts…).

PORT DE PÊCHE DE KEROMAN AB3

En partie gagné sur la mer, le port est conçu et aménagé pour les besoins de la pêche industrielle. Il se compose de deux bassins en équerre – le **Grand Bassin** et le **Bassin Long** – et totalise 1 850 m de quais.

Lorient 1940-1945, un destin implacable

21 JUIN 1940 : L'INSTALLATION

Neuf mois après l'entrée de la France en guerre, les Allemands pénètrent dans Lorient. Pour l'amiral Dönitz, le port militaire, qui comprend un arsenal quasi intact et un accès immédiat aux zones opérationnelles de haute mer, se révèle très vite stratégique. C'est ici que les U-Boote de la Kriegsmarine stationnent, à la fois pour protéger les navires allemands naviguant en mer du Nord et pour couler les cargos qui, des États-Unis ou d'Australie, ne manqueront pas d'affluer pour ravitailler une Grande-Bretagne désormais esseulée. La bataille « de et pour » l'Atlantique, vitale pour l'issue de la guerre, est dans toutes les têtes. Mais encore faut-il protéger l'arsenal. Cette réalisation, la plus importante des cinq bases majeures installées sur les côtes françaises de l'Atlantique, constituera l'ensemble architectural le plus monumental édifié par l'Organisation Todt (du nom de l'ingénieur Fritz Todt), à l'origine de la création du **mur de l'Atlantique**.

FÉVRIER 1941-JANVIER 1943 : LA CONSTRUCTION

Les travaux commencent sous le feu des avions de la Royal Air Force. De février 1941 à janvier 1943, plus de 15 000 ouvriers construisent sur une superficie de 26 ha, au sud de la ville de Lorient, une presqu'île appelée Keroman, trois gigantesques blocs de béton alvéolés et équipés de *slipways*, ces plans inclinés qui permettent de tirer à sec les bâtiments de guerre. Ainsi protégés, les sous-marins peuvent remplir pleinement leurs missions. Pour l'année 1942, pas moins de 1 160 navires sont envoyés par le fond. Ces sous-marins sont pour Churchill une menace de tous les instants.

JANVIER 1943 : LE BOMBARDEMENT

Les Alliés décident de détruire les bases des U-Boote sur le littoral français. L'objectif est de « dévaster totalement les zones dans lesquelles sont situés les sous-marins ». La destruction systématique de Lorient est la première cible. La majorité de la population évacue la ville avant que les Allemands ne l'obligent à rester pour dissuader les bombardements des Alliés. En vain. Du 15 janvier au 17 février, 1 853 avions larguent en huit raids plus de 4 000 t de bombes et 60 000 bombes incendiaires. La ville, l'arsenal et de nombreux immeubles datant de la Compagnie des Indes sont réduits en cendres : 4 095 immeubles sont totalement détruits, 3 245 partiellement ; moins d'une dizaine sont intacts. On ne déplore que 353 victimes. Si la base navale, est presque indemne à l'image de Keroman 3 qui a tout juste vacillé sous le poids de Tallboy, une bombe de 5,4 t, toute la base de ravitaillement et de logistique est en revanche anéantie.

7 AOÛT 1944 : LE CONFINEMENT

Près de 26 000 soldats allemands et quelque 20 000 civils se retrouvent dans le réduit lorientais, cette poche qui s'étend sur 50 km, de la rivière la Laïta à l'ouest aux falaises de la ria d'Étel à l'est. Ils capitulent le 10 mai 1945, neuf mois après la libération de Paris. Georges Tourry, polytechnicien et architecte, est chargé de la reconstruction de Lorient, qui durera plus de vingt ans.

Le port de Keroman – deuxième port de pêche français après Boulogne – arme toute l'année et pour toutes sortes de pêches. Il comporte une halle de criée longue de 600 m, une « gare de marée » permettant de charger des camions en partance pour toutes les régions de France, un « service glace » dont la production peut être de 200 t par jour et un *slipway* composé de six voies. La vente du poisson se pratique encore selon un rituel que seuls comprennent les initiés. Au petit matin, le spectacle haut en couleur de la criée mérite le détour. Pour découvrir toutes les activités, l'idéal est de participer à une des visites guidées organisées par la Maison de la mer *(voir p. 171)*.

LE CENTRE-VILLE 1

Bombardée massivement par les Alliés début 1943, la ville a été entièrement reconstruite sous la houlette de l'architecte Georges Tourry. Si le tracé d'avant-guerre est conservé, l'architecture est totalement nouvelle, chaque îlot faisant l'objet d'un aménagement spécifique.

Quai des Indes et quai de Rohan B2

Ils bordent le **bassin à flot** aménagé au 19ᵉ s. quand l'ancien port de la Compagnie des Indes devint exclusivement militaire. Le quai de Rohan, jalonné d'immeubles des années 1950-1960, contraste avec le quai des Indes où s'élèvent des bâtiments plus anciens, comme la chambre de commerce et d'industrie de style Art déco (1927) ou l'ensemble d'hôtels particuliers de la fin du 18ᵉ s. (nᵒˢ 27 à 31). Dans le prolongement du quai des Indes, la **promenade du Péristyle** permet de rejoindre la zone de l'ancien arsenal et l'enclos du port.

L'ancien arsenal B2

Jusqu'en 2000, l'enclos de la Compagnie des Indes abritait l'arsenal de la Marine : ses quatre bassins étaient utilisés pour le carénage des navires de guerre de surface et pouvaient recevoir les plus grosses unités. Délaissé par la Marine, l'enclos est en pleine reconversion.

Enclos du port B2

Entrée par la porte Gabriel ou par le quai du Péristyle - 𝄐 *02 97 02 23 29 - http:// patrimoine.lorient.fr -* ♿ *- possibilité de visite guidée (1h30) - gratuit - visite libre.* Cœur historique de Lorient, l'ancien enclos de la Compagnie des Indes abrite l'**hôtel des ventes,** dessiné par Gabriel en 1740 et reconstruit dans le style original *(accès pour expositions temporaires).* Sur la colline du Faouëdic, la **tour de la Découverte** (1786) est flanquée par les moulins de l'Amirauté (1677). Elle servait autrefois de sémaphore et de tour de guet : les plus courageux peuvent grimper ses 225 marches, pour contempler une **vue**★ superbe sur la rade *(fermé au public au moment de la rédaction de ce guide).* À voir aussi : le réservoir d'eau (1876) de la cour haute *(visite guidée seult).*

Rue du Port B2

Cette rue piétonne – l'un des axes historiques de la ville – est un bon exemple de la variété de styles architecturaux adoptés lors de la reconstruction. Voyez notamment l'immeuble « Technicolor » (au n° 50), dont la rénovation en 2014 a remis en valeur la façade très graphique.

★ Église Notre-Dame-de-Victoire B2

Plus connue sous le nom de St-Louis par les Lorientais, elle s'élève dans l'un des angles de la **place Alsace-Lorraine**, qui constitue une réussite de l'urbanisme moderne (1954). Construite en béton armé, l'église recèle un très bel **intérieur** dont la rotonde est éclairée par de petits vitraux jaunes et blancs. L'église comme la place ont été conçues par Jean-Baptiste Hourlier.

LA COMPAGNIE DES INDES

La première Compagnie des Indes fondée par Richelieu à Port-Louis *(voir p. 156)* ayant été un échec, **Colbert** reprend le projet en 1664, au Havre. Mais les navires de la Compagnie sont arraisonnés trop facilement dans la Manche par les Anglais : on décide alors de transporter le siège de l'exploitation sur l'Atlantique. Le choix se fixe sur des terres « vagues et vaines », sur la rive droite du Scorff, un site stratégique. Très vite, toute l'activité portuaire se tourne vers les Indes et la Chine – les installations élevées à cet endroit prennent alors le nom de « L'Orient ». Seignelay organise un arsenal royal où les plus illustres corsaires viennent faire radouber leur navire. Au début du 18e s., sous l'impulsion du célèbre financier John Law, les affaires se développent avec l'arrivée des marchandises (porcelaines, tapis, épices, etc.). Soixante ans après sa fondation, la ville compte déjà 18 000 habitants. Mais la perte des Indes cause la ruine de la Compagnie et en 1770, l'État prend possession du port et de ses installations. Puis Napoléon Ier fait de Lorient un port militaire.

À proximité Carte de microrégion p. 74-75

Larmor-Plage A2

 À 6 km au sud de Lorient par la D 29.

 Une voie verte piéton-vélo arborée permet de venir de Lorient (à partir du pont de Kermelo).

 S'ouvrant sur l'océan et offrant de magnifiques vues sur la rade de Lorient et les remparts de Port-Louis, Larmor-Plage est une station balnéaire à l'atmosphère familiale. Elle possède de belles plages fréquentées par les Lorientais : Toulhars, Port-Maria (la plus centrale, animation tout l'été), Locqueltas (très abritée, particulièrement adaptée aux familles avec de jeunes enfants) et enfin la longue plage de Kerguélen, avec à son extrémité ouest, le grand centre nautique *(voir « Nos adresses »)*. La grève de Nourriguel, à l'est de la commune, est interdite à la baignade en raison de sa proximité avec la rade de Lorient. À côté s'étend le port de plaisance de **Kernével**.

Dans le centre s'élève l'**église Notre-Dame de Larmor**, bâtie au 12e s. et remaniée jusqu'au 17e s. Le porche du 15e s. s'ouvre exceptionnellement au nord, afin d'être protégé des vents dominants. L'intérieur révèle un intéressant mobilier et, à l'autel des Juifs, un retable du 16e s. d'inspiration flamande rassemblant sur les pentes du calvaire une quarantaine de personnages très expressifs.

 Ne manquez pas la petite promenade côtière, le long des plages et des quelques villas fin 19e s.-début 20e s.

Pont-Scorff A2

 À 15 km au nord de Lorient.

Maison des Princes – Cette belle maison du 16e s., accueille aujourd'hui la mairie. De nombreux artisans sont installés sur la commune, particulièrement autour de la Cour des métiers d'art *(voir « Nos adresses », p. 170)*.

Atelier d'Estienne – 1 r. Terrien - ℘ 02 97 32 42 13 - www.atelier-estienne.fr - mar.-dim. 14h30-18h30 - gratuit. Cet ancien atelier d'ébéniste, entièrement restauré, est désormais un lieu destiné à la création contemporaine (peinture, sculpture, photographie, vidéo, installations) et propose des expositions et diverses animations toute l'année.

Dans Pont-Scorff, prenez la D 6 vers Quéven.

2

★ **Zoo** – Kerruisseau - ☎ 02 97 32 60 86 - www.zoo-pont-scorff.com - juil.-août : 10h-19h ; avr.-juin et sept. : 10h-18h ; reste de l'année : 10h-17h - fermé de la fin des vac. de la Toussaint à fin janv. - 19,90 € (-12 ans 12,90 €). Installé sous bois, sur les rives escarpées du Scave, petit affluent du Scorff, ce zoo spécialisé dans la reproduction des **félins** rassemble sur 12 ha plus de 600 animaux de 120 espèces différentes. Des spectacles d'animaux dressés – « mal aimés », otaries, oiseaux marins – sont présentés à certaines heures ; également, animations « Journées soigneurs » (avr.-sept.) et visites nocturnes « Nuit des animaux » (fin juil., 22 €, enf. 16 €).

Hennebont A2

▶ À 17 km au nord-est de Lorient. La route passe par Lanester.

En arrivant à Lanester après avoir traversé le Scorff, on aperçoit, sur la droite, à marée basse, un champ de pieux noirâtres : les probables vestiges de la **fosse aux mâts**, inaugurée en 1826. Le bois destiné à la construction navale était enfoui dans la vase afin d'être protégé de la pourriture.

Ancienne ville fortifiée, **Hennebont** est située sur les rives escarpées du Blavet, rivière que les pêcheurs apprécient pour ses variétés de poissons.

Basilique N.-D.-de-Paradis – Son énorme **tour-clocher★** (16ᵉ s.) est surmontée d'une flèche de 65 m. Un beau porche flamboyant, très élancé et orné de niches, donne accès à la nef. Celle-ci est éclairée par des vitraux réalisés entre 1955 et 1965 par Max Ingrand, grand maître verrier des années 1950. Ne manquez pas les deux belles toiles : *Les Vœux de 1699*, de Théodore Boyermans (1620-1678), continuateur de Van Dyck, et *Le Vœu de St-Louis de Gonzague* (1807), par Henri François Mulard, élève de David.

Porte Broërec'h et remparts – Vestige des fortifications du 13ᵉ s., la porte Broërec'h, restaurée, servait autrefois de prison. *Franchissez cette porte et prenez à gauche l'escalier qui donne accès au chemin de ronde.* Ces remparts du 15ᵉ s. enserraient la ville close. Des jardins sont aménagés le long des murailles. Les tours abritent un **musée** retraçant l'histoire de la ville et l'activité du port. Costumes bretons, mobilier, faïences, maquettes et gravures. *1 r. de la Prison -* ☎ 02 97 36 29 18 - www.musee-hennebont.fr - juin-sept. : 10h30-12h30, 13h30-18h30 - possibilité de visite guidée - 5 € (-12 ans gratuit).

Depuis les tours, prenez la rue du Champ-de-Foire ; elle mène à un **promontoire** qui domine la vallée du Blavet. Le chemin du Bois-du-Duc, en contrebas, conduit au chemin de halage.

Le chemin de halage – Il constitue une promenade agréable de 58 km le long du Blavet, de Hennebont à Pontivy *(voir p. 203)*. Départ sur le parking de la Poterie, tout en bas des remparts sur la droite. Pour les sportifs, un parcours de santé est aménagé du parking de la Poterie à celui de la Bergerie.

Écomusée industriel des forges d'Inzinzac-Lochrist – *Mail François-Giovanelli* - ☎ 02 97 36 98 21 - www.inzinzac-lochrist.fr - juil.-août : 10h-18h30, w.-end et j. fériés 14h-18h30 ; juin et sept. : tlj sf w.-end 10h-12h, 14h-18h, dim. 14h-18h ; avr.-mai et oct. : tlj sf sam., certains dim. 10h-12h, 14h-18h - fermé certains j. fériés - possibilité de visite guidée (1h) - 4,60 € (-18 ans 2,30 €). L'écomusée occupe le site même des anciennes forges d'Hennebont qui, de 1860 à 1966, constituaient l'une des entreprises les plus importantes de Bretagne (3 000 employés en 1939). La conserverie sur le littoral breton était alors en plein essor *(voir p. 129)*.

Musée des Métallurgistes des forges d'Hennebont – Installé sur la rive droite du Blavet, dans l'ancien laboratoire des Essais physiques et chimiques sur métal, il fait revivre toute l'histoire du centre sidérurgique de la Bretagne (technologie du métal, mouvement syndical, etc.).

Près du grand barrage, l'ancienne maison du garde des forges d'Hennebont abrite la **Maison de l'eau et de l'hydraulique**, consacrée à la mémoire du Blavet et à sa canalisation.

Haras – *R. Victor-Hugo -* ℰ *02 97 89 40 30 - www.haras-hennebont.fr -* ♿ *- juil.-août : tlj sf sam. 11h-18h30 ; avr. : tlj sf sam. et lun. 14h-18h ; mai-juin : merc. et vend. 14h-18h ; sept. : mar.-jeu. 14h-18h, dim. (J. du patrimoine) 14h-18h30 ; vac. de la Toussaint : tlj sf vend.-sam. et lun. 14h-18h - fermé nov.-mars - possibilité de visite guidée (1h30) - 7,70 € (-17 ans 6,10 €) - 12,50 € billet combiné avec le show équestre - 24,70 € billet famille (2 adultes + 4 enf. maxi).* Classé monument historique, le haras d'Hennebont (1857), installé dans une ancienne abbaye, fournit des reproducteurs (chevaux de trait et postier bretons, selle français, trotteur français, anglo-arabe, poney…) aux stations du Sud-Finistère, du Morbihan et de l'Ille-et-Vilaine. Espace de découverte pédagogique sur le monde du cheval et les haras nationaux, visite guidée des écuries, de la sellerie d'honneur et de la forge, le tout dans un parc à l'anglaise de 23 ha.

Parc de Kerbihan – *Accès par les rues Nationale et Léo-Lagrange, cette dernière étant réservée aux piétons.* Ce parc botanique s'articule le long du ruisseau de St-Gilles et présente des essences répertoriées des cinq continents.

Plouay A1

▶ *À 20 km au nord par la D 769.*

Championnat du monde, départ du Tour de France, Grand Prix… de grandes heures de l'histoire du vélo se sont écrites dans cette ville qui, avec ses animations, fait tout pour retenir les amoureux de la Petite Reine.

Domaine de Manehouarne – Autour du château, vaste parc de 50 ha avec des allées pour se promener à pied et à vélo.

2

😎 NOS ADRESSES À LORIENT ET ALENTOUR

TRANSPORTS

🚌 Embarquez à bord du **Batobus**, pratique et économique :
5 liaisons possibles pour passer d'une rive à l'autre de la rade. Ces services fonctionnent tlj, à l'exception de la ligne 14 *(dim. seult).* Aller simple 1,45 €. Batobus 10 : du quai des Indes *(Lorient)* à Pen-Mané *(Locmiquélic),* 7mn ; Batobus 11 : port de pêche *(Lorient)* à la Pointe *(Port-Louis),* 11mn ; Batobus 12 : port de pêche *(Lorient)* à Ste-Catherine *(Locmiquélic),* 6mn ; Batobus 13 : Locmalo *(Port-Louis)* à Embarcadère *(Gâvres),* 6mn ; Batobus 14 : quai des Indes *(Lorient),* Pen-Mané *(Locmiquélic)* à La Pointe *(Port-Louis),* 26mn. *Rens. sur www.ctrl.fr ou 02 97 21 28 29.*

🚌 Le soir, la ligne 14S propose du vend. au sam. des départs en soirée pour découvrir la rade de nuit.

🚌 Des correspondances bus sont prévues à chaque arrivée de bateau (sf ligne 12). Demander à l'OT le dépliant « Vos lignes maritimes ».

HÉBERGEMENT

Lorient

BUDGET MOYEN

Central Hôtel – *1 r. Cambry -* ℰ *02 97 21 16 52 - www. centralhotellorient.com - fermé vac. de noël - 21 ch. 60/100 € -* 🍽 *9 €.* Les chambres de cet hôtel du centre-ville profitent d'une rénovation réussie : matériaux neufs, couleurs gaies et bonne isolation phonique. Petit-déjeuner pantagruélique.

Hôtel Cleria – *27 bd Mar.-Franchet-d'Esperey -* 🕿 *02 97 21 04 59 - www.hotel-cleria.com - fermé dernière sem. de déc. -* 🅿 *- 33 ch. 59/92 € -* 🍽 *10 €.* À quelques mètres seulement de la gare, bienvenue dans l'intérieur cosy de ce Cléria, avec son salon digne d'un appartement privé… Les chambres sont décorées dans une veine contemporaine ; préférez les supérieures, dites « Cotonnades », spacieuses et douillettes.

POUR SE FAIRE PLAISIR

Le Rex Hôtel – *28 cours de Chazelles -* 🕿 *02 97 64 25 60 - www.rex-hotel-lorient.com - fermé 26 déc.-3 janv. - 24 ch. 80 € -* 🍽 *10,50 €.* Hôtel, situé le long d'une large avenue bordée de platanes, dont la majorité des chambres bénéficie d'une rénovation totale : literie neuve, mobilier fonctionnel et accès Internet. Plaisant salon-cheminée, agréable salle des petits-déjeuners et original comptoir d'accueil en forme de proue de bateau.

À proximité

PREMIER PRIX

Chambre d'hôte Les Camélias – *9 r. des Roseaux - 56260 Larmor-Plage -* 🕿 *02 97 65 50 67 - fermé de fin sept. à déb. oct. -* 🚭🅿 *- 4 ch. 58/68 €* 🍽*.* Un jardin arboré entoure cette jolie maison à deux pas du centre. Les chambres sont parfaitement tenues. Les meubles et bibelots anciens leur confèrent un cachet bourgeois.

Résidence Parc Océanique de Kerguélen – *Parc Océanique - 56260 Larmor-Plage -* 🕿 *02 97 33 77 78 - www.sellor-nautisme.com -* 🅿 ♿ *- 38 ch. 65 € -* 🍽 *6 € -* 🍴 *formule 12,50 €.* Ambiance jeune et sportive, confort simple et petits prix ! Atout majeur : la proximité immédiate de la plage et des activités nautiques. Restauration sans prétention.

Chambre d'hôte Libeurtheu – *23 r. de l'Anse-du-Stol - 56270 Ploemeur -* 🕿 *02 97 82 86 22 - lelostec.demaret.free.fr - fermé janv.-fév. -* 🚭🅿 *- 3 ch. 55 €* 🍽 *et 1 gîte (été) 600 € sem.* Maison de style néobreton située entre l'anse du Stole et le marais de Pen-Palud. Les chambres ne sont pas grandes mais sont confortables. Petit-déjeuner copieux.

UNE FOLIE

Les Mouettes – *r. de Rennes, Anse de Kerguélen - 56260 Larmor-Plage -* 🕿 *02 97 65 50 30 - www.lesmouettes.com - 20 ch. 123/130 € -* 🍽 *12 €.* Entièrement rénové en 2014, cet établissement donne directement sur la plage, avec vue sur l'océan et l'île de Groix : une situation exceptionnelle ! Les chambres sont fonctionnelles, décorées dans un style contemporain. Une étape très agréable. Restaurant *(voir ci-après).*

Château de Locguénolé – *56700 Kervignac -* 🕿 *02 97 76 76 76 - www.chateau-de-locguenole.com - fermé déb. janv.-mi-fév. -* 🅿 *- 18 ch. + 4 appart. 159/370 € -* 🍽 *21 € -* 🍴 *(tlj sf lun. et midi sf dim.) - menu 49/98 € - 70/110 €.* Deux demeures historiques dans un parc de 120 ha donnant sur le Blavet. Chambres spacieuses et élégantes. Belles salles à manger où l'on sert une cuisine mariant saveurs marines et potagères.

RESTAURATION

Lorient

PREMIER PRIX

Les Gens de mer – *14 bd Louis-Nail -* 🕿 *02 97 37 11 28 - www.lesgensdemerlorient.com - fermé* *vend. soir, sam. et dim. - ♿ - menu du jour 13,90 € - 12/25 € - 26 ch. 60 € - ≔ 8,90 € (buffet).* Face au port de Keroman, ce restaurant, fréquenté par la clientèle locale, propose une cuisine tirée essentiellement des produits frais de la mer.

BUDGET MOYEN

Quai Ouest – *Cité de la voile Éric-Tabarly - Base de sous-marins -* ☎ *02 97 65 42 58 - www. quaiouest-lorient.com - mar.-dim. midi et jeu.-sam. soir - fermé lun. - menu 19,90 (déj. sem.)/27/33 €.* Les produits de la mer sont bien sûr à l'honneur sur la carte de cet établissement situé au rez-de-chaussée de la Cité de la voile. Grande terrasse pour admirer les bateaux.

POUR SE FAIRE PLAISIR

Le Yachtman – *14 r. Poissonnière -* ☎ *02 97 21 31 91 - www. leyachtmanlorient.fr - fermé dim. - ♿ - formule déj. 17,50 € - menu 21,50 (sem.)/32/45 €.* Non loin du port, la salle joue la carte de l'épure et de l'intime. La cuisine, bien maîtrisée, vogue sur la mer (morue fraîche à l'aïoli, tartelette à la clémentine…).

Le Tire Bouchon – *45 r. J.-Le-Grand -* ☎ *02 97 84 71 92 - fermé sam. midi, mar. soir et merc. - formule 15 € - menu 18 (déj. sem.)/30/59 €.* Les gourmands viennent à cette adresse proche de l'arsenal pour se régaler d'une goûteuse cuisine de saison. Un bon moment à savourer dans une salle coquette à souhait. Accueil souriant.

Le Pic – *2 bd Mar.-Franchet-d'Esperey -* ☎ *02 97 21 18 29 - fermé merc. soir, sam. midi et dim. (sf j. fériés) - ♿ - formule déj. 14,50 € - menu 19 (sem.)/27,80/37 € - 30/43 €.* Façade rouge, décor rétro rutilant (vitraux, miroirs, comptoir), ambiance bistrot, cuisine traditionnelle et arrivage de poissons frais…

Le Grenadin – *7 r. Paul-Guieysse -* ☎ *02 97 64 30 01 - legrenadin. free.fr - fermé dim. soir, merc. soir et lun., vac. de fév., dernière sem. de juil. et 15 j. déb. août - formules 14,90/26 € - menu 16,90 (déj. sem.)/21 (déj.)/31,50/59,50 €.* Ce petit restaurant traditionnel proche de la gare doit sa réputation à la qualité de ses produits de la mer. Décor d'esprit contemporain.

UNE FOLIE

Le Jardin gourmand – *46 r. J.-Simon -* ☎ *02 97 64 17 24 - www.tropmad.com - fermé merc.-jeu. (hors sais.), dim. soir et lun.-mar., vac. de fév. - formule déj. 26 € - 32 € (déj. sf dim. et j. fériés)/44/58 €.* La chef-patronne met à l'honneur les produits bretons à travers des recettes inventives escortées d'un beau choix de vins, de whiskies et d'eaux-de-vie. Des cours de cuisine et d'œnologie sont proposés en hiver.

À proximité

PREMIER PRIX

Crêperie du Gaillec – *1 r. de Kerlivio - 56270 **Ploemeur** -* ☎ *02 97 83 00 26 - fermé lun.-mar.,1 sem. déb. janv., 1 sem. en juin et 3 premières sem. d'oct. - ⚑ - ♿ - menu 7,95/16,95 €.* L'accès à cette ancienne ferme n'est pas des plus aisés, mais une fois à table, vous savourerez des crêpes à la farine biologique et les bons produits des artisans locaux avec d'autant plus de plaisir… Aux beaux jours, vous déjeunerez sous la pergola.

BUDGET MOYEN

L'Art gourmand – *14 pl. de la Maison-des-Princes - 56620 Pont-Scorff -* ☎ *02 97 32 65 08 - www. lartgourmand.com - fermé mar. soir et merc., 1 sem. en fév., 1 sem.*

2

en juin et 1 sem. à la toussaint -
♿ *- formule déj. (sem.) 14,50 € -*
menu 17 (déj. sem.)/24/30 € - réserv.
conseillée. Merlu rôti et sauce aux
épices douces ; poire pochée,
vin chaud et financier… Ce petit
restaurant allie simplicité et sens
du détail.

Les Mouettes *– r. de Rennes Anse*
de Kerguélen, 56260 **Larmor-**
Plage *-* ☎ *02 97 65 50 30 - www.*
lesmouettes.com - formules 22/49 €.
Depuis la salle à manger et la
terrasse, la vue sur l'Atlantique et
l'île de Groix est tout simplement
imprenable… Dans l'assiette, on
trouve de bons produits bien
travaillés, et particulièrement des
poissons (dorade, saint-pierre,
etc.) et des fruits de mer d'une
grande fraîcheur. Service efficace
et ambiance sympathique.

POUR SE FAIRE PLAISIR

Au Jardin des Sens *– Place du*
Calvaire - 56700 **Hennebont** *-*
☎ *02 97 36 21 44 - fermé dim. soir*
et lun. - ♿ *- formule déj. 16,50 € -*
menu 19,50 (sem.)/29,90/55,90 €.
Savoureuse cuisine, notamment
inspirée par les produits des
fournisseurs locaux. L'été, à la
salle colorée, préférez la terrasse.
Accueil souriant.

PETITE PAUSE

Larmor-Plage

Le Korrigan gourmand *– 24 av.*
Charles-de-Gaulle (derrière l'office
du tourisme) - Port-Maria - Larmor-
Plage - 12h-23h en haute saison.
Ce glacier artisanal breton
confectionne de savoureux
sorbets et glaces aux parfums
variés. Salon de thé en hiver.

ACHATS

Lorient

Moulin Lorient Marée *– Mag*
n°78 - Port de Pêche - ☎ *02 97 37*
30 00 - www.moulinmaree.com -

8h-12h - fermé dim. Dans le port
de pêche de Keroman, lieu de
vente des poissons à la criée,
c'est le seul magasin qui propose
aux particuliers des produits
frais tirés de la mer (possibilité
de passer commande pour les
crustacés).

Marché *– Halles de Merville -*
mar.-dim. sous les halles couvertes
et marché extérieur merc. et
sam. matin.

À proximité

La Cour des métiers d'art *–*
8 r. Prince-Henri-de-Polignac -
56620 **Pont-Scorff** *-* ☎ *02 97 32*
55 74 - www.lacourdesmetiersdart.
com - 10h-12h, 14h-19h,
dim. 14h30-18h30 - fermé 1ᵉʳ janv.,
25 déc., lun.-mar. - possibilité
de visite guidée (10mn). Une
soixantaine d'artistes et artisans
font vivre la matière, verre, terre,
bois aux essences multiples,
résine, métal, ardoise, pour
le plus grand profit des arts
décoratifs contemporains.
Visites d'ateliers, expositions,
galeries.

Ferme d'autruches de la
Saudraye *– La Haye - 56520*
Guidel *-* ☎ *02 97 65 04 54 - www.*
ferme-autruches.com - visite
mi-avr.-oct. : 10h-19h (4,50 €) ;
boutique 10h-12h, 14h-19h -
fermé dim. hors vac. scol. Ce site
boisé de 40 ha abrite quelque
1 500 autruches et émeus. Vous
pourrez assister à la naissance des
autruchons. Aires de pique-nique.
Vente de charcuteries, plats
cuisinés et produits dérivés
(plumes, maroquinerie, objets de
décoration) à la boutique.

Biscuiterie La Lorientaise *–*
Rd-pt de Kernours - 56700
Kervignac *-* ☎ *02 97 76 02 09 -*
www.biscuiterie-la-lorientaise.
com - 8h-12h, 13h30-18h30, sam.
9h-12h, 14h-18h30 - fermé dim.
et j. fériés. De l'autre côté de

l'estuaire, sur un rond-point, cette boutique moderne ouvre sur un laboratoire où galettes, quatre-quarts, madeleines et gâteaux bretons sont confectionnés artisanalement. Possibilité de déguster les produits, proposés avec le sourire par la propriétaire.

BOIRE UN VERRE/EN SOIRÉE

Lorient

Place Jules-Ferry – Autour de cette place (en rénovation en 2018) s'organise la vie nocturne lorientaise. Tous les genres sont là, des jeunes branchés (Villa Vanny) aux moins jeunes (Admiral Benbow). On trouve aussi un pub, un bar australien et deux discothèques…

Tavarn Ar Roue Morvan – *1 pl. Polig-Monjarret - ☎ 02 97 21 61 57 - www. facebook.com/Tavarn-Ar-Roue-Morvan-649737105157678 - ⛬ - 11h-1h - fermé dim. et j. fériés.* Enseigne en breton et menu bilingue dans cette taverne où la patronne affirme en toute simplicité ses origines : « Nous sommes Bretons, nous parlons donc breton ». Concerts de musique… bretonne, 2 à 3 fois par mois.

Bar La Base – *Base de sous-marins Keroman - ☎ 02 97 88 01 93 - www. labase-lorient.com - 9h30-1h.* Un bon spot au cœur de la base pour faire une pause café ou siroter un cocktail. Terrasse ombragée de quelques palmiers, fauteuils inclinés et poufs où l'on se met à rêver face aux bateaux de course du Vendée Globe.

À proximité

Villa Margaret – *Port de Plaisance de Kernevel - 56260 **Larmor-Plage** - ☎ 02 97 33 67 19 - 10h-21h - fermé 2 sem. déb. oct.* Paisible bistrot, établi dans une splendide

demeure de la fin du 18ᵉ s., où les jeunes de Larmor-Plage viennent se mêler aux vétérans. En été, on profite, sur des rythmes jazzy, d'une terrasse ombrée sur jardin≈qui regarde le port de Kernevel.

Le New Symbole – *Vieux-Moulin-du-Ter - 56270 **Ploemeur** - ☎ 02 97 86 74 75 - newsymbole. com - vend.-sam. et veilles de fêtes 23h-5h.* Belle discothèque avec piscine et terrasse, construite dans un ancien moulin. Plusieurs *dance floors* avec autant d'ambiances et de musiques différentes.

ACTIVITÉS

Lorient

Circuits portuaires – *☎ 02 97 84 78 00 - se rens. pour les horaires et lieux des dép. - réserv. obligatoire à l'office de tourisme.* Organisées par les médiateurs de la Maison de la mer (www.maisondelamer.org). « La marée du jour » permet de découvrir les techniques de pêche et le travail du mareyage. « La rade aux 3 000 navires ou Secrets de navires » vous immerge dans l'univers portuaire de Lorient. « Objectif pêche durable » mène à la station Ifremer de Lorient *(2h) - 5,80 € (-19 ans 2,90 €).*

Croisières – Escal'Ouest – *7 r. Amiral Dordelin - 56100 Lorient - ☎ 02 97 65 52 52 - www.escalouest. com.* D'avril à sept., groupes et individuels, départ vers l'île de Groix, croisières sur la rade de Lorient, le Blavet depuis Lorient La base.

À proximité

Pêche en mer – *Escal'Ouest* – *7 r. Amiral Dordelin - 56100 Lorient - ☎ 02 97 65 52 52 - www. escalouest.com - 42 € (-12 ans 28 €).* Au départ de Larmor-Plage, Port Louis et Groix Port Tudy, juillet et août.

2

👥 **Centre nautique de Kerguélen** – *Parc Océanique - 56260 Larmor-Plage* - ☎ *02 97 33 77 78 - www.sellor-nautisme. fr - juil.-août : 9h-12h, 13h30-19h ; mars-juin et de déb. sept. à mi-nov. : 9h-12h, 13h30-17h30 - fermé 1 sem. à Noël.* Ce grand complexe nautique enseigne la plongée, la croisière, la voile (dériveur, catamaran, planche à voile) et le kayak au travers de différentes formules (stages découverte, initiation et perfectionnement). Organisation de randonnées en kayak et catamaran. Location de matériel.

Au fil de l'eau – *Maison éclusière des Gorets - Chemin de halage - 56700 Hennebont - ☎ 06 50 56 30 36 -www.aufildeleau.bzh - du avr.-oct.* Naviguez sur le canal du Blavet à bord d'un Tjalk (voilier néerlandais), sur le Blavet maritime et à destination de Groix. Programme à la demande : 2h30, 3h, la journée ou croisière de plusieurs jours. Sur le canal du Blavet : *tlj, départ à 10h et à 14h (si minimum de 8 pers. inscrites) - 15 €.*

Randonnée – Lorient Agglomération a édité une carte du tour de la rade à pied, à vélo et en bateau, soit 29 km de Larmor-Plage à Gâvres, ou inversement. Disponible dans les offices de tourisme et sur le site : www.lorient-agglo.fr.

👥 **Kerguelen Équitation** – *1 r. des Pâturages - Kerguélen - ☎ 02 97 33 60 56 - www.kerguelen-equitation.fr - vac. scol. : 9h-12h, 14h-18h, w.-end 9h-12h ; reste de l'année : 9h-12h, 14h-19h, dim. 9h-12h, 14h-17h30 - fermé 1 sem. en sept.* Ce centre équestre situé à proximité des plages et du centre nautique propose des stages à la demi-journée, sur chevaux ou shetlands, et des balades d'une ou deux heures.

AGENDA

Lorient
Festival interceltique Lorient – *Premières sem. d'août - www. festival-interceltique.bzh.* Chaque année, depuis 1971, le FIL met à l'honneur un pays différent. Expositions, concerts et défilés de bagadou sont systématiquement au programme.

Keroman Port en Fête – *En juin - www.keroman.fr.* Visites, ateliers, animations et repas de la mer.

Hennebont
Fêtes médiévales d'Hennebont – *Fin juil. - ☎ 06 24 98 58 50 - http:// medievales-hennebont.com.* Jongleurs, chevaliers, jeux bretons anciens, repas médiéval, initiation au tir à l'arc, marché artisanal animent le centre-ville le temps d'un week-end, clos par un spectacle son et lumière.

Pardon de N.-D.-du-Vœu – *☎ 02 97 36 22 57 - dernier dim. de sept.*

Pont-Scorff
L'Art chemin faisant... – *Juil.- sept. : mar.-dim. 14h30-18h30 et également 11h-13h en juil.-août - rens. ☎ 02 97 32 50 27 - http:// art-chemin-faisant.tumblr.com.* Parcours d'art contemporain (expositions, ateliers de créateurs).

Plouay
Grand Prix Ouest-France – *Fin août-déb. sept. - www. comitedesfetes-plouay.com.* Cette course cycliste a été lancée en 1931 par le Dr Berthy, médecin du Tour de France. Elle s'intègre aujourd'hui aux **Trois Jours de Plouay**, entièrement dédiés au vélo. Au programme : cyclo-randonnée le vend., course pour les amateurs le sam. matin et pour les coureuses professionnelles l'après-midi, et le Grand Prix Ouest-France le dim.

Plage des Grands-Sables.
F. Guiziou/hemis.fr

Île de Groix

⭐

2 247 Groisillons – Morbihan (56)

Au large de Lorient, Groix, bien que de dimensions plus modestes, présente le même aspect géologique que Belle-Île. Des rochers géants masquent ses vallons, sa côte sauvage tapissée d'ajoncs et de bruyères est découpée de falaises et de criques sablonneuses. On les imagine sans peine battues par les terribles tempêtes qui ont valu à l'île le proverbe local : « Qui voit Groix voit sa croix. » Ces paysages n'en font pas moins un refuge idéal pour les amoureux de la nature et les amateurs de légendes puisque Groix porte en breton le nom d'« île de la sorcière ». Parcourir l'île à pied ou à vélo permet de mieux découvrir les monuments mégalithiques, les fontaines, les lavoirs et les richesses naturelles.

😊 **NOS ADRESSES PAGE 177**
   Hébergement, restauration, achats, activités, etc.

 S'INFORMER

Agence de l'île de Groix – *Port-Tudy - 56590 Groix -* 📞 *02 97 84 78 00 - www.lorientbretagnesudtourisme.fr - de mi-juil. à déb. sept. : 9h-12h30, 14h30-18h30, dim. et j. fériés 9h30-12h30 ; de déb. avr. à mi-juil. et sept. : tlj sf dim.-lun. 9h-12h, 14h30-17h, 25 mai 9h30-12h30 ;*

reste de l'année : tlj sf dim.-lun. 9h-12h30 - fermé de déb. déc. à mi-fév.

▶ **SE REPÉRER**

Carte de microrégion A3 (p. 74) – Située à 3 miles du continent, l'île de Groix se trouve à 45mn de Lorient en bateau. Elle s'étire sur 8 km de long, 2 à 4 km de large, et se divise en deux parties : **Primiture** à l'est, caractérisée par ses plages et ses bosquets, et **Piwisy** à l'ouest, plus sauvage et escarpée.

 SE GARER

Mieux vaut laisser sa voiture à Lorient (parking gratuit à côté de l'embarcadère). Préférez le vélo et la marche pour vous déplacer.

À NE PAS MANQUER

Le fracas rocheux du Trou de l'Enfer et l'ensemble de la côte

sud pour la richesse de ses paysages, le site de Port-Lay, sillonner l'île à vélo.

ORGANISER SON TEMPS

Préférez Groix hors saison et essayer d'y rester plus d'un jour.

AVEC LES ENFANTS

Visite de l'écomusée de l'île de Groix, balade à vélo, trampolines du Parcabout Chien noir.

Se promener Carte de l'île de Groix ci-dessous

Plusieurs magasins de location installés sur le port permettent de visiter l'île à vélo, à scooter ou en voiture. La bicyclette est bien sûr reine sur l'île, avec 40 km d'itinéraires dédiés. Antivols, sièges enfants et autres accessoires fournis *(voir « Nos adresses » p. 177)*.

Un sentier côtier, exclusivement réservés aux piétons, fait le tour de Groix (30 km). Les bons marcheurs pourront le parcourir en une journée. Des sentiers intérieurs permettent par ailleurs de faire des boucles, à pied ou à vélo, dévoilant vestiges préhistoriques, hameaux, fontaines et lavoirs.

Procurez-vous auprès de l'office du tourisme le plan de l'île sur lequel tous les sentiers sont tracés.

Port-Tudy

De 1870 à 1940, Groix fut le premier port français d'armement au thon. Aujourd'hui, il n'accueille plus guère que quelques chalutiers, ainsi que des plaisanciers et les ferries.

Webcam à Port-Tudy. Vue imprenable en temps réel : www.lorient-agglo.fr/ Webcam.1254.0.html ? & no_cache=1.

Écomusée de l'île de Groix – 02 97 86 84 60 - http://ecomusee.groix.free. fr - mai-sept. : 9h45-12h30, 14h-18h ; avr. et oct.-nov. : tlj sf lun. 9h45-12h, 14h-17h ; reste de l'année : w.-end et merc. 9h45-12h, 14h-17h - fermé j. fériés - 5 € (-26 ans gratuit). Un cahier de visite intitulé « Sur les traces de Jean-Pierre Calloc'h » est donné aux enfants. Il fait un lien entre les collections du musée, des sites

ÎLE DE GROIX

> ### LES THONIERS DUNDÉE
> De 1870 à 1940, Groix a été le premier port français d'armement au thon blanc. Les nombreux thoniers (environ 300, soit à peu près les trois quarts de la flottille française en 1914) débarquaient leur pêche sur l'île où étaient installées cinq conserveries. Celles-ci ont fermé leurs portes les unes après les autres. Élégant par sa coque et son gréement, le dandy, rapidement francisé en dundée, préférable au « cotre à tape-cul fixe », est un bateau fortement voilé de 22 m de long. Embarquant une douzaine d'hommes, il est solide et rapide. La pêche au thon blanc ou germon, poisson vorace de 1 m de long pour 15 kg, à laquelle le dundée est dédié, nécessite une vitesse d'au moins 5 nœuds (10 km/h) pour tendre les lignes. Car le germon est pêché à la ligne ! Au tangon, sorte de longue antenne en châtaignier de plus de 20 m de long, placée de part et d'autre du grand mât, sont attachées une dizaine de lignes en acier. Comme le prix des bateaux était calculé à la longueur de la quille, les thoniers dundée possédaient une voûte très élancée à l'arrière ; une évasion fiscale souvent fatale en période de très fortes tempêtes. Avec la motorisation et les coques en acier, ces thoniers à voiles de la fin du 19e s. disparurent au début des années 1950.

de l'île et le poète de langue bretonne **Jean-Pierre Calloc'h** (1888-1917), né à Groix et fauché par un obus durant la Grande Guerre dans l'Aisne. Installé dans une ancienne conserverie, l'écomusée présente une intéressante exposition sur la géographie, l'histoire et l'ethnographie de l'île : échantillons de roches, cartes anciennes, maquettes et reconstitutions d'intérieurs traditionnels. Il permet aussi de découvrir des artistes groisillons (peintres, poète Jean-Pierre Calloc'h). Une salle est consacrée à l'histoire de la station de sauvetage en mer de Groix.

Loctudy (Le Bourg)
Forte mais courte montée depuis Port-Tudy. Bourg principal de l'île, il regroupe ses maisons basses aux toits d'ardoise, ses commerces et sa halle (marché) autour de l'église, dont le **clocher** est surmonté d'un thon de bronze, servant de girouette et symbolisant une période faste de l'île. La place de l'église est, avec Port-Tudy, un des lieux de retrouvailles.

BOUCLE DE LA PARTIE EST

L'ensemble de l'île est superbe mais si vous avez peu de temps, nous vous recommandons la boucle de la partie est au départ de Port-Tudy (11 km) : facile, elle permet de découvrir des paysages splendides et variés et de faire des pauses sur les plages (Grands Sables, Sables-Rouges, Locmaria).
De Port-Tudy, prenez la rue Francis-Stéphant, en forte montée et tournez à gauche en haut ; avancez un peu et prenez à gauche pour rejoindre le sentier côtier.
Le chemin dévoile de belles vues sur le port, passe par la **pointe du Spernec** puis surplombe **Port-Skedoul** où se niche une petite plage.

Port-Mélite
Orienté face au continent, Port-Mélite offre une belle vue sur la barre d'Étel et la pointe du Talut. On trouve ici une **plage★** *(surveillée en été)* abritée et le centre nautique de l'île.

★ Plage des Grands-Sables

Voici l'une des rares plages convexes d'Europe, avec sa forme d'éperon qui s'avance dans la mer. Elle a également la particularité de se déplacer au gré des vents et des courants ! Vaste étendue de sable blanc très fin et eau turquoise, le lieu est sublime.

Poursuivez le sentier, entre sable et rochers.

★ Plage des Sables-Rouges

Blottie dans un charmant site escarpé, la plage doit son nom à la couleur du sable, composé de poussière de grenat venant de l'érosion des falaises.

Le chemin grimpe ensuite vers l'ancien sémaphore.

Pointe des Chats

Voici la partie la plus basse de l'île, avec ses somptueux rochers qui tombent en pente douce vers la mer. La pointe des Chats fait partie – avec la pointe nord-ouest de Pen Men – de la **Réserve naturelle François Le-Bail**. On peut observer ici, jusqu'à **Locqueltas**, une exceptionnelle variété **géologique** : des grenats, des aiguilles de glaucophane bleue, de l'épidote verte *(prélèvement rigoureusement interdit)*. Belle vue sur la côte sud.

Locmaria

Face au grand large, ce village aux rues tortueuses, parsemées de **lavoirs** et de **fontaines**, possède un petit port de pêche et de plaisance. Ce bourg, qui était autrefois le plus peuplé de l'île, abrite aussi une belle **plage** *(surveillée en été)*.

Si vous souhaitez faire la boucle est en revenant à Port-Tudy, longez la plage de Locmaria jusqu'au bout et prenez la route en direction de Locqueltas. Dans la montée, au niveau de l'arrêt de bus 81, suivez le chemin à droite vers Kermouzouet. L'agréable sentier évolue dans les bois jusqu'à un plan d'eau et un ancien lavoir (table de pique-nique). Partez à gauche après le lavoir, suivez la route qui devient un chemin de terre. Poursuivez tout droit, puis à droite en direction de La Trinité. Le chemin longe les cultures maraîchères puis le Parcabout (voir « Nos adresses »). On rejoint ensuite, à gauche l'église de La Trinité. Traversez **Le Bourg** *(voir p. 175) pour rejoindre Port-Tudy.*

Si vous avez le temps, poursuivez la promenade côtière vers le Trou de l'Enfer.

TOUR DE L'ÎLE

★ Trou de l'Enfer

Profonde échancrure taillée dans la falaise, où la mer s'engouffre avec violence par mauvais temps. Dans ce site sauvage, aride, belle **vue** sur la pointe St-Nicolas et la côte rocheuse.

★ Port-Saint-Nicolas

Superbe site où de belles falaises encadrent une vaste ria aux eaux claires qui offre un bel abri naturel.

Pointe nord-ouest de l'île

L'extrême nord-ouest de l'île, c'est-à-dire les abords des pointes de **Pen-Men** et de **Biléric**, est un autre secteur (avec la zone entre la pointe des Chats et Locquelats) de la **Réserve naturelle François-Le Bail**. La première se trouve à droite du phare de même nom et offre de belles vues sur la côte morbihannaise et finistérienne, de la pointe du Talut à Port-Manech. Des milliers d'oiseaux la peuplent. La seconde se repère grâce au sémaphore de Beg-Melen *(accès interdit)*. Toute la zone est protégée afin de préserver la tranquillité des mouettes tridactyles et des autres oiseaux marins nicheurs qui élisent domicile dans les falaises (goéland brun, marin et argenté, cormoran huppé, fulmar boréal). Le secteur est aussi intéressant pour sa flore et ses minéraux. En effet, Groix est un **site géologique exceptionnel** qui recèle plus de soixante espèces de minéraux. L'île est constituée à 80 % par des micaschistes, dont le mica blanc, mélangé au quartz, donne aux roches une coloration blanc argenté sous le soleil. D'autres roches, très sombres, les amphiboles, montrent de belles aiguilles de glauconite bleue parfois associées à l'épidote vert pistache et au grenat rouge. La réserve a aussi été créée pour protéger ces roches. Des panneaux explicatifs sont installés sur place, mais rien ne vaut une promenade en compagnie d'un guide de la **Maison de la réserve** qui organise des animations et des expositions sur le patrimoine naturel de l'île *(voir « Nos adresses »)*. Poursuivez le sentier côtier vers l'est ; après la pointe du Grognon apparaît en contrebas la belle **plage de Poulziorec** aux eaux claires.

Port-Melin

On accède à pied, et par une descente rapide, à cette petite **crique**. Statue élevée à la mémoire de **Jean-Pierre Calloc'h** *(voir p. 175)* qui écrivit notamment un recueil de poèmes sur son île.

Port-Lay

Dans un très beau **site**★, ce havre sûr accueillait les premiers thoniers de l'île. Vous apercevez les bâtiments d'une ancienne conserverie, utilisés aujourd'hui pour le festival du film insulaire.

☺ NOS ADRESSES SUR L'ÎLE DE GROIX   2

TRANSPORTS

Accès à l'île depuis Lorient
Compagnie océane –
☏ 0 820 056 156 (0,12 €/mn) - www.compagnie-oceane.fr - dép. quotidien de Lorient (45mn, 4 à 9 rotations/j de 7h à 19h45 selon la période) 30/34,50 € AR selon sais. (-18 ans 15 €).
Escal'Ouest – 7 r. Amiral-Dordelin, Bât C, Celtic Submarine 3, La Base, 56100 Lorient - ☏ 02 97 65 52 52 - www.escalouest.com - dép. de Lorient et Port-Louis - w.-end avr.-sept. et tlj en juil.-août - 28 € AR (enf. 12-17 ans 18 €, -12 ans 15 €).

Se déplacer dans l'île
Bus – À l'arrivé du bateau, un mini bus CTRL blanc attend sur le quai et vous dépose à votre destination dans l'île *(1,45 €)*. En plus de ce bus, 2 lignes CTRL desservent l'île, la 80 (Le Bourg-Kerlard-Le Bourg) et la 81 (Le Bourg-Locmaria-Le Bourg) - *horaires affichés sur les abribus ou sur www.ctrl.fr.*
Vélos – Sur le port et au bourg plusieurs agences louent des vélos (VTT, VTC, vélos électriques) avec casques, paniers, sièges ou remorques enfants. *Tarifs alignés : 11 €/j. pour un VTT ou VTC, dégressifs sur plusieurs jours.* **Bikini-Bike** – Port-Tudy - ☏ 02 97 86 85 12 - www. bikini-bike.com - 8h30-19h30 (en sais.).
Coconut's – Port Tudy - ☏ 02 97 86 81 57 - www.coconutslocationgroix. com. **À Bicyclette** – Port Tudy - ☏ 02 97 86 50 14 - abicyclettegroix. com. **Au Vél'o Vert** – À l'entrée nord du Bourg, à côté du cinéma - ☏ 06 77 32 85 57 - www. locationvelogroix.fr.
Voitures et scooters –
Coconut's dispose de scooters et de voitures, **Intermarché** *(route des Plages, à la sortie du Bourg, ☏ 02 97 86 88 19)* loue des voitures.

HÉBERGEMENT

BUDGET MOYEN

Hôtel de l'Escale – *5 quai Port-Tudy - Port-Tudy - ☎ 02 97 86 56 09 - www.hoteldelescale.fr - 7 ch. et 1 suite 65/122 € - ☐ 8 €.* L'adresse est incontournable, et pour cause ! Ce petit hôtel est situé juste en face du débarcadère de Port-Tudy. Ses chambres, baptisées chacune du nom d'une île bretonne, donnent toutes sur le port et l'océan. Petits-déjeuners servis dans un joli cadre coloré ou en terrasse face au port.

Hôtel La Jetée – *1 quai Port-Tudy - Port-Tudy - ☎ 02 97 86 80 82 - www.hoteldelajetee.fr - fermé 5 janv.-15 fév. - 8 ch. 69/94 € - ☐ 7,50 €.* Une aubaine pour les amoureux de la Bretagne ! Sur l'avant, la jetée et les bateaux au mouillage. Sur l'arrière, les criques de sable fin grisées d'embruns. Les chambres, petites mais coquettes, se partagent les deux vues. Attenant, un pub irlandais où l'on déguste des huîtres de l'île.

Chambre d'hôte La Grek – *3 pl. du Leurhé - le Bourg - ☎ 02 97 86 89 85 - www.lagrek.com - fermé janv. - ⌂ - 4 ch. 75 € ☐.* Cette coquette demeure de style Art déco, jadis propriété d'un armateur de thoniers, doit son enseigne au surnom donné aux Groisillons. Ses chambres, confortables et élégantes, sont dotées de grandes salles de bains. Agréables salons garnis de meubles anciens et grand jardin clos.

La Malicette – *Locqueltas (arrêt de bus en face) - ☎ 02 97 86 56 97 - lamalicette-groix.fr - 4 ch. 50/72 € ☐ et un gîte 4 pers - ✕.* À 1,2 km au sud du bourg, dans un paisible hameau à deux pas du sentier côtier et des plages. Entourée d'un jardin, la maison abrite, à l'étage, des chambres simples, gaies et confortables

avec un salon en commun. Si vous avez un p'tit creux, le restaurant est en juste en-dessous !

POUR SE FAIRE PLAISIR

Parcabout Chien noir – *Le Bois-du-Grao - ☎ 02 97 86 57 61 - www.parcabout.fr - avr.-oct. - 11 nids 96 € ☐.* Nuit insolite, en direct avec les étoiles, dans de drôles de nids sphériques, faits de toile marine rigidifiée par une structure en bois légère. Des « bulles » donc, de 3 m de diamètre, maintenues en hauteur dans les pins de Californie. Le site abrite aussi un parc d'aventures acrobatiques.

RESTAURATION

PREMIER PRIX

Crêperie chez Sandrine – *6 r. de Port-Melite - Kerfuret - ☎ 02 97 86 89 72 - fermé lun. et mar. - crêpes 6/11 € - réserv. conseillée en été.* Décor rustique avec cheminée pour cette authentique crêperie bretonne installée à la sortie ouest du bourg. Pour l'anecdote, les lattes constituant le plateau des tables proviennent du plancher de la chambre de la maison du gouverneur de Concarneau au temps de Du Guesclin.

BUDGET MOYEN

Les Alizés – *8 r. du Gén.-De-Gaulle - Le Bourg - ☎ 02 97 86 89 64 - www.lesalizesgroix.com - fermé dim. soir, lun. (hors juil.-août) et jeu. soir d'octobre à avr. - formule 18 €, menu 25 € - 4 ch. d'hôtes à l'étage.* Dans une petite salle claire et accueillante blottie au cœur du bourg, on se régale d'une cuisine fine et goûteuse concoctée avec des produits de saison. La pêche locale est à l'honneur.

FAIRE UNE PAUSE

L'Écurie, baraque à crêpes – *Kerlard - ☎ 06 80 10 69 65 - avr.-sept. 12h-18h, sf merc. et sam. et selon la météo.* On est bien content de faire une petite pause sur la terrasse de la baraque à crêpes, seule adresse de l'ouest de l'île. Crêpes, galettes du jour, comme celle au lard des thoniers et épinards frais, jus de pomme artisanal et autres boissons.

L'Écume Librairie-café – *3 pl. de l'Église - Le Bourg - ☏ 02 97 56 42 67 - lun.-sam. 9h30-12h30, 15h-18h30, dim. 10h-12h30.* Installez-vous autour d'un verre dans cette conviviale librairie face à l'église et choisissez un livre parmi la belle sélection d'ouvrages proposés (récits de voyage, romans graphiques, BD, jeunesse, etc.) Terrasse aux beaux jours.

ACHATS

Marché – *Les halles - Le Bourg - mar., jeu. et sam. matin (tlj en juil.-août).* Délicieux produits frais insulaires : légumes et fruits bio, fromage de chèvre, pêche du jour, huîtres affinées à Port-Tudy, stand de crêpes.

Le Relais du bourg – *Pl. de l'Église - Le Bourg.* La supérette propose de nombreux produits locaux, dont fruits et légumes bio, pâtes artisanales, veau et bœuf fermiers, bières bretonnes, ainsi que des écoproduits.

Boutique Groix & Nature – *Port-Tudy, face à l'embarcadère - ☏ 02 97 86 52 44 - www.groix-et-nature.com - avr.-sept. et durant les vac. scol. 10h-12h30, 14h30-19h.* Groix & Nature perpétue la longue tradition de conserverie de poissons de l'île. Des produits de qualité (rillettes de poissons, tartare d'algues, caviar marin, soupe de poissons, huile de homard, algues, salicornes, etc.) préparés sur l'île *(voir « Activités »).*

ACTIVITÉS

En juillet et août, l'**association l'Amer** *(plage de Locmaria, ☏ 02 97 86 88 59)* propose des kayaks à la location.

Maison de la réserve – *Le Bourg - r. Maurice-Gourong - ☏ 02 97 89 55 97 - ⚏ - juil.-août : 9h30-12h30 ; vac. scol. : 2 mat./sem. 10h-12h ; reste de l'année : jeu. 10h-12h - fermé j. fériés - possibilité de visite guidée sur demande (2h) - 6 € (enfant 3 €).* Nombreuses animations, promenades guidées et expositions sur le patrimoine naturel de l'île.

Base nautique – *Plage de Port-Mélite - ☏ 02 97 33 77 77 78 - www.sellor-nautisme.fr juil.-août.* Stage, cours particulier et location (voile, kayak, stand-up paddle).

Parcabout Chien noir – *Le Bois du Grao - 56590 Groix - ☏ 02 97 86 57 61 et 06 75 30 98 47 - www.parcabout.fr - avr.-oct. - 12 € (enf. 10 €, -5 ans gratuit) - tout âge, à partir de 4 ans.* Parc d'aventures acrobatiques aménagé dans les bois grâce à des filets (passerelles, trampolines géants et labyrinthes).

Conserverie Groix & Nature – *www.groix-et-nature.com - avr.-sept., visite guidée sur réserv. lun., mar. et jeu. à 10h et à 11h, 45mn - 4 € avec dégustation (-16 ans gratuit).* Une douzaine de personnes œuvrent dans cette conserverie artisanale installée à côté de Port-Lay, élaborant de bonnes recettes à partir de produits issus principalement de la pêche locale.

Choisir sa plage

L'une des plus belles plages de l'île s'étale dans la crique rocheuse de Port-Mélite. La plus vaste est celle des Grands-Sables.

AGENDA

Festival du film insulaire (FIFIG) – *2e quinz. d'août - ☏ 02 97 86 57 44 - www. filminsulaire.com.* Projections de films de fiction et documentaires, expositions photos, concerts et débats.

2

La Roche-Bernard

660 Rochois – Morbihan (56)

À l'extrême sud-est du Morbihan, cette petite ville s'étage joliment sur la butte de la Garenne qui domine la Vilaine. Son port, jadis très florissant grâce au commerce du sel, s'est reconverti pour accueillir les bateaux de plaisance. Il sert aussi de point de départ à d'agréables excursions sur le fleuve. Pêche, randonnée et baignade complètent la palette d'activités possibles dans cette région paisible.

NOS ADRESSES PAGE 184
Hébergement, restauration, achats, activités, etc.

S'INFORMER

Tourisme Arc Sud Bretagne - Antenne de La Roche-Bernard – *14 r. du Dr-Cornudet - 56130 La Roche-Bernard -* ✆ *02 99 90 67 98 - www.tourisme-arc-sud-bretagne.com - juil.-août : 9h30-13h, 14h-19h ; avr.-juin et sept. : tlj sf dim. 9h30-12h30, 14h-18h ; reste de l'année : tlj sf dim.-mar. 9h30-12h30, 14h-18h - fermé 1er janv., 1er Mai, 1er et 11 Nov., 25 déc.*

SE REPÉRER

Carte de microrégion D3 (p. 75) – La Roche-Bernard est située sur la N 165, au nord du Parc régional de Brière, entre Nantes (72 km au sud-est) et Vannes (40 km au nord-ouest).

À NE PAS MANQUER

Les promenades le long de la Vilaine jusqu'au barrage d'Arzal et la vue splendide depuis la pointe de Scal à Pénestin.

ORGANISER SON TEMPS

Une demi-journée pour explorer le village et les environs.

AVEC LES ENFANTS

La Maison de l'abeille, les parcs de bouchots à Pénestin et le parc animalier et botanique de Branféré.

Se promener

Un circuit d'interprétation du patrimoine historique et architectural balisé par 22 modules permet de visiter la ville de manière intelligente et plaisante. Compter 1h30 de visite. Un dépliant est disponible à l'office de tourisme.

Vieux quartier

La vieille ville et ses rues escarpées descendant vers le port ont conservé beaucoup de charme. Face au point de vue, de l'autre côté de la route, débouche la **promenade du Ruicard**. Elle domine le port, la rue du Ruicard lui fait suite et se perd dans un dédale de ruelles, parfois en escalier. Des maisons des 16e et

DU VILLAGE À LA VILLE

La Roche-Bernard aurait été fondée par les Normands au 9e s. Pendant les siècles qui suivirent, le bourg devint une place forte de passage entre le pays de Nantes et celui de Vannes. Cette position stratégique a sans doute favorisé le développement d'arsenaux qui lui ont valu d'accéder au statut de ville au milieu du 17e s., grâce notamment à la livraison du vaisseau de haut rang *La Couronne*, considéré comme l'un des plus beaux bateaux du roi.

Port de plaisance de la Roche-Bernard.
allou/iStock

17e s. *(nos 6 et 8)*, des porches intéressants *(no 11)* et une tourelle *(no 12)* se succèdent ; certaines abritent des ateliers d'art.

Le passage de la Quenelle, avec des lucarnes à fronton sculpté, mène à la **place Bouffay** où se trouve la mairie, aussi appelée « maison du Canon » (1599) : un canon, placé dans un angle, provient de *L'Inflexible*, qui se réfugia sur la Vilaine après la bataille des Cardinaux (1759). Rue Haute-Notre-Dame, la chapelle Notre-Dame (11e s.) a été remaniée aux 16e et 19e s. Première église de la cité, elle fut transformée en temple protestant en 1561, puis en magasin à fourrage durant la Terreur avant d'être rendue au culte catholique en 1827.

La Maison de l'abeille

8 r. du Passage - ℰ 02 99 90 79 50 - www.lamaisondelabeille-morbihan.fr - ﹠ - juil.-août : 10h30-12h, 14h30-19h ; du 1er lun. des vac. de Pâques à fin juin : tlj sf dim. 15h30-18h ; reste de l'année : tlj sf dim. 15h30-18h30 - fermé de fin déc. au 1er lun. des vac. de Pâques, 1er janv., dim. de Pâques, dim. de Pentecôte - gratuit.
👥 Adossée au pied du promontoire rocheux, la Maison de l'abeille, fleurie comme il se doit, présente *via* des vidéos et des ruches vitrées le rôle essentiel de cet insecte pollinisateur.

Musée de la Vilaine maritime

Château des Basse-Fosses - ℰ 02 99 90 83 47 - http://https://lesamisdumusee-vilainemaritime.jimdo.com - de mi-juin à mi-sept. : 10h30-12h30, 14h30-18h30 - 3 € (-16 ans 1,60 €).
Le château des Basses-Fosses (16e et 17e s.), situé sur la rive droite de la Vilaine, abrite ce musée consacré aux traditions maritimes et rurales de l'estuaire de la Vilaine. Le rez-de-chaussée évoque l'intense activité maritime que le fleuve a connue par le passé : pêche, construction navale, conchyliculture, cabotage. Une cabine de chasse-marée reconstituée permet d'imaginer la vie à bord de cette embarcation côtière. L'étage est consacré au monde rural : différents types de charpentes, couvertures et lucarnes, vieux métiers, coiffes et costumes traditionnels.

> **UN HÉROS RÉPUBLICAIN**
>
> La Roche-Bernard accueille fort bien la Révolution et se montre hostile à la chouannerie. Mais en 1793, 6 000 Blancs viennent facilement à bout de 150 Bleus qui défendent la ville. Le maire, **Sauveur**, qui n'a pas voulu fuir, est emprisonné. On le somme de crier : « Vive le roi ! » Il répond : « Vive la République ! » Un coup de pistolet l'abat. Il devient un héros républicain par décret de la Convention, et la ville porte le nom de Roche-Sauveur jusqu'en 1802.

★ Point de vue du rocher

Ce belvédère rocheux *(23 marches)* domine la vallée de la Vilaine et ses pentes boisées, avec sur la droite, les ponts suspendus, sur la gauche, le port de plaisance avec ses bateaux traditionnels.

Promenades sur la Vilaine

℘ 02 97 45 02 81 - www.vedettesjaunes.com - ♿ - *avr.-oct. : croisière-promenade (1h30) dép. du barrage d'Arzal ou de La Roche-Bernard apr.-midi - 13,50 € (-11 ans 7 €) - mars-déc. : croisière-restauration (3h30) dép. du barrage d'Arzal tlj sf lun. 12h30, sam. 20h - à partir de 49 € - réserv. obligatoire. 17 € (enf. 10 €) billet combiné avec train touristique.*

Des vedettes descendent la Vilaine jusqu'au barrage d'Arzal, ou la remontent jusqu'à Redon *(voir p. 61)*. Il est possible également de naviguer à un autre rythme en embarquant sur un bateau à voile, le ketch aurique *Morwenna* (*http://morwenna.fr/- plusieurs balades de 2h à 1 j., avr.-oct., à partir de 15 €*).

🥾 Un sentier de grande randonnée (GR39) qui part du vieux port conduit également au barrage *(10 km)*.

À proximité Carte de microrégion p. 74-75

★ Pont du Morbihan

Sur la N 165, entre Nivillac et Marzan. Accessible aux piétons uniquement.

🥾 Il a été ouvert au public en juin 1996. Long de 376 m et large de 21 m, son tablier est posé sur un arc de 200 m de portée sur lequel deux passerelles permettent aux promeneurs courageux *(260 marches)* de dominer la Vilaine à plus de 50 m de haut et d'en admirer le **site★**.

Barrage d'Arzal C4

▶ *À 12 km à l'ouest par la D 34, puis la D 139.*

Ce barrage sur la Vilaine forme une réserve d'eau douce stabilisant le mouvement des marées et favorise par son plan et son port la navigation de plaisance. Possibilités de promenades en bateau sur la Vilaine. Passe à poisson.

Étang de Pen-Mur C3

▶ *À 17 km à l'ouest par la N 165-E 60 ; sortez à Muzillac et suivez les panneaux « Site de Pen-Mur ».*

🥾 Plusieurs randonnées possible autour de l'étang de Pen-Mur, encaissé entre deux versants abrupts et boisés. Un ancien moulin à papier occupe une des extrémités.

Pénestin C4

▶ *À 17 km à l'ouest par la D 34.*

Les Phéniciens y auraient tenu un comptoir d'étain. C'est aujourd'hui une station balnéaire tranquille, proche d'un littoral voué à la mytiliculture (élevage de

moules). Le site de production de la **moule de bouchot** a obtenu le label « Site remarquable du goût ». Plus de 4 000 t de ce produit réputé sont consommées pendant la saison estivale ! 👥 Il est possible de visiter les parcs de bouchots (voir « Nos adresses/Activités/Mer et Nature »).

La **pointe du Halguen** est couverte de landes émaillées de pins. On peut gagner, à pied, les **plages** rocheuses encadrées de courtes falaises.

À la **pointe du Scal★** (à Tréhiguier), la Vilaine s'élargit entre la pointe du Halguen, à gauche, et celle de Pen-Lan. Nombreuses barques à moteur ou à godille pour collecter les moules.

À 4,5 km au sud. Face à la pointe de Merquel, de la **pointe du Bile★**, vue sur deux îlots et de belles falaises ocre.

Le Guerno C3

▶ À 18 km au nord-ouest par la N 165-E 60 vers Muzillac ; à 8 km, tournez à droite : suivez la nouvelle « Route bleue ».

Agréable surprise en arrivant sur la place de l'Église. Cet ancien lieu de pèlerinage, fondé par les hospitaliers, possède une belle **église** Renaissance au clocher défensif. On remarque à l'intérieur une tribune en bois très travaillée. Mais ce qui surprend le plus est à l'extérieur ; on peut y voir une remarquable **chaire★**, les stalles et le banc réservés au clergé, l'autel surmonté d'un calvaire de plus de 5 m élevé sur la place.

Ensuite, empruntez la route à droite qui mène à l'allée du château de Branféré sur la gauche.

En vous rendant à Branféré, admirez sur la droite les deux belles **fontaines** du 18e s., dédiées respectivement à sainte Anne et sainte Marie.

★**Branféré, parc animalier et botanique - Parcabout® - École Nicolas-Hulot** – ℘ 02 97 42 94 66 - www.branfere.com - 8 juil.-30 sept. : 9h30-19h30 ; 1er avr.-7 juil. : 10h-18h30 ; reste de l'année : se rens. - fermé 6 nov.-3 fév., Vend. saint - 20,50 € (-12 ans 14 €). 👥 Propriété de la Fondation de France, ce parc doit ses superbes plantations à un botaniste du 18e s. Ici, l'harmonie prime sur le spectaculaire. Pas de fauves ni de reptiles mais un domaine enchanté de quelque 60 ha où vivent en liberté presque complète plus de 2 000 animaux : primates, cervidés, lamas, wallabies, tapirs, loups à crinière, pandas roux, yacks, chameaux, etc. Des oiseaux de toutes sortes paradent autour du château : canards, cigognes, cygnes, flamants roses et rouges, paons, émeus, autruches… L'une des originalités de ce parc est de permettre à chaque espèce de vivre au plus près de son biotope naturel. Ferme pour enfants, bar, boutique. Depuis 2006, le parc s'est enrichi de 5 ha supplémentaires, où l'on peut admirer les animaux de la savane africaine (oryx, girafe, gnou, grand koudou…), d'un bassin d'aquavision de phoques, de la vallée indienne et ses rhinocéros, et du Parcabout® (parcours aménagé dans les arbres entre 2 et 8 m de hauteur).

Foleux D3

▶ À 18 km au nord par la D 774. À Péaule, prenez à droite la D 20 vers Redon. À 8 km, tournez à droite.

Ce port de plaisance, escale nautique, est établi au confluent de la Vilaine et du Trévelo, dans un très joli site.

Après Foleux, longez la Vilaine et tournez à droite, puis trois fois à gauche, pour gagner l'allée du château.

Entouré de bois, le **château de Léhélec**, bâti en schiste ferrugineux, offre la belle perspective de ses trois cours en terrasses longées par les communs.

2

😊 NOS ADRESSES À LA ROCHE-BERNARD

HÉBERGEMENT

POUR SE FAIRE PLAISIR

Le Manoir du Rodoir – *Rte de Nantes-Nivillac - 📞 02 99 90 82 68 - www.lemanoirdurodoir. com - 🅿 - 24 ch. 105/130 € - 🍽 12 € - ✕ (sf sam. midi et dim., midi en juil.-août) menu déj. sem. 16 € - menu 35/49 €.* Un parc de 2 ha entoure cette ex-fonderie qui abrite des chambres spacieuses et confortables, mansardées au 2e étage. Cuisine du terroir au restaurant.

À proximité

PREMIER PRIX

Chambre d'hôte Le Moulin du Couëdic – *St-Cry - 56130 Nivillac - à 9 km au nord-est de La Roche-Bernard - 📞 06 76 57 68 44 - www.moulin-du-couedic. com - 🚭 - 4 ch. 53 € 🍽 et un gîte - repas (sf dim., sur réserv.) 23 €.* Accueil chaleureux et simplicité dans cette exploitation agricole située en pleine campagne. Les chambres, mansardées et très sobrement meublées, occupent les anciennes écuries. Les produits de la ferme composent l'essentiel des repas servis à la table d'hôte.

RESTAURATION

BUDGET MOYEN

Le Vieux Quartier – *8 pl. du Bouffay - 📞 02 99 90 61 19 - www. le-vieux-quartier.fr - fermé jeu., 2 sem. en fév. et vac. scol. de Toussaint - ♿ - formule déj. (sem.) 13,50 € - menu 18/26,50 €.* Ces deux maisons anciennes aux façades rénovées abritent d'un côté un bar fréquenté par une clientèle locale et de l'autre une salle de restaurant au cadre rustique rajeuni avec terrasse. On y sert une copieuse cuisine classique empreinte de simplicité.

Auberge des Deux Magots – *1 pl. du Bouffay - 📞 02 99 90 60 75 - www.aubergedesdeuxmagots.fr - fermé dim. soir et lun. - formules 19/24 € (déj. sem.), 32/37/46/70 € (soir et w.-end).* En 2015, deux anciens du domaine de la Bretesche (à Missillac) ont repris cette ancienne auberge. Ils y proposent une cuisine soignée, parfumée et sagement créative, à des prix défiant toute concurrence. Et, par-dessus le marché, le chef fait le pain lui-même… Fraîcheur, saveurs : une renaissance appétissante !

ACTIVITÉ

👥 **Au gré du vent** – *Port de Plaisance - 56130 Camoël - 📞 02 99 90 56 91 ou 06 20 67 49 92 - www.augreduvent.fr - juil.-août. : 10h-19h ; reste de l'année : sur réserv.* Location de vélos tout équipés *(26 € 3 j.)* : VTC, vélo junior, remorque, siège enfant… Conseils sur les itinéraires. Location de bateaux à moteur sans permis 5 à 8 places, de canoë-kayak de 1 à 4 places en mer ou en rivière *(8 €/h, 14 € la demi-journée, 21 € la journée de 6h, enf. 6/11/17 €).*

👥 **Mer et Nature** – *56760 Pénestin - 📞 06 08 52 53 50.* Visite guidée à pied des parcs à bouchots *(1h30, 5 €, 6-14 ans 4 €, prévoir des bottes).*

AGENDA

Festival des Garennes – *1er w.-end d'août.* Depuis plus de quinze ans, ce festival de musique très éclectique (blues, soul, reggae, jazz, dub, électro…) prend possession du port de La Roche-Bernard.

Fête de la moule – *Déb. août.* À Pénestin, sur la cale à Tréhiguier, animations et dégustations.

La place du Puits.
E. Berthier/hemis.fr

Rochefort-en-Terre

★

640 Rochefortais – Morbihan (56)

Bâti sur un promontoire dominant la vallée du Gueuzon, ce bourg occupe un site magnifique. Le paysage se compose au fil des rochers, des bois, des ravins, des vergers et des vieilles maisons aux fenêtres fleuries de géraniums. Il vous sera difficile de ne pas céder au charme paisible de cet endroit typique de la Bretagne intérieure !

NOS ADRESSES PAGE 187
Hébergement, restauration, achats, activités, etc.

S'INFORMER

Rochefort-en-Terre Tourisme –
3 pl. du Puits - 56220 Rochefort-en-Terre - ☎ 02 97 26 56 00 - www.rochefortenterre-tourisme.com - juil.-août : 10h-13h, 14h-18h30 ; mai-juin et sept. : tlj sf dim. 10h-13h, 14h-17h30 ; reste de l'année : tlj sf w.-end et lun. 14h-17h30 - fermé de déb. janv. à déb. fév., 1er janv., 1er Mai, 1er et 11 Nov., 25 déc.

SE REPÉRER

Carte de microrégion D3 (p. 75) –
Le village se trouve entre l'Oust et la D 775, qui relie Redon (27 km au sud-est) à Vannes (40 km à l'ouest).

À NE PAS MANQUER

Les très belles maisons anciennes du centre-ville.

ORGANISER SON TEMPS

La visite de Rochefort-en-Terre peut être effectuée en 2h, mais le village retiendra plus longtemps ceux qui fréquentent la voie verte.

AVEC LES ENFANTS

Le Parc de préhistoire de Bretagne, à Malansac et le Tropical Parc.

Se promener

Cette « petite cité de caractère » se découvre à pied, prenez le temps de flâner au gré des rues et places abondamment fleuries.

★ Maisons anciennes

Le cœur de la cité a conservé des demeures du 16ᵉ et du 17ᵉ s. que l'on découvre en flânant rue du Porche et sur les places des Halles et du Puits. Belles façades de granit, parfois agrémentées de tourelles d'angle. Certaines abritent des ateliers d'artisans *(liste disponible à l'office de tourisme)*.

Pendant l'été, à la tombée de la nuit, une mise en lumière soignée met en valeur les détails architecturaux les plus intéressants.

Château

℘ 02 97 26 56 00 - www.rochefortenterre-tourisme.com - château fermé pour travaux, parc en accès libre avr.-oct.

De la construction féodale du 12ᵉ s., voulue par les sieurs de Rochefort, restent l'imposant châtelet d'entrée, des remparts, des souterrains et les communs. Ces derniers ont été restaurés dans les années 1910 par un peintre américain, **Alfred Klots** (1875-1939), né à Saint-Germain-en-Laye et tombé sous le charme du village. Il a littéralement reconstruit le château avec, notamment, des éléments du 17ᵉ s., en particulier des lucarnes provenant du manoir de Kéralio, près de Muzillac. Alfred Klots devait en outre faire de Rochefort le premier « village fleuri de France ».

Près de l'ancien atelier de Klots, un couple d'artistes a ouvert en avril 2015 le **Naia Museum** *(5 €)*. Tout en reprenant certains éléments du fonds du musée d'Art populaire qui occupait autrefois les lieux, il expose les œuvres d'une quarantaine d'artistes internationaux de toutes disciplines sur le thème de « l'art dans l'imaginaire fantastique ».

Église Notre-Dame-de-la-Tronchaye

Cet édifice des 12ᵉ, 15ᵉ et 16ᵉ s. présente une belle façade à quatre pignons percés de fenêtres flamboyantes. Dans le bras droit de son transept, un retable du 17ᵉ s. porte la statue vénérée de N.-D.-de-la-Tronchaye, découverte au 12ᵉ s. dans un taillis ou « tronchaye », où elle aurait été cachée au temps des invasions normandes. Elle fait l'objet d'un pèlerinage, le dimanche qui suit le 15 août.

Le chœur renferme des stalles du 16ᵉ s. et, derrière le maître-autel *(passage dans le transept à gauche),* un retable Renaissance en pierre blanche. Autrefois il séparait les chanoines, qui étaient dans le chœur, des fidèles dans la nef. Au fond de cette ancienne collégiale, la remarquable tribune en bois finement sculptée provient du jubé.

À proximité Carte de microrégion p. 74-75

Malansac D3

▶ *À 3 km à l'est par la D 21 en direction de Malansac, puis la D 134 vers St-Gravé.*
Parc de préhistoire de Bretagne – La Croix-Neuve - *℘ 02 97 43 34 17 - www.prehistoire.com - juil.-août : 10h-19h30 ; avr.-juin : 11h-19h ; sept. : tlj sf lun. 13h-19h ; oct. : w.-end et vac. scol. 13h-18h - 14,50 € (-12 ans 8 €) - 1h30-2h en suivant les panneaux explicatifs. Fiches enf. disponibles.*

👥 Le site sauvage de Gwenfol, composé d'anciennes ardoisières *(exposition photo)* et parsemé de lacs, accueille le **Parc de préhistoire de Bretagne** :

trente-six scènes grandeur nature retracent le monde des dinosaures (impressionnant brachiosaure) et l'évolution de l'homme du paléolithique au néolithique.

Tropical Parc

À 15 km à l'est par la D 21 jusqu'à Malansac puis D 153 et D 14 - Laugarel, 56220 Saint-Jacut-les-Pins - ℘ 02 99 71 91 98 - www.tropical-parc.com - avr.-sept. : 10h-12h, 14h-19h ; oct. : w.-end. 14h-18h ; vac. de la Toussaint 14h-18h - 14,50 € (4-10 ans 9,50 €).

D'une pagode thaïlandaise à la case africaine, en passant par le désert mexicain, sans oublier le parc animalier, la grande volière aux perroquets arc en ciel et les grandes serres tropicales : ce parc de 5 ha propose une visite dépaysante.

La Vraie-Croix C3

À 8 km à l'ouest de Questembert par la D 1C.

Ce village fleuri conserve une chapelle construite sur une voûte ogivale. La route passait autrefois sous cette voûte. La partie inférieure de l'édifice semble dater du 13ᵉ s. La chapelle supérieure fut reconstruite en 1611. L'édifice abrite une croix reliquaire qui renferme un fragment supposé de la croix du Christ.

Questembert C3

À 10 km au sud-ouest par les D 777 et D 7.

Cette petite cité accueillante s'est développée dans une campagne verdoyante, en bordure du pays vannetais. Ses **halles,** construites en 1552 et restaurées en 1675, sont dotées d'une charpente magnifiquement ordonnée qui commande trois allées. Il est très agréable d'y faire son marché *(voir « Nos adresses »).*
La **chapelle St-Michel** (16ᵉ s.) se dresse dans le cimetière. Une croix-calvaire y rappelle la victoire qu'Alain le Grand remporta sur les pirates normands, vers 888 à Coët-Bihan *(6,5 km au sud-est).*

La **voie verte** *(reportez-vous au chapitre « Sur place de A à Z » en fin de guide, p. 522)* aboutit, ou débute, à Questembert. Reliant Mauron, cet itinéraire de 53 km comblera les passionnés de vélo ou de roller.

2

NOS ADRESSES À ROCHEFORT-EN-TERRE

HÉBERGEMENT

Rochefort-en-Terre

PREMIER PRIX

Vacancéole Résidence de tourisme d'Ar Peoc'h – *8 r. Candré (au bas de la mairie) - ℘ 02 97 43 37 88 - www.vacanceole.com/residence-ar-peoch - ouv. fêtes de fin d'année et déb. fév.-déb. nov. - 38 appart. 65/85 € - ☐ 8 € - .* Au cœur de la petite cité médiévale, résidence abritant des appartements

récents, décorés simplement, mais calmes et bien équipés. Quelques duplex très pratiques pour les familles.

À proximité

PREMIER PRIX

Camping Moulin de Cadillac – *56190 Noyal - 4,5 km au nord-ouest de Noyal-Muzillac par rte de Berric - ℘ 02 97 67 03 47 - www.moulin-cadillac.com - de mi-avr. à mi-sept. - 197 empl. 28,60 € - locatif 85 à 160 €/nuitée, 240 à 850 €/sem. - frais de réservation*

10 € (vac. scol. et w.-end spéciaux).
Cadre agréable autour d'un parc
aquatique couvert, au bord d'une
rivière. Parc locatif composé de
mobile homes et de chalets.
Terrain multisport, aire de jeux,
parc animalier.

RESTAURATION

Rochefort-en-Terre

PREMIER PRIX

**Le Café Breton et la
Chouannière** – 8 r. du Porche -
℘ 02 97 43 32 60 - fermé janv.,
3 sem. en nov. et vend. (sf vac.
scol.) - 10/15 €. Étonnant restaurant
aménagé dans une demeure du
16ᵉ s. cramponnée à la roche. Sa
décoration intérieure - fresques
représentant des scènes de la
vie locale, panneaux de coffres
bretons… - est l'œuvre du peintre
américain Alfred Klots (voir p. 186).
Crêpes (la maison a obtenu le
label Crêperie gourmande),
salades ou menu campagnard et
terrasse.

POUR SE FAIRE PLAISIR

Le Pélican – Pl. des Halles -
℘ 02 97 43 38 48 - www.hotel-
pelican-rochefort.com - fermé
2 sem. en fév., dim. soir et lun. -
menu 21 (déj. en sem.)/45 € - 6 ch.
½ p seult 135/178 €. Restaurant de
caractère (cheminée, boiseries,
meubles rustiques) dans une
demeure des 16ᵉ et 18ᵉ s. Cuisine
traditionnelle revisitée et
saupoudrée d'épices. Chambres
récentes.

L'Ancolie – 12 r. St-Michel -
℘ 02 97 43 33 09 - fermé
mar. soir (hors sais.) - menu
bistrot 18,50/24,50 €, menu
gastronomique 34/43 €, carte
35/50 €. Du nom d'une jolie fleur,
une table agréable, mêlant avec
réussite vieilles pierres et élégance
contemporaine. La cuisine trahit
une belle inspiration bourgeoise,
à l'image de ce tartare d'écrevisses
et de ces coquilles Saint-Jacques à
l'orange vanillée.

ACHATS

**Marché du terroir sous les
halles** – 56230 Questembert.
Tous les lundis, de 8h à 13h,
venez découvrir les produits du
terroir que vous proposent les
producteurs locaux. La grande
foire régionale a lieu quant à elle
chaque 1ᵉʳ lundi du mois.

AGENDA

Les Rencontres de violoncelles –
Salle de l'Asphodèle, rue du Pont à
Tan - 56230 Questembert - se rens.
auprès de l'OT. Ce festival, animé
par l'association Rencontres de
violoncelles en Morbihan, se
produit à la fin du mois d'août.
**Pardon de N.-D.-de-la-
Tronchaye** – ℘ 02 97 43 31 50 -
1ᵉʳ dim. après le 15 août.

La Gacilly

2 205 habitants – Morbihan (56)

Cette agréable petite cité de la vallée de l'Aff ne peut manquer de surprendre par son dynamisme. Non contente d'accueillir l'un des grands noms de la cosmétique, elle est devenue un lieu de rendez-vous privilégié de nombreux artisans, propose des activités ludiques autour de sa rivière et accueille chaque été un festival de photographie en plein air renommé.

NOS ADRESSES PAGE 191
Hébergement, restauration, achats, activités, etc.

S'INFORMER

Office du tourisme de La Gacilly – *Le Bout-du-Pont - 56200 La Gacilly - 02 99 08 21 75 - www.paysdelagacilly.com - juin-sept. : 10h30-18h ; mai : tlj sf lun. 9h30-12h30, 14h-18h ; avr. : tlj sf dim. 9h30-12h30, 14h-18h ; vac. scol. (sf juil.-août) : tlj sf dim.-lun. 9h30-12h30, 14h-18h - fermé 1er janv., 25 déc.*

SE REPÉRER

Carte de microrégion D2 (p. 75) – Située entre Ploërmel (30 km au nord-ouest par la D 8) et Redon (16 km au sud par D 773 et D 873), La Gacilly se trouve à proximité de la vallée de l'Oust et du canal de Nantes à Brest.

À NE PAS MANQUER

Le jardin botanique et le Végétarium dédiés à la marque de cosmétiques Yves Rocher.

ORGANISER SON TEMPS

Prévoyez une bonne journée sur place entre la rencontre des artisans du village, le jardin botanique, le Végétarium et la visite des alentours.

AVEC LES ENFANTS

Essayez d'identifier toutes les espèces d'animaux qui peuplent la ferme du Monde à Carentoir.

2

Se promener

L'ARTISANAT

Dinandier, sculpteur, créateur de bijoux, tourneur sur bois… Une trentaine d'artisans travaillent et exposent dans le village. Vous pouvez les retrouver grâce au **circuit des Artisans** dont le plan est disponible à l'office de tourisme. Autre option possible : vous laisser guider par votre inspiration et flâner au gré des rues abondamment fleuries, bordées de maisons anciennes aux façades en schiste. Vous trouverez toujours un atelier sur lequel vous extasier.

PLANTES ET COSMÉTIQUE

Originaire de La Gacilly, **Yves Rocher** (1930-2009) a laissé son empreinte sur le village. Non seulement la marque, avec ses cinq usines bretonnes, génère de nombreux emplois sur La Gacilly et ses alentours, mais le site s'est aussi façonné progressivement au culte des plantes et de la cosmétique.

LA PHOTO EN PLEIN AIR

Visiter La Gacilly pendant son **festival** photo permet d'arpenter ce beau village tout en faisant courir son regard. Depuis 2003, ce festival expose plus de 600 clichés représentatifs d'une photographie impliquée dans les rapports entre l'Homme et la Nature. C'est aujourd'hui un grand festival autant par sa taille (le plus grand de France en extérieur) que par les valeurs éthiques et humanistes qu'il entend développer. *www.festivalphoto-lagacilly.com - 3 juin-30 sept. - possibilité de visite guidée, se rens. auprès de l'OT.*

Jardin botanique – *La Croix des Archers, direction Guer.* La bambouseraie conduit au jardin botanique où plus de 1 500 espèces de plantes sont classées en fonction de leurs utilisations : cosmétique, parfums, condiments, industrie, tisanes… Les 44 ha de champs bio cultivés à La Gacilly représentent environ un tiers des approvisionnements de la marque en plantes. Point fort du domaine : une collection unique d'armoises et de sauges.

Végétarium – *Près du pont sur l'Aff, juste derrière l'office de tourisme.* Lieu de découverte de la marque avec un espace dédié à son actualité, l'Atelier de la cosmétique végétale® et le Végétarium Café, pour découvrir des produits de saison et de proximité. 📞 *02 99 08 35 84 - www.lagreedeslandes.com.*

La passerelle

Le Bout-du-Pont - 📞 *02 99 08 21 75 - juin-sept. : 10h30-18h30 ; reste de l'année : période d'exposition merc. et vend.-dim. 14h-18h.* Cet espace ouvert à l'art contemporain, la photographie et l'artisanat d'art, propose des expositions thématiques.

Sentier des libellules – *Derrière l'office de tourisme, comptez 30mn.* Sentier d'interprétation pour découvrir l'écosystème de cette zone humide située le long de l'Aff.

À proximité Carte de microrégion p. 74-75

Carentoir D2

▶ *À 6 km au nord par la D 773 en direction de Guer.*

Le Bois-Brassu - 📞 *02 99 93 70 70 - www.lafermedumonde.com -* ♿ *- 1ᵉʳ avr.-11 Nov. : 10h-18h ; reste de l'année : se rens. - possibilité de visite guidée (45mn) - 8,50 € (enfant 5 €).*

👥 Dans le parc boisé de 25 ha du manoir Le Bois Brassu, **la ferme du Monde** rassemble 55 espèces d'animaux d'élevage parmi les plus représentatives des cinq continents. Une ferme pour enfants et un minigolf complètent ces installations, réalisées et entretenues par les travailleurs handicapés du Centre d'aide par le travail.

Basse vallée de l'Oust D3

▶ *Au sud de La Gacilly.*

Cette portion de vallée, classée Grand Site naturel, présente des paysages contrastés de marais, de coteaux escarpés et de cluses.

À voir en particulier : l'**Île-aux-Pies**, escarpement rocheux dominant la rivière à Bain-sur-Oust, les sites du Pont-d'Oust à Peillac, du Mortier de Glénac et de la cluse de Saint-Congard. Nombreux sentiers de randonnées et parcours d'escalade *(voir « Nos adresses/Activités » ci-contre).*

😊 NOS ADRESSES À LA GACILLY

HÉBERGEMENT

UNE FOLIE

La Grée des Landes – *Les Tablettes - 56 200 Cournon - 1,5 km au sud-est de La Gacilly -* ✆ 02 99 08 50 50 - www.lagreedeslandes.com - fermé 1re sem. de janv. - 🅿 - ♿ - 29 ch. 100/205 € - 🍽 18 € - 🍴 menu 31/35 (déj. sf. dim.)/42/92 € - carte 53 €. Surplombant la vallée de l'Aff, cet éco-hôtel Spa Yves Rocher, aux lignes douces et contemporaines, est certifié Haute Qualité Environnementale. Architecture bioclimatique, chambres raffinées de plain-pied, terrasse et toits végétalisés, piscine, spa. Le restaurant « Les Jardins sauvages » puise dans le potager attenant et les produits locaux développés en partenariat avec des éleveurs ou agriculteurs bio. Menu spécialement conçu pour les végétariens.

RESTAURATION

BUDGET MOYEN

Les enfants gât'thés – *24 r. Lafayette -* ✆ 02 99 08 23 01 - www.lesenfantsgatthes.fr - fermé le soir sf vend. et sam. - 🅿 - ♿ - menus 15,50/29/39 €. Cette maison ancienne, voisine des ateliers d'artisans, a été coquettement rénovée. La cuisine fait largement appel aux produits locaux (viandes bio). Deux terrasses pour la belle saison. Salon de thé et épicerie fine (thés, confitures, etc.).

ACTIVITÉS

🛶 En **basse vallée de l'Oust**, ne manquez pas le site de l'Île-aux-Pies, où l'Oust se fraie un passage dans le roc granitique. C'est un point de départ idéal pour randonner, faire du canoë ou découvrir un parcours aventure entre arbres et rochers. Retrouvez les fiches de randonnées en téléchargemement sur le site de l'office du tourisme du pays de Redon. Pour les amateurs d'escalade, une via ferrata est aménagée sur la falaise de l'Île-aux-Pies : *La Fédé - 5 r. Jacques-Prado - BP 30123 - 35601 Redon cedex -* ✆ 02 99 72 17 46 - www.lafede.fr.

👫 **Escapades Verticales** – ✆ 06 16 99 81 41 - www.escapades-verticales.com - 15 € (-6 ans 7 €). Sur le site de l'Île-aux-Pies, parcours aventure unique en Bretagne combinant accrobranche et escalade.

Balade avec des ânes – *Les Ânes du Tay - Le Tay -* ✆ 02 99 08 04 25 - www.closdutay.com. Différentes formules pour parcourir les sentiers de La Gacilly *(23/25 € 1/2 j., 35/40 € la journée)*.

👫 **Canoë Apach'Bihan** – *Rte de l'Île-aux-Pies - St-Vincent-sur-Oust - 6 km au nord-ouest de Redon par la D 764 -* ✆ 02 99 91 21 15 - www.canoe-apachbihan.com - côté St-Vincent-sur-Oust : juil.-août : tlj ; mai-juin et sept. : voir site Internet ; autre départ possible côté Bains-sur-Oust : juil.-août, infos par tél. Location de canoës, kayaks (1/2 j., journée ou w.-end) pour pagayer sur l'Oust et les rivières alentour.

EN SOIRÉE

Théâtre Équestre de Bretagne – *Chemin de la Ville Beau, route de Sixt-sur-Aff - 56200 La Chapelle-Gaceline -* ✆ 06 09 25 42 50 - www.equusarte.com. En saison, spectacle de la compagnie Equus Arte dirigée par Patrick Massé.

AGENDA

Festival Photo La Gacilly – *(Voir encadré ci-contre).*

2

Josselin

2 486 Josselinais – Morbihan (56)

Avec ses maisons médiévales aux toits d'ardoise s'étageant à flanc de coteau, et le château des Rohan qui se mire dans l'Oust, Josselin séduit d'emblée le visiteur. Posté à la frontière du pays gallo et du pays bretonnant, au cœur de l'ancienne vicomté de Porhoët, son site permet de découvrir un Argoat riche de ressources touristiques.

NOS ADRESSES PAGE 199
Hébergement, restauration, achats, activités, etc.

S'INFORMER

Office du tourisme du Pays de Josselin – *21 r. Olivier-de-Clisson - 56120 Josselin -* ☎ *02 97 22 36 43 - www.josselin-communaute.fr/ Tourisme-et-loisirs : juil.-août : 10h-18h ; avr.-juin et sept. : tlj sf dim. 10h-12h, 13h30-17h30, lun. 13h30-17h30, j. fériés 10h-12h ; reste de l'année : tlj sf jeu., dim. et j. fériés 10h-12h, 13h30-17h30, lun. 14h30-17h30 - fermé 1ᵉʳ janv., 1ᵉʳ et 11 Nov., 25 déc.* En dehors des traditionnelles visites guidées de la ville *(juil.-août : se rens.)*, l'office de tourisme propose : un **circuit d'interpétation** en 40 étapes pour découvrir la cité médiévale de Josselin (avec livret pédagogique gratuit pour les enf.). **Visite virtuelle** de Josselin au 16ᵉ s. sur Ipad (prêt à l'office de tourisme). 7 boucles pour cyclistes et 8 sentiers pédestres ont été conçus au gré des routes de campagne et du canal de Nantes à Brest *(fiches en vente 0,20 €/l'unité)*.
Office du tourisme de Malestroit et du Val d'Oust – *5-7 r. Ste-Anne - Pass'Temps - 56140 Malestroit -* ☎ *02 97 75 45 35 - http://tourisme. oust-broceliande.bzh : juil.-août : 9h30-12h30, 14h-18h, dim. 14h-18h ; vac. scol. : tlj sf w.-end 9h30-12h30, 14h-18h ; mai-juin et sept. : 9h30-12h30, 14h-17h30 ; reste de l'année : se rens. - fermé lun. (vac. de fév.), 1ᵉʳ janv., 1ᵉʳ Mai, 25 déc.*

Office du tourisme de Ploërmel Terre de légendes – *5 r. du Val - 56800 Ploërmel -* ☎ *02 97 72 33 09 - www.broceliande-vacances.com - horaires, se rens.*

SE REPÉRER

Carte de microrégion C1-2 (pp. 74-75) – Josselin se trouve au nord des landes de Lanvaux qui précèdent le golfe du Morbihan. Elle est à équidistance de Lorient (75 km à l'ouest) et de Rennes (80 km à l'est) par la N 24, qui passe d'abord par Ploërmel (14 km). Pontivy est à 35 km à l'ouest par la D 764.

À NE PAS MANQUER

L'ascension du clocher de la basilique N.-D.-du-Roncier pour profiter de la vue plongeante sur le château ; l'histoire de la résistance bretonne au musée de St-Marcel ; le parc de sculptures et les expositions d'art contemporain de Kerguéhennec.

ORGANISER SON TEMPS

La ville et ses environs vous occuperont une journée.

AVEC LES ENFANTS

Après un tour au musée de Poupées et de Jouets du château, mettez le cap sur Lizio pour visiter l'insectarium, l'écomusée des Vieux Métiers ou l'Univers du poète ferrailleur.

Le château de Josselin au bord de l'Oust.
Cezary Wojtkowski/iStock

Se promener Plan de la ville p. 195

★★ **Château** B2

Pl. de la Congrégation - ☎ 02 97 22 36 45 - www.chateaudejosselin.com - ♿ - visite guidée (45mn) de mi-juil. à fin août : 11h-18h ; de déb. avr. à mi-juil. et sept. : 14h-18h ; w.-end d'oct. et vac. de la Toussaint : 14h-17h30 - fermé 1ᵉʳ nov. - 9,20 € (-14 ans 5,60 €) - 14,90 € billet combiné avec le musée de Poupées et de Jouets. ♿ *Voir ABC d'architecture, p. 480.*

Berceau de la famille de Rohan *(voir p. 194)* qui l'habite encore, c'est un des plus beaux châteaux de l'ouest de la France.

Du côté de l'Oust, l'édifice a l'allure d'une forteresse, avec des tours et des mâchicoulis. Les fenêtres et les lucarnes qui dominent les murailles appartiennent au palais élevé par Jean II au 16ᵉ s. Le château a été construit sur une terrasse de plan irrégulier. Des murailles ne subsistent que les bases, à l'exception de celles que l'on voit depuis le pont Ste-Croix. La « tour-prison », isolée, marquait l'angle nord-est de l'enceinte.

Donnant sur le parc qui occupe l'ancienne cour, la ravissante **façade**★★ du corps de logis forme un contraste extraordinaire avec l'appareil fortifié de la face extérieure. Nulle part, en Bretagne, on n'a poussé plus loin l'art de sculpter ce dur matériau qu'est le granit : accolades, fleurons, pinacles, gâbles, couronnes, feuilles frisées décorent à profusion hautes lucarnes et balustrades.

Seul le rez-de-chaussée, restauré au 19ᵉ s., se visite. La salle à manger conserve une statue équestre d'Olivier V de Clisson *(voir p. 194)*, œuvre de Frémiet. Après l'antichambre, galerie de portraits de la famille de Rohan, le grand salon au riche mobilier possède une belle cheminée finement sculptée où se lit la devise actuelle des Rohan : « A plus », devise qui signifierait « Sans plus, sans supérieur. » La bibliothèque renferme plus de 3 000 volumes et quelques portraits.

Le parc comporte des jardins à la française, une roseraie et des allées à l'anglaise. On y voit des arbres centenaires.

2

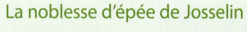

La noblesse d'épée de Josselin

LE COMBAT DES TRENTE

Il eut lieu le 27 mars 1351, dans la lande de Mi-Voie, entre Josselin et Ploërmel. À 5 km de Josselin, au lieu-dit La Pyramide, une colonne de granit en indique l'emplacement.

Au milieu du 14e s., le château de Josselin appartient à la maison de France, et Jean de Beaumanoir en est le capitaine. En pleine guerre de Succession, Josselin soutient la cause de **Charles de Blois** ; le parti de Jean de Montfort tient Ploërmel où commande l'Anglais Bemborough, dit **Bembro**. Les deux chefs arrangent un combat qui mettra en présence trente chevaliers de chaque camp : on se battra à pied, en usant de l'épée, de la dague, de la hache et de l'épieu. Après avoir communié, la troupe de Beaumanoir se rend au lieu de la rencontre. Le camp adverse compte vingt Anglais, six Allemands et quatre Bretons. La journée se déroule en corps à corps acharnés jusqu'à l'épuisement des combattants. Josselin est vainqueur : le capitaine anglais est tué avec huit de ses hommes, les autres sont faits prisonniers. Au cours de la lutte, le chef breton, blessé, demande à boire : « Bois ton sang, Beaumanoir, la soif te passera ! », répliqua Geoffroy du Bouays, l'un de ses rudes compagnons.

LE CONNÉTABLE DE CLISSON (1336-1407)

Olivier V de Clisson a eu une enfance tragique. Il a 7 ans quand son père, accusé de trahir le parti français dans la guerre de Succession, est décapité sur ordre du roi Philippe VI. Sa mère, **Jeanne de Belleville**, se transforme alors en furie. Elle court à Nantes avec ses enfants et, devant la tête sanglante de leur père clouée au rempart, leur fait jurer de le venger. Elle se met ensuite en campagne avec 400 hommes : la troupe passe au fil de l'épée les garnisons de six châteaux favorables à la cause française. Elle arme un vaisseau et coule tous les navires du parti adverse qu'elle rencontre. À cette école, Olivier devient un redoutable homme de guerre : sa carrière, d'abord chez les Anglais puis dans l'armée de Charles V, est particulièrement brillante. Compagnon d'armes de Du Guesclin, il lui succède comme connétable de France, et achète le château de Josselin en 1370. Tout-puissant sous Charles VI, il est banni quand le roi devient fou et meurt, en 1407, à Josselin. Après lui, le château passe dans la famille de Rohan – aujourd'hui de Rohan-Chabot – qui le possède encore.

LE TEMPS DES ROHAN

En 1488, pour punir Jean II de Rohan d'avoir pris le parti du roi de France, le duc de Bretagne François II s'empare de Josselin et le fait démanteler. Quand sa fille Anne devient reine de France, elle accorde réparation à **Jean II**. Autorisé à reconstruire, il réalise un chef-d'œuvre digne de l'orgueilleuse devise de sa famille : « Roi ne puis, prince ne daigne, Rohan suis. » La forme originale de cette devise aurait été « Duc je ne daigne, Roi je ne puis, Prince de Bretaigne, De Rohan je suis », elle-même inspirée de celle des seigneurs de Coucy, qui était « Roi ne suis, ne prince, ne duc, ne comte aussi. Je suis le sire de Coucy. »

En 1629, le général-duc **Henri de Rohan** est le chef des huguenots, ennemis jurés de Richelieu qui fait démolir le donjon et cinq des neuf tours de Josselin. Croisant le duc dans l'antichambre du roi, il lui annonce non sans ironie : « Je viens, Monsieur le duc, de jeter une bonne boule dans votre jeu de quilles. »

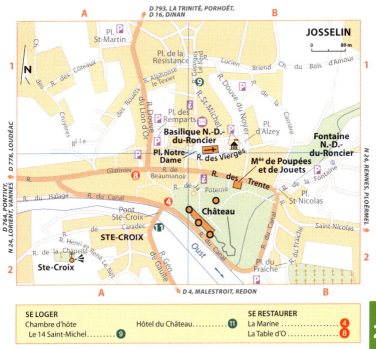

Musée de Poupées et de Jouets – *3 r. des Trente - ℘ 02 97 22 36 45 - www. chateaudejosselin.com - ♿ - de mi-juil. à fin août : 11h-18h ; de déb. avr. à mi-juil. et sept. : 14h-18h ; oct. : w.-end et vac. scol. 14h-17h30 - 8,20 € (-14 ans 5,40 €) - 14,90 € billet combiné avec le château.* 👪 Installé dans les anciennes écuries du château, le musée des Poupées expose environ 600 poupées provenant de la collection Rohan (du 17e au 20e s.) avec leurs accessoires, leurs costumes et leurs meubles miniatures. Des jouets et des jeux complètent la collection. Expositions temporaires durant l'été.

★ Basilique Notre-Dame-du-Roncier B1-2

Pl. Notre-Dame - ℘ 02 97 22 36 43 - www.josselin-communaute.fr/Office-de-Tourisme - avr.-oct. : 9h30-17h30 - visite guidée sur demande (45mn) - gratuit.

Le vocable N.-D.-du-Roncier repose sur une tradition : vers l'an 800, un paysan, en coupant les ronces de son champ, découvrit une statue de la Vierge. Fondée au 11e s. à l'emplacement d'un oratoire en branchages, elle apparaît, dans son ensemble, de style gothique flamboyant.

À l'extérieur, remarquez les gargouilles qui ornent les trois faces de l'édifice ainsi que la Vierge en pierre du portail d'entrée. À l'intérieur, dans la chapelle de droite, voyez le **mausolée★** de marbre d'Olivier de Clisson et de sa femme Marguerite de Rohan (15e s.).

Le grand pardon de cette église était naguère appelé « pardon des aboyeuses » parce qu'en 1728 trois enfants furent guéris de cette forme d'épilepsie.

Montée au clocher – *Pl. Alain-de-Rohan - ℘ 02 97 22 36 43 - du w.-end de Pâques à la Toussaint : 9h-17h30 (en dehors des offices) - gratuit.* Après avoir gravi les 138 marches, on découvre la vue plongeante sur la façade nord-est et la cour intérieure du château, qui s'étend sur la campagne environnante.

Maisons anciennes B1-2

♿ *Voir ABC d'architecture, p. 481.*

On peut en voir autour de la basilique, **rue des Vierges** et **place Notre-Dame,** mais les plus belles se trouvent **rue des Trente** : au n° 7, la maison Lovys Piechel est une demeure fort pittoresque (1624). Voir aussi la maison contiguë, de 1663. Rue Oliver de Clisson, au n°21, l'office de tourisme se loge dans une belle maison « des porches » récemment restaurée.

Fontaine Notre-Dame-du-Roncier B2

C'est toujours un but de pèlerinage. Elle date de 1675.

Quartier Sainte-Croix A2

Il faut traverser le pont pour découvrir le plus vieux quartier de Josselin et ses rues étroites bordées de pittoresques maisons à pans de bois. Cet ancien faubourg, aujourd'hui réhabilité, a connu la prospérité grâce aux nombreuses activités artisanales liées à l'eau (tanneurs, lavandières…). La **chapelle Ste-Croix** y est bâtie à flanc de colline et conserve une nef du 11e s.

À proximité Carte de microrégion p. 74-75

★ Guéhenno C2

▶ *À 10 km au sud-ouest par la N 24, puis la D 778.*

Au cœur d'un paysage vallonné, Guéhenno est traversé par la Laie et le Sedon. Belles maisons en pierre de taille des 16e et 17e s. au décor riche et soigné.

★ **Calvaire** – Dressé dans le cimetière près de l'église, il date de 1550. Toute sa valeur réside dans la parfaite ordonnance de sa composition. Une colonne, sculptée des instruments de la Passion, le précède ; elle est surmontée d'un coq (allusion au reniement de saint Pierre). L'entrée du petit ossuaire est protégée par deux statues de gardes en faction.

Lizio C2

▶ *À 10 km au sud par la D 4, puis la D 174 à droite.*

Cette « petite cité de caractère » a conservé un bel ensemble de maisons en granit des 17e et 18e s., groupées autour de l'église.

Écomusée des Vieux Métiers de Lizio – *Bobhuet -* 🕾 *02 97 74 93 01 - www. ecomuseelizio.com -* ♿ *- de déb. juil. à mi-sept. : 10h-12h, 14h-19h ; avr.-juin, de mi- à fin sept. et vac. de la Toussaint : 14h-18h - 7 € (-12 ans 5 €).* 👥 Plus de 60 métiers disparus sont évoqués sur 2 000 m² : reconstitution de boutiques, intérieurs de fermes, ateliers d'artisans, profusion d'outils et d'objets anciens… Également des expositions temporaires et des animations.

Insectarium – *12 r. du Stade -* 🕾 *02 97 74 94 31 - www.insectariumdelizio.fr -* ♿ *- juil.-août : 10h-19h ; avr.-juin, de déb. à mi-sept. et vac. de la Toussaint : 14h-18h - fermé 2e dim. d'août (fête des artisans de Lizio) - possibilité de visite guidée (1h30) - 8 € (-16 ans 6 €).* 👥 Une trentaine de terrariums répartis dans cinq salles hébergent des dizaines d'espèces d'insectes : mille-pattes, cétoines imitant les brindilles, phasmes, papillons de nuit, mais aussi criquets, scorpions et mygales… Deux films vidéo et un microscope.

L'Univers du poète ferrailleur – *La Ville-Stéphant -* 🕾 *06 87 02 62 79 - www. poeteferrailleur.com -* ♿ *- juil.-août : 10h30-19h ; reste de l'année : dim., j. fériés et vac. scol. 14h-18h - fermé nov.-mars - 7 € (-18 ans 6 €).* 👥 Surprenant, amusant, dépaysant… entrez dans le monde fantastique de cet inventeur à l'imagination débridée qui donne de la vie, du mouvement, à une soixantaine de bien curieuses sculptures.

Malestroit D2

À 25 km au sud-est par la D 4 que prolonge la D 764.

Proche des landes de Lanvaux, cette coquette cité, baignée par l'Oust canalisée, conserve d'intéressantes demeures gothiques et Renaissance. Malestroit fut au Moyen Âge l'une des neuf baronnies de Bretagne. La cité honore la mémoire de **Jacques Bonsergent** (1912-1940), jeune ingénieur qui fut le premier civil français exécuté par l'occupant allemand.

Maisons anciennes – Ces demeures, à pans de bois ou en pierre, se groupent principalement près de l'église St-Gilles. Place du Bouffay, une façade présente des sujets sculptés humoristiques, une autre a gardé son pélican de bois et une troisième arbore une truie qui file. Parcourez aussi la rue au Froment, la rue aux Anglais, la rue des Ponts et la rue du Gén.-De-Gaulle.

Église St-Gilles – 9h-17h. Au portail sud de cette église des 12e et 16e s., on remarque les attributs des quatre évangélistes : le lion de saint Marc est monté par le jeune homme de saint Matthieu, le bœuf de saint Luc repose sur un socle orné de l'aigle de saint Jean. Vers 15h (heure solaire), l'ombre du bœuf et celle de l'aigle dessinent sur la muraille le profil de Voltaire ! De curieuses fresques ornent la voûte du transept : un centaure, un félin et un éléphant harnaché d'un palanquin, censé symboliser la puissance du seigneur de Malestroit.

Saint-Marcel C2

À 3 km à l'ouest de Malestroit par la D 321.

★ **Musée de la Résistance bretonne** – Les Hardys-Béhélec - ℘ 02 97 75 16 90 - www.resistance-bretonne.com - ﴾ - de mi-juin à fin sept. : 10h-18h30 ; avr.-mai et oct. : tlj sf mar. 10h-18h30 ; reste de l'année : jeu.-dim. 10h-18h - fermé 18-31 déc., 1er janv. - 7,70 € (-13 ans 6 €). Armes, photos et uniformes font revivre la Résistance sur le plan régional. La reconstitution d'une rue, d'une pompe à essence, d'un restaurant et des évocations des restrictions, du marché noir et de la collaboration complètent ces collections. Dans le parc, on peut se promener dans la reconstitution d'un chantier de construction du mur de l'Atlantique, dans un garage sous l'Occupation, et dans un camp de l'armée américaine.

En sortant du musée à gauche, après 1 km, s'élève un **monument** commémorant la bataille du 18 juin 1944 entre maquisards, SAS (plus de 200 commandos de la France libre furent parachutés après le débarquement) et soldats allemands.

Réguiny C1

À 19 km à l'ouest de Josselin par la D 764 et la D 2103.

Musée des Sanglots Longs – 14 bis r. de la Piscine - ℘ 02 97 38 61 11 - www.musee-lessanglotslongs.eu - ﴾ - mai-sept. : 10h-18h20 ; reste de l'année : sur demande préalable - fermé 1er janv., 25 déc. - visite guidée possible (2h) - 5 € (-10 ans gratuit). Un couple de passionnés a réuni et fait visiter cette collection très riche consacrée à la fois aux radios TSF et à la Résistance dans la région. Uniformes, documents de toutes sortes, photos et vieux postes à galène, font revivre à l'aide d'anecdotes contées par les propriétaires du lieu (volontiers intarissables) cette période sombre et ceux qui ont donné leur vie pour la liberté.

Locminé B2

À 25 km à l'ouest de Josselin par la N 24.

Locminé, « lieu des moines », doit son nom à une abbaye. Fondée au 6e s., elle possédait deux églises jumelées, l'église St-Sauveur du 16e s. et la chapelle St-Colomban. Seules leurs façades subsistent ; en 1975, une église moderne a été construite en retrait, en remplacement des nefs.

La chapelle **N.-D.-du-Plasker** du 16e s. (à gauche du chevet de l'église moderne) présente une riche décoration flamboyante.

2

★ Domaine de Kerguéhennec C2

▶ *À 10 km à l'est de Locminé. Prenez la direction de Bignan, puis la D 123 vers le domaine. ℘ 02 97 60 31 84 - www.kerguehennec.fr - ♿ - lieux d'exposition juil.-sept. : 11h-19h ; reste de l'année (sf juin) : tlj sf lun.-mar. 12h-18h - fermé 1er janv., 25 déc., entre les expositions (se rens.) - parc de sculptures 8h-21h - gratuit - Un document d'accompagnement du domaine (gratuit) est remis aux visiteurs.*

L'étymologie du nom *Ker-guehennec* signifie « lieu du combat ». On ne saurait mieux trouver pour un espace qui se bat afin de rendre l'art contemporain accessible à tous !

Parc de sculptures – Une trentaine d'œuvres sont installées dans ce parc de 175 ha, dessiné par les frères Bühler en 1872 et merveilleusement fleuri de rhododendrons au mois de mai *(comptez 2h minimum pour en faire le tour)*. Certaines sculptures ont été réalisées spécialement dans le cadre des résidences d'artistes. On découvre, entre autres : Giuseppe Penone, François Morellet, Richard Long, Rainer Gross ou Jean-Pierre Raynaud dont les *1 000 Pots bétonnés* (1986) questionnent les visiteurs sur le statut de l'œuvre.

Château et dépendances – Cette belle demeure construite au début du 18e s. par Olivier Delourme, un architecte de la région, s'ordonne avec ses communs symétriques autour d'une vaste cour d'honneur. Expositions temporaires. La bergerie abrite une exposition permanente consacrée au peintre **Pierre Tal Coat** (1905-1985), artiste majeur du 20e s., d'origine bretonne.

Ploërmel D2

▶ *À 13 km à l'est de Josselin par la N 24.*

Cette petite ville fut une résidence des ducs de Bretagne.

★ Église St-Armel – Fondateur de la ville, saint Armel (6e s.) est représenté avec un dragon au bout d'une laisse. L'église date du 16e s. Le **portail★** nord, de style gothique flamboyant et Renaissance, comprend deux portes finement sculptées : enfance du Christ, scènes burlesques. Dans la chapelle, à gauche du chœur, statues funéraires en marbre des ducs Jean II et Jean III de Bretagne (14e s.). Dans le croisillon droit, derrière le tombeau de Philippe de Montauban et de sa femme, beau gisant en marbre blanc du 14e s. Admirez également les **verrières★** des 16e et 17e s. restaurées : dans le bas-côté, l'Arbre de Jessé et, dans le transept gauche, la vie de saint Armel. Des vitraux modernes, de Jacques Bony, ont remplacé ceux détruits en 1944.

Maisons anciennes – Au n° 7 de la rue Beaumanoir se trouve la **maison des Marmousets** (16e s.), ornée de sculptures sur bois. La maison des ducs de Bretagne (16e s.) est située en face. Autres maisons anciennes rue des Francs-Bourgeois.

Maison mère des frères de Ploërmel – La communauté des frères de l'Instruction chrétienne de Ploërmel fut fondée en 1819 par l'abbé Jean-Marie de La Mennais (1780-1860), frère aîné de Félicité, connu comme écrivain sous le nom de Lamennais à partir de 1835.

Cette demeure abrite aujourd'hui le **musée Jean-Marie-de-La Mennais**, dédié au fondateur de la communauté, le **musée des Sciences naturelles**, et surtout une **horloge astronomique** (1855). Cette dernière fut exécutée par frère Bernardin pour instruire les futurs enseignants des écoles de la côte et est toujours en fonctionnement. Sa précision a été chiffrée en 1978 de l'ordre du dix-millième de temps de rotation de chacune des planètes du système solaire. *Cour intérieure de la Maison des Frères - pl. La Mennais - ℘ 02 97 74 06 67 - avr.-oct. : 9h30-20h ; reste de l'année : 9h-18h - gratuit.*

Lac au Duc D1-2

▶ *À 2 km au nord de Ploërmel par le bd du Mar.-Foch.*

Ce lac (250 ha) est équipé d'une plage artificielle et d'une base pour la baignade, la pêche et la pratique de différentes activités nautiques.

🌿 Sur les berges du lac au Duc, le **Circuit des hortensias** *(sentier de 3 km)* chemine dans un arboretum, planté de 2 000 hortensias. Issus de 220 variétés différentes, ils fleurissent de mai à octobre. *Chemin balisé à partir du parking de l'hôtel du Roi Arthur (4h de balade). Accès gratuit.*

La Trinité-Porhoët C1

▶ *À 17 km au nord de Josselin par la D 793.*

Cette localité, qui doit son nom au croisement de trois voies romaines, était le fief des puissants seigneurs du Porhoët, comtes de Bretagne.

Église de la Sainte-Trinité – L'édifice, plutôt massif, a été construit pour un prieuré (1050) par les moines de St-Jacut. On est surpris, à l'intérieur, par la déclivité du sol qui monte vers le chœur où l'on peut admirer, sur le retable, un spectaculaire **Arbre de Jessé★** (17ᵉ s.).

👓 NOS ADRESSES À JOSSELIN ET ALENTOUR

HÉBERGEMENT

BUDGET MOYEN

Chambre d'hôte Le 14 Saint-Michel – *14 r. Saint-Michel -* 📞 *02 97 22 24 24 - www. le14stmichel.com - fermé vac. de Toussaint et 3 sem. en fév. - 5 ch. 88/90/105 € 🍽 - table d'hôte sur réserv. 28 €.* Belle maison de ville du 19ᵉ s. dotée d'un jardin où fleurit un superbe camélia. Chambres vastes et harmonieuses au 1ᵉʳ étage, suite familiale au second, le tout confortable et décoré avec goût. Au rez-de-chaussée, grande salle à manger et salon « bourgeois ». Un lieu raffiné.

POUR SE FAIRE PLAISIR

Hôtel du Château – *1 r. du Gén.-De-Gaulle -* 📞 *02 97 22 20 11 - www.hotel-chateau.com - fermé 20 nov.-20 janv., dim. soir et lun. (oct.-mars) - 35 ch. 89/115 € - 🍽 11 € -* 🍴 *formule déj. 12,50/17 €, menu 22/48,50 €.* En bordure de l'Oust, un hôtel confortable et bien tenu dont une partie des chambres donne sur les murailles du château.

À proximité

PREMIER PRIX

Camping Domaine de Kerelly – *Le Bas de la Lande - 2 km par D 778 et D 724, rte de Guégon à gauche à 50 m de l'Oust - par voie rapide : sortie Ouest Guégon -* 📞 *02 97 22 22 20 - www.camping-josselin. com - déb. avr.-déb. oct. -* ♿ *- 55 empl. 14/16 € - locatif 50/90 €.* Les emplacements de ce camping, proche de l'Oust et du canal de Nantes à Brest, sont agencés en terrasse au-dessus de la piscine. Sanitaires propres et fonctionnels. Minigolf. À l'entrée, dans une jolie maison en pierre, le bar-restaurant et sa petite terrasse. Mobile homes avec ou sans sanitaires.

UNE FOLIE

Hôtel du Roi Arthur – *56800 Ploërmel - Le lac au Duc (1,5 km par D 8) -* 📞 *02 97 73 64 64 - www. hotelroiarthur.com - fermé vac. de fév. -* ♿ *-* 🅿 *- 46 ch. 168/228 € 🍽 -* 🍴 *menu 27 (déj. sem.)/38/44 € - 40/69 €.* Chambres confortables et d'esprit actuel, donnant pour la plupart sur le lac. Baies vitrées, cuisine classique et service sans fausse note. Une bonne adresse.

2

RESTAURATION

PREMIER PRIX

La Marine – *8 r. du Canal -*
📞 02 97 22 21 98 - fermé lun. et
ven. soir (sf vac. scol.), janv. - menu
10,20/28,90 €. Situé au bord de
l'Oust – belle terrasse d'été – et au
voisinage du château, bon choix
de galettes. Deux spécialités : la
St-Jouan et la Favorite.

POUR SE FAIRE PLAISIR

La Table d'O – *9 r. Glatinier -*
📞 02 97 70 61 39 - fermé dim.-lun.,
1 sem. en fév., 10 j. en juil. et 1 sem.
à la Toussaint - 🚫 - formule déj.
15/18 € - 23/33 €. Surplombant
l'Oust et le château, ce restaurant
s'inspire du marché : braisé
d'agneau en chartreuse, carpaccio
de St-Jacques…

À proximité

PREMIER PRIX

Crêperie Maël Trech – *13 pl.*
*du Bouffay - 56140 **Malestroit** -*
📞 02 97 75 17 72 - www.maeltrech.
fr - fermé mar. soir et merc. (sf juil.-
août) - menu 10,50 (déj. sem.)/
12 € - 20 €. Maison ancienne dans
le centre médiéval. Galettes
traditionnelles et spécialités
maison comme la Mer Graal
(écrevisses et asperges flambées
à l'anis).

BUDGET MOYEN

Le Petit Kériquel – *1 pl. de*
*l'Église - 56460 **La Chapelle-Caro** -*
📞 02 97 74 82 44 - www.keriquel.
com - 7 ch. 60/64 € - 🍽 8,50 € - 🍴
(tlj sf merc. et dim. soir) formule déj.
15,90 € - 20,90/28 €. Face à l'église,
cet hôtel-restaurant propose dans
une salle à manger à la décoration
rustique une vraie cuisine de
terroir. Plats très copieux de
l'entrée aux desserts. Aux beaux
jours, la terrasse sur l'arrière
est ouverte pour le plus grand
bonheur des clients. Chambres
simples, gaies et confortables.

Crêperie La Gavotte – *4bis pl.*
*de la Mairie - 56580 **Rohan** -*
📞 02 97 51 53 42 - fermé mar. soir,
merc. (midi seult en été) - 12/25 €.
Belle salle rustique avec vue sur
le canal de Nantes à Brest. Aux
beaux jours, la terrasse au bord
de l'eau est un enchantement.
Galettes de blé noir, crêpes de
froment avec cidre ou pourquoi
pas une bière bretonne !

POUR SE FAIRE PLAISIR

Le Cobh – *10 r. des Forges -*
*56800 **Ploërmel** - 📞 02 97 74*
00 49 - www.hotel-lecobh.com -
fermé dim. soir, de fin déc. à déb.
janv. - 🅿 - 🚫 - plat du jour 14,90 € -
menu 18,90 (déj. sem.)/69 € - 12 ch.
77/105 € - 🍽 9,50 €. Cet ancien
relais de chasse (1845) se veut à la
fois classique et intime. Le jeune
chef marie les produits locaux
(crustacés, poissons, viandes)
aux saveurs exotiques.

ACTIVITÉS

Lac au Duc – *56800 Taupont -*
📞 02 97 74 14 51 - www.club-
nautique-ploermel.com. Pêche,
baignade, base nautique (stages,
location de planche à voile, canoë-
kayak, dériveur, etc.) et golf 9 trous
(Golf Blue Green - 📞 02 97 72 37 20 -
lac-au-duc.bluegreen.com/fr).

🚲 **Vélodyssée** – À pied, à vélo, ou
en bateau, un itinéraire bucolique
et verdoyant longeant le **canal de
Nantes à Brest**, à découvrir entre
Josselin et Malestroit, voir Redon
pour les plus sportifs.
🚶 www.lavelodyssee.com

AGENDA

Domaine de Kerguéhennec –
Concerts, théâtre et ballets
organisés en été. *Rens. sur www.
kerguehennec.fr/actualite-agenda.*
Lizio – *2e dim. d'août, rens. à l'OT
de Malestroit ou sur www.lizio.fr.*
Festival des artisans d'art (plus de
150 artisans présents) et Salon du
modèle réduit.

Pontivy

13 965 Pontivyens – Morbihan (56)

Solidement ancrée sur les rives du Blavet et au cœur d'un riche bassin agricole, Pontivy s'est beaucoup développée sous l'impulsion des Rohan, puis de Napoléon Iᵉʳ qui la rebaptise même Napoléonville en 1804. Médiévale puis impériale, Pontivy montre un contraste frappant entre la vieille ville, aux rues étroites et capricieuses, et la ville géométrique créée sous l'Empire. La petite cité morbihannaise est aussi un bon point d'entrée pour rayonner dans la verte vallée du Blavet, ponctuée de nombreuses chapelles.

😊 NOS ADRESSES PAGE 206
Hébergement, restauration, achats, activités, etc.

🛈 S'INFORMER

Office du tourisme de Pontivy communauté – *2 quai Niémen - péniche Duchesse-Anne - 56300 Pontivy - ☏ 02 97 25 04 10 - www.tourisme-pontivycommunaute. com - juil.-août : 9h30-13h, 14h-18h30 ; reste de l'année : tlj sf dim. 9h30-12h30, 14h-18h - fermé certains j. fériés.* Dans un cadre original, une vraie péniche de gabarit breton, ayant navigué sur le canal de Nantes à Brest, l'office de tourisme propose des visites guidées des deux quartiers historiques en été (Pontivy des Rohan et Napoléonville). Location de vélos, vélos électriques et bateaux électriques.

🧭 SE REPÉRER

Carte de microrégion B1 (p. 74) – Carrefour routier important à 52 km au nord de Vannes, Pontivy bénéficie de sa situation sur le Blavet et le canal de Nantes à Brest.

😊 À NE PAS MANQUER

Les maisons anciennes de Pontivy et le village de Poul-Fetan pour son atmosphère d'antan.

🕐 ORGANISER SON TEMPS

Une heure pour le centre-ville.

👪 AVEC LES ENFANTS

Découverte d'un village breton d'autrefois à Poul-Fetan ; balade à vélo sur les bords du Blavet.

Se promener Plan de la ville p. 202

★ Maisons anciennes AB1

Pour découvrir ces demeures des 16ᵉ et 17ᵉ s., il faut flâner **rue du Fil**, **rue du Pont** (au n° 14, la maison du Sénéchal du vicomte de Rohan, construite en 1577, présente une riche façade Renaissance), **rue Ange-Guépin** ou **place du Martray**, là où se tenait jadis la « foire des gages » au cours de laquelle les jeunes garçons offraient leurs services aux fermiers de la région.
À l'angle des rues Lorois et Gén.-De-Gaulle, remarquez l'hôtel de Roscoët, un bel hôtel particulier à tourelle (1578), et, place Anne-de-Bretagne, d'élégantes constructions du 18ᵉ s. autour de la basilique N.-D.-de-Joie (16ᵉ s., remaniée aux 18ᵉ et 19ᵉ s.).

Château des Rohan B1

1 r. de Lourmel - ☏ 02 97 25 12 93 - fermeture pour travaux de restauration, se rens. au château, à l'office de tourisme ou à la mairie.

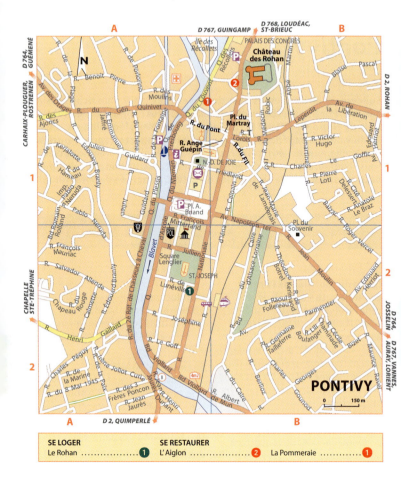

PONTIVY

SE LOGER	SE RESTAURER	
Le Rohan .... ❶	L'Aiglon .... ❷	La Pommeraie .... ❶

La forteresse fut élevée au 15e s. par Jean II de Rohan. La façade a conservé deux grosses tours à mâchicoulis, coiffées en poivrière, sur les quatre que comprenait l'enceinte. Le logis seigneurial, remanié au 18e s., s'orne de frontons à redents et d'un bel escalier à double révolution.

À l'intérieur, la visite comprend la salle des gardes, les salles du 1er étage, la chambre ducale et la chapelle. Remarquez particulièrement le beau plafond de la chambre ducale et les cheminées armoriées de la tour ouest du château. Expositions temporaires portant sur la Bretagne.

Chapelle Sainte-Tréphine A2 en dir.

Quittez le centre-ville en longeant le Blavet vers l'ouest (dir. Kermadeleine/ Kerficelle). Tournez à droite r. Henri-Gaillard et faites 2,5 km (légère montée). Se visite seult lors de L'Art dans les chapelles (voir « Nos adresses à Pontivy » p. 206).

De taille modeste, Ste-Tréphine (15e-17e s.) conserve de très beaux lambris, peints en 1704 et illustrant la vie de cette martyre décapitée par son mari, Conomor. En sortant, remarquez un four à pain, un puits, ainsi que les restes d'un manoir et de son enceinte (1615).

L'EMPREINTE DE L'EMPIRE

L'ancienne capitale des Rohan doit son nom à la fondation d'un monastère (7ᵉ s.) par saint Ivy. En 1790, alors prospère, elle se déclare républicaine. Le Premier consul, Bonaparte, y fait construire une caserne, une mairie, un tribunal, ouvre un lycée et fait canaliser le Blavet.

Pendant les guerres de l'Empire, la navigation côtière entre Brest et Nantes est peu sûre, du fait de la présence anglaise sur mer. Napoléon décide alors de créer un canal reliant ces deux villes, pour faire de Pontivy le centre militaire et stratégique de la Bretagne. Dès 1806, les rues tirées au cordeau de la nouvelle agglomération surgissent de terre. « Les cœurs reconnaissants des citoyens » la nomment **Napoléonville.** À la chute de l'Empire, elle redevient Pontivy… puis de nouveau Napoléonville sous le Second Empire.

À proximité Carte de microrégion p. 74-75

Saint-Thuriau B1

◗ *À 8 km au sud de Pontivy par la D 764, D 768 puis D 179. www.saint-thuriau.fr - ♿ - horaires, se rens. à la mairie (✆ 02 97 39 83 13) - fermé sam. apr.-midi et dim.*
Élevée en 1620 par la famille de Lantivy, l'**église** tréviale (une trève est une subdivision de la paroisse) puis paroissiale fut agrandie en 1877. La **charpente lambrissée** (animaux et personnages finement sculptés sur les sablières) raconte en 18 tableaux naïfs la vie de saint Thuriau, originaire de la région de Dol-de-Bretagne. Le vitrail du côté sud représentant la passion du Christ a été restauré en 1901 par Fournier, maître-verrier à Tours. Le cadran solaire extérieur est daté de 1636.

Au bord du Blavet, dans le village du Gohazé, la **chapelle Notre-Dame-de-Joie** *(se visite seult lors de L'Art dans les chapelles, voir « Nos adresses à Pontivy » p. 206)* date du 16ᵉ s. Remarquez la décoration extérieure, en grande partie flamboyante, et, à l'intérieur, les beaux vitraux du 16ᵉ s. et le chancel (clôture en bois ajouré).

Guern B1

◗ *À 10 km au sud-ouest de Pontivy par la D 2.*
Troisième site de pardon du Morbihan (après Ste-Anne d'Auray et N.-D.-du-Roncier à Josselin), la **chapelle N.-D.-de-Quelven** (15ᵉ-18ᵉ s.) évoque une cathédrale de campagne avec son clocher haut de 70 m. À l'intérieur, on remarque l'orgue et le buffet en bois polychrome (17ᵉ s.) et, surtout, la très belle **statue ouvrante d'une Vierge à l'Enfant** du 16ᵉ s. : 12 scènes réparties en quatre registres illustrent des épisodes de l'Évangile. Cette statue symbolise la mère universelle tenant le monde en son sein.

Devant l'église, une loggia ou **scala sancta** (1738) servait aux cérémonies en plein air. Par la petite route qui descend à droite du porche, on arrive jusqu'à une ravissante **fontaine sacrée** (16ᵉ s.).

Circuit conseillé Carte de microrégion p. 74-75

LA VALLÉE DU BLAVET DE PONTIVY À HENNEBONT

◗ *Circuit de 90 km tracé en rose – comptez environ 4h. Quittez Pontivy par la rue Albert-de-Mun (dir. Lorient/Auray). Tournez à gauche au rond-point d'Inter-marché. La chapelle est fléchée à droite.*

Chapelle de La Houssaye B1

Se visite seult lors de L'Art dans les chapelles (voir « Nos adresses à Pontivy » p. 206).
N.-D. de La Houssaye (15ᵉ -18ᵉ s.) recèle de magnifiques pièces dont un chancel (la balustrade du chœur) du 16ᵉ s. La piéta et le groupe de sainte Apolline proviennent du même atelier que le retable (16ᵉ s.) consacré à la Passion du Christ. Traité en 13 panneaux avec 102 personnages, dont il faut observer les expressions, cet ensemble polychrome, réalisé en pierre des Flandres, fut financé par Jean II de Rohan afin d'expier ses fautes.
Suivez la direction de Pluméliau.

Chapelle Saint-Nicodème B1

Bâtie au 16ᵉ s., elle est précédée d'une tour massive surmontée d'une flèche de granit. Au pied de la tour, une porte Renaissance donne accès à l'escalier du 16ᵉ s. qui permettait de monter au sommet. À gauche, une fontaine gothique s'écoule dans trois piscines, situées devant trois niches surmontées de gâbles richement sculptés. Pardon le 1ᵉʳ dimanche d'août. Dans la maison du chapelain, bureau d'information sur les expositions de « L'Art dans les chapelles » pendant la durée de la manifestation *(voir « Nos adresses/Agenda » p. 206).*
Au-delà de la chapelle, tournez à droite.

Saint-Nicolas-des-Eaux B1

🛈 **Office de tourisme de Centre Morbihan Communauté** – *12 rd-pt de la République - 56500 Locminé - 📞 02 97 60 49 06 - www.centre-morbihan-tourisme.bzh - 10h-13h, 14h-18h - fermé dim. et j. fériés.*
Le petit bourg est construit à flanc de colline. La chapelle située en haut du village et les maisons à toits de chaume qui l'entourent forment un ensemble original. 🐾 Possibilité de promenade à pied ou à vélo sur le chemin de halage jusqu'à la hauteur de la chapelle St-Gildas située sur l'autre rive *(voir ci-après).*

★ Site de Castennec B1

Ce site celtique devint un oppidum, puis un camp romain fortifié. Une tourelle, à gauche de la route, sert de belvédère sur un méandre du Blavet.
En sortant de Castennec, tournez à gauche puis, à 300 m, de nouveau à gauche.

Chapelle Saint-Gildas B1

Saint Gildas (6ᵉ s.), fondateur de l'abbaye de Rhuys *(voir p. 98)*, et saint Bieuzy auraient vécu en ermites sur ce site. La chapelle (construite au 15ᵉ s. puis très remaniée au 19ᵉ s.) a la particularité d'être adossée à la falaise de Castennec et de posséder une « pierre sonnante ».

Bieuzy B1

À gauche de l'église se tiennent deux belles maisons Renaissance, avec four à pain et vieux puits. Dans l'**église,** on remarque les vitraux du chœur, la charpente et les sablières. À côté de la chaire, une grosse pierre, dite la « pierre sonnante », servait de cloche. Certains y voient une météorite mystérieuse.
Dans cette campagne pontivienne, de nombreuses fermes ont conservé leurs élégants puits sculptés des 17ᵉ et 18ᵉ s. que l'on aura plaisir à découvrir au hasard de la route.
Par la Paule, gagnez Melrand.

Melrand B1

En pleine campagne, des fouilles ont mis au jour les vestiges du village de Lann Gouh (« vieille lande ») remontant aux environs de l'an 1000.
Le **village de l'An Mil** illustre l'architecture rurale médiévale et la vie quotidienne des habitants, qui vivaient sous le même toit que les animaux.

Lann-Gouh - ☏ 02 97 39 57 89 - www.villagedelanmil-melrand.fr - juil.-août : 10h-18h; reste de l'année : se rens. - possibilité de visite guidée (1h30) - 6,50 € (-18 ans 4,50 €). Revenez au centre du bourg. Derrière l'église, prenez la D 142, direction St-Barthélemy, où vous tournerez à droite vers St-Adrien.

Chapelle Saint-Adrien B2

La chapelle du 15ᵉ s. est située en contrebas de la route, entre deux fontaines, celle de droite étant surmontée d'un calvaire. À l'intérieur, un jubé très simple ferme la nef. Il est sculpté côté nef, peint côté chœur.

La route suit la vallée du Blavet dans un très joli site (D 327). Tournez à gauche (D 3).

Baud B2

À une trentaine de kilomètres de la mer, le pays de Baud offre de multiples possibilités de promenades à la découverte de la Bretagne profonde. Dans la ville basse, en contrebas de la route de Locminé, la **fontaine de N.-D.-de-la-Clarté** se trouve à l'extrémité du parking.

Le Carton voyageur - Musée de la carte postale – *3 av. Jean-Moulin - ☏ 02 97 51 15 14 - www.cartolis.org - ♿ - 14h-18h - fermé lun., janv., certains j. fériés - 5 € (-15 ans 2,50 €) - animations et ateliers tte l'année.* Cette collection de quelque 50 500 cartes postales de 1900 à nos jours s'expose dans un nouvel espace muséographique. Photographie, art du portrait, paysages, costumes, danses, musiques, légendes, réalités et stéréotypes illustrent le patrimoine et l'évolution de la société bretonne au 20ᵉ s. En plus des cartes postales originales sont présentés des objets et de l'artisanat.

Quittez Baud par la route d'Hennebont. À Coët-Vin, 2 km au sud-ouest, tournez à gauche et, 500 m plus loin, laissez la voiture sur un petit parking à droite.

Vénus de Quinipily et son parc – *☏ 02 97 39 04 94 - ♿ - mai-oct. : 10h-19h; reste de l'année : 11h-17h - 3 € (-12 ans gratuit).* Passé un portail en bois, une allée monte vers la Vénus, placée au-dessus d'une fontaine, dans un parc proche des vestiges restaurés du château de Quinipily.

La statue, haute de 2,20 m, a des origines mal définies : pour certains, c'est une idole romaine, pour d'autres, une Isis égyptienne. Entourée d'un culte presque païen, elle fut plusieurs fois jetée dans les eaux du Blavet sur ordre des autorités religieuses. En 1696, le comte de Lannion l'installa à son emplacement actuel.

Revenez vers Baud et prenez la direction de Poul-Fetan.

★ Village de Poul-Fetan B2

☏ 02 97 39 51 74 - www.poulfetan.com - juil.-août : 10h30-19h; avr.-juin et sept. : 11h-18h30 - possibilité de visite guidée (50mn) - 11,50 € (-15 ans 5,50 €) - visite et animations juil.-août : 14h-19h; avr.-juin et sept. : 14h-18h30 - visite contée juil.-août : 12h et 13h; juin et sept. : 13h10; avr.-mai : 11h30.

Dominant la vallée du Blavet, un charmant hameau du 16ᵉ s. a été restauré dans les années 1970. On y retrouve l'atmosphère d'un **village breton d'autrefois** : un ensemble de chaumières, la maison du Minour c'est-à-dire « du chef », l'ancien fournil, un écomusée et l'auberge *(possibilité de prendre un repas typiquement breton)*. En été, des animations redonnent vie au village : les lavandières font « la buée », le boulanger s'active au fournil, on tourne la bouillie de millet, la fermière baratte son beurre. Un atelier de poterie permet de s'initier à la fabrication et à la cuisson à l'ancienne. Parmi les animaux, remarquez une vache bretonne typique, de petite taille : la pie noire. Des cultures anciennes potagères et des animations musicales en juil.-août.

Revenez sur vos pas pour prendre à gauche la D 159, puis la route d'Hennebont.

Hennebont A2

Voir p. 166.

2

😊 NOS ADRESSES À PONTIVY

HÉBERGEMENT

POUR SE FAIRE PLAISIR

Le Rohan – *90 r. Nationale -* 📞 *02 97 25 02 01 - www. hotelpontivy.com -* 🅿️ *- fermé 20 déc.-2 janv. - 16 ch. 67/99 € -* ☕ *12,50 €.* Cette belle demeure fin 19e s. présente des chambres coquettes.

RESTAURATION

À Pontivy

POUR SE FAIRE PLAISIR

La Pommeraie – *17 quai du Couvent -* 📞 *02 97 25 60 09 - www.la-pommeraie-pontivy. fr - fermé lun. et mar. soir, sam. midi et dim., janv., 15 j. août- sept., 1 sem. fin déc. - formule déj. 17,50/20 € - menu 25/37/50 €.* Façade jaune, tons chaleureux dans la pimpante salle et courette fleurie : ce restaurant est une vraie symphonie de couleurs. Plats tout en simplicité et finement cuisinés à base de bons produits du terroir.

Brasserie L'Aiglon – *42 r. Gén.-de- Gaulle -* 📞 *02 97 27 98 08 - www. laiglon-pontivy.com -* ♿ *- menu 17 (déj. sem.)/52 €.* Une brasserie qui met à l'honneur les produits de la région. Un lieu confortable et animé juste en face du château des Rohan.

Dans la vallée du Blavet

PREMIER PRIX

Crêperie Le Chalet – *3 prom. des Estivants - 56930* **St-Nicolas- des-Eaux** *-* 📞 *02 97 51 88 87 -* ♿ *- juil.-août : tlj ; reste de l'année : tlj sf dim. midi et lun.-mar. - 10/15 €.* Grande salle décorée de boiseries et terrasse face au Blavet. Délicieuses galettes de blé noir agrémentées de produits frais.

ACHATS

Marchés – Le lundi, à Pontivy, place Aristide-Briand ; le dim., marché du terroir à Rohan *(à 17 km à l'est par la D 764).*

ACTIVITÉS

Locaboat – *89300 Joigny -* 📞 *02 99 72 15 80 - www.locaboat. com - de fin mars à déb. nov.* Location de bateaux de plaisance et de bateaux sans permis.

Base nautique de Toulboubou – *Toulboubou -* 📞 *02 97 07 09 36 - www.canoekayakpontivy.fr.* Location de canoë-kayak, cours.

Club nautique de Baud – *R. de l'Ouest - base nautique de Pont- Augan - 56150 Baud -* 📞 *02 97 51 10 83 - www.baudcanoe.com - juil.- août : 10h-18h - 7 €/h, 12 €/mat. (1 pers.), 12 €/h, 22 €/mat. (2 pers.).* Location de canoë et de kayak pour découvrir le Blavet.

🚲 **Vélodyssée** – L'itinéraire cyclable suit les bords du **canal de Nantes à Brest**. De Pontivy, on peut rallier Josselin puis Redon. 🚲 *www.lavelodyssee.com.*

AGENDA

L'Art dans les chapelles – *Du 1er w.-end de juil. au 31 août : tlj sf mar. 14h-19h ; w.-ends de sept. : 14h-19h - rens. à la Maison du chapelain - chapelle St-Nicodème - 56930 Pluméliau -* 📞 *02 97 51 97 21 - www.artchapelles.com.* Chaque été, 20 chapelles de la vallée du Blavet et du pays de Pontivy accueillent des expositions d'artistes contemporains tels G. Asse, J.-P. Pincemin, G. Titus- Carmel, C. Viallat, P. Buraglio, mais aussi de nombreux artistes à découvrir. Chaque artiste investit une chapelle.

Pardon de N.-D-de-la-Joie – *2e ou 3e w.-end de sept.*

Église de Kernascléden

★★

440 Kernascléens – Morbihan (56)

Au cœur du pays Pourlet, nous voici sur les terres des Rohan-Guemené. Ce coin reculé de l'Argoat mérite un détour : il y en a pour tous les goûts ! Une jolie petite ville médiévale, dont la spécialité, l'andouille, fait courir les gourmets, la vallée du Scorff et la forêt de Pont-Calleck pour les amateurs de nature, et puis Kernascléden dont la remarquable église abrite de magnifiques fresques, et où l'on fera connaissance avec d'étranges « demoiselles » aux habitudes nocturnes…

NOS ADRESSES PAGE 209
Hébergement, restauration, achats, activités, etc.

🖪 S'INFORMER
Office de tourisme du pays du Roi Morvan – *5 pl. du Château - 56160 Guémené-sur-Scorff - ☞ 02 97 28 01 20 - www.tourismepaysroimorvan.com - juil.-août : 9h30-13h, 14h-18h30 ; avr.-juin et sept. : tlj sf lun. 10h-12h30, 14h-18h ; reste de l'année : tlj sf dim.-lun. 10h-12h30, 14h-17h30 - fermé 1er janv., 1er Mai, 25 déc.*

❍ SE REPÉRER
Carte de microrégion A1 (pp. 74-75) – À la verticale nord de Lorient (32 km via la D 769), Kernascléden se situe tout près de la charmante D 110 qui longe la forêt de Pont-Calleck. Pontivy est à la même distance à l'est (*via* la D 782).

😊 À NE PAS MANQUER
Les fresques de l'église, notamment la danse macabre du transept sud.

👫 AVEC LES ENFANTS
La Maison de la Chauve-souris.

🕐 ORGANISER SON TEMPS
Pensez à programmer une visite guidée de l'église.

2

Se promener

★★ Église Notre-Dame-de-Kernascléden
R. des Rohan - ☞ 02 97 51 61 16 - http://kernascleden.com - ♿ - 9h-19h - possibilité de visite guidée sur demande. Bien que l'église ait été consacrée en 1453, au moins trente ans avant la chapelle St-Fiacre *(voir p. 210)*, la légende rapporte qu'elles ont été bâties par les mêmes ouvriers, les anges transportant les compagnons et leurs outils d'un chantier à l'autre.

L'intérêt de cette église réside dans le souci de perfection jusqu'aux moindres détails. Le clocher, très fin, les pinacles à fleurons, les roses, au délicat réseau, contribuent à décorer l'édifice sans surcharge inutile. Sur le flanc droit s'ouvrent deux porches. Le **porche★** de gauche, le plus vaste, est orné des statues des douze apôtres.

À l'intérieur, les voûtes et les murailles surmontant les grandes arcades sont décorées de **fresques★★** (15e s.) représentant des épisodes de la vie de la Vierge et du Christ. Les plus belles sont le Mariage et l'Annonciation *(côté gauche du chœur)* et les Funérailles de la Vierge *(côté droit)*. Au-dessus de l'arc triomphal *(côté chœur)* : la Résurrection du Christ. Dans le bras gauche du transept : huit anges musiciens. Sur les murailles du croisillon droit, fragments d'une danse macabre et d'une représentation de l'enfer *(face à l'autel)*, œuvre originale par la variété des supplices imaginés et unique dans le Morbihan pour l'association de ses deux thèmes. À noter également quelques statues du 15e s. en pierre ou en bois : N.-D. de Kernascléden à gauche du maître-autel, un saint Sébastien et une Pietà dans la nef.

Maison de la Chauve-souris

1 pl. de l'Église - ℰ 02 97 28 26 31 - www.maisondelachauvesouris.com - juil.-août : 10h-18h30 ; avr.-juin et sept.-oct. : tlj sf lun.-mar. 14h-17h30 ; vac. scol. (sf juil.-août) : 14h-17h30 - fermé de la fin des vac. de la Toussaint à fin mars, 1er Mai - possibilité de visite guidée - 5 € (-13 ans à 3 €) - Nuits de la chauve-souris en juil.-août (mar. et vend. 20h30).

Depuis des années, une colonie de grands rhinolophes a investi les combles de l'église de Kernascléden. Cet écomusée permet de découvrir de façon interactive et ludique la vie mystérieuse et le monde méconnu (et vaguement inquiétant) des « demoiselles de la nuit ». Celles-ci sont filmées en direct dans leur domaine à l'aide de caméras infrarouge, et l'on termine par une initiation à l'univers des ultrasons, découvrant ainsi que ces demoiselles sont beaucoup plus bavardes qu'on ne pourrait le penser.

À proximité Carte de microrégion p. 74-75

Château de Pont-Calleck A1

▶ *À 4 km au sud. Prenez la D 782 (dir. Le Faouët) et, à Kerchopine, tournez à gauche.*

La route longe l'institution N.-D.-de-Joie, installée dans le **château de Pont-Calleck** *(seul le parc est ouvert à la visite)* reconstruit en 1880 et transformé en foyer d'enfants. Le château a appartenu au célèbre marquis de Pont-Callec *(voir encadré ci-dessous)*. Brûlé durant la Révolution, il a été reconstruit vers 1880 par le comte de Brissac. Après sa vente à une communauté religieuse dans les années 1960, l'ensemble a été agrandi par un cloître et une chapelle. *Poursuivez vers Plouay.*

On entre dans la belle **forêt de Pont-Calleck**. Une petite route à gauche en forte descente mène à un barrage d'où l'on jouit d'une vue très agréable sur le site du château en bordure de l'étang.

Revenez à la route de Plouay pour prolonger la promenade en forêt ; un parcours pittoresque s'offre alors dans l'étroite vallée du Scorff.

Ploërdut A1

▶ *À 11 km au nord. Prenez la D 782 en direction de Guéméné-sur-Scorff et, à Lignol, tourner à gauche.*

Paroisse primitive celtique fondée à la fin du 6e s., Ploërdut est le village de saint Ildut, comme Lanildut en Finistère. Située en plein cœur de la Bretagne

---

LA MORT DE PONT-CALLEC

Le **marquis de Pont-Callec** se rendit célèbre en dirigeant la conspiration de Pontcallec, étroitement liée à celle de Cellamare qui visait à renverser le Régent de France. Après jugement, le marquis et trois de ses complices furent décapités à Nantes en 1720. La tradition bretonne a fait de ce noble un héros nationaliste se battant contre la pression fiscale et pour les pauvres. La complainte *Marv Pontkalleg*, très populaire depuis le 19e s., conte la fin tragique du jeune héros.

intérieure, quasiment à la source du Scorff, la commune est intéressante par la richesse architecturale de ses manoirs et fermes traditionnelles des 16ᵉ et 17ᵉ s. Son **église St-Pierre,** maintes fois remaniée entre le 13ᵉ et le 17ᵉ s., conserve une très belle nef, des bas-côtés romans et de lourds **chapiteaux★** carrés, ornés de motifs géométriques.

Guémené-sur-Scorff B1

À 12 km au nord-ouest par la D 782.

À la fois « cité des Princes de Rohan-Guémené » et capitale de l'andouille, cette petite ville a conservé de belles maisons anciennes (l'hôtel des Princes avec sa façade à pans de bois et le relais des diligences, tous deux du 16ᵉ s.) le long de la grande rue, tout comme dans le quartier de l'église (ancien hospice, maladrerie).

De la fière forteresse du 15ᵉ s., démantelée en 1927 pour faire place à un lotissement, il subsiste un impressionnant pan de rempart doté d'une salle de garde, ainsi qu'un portail Renaissance.

Espace muséal des Bains de la Reine – *5 pl. du Château (accès par l'office de tourisme) - &. - juil.-août : 9h-30-12h30, 13h30-18h30 ; avr.-juin et sept. : tlj sf lun. 10h-12h30, 14h-18h ; reste de l'année : tlj sf dim.-lun. 10h-12h30, 14h-17h30 - fermé 1ᵉʳ janv., 1ᵉʳ Mai, 25 déc. - gratuit - visite guidée possible (1h50), 3 €.* Ce rare exemple d'étuve privée (construit vers 1380 pour Jeanne de Navarre par son époux Jean Iᵉʳ de Rohan) a retrouvé Guémené en 2003 après avoir été démonté pierre à pierre et transféré chez un antiquaire de Vitré en 1927. On découvre la chambre d'étuve chauffée par hypocauste, ainsi que les vestiges de la salle de chauffe.

😊 NOS ADRESSES AUTOUR DE KERNASCLÉDEN

HÉBERGEMENT

BUDGET MOYEN

Chambre d'hôte Ty Er Mad – *4 Kérihuel - D 110, dir. vallée du Scorff - ☏ 02 97 28 20 75 - www.tiermad.com - fermé 23 déc.-8 janv. - 4 ch. 69 € 🍵 - dîner 25 € bc (sur réserv.).* Des chambres lumineuses au décor personnalisé et au confort soigné occupent l'étage de cette longère en pierre du pays, posée sur un terrain de 4 ha. Au rez-de-chaussée, salle à manger et superbe salon-bibliothèque ouvert sur la campagne. Accueil chaleureux.

ACHATS

La Maison de l'andouille – *5 r. de Bellevue (rte de Kernascléden) - ☏ 02 97 51 21 10 - www.andouille-guemene.com - 9h-12h30, 14h15-19h - fermé dim.,* *1ʳᵉ quinz. de janv.* Depuis 1931, la famille Rivalan se transmet de père en fils les secrets de fabrication de l'andouille de Guémené.

Au Terroir (Maison Le Fur) - *3 pl. Bisson - 56160 Guémené-sur-Scorff - ☏ 02 97 39 24 52.* Cette boutique fin 19ᵉ s. au mobilier d'époque ne vend que des produits « Pur Breizh » qu'elle se procure chez les fournisseurs locaux. Parfait pour les amateurs de chouchen, bières locales et autres *kouign-amann.*

AGENDA

Fête de l'andouille – *Guémené-sur-Scorff, un w.-end en août.* Un événement incontournable et convivial autour du produit vedette de la ville. Repas (andouille, purée) et animations musicales, *fest-noz.*

2

Le Faouët et ses chapelles

2 819 habitants – Morbihan (56)

En breton, faou signifie « hêtre », mais seule la toponymie évoque aujourd'hui la présence de cette essence : la campagne est passablement déboisée, le bourg est tout de même au centre d'une région très pittoresque qui s'étend entre le Ster-Laer et l'Ellé, deux rivières venues des Montagnes Noires.

😊 NOS ADRESSES CI-CONTRE
Hébergement, restauration, achats, activités, etc.

🛈 S'INFORMER

Office de tourisme du pays du Roi Morvan – *3 r. des Cendres - 56320 Le Faouët - ℘ 02 97 23 23 23 - www. tourismepaysroimorvan.com - juil.-août : 9h30-13h, 14h-18h, dim. et j. fériés 10h-13h ; avr.-juin et sept.-oct. : tlj sf dim.-lun. 10h-12h30, 14h-17h30 - fermé 1ᵉʳ janv., 1ᵉʳ et 8 Mai, jeu. de l'Ascension, 1ᵉʳ et 11 Nov., 25 déc.*

▶ SE REPÉRER

Carte de microrégion A1 (pp. 74-75) – En pleine Bretagne intérieure, Le Faouët se situe sur la D 769 qui relie Lorient (37 km) à Carhaix-Plouguer (34 km).

😊 À NE PAS MANQUER

La chapelle St-Fiacre pour son jubé, la chapelle Ste-Barbe pour son site et le musée du Faouët pour ses artistes qui ont aimé la région.

🕐 ORGANISER SON TEMPS

Deux ou trois heures suffisent pour faire le tour du Faouët et des chapelles. Les 1ᵉʳ, 3ᵉ et 5ᵉ mercredis du mois : marché sous les halles.

👫 AVEC LES ENFANTS

Promenez-vous dans le parc Aquanature du Stérou.

Se promener

★ Les halles

Construites au 16ᵉ s., elles sont remarquables pour leur charpente et leur toit d'ardoise couronné d'un clocheton à dôme. Elles accueillent toujours un marché animé les 1ᵉʳ, 3ᵉ et 5ᵉ mercredis du mois.

Musée du Faouët

1 r. de Quimper - ℘ 02 97 23 15 27 - www.museedufaouet.fr - ♿ - juil.-août : 10h-12h, 14h-18h ; reste de l'année : tlj sf lun. 10h-12h, 14h-18h, dim. 14h-18h - fermé de mi-oct. à déb. avr. - possibilité de visite guidée (1h30) - 4,50 € (-18 ans 2,50 €). Installée dans un ancien couvent d'ursulines du 17ᵉ s., la collection du musée (présentée par roulement) rassemble peintures, dessins, sculptures et gravures d'artistes ayant fréquenté cette petite cité et y ayant travaillé. Parmi eux, Peder Severin Krøyen (1851-1909), membre éminent de l'école de paysagistes danois de Skagen.

À proximité Carte de microrégion p. 74-75

★ Chapelle Saint-Fiacre A1

▶ À 2,5 km au sud par D 790.

☎ 02 97 23 07 68 - ﹠ - juil.-août : 10h-12h30, 14h-19h ; avr.-juin et sept.-oct. : tlj sf lun. 10h-12h, 14h-18h ; reste de l'année : w.-end 14h-18h, lun. 13h30-16h15, vac. scol. 14h-17h - entrée libre.

La façade de cette chapelle du 15ᵉ s. est l'un des plus beaux exemples bretons de clocher-pignon. À l'intérieur, le **jubé**★★ (1480) retient l'attention : côté nef, scènes de la Tentation d'Adam et Ève, de l'Annonciation et du Calvaire ; d'autres statues, côté chœur, personnifient le vol (un homme cueillant des fruits sur un arbre), l'ivresse (un homme vomissant un renard), la luxure (un homme et une femme), la paresse (un sonneur breton). À voir également, les **vitraux** du 16ᵉ s. : dans le chœur, la Passion ; dans le bras droit du transept, vie de saint Jean-Baptiste ; dans le bras gauche, Arbre de Jessé et vie de saint Fiacre.

★ Chapelle Sainte-Barbe A1

▶ À 3 km au nord du Faouët.

9 r. Robic - ☎ 02 97 23 23 23 - juil.-août : 9h30-12h30, 14h-19h ; avr.-juin et sept.-oct. : tlj sf lun. 10h-12h, 14h-18h ; reste de l'année : w.-end 14h-16h15 - possibilité de visite guidée sur demande (45mn).

Cette chapelle de style flamboyant, bâtie à flanc de coteau, se loge dans une anfractuosité rocheuse. Étant donné sa position et son orientation, la chapelle ne comprend qu'un transept et une petite abside. Le **site**★ domine d'une centaine de mètres le vallon dans lequel court l'Ellé. Le monumental escalier (1700) menant à la chapelle est relié par une arche à l'oratoire St-Michel, édifié sur un éperon rocheux. À ses côtés, une cloche que l'on peut faire sonner pour s'attirer les bénédictions du Ciel. Des sentiers descendent à la **Fontaine sacrée**. Par un sentier ouvrant sur la droite, on atteint une plate-forme rocheuse : à mi-parking, belle vue sur la vallée de l'Ellé, encaissée et verdoyante.

Parc Aquanature du Stérou

Lieu-dit Stérou - 56320 Priziac - ☎ 02 97 34 63 84 - www.parcaquanature.com - avr.-oct. : 10h-19h ; vac. scol. (hors avr.-oct.) : 11h-17h ; reste de l'année : sur demande préalable - fermé 1ᵉʳ janv., 25 déc. - 9 € (-12 ans 5 €) - 16 € billet combiné avec la balade pédestre et le safari en voiturette - horaires variables selon la météo, se rens. Plus de 140 cerfs et daims évoluent en toute liberté sur les 80 ha de bois, d'étangs et de clairières, aménagés. Visite à pied, à cheval ou en 4x4, par la rivière ou les chemins.

☺ NOS ADRESSES PRÈS DU FAOUËT

HÉBERGEMENT

BUDGET MOYEN

Chambre d'hôte Le Toul Ar C'Hoat – 29390 Scaer - à l'entrée de la forêt de Coat-Loch - 4 km au sud-ouest de Scaer - ☎ 02 98 59 00 77 - www.etape-bretagne. com - 🚭 - 5 ch. 65 € 🖵 - repas (sf dim.) 26 € (sur réserv.). Ancienne propriété de tailleur de pierre, chambres aux tons pastel, et cuisine régionale.

RESTAURATION

PREMIER PRIX

La Sarrasine – 1 r. du Château - ☎ 02 97 23 06 05 - fermé lun. et mar. soir - 13/20 €. Cette petite maison aux portes et fenêtres roses abrite la meilleure crêperie de la ville.

AGENDA

Pardons d'été des chapelles – Ste-Barbe, dernier dim. de juin, et St-Fiacre, 3ᵉ w.-end d'août.

Finistère Sud 3

Carte Michelin Départements 308 – Finistère (29)

Pointe du Raz.
Razvan/iStock

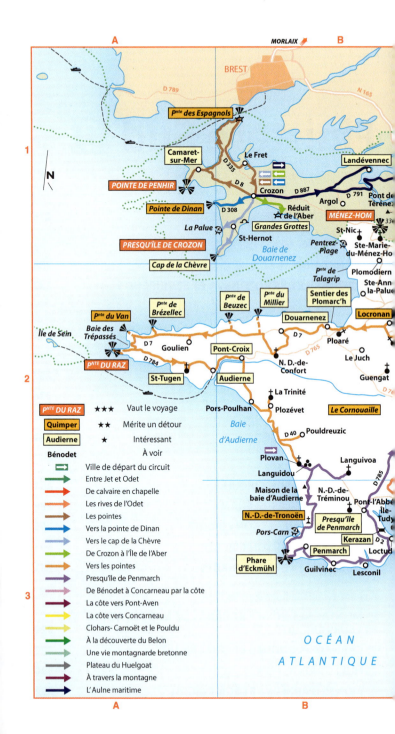

MORLAIX

B

A

BREST

D 789

N 165

P^{nte} des Espagnols

1

Camaret-sur-Mer

Le Fret

Landévennec

POINTE DE PENHIR

D 335

D 8

Crozon

D 887

D 791

Pont de Térène

Pointe de Dinan

D 308

Réduit de l'Aber

Argol

MÉNEZ-HOM

La Palue

Grandes Grottes

St-Hernot

St-Nic

PRESQU'ÎLE DE CROZON

Baie de Douarnenez

Pentrez-Plage

Ste-Marie-du-Ménez-Hom

Cap de la Chèvre

P^{nte} de Talagrip

Plomodiern

Ste-Anne la-Palue

P^{nte} de Brézellec

P^{nte} de Beuzec

P^{nte} du Millier

Sentier des Plomarc'h

P^{nte} du Van

Douarnenez

Locronan

Île de Sein

Baie des Trépassés

D 7

Goulien

Pont-Croix

D 7

Ploaré

Le Juch

P^{NTE} DU RAZ

D 784

St-Tugen

N. D.-de-Confort

Guengat

2

Audierne

La Trinité

Pors-Poulhan

Plozévet

Le Cornouaille

P^{NTE} DU RAZ ★★★ Vaut le voyage

Quimper ★★ Mérite un détour

Audierne ★ Intéressant

Baie d'Audierne

Pouldreuzic

D 40

À voir

Bénodet

Plovan

Languivoa

→ Ville de départ du circuit

Languidou

→ Entre Jet et Odet

Maison de la baie d'Audierne

N.-de-Tréminou

→ De calvaire en chapelle

Pont-l'Abbé

Île-Tudy

→ Les rives de l'Odet

N.-D.-de-Tronoën

Presqu'île de Penmarch

→ Les pointes

Pors-Carn

Kerazan

Loctudy

→ Vers la pointe de Dinan

D 2

→ Vers le cap de la Chèvre

Penmarch

→ De Crozon à l'Île de l'Aber

Phare d'Eckmühl

Lesconil

→ Vers les pointes

Guilvinec

→ Presqu'île de Penmarch

3

→ De Bénodet à Concarneau par la côte

→ La côte vers Pont-Aven

O C É A N

→ La côte vers Concarneau

A T L A N T I Q U E

→ Clohars- Carnoët et le Pouldu

→ À la découverte du Belon

→ Une vie montagnarde bretonne

→ Plateau du Huelgoat

→ À travers la montagne

→ L'Aulne maritime

A

B

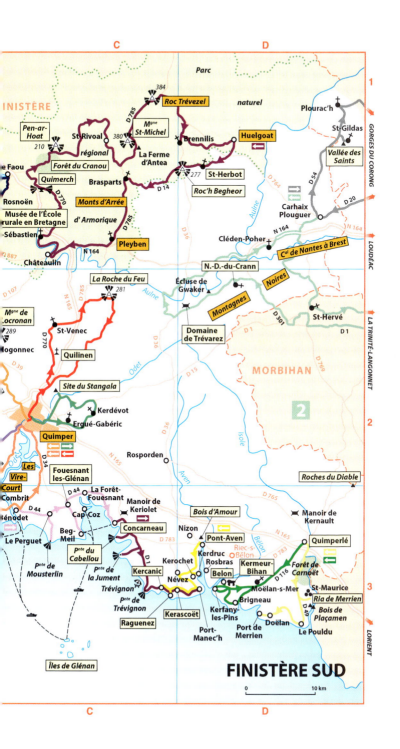

C · D

1

Parc

naturel

Plourac'h

INISTÈRE

Roc Trévezel

St-Gildas

Pen-ar-Hoat

M^{gne} St-Michel

210

St-Rivoal

380

Brennilis

Huelgoat

Vallée des Saints

régional

La Ferme d'Antea

GORGES DU CORONG

Forêt du Cranou

384

277

St-Herbot

D 54

Quimerc'h

Brasparts

Roc'h Begheor

D 764

D 20

Rosnoën

Monts d'Arrée

Carhaix Plouguer

Musée de l'École rurale en Bretagne

d'Armorique

N 164

LOUDÉAC

Sébastien

Cléden-Poher

Pleyben

C^{al} de Nantes à Brest

Châteaulin

N 164

N.-D.-du-Crann

La Roche du Feu

281

Écluse de Gwaker

Noires

St-Hervé

M^{gne} de Locronan

Montagnes

289

St-Venec

Domaine de Trévarez

D 1

D 301

D 1

LA TRINITÉ-LANGONNET

ogonnec

Quilinen

2

Site du Stangala

MORBIHAN

Kerdévot

Ergué-Gabéric

Quimper

Les Vire-Court

Rosporden

Roches du Diable

Fouesnant les-Glénan

Combrit

La Forêt-Fouesnant

énodet

Manoir de Keriolet

Bois d'Amour

Manoir de Kernault

Cap-Coz

Nizon

Pont-Aven

Quimperlé

Beg-Meil

Concarneau

Kerochet

Kerdruc

Riec-s-Bélon

Forêt de Carnoët

Le Perguet

P^{nte} du Cabellou

Rosbras

Kermeur-Bihan

St-Maurice

P^{nte} de Mousterlin

Kercanic

Belon

Ria de Merrien

Trévignon

Névez

Moëlan-s-Mer

Bois de Plaçamen

P^{nte} de la Jument

Brigneau

P^{nte} de Trévignon

Kerascoët

Kerfany-les-Pins

Doëlan

Le Pouldu

Raguenez

Port-Manec'h

Port de Merrien

LORIENT

Îles de Glénan

FINISTÈRE SUD

0   10 km

C · D

Quimper

63 513 Quimpérois (agglomération : 79 124 habitants) – Finistère (29)

Les flèches de la cathédrale St-Corentin jaillissent au cœur de Quimper, ancienne mais très vivante capitale de la Cornouaille. Elles protègent d'étroites venelles, bordées de maisons à colombages, et dont les noms évoquent les corporations du Moyen Âge. Mais il fait aussi bon flâner aux environs de la ville, notamment sur les bords de l'Odet, à mi-chemin entre la Bretagne intérieure et la mer.

☺ NOS ADRESSES PAGE 229
Hébergement, restauration, achats, activités, etc.

🛈 S'INFORMER
Office du tourisme de Quimper Cornouaille – *8 r. Élie-Fréron - 29000 Quimper - ✆ 02 98 53 04 05 - www.quimper-tourisme.bzh - ⚇ - juil.-août : 9h-19h, dim. et j. fériés 10h-12h45, 15h-17h45 ; juin et sept. : 9h-12h30, 13h30-18h30, certains dim. se rens. ; avr.-mai : tlj sf dim. 9h30-12h30, 13h30-18h30 ; reste de l'année : tlj sf dim. 9h30-12h30, 13h30-18h30 - fermé certains j. fériés. Visites thématiques de la sem. suivant les J. du patrimoine à fin juin : dim. 15h - visite guidée vieille ville et cathédrale de mi-juil. à fin août : tlj sf dim., 1ᵉʳ jeu. d'août et 15 août 16h - visite famille sur réserv. de mi-juil. à mi-août : 14h30 (gratuit) - visite nocturne, se rens.*

▶ SE REPÉRER
Carte de microrégion C2 (p. 215) – Quimper constitue le nœud routier du Finistère Sud. La ville est traversée par la N 165-E 60, qui vient de Lorient (68 km à l'est) et file à Brest

(75 km au nord). La D 765 conduit au nord-ouest vers Douarnenez (23 km) et Audierne à l'ouest (45 km). La D 785 rejoint Pont-l'Abbé (19 km au sud).

🅿 SE GARER
Préférez les deux parkings gratuits proches du centre-ville : au nord, le parking de la Providence ; celui de la salle omnisports derrière la gare.

⊕ À NE PAS MANQUER
Après la visite de la cathédrale St-Corentin pour ses vitraux, admirez les rues anciennes et le panorama sur l'Odet depuis le site du Stangala.

🕐 ORGANISER SON TEMPS
Prévoyez une journée pour admirer les belles demeures du vieux Quimper et visiter deux ou trois musées.

👪 AVEC LES ENFANTS
Le Musée départemental breton. Après-midi au Bonobo Parc ou à Aquarive.

Se promener Plan de la ville p. 219

★ VIEUX QUIMPER

▶ *Itinéraire d'une journée.*

Ce quartier, abritant entre autres des maisons Renaissance, s'étend face à la cathédrale, entre l'Odet et le Steir. Cet affluent, canalisé et couvert en amont de son confluent, offre une vaste zone piétonne.

Rue Kéreon et la cathédrale.
Hiroshi Higuchi/age fotostock

Place Saint-Corentin B1

Elle a été agrandie au 19ᵉ s. après la construction de l'Hôtel de Ville et du musée des Beaux-Arts. À l'angle sud-ouest, la maison à pans de bois du 17ᵉ s., aujourd'hui décorée d'assiettes en faïence, était à l'origine l'hôtel du Lion d'Or. Devant l'Hôtel de Ville, une statue rend hommage à René Laennec (1781-1826), médecin quimpérois inventeur du stéthoscope.

3

★★ Cathédrale Saint-Corentin B1-2

Pl. St-Corentin - www.quimper-tourisme.bzh - &. - été : 9h45-18h30, w.-end 14h-18h30 ; reste de l'année : 9h45-12h, 13h30-18h30, w.-end 14h-18h30 - possibilité de visite guidée sur demande (1h30).

L'histoire de ce bel édifice débute au 13ᵉ s. avec la construction du chœur. Le transept et la nef sont ajoutés au 15ᵉ s. La première flèche brûle au 17ᵉ s. Deux flèches de granit la remplacent en 1854-1856, époque où l'on surélève les tours. Superbement restaurée, jusqu'à ses orgues et ses vitraux, la cathédrale a retrouvé la luminosité du style gothique flamboyant. Parements et piliers ont regagné leur décor polychrome. Entre les flèches, remarquez la statue d'un personnage à cheval : le roi Gradlon *(voir p. 221)*.

Nef – Sur la droite, la rampe d'escalier de la chaire (1679) est ornée de bas-reliefs retraçant la vie de saint Corentin.

Chœur – Il présente une déviation accusée, qui a suscité bien des hypothèses : elle symboliserait la tête penchée du Christ sur la croix, ou serait due à l'instabilité du sol sur les rives de l'Odet… Plus probablement, les bâtisseurs de la cathédrale y ont intégré la chapelle de la Victoire : ce petit sanctuaire antérieur, décalé sur la gauche, a été rattaché au nouveau chœur.

À gauche du chœur, le décor d'une chapelle relate la légende de **saint Corentin,** premier évêque de Quimper (5ᵉ s.). Selon la légende, il se retira en ermite sur les pentes du Ménez-Hom *(voir p. 234)*. Il mangeait chaque jour une part du poisson qu'il trouvait dans la fontaine. Le lendemain, le poisson était miraculeusement entier…

★★ Vitraux – Ils garnissent les fenêtres hautes, principalement dans la nef et le transept où ils ont été restaurés au 19e s. On remarque une nette évolution entre les vitraux du chœur et ceux de la nef et du transept, respectivement exécutés au début et à la fin du 15e s. À cette époque, dessin et modelé atteignent une grande maîtrise. Aux couleurs basiques des premiers vitraux – rouge et bleu, gris et jaune d'argent – s'ajoutent des teintes vives et très nuancées : des bruns, des pourpres, des verts… Ils représentent des chanoines, des seigneurs et des châtelaines de Cornouaille, à genoux, entourés de leurs saints patrons.

> **LE PASS QUIMPER**
>
> *Ce passeport culturel (12 €) donne accès à quatre visites au choix (1-2 pers.) pour découvrir la ville de Quimper et ses équipements culturels.*

Chapelles latérales – En faisant le tour de la cathédrale, longue de 92 m, on découvre des œuvres intéressantes, dont quatre **gisants** des 15e et 16e s. Première chapelle à gauche : le saint Jean-Baptiste en albâtre est une œuvre anglaise du 15e s. Première chapelle à droite : la Mise au tombeau du 18e s. est une réplique de celle de la cathédrale de Bourges.

★★ Musée des Beaux-Arts B1

40 pl. St-Corentin - 02 98 95 45 20 - www.mbaq.fr - - juil.-août : 10h-18h ; avr.-juin et sept.-oct. : tlj sf mar. 9h30-12h, 14h-18h ; reste de l'année : tlj sf mar. 9h30-12h, 14h-17h30, dim. 14h-17h30 - fermé 1er janv., 1er Mai, 1er et 11 Nov., 25 déc. - visite guidée possible (1h30) - 5 € (-12 ans gratuit) - gratuit dim. (nov.-mars) - 3 € avec le Pass Quimper.

Installé dans un palais à l'italienne construit en 1867 face à la cathédrale, ce musée a été créé grâce au legs de Jean-Marie de Silguy. Dons et achats sont venus étoffer le fonds. La façade du 19e s. cache un musée résolument moderne. Son architecture est tout en transparence : un éclairage subtil s'y conjugue avec la lumière naturelle, pour mettre en valeur la peinture du 14e s. à nos jours. L'ensemble des travaux (1991-1993) a été dirigé par l'architecte Jean-Paul Philippon.

Peintures d'inspiration bretonne – La trentaine de toiles de l'**école de Pont-Aven** (1886-1894, *salles 20-21 au 1er étage*) est l'un des fleurons du musée : *L'Oie* de Paul Gauguin, *Jeune Bretonne à la cruche* de Paul Sérusier, Émile Schuffenecker avec *Côte rocheuse en Bretagne*, *Vue du port de Pont-Aven* de Maxime Maufra, ainsi que des œuvres d'Émile Bernard, Maurice Denis, Charles Filiger, Henry Moret, Georges Lacombe et Félix Vallotton. À voir aussi : la *Fuite du roi Gradlon* de Luminais, le **Pardon de Kergoat★** (1891) de **Jules Breton**, la *Noce en Bretagne* de Leleux et la *Veuve de l'île de Sein* de Renouf.

Peinture et sculpture en Bretagne – Des années 1930 à nos jours avec Gruber, Tal Coat, Bazaine, G. Asse pour la peinture, René Quillivic pour la sculpture.

Salle Max-Jacob – Cet écrivain et peintre (1876-1944) est né et a grandi à Quimper. Sa vie et son œuvre sont évoquées à travers des documents, des souvenirs, des dessins, des gouaches, dont beaucoup illustrent ses séjours bretons, ainsi qu'une série de portraits signés notamment Picasso et Cocteau. Ce fonds a été constitué en 1949. À noter les eaux-fortes de Jean Moulin, sous-préfet de Châteaulin de 1930 à 1933 (Finistère).

Peintures de Jean-Julien Lemordant – Les 22 toiles réalisées, entre 1905 et 1907, par ce peintre malouin (1882-1968) pour la salle à manger de l'hôtel de l'Épée, forment une fresque de 47 m de long. L'artiste trouve son inspiration dans la presqu'île de Penmarch : le pardon, le vent, le goémon, le port et le phare (d'Eckmühl) imprègnent les toiles qui furent exposées au Salon

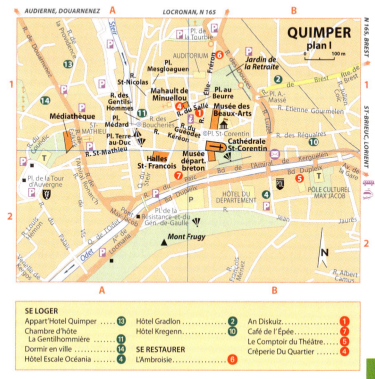

QUIMPER
plan I

SE LOGER
Appart'Hotel Quimper 13	Hôtel Gradlon 2	An Diskuiz 1
Chambre d'hôte	Hôtel Kregenn 10	Café de l'Épée 7
La Gentilhommière 11		Le Comptoir du Théâtre 5
Dormir en ville 14	SE RESTAURER	Crêperie Du Quartier 4
Hôtel Escale Océania 4	L'Ambroisie 6	

d'automne à côté de celles des fauves. L'hôtel de l'Épée était, au début du 20e s., un lieu de rendez-vous de l'intelligentsia quimpéroise ; c'est aujourd'hui un café, situé au 14 r. du Parc, en bordure de l'Odet *(voir Nos adresses p. 231).*

Écoles du Nord – Bel ensemble des 17e et 18e s. avec des œuvres de Jordaens, Van Mol, De Grebber, Rubens et son *Martyre de sainte Lucie* (vers 1620).

École italienne – Ensemble plus modeste, malgré la présence de Bartolo di Fredi ainsi que Guido Reni et Solimena.

École française – Belle collection des 18e et 19e s. comptant des peintures de Boucher, Fragonard, Chassériau, mais surtout la *Vue du château de Pierrefonds* de **Corot,** ainsi que la *Vue du port de Quimper* (1857) d'**Eugène Boudin.**

★ **Musée départemental breton** B2

1 r. du Roi-Gradlon - ☎ *02 98 95 21 60 - http://musee-breton.finistere.fr - ♿ - juin-sept. : 10h-19h ; reste de l'année : 9h30-17h30 - fermé certains j. fériés - possibilité de visite guidée sur demande (1h30) - 5 € (-26 ans gratuit) - gratuit w.-end (oct.-mai) - 3 € avec le Pass Quimper.*

Consacré à l'histoire et aux arts et traditions populaires du Finistère, il occupe l'ancien palais épiscopal, bâtiment construit du 16e au 19e s. qui jouxte la cathédrale. 👪 Livrets-jeux pour les enfants.

Archéologie – Habitat et mode de vie dans une des cités gallo-romaines des Osismes : monnaies, mosaïque monumentale, vases et urnes funéraires, vaisselle d'argent, figurines de Vénus et de déesses mères, etc. On voit ici deux des plus importants **bijoux d'or préhistoriques★** découverts en France : le collier

de Tréglonou et la ceinture torsadée d'Irvillac. Bel ensemble de monnaies d'or de France et d'Angleterre, découvert dans le Nord Finistère.

Art ancien – Vitraux, orfèvrerie, statuaire sacrée : remarquez les mausolées aux gisants (16e et 17e s.) et les effigies en bois polychrome des saints.

Costumes – Des vêtements traditionnels (19e et 20e s.), remarquables par leurs broderies, sont exposés en parallèle avec des sculptures et des tableaux : on découvre l'influence exercée par ces modes sur les artistes, comme René Quillivic.

Sculptures de façades – Elles ornaient jadis des maisons des 15e et 16e s.

Mobilier – La présentation met en valeur les meubles du 17e s. (coffres, armoires de mariage, lits clos…) aux années 1930, avec des objets de la vie quotidienne.

Faïences et grès de Quimper – Du 18e au 20e s., avec de très belles pièces Art déco et du mouvement Ar Seiz Breur *(voir ci-contre)*.

Ne manquez pas d'admirer, pour terminer, l'**escalier à vis** de la tour des Rohan (16e s.) orné d'un sommet lambrissé en forme de palmier, soutenu par une colonne torsadée portant le blason de la famille de Rohan.

Rue Élie-Fréron B1

Au nord de la place St-Corentin, cette rue abrite l'ancien hôtel Jacquelot de Boisrouvray, situé au n° 22 : une demeure du 17e s. avec ses hautes fenêtres encadrées de pans de bois et d'ardoise.

À voir aussi : le porche Renaissance du n° 20.

Un peu plus haut dans la rue, au calme derrière de hauts murs, se cache le bien-nommé **jardin de la Retraite**. On y découvre les vestiges des remparts Est, notamment la tour Névet (13e s.). Sur plusieurs niveaux s'épanouissent diverses espèces végétales, en particulier des palmiers. Un vrai havre de paix en plein centre-ville *(juin-sept. 9h-19h15, oct.-mai 9h-18h15)*.

Gagnez ensuite la place au Beurre.

Place au Beurre B1

Cette ravissante place aux allures de village est bordée de maisons en pierre. En haut de la place se trouve le superbe **hôtel de Boisbilly**, hôtel particulier du 17e s. doté d'une cour et d'un jardin. Il accueille aujourd'hui le service du Patrimoine de la ville et est le point de départ des visites guidées.

Rue du Sallé AB1

C'était, au Moyen Âge, la rue des « lardiers, saucissiers et charcutiers », qui lui ont donné son nom. Au n° 10, l'ancienne **demeure des Mahault de Minuellou**★ se remarque par la richesse de son décor, avec ses consoles Renaissance.

Par la rue des Boucheries, on rejoint à gauche la rue du Guéodet.

Rue du Guéodet AB1

Un bâtiment attire l'attention du passant. C'est la curieuse maison des Cariatides, également appelée maison des « Têtes » (16e s.). Des personnages en costume Henri II ornent le rez-de-chaussée : ce sont des Quimpérois qui s'illustrèrent durant la guerre de la Ligue, dans la bataille contre le maréchal d'Aumont. D'où leur visage réjoui !

★ Rue Kéréon AB1

Cette artère, la plus belle de la ville, était celle des cordonniers, *kereon* en breton. Commerçante et animée, elle offre une charmante perspective sur la cathédrale. La maison du n° 9, avec ses trois personnages sculptés, présente un décor polychrome rare à Quimper.

Grands noms et signatures

PERSONNAGES LÉGENDAIRES ET HISTORIQUES

Le roi d'Ys

Souverain de légende, le roi **Gradlon** dut fuir la ville d'Ys, submergée par les flots. Il fit de Kemper la nouvelle capitale du comté de Cornouaille (le nom désigne un confluent, celui du Steir et de l'Odet). Jusqu'au 18ᵉ s., on célébrait une grande fête en son honneur. Un homme montait en croupe derrière le roi, lui présentait un verre, puis, après l'avoir bu à sa place, le jetait. Le spectateur qui pouvait l'attraper avant qu'il ne se brisât touchait cent écus d'or.

Célébrités du 18ᵉ s.

Au cours du 18ᵉ s., la ville connut plusieurs célébrités maritimes, dont l'explorateur **Yves de Kerguelen** (1734-1797) qui a laissé son nom à un groupe d'îles des mers australes. Mentionnons aussi **René Madec** (1738-1784) qui, embarqué comme mousse sur un vaisseau de la Compagnie des Indes, déserta et gagna Pondichéry, servit un rajah puis revint en France, immensément riche. Le roi l'anoblit et lui donna la croix de St-Louis avec un brevet de colonel. Irène Frain a raconté son histoire dans *Le Nabab*. Durant la Révolution, la ville prit le nom de Montagne-sur-Odet, en référence aux Montagnards qui siégeaient à la Convention.

LA FAÏENCE DE QUIMPER

Une dynastie de faïenciers

En 1699, **Jean-Baptiste Bousquet**, potier venu de St-Zacharie, près de Marseille, s'installe dans le site prédestiné de Locmaria, faubourg de Quimper sur les rives de l'Odet : des potiers y travaillaient déjà à l'époque gallo-romaine. Son fils, Pierre, qui est reçu Maître faïencier à Marseille, le rejoint en 1707 et fonde la première faïencerie de Quimper en 1708. Il s'associe à un faïencier de Nevers, Pierre Belleveaux, puis à Pierre-Clément Caussy, d'origine rouennaise. Tous deux jouent un rôle important pour la faïence de Quimper. Belleveaux l'enrichit de formes, de couleurs – le fameux jaune – et de décors nivernais. Caussy ajoute le rouge de fer et quelque 300 poncifs (calques) de décors. En 1772, la faïencerie Porquier est fondée par François Éloury. **Alfred Beau** s'associe avec la Veuve Porquier en 1875, donnant naissance à la marque PB. Grâce à Alfred Beau, auteur des « scènes » et des « légendes bretonnes », les faïences de Quimper entrent dans le monde des artistes.
Quant à la faïencerie Dumaine, **Jules Henriot** en prend la tête en 1891.

Signatures contemporaines

Dès 1920, des artistes se succèdent à Quimper et réalisent des pièces uniques. Sculpteur et céramiste, **René Quillivic** (1879-1969) crée des pièces surprenantes, dont les dessins sont influencés par la gravure sur bois. En 1922, sous la marque Odetta, apparaissent des pièces en grès, aux teintes sombres irisées d'émaux. Parmi les artistes, citons Georges Renaud, René Beauclair, Louis Garin, Paul Fouillen et Jacques Nam.
En 1923, le mouvement **Ar Seiz Breur** (« Les Sept Frères », allusion à sept héros bretons) est fondé par René-Yves Creston, Jeanne Malivel et Georges Robin. Il cherche à moderniser l'art populaire breton, en le mariant au style Art déco et au cubisme.
Aujourd'hui encore, la faïencerie Henriot-Quimper fait appel à des artistes et designers extérieurs, comme Olivier Gagnère ou Mathieu Pung, pour imaginer de nouvelles créations.

Rue des Gentilhommes A1

Parallèle à la rue Kéréon, cette rue pavée n'offre pas la même animation. Ici, pas de boutiques mais des hôtels particuliers construits par des familles nobles à partir de la fin du 16ᵉ s. Au n° 12 s'élève la maison du Sénéchal, solide demeure de granit dont la porte est encadrée de pilastres ioniques ; remarquez aussi les œils de bœuf agrémentant la façade.

Par la rue Kergariou, on peut rejoindre la paisible **place Mesgloaguen**, bordée de maisons colorées. Au nord de la place, la rue Brizeux mène à l'ancien hôpital Saint-Antoine transformé en prison et abritant aujourd'hui des bureaux.

La **rue Saint-Nicolas**, rudement pentue car suivant l'ancien chemin de ronde, permet de redescendre vers la rue des Gentilhommes.

Au débouché des rues Kéréon et des Gentilhommes, la **place Médard** marquait la limite entre la ville de l'évêque et le faubourg ducal. C'était l'entrée principale de la ville, munie d'un pont-levis.

Place Terre-au-Duc A1

Au Moyen Âge, cette place appartenait au duc de Cornouaille, et non à l'évêque : c'était, en face de la cité épiscopale, le cœur de la ville laïque avec son tribunal, sa prison et son marché. Plusieurs façades rénovées de maisons à pans de bois et des terrasses de cafés animent les lieux.

À deux pas sont installées les **halles Saint-François** : poissonniers, maraîchers et autres commerces de bouche sont présents tous les jours dans ce marché couvert aménagé au 19ᵉ s. Incontournable pour les produits frais du terroir.

Par la **rue St-Mathieu**, on peut rejoindre l'église du même nom : reconstruite en 1898, elle a conservé, au centre du chœur, un beau vitrail de la Passion du 16ᵉ s. En face de l'église, remarquez la façade mi-classique, mi-contemporaine de la **médiathèque** municipale, aménagée dans l'ancien couvent des Ursulines.

Reprenez la rue St-Mathieu jusqu'à la place de la Tour-d'Auvergne.

LE QUARTIER DE LOCMARIA Plan de la ville p. 223

Le cœur historique de la faïencerie est le berceau de la ville : c'est ici que les légions romaines bâtirent *Aquilonia*, la cité originelle, et que fut établi le premier port. À l'époque, un pont de bois tournant permettait de changer de rive.Le quartier est aujourd'hui en plein réaménagement autour de l'artisanat d'art.

Église Notre-Dame-de-Locmaria D1

En bordure de l'Odet, cet édifice roman (12ᵉ s.) conserve, dans le bas-côté gauche, trois pierres tombales des 14ᵉ, 15ᵉ et 17ᵉ s. et, sur la poutre de gloire, un Christ en robe.

Dans le bas-côté droit, une porte donne dans le jardin de l'ancien **prieuré** bénédictin (16ᵉ et 17ᵉ s.). Voyez deux arcs du 12ᵉ s. et la galerie du cloître (1669).

★ Jardin du Prieuré C1-2

Ce ravissant jardin clos, longeant l'Odet, transporte le visiteur dans une autre époque, celle du Moyen-Âge. Les plantes – culinaires, médicinales et tinctoriales – cultivées dans des carrés surélevés, et les arbustes fruitiers permettaient de s'alimenter, se vêtir ou se soigner. Mais le jardin était aussi une représentation symbolique du Paradis, matérialisé par les fleurs (roses, lys) et les allées en croix avec en leur centre une fontaine, signe de pureté.

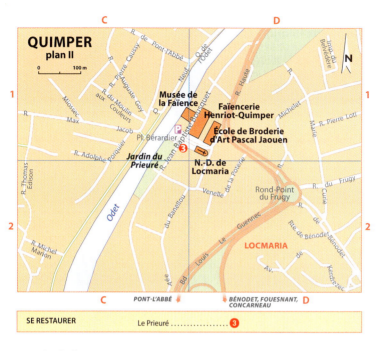

QUIMPER
plan II

0   100 m

Musée de la Faïence

Faïencerie Henriot-Quimper

École de Broderie d'Art Pascal Jaouen

Pl. Bérardier

Jardin du Prieuré

N.-D. de Locmaria

Rond-Point du Frugy

LOCMARIA

PONT-L'ABBÉ

BÉNODET, FOUESNANT, CONCARNEAU

SE RESTAURER		
Le Prieuré	....	**3**

Musée de la Faïence CD1

14 r. Jean-Baptiste-Bousquet - ☎ 02 98 90 12 72 - www.musee-faience-quimper. com - de mi-avr. à fin sept. : 10h-18h - fermé dim. et j. fériés - possibilité de visite guidée sur demande (1h30) - 5 € - 7 € billet combiné avec les faïenceries Henriot.
Situé au bord de l'Odet, le musée est installé dans la maison Porquier, construite en 1797. Il retrace, sur trois siècles, l'histoire de la faïence à Quimper. Principalement centré sur l'évolution des formes et des couleurs, il permet de mieux appréhender ce métier et ses techniques de fabrication. Le musée illustre le mélange de différents styles : le rouen, avec ses décors essentiellement floraux, ses couleurs variées et denses ; le nevers, avec ses scènes bibliques ou mythologiques, ses camaïeux de bleu, ses deux jaunes et sa technique du décor au blanc fixe. On note la richesse et la diversité des créations du 20e s. qui s'expliquent par la collaboration de plus de 260 artistes avec les faïenceries HB, Henriot et Keraluc. On remarque les motifs complexes de Quillivic et de Mathurin Méheut, les lignes épurées de René Beauclair, et les pièces uniques de Giovanni Leonardi.
Par ailleurs, une exposition saisonnière met en avant un thème ou un artiste.

École de broderie d'Art Pascal Jaouen D1

16 r. Haute - ☎ 02 98 95 23 66 - www.pascaljaouen.com - boutique mar., merc. et vend. 10h-12h, 13h30-18h - exposition de mi-juil. à mi-sept. : tlj sf dim. 10h-12h, 13h-18h ; de mi-avr. à fin juin : tlj sf dim.-lun. 10h-12h, 13h-18h - 5 € (-12 ans gratuit).
Pascal Jaouen, brodeur et styliste de talent, a su moderniser la broderie. Son école créée en 1995 enseigne à tous, débutant(e)s comme initié(e)s, la broderie Glazig (*voir le site pour les informations sur les cours*). La **galerie** de l'école présente régulièrement des expositions à thème où se cotoient les créations de Pascal Jaouen et les réalisations d'élèves. Stages et journées découverte en juillet-août ; mercrerie offrant un choix de fournitures et produits dérivés.

3

Faïencerie Henriot - Quimper D1

Pl. Bérardier - 📞 02 98 90 09 36 - www.henriot-quimper.com - ♿ - visite guidée (30mn) juil.-août : 10h30, 11h30, 14h, 15h, 16h et 17h - fermé j. fériés - magasin d'usine tlj sf dim. 10h-12h30, 14h-18h - 5 € (-25 ans 4 €) - 7 € billet combiné avec le musée de la Faïence.

Henriot - Quimper existe depuis plus de 320 ans. Elle reste l'une des seules manufactures de France à façonner et à décorer ses faïences entièrement à la main. Dans les ateliers, le visiteur découvre chaque étape de la fabrication, du pain d'argile au produit fini. Boutique et galerie d'exposition ouvertes toute l'année. Non loin de la faïencerie, sur l'autre rive, s'arrondit le **mont Frugy** (70 m).

🐾 Depuis la place de la Résistance, un chemin *(30mn à pied AR)* mène à son belvédère : belle **vue★** sur la ville.

★★ DESCENTE DE L'ODET EN BATEAU Carte Environs de Quimper

Départ du port du Corniguel. ♿ - Avr.-sept. : 9h-19h30, dép. de Bénodet - juin-sept. : horaires selon la marée, dép. de Quimper - croisière-déjeuner (3h) - 28 € (-12 ans 17 €) - possibilité de faire escale à Bénodet, selon heure de marée, ou de prolonger l'excursion jusqu'aux îles de Glénan - rens. à l'office du tourisme de Quimper ou aux Vedettes de l'Odet - 📞 02 98 57 00 58 - possibilité de réserver sur www.vedettes-odet.com.

L'Odet prend sa source à 40 km au nord-est de Quimper, au cœur des Montagnes Noires. À la sortie de la ville, la rivière s'élargit, offrant l'allure d'un lac et formant la **baie de Kérogan**, puis se faufile dans une superbe vallée, où les bois et les parcs des châteaux forment un décor verdoyant.

★★ Les Vire-Court

Ici, l'Odet décrit des méandres entre de hautes falaises boisées. Plus au sud, le coude est si brusque qu'une flotte espagnole, remontant l'Odet au début du 17ᵉ s. pour s'emparer de Quimper, n'osa s'y risquer. Après avoir fait de l'eau à la fontaine « des Espagnols », comme on l'appelle depuis, la flotte rebroussa chemin. En aval de cette fontaine, sur la rive droite avant **Le Perennou**, on découvre les ruines de bains romains.

Au débouché des Vire-Court, deux rochers forment le Saut de la Pucelle. La légende rapporte qu'une jeune fille, poursuivie par un brigand, préféra se jeter dans l'Odet que de perdre son honneur… Un autre rocher porte le nom de Chaise de l'Évêque : il aurait été façonné en forme de siège par des anges, à l'usage d'un saint prélat de Quimper qui aimait se recueillir en ce lieu.

Circuits conseillés Carte Environs de Quimper ci-contre

ENTRE JET ET ODET

⚫ *Circuit de 27 km, tracé en vert sur la carte – environ 2h30. Quittez Quimper par l'avenue de la Libération ; au premier grand rond-point, tournez à gauche en direction de Brest et, au deuxième, à droite vers Coray (D 15). À 700 m, prenez la direction d'Elliant.*

La route emprunte la vallée du Jet, l'un des affluents majeurs de l'Odet. Cette rivière le rejoint juste avant son entrée dans Quimper.

Église d'Ergué-Gabéric

Cet édifice (16ᵉ s.) renferme un vitrail de la Passion (1516), une riche statuaire et un orgue Dallam (17ᵉ s.), restauré dans sa musicalité d'origine. *Prenez à droite de l'église vers la chapelle de Kerdévot.*

Chapelle de Kerdévot

Niché dans un joli site arboré, ce sanctuaire remonte au 15e s. Il abrite plusieurs éléments remarquables : une statue de Vierge en majesté en bois polychrome (17e s.) et un **retable**★ brabançon (début 16e s.) polychromé et doré qui retrace en six tableaux des épisodes de la vie de la Vierge. *Lieu-dit Kerdévot - ☏ 02 98 66 68 00 - www.ergue-gaberic.fr - ♿ - horaires : se rens. à la mairie - possibilité de visite guidée (30mn) - gratuit - visite ludique pour les enf.*

Prenez la voie longeant la chapelle à gauche, puis encore à gauche vers Quimper. À 3 km, tournez à droite vers le hameau de Lestonan. À la sortie de Quellénec, prenez à droite un chemin en partie revêtu qui conduit en 600 m au parking de Griffonès.

★ Site du Stangala

Traversez l'arboretum (chênes rouges d'Amérique, hêtres pourpres…), puis obliquez sur la gauche pour gagner, à travers bois, deux plates-formes

rocheuses d'où l'on jouit d'une **vue** remarquable : l'escarpement domine ici de 70 m l'Odet, qui sinue entre des versants boisés.

En face, vers la droite, le hameau de Tréouzon s'accroche aux pentes. Au loin, à gauche de la tour-relais, on distingue le profil caractéristique de la montagne de Locronan et sa chapelle, au sommet. Au retour, on peut prendre à gauche un chemin en descente qui mène sur la rive de l'Odet *(30mn AR)*.

Pour regagner Quimper, prenez à droite en quittant le chemin étroit.

DE CALVAIRE EN CHAPELLE

Circuit de 57 km, tracé en rouge sur la carte – environ 3h. Quittez Quimper au nord par la rue des Douves. Peu après le cimetière situé à l'entrée de Kerfeunteun, tournez à droite.

Église de Kerfeunteun

Son fin clocher carré, à flèche de pierre, date des 16e et 17e s. mais le transept et le chœur ont été refaits. Au maître-autel, un beau vitrail du 16e s. représente un Arbre de Jessé, surmonté d'une Crucifixion.

Revenez sur l'avenue de la France-Libre. Au 2e rond-point, prenez la route de Plogonnec. La première à droite est le chemin de Ty Mamm Doué.

Chapelle de Ty Mamm Doué

Édifiée entre 1541 et 1592, Ty Mamm Doué (« Maison de la Mère de Dieu ») témoigne de l'introduction du style Renaissance en Bretagne. Notez, au sud, la porte gothique aux colonnettes torsadées ornées de nids d'abeille sur leur partie inférieure. À l'intérieur : nef unique, chœur à chevet plat et mobilier du 19e s. Beaux vitraux des 19e et 20e s. : les paroissiens avaient posé pour celui du croisillon sud (1924) représentant une procession de pardon.

Revenez au rond-point, suivez la direction de Brest, ensuite tournez à gauche vers Briec (D 770) et, à Ty Sanquer, encore à gauche.

★ Calvaire de Quilinen

Isolée par un bouquet d'arbres, la **chapelle N.-D.-de-Quilinen** date de 1550, avec son étonnant calvaire. Sur deux bases triangulaires superposées, à pointes inversées, celui-ci surprend par son élégante rusticité.

Les statues s'affinent jusqu'au supplicié, dominant les deux larrons très rapprochés. Au revers de la croix apparaît le Christ ressuscité.

Revenez à la grande route où vous tournez à droite et, à 5 km, prenez à droite vers la chapelle de St-Venec toute proche.

Chapelle de Saint-Venec

De style gothique, elle renferme le groupe en pierre de sainte Gwen et de ses triplés : saint Guénolé, saint Jacut et saint Venec. Sainte Blanche (sainte Gwen ici) possédait trois mamelles, une pour chacun de ses triplés. Devant la chapelle, le calvaire (1556) sur base triangulaire a été réalisé par le même atelier que celui de Quilinen. De l'autre côté de la route se trouve une charmante fontaine du 16e s.

Suivez la route de la chapelle, passez sous le grand axe routier Quimper-Brest et tournez à gauche vers la chapelle N.-D.-des-Trois-Fontaines. Continuez jusqu'à la route de Gouézec où vous tournerez à droite.

★ La Roche du Feu

30mn à pied AR.

Du parking, un sentier mène au sommet (281 m) du site, appelé *Karreg an Tan* en breton : vaste **panorama★** sur les Montagnes Noires, le Ménez-Hom et la vallée de l'Aulne.

Regagnez Quimper par Edern et Briec.

Sainte-Marine.
A. Hall/robertharding/age fotostock

LES RIVES DE L'ODET

 *Circuit de 45 km, tracé en orange sur la carte – environ 2h30. Quittez Quimper par le boulevard de Poulguinan en direction de Pont-l'Abbé, puis tournez à gauche vers Plomelin. Au carrefour suivant, prenez vers la cale de Rosulien.*

Cale de Rosulien

Route non revêtue en fin de parcours. De la cale, belle vue sur l'entrée des **Vire-Court★★** *(voir p. 224).*

Revenez au carrefour, tournez à gauche. Après l'entrée du château de Perennou, tournez à gauche vers l'Odet (accès fléché).

Du parc de stationnement, un sentier *(15mn à pied AR)* mène sur les bords de l'Odet.

Avant le carrefour du Croissant, où l'on tourne à gauche vers Combrit, la route franchit l'anse profonde de Combrit, beau site à marée haute.

Combrit

L'**église** du 16ᵉ s. est surmontée par un clocher carré à dôme, flanqué de deux tourelles. Petit ossuaire (17ᵉ s.) contigu au porche sud.

Parc botanique de Cornouaille - Musée des Minéraux – Kerlever - ✆ 02 98 56 44 93 - www.parcbotanique.com - ♿ - *juil.-août : 10h-19h ; de mi-mars à fin juin et de déb. sept. à mi-nov. : 10h-12h, 14h-19h - 7,50 € (-12 ans 3,50 €).* Après avoir visité ce très beau parc de 4 ha, classé Jardin remarquable, qui compte parmi les premières collections botaniques de Bretagne, vous pourrez acheter des plants dans la pépinière installée à l'entrée du site et retrouver certaines des 3 500 variétés de plantes aperçues au jardin. L'endroit est féerique en mars, lorsque les 550 variétés de camélias et les 85 sortes de magnolias sont en pleine floraison !

À voir également, le jardin aquatique (4 000 m²) et le musée des Minéraux

Prenez la direction de Bénodet, puis tournez à droite vers Ste-Marine.

3

Sainte-Marine – ⊗ Le P'tit Bac permet de passer d'une rive à l'autre de l'Odet, entre Sainte-Marine et Bénodet (*Vedettes de l'Odet – ℘ 02 98 57 00 58 - avr.-mi-sept., tlj sans interruption, 2 € (-12 ans 1 €), vélo 2 €, tickets en vente sur le bateau et à l'agence des vedettes de l'Odet au vieux port de Benodet*).

🐾 Cette petite station balnéaire de la commune de Combrit, sur la rive droite de l'Odet, possède une belle plage de sable fin : vue sur Loctudy et la pointe de Lesconil, l'île aux Moutons et l'archipel de Glénan. Depuis le port de plaisance, belle vue sur Bénodet et l'Odet.

On peut désormais visiter **L'Abri du marin**. Transformé en musée, il fait revivre l'ambiance de l'abri en 1910. De nombreux documents et objets témoignent de la vie de Jacques de Thézac (1862-1936), ethnographe, philanthrope qui consacra sa vie à améliorer les conditions d'existence des pêcheurs. On lui doit d'ailleurs l'Œuvre de l'Abri du Marin, association qui permit d'offrir aux pêcheurs « des endroits sains, bien chauffés, confortablement aménagés ». Il en existe une douzaine comme celui-ci, essentiellement dans le Finistère. *13 quai Jacques-de-Thézac - ℘ 02 98 51 94 40 - & - de mi-juin à mi-sept. : 10h30-12h30, 14h-19h, mar. 14h-19h ; vac. scol. (sf juil.-août) : tlj sf mar. 14h-18h ; reste de l'année : jeu.-dim. 14h-18h - fermé lun., 1ᵉʳ janv., 25 déc. - possibilité de visite guidée sur demande (1h) - 2 € (-18 ans 1 €) - 3 € billet combiné avec le fort de la pointe.*

Depuis le port suivre le sentier côtier qui mène à la **pointe de Combrit** où se trouve le **fort** de Sainte-Marine (1862) qui présente des expositions d'art contemporain pendant l'été (*℘ 02 98 51 94 40 - & - juin-sept. : 14h30-18h30 - fermé mar. - possibilité de visite guidée - 2 € (-18 ans 1 €) - 3 € billet combiné avec l'Abri du marin.*).

Bénodet *(voir p. 284)*

La route du retour *(D 34)* s'éloigne de la rive gauche de l'Odet et traverse **Le Drennec**. Devant la chapelle, en bordure de la route, charmante fontaine du 16ᵉ s. Une niche trilobée surmontée d'un gâble à crochets abrite une pietà. *Par Moulin-du-Pont, regagnez Quimper.*

😊 NOS ADRESSES À QUIMPER

VISITE

Quimper, qui porte le label Ville d'art et d'histoire, propose des visites-découvertes *(1h30)* animées par des guides conférenciers agréés par le ministère de la Culture et de la Communication. *L'été (de mi-juil. à fin août), visites-spectacles nocturnes ainsi que la visite des vieux quartiers et de la cathédrale tlj sf dim. à 16h - 5,20 € (-10 ans gratuit) - programme disponible à l'office de tourisme.*

TRANSPORTS

En bus – Le ticket à l'unité *(1,30 €)* permet un déplacement libre durant une période de 1h avec une correspondance ou un aller-retour *(achat auprès du conducteur seult)* ; la carte journée *(3,90 €, sous réserve de modification tarifaire)* s'achète auprès des dépositaires ou du point accueil QUB *(2 quai de l'Odet - ☎ 02 98 95 26 27 - www.qub.fr).*

HÉBERGEMENT

PREMIER PRIX

B and B – *131 rte de Bénodet - ☎ 0 892 78 80 85 - www.hotel-bb. com/fr/hotels/quimper-sud.htm -* 🅿 *- 72 ch. à partir de 62 € - ☕ 6,15 €.* Relativement proche du centre-ville et d'un centre commercial, cet hôtel de chaîne est toutefois atypique. De construction moderne, il offre des chambres spacieuses, bien équipées ; certaines d'entre elles sont bien adaptées pour recevoir les familles avec quatre ou cinq couchages. À noter également la qualité de l'accueil.

Chambre d'hôte
La Gentilhommière –
1A r. St-Nicolas - ☎ 02 98 95 61 63 - 2 ch. et 1 suite 59/69 € ☕. Chaque pièce de cette maison forte vieille de 500 ans, nichée dans une rue du vieux Quimper, raconte une histoire. Accueil charmant et aux petits soins de la propriétaire. Également un appartement pour 2 pers. avec entrée séparée *(40 à 60 €/nuitée, 260 à 380 €/sem.).*

Appart'Hotel Quimper – *6-8 r. de Locronan - ☎ 02 36 81 32 83 - www.apparthotel-quimper. com - ♿ -* 🅿 *5/7 € - 95 appart. à partir de 55 € pour un studio 2 pers. (90 € en juil.-août) - 10 € ☕.* Cette résidence située dans une rue calme du centre-ville propose de confortables studios de 2 à 4 personnes, équipés de kitchenettes et décorés très sobrement.

Dormir en ville – *23 r. Jules-Noël - ☎ 06 25 19 14 17 - www.dormir-en-ville.fr - 5 studios et 1 suite, à partir de 68 € la nuit.* Coloris acidulés, meubles design et décor personnalisé donnent à chaque appartement son style propre. Accueil souriant. L'adresse idéale pour un « City break » en Cornouaille.

BUDGET MOYEN

Hôtel Escale Océania – *6 r. Théodore-Le-Hars - ☎ 02 98 53 37 37 - www.oceaniahotels.com - ♿ - 64 ch. à partir de 74 € - ☕ 11 €.* Au centre-ville de Quimper, à deux pas des quais de l'Odet, cet hôtel compense son manque de charme par un accueil très professionnel et des prix attractifs le w.-end si l'on réserve à temps.

Hôtel Gradlon – *30 r. de Brest - ☎ 02 98 95 04 39 - www.hotel-gradlon.fr - ♿ -* 🅿 *10 € - 20 ch. 78/206 € - ☕ 12 €.* Chambres au style « very bristish », fleuri et cosy à souhait. Un soin tout particulier est accordé aux détails, des rosiers du jardin à l'agréable véranda. Charming !

3

Camping Les Castels - L'Orangerie de Lanniron – *Allée de Lanniron - 3 km au sud par bd périphérique puis sortie Bénodet et rte à dr. - ☎ 02 98 90 62 02 - www. lanniron.com - déb. avril-fin sept. - 200 empl. 41,10 € - locatif permanent 95/140/214 € à partir de 2 nuits - ☒ 7,50 €.* Dans les magnifiques parc et jardins d'un château du 17ᵉ s., au bord de l'Odet, des emplacements de camping, mais aussi un choix important et de qualité pour le locatif : mobile home, studios, gîtes. Côté loisirs, un golf (9 trous), un joli parc aquatique et un restaurant de qualité dans les dépendances rénovées du château.

POUR SE FAIRE PLAISIR

Best Western Hôtel Kregenn – *13 r. des Réguaires - ☎ 02 98 95 08 70 - www.hotel-kregenn.fr - ♿ - ⓟ 7 €- 32 ch. 104/220 € - ☒ 7/13 €.* Kregenn, pour « coquillage » en breton : un joli nom pour cet hôtel contemporain décoré avec goût. Dès la réception, on se sent bien ; impression qui perdure dans les chambres, à l'ambiance feutrée, ou dans la cour, près de la pièce d'eau. Bon accueil !

UNE FOLIE

Manoir-Hôtel des Indes – *1 allée de Prad-ar-C'hras, à 4 km par D 765 - ☎ 02 98 55 48 40 - www. manoir-hoteldesindes.com - 14 ch. 130/255 € - ☒ 15 €.* Les Indes, où voyagea René Madec, aventurier quimpérois et ancien maître de ce manoir… C'est en souvenir de lui que les propriétaires ont décoré les chambres sur le thème de l'exotisme. Parc, piscine, traiteur : original et dépaysant.

À proximité

PREMIER PRIX

Chambre d'hôte La Vallée du Jet – *Lieu-dit Kervren - 29140 St-Yvi - ☎ 02 98 94 70 34 -* www.gites-finistere.com - *3 ch. 55 € ☒.* Cette longère du 19ᵉ s., habilement restaurée, domine la vallée du Jet. Elle dispose de chambres très calmes et sympathiques, chacune avec une terrasse ouverte sur le parc paysager. La basse-cour et les moutons raviront les enfants. Également deux gîtes.

POUR SE FAIRE PLAISIR

Hôtel du Manoir de Kérhuel – *Rte de Quimper - 29720 **Plonéour-Lanvern** - ☎ 02 98 82 60 57 - www.manoirdekerhuel.fr - fermé 3 sem. en fév. - ⓟ - 23 ch. dont 1 suite 160/338 € - ☒ 13 € - ✗ lun.-vend. soir - menus 27/45 € - 40/56 €.* Une longue allée bordée d'arbres centenaires mène à ce manoir du 15ᵉ s. s'élevant dans un joli parc fleuri. Ravissantes chambres propices au repos. Au restaurant, décor particulièrement soigné et cuisine mariant avec succès les saveurs de la mer et du terroir. Piscine et court de tennis. Accueil très sympathique.

RESTAURATION

À Quimper

PREMIER PRIX

An Diskuiz – *12 r. E.-Fréron - ☎ 02 98 95 55 70 - fermé mar. et merc. (sept.-juin), merc. soir et dim. (juil.-août) - ♿ - env. 16/20 €.* Recettes originales et bien tournées à base de produits locaux, accueil sympathique et sans prétention : une adresse de confiance pour déguster galettes et crêpes. Petite terrasse pour les beaux jours.

Crêperie du Quartier – *16 r. du Sallé - ☎ 02 98 64 29 30 - fermé mar., jeu. soir et dim. midi sf juil.-août) - formule 6,50/10 € (déj.).* La cuisine ouverte de cette crêperie ne vous laissera rien ignorer de la préparation de votre commande. Grand choix de préparations savoureuses. Accueil chaleureux.

BUDGET MOYEN

Café de l'Épée – *14 r. du Parc - ☏ 02 98 95 28 97 - www. quimper-lepee.com - 10h30-0h - fermé 24-25 déc. - ♿ - formule déj. (tlj sf dim.) 18,80 € - menu 24,80 € (déj. tlj sf dim.)/29/39 €.* Artistes de cinéma ou de théâtre, écrivains et hommes politiques ont fréquenté cette institution quimpéroise au décor désormais baroque et branché (les anciennes peintures sont au musée des Beaux-Arts). Cuisine goûteuse. Une adresse incontournable.

Le Comptoir du théâtre – *Pôle culturel Max Jacob, 4 bd Dupleix - ☏ 02 98 98 00 81 - http://comptoir-du-theatre.com - 10h30-14h, 18h-22h30 - formule 24 €, menu 31 €.* Xavier Hamon, qui a longtemps officié sous les halles St-François, est maintenant installé dans cet espace très lumineux meublé de bois clair. Membre de Slow Food Bretagne, il valorise les meilleurs produits locaux dans ses assiettes savoureuses et originales, accompagnées de bons crus.

POUR SE FAIRE PLAISIR

Le Prieuré – *1 r. du Chan.-Moreau - ☏ 02 98 75 05 55 - www.le-prieure. fr - ♿ - formule 19,50/26,50 € (déj.) - menu 31/46/62/85 €.* Dans l'ancien prieuré de Locmaria, une adresse élégante qui marie le contemporain et l'ancien avec originalité. L'inspiration bretonne est présente tant dans la décoration que dans l'assiette, qui fait la part belle aux produits de la mer.

L'Ambroisie – *49 r. E.-Fréron - ☏ 02 98 95 00 02 - www.ambroisie- quimper.com - fermé, dim. et lun. - menu 25 (déj. sem.)/ 43/58/72 € - carte 74/82 € - réserv. conseillée.*

L'ambroisie coule à flots dans ce restaurant de poche à la fois sobre et original. Dès les amuse- bouches, les papilles frémissent. Voilà une cuisine bretonne ancrée dans l'époque, centrée sur des produits locaux de première fraîcheur, des St-Jacques fraîches au turbot de la baie d'Audierne. Le tout réalisé avec soin !

Auberge de Ti-Coz – *4 Hent-Koz - à 7 km au nord par D 770 - ☏ 02 98 94 50 02 - www. restaurantticoz.com - fermé dim. soir et lun. (sf j. fériés) - ♿ - menu 26 (déj. sem.)/32/60 € - carte 51/63 €.* Comme un rêve de Bretagne : une charmante auberge en pierre, à la fois rustique, moderne et élégante. Le chef y prépare une savoureuse cuisine, qui fait la part belle aux meilleurs produits du terroir breton. En ancien sommelier passionné, il accompagne ses recettes d'une belle carte des vins (plus de 450 références).

Allium – *88 bd de Créac'h-Gwen - ☏ 02 98 10 11 48 - fermé dim. et lun., 2 sem. en juil. et vac. de la Toussaint - menu 28 € (déj. en sem.), 50/90 €.* Avec l'aide des internautes (sous la forme d'un financement participatif), Frédérique et Lionel Hénaff ont créé ici le restaurant de leurs rêves. La cuisine du chef, inventive et bien dans l'air du temps, démontre qu'il n'a rien perdu de son savoir-faire ; elle s'accompagne d'une belle sélection de vins de la Loire.

À Combrit

PREMIER PRIX

Crêperie La Misaine – *4 quai Jacques-de-Thézac - Ste- Marine - 29120 Combrit - ☏ 02 98 51 90 45 - www.lamisaine.fr - avr.- sept et vac. scol. tlj - fermé de la 2e sem. de janv. à déb.-fév. et de fin nov. à mi-déc. - 6,90/13,50 € la crêpe - réserv. conseillée.*

3

Cette petite maison de pierre, bâtie à mi-chemin de la chapelle et du port de Ste-Marine, offre une des meilleures vues sur l'estuaire de l'Odet et la station de Bénodet. Les crêpes en terrasse sont très prisées.

BUDGET MOYEN

Bistrot du Bac – *19 r. du Bac - Ste-Marine - 29120 Combrit - ℘ 02 98 56 34 79 - www. bistrotdubac.fr - formule 15/20 € - menus 29 € - carte 35/50 € - 11 ch. 92/154 € - 12 € ☐.* Une maison bretonne sur les quais du petit port de Ste-Marine, face à Bénodet - auquel il est relié par un bac en saison. La terrasse avec sa vue pittoresque sur l'estuaire, la salle en bleu et blanc (comme les chambres) et surtout la cuisine qui honore la mer avec fraîcheur et simplicité : l'escale est fort sympathique !

BOIRE UN VERRE

Chez Max – *8 r. du Parc - ℘ 02 29 40 10 20 - www.chezmax. bzh - 12h-14h, 19h-21h30 - fermé dim. midi et lun. - formule midi 13,80/17,80 € - menu 19,90/32 €.* Logé dans une cour pleine de charme, ce café-restaurant rend hommage au poète Max Jacob qui vécut en ces lieux. Petite restauration *(déj. à partir de 13,80 €)* et visite des appartements de la famille Jacob *(visites guidées uniquement).*

ACHATS

Gastronomie
Biscuiterie Quimper-Styvell – *8 r. du Chan.-Moreau - ℘ 02 98 65 12 37 - www.biscuiteriedequimper. com - sais. : 9h-19h, dim. 9h-18h30 ; reste de l'année : 9h-12h30, 14h30-18h.* Tous les produits de Bretagne se sont donnés rendez-vous dans cette belle boutique de Locmaria où vous retrouverez conserves, liqueurs, bières et faïences, mais surtout spécialités maison : gâteau breton, far, *kouign-amann* et crêpes dentelles. Vous assisterez à leur élaboration avant de les déguster à la sortie du four.

Cidrerie Manoir du Kinkiz – *75 chemin du Quinquis - ℘ 02 98 90 20 57 - www.kinkiz-terroir.bzh - ♿ - boutique 9h30-12h30, 14h-18h30 - fermé dim. et j. fériés.* Cette cidrerie familiale perpétue depuis cinq générations un savoir-faire issu d'une longue tradition. Au programme : visite des vergers et de la cave et dégustation gratuite (cidre, pommeau AOC et eaux de-vie de cidre) pour ce médaillé du Concours général agricole de Paris 2009/2010 *(env. 1h/1h30 - gratuit - réserv. via le site Internet).*

Distillerie Artisanale du Plessis – *77 chemin du Quinquis - ℘ 02 98 90 75 64 - www.kinkiz-terroir.bzh - 9h-12h30, 14h-18h30 - fermé dim. et j. fériés.* Cette distillerie fabrique toujours, dans le respect des traditions, pommeau de Bretagne, cidre de Cornouaille, « lambig » ou fine de Bretagne, liqueurs, jus de pommes… mais innove aussi avec des créations comme les apéritifs aux algues. Ne manquez pas la visite de la distillerie, couplée à celle du musée de l'Alambic, qui vous raconte trois siècles de distillation avant de finir par une dégustation *(env. 1h/1h30 - gratuit - réserv. via le site Internet).*

Artisanat
Boutique Faïenceries Henriot - Quimper – *Pl. Bérardier - ℘ 02 98 52 22 52 - www.henriot-quimper.com - 10h-12h30, 14h-18h, - fermé dim. et lun. (sf avr.-sept.) - voir p. 224.*

Broderie
École de broderie d'Art Pascal Jaouen – *voir p. 223.*

EN SOIRÉE

Théâtre de Cornouaille - Scène nationale de Quimper – *1 espl. François-Mitterrand - 📞 02 98 55 98 55 - www.theatre- cornouaille.fr -13h30-19h (14h-19h sam. en sept., 13h30-20h30 les jours de spectacle); fermé dim. et 15 juil.-20 août - 5/25 €.* Nombreux types de spectacles, comme du théâtre, de la danse et de la musique (classique, traditionnelle, jazz, opéra).

Pôle culturel Max-Jacob – *Bd Dupleix.* Site dédié à la culture et au spectacle vivant autour du théâtre Max-Jacob (salle de concert, locaux associatifs, espaces de création).

ACTIVITÉS

Randonnées
Ⓑ Le pays de Quimper propose plus de 100 km de sentiers pédestres, 300 km de circuit VTT et 57 km de pistes cyclables. Des topoguides payants sont disponibles à l'office de tourisme.

Rivière
Club de canoë-kayak – *129 bd de Creac'h-Gwen - 📞 02 98 53 19 99 - www.kayak-quimper.org - sur réserv. - kayak 1 pl. 10 €/h, kayak 2 pl. 17 €/h.* Stages d'apprentissage et service de location de kayaks *(navette gratuite pour le retour).* Une bonne idée pour découvrir la superbe vallée de l'Odet, en suivant son cours jusqu'à Bénodet.

Parcs de loisirs
👥 **Bonobo Parc** – *59 r. du Prés.-Sadate - 📞 02 98 53 09 59 - www.bonoboparc.com - juil.-août : 10h-18h30 ; hors sais.*

et vac. scol. : merc., w.-end et j. fériés 13h30-17h30 - 10/25 € (-8 ans 7,90 €) - réduction via Internet. Quatre parcours dans les arbres et une cinquantaine d'ateliers parmi lesquels la tyrolienne et le pont de singe garantissent des sensations à toute la famille.

👥 **Aquarive** – *159 bd de Creac'h-Gwen - 📞 02 98 52 00 15 - www.quimper-communaute.fr/208-piscines. htm - horaires variables selon calendrier, se rens. - fermé 12 j. en mars et 12 j. en sept., 1ᵉʳ janv., 25 déc. - 6,10 € (-18 ans 5,40 €).* Complexe nautique avec bassin à vagues, toboggan de 60 m, bains bouillonnants, solariums, saunas et hammam, massothermie…

AGENDA

Festival de Cornouaille – *Fin juil. - 📞 02 98 55 53 53 - www.festival-cornouaille.com.* Grand rendez-vous de la culture bretonne, ce festival de musique et de traditions populaires draine pendant six jours près de 300 000 visiteurs. Nombreux concerts gratuits.

Les Jeudis de l'Évêché – *De fin juin à déb. sept., le jeu. à 21h - 5 € (-12 ans gratuit) - 📞 02 98 94 62 15.* Concerts : musiques et danses de Bretagne, dans les jardins de l'évêché.

Marchés estivaux – Marché bio et artisanal à la chapelle de **Kerdévot** *(juil.-août : merc. 17h-20h)* et marché de producteurs fermiers de **Briec** *(juil.-août : mar. 17h-20h).* Pour acheter de bons produits et profiter des nombreuses animations.

3

Ménez-Hom

Finistère (29)

Sommet des Montagnes Noires dont il prolonge l'extrémité occidentale, le Ménez-Hom est l'un des plus hauts reliefs bretons, avec 330 m d'altitude. Il occupe une position clé à l'entrée de la presqu'île de Crozon, sur laquelle il offre une vue exceptionnelle. Pour profiter au mieux de ses panoramas, vous avez le choix entre les randonnées qui font le tour du mont ou, pour les plus aventureux, le parapente et l'ULM.

😊 NOS ADRESSES PAGE 236
Hébergement, restauration, achats, activités, etc.

🚹 S'INFORMER
Office du tourisme de l'Aulne et du Porzay – *4 pl. St-Yves - 29550 Plomodiern -* ☎ *02 98 81 27 37 - www.aulne-porzay-tourisme. com - juil.-août : 9h30-12h30, 15h-19h, dim. et j. fériés 9h30-12h30 ; reste de l'année : 9h30-12h30, 14h-18h - fermé 1er janv., 1er Mai, dim. de Pentecôte, 1er nov., 25 déc.*

⏵ SE REPÉRER
Carte de microrégion B1 (p. 214) – Entre Châteaulin et Crozon, le Ménez-Hom domine la D 887 et la D 83 reliant les deux bourgs. On y accède par une petite route *(2 km)* qui s'embranche 1,5 km avant la chapelle-Ste-Marie, sur la gauche en venant de Crozon. À 31 km de Quimper via Locronan et Plonévez-Porzay ; à proximité de Plomodiern, emprunter la D 47 puis la D 887.

👁 À NE PAS MANQUER
Le panorama depuis le Ménez-Hom et les retables de la chapelle Ste-Marie-du-Ménez-Hom.

🕐 ORGANISER SON TEMPS
Privilégiez la matinée pour les activités physiques autour de cette « montagne », et le soir pour le coucher de soleil sur l'océan.

👫 AVEC LES ENFANTS
Musée de l'École rurale de Bretagne à Trégarvan.

Se promener

★★★ Panorama
Menez signifiant « montagne », Ménez-Hom veut dire « montagne du lieu ». De fait, le mont domine la région, et sa table d'orientation permet de découvrir la baie de Douarnenez, limitée à gauche par la côte de Cornouaille jusqu'à la pointe du Van, et, à droite, par la côte de la presqu'île de Crozon jusqu'au cap de la Chèvre. Vers la droite, la vue s'étend sur la pointe de St-Mathieu, les Tas de Pois, la pointe de Penhir, Brest et sa rade : en avant de celle-ci se détachent l'île Longue à gauche, l'île Ronde et la pointe de l'Armorique à droite ; l'estuaire commun de la rivière du Faou et de l'Aulne dont les vallées se séparent vers l'arrière. La vallée de l'Aulne, la plus proche, décrit un beau méandre que franchit le pont suspendu de Térénez. Vers l'arrière : les monts d'Arrée, la montagne St-Michel et sa chapelle, le bassin de Châteaulin, les Montagnes Noires, la montagne de Locronan, Douarnenez et Tréboul. Les pentes orientées nord-est ont brûlé en juin 2006, perdant 300 ha de landes et de tourbières

classées (le Ménez-Hom appartient au réseau Natura 2000). Allez jusqu'à la borne IGN pour avoir un tour d'horizon complet. Vous apercevrez alors, dans la vallée de la Doufine, le bourg de Pont-de-Buis.

À proximité Carte de microrégion p. 214

★ Musée de l'École rurale en Bretagne à Trégarvan C1

▶ *Kergroas - ℘ 02 98 26 04 72 - www.musee-ecole.fr - juil.-août : 11h-19h ; reste de l'année : tlj sf sam. 14h-18h - fermé de déb. nov. à déb. fév., 1ᵉʳ Mai - possibilité de visite guidée (45mn) - 5 € (-8 ans gratuit) - 14 € billet famille (2 adultes + 2 enf.).*

Créé par le Parc naturel régional d'Armorique, et agrandi en 2014, ce musée permet de découvrir grâce à des photos, tableaux, maquettes et documents l'histoire et le développement de l'école publique, tant en Bretagne que dans le reste du pays, et les résistances à laquelle elle dût faire face, notamment de la part de l'Église. Cette passionnante introduction, installée dans un bâtiment moderne, précède la visite de l'école elle-même, avec ses deux salles de classe (du début du 20ᵉ s., et des années 1950-60) dans lesquelles on peut s'exercer au maniement du porte-plume, et, à l'étage, l'appartement de l'instituteur.

Chapelle Sainte-Marie-du-Ménez-Hom B1

▶ *℘ 02 98 81 27 37 - ⓱ - avr.-oct. : 9h30-18h30 - possibilité de visite guidée sur demande au ℘ 06 79 06 63 02.* Dans un petit enclos paroissial bâti en 1739, la chapelle conserve des **retables★**, assez chargés, formant un bel ensemble qui occupe tout le mur est. Le retable sud marque, par la souplesse et l'élégance de son exécution, une évolution surprenante de la statuaire bretonne.

Plomodiern et les plages B1

À 3 km au sud de la chapelle, le bourg de **Plomodiern** commande l'accès à une longue plage de sable qui s'étend du sud au nord de la **pointe de Talagrip** avec Pors-ar-Vag et Lestrevet, où se regroupent nombre de campings, jusqu'à la petite station de **Pentrez-Plage**. Le lieu se prête admirablement à la pratique du char à voile.

3

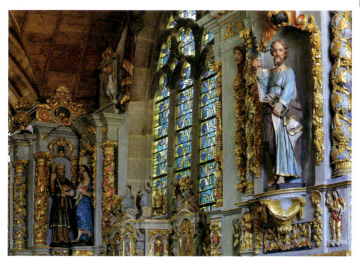

La chapelle Sainte-Marie-du-Ménez-Hom.
C. Philippe/ArTerra Picture Library/age fotostock

Sur les hauteurs de Pentrez, à **Saint-Nic,** la chapelle gothique Saint-Côme-et-Saint-Damien *(ouv. en juil.-août)*, bâtie au 15e s. après une épidémie de peste, présente une superbe charpente sculptée de figures volontiers satiriques.

 NOS ADRESSES AUTOUR DU MÉNEZ-HOM

HÉBERGEMENT

PREMIER PRIX

Camping La Mer d'Iroise – *Plage de Pors-ar-Vag - 29550 Plomodiern - 5 km au sud-ouest de Plomodiern, à 100 m de la plage - ☎ 02 98 81 52 72 - www.camping-iroise.fr - ♿ - de déb. avr. à déb. oct. - 130 empl. 26 € - locatif (permanent) 39,30/100 €.* Terrain tout proche de la plage. Certains emplacements bénéficient d'une vue panoramique sur la baie de Douarnenez. En plus des emplacements traditionnels, le parc locatif est varié avec des mobile homes, des chalets ou des roulottes. Un site agréable, fleuri et soigné.

BUDGET MOYEN

Hôtel-crêperie Le Pors Morvan – *29550 Plomodiern - ☎ 02 98 81 53 23 - www.porz-morvan.fr - ♿ - 🅿 - mars-oct. - 8 ch. 62/95 € - ☕ 7 € - crêperie 13/20 €.* Une ferme de 1830 dans un parc ombragé à l'écart du bourg *(dir. Cast, et suivre fléchage sur 3 km).* Idéal pour se mettre au vert…

RESTAURATION

BUDGET MOYEN

Crêperie Saint-Côme – *29550 St-Nic - à côté de la chapelle - ☎ 02 98 26 55 86 - juil.-août : 12h-21h30 ; reste de l'année : merc.-dim. 12h-13h30, 19h-20h30 - 20/30 €.* Une « crêperie gourmande » privilégiant les produits locaux : chèvre du Ménez-Hom, fraises (en sais.), et foie gras maison.

UNE FOLIE

Auberge des Glazicks – *7 r. de la Plage - 29550 Plomodiern - ☎ 02 98 81 52 32 - www.aubergedesglazick.com - fermé lun.-mar., 2 sem. en mars et 2 sem. en nov. - 🅿 - ♿ - menu 58 € (déj. sem.) 95/115/225 - 85/170 € - 8 ch. 160/305 € - ☕ 24 €.* Inventif et touche-à-tout, Olivier Bellin n'a qu'une passion : cultiver le meilleur de la pêche locale et du terroir breton. Chaque assiette est un hymne aux saveurs de la région, réinventées et toujours aussi… vivifiantes !

ACTIVITÉS

Char à voile – *Plage de Pentrez - 29000 St-Nic-Pentrez - ☎ 06 11 80 09 79 - www.charavoilepentrez.fr - tte l'année.*

Parapente, deltaplane – *Breugnou - 29550 Plomodiern - ☎ 02 98 81 50 27 ou 06 80 32 47 34 - www.vol-libre-menez-hom. com - fermé oct.-mars.* L'école de parapente et de deltaplane propose tous types de prestations, que l'on ait ou non son matériel.

AGENDA

Festival du Ménez-Hom à Plomodiern – *13-15 août.* Manifestations diverses, culminant lors de la grande journée du 15 avec costumes, sonneurs, etc. **Breizh Wind (Festival du Vent et de la glisse)** – *En mai.* À Sainte-Anne-la-Palud, Lestrevet et Pentrez. Cerfs-volant, lanternes, célestes, chars à voile, etc. *Rens. sur www.breizhwind.com.*

Des eaux limpides baignent la presqu'île de Crozon.
O. Leclercq/hemis.fr

Presqu'île de Crozon

★★★

Finistère (29)

La croix de la presqu'île de Crozon étend ses deux bras face au grand large, séparant la rade de Brest de la baie de Douarnenez. Nulle part ailleurs, si ce n'est à la venteuse pointe du Raz, la côte et la mer n'atteignent à plus de sévère beauté. On y contemple avec fascination l'à-pic vertigineux des falaises, la coloration des rochers et la violence des lames qui se brisent éternellement sur les récifs. Ce joyau préservé de la côte bretonne vaut assurément le voyage ! Prenez le temps d'en découvrir une partie à pied ou en kayak.

NOS ADRESSES PAGE 245
Hébergement, restauration, achats, activités, etc.

🗓 S'INFORMER

Office du tourisme de Crozon – *1 bd de Pralognan - 29160 Crozon - 📞 02 98 27 07 92 - www.tourisme-presquiledecrozon.fr - juil.-août : 9h30-13h, 14h-19h, dim. et j. fériés 10h-12h30 ; reste de l'année : tlj sf dim. 9h30-12h, 14h-18h - fermé 1er janv., 1er Mai, 1er et 11 Nov., 25 déc. 2e bureau pl. d'Ys - 29160 Crozon-Morgat - 📞 02 98 27 29 49.*

▶ SE REPÉRER

Carte de microrégion A-B2 (p. 214) – À l'ouest du Parc régional d'Armorique, la presqu'île est accessible par les D 791 et D 887. Elle dévoile d'extraordinaires panoramas : au nord, de l'autre côté du Goulet, sur les découpures de la rade de Brest ; au sud, depuis le cap de la Chèvre, sur la baie de Douarnenez. Entre les deux

se profilent les pointes déchiquetées de Penhir et de Dinan.

À NE PAS MANQUER
Les pointes et le retable de l'église de Crozon.

ORGANISER SON TEMPS
Entre balades sur les pointes et moments de détente à la plage, vos journées seront bien occupées.

Notez que le vélo constitue un excellent moyen de locomotion, idéal pour éviter les bouchons estivaux.

AVEC LES ENFANTS
La visite des grandes grottes de Morgat, la Maison des vieux métiers vivants à Landévennec et le Parc de jeux bretons à Argol.

Circuits conseillés Carte Presqu'île de Crozon page ci-contre

★★★ LES POINTES

Circuit de 45 km tracé en marron sur la carte –environ 2h30.

Crozon
Son existence est attestée dès le Moyen Âge puisque, en 1162, les documents parlent de Crozon sous la forme de *Crahaudon*, composé de *cravo* (lieu pierreux en celtique) et de *dunon* (colline fortifiée en gaulois).

Aujourd'hui, le bourg qui a vu naître Louis Jouvet (1887-1951) est le rendez-vous des habitants et des touristes, surtout en été. L'**église**, moderne, renferme un **retable★** polychrome (1602). Il représente d'une manière naïve le martyre des 10 000 soldats nouvellement convertis, qui furent crucifiés au mont Ararat, en Arménie, sous le règne de l'empereur Hadrien (117-138).

Quittez Crozon à l'ouest par la D 8 en direction de Camaret-sur-Mer.

★ Camaret-sur-Mer
Face au goulet de Brest, cette tranquille station balnéaire se situe à deux pas d'immenses falaises escarpées, couvertes d'une multitude de bruyères et

---

LA ROUTE DES FORTIFICATIONS
La presqu'île de Crozon possède un patrimoine militaire remarquable. Près de 150 ouvrages y ont été élevés, notamment pour surveiller le goulet qui mène à la rade de Brest, haut lieu stratégique. On y trouve des ouvrages datant de la préhistoire, comme l'éperon barré de Lostmarc'h, jusqu'aux réalisations du mur de l'Atlantique exécutées par les Allemands pendant la Seconde Guerre mondiale.

Mais la plupart ont été érigées au 17e s. sous Louis XIV, lorsque Brest est devenu un important arsenal. Vauban fut alors chargé de la stratégie de défense et ordonna la construction de nombreux ouvrages dont la fameuse tour qui porte son nom à Camaret.

Les sites les plus remarquables se trouvent sur la pointe de Roscanvel qui donne sur le goulet, mais ils ne sont pas tous accessibles, car propriété de la Marine nationale. Il est plus facile de voir ceux établis sur la pointe des Espagnols ou sur le cap de la Chèvre.

℘ 02 98 27 07 92 - *www.tourisme-presquiledecrozon.fr*. Pour vous aider à découvrir les fortifications, une brochure *La Route des fortifications* est disponible dans les offices de tourisme *(gratuit)*. Et pour en savoir plus, nous vous conseillons *Le Guide du patrimoine bâti de la presqu'île de Crozon* aux Éditions Buissonnières *(12 €)*. Sur place, des panneaux en lave émaillée montrent le plan des différents ouvrages en 16 étapes.

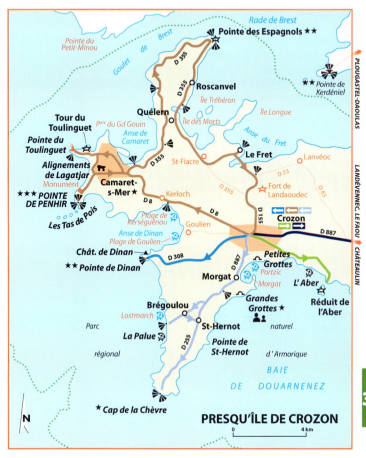

PRESQU'ÎLE DE CROZON

d'ajoncs. Ses maisons peintes de couleurs gaies donnent sur le port et sur une digue naturelle, le « sillon », au bout de laquelle se dresse la tour Vauban.

★ **Tour Vauban** – *Le Sillon* - ℘ *02 98 27 94 22 - www.camaret-sur-mer.com - visite guidée sur demande préalable (45mn) horaires, se rens. - 2 € (-12 ans gratuit).* Construite de 1693 à 1696 par l'illustre ingénieur, elle a retrouvé toute sa superbe avec son nouvel enduit rouge qui était celui d'origine. Tendant vers l'orange sous les rayons du soleil, il lui a valu le surnom de « tour dorée ». La tour est entourée d'une batterie prévue pour 11 canons et d'un fossé. Inscrite au Patrimoine mondial de l'Unesco depuis 2008, la tour fait l'objet d'une campagne de restauration.

À côté de la tour Vauban se trouve la **chapelle N.-D.-de-Rocamadour**, (Roch a Ma Dour, du breton « roc au milieu des eaux ») sanctuaire du 17e s. qui doit son origine aux pèlerinages de Rocamadour, en Quercy. Les fidèles, venus par mer des pays nordiques, faisaient escale à Camaret.

Maison du patrimoine maritime – *15 quai Kléber (à côté de l'office de tourisme) - ℘ 02 98 27 82 60 - & - juil.-août : 14h30-18h30 - 2 € (-12 ans gratuit).* Son objectif est ici d'initier les enfants à l'univers maritime (outils, techniques de pêche, etc.) spécifique à Camaret.

🐾 Le quartier St-Thomas, appelé désormais le quartier des artistes, héberge une quinzaine de galeries d'art et d'ateliers.

Dans le cimetière de Camaret repose le poète Paul-Pierre Roux (1861-1940), dit **Saint-Pol-Roux**. Marseillais d'origine mais Camarétois d'adoption, il achète une maison de pêcheur au-dessus de la plage de Pen-Hat (entre Lagatjar et l'Océan) qu'il transforme en manoir. Le manoir du Boultous (baudroie en breton) pillé en 1940 par les Allemands ne résistera pas aux bombardements de 1944. Restent de magnifiques ruines.

Enfin, ne manquez pas les **alignements de Lagatjar**, bel ensemble mégalithique (143 menhirs relevés au début du 20e s.) dont le nom signifie « œil de la poule ».

Un isthme bordé par la plage de Pen-Hat mène à la **pointe du Toulinguet**, coiffée d'un sémaphore de la Marine nationale, et d'où la vue porte au sud. La **tour du Toulinguet** est un bel exemple de l'architecture militaire du 19e s.
Revenez à l'entrée de Camaret et tournez à droite.

★★★ Pointe de Penhir

Un monument à la gloire des Bretons des Forces françaises libres a été érigé sur la falaise, à 150 m de la route. C'est la plus belle des quatre pointes de la presqu'île de Crozon, avec son à-pic de 70 m et son **panorama** : en contrebas, les trois formidables rochers isolés sont appelés les **Tas de Pois** ; à gauche, la pointe de Dinan, à droite, la pointe de St-Mathieu et celle du Toulinguet avec son petit phare ; en arrière, le Ménez-Hom ; par temps clair, on distingue la pointe du Raz et l'île de Sein à gauche, l'île d'Ouessant à droite.

🐾 Un sentier descend à gauche de la plate-forme. À mi-hauteur de la falaise, on domine une petite anse. Prenez le sentier, sur la gauche, qui s'élève vers une anfractuosité couverte d'un rocher, au-delà de laquelle il débouche dans la **Chambre verte**, au terre-plein gazonné. De là, vue très originale sur les Tas de Pois et la pointe de Penhir.

Reprenez la route de Camaret ; à 1 500 m, une rue à droite vers Crozon permet d'éviter le bourg. Prenez ensuite vers Roscanvel une ancienne route stratégique.

La route franchit l'enceinte qui fermait la presqu'île de Roscanvel, en avant de **Quélern** ; ces fortifications datent de Vauban et du Second Empire. On remarque bientôt le contraste qui oppose les deux versants de la presqu'île : à l'ouest, face au large, ce ne sont que lande et végétation rase, à l'est, des arbres et des prairies.

★★ Pointe des Espagnols

Au printemps 1594, une garnison d'Espagnols alliés de la Ligue entreprit la construction d'un fort pour contrôler le trafic maritime dans la rade de Brest. Six mois après leur arrivée, les troupes d'Henri IV les passèrent tous par les armes. De la pointe, **panorama★★** sur le goulet dominé par le port et la ville de Brest, l'estuaire de l'Élorn, le pont Albert-Louppe, le pont de l'Iroise, la presqu'île de Plougastel et sur le fond de la rade. On y voit la tour et l'enceinte fortifiée du 19e s. appelée fortin de la Pointe des Espagnols.

Roscanvel

Dans l'église, beaux vitraux sombres d'Auguste Labouret et *Chemin de croix* en terre cuite de Claude Gruher. Remarquez les curieuses clôtures de jardin faites de haies de fuchsias. La route qui borde le fond de la rade offre de jolies vues sur l'île Longue, base de sous-marins nucléaires *(accès interdit)*, et sur les deux îles de Trébéron et des Morts. On sort de l'enceinte de la presqu'île de Roscanvel en traversant de nouveau les fortifications ruinées. Là, on peut s'arrêter devant le réduit de Roscanvel (19e s.), qui abrite aujourd'hui une école de voile.
500 m après St-Fiacre, prenez à gauche.

Le Fret

Ce petit port est relié à Brest par des services de bateaux.

Suivez ensuite la digue qui borde l'anse du Fret.

À une bifurcation, laissez à gauche la route de Lanvéoc menant aux installations de l'École navale et tournez à droite pour regagner Crozon.

On profite d'une dernière vue sur la rade de Brest.

★★ VERS LA POINTE DE DINAN

▶ *Circuit de 6 km tracé en bleu foncé sur carte p. 239 – environ 2h. Quittez Crozon à l'ouest par la D 308.*

Des landes arasées par le vent succèdent à des pinèdes.

★★ Pointe de Dinan

Laissez la voiture au parking et prenez le chemin à gauche pendant environ 500 m.

Du bord de la falaise, beau **panorama** : à gauche, le cap de la Chèvre, la côte de la Cornouaille et la pointe du Raz ; à droite, la pointe de Penhir et les Tas de Pois. En longeant la falaise par la droite, on découvre le « **château** » **de Dinan**, énorme masse rocheuse reliée à la pointe par une arche naturelle.

🐾 *30mn à pied AR en terrain rocailleux.* En empruntant le sentier qui passe sur l'arche naturelle, on peut parcourir ce rocher ruiniforme.

★ VERS LE CAP DE LA CHÈVRE

▶ *Circuit de 11 km tracé en bleu clair sur la carte p. 239 – environ 2h. Quittez Crozon au sud-ouest par la D 887 en direction de Morgat.*

Morgat

Sa grande plage est encadrée, au sud par une pointe couverte de pins, Beg-ar-Gador, au nord par un éperon rocheux qui la sépare de la plage du Portzic. À Morgat, les amateurs de pêche sportive en mer ont la possibilité de pratiquer différentes activités auxquelles se prête la faune locale.

★ **Grandes grottes** – *Quai Kador - vedettes Sirènes -* 📞 *06 60 93 97 05 - http://vedettes-sirenes.com - visite guidée (50mn) avr.-sept. : dép. tte la j. selon les marées - 14 € (-13 ans 9 €). Autre circuit proposé sur le site Internet.* 👥 La grotte Ste-Marine et la Chambre du Diable, percée d'une cheminée, sont situées au-delà de Beg-ar-Gador, les autres étant à l'opposé de la baie. La plus belle est la grotte de l'Autel (80 m de profondeur, 15 m de haut).

Petites grottes – Elles sont accessibles à pied à marée basse, au pied de l'éperon qui sépare les plages de Morgat et du Portzic.

La route traverse un paysage de landes rabougries, soumises aux vents du large. De petits hameaux semblent s'abriter dans les replis de terrain. Environ 500 m après **Brégoulou**, laissez la voiture sur le parc de stationnement : jolie vue sur les Tas de Pois et la pointe du Raz.

Plage de la Palue

Cette plage offre de belles vues sur la côte rocheuse. Elle est splendide, mais les bains y sont interdits à cause de fortes lames.

Saint-Hernot

Maison des minéraux – *Rte du Cap-de-la-Chèvre -* 📞 *02 98 27 19 73 - www.maison-des-mineraux.org -* ♿ *- juil.-août : 10h-19h ; reste de l'année : tlj sf sam. 10h-12h, 14h-17h, dim. et j. fériés 14h-17h - fermé de la fin des vac. de la Toussaint à déb. avr. - possibilité de visite guidée - 4,80 € (-19 ans 3,50 €).* Installée dans l'ancienne école, cette maison expose plus de 500 pièces qui témoignent

> **ESPACE REMARQUABLE DE BRETAGNE**
> Classée Réserve naturelle régionale pour sa richesse minéralogique et écologique, la presqu'île de Crozon abrite à elle seule une histoire géologique vieille de 550 millions d'années ainsi qu'une mosaïque de milieux naturels (landes, systèmes dunaires…), formidable terrain de jeu d'une végétation (orchidée Liparis de Loezel) et d'une faune (craves à bec rouge, Grand Rhinolophe…) des plus précieuses.

des richesses géologiques de la presqu'île. On y découvre l'histoire géologique de cette partie du Massif armoricain.

En contrebas de la pointe de Saint-Hernot (ou île Vierge), se niche l'une des plus belles criques de Bretagne, la grève de **Porzh Pesk** ou plage de l'île Vierge *(attention, accès difficile)*. La couleur de ses eaux où plongent les falaises sur lesquelles s'agrippent des pins offrent un spectacle magnifique.

★ Cap de la Chèvre

De l'ancien poste d'observation allemand, on a une jolie vue sur le large et les pointes avancées du Finistère : de droite à gauche, la pointe de Penhir et les Tas de Pois, l'île de Sein, le cap Sizun et ses « finistères », la pointe du Van et la pointe du Raz qui limitent au sud la baie de Douarnenez. Un monument, représentant une aile d'avion plantée dans le sol, est dédié au personnel navigant de l'Aéronautique navale, décédé ou disparu lors d'un service aérien dans l'Atlantique et les régions nordiques.

Balades sonores – ℘ 02 98 27 19 73 - *téléchargement sur www.territoires-sonores.net - juil.-août : 10h-19h - possibilité de visite guidée (2h) - 5 €/pers.* Vous avez désormais la possibilité de sillonner le cap de la Chèvre muni de baladeurs qui permettent, au gré des balises ponctuant la randonnée, de mieux comprendre et appréhender les milieux traversés. Récits, anecdotes et témoignages d'historiens enrichissent deux balades sonores : celle de l'Iroise *(au départ du sémaphore - 4,3 km, env. 2h)* et celle de l'île Vierge *(au départ de la Maison des minéraux - 5,5 km, env. 2h30).*

DE CROZON À L'ÎLE DE L'ABER

▶ *Circuit d'environ 4 km tracé en vert sur carte p. 239. De Crozon, prenez la route de Postolennec et suivez la côte jusqu'au parking de l'île de l'Aber.*

L'anse de Morgat est bordée de magnifiques grèves, dont la **plage de l'Aber** vaste et sauvage. Au bout de celle-ci se dresse l'île de l'Aber.

À marée basse, on peut aller à pied sur l'île, but d'une agréable promenade *(comptez 30mn aller-retour)*. Sur l'île, on découvre le **réduit de l'Aber** construit en 1846. Cette île avait déjà été fortifiée précédemment par Vauban et fut réinvestie par les Allemands pendant la Seconde Guerre mondiale.

L'AULNE MARITIME Carte de microrégion p. 214-215

▶ *Circuit de 48 km tracé en bleu foncé sur carte – comptez envion 4h. Quittez Crozon par la D 887 puis au rond-point Tal-Ar-Groas, empruntez la D 791. À gauche, la D 60 vous conduit à Landévennec.*

★ Landévennec B1

🛈 **Point d'information touristique de Landévennec** – R. St-Guénolé - 29560 Landévennec - ℘ 02 98 27 78 46 - *juil.-août : 10h-12h30, 15h-18h30 ; reste de l'année : se rens. à la mairie.*

Cette petite station estivale entourée d'eau et de bois, est postée à l'embouchure de l'Aulne, aux portes de la presqu'île de Crozon. Ici, tout respire la douceur de vivre : on y voit d'ailleurs une végétation méditerranéenne et des camélias y fleurir jusqu'au cœur de l'hiver. à proximité de la cale, l'église Notre-Dame (17e s.) renferme d'intéressantes statues et des **tableaux★** classés du 17e s.

Nouvelle abbaye bénédictine Saint-Guénolé – *Prenez à droite, à mi-pente, une allée bordée d'arbres et suivez la signalisation.* Dans cette nouvelle abbaye, une quarantaine de bénédictins perpétuent une tradition monastique vieille d'un millénaire et demi. Très sobre, l'église renferme une statue de saint Guénolé en bois polychrome (15e s.). L'autel est constitué d'un bloc monolithe en granit rose. On peut assister aux offices.

Musée et site de l'ancienne abbaye – *Entrée 200 m plus bas à droite, au centre du bourg - Pl. Yann-de-Landévennec -* ℘ *02 98 27 35 90 - www.musee-abbaye-landevennec.fr -* 🦽 *- juin-sept. : 10h30-19h ; mai et vac. de la Toussaint : 10h30-18h ; avr. : tlj sf sam. 10h30-18h ; mars et oct. : tlj sf sam. 14h-17h ; reste de l'année : se rens. - fermé 20 déc.-5 janv., 1er Mai - possibilité de visite guidée (1h) - 6 € (-26 ans 5 €) - 16 € billet famille (2 adultes + 2 enf.) ateliers et visite guidée vac. scol. - nocturnes en août.*

Fondée à la fin du 5e s. par saint Guénolé, et maintes fois remaniée, l'abbaye disparaît à la Révolution. Les ruines de l'église romane permettent d'en découvrir le plan : nef de six travées avec bas-côtés, transept et chœur à déambulatoire sur lequel s'ouvraient trois chapelles rayonnantes. À l'entrée du bras droit du transept, un monument carré serait le tombeau du roi Gradlon.

Un **musée** de conception très moderne expose les objets exhumés lors des fouilles, dont un sarcophage en bois antérieur au 10e s., ainsi que des maquettes situant les différentes étapes de construction de l'abbaye.

Empruntez la route à gauche en sortant de l'abbaye.

Le belvédère aménagé sur la droite offre une belle **vue★** sur le village, le méandre de l'Aulne avec l'île de Térénez, la presqu'île de Landévennec et la rivière du Faou. En contrebas, le **cimetière de bateaux** : dans ce décor étonnant, entre mer et rivière, les carcasses blanchies des escorteurs et patrouilleurs attendent leur démantèlement.

Rejoignez la D 60 et poursuivez jusqu'à Argol.

Argol B1

Argol signifie en breton « en danger de périr ». Ce serait là en effet que Dahut, fille de Gradlon, disparut lors de l'engloutissement de la ville légendaire d'Ys.

Enclos paroissial – Église datant de 1576 avec un calvaire de 1593. L'arc de triomphe à l'entrée arbore une statue équestre de Gradlon.

★ **Maison des vieux métiers vivants** – *Pl. des Anciens-Combattants -* ℘ *02 98 27 79 30 - www.argol.fr -* 🦽 *- de mi-juil. à mi-sept. : 14h-18h ; de mi-avr. à mi-juil. et de mi- à fin sept. : dim., mar. et jeu. 14h-17h30 - 5 € (enfant 2,60 €).* 👥👤 Des bénévoles présentent les métiers ruraux et maritimes d'autrefois : vannier, bourrelier, sabotier, scieur de long, fileuse, dentellière, fabricant de jouets… En été, des animations

3

PASSEPORT FINISTÈRE

L'ancienne abbaye de Landévennec et le musée des Vieux métiers vivants à Argol font partie des sites partenaires du Passeport Finistère : 32 musées et sites culturels du département proposent, dès la seconde visite, un tarif privilégié sur présentation du passeport *(gratuit)*.

♿ http://passeport. culturel.finistere.fr.

(cerclage de roues, fête de la moisson, battage au fléau, tonte des moutons, etc.) complètent la visite. Programme disponible sur demande.

Parc de jeux bretons – *À 200 m de la Maison des vieux métiers vivants - Rte du Moulin -* 📞 *02 98 27 79 30 -* ♿ *- de mi-juil. à mi-sept. : 14h-18h30 ; de déb. avr. à mi-juil. et de mi- à fin sept. : mar., jeu. et dim. 14h-18h - possibilité de visite guidée - gratuit - pique-nique possible sur demande préalable.* 👥 Cette annexe du musée offre l'occasion de s'initier aux jeux traditionnels : galoche, boulten, jeux de quilles ou de palets. Règles fournies sur place.

À la sortie d'Argol, prenez à droite la D 791.

Pont de Térénez B1

Lancé sur l'Aulne, cet élégant ouvrage courbé et à haubans a été inauguré en 2011 en lieu et place du pont de 1952. Il a une portée de 285 m. La vue est fort belle sur la vallée.

Poursuivez sur la route de la corniche.

Le Faou C1

🛈 **Office du Tourisme de l'Aulne Maritime** – *39 r. du Gén.-de-Gaulle - 29590 Le Faou -* 📞 *02 98 81 06 85 - 1ᵉʳ juil.-20 août : 10h-12h30, 13h30-18h ; reste de l'année : tlj sf sam. 10h-12h30, 13h30-18h, jeu. 10h-12h30 - fermé dim., de mi-sept. à déb. mai.*

Le bourg, autrefois riche cité portuaire, occupe, à l'origine de l'estuaire du Faou, un **site★** qui prend beaucoup de caractère à marée haute (la ville est d'ailleurs classée « petite cité de caractère »).

Sa rue principale est bordée de belles maisons anciennes en granit dont les étages sont en encorbellement, et les façades, recouvertes d'ardoise.

Église St-Sauveur – *Juin-sept. : 9h-18h - fermé w.-end.* Cette église (16ᵉ s.), qui se dresse en bordure de la rivière, présente quant à elle un élégant clocher à dôme du 17ᵉ s., un double transept, un chevet à pans coupés et une cuve baptismale (16ᵉ s.) remarquablement sculptée.

Empruntez la D 47.

Rosnoën C1

Sur la place de l'**église St-Audoën** (16ᵉ-17ᵉ s.), le calvaire, œuvre de Roland Doré, portait deux croisillons avant sa restauration. Deux statues géminées et une pietà retirées de la croix sont visibles au chevet de l'église.

À 1 km après la sortie de Rosnoën, en direction du pont de Térénez, le **belvédère★★** offre un panorama exceptionnel sur les méandres de l'Aulne, avec en toile de fond le Ménez-Hom, les Montagnes Noires au sud, et les monts d'Arrée au nord.

🥾 Deux sentiers de randonnée *(8 et 14 km)* offrent une agréable balade en forêt tout en profitant de superbes points de vue.

😊 NOS ADRESSES DANS LA PRESQU'ÎLE DE CROZON

HÉBERGEMENT/RESTAURATION

PREMIER PRIX

Hôtel Le Styvel – *2 quai du Styvel - 29570* **Camaret-sur-Mer** - 🕿 *02 98 27 92 74 - www.hotel-du-styvel.com -* 🅿 *- 13 ch. 45/70 € -* 🍽 *8 € -* 🍴 *15/45 €.* Ce petit hôtel familial est chaleureux. Les chambres ouvrent presque toutes sur le port et la tour de Vauban. Le restaurant (3 salles), joliment décoré, propose une carte traditionnelle. Produits de la mer, ragoût de homard mais aussi viandes.

Hôtel Vauban – *4 quai du Styvel - 29570* **Camaret-sur-Mer** - 🕿 *02 98 27 91 36 - www.hotelvauban-camaret.fr - fermé mi-déc.-mi-janv. -* 🅿 *- 16 ch. 50/85 € -* 🍽 *8 € -* 🍴 *juin-fin sept. - menu déj. 18 € - 22/26 €.* Belle adresse animée par des hôtes conviviaux. Les chambres simples mais soignées donnent soit sur le jardin (avec barbecue pour faire griller le produit de sa pêche), soit sur le front de mer.

BUDGET MOYEN

Maison d'hôte Les Capucins – *Hameau du Keravres - Roscanvel - 29570* **Camaret-sur-Mer** - 🕿 *02 98 26 26 09 - www.gite-presquile-crozon.fr -* 🦽 *- 4 ch. + 1 suite 69,90 €* 🍽 *- table d'hôte certains soirs (sur réserv.).* Aménagées dans une ancienne ferme, les chambres de cette maison d'hôtes sont simples et plaisantes. Sa situation en plein cœur du Parc naturel d'Armorique en fait une adresse idéale pour découvrir la presqu'île côté nature (balades sur le sentier côtier, activités variées et nombreuses).

Les Chambres du bout du monde – *945 route neuve - 29560* **Landévennec** *- 🕿 06 63 55 93 18 - www.chambredhotecrozon.com - 4 ch. 65/75 € et 1 suite 4 pers. 120/135 € selon la saison.* Cette grande maison contemporaine entourée d'un vaste jardin est proche de la mer, du port de Landévennec et du GR 34. Chambres décorées dans un style actuel. Accueil aux petits soins et excellent petit-déjeuner.

Camping Les Bruyères – *Lieu-dit Le Bouis - 29160* **Crozon-Morgat** *- (1,5 km de Morgat par la D 255, rte du Cap de la Chèvre et chemin à droite) - 🕿 02 98 26 14 87 - www.camping-bruyeres-crozon.com - 130 empl. 23,60 € - locatif 370/695 € sem.* Cadre naturel préservé avec accès à Morgat par un chemin pédestre, bel espace aquatique bien intégré au site. Locatif en mobile homes et tentes lodges *(4 pers.).*

Hôtel de la Presqu'île – *Pl. de l'Église - 29160* **Crozon** *- 🕿 02 98 27 29 29 - www.hotel-lapresquile.fr - fermé dim. soir et lun. (hors sais.), 2 sem. en mars et 3 sem. en nov. -* 🦽 *- 13 ch. 80/95 € -* 🍽 *11 €.* L'ancienne mairie abrite aujourd'hui des chambres insonorisées et décorées avec goût dans un style qui panache des touches actuelles et l'esprit breton. Boutique de vins et produits régionaux.

Hôtel de France – *19 quai Gustave-Toudouze - 29570* **Camaret-sur-Mer** *- 🕿 02 98 27 93 06 - www.hotel-france-camaret.com - fermé de mi-déc. au 5 janv. -* 🅿 *-* 🦽 *- 35 ch. 71/126 € -* 🍽 *11 € -* 🍴 *formule 16,90 € - 21,70/79 € (avr.-nov.).* Les chambres, assez simples mais bien tenues et insonorisées, bénéficient du bon air marin ; celles sur l'arrière sont plus petites. Le restaurant, qui porte le label maître-restaurateur,

3

est réparti sur deux étages. Vous pourrez y déguster ses spécialités de fruits de mer (langouste, homard) avec le port en toile de fond.

Hotel Julia – *43 r. de Treflez - 29160 Morgat - ☏ 02 98 27 05 89 - www.hoteljulia.fr - avr.-oct. -* 🅿 *-* ♿ *- 18 ch. 86/169 € - ☕ 12,50 € -* ✗ *23/34 €.* Situé en retrait du front de mer (300 m) auquel on accède par une petite sente, cet hôtel en pleine rénovation peut s'avérer très agréable en haute saison. Belle salle de restaurant où défilent des plats régionaux.

RESTAURATION

Voir aussi les restaurants des hôtels Le Styvel et de France page précédente.

PREMIER PRIX

Crêperie Goustadig – *11 R. de l'Abbaye - 29560 Landévennec - ☏ 06 15 71 10 20 -* ♿ *- avr.-oct. tlj en continu sf mar. soir et sam. midi - fermé dim. de mi-fév. à mi-nov. - crêpes 2,50/9,20 €.* Dans cette maison du 18e s., l'art des crêpes est une affaire de famille. Accueil simple et chaleureux pour déguster d'excellentes crêpes et galettes agrémentées en majorité de produits locaux de qualité. Le plus : vous pouvez les composer à loisir, selon vos envies.

Ferme-auberge du Seillou – *Au Seillou - 29590 Rosnoën - ☏ 02 98 81 92 21 - www. fermeaubergeduseillou.com - fermé 3 sem. en sept.-oct. -* 🅿 *-* ♿ *- 17/21 € sur réserv.* Vieilles pierres et bons produits de la ferme (viandes, cidre artisanal et spécialité de kig ha farz) entretiennent l'image de marque de cette maison nichée au milieu d'une exploitation agricole. Pimpantes chambres mansardées *(5 ch. 53 €* ☕*).* Circuit pédestre à proximité.

BUDGET MOYEN

Saveurs et marées – *52 bd de la Plage - 29160 Morgat - ☏ 02 98 26 23 18 - www.saveurs-et-maree.com - fermé nov.-mars - formules 15/18,50 € - 18,50/29 €.* En salle ou en terrasse, l'ambiance est chaleureuse et l'accueil sympathique. Produits de la mer frais et goûteux, mais pas toujours très copieux.

Hostellerie de la Mer – *11 quai du Fret - 29160 Crozon - ☏ 02 98 27 61 90 - www. hostelleriedelamer.com - fermé sam. midi, dim. soir et lun. sf juil.-août, 1er janv.-6 fév. - formule sem. 19 € - menus 29/76 €.* Cet hôtel-restaurant regarde la rade de Brest. Le chef propose une cuisine bien en phase avec l'époque, mariant à merveille le poisson de la pêche locale et le terroir breton, à l'image de cette royale de fenouil du Léon aux langoustines… Les cuissons sont précises et magnifient des produits bien choisis !.

POUR SE FAIRE PLAISIR

Le Mutin Gourmand – *Pl. de l'Église - 29160 Crozon - ☏ 02 98 27 06 51 - lemutin gourmand.fr - fermé 2 sem. mars et 3 sem. nov. - 29/72 €.* Décor contemporain, pierres apparentes, aquarelles et vivier de homards en cette accueillante maison bretonne. Cuisine régionale soignée ; vins du Languedoc et de la Loire.

ACHATS

La Biscuiterie de Camaret – *Rte de Crozon - 29570 Camaret-sur-Mer - ☏ 02 98 27 88 08 - www. biscuiteriedecamaret.com - été : 9h-19h ; reste de l'année : 9h-12h30, 14h30-19h.* Parmi les produits du terroir, le far aux pruneaux et le fameux *kouign-amann*, de fabrication maison, attireront l'attention des gourmands. Dégustation gratuite de cidre, galettes et autres spécialités.

Écomusée de l'Abeille – *Ferme apicole de Térénez - 29590 Rosnoën - ✆ 02 98 81 06 90 - www.fermeapicole.com - 9h-20h.* Installé au bord d'une grève parmi des bosquets, un jeune couple d'apiculteurs vous présente son métier et ses produits. Vous pourrez y voir du matériel professionnel et déguster du miel, du pain d'épice, de l'hydromel et des bonbons maison. Sont aussi récoltés du pollen, de la gelée royale et de la cire.

ACTIVITÉS

Sortie en vieux gréement – *29570 Camaret-sur-Mer - juin-août : sur la* Belle Étoile *(dundée langoustier camarétois). sorties j. ou ½ j. et campagne de pêche au thon en oct. selon calendrier, avec participation aux manœuvres - se renseigner à l'office de tourisme.*

Balades et pêches en mer d'Iroise – *29570 Camaret-sur-Mer - ✆ 06 48 96 71 64 - www.les-virees-du-bout-du-monde.com - avr.-oct. - pêche : 4h30 en matinée ou 3h en soirée - 60/45 €*

(5-12 ans 45/35 €), matériel fourni ; promenades en mer : 1h30 (Tas-de-Pois/pointe de Pen-Hir ou goulet de Brest/route des fortifications)- 24 € (5-12 ans 19 €, 1-4 ans 10 €) - réserv. obligatoire - embarquement quai Téphany.

Centre nautique de Crozon-Morgat – *29160 Morgat - Port de plaisance - ✆ 02 98 16 00 00 - www.cncm.fr.* Stages et balades nautiques en kayak.

Océan Pirogues – *Port de Plaisance - ✆ 06 61 92 64 35 - www.oceanpirogue.com.* Pour découvrir la presqu'île en pirogue hawaïenne *(26 €/pers. 2h)* ou en *stand up paddle (15 €/h).*

AGENDA

Le pardon de N.-D.-de-Rocamadour – *À Camaret - 1er dim. de sept.* Un pardon, suivi de la bénédiction de la mer.

Le festival du Bout du Monde – *Autour du 10 août.* Ce festival de musique qui attire de grandes vedettes a lieu autour du fort de Landaoudec au nord de Crozon.

Concerts en mer – *Au départ de Camaret - juil.-août le w.-end.* Concerts en mer organisés par l'équipe des Virées du bout du monde.

3

La Cornouaille

★★

Finistère (29)

Royaume puis duché de Bretagne, la Cornouaille médiévale s'étendait très loin, au nord et à l'est de Quimper. La région que l'on découvre ici est celle du littoral, avec ses ports, ses larges baies et sa côte rocheuse. Quelques incursions dans l'arrière-pays révèlent également une campagne aux horizons tranquilles, parsemée de hameaux aux maisons blanches. Coups de cœur assurés !

😊 NOS ADRESSES PAGE 260
Hébergement, restauration, achats, activités, etc.

🔋 S'INFORMER

Office du tourisme d'Audierne – *8 r. Victor-Hugo - 29770 Audierne - ☎ 0 809 10 29 10 - http://audierne-tourisme.com - 7 juil.-24 août : 9h-13h, 14h-19h, dim. et j. fériés 10h-13h ; printemps et automne : tlj sf dim. 9h30-12h30, 14h-18h, j. fériés 10h-13h ; reste de l'année : tlj sf dim. et j. fériés 9h30-12h, 14h-17h30, sam. 9h30-12h30 - fermé 1ᵉʳ Mai.*
 Voir aussi les offices du tourisme de Douarnenez (p. 267), Quimper (p. 216), Concarneau (p. 295) et Pont-Aven (p. 303).

▶ SE REPÉRER

Carte de microrégion ABC 2-3 (p. 214-215) – La Cornouaille actuelle correspond approximativement au Finistère Sud. Elle s'étend de la pointe du Raz à l'Ellé (vers Quimperlé à l'est, à deux pas du Morbihan), et de la pointe de Penmarch aux Montagnes Noires. Quimper en est la ville principale. La Cornouaille historique s'étendait jusqu'à Landerneau et aux abords de Morlaix au nord.

🌼 À NE PAS MANQUER

Toutes les pointes, depuis celle du Millier au nord, jusqu'à Penmarch au sud, en passant par celle du Van et, bien sûr, celle du Raz. Arrêtez-vous également au calvaire de N.-D.-de-Tronoën.

🕐 ORGANISER SON TEMPS

Entre les plages, les petites églises, les randonnées et les sublimes panoramas, vous n'aurez pas trop de deux jours pour découvrir la Cornouaille. Prévoyez

Cap Sizun, la chapelle de Saint-They.
Spila Riccardo/Sime/Photononstop

un pique-nique sur les falaises et de bonnes chaussures pour les sentiers qui y donnent accès.

👥 AVEC LES ENFANTS
Découverte de la faune marine à l'Aquashow d'Audierne ; visite de Haliotika - La Cité de la Pêche au Guilvinec et de la Maison du vent à Goulien. La collection de coquillages et oiseaux marins naturalisés, requins, minéraux, coraux et fossiles du Musée de l'Amiral à Penhors.

Circuits conseillés Carte La Cornouaille p. 250-251

★★ VERS LES POINTES

▶ *Circuit de 128 km, tracé en orange sur la carte – comptez une journée.*

★★ Quimper *(voir p. 216)*
Quittez Quimper au nord-ouest par les rues de Locronan et de la Providence, puis la D 63.
On remonte l'agreste vallée du Steïr, aux pentes boisées, et on traverse une région vallonnée.

Plogonnec
L'**église** du 16e s., remaniée au 18e s., possède un beau clocher Renaissance et des vitraux du 16e s. figurant saint Edern et saint Théleau chevauchant chacun un cerf *(bas-côté gauche)*, la Transfiguration, la Passion et le Jugement dernier *(chœur)*.

★★ Locronan *(voir p. 263)*
La route de Douarnenez, laissant à gauche la forêt de Nevet, se dirige vers la mer.
À **Kerlaz,** un clocher ajouré coiffe l'église des 16e et 17e s.

★ Douarnenez *(voir p. 267)*
Quittez Douarnenez par Tréboul et gagnez Poullan-sur-Mer où vous tournerez à gauche, puis deux fois à droite.

LA ROUTE DU VENT SOLAIRE
De la pointe du Raz à la pointe de Penmarch, le long de la baie d'Audierne, la route qui suit le littoral a été surnommée la Route du vent solaire. Balisée de panneaux de signalisation et de tables de lecture, elle vous fera découvrir, entre autres, les fours à goémon d'Esquibien, le menhir des Droits de l'Homme de Plozevet, les dunes, le site des surfeurs à la pointe de la Torche et le calvaire de Tronoën. Laissez-vous guider par les flèches et… bon vent !

3

Chapelle Notre-Dame-de-Kérinec à Poullan-sur-Mer

Dans un site boisé, cette chapelle (13e et 15e s.) présente un élégant chevet plat. Son fin clocher à flèche est la réplique fidèle de celui du 17e s., abattu par la foudre en 1958. Sous les frondaisons, remarquez la chaire ronde dont le pupitre de pierre est soutenu par un personnage ; une croix-calvaire se dresse au centre de la chaire.

Église Notre-Dame-de-Confort

Le chœur de cet édifice (16e s.) avec clocher à galeries (1736) possède de beaux **vitraux** (16e s.), dont un Arbre de Jessé, réalisés par un artiste quimpérois. Au-dessus de la dernière arcade de la nef, à gauche, est suspendue une roue à carillon (*voir encadré p. 328*) garnie de douze clochettes. On la faisait jadis tourner en implorant la Vierge, pour donner le don de la parole aux enfants lents à parler.
À la sortie de Confort, vers Pont-Croix, tournez à droite, puis à gauche (D 307) en direction de Beuzec-Cap-Sizun et, une nouvelle fois, à droite.

C'est ici que commence la zone protégée du Grand Site de France « Pointe du Raz en cap Sizun ».

★ Pointe du Millier

Ce site aride porte un petit phare. De la pointe *(15mn à pied AR)*, une **vue★** magnifique s'offre sur la baie de Douarnenez et le cap de la Chèvre.

Moulin de Keriolet – *Accès à pied par la « grande boucle » (2,5 km) ou la « petite boucle » (1,5 km)* - juil.-août : 10h-12h, 14h-18h, w.-end 10h-18h ; avr.-juin et sept.-oct. : 10h-12h, 14h-18h ; reste de l'année : 10h-12h, 14h-17h - fermé 1er janv., 25 déc. - gratuit. Restauré en 2008 ce moulin à eau broie à nouveau les céréales depuis lors. La visite (sonorisée) permet de découvrir l'impressionnant mécanisme en fonctionnement (notamment les deux meules d'1,5 t) et d'assister au processus de transformation du grain en farine. Petite boutique pour les gourmands (farines, pains…)

À la sortie de Beuzec-Cap-Sizun, prenez à droite.

★ Pointe de Beuzec

Du rond-point aménagé en parking, **vue★** sur l'entrée de la baie de Douarnenez, la presqu'île de Crozon et, par temps clair, la pointe de St-Mathieu, au nord-ouest.

★ Réserve du Cap Sizun

Chemin de Kerisit - ℘ *06 86 53 67 48 - www.reserve-cap-sizun. org - tte l'année : 24h/24 - bureau accueil avr.-sept. : tlj sf sam. 10h-18h.* Ce site magnifique et sauvage, qui domine la mer de 70 m, abrite des milliers d'oiseaux de mer se rassemblant en colonies : guillemots de Troïl, cormorans huppés, goélands argentés, bruns et marins, les plus rares, mouettes tridactyles, pétrels fulmars, grands corbeaux et craves à bec rouge. Il est conseillé de visiter le site pendant la période de reproduction, au printemps. La nidification débute en mars et s'achève à la mi-juillet pour la plupart des oiseaux. Les adultes et les jeunes de l'année quittent peu à peu la réserve, jusqu'à la fin du mois d'août.

Goulien

La Maison du vent – *Le Bourg -* ℘ *02 98 70 04 09 - www.moulins-capsizun.com -* ♿ *- de mi-juin à mi-sept. et vac. scol. : 14h-18h - fermé lun., 1er janv., 25 déc. - gratuit - possibilité d'ateliers de fabrication de*

3

(Carte)
CHÂTEAULIN
Tristan
Douarnenez ★
Kerlaz
Locronan ★★
Forêt de Nevet
Montagne de Locronan ★
289
Plogonnec
Nevet
BREST
Quimper ★★
Languivoa
-sur-Lanvern
-l'Abbé
Sainte-Marine
Bénodet
★ Kérazan
Île-Tudy
Anse de Bénodet
Lesconil
Loctudy
-hiagat
Treffiagat
Pointe de St-Ual
vinec
LORIENT
FOUESNANT
pont-l'Abbé
Odet

girouette (7 €). 👥👤 Depuis leur installation en 2000, les huit éoliennes de Goulien intriguent les visiteurs. Pour aller plus loin, la Maison du vent, installée dans l'ancienne école du bourg, propose un centre d'interprétation ludique et scientifique intitulé « À l'école du vent ». Y sont abordés de façon pédagogique et artistique différents thèmes : la nature des vents et leurs effets, l'électricité, l'énergie éolienne, l'impact du vent sur la faune, la flore et les paysages…

★ Pointe de Brézellec

Laissez la voiture près de l'enclos des phares et des balises.

De la plate-forme rocheuse, **vue★** magnifique sur la côte découpée dont les falaises escarpées se développent sur une longueur exceptionnelle en Bretagne : au loin, la pointe de St-Mathieu ; en face, la presqu'île de Crozon ; à gauche, la pointe du Van et le phare de Tévennec.

Faites demi-tour et prenez à droite vers la pointe du Van.

★★ Pointe du Van, baie des Trépassés, ★★★ pointe du Raz

(voir p. 277)

Après la pointe du Raz, direction Audierne et, à 10 km, tournez à droite vers St-Tugen.

★ Saint-Tugen

Chapelle juil.-août : 10h-12h, 14h30-18h30, dim. et j. fériés 14h30-18h30 ; juin et sept. : 14h30-18h30 ; reste de l'année : sur demande préalable. La nef et l'imposante tour carrée de la **chapelle** de St-Tugen sont de style gothique flamboyant (16ᵉ s.), le transept et le chevet de style Renaissance (17ᵉ s.). Au flanc droit, le beau porche abrite six statues d'apôtres en granit de Kersanton et trois statues du 16ᵉ s. : le Christ, la Vierge et sainte Anne. À l'intérieur, remarquez un curieux catafalque de 1642 flanqué aux extrémités des statues d'Adam et Ève et d'une représentation peinte de l'Ankou (la mort). Également nombreux ex-votos apportés par les marins et leurs familles.

★ Audierne

Ce port de pêche et de plaisance est situé sur l'estuaire du Goyen, dans un joli **site★**, au pied d'une colline boisée. Tout comme à Douarnenez ou au Guilvinec, vous trouverez dans les casiers des pêcheurs de la sardine, de la langouste et de l'araignée.

★ **Aquashow** – *Rte du Goyen, en direction de Douarnenez - R. du Goyen -* ☎ *02 98 70 03 03 - www.aquarium.fr -* ♿ *- avr.-sept. : 10h-19h ; vac. scol. (hors vac. de Pâques et juil.-août) : 14h-18h - fermé 1ᵉʳ janv., 25 déc. - possibilité de visite guidée - 12 € (-12 ans 8 €) - 44 € billet famille (2 adultes + 3 enf.).* 👥👤 Dans ce beau bâtiment de 5 000 m², donnant sur la rivière, vingt bassins accueillent la **faune aquatique bretonne** (130 espèces). Le cours du Goyen sert de fil conducteur à la présentation du biotope, du simple ruisseau d'eau douce jusqu'à la mer. Certains animaux sont de taille impressionnante : congres de 2 m, homards de 6 kg, araignée japonaise de 1,50 m… Dans le **bassin tactile,** vous pouvez effleurer les raies. Une exposition (photos, objets…) rend hommage à l'aventure en mer de Gérard d'Aboville et à la conserverie « Capitaine Cook ». À voir encore : un spectacle en 3D sur le monde des requins, et la reconstitution d'une épave du 17ᵉ s. où s'accrochent mollusques et crustacés. Le complexe comprend aussi une **volière,** où l'on assiste, sur des gradins, aux saisissantes prouesses des oiseaux pour attraper le poisson : plongeons de cormorans, piqués de faucons à 250 km/h.

★ Pont-Croix

Cette petite ville ancienne s'étage sur la rive droite du Goyen. De pittoresques ruelles pavées, bordées de vieilles maisons, descendent jusqu'au pont sur la rivière ; empruntez de préférence la Petite et la Grande-Rue-Chère.

★ **Collégiale N.-D.-de-Roscudon** – *Pl. de l'Église -* 📞 *02 98 70 40 38 - www. pont-croix.fr - sais. : 10h-19h, dim. et j. fériés 14h-19h ; reste de l'année : 10h-17h, dim. et j. fériés 14h-17h - possibilité de visite guidée sur demande (1h) - gratuit - 2 € musée.* Sur le flanc droit de N.-D.-de-Roscudon s'ouvre un élégant porche (fin 14ᵉ s.), coiffé de trois hauts gâbles finement ouvragés. La nef d'apparence romane remonte au début du 13ᵉ s. Le chœur a été agrandi en 1290, le transept aménagé en 1450 pour supporter le magnifique **clocher★**. Sa flèche haute de 67 m a servi de modèle pour celles de la cathédrale de Quimper. L'intérieur présente un beau mobilier, dont une **Cène** du 17ᵉ s. en bois sculpté en haut-relief. Belle **verrière** (vers 1540) dans la chapelle du Rosaire, à droite du chœur.

Plouhinec

C'est le village natal du sculpteur René Quillivic *(voir p. 221).*

Centre d'Interprétation de Menez Dregan – *Suivre fléchage depuis l'office de tourisme -* 📞 *02 98 70 74 55 - www.plouhinec-tourisme.com - horaires, se rens. - 3 € (-13 ans 1,50 €).* Dominant la mer, ce petit centre sert d'introduction (interactive) à la découverte de trois sites préhistoriques, reliés par un sentier tracé à flanc de falaise : la grotte de Menez Dregan, habitat du paléolithique inférieur, l'ensemble mégalithique de Souc'h et l'allée couverte de Ménez Korriged à Pors-Poulhan.

Pors-Poulhan

Ce minuscule port est abrité par une jetée. Avant Plozévet, une belle **vue★** se dégage sur la baie d'Audierne et le phare d'Eckmühl, à l'extrémité de la pointe de Penmarch.

Plozévet

L'église gothique possède un porche du 15ᵉ s. Tout près, un **menhir** agrémenté d'une sculpture de René Quillivic a été érigé en souvenir des morts de la guerre de 1914-1918. À côté de ce monument, se dresse le mémorial de la guerre 1939-1945, également dû au sculpteur René Quillivic ; il représente une tête de bigoudène.

Chapelle de La Trinité – À la nef élevée au 14ᵉ s. fut adjoint au 16ᵉ s. le reste de l'édifice. À l'extérieur, deux murs du croisillon sud présentent une charmante décoration Louis XII. À l'intérieur, chapiteaux à décor floral.

Sur la côte, près de la plage de Canté, se trouve le « Menhir des droits de l'homme », érigé en hommage aux 600 naufragés qui périrent, victimes du combat naval contre deux vaisseaux anglais en janvier 1797, au retour d'une campagne d'Irlande.

Rejoignez la côte, suivez-la jusqu'à Penhors.

Penhors

Pour gagner la chapelle, prenez la direction de la plage.

Chapelle N.-D.-de-Penhors – Cette petite chapelle qui domine la baie d'Audierne a été édifiée à partir du 12ᵉ s. À l'intérieur beau retable de la Vierge à l'Enfant. Le 1ᵉʳ dimanche de septembre a lieu le grand **pardon** de N.-D.- de-Penhors, l'un des plus importants de Cornouaille.

Musée de l'Amiral – *Penhors-Plage -* 📞 *02 98 51 52 52 - www.museedelami-ral.com -* ♿ *- juil.-août : 10h-19h30, j. fériés 14h-19h ; juin et sept. : tlj sf lun.-mar. 10h-12h, 14h-19h, j. fériés 14h-18h ; reste de l'année : tlj sf lun.-mar. 10h-12h, 14h-18h, j. fériés 14h-18h - fermé de mi-nov. à fin fév., 1ᵉʳ Mai, 1ᵉʳ nov. - 6,50 € (-12 ans 3 €).* 👥 Dans ce musée on découvre une belle collection de quelque 12 000 coquillages du monde entier, des poissons (dont un impressionnant requin-citron), des minéraux de toutes les couleurs, des coraux, des fossiles et une présentation de plus de 200 oiseaux de nos bords de mer. Films.

3

Histoire de la coiffe bigoudène

Du costume bigouden, on ne retient que la coiffe en tube, qu'on appelait parfois « pain de sucre » ou même « phare d'Eckmühl », proéminente lorsqu'elle culmine à près de 40 cm. Cette hauteur ne date pourtant que des années 1950. Mais le costume bigouden n'a jamais cessé d'évoluer selon les lieux et le temps.

UN SIGNE EXTÉRIEUR DE RICHESSE

La coiffe *(koëff)* fait son apparition au 18e s., quand le monde agricole s'enrichit. Signe de reconnaissance sociale ou marqueur identitaire d'un hameau, d'une paroisse, la coiffe va progressivement se singulariser, se complexifier, prendre en volume et en technique selon la matière, le nombre et les difficultés des motifs.

Au début du 19e s., la coiffe faite d'un simple carré de toile blanche se porte presque à plat, tenue par deux lacets *(lasennou)* sous le menton. Dès 1840, ce carré de toile est posé sur un bonnet à cheveux, la *koëff-bleo*. Cette petite pièce de tissu brodé est surmontée d'un pignon ou d'une pointe, appelés respectivement *beg* ou *bigoud*, d'où surgira le mot *bigouden*. Après dressage des cheveux et montage du chignon autour d'un peigne, sur lequel se positionne la coiffe, le dalet *(daledenn)* fait son apparition. Masquant le chignon, il se place à l'arrière de la coiffe pour mieux la soutenir. À la fin du 19e s., la coiffe, le dalet et les lacets se couvrent de broderies. Les coiffes mesurent 7 cm et peuvent être brodées sur mousseline, sur organdi ou sur tulle jusqu'en 1940.

L'EXPLOSION DES TRENTE GLORIEUSES

Le marketing naissant a exploité cette coiffe spectaculaire pour développer le tourisme. La coiffe s'élève progressivement pour atteindre jusqu'à près de 50 cm dans les années 1950. Les motifs traditionnels (chaîne de vie, soleil, plumes de paon, fougères, symboles de deuil ou de famille nombreuse selon les régions) deviennent plus fantaisistes au contact du tourisme et des nouvelles modes.

LA COIFFE AUJOURD'HUI

Des 4 000 femmes qui portaient la coiffe en 1977, il en reste aujourd'hui moins d'une dizaine. Les contraintes techniques pour porter la coiffe sont lourdes, comme le rappellent André Charlot et Michel Bolzer, collectionneurs, brodeurs, repasseurs et grands spécialistes du costume bigouden, perpétuant ainsi la tradition qui voulait que les costumes soient brodés par des hommes (les brodeurs portaient alors le nom de *tennerrien neud*, tireurs de fil). Il faut compter entre 20 et 30mn pour poser la coiffe, et le repassage, monopole des femmes, est très délicat. Chaque repasseuse confectionnait jalousement sa mixture pour rigidifier la coiffe, une bouillie composée d'amidon de blé et de riz délayés avec un peu de cire ou de paraffine. Ce précieux amidon, faisant défaut aux repasseuses après la Seconde Guerre mondiale, aurait même été livré sur ordre du général De Gaulle après son passage à Quimper…
Certaines bigoudènes arborent leur coiffe lors des fêtes traditionnelles comme celle des Brodeuses de Pont-l'Abbé *(www.fetedesbrodeuses.com, 2e w.-end de juil.)* ou lors du pardon *(dim. suivant le 15 juil.)*.

À l'extérieur, face à l'océan, aire de jeux pour les enfants d'où l'on a une vue magnifique à droite sur la pointe du Raz, à gauche sur celles de la Torche et de Penmarch.

🐾 À marée basse, on peut aller de Penhors jusqu'à la pointe de la Torche *(20 km par la plage)*. Devant le musée de l'Amiral, départ d'un sentier de randonnée côtier balisé *(3 km)*.

Prenez la direction de Pouldreuzic.

Pouldreuzic

En arrivant à Pouldreuzic, vous ne pouvez pas manquer le château d'eau décoré de la fameuse boîte de conserve jaune et bleu du pâté Hénaff. Cette petite bourgade est le fief de la fabrique Hénaff qui y a ouvert un musée.

La Maison du pâté Hénaff – Rte de Pendreff - 𝄞 02 98 51 53 53 - www.henaff. com - ♿ - de déb. juil. à mi-sept. : 11h-18h - fermé dim. - possibilité de visite guidée (1h) - 4,50 € (-17 ans 2 €). En suivant la visite guidée, vous découvrirez le parcours de Jean Hénaff et de ses descendants. Jean Hénaff eut d'abord l'idée de mettre en conserve dès 1907 les petits pois qu'il cultivait, puis mit au point la recette du pâté qui le rendit célèbre et qui a fêté ses 100 ans en 2015. On y explique aussi les techniques de conservation.

La maison natale de Pierre Jakez Hélias – 20 r. de Quimper - 𝄞 02 98 54 40 32 - www.pouldreuzic.bzh - ♿ - de mi-juil. à fin août : tlj sf dim. 10h-12h ; reste de l'année : se rens. à la mairie - fermé certains j. fériés - possibilité de visite guidée (30mn) - 3 €. Une pièce à vivre meublée du début du 20ᵉ s. jouxte une pièce musée où l'on peut voir et écouter l'écrivain-conteur Pierre Jakez Hélias (1914-1995).

🐾 Un circuit de 6 km démarre en face de la maison et court à travers bourg et campagne. Il permet de découvrir en 17 stations les lieux évoqués par l'auteur grâce à de nombreux extraits de son œuvre phare *Le Cheval d'orgueil* (1975), à la fois récit d'enfance et document ethnographique de premier ordre.

De Pouldreuzic, rejoignez Penhors et suivez les panneaux de la route du vent solaire, vous rejoignez Plovan et la presqu'île de Penmarch.

★ PRESQU'ÎLE DE PENMARCH

▶ *Circuit de 70 km, tracé en violet sur la carte – comptez une demi-journée.*

Jusqu'à la fin du 16ᵉ s., la presqu'île de Penmarch fut l'une des plus riches régions de Bretagne. La pêche à la « viande de carême » (la morue) faisait la fortune de ses 15 000 habitants, avant que le poisson ne déserte ses côtes, bien avant les quotas de pêche…

Le circuit se déroule en pays bigouden, que le costume de ses femmes, et surtout leur coiffe originale, a popularisé. Ne cherchez pas ce pays sur une carte administrative ! « Ar Vro Vigoudenn » n'épouse en aucune manière les limites des communes ou des cantons… Bordé à l'ouest par la mer Celtique, au sud par le golfe de Gascogne, au sud-est par l'embouchure de l'Odet, il est généralement considéré comme s'achevant au nord à Pors-Poulhan. Ce « pays » (au sens breton du terme), plus que par son territoire se définit par ses coutumes et ses traditions merveilleusement décrites par Pierre Jakez Hélias dans *Le Cheval d'orgueil*. C'est une terre au climat doux mais venteux, où les « pallues » sableuses de la baie d'Audierne semblent nier les rochers découpés qui la séparent de l'agréable coulée de l'Odet.

Plovan

La plage est belle, mais attention aux courants ! L'**église** (16ᵉ s.) présente un clocher ajouré flanqué d'une tourelle. Près de l'église, calvaire du 16ᵉ s.

Chapelle de Languidou

Proche de l'étang de Kergalan, cette chapelle (13e et 15e s.), que l'on appelle aussi chapelle de St-Guy (Guidou en breton) n'est plus qu'une ruine de granit. Mais on peut encore admirer sa magnifique rosace.

De Plovan, vous pouvez faire un aller-retour pour aller voir la chapelle de Languivoa.

Chapelle de Languivoa

1324 Stang-ar-Goulinet - ✆ 02 98 82 66 00 - & - de déb. juil. à mi-sept. : apr.-midi. Cette chapelle (14e et 17e s.) a été entièrement restaurée. Le clocher-porche, découronné sous Louis XIV *(flèche détruite, voir encadré ci-dessous)*, domine la nef et l'entrée de style classique, avec ses colonnes doriques encastrées. Pardon le 15 août.

De Plovan, suivez la route du vent solaire jusqu'à la Maison de la baie d'Audierne.

Maison de la baie d'Audierne à Tréguennec

65 rte de St-Vio - ✆ 02 98 87 65 07 - http://sitenaturel-baiedaudierne.jimdo.com - juil.-août : 13h30-18h ; sept.-oct. : merc. 13h30-17h ; reste de l'année : se rens. - balades nature accompagnées (payant) tlj sf w.-end, rens. au ✆ 07 88 09 14 01. C'est le centre d'information et d'échanges du Sivu de la baie d'Audierne, un syndicat intercommunal qui s'occupe de la protection des 516 ha de dunes et marais littoraux appartenant au conservatoire du littoral, et inscrite au réseau Natura 2000. L'été, on y visite des expositions ou l'on suit l'un des animateurs dans une promenade de découverte de ce milieu naturel *(4 €, -16 ans 2 €, -7 ans gratuit, réserv. obligatoire, se rens. pour les horaires).*

★★ Calvaire et chapelle Notre-Dame-de-Tronoën

& - ✆ 02 98 82 04 63 ou 02 98 82 03 37 - juil.-sept. : 10h-12h, 14h-18h, dim. 14h-18h ; avr.-juin : 14h-18h. Le calvaire et la chapelle se dressent en bordure de la baie d'Audierne, dans un paysage sauvage de dunes.

★★ Calvaire – (1450-1460). L'Enfance et la Passion du Christ se déroulent sur deux frises, à travers cent personnages doués d'une vie intense, et d'une originalité remarquable. Un examen attentif permet d'apprécier les détails, malgré les épreuves du temps. Les sujets sont traités en ronde-bosse ou en haut-relief, dans un granit grossier de Scaër, assez friable et propice au développement du lichen. Trois scènes, sur la partie nord, sont en granit de Kersanton : la Visitation, la Nativité et les Rois mages en costumes du 15e s. Le Christ et les larrons sont également sculptés dans un granit dur.

Chapelle – Bâtie au 15e s., elle présente un fin clocher ajouré, encadré de tourelles. Les portes s'ouvrent sur la façade sud agréablement décorée, face au calvaire.

Poursuivez la route en tournant deux fois à droite.

LA RÉVOLTE DES BONNETS ROUGES OU DU PAPIER TIMBRÉ

Suite à de nouvelles taxes frappant le papier timbré, la vaisselle d'étain et le tabac, une révolte éclate en haute Bretagne en avril 1675. Quatorze paroisses s'insurgent. Les révoltés qui portent un bonnet rouge ont à peine le temps de rédiger les « codes paysans » qui définissent les droits et devoirs du peuple qu'ils sont, dès la fin du mois d'août, matés par le gouverneur de Bretagne, le duc de Chaulnes. La répression est terrible. Mais pour qu'elle ait encore plus de poids (les Bretons sont très croyants), le duc ordonne la décapitation de cinq clochers dont témoignent toujours aujourd'hui les églises de Lambour, Lanvern et Languivoa.

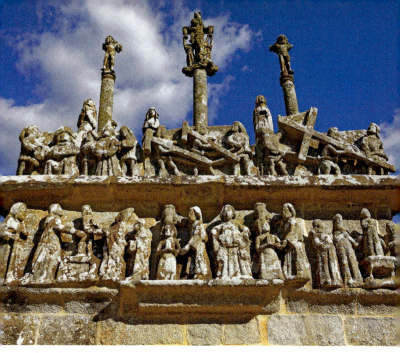

Le calvaire de Notre-Dame-de-Tronoën.
P. Hauser/hemis.fr

Pointe de la Torche

Ce paradis de « la glisse » rassemble les adeptes du surf et du funboard ; l'École de surf de Bretagne y est installée. Attention, les deux plages sont extrêmement dangereuses. Au sommet, tumulus avec important dolmen.

Plage de Pors-Carn

Cette vaste plage de sable fin, où aboutit le câble assurant la liaison téléphonique France-États-Unis, s'étend au fond de l'anse de la Torche.

Saint-Guénolé

Derrière le port, on rêve devant les fameux **rochers** sur lesquels déferle inlassablement la mer. Humble port de pêche, Saint-Guénolé a véritablement pris son essor avec le développement des conserveries.

★ **Musée préhistorique finistérien** – *À l'entrée de Saint-Guénolé - 657 r. du Musée-de-la-Préhistoire -* ☎ *02 98 58 60 35 - www.ccpbs.fr - juil.-août : 10h30-12h30, 14h-18h ; juin, sept. et vac. scol. (sf juil.-août) : dim. 14h-18h ; reste de l'année : sur demande (4 pers. mini) - fermé 1er Mai, vac. de Noël - visite guidée possible (1h30) - 3,50 € (-15 ans 2,50 €).* Le musée présente une collection exceptionnelle de 3 000 pièces archéologiques ayant trait à l'histoire du Finistère et du peuplement de l'Ouest armoricain. Sur 300 m² d'exposition sont présentés des outils en pierre taillée ou polie (bifaces, grattoirs, lames en silex, haches polies, pointes de flèche), un ensemble de céramiques préhistoriques et protohistoriques ainsi que des poignards, des haches, des épées et des pointes de lance en bronze. Le musée présente également deux reconstitutions de nécropoles, l'une de la période gauloise de la Tène et l'autre du Haut Moyen Âge. Autour du bâtiment : dolmen, menhir, coffres à rainures, caveaux de l'âge du bronze ainsi que des stèles gauloises.

Chapelle Notre-Dame-de-la-Joie

Cette chapelle (15e s.) se dresse face à la mer, avec son calvaire du 16e s. orné d'une pietà. Un **pardon** s'y déroule le 15 août.

★ Phare d'Eckmühl

R. du Phare - ☎ 06 07 21 37 34 - www.penmarch.fr - juil.-août : 10h30-19h30 ; avr.-juin et sept. : 10h30-18h30 ; 1ᵉʳ oct.-11 Nov. : 14h-18h - 2,70 € (-16 ans 1,20 €) - ouv. en fonction de la météo - « nuits du phare » en juil.-août : visite guidée nocturne mar. à 21h30, 22h15 et 23h (20 pers. maxi., réserv. au 02 98 58 72 87) - 7 € (-16 ans 4 €, famille 21 €).

Ce phare fut construit en 1897 grâce à un don de la fille du maréchal Davout, prince d'Eckmühl. Les 290 marches du phare mènent au balcon : **panorama★★** sur la baie d'Audierne, qui se termine par la pointe du Raz et le phare de l'île de Sein, sur la côte de Concarneau, Beg-Meil et l'archipel de Glénan.

À gauche du phare, on atteint l'extrême pointe où se trouvent le vieux phare de 1835 (ancien phare de Penmarc'h) – qui sert maintenant d'amers, et accueille une exposition permanente sur l'histoire des phares –, une chapelle fortifiée et le sémaphore. On peut y voir le *Papa Poydenot*, canot de sauvetage construit en 1900. Les deux phares sont classés Monuments historiques depuis 2011.

Kérity

Ce petit port de pêche se tourne de plus en plus vers la plaisance. L'église Ste-Thumette (1675) possède une élégante façade ornée de gâbles et flanquée d'une tourelle.

★ Penmarch

La commune de Penmarch englobe plusieurs villages : St-Guénolé, Kérity, Tréoultré et St-Pierre. À Penmarch même, la réhabilitation des dunes a été entreprise sur la belle plage du Steir, qu'avoisine un camping.

★ **Église St-Nonna** – *R. François-Merrien - ☎ 02 98 58 81 44 - juil.-août : 14h-18h ; reste de l'année : sur demande au ☎ 02 98 58 53 02.* Datant du 16ᵉ s., cette église est de style gothique flamboyant. Au chevet et sur les contreforts, de chaque côté du portail, sont sculptées en bas ou haut relief des barques et des caravelles : elles rappellent que la construction de l'édifice est due aux dons des armateurs. Dans le collatéral sud, tableau du *Vœu de Louis XIII*.

Par la route côtière, gagnez Guilvinec.

PETIT BRÉVIAIRE DE PÊCHE

Les **hauturiers** (qui ont trait à la haute mer) mesurent entre 18 et 27 m de long. Ils partent au-delà de 20 milles nautiques (environ 37 km) des côtes pour 14 jours au maximum. Composés d'un équipage de cinq hommes, ces bateaux en acier travaillent au chalut de fond et pêchent essentiellement lotte, raie, limande, roussette, cabillaud, émissole, merlan, saint-pierre, langoustines. Ces espèces sont conservées dans de la glace.

Les **bateaux côtiers** (entre 12 et 15 m de long) s'éloignent à moins de 20 milles des côtes pour une durée entre 24 et 96h (selon un arrêté de 1973). La langoustine pêchée sur la grande vasière au nord du golfe de Gascogne est la cible de cette pêche qui est réfrigérée et non congelée ou salée comme la grande pêche.

La **petite pêche** est le monopole des petits bateaux (entre 6 et 12 m de long) dirigés par une seule personne. Ils sortent généralement pour la journée, le long des côtes. Ils pêchent à la ligne, au casier, à la palangre (lignes hérissées d'hameçons).

🕯 Pour de plus amples informations, se procurer le petit livret publié par les Éditions Haliotika : *La Pêche et ses hommes*, 5 €.

Guilvinec

Troisième port de pêche français en tonnage, mais au premier rang pour la pêche artisanale, Guilvinec offre le spectacle très vivant de ses quais, avec ses quelque 98 navires de pêche (manœuvrés par 407 marins) d'où l'on débarque la lotte, la raie, la langoustine, le merlu et la seiche… Il forme avec **Lechiagat,** où les bateaux de plaisance sont nombreux, un ensemble bien abrité par ses jetées.

Haliotika - La Cité de la Pêche – *Le Port - Terrasse panoramique de la Criée - ☎ 02 98 58 28 38 - www.haliotika.com - ♿ - avr. et juil.-août : 9h30-19h, w.-end et j. fériés 15h-18h30 ; mai-juin : 10h-12h30, 14h30-18h30, w.-end et j. fériés 15h-18h30 ; vac. de fév. et vac. de Noël : tlj sf w.-end 10h-12h30, 14h30-18h30 ; reste de l'année : se rens. - fermé 1er janv., 1er Mai, 25 déc. - 7 € (enfant 5 €) - billet donnant accès à la visite de la Criée et au Centre de découverte. Pour la majorité des activités, réserv. indispensable la veille. ♿ Voir « Nos adresses en Cornouaille » p. 262.* Installé sur les quais, ce centre de découverte à la fois pédagogique et ludique se consacre au monde de la pêche en mer. Maquettes et projections évoquent en deux parties (« Le Goût du large » et « De la mer à l'assiette ») la vie à bord, le cheminement du poisson du filet à l'assiette, l'environnement économique du métier. On peut compléter cette première découverte par de multiples propositions : *visiter la Criée : criée hauturière à 5h30 avec dégustation de soupe de poissons (3h, 12,50 € dégustation et visite des expositions), la criée côtière 16h30 (30mn, 7 €, enf. 5 €), ou simplement découvrir les coulisses de la criée 11h, un espace gigantesque de 6 000 m² dédié à la vente des poissons et crustacés, suivi d'une dégustation de langoustines (1h, 7 €, enf. 5 €, + 3,90 € avec dégustation). En sais., des ateliers de découverte sont proposés aux enf. : L'art des nœuds marins (1h30, 7 €), l'atelier petit chef et l'atelier chantier naval (2h, 12,50 €), et l'atelier du goût (1h, 6,50 €). Des sorties iodées sont organisées pour les familles, découverte de l'estran et chasse au trésors (2h, 6,50 €, enf. 5,50 €). On peut aussi embarquer sur un chalutier pour une journée (55 €/pers.) - avr.-oct. et vac. scol. (sf 1er janv., 1er Mai).*

Entre Guilvinec et Lesconil, la **plage de Treffiagat** est agrémentée d'un parcours santé de 2 km.

3

Lesconil

Dans ce petit port très animé, qui dépend de Guilvinec, la flottille pratique la pêche au chalut. Elle rentre chaque soir vers 17h30 : un pittoresque retour à ne pas manquer.

Par Palue-du-Cosquer et Lodonnec, gagnez Loctudy.

Loctudy et ★ manoir de Kerazan *(voir Pont-l'Abbé, p. 282).*

Pont-l'Abbé *(voir p. 281)*

Quittez Pont-l'Abbé par la rue du Pont-Neuf et regagnez Quimper.

☺ NOS ADRESSES EN CORNOUAILLE

HÉBERGEMENT

PREMIER PRIX

Camping Flower La Corniche – *Chemin de la Corniche - 29170* **Plozévet** *- sortie sud par rte de la Mer -* ☎ *02 98 91 33 94 - www.campinglacorniche.com - &. - mi-fév.-mi-déc. - 120 empl. 24 € - locatif 40/97 €.* Proche du centre bourg, ce camping est un havre de paix. Une piscine, un club enfants et un bar pour les loisirs. Côté locatif, mobile homes, chalets et tentes lodges toutes équipées. À noter que les locations peuvent être proposées en formule hôtelière.

Chambre d'hôte Kerantum – *Kerantum - 29790* **Mahalon** *- 2,5 km au sud-ouest de Douarnenez par D 765 en dir. d'Audierne -* ☎ *06 62 52 74 06 - www.locations29.com/ hebergements/kerantum -* ✉ *- 3 ch. 55/60 € ⊡ - & - 2 gîtes 350/1160 € la sem.* Cette ancienne ferme isolée en pleine campagne est progressivement transformée en lieu d'hébergement : gîtes dans les dépendances et chambres d'hôte (très simples mais spacieuses, déco rafraîchie) dans la maison principale. Cuisine équipée commune aux trois chambres à disposition et agréable jardin.

BUDGET MOYEN

Camping Yelloh ! Village L'Océan Breton – *Lieu-dit Le Manoir de Kerlut - rte de Plobannalec - 29740* **Lesconil** *- 1 km au sud Plobannalec-Lesconil par D 102, rte de Lesconil -* ☎ *02 98 82 23 89 - www.camping-bretagne-oceanbreton.fr - & - de mi-avr. à déb. sept. - 60 empl. 51 € - locatif 33/239 €.* Un camping qui s'apparente à un village vacances. Animations, parc aquatique avec piscine couverte, bar et restaurant, club enfants. Pour le locatif, des mobile homes et des chalets mais aussi du plus insolite avec les yourtes et les tentes lodges. Navettes gratuites pour la plage.

Chambre d'hôtes Trezervan à Plogonnec – *Lieu-dit Trezervan - 29180* **Plogonnec** *- 6 km dir. St-Albin (CV6) jusqu'à Lopeau puis à droite (fléchage) -* ☎ *02 98 64 48 98 - www.trezervan.com -* ✉ *- 3 ch. 70/80 € ⊡ - table d'hôte sur réserv. 25 €.* Plusieurs corps de ferme du 18e s. (le plus ancien de 1732) aménagés avec beaucoup de goût et d'originalité dans une dominante de blanc.

Chambre d'hôte du Manoir de Suguensou – *Rte de Douarnenez - 29770* **Audierne** *- 2 km au nord d'Audierne par D 765 -* ☎ *06 51 85 93 37 - www.manoirdesuguensou. com - fermé de mi-nov. à déb. janv. -* ✉**P** *- 4 ch. 65/75 € ⊡.* Ce manoir du 19e s., malgré une façade tannée par les embruns, a retrouvé une seconde jeunesse depuis la création de ses chambres d'hôte. Intérieur chaleureux, salon aux couleurs vives (belle cheminée en marbre) et jolies chambres donnant sur le jardin sauvage. Gîte pour 4 pers.

POUR SE FAIRE PLAISIR

Hôtel Sterenn – *432 r. de la Joie - St-Guénolé - 29760 Penmarch -* ☎ *02 98 58 60 36 - www.hotel-sterenn.com - fermé mi-déc.-mi-janv. -* **P** *- & - wifi gratuit - 17 ch. 86/160 € - ⊡ 12,50 € - ✗ formule 20/23 € menu 28/69 €.* Grande bâtisse récente coiffée d'un toit d'ardoise, offrant une superbe échappée vers le large et la pointe de Penmarch. Alentour, la nature préservée de la Côte sauvage. Chambres sobres entièrement rénovées. Au restaurant, assiettes

de fruits de mer et recettes du pays bigouden.

Hôtel Breiz Armor – *29710* **Pouldreuzic** - *℘ 02 98 51 52 53 - www.breiz-armor.fr - fermé de mi-oct. à fin mars (sf de Noël au jour de l'an et sam. soir de mi-nov. à fin déc.) - ⚐ - 🅿 - 36 ch. 87/106 € - ⊡ 11,80 € - ✗ (tlj sf lun. hors juil.-août - fermé janv.-fév. et 3 sem. à la Toussaint) menu 17,80 (déj. sem.)/25,90/51,80 €.* Situé sur la plage de Penhors et sur le GR 34, cet ensemble moderne propose d'agréables chambres joliment décorées. À côté, se trouve le musée de l'Amiral qui appartient aux propriétaires de l'hôtel.

RESTAURATION

PREMIER PRIX

L'Épi d'Or – *6 quai Jean-Jaurès - 29770* **Audierne** - *℘ 02 98 70 29 41 - fermé mar. (hors sais.), 2 sem. en janv. et 3 sem. en nov. - ⚐ - crêpe 2/8,10 €.* Cette ancienne réserve à chaussures abrite aujourd'hui une sympathique crêperie. Le cadre est simple et convivial, avec pan de mur en pierre de pays, fausses poutres et tables en bois.

An Teuzar – *6 quai Camille-Pelletan - 29770* **Audierne** - *℘ 02 98 70 00 46 - fermé dim.- ⚐ - crêpe 4/11 €.* C'est l'une des meilleures crêperies d'Audierne ! Dans une salle rappelant l'intérieur d'un bateau vous attend un large choix de trésors au froment ou au blé noir : la spécialité maison aux coquilles St-Jacques, fondue de poireaux et carottes à la crème fraîche, entre autres recettes originales, fait le bonheur de tous les gourmands.

La Chandeleur – *4 r. de la Presqu'île - 29180* **Plogonnec** - *℘ 02 98 51 82 49 - fermé lun.-mar. (sf j. feriés*

et juil.-août) - ⚐ - menu 10/11/16 €. Installée dans une ancienne grange, cette crêperie met un point d'honneur à élaborer ses garnitures avec des produits du terroir. Les crêpes sont réalisées sous les yeux des clients. Ambiance chaleureuse et renouvellement hebdomadaire des ingrédients.

BUDGET MOYEN

Le Poisson d'Avril – *19 r. de Men-Meur - 29730* **Le Guilvinec** - *℘ 02 98 58 23 83 - fermé dim. soir (oct.-mars), lun. et mar., 10 j. en juin, 10 j. en nov., de mi-janv. à mi-fév. - formule 16,50 € (déj. merc.-dim.), menus 29/38/43 €.* Dans le port de pêche, à côté de la criée, ce restaurant est tenu par un jeune couple sympathique : ambiance conviviale garantie ! Le terroir local et le poisson de la pêche sont les deux piliers d'une cuisine goûteuse et soignée, dans laquelle tout est fait maison. En prime, quelques chambres avec terrasse.

Restaurant Le Menhir – *Plage de Cante-Kerrest - 29143* **Plozévet** - *℘ 02 98 91 46 97 - www.restaurant-menhir. fr - fermé lun. et mar. soir, à consulter en fonction des sais. - ⚐ - menu 16/23/29 €.* Il est situé sur la route du vent solaire près du menhir des Droits de l'Homme de Plozévet auquel il doit son nom. Ce restaurant, dont les grandes baies vitrées donnent sur la plage et la mer, propose une bonne cuisine traditionnelle.

Hôtel et bistrot du Port – *4 r. du Port - 29740* **Plobannalec-Lesconil** - *℘ 02 98 87 81 07 - www.hotel-du-port.fr - fermé merc. midi en été, dim. soir et lun. hors sais., 3 sem. en fév. - ⚐ - formule 15,90/18,90 € - menu 31 € - 19 ch. 88/155 € (59/105 € basse sais.) - ⊡ 12 €.* Établissement idéalement situé sur le port. Décor contemporain et larges baies vitrées pour le bistrot où l'on

3

se régale de belles assiettes de produits de la mer.

POUR SE FAIRE PLAISIR

L'Iroise – 8 quai Camille-Pelletan - 29770 **Audierne** - ☏ 02 98 70 15 80 - www.restaurantliroise.com - fermé dim. soir et lun.-mar. (sam. midi et lun. juil.-août), 3 sem. en janv. et 1 sem. en nov. - & - 19,80 (déj.)/33 €. Cette maison engageante aménagée sur les quais sert une cuisine raffinée, relevée d'épices douces et de parfums d'ailleurs. Beaux fromages, et une impressionnante carte des vins (sélection de bourgognes).

ACHATS

Conserves Belle Bretagne – 29760 St-Guénolé - sur le port - ☏ 02 98 58 43 00 - www.oceane. bzh - 10h-12h15, 14h-18h30, dim. 15h-18h30. Une conserverie artisanale à l'ancienne. Au-delà des produits en vente, jetez un coup d'œil sur les panneaux qui retracent l'histoire des conserveries de St-Guénolé.

ACTIVITÉS

Sports nautiques

Centre nautique Cap-Sizun – Plage de Ste-Évette - 29770 Esquibien - ☏ 02 98 70 21 69 - www. voile-capsizun.com - été : 9h-19h ; reste de l'année : 9h-12h, 14h-17h - tarifs et horaires, variables selon les activités - fermé 20 déc.-20 fév. Installé dans la baie d'Audierne, site protégé où les sports nautiques se pratiquent en toute sécurité. Équipements variés : Optimist, catamaran, 420, Booxy, Laser, habitable First class 8 et planche à voile. Voile loisir, sportive et stages (dès 4 ans).

Surf dans la baie d'Audierne - École de surf de Bretagne – 3 bis quai Anatole-France - 29770 Audierne - ☏ 02 98 10 14 58 - www.esb-audierne.com. Pour surfer ou faire du paddle sur le spot de la baie des Trépassés.

Surfer à La Torche - École de surf de Bretagne « Beg an Torchen » – Beg-An-Dorchen - pointe de La Torche - 29120 Plomeur - ☏ 02 98 58 53 80 - www.twenty-nine.com - juil.-août : 9h-20h ; du w.-end de pâques à fin juin et de déb. sept. à la Toussaint : 10h-19h ; reste de l'année : merc. et vend.-dim. 11h-19h - fermé mi-janv.-mi-fév. École de surf (stages à partir de 5 ans), kite et char à voile.

Plongée

Club des plongeurs du cap Sizun – Port de Plaisance Ste-Évette - 29770 Esquibien - ☏ 02 98 70 24 10 - www.audierne-plongee. fr. Il organise des baptêmes et des stages. Randonnée palmée et exploration à partir de 8 ans.

Pêche en mer

Haliotika - La Cité de la Pêche – 29730 Le Guilvinec - ☏ 02 98 58 28 38 - www.haliotika.com - &. Différentes sorties en mer sont organisées (sur un chalutier, sortie pêche) ainsi que des visites du port, de la criée, etc.

Criée de Plouhinec – 29780 Plouhinec - ☏ 02 98 70 74 55 - visite guidée (2h) juil.-août : lun. et jeu. horaires se rens. - 3,50 € (-7 ans gratuit) - réserv. indispensable (auprès de l'office de tourisme d'Audierne : 02 98 70 74 55).

AGENDA

Pardon de St-Tugen – ☏ 02 98 74 81 19 (mairie de Primelin) - mi-juin.

Fête de la langoustine – ☏ 02 98 82 37 99 - 2e sem. août. Au port de Lesconil, animations, concerts et dégustation !

Pardon de N.-D.-de-Roscudon – 15 août.

Pardon de N.-D.-de-Penhors – 1er dim. de sept.

Locronan, place de l'église.
O. Leclercq/hemis.fr

Locronan

★★

819 Locronanais – Finistère (29)

Jadis prospère grâce à l'industrie de la toile à voile, Locronan l'est encore aujourd'hui grâce au tourisme. Elle a en effet conservé sa belle place centrale, ses maisons Renaissance de granit, son vieux puits et sa vaste église, mais ce sont encore les pardons, appelés ici troménies, qui attirent le plus de visiteurs. Ces jours-là, la « montagne de Locronan », qui domine la ville, offre un spectacle des plus originaux.

☺ NOS ADRESSES PAGE 265
Hébergement, restauration, achats, activités, etc.

S'INFORMER

Office du tourisme de Locronan – *Pl. de la Mairie - 29180 Locronan - ✆ 02 98 91 70 14 - www.locronan-tourisme.bzh - juil.-août : 10h-18h, dim. 11h-13h, 15h-18h, j. fériés 14h-17h ; avr.-juin et sept. : tlj sf sam. 10h-12h30, 13h30-18h, dim. 14h-18h, j. fériés 14h-17h - fermé 1er Mai.*

▶ SE REPÉRER

Carte de microrégion B2 (p. 214) – Locronan se trouve à 10 km à l'est de Douarnenez par la D 7, soit 17 km au nord-ouest de Quimper par la D 39.

🅿 SE GARER

Parkings (obligatoires) situés à l'entrée du village *(payants du 15 juin au 15 sept. - 4 €, contremarque valable pour toute la saison).*

🐾 À NE PAS MANQUER

Les vieilles demeures de la place centrale de Locronan et l'intérieur de l'église St-Ronan.

🕐 ORGANISER SON TEMPS

L'idéal est de pouvoir assister aux Troménies, en juillet *(voir p. 266).*

Se promener

★★ Place

Cadre de plusieurs films historiques (*Tess, Chouans*…), elle incarne la ville, classée monument historique en 1936. D'élégantes demeures anciennes bordent les rues avoisinantes (Lann, Moal, St-Maurice).

★★ Église Saint-Ronan et chapelle du Pénity

★★ **Église Saint-Ronan et chapelle du Pénity** – *Pl. de l'Église - ☎ 02 98 91 70 14 - ♿ - 9h-19h - possibilité de visite guidée.* Ces deux édifices accolés communiquent. L'église, du 15ᵉ s., frappe par sa voûte en pierre. La décoration de sa **chaire★** (1707) retrace la vie de saint Ronan, ermite irlandais venu en Cornouaille vers le 5ᵉ s. Le beau **vitrail★** (15ᵉ s.) de l'abside évoque des scènes de la Passion. La **chapelle du Pénity**, du 16ᵉ s., abrite quant à elle la dalle funéraire de saint Ronan (le gisant, du début du 16ᵉ s., est l'une des premières œuvres en granit de Kersanton). Notez la Descente de croix (16ᵉ s.) en pierre polychrome, à six personnages ; son soubassement est orné de deux beaux **bas-reliefs★** représentant les apparitions de Jésus ressuscité à Marie Madeleine et aux disciples d'Emmaüs. En 2005, une campagne de restauration lui a restitué la voûte de l'entrée ouest ainsi que onze gargouilles, qui avaient été détruites par la foudre au 19ᵉ s. Pour avoir une bonne vue du chevet plat de l'église, avancez-vous dans le cimetière.

Chapelle Notre-Dame-de-Bonne-Nouvelle

À 300 m par la rue Moal, qui part de la place et descend à flanc de coteau.
Avec le calvaire et la fontaine (1698), cette chapelle du 16ᵉ s. compose un paysage typiquement breton.

Musée d'Art et d'Histoire

Pl. de la Mairie - ☎ 02 98 91 70 14 - www.locronan-tourisme.com - juil.-août : 10h-18h, dim. 11h-13h, 15h-18h, j. fériés 14h-17h ; avr.-juin et sept. : tlj sf lun. 10h-12h30, 13h30-18h, dim. 14h-18h, j. fériés 14h-17h - fermé 1ᵉʳ et 8 Mai - 3 € (-18 ans 2 €). Le musée se divise en deux sections : l'industrie de la toile (atelier

---

FERVEUR RELIGIEUSE

À Locronan, les pardons se nomment troménies. La troménie est une marche pénitentielle. Lors de la petite troménie, la procession se rend au sommet de la montagne, reprenant la promenade que, selon la tradition, saint Ronan faisait tous les matins à jeun et pieds nus. La **grande troménie★★** (que saint Ronan effectuait chaque semaine) a lieu tous les six ans (la prochaine sera en 2019), les 2ᵉ et 3ᵉ dimanches de juillet. Les pèlerins, portant les bannières, font le tour de la montagne (12 km) en s'arrêtant à douze stations. Représentation au sol du calendrier lunaire celtique ? Ce circuit s'effectue aux limites de l'ancien prieuré bénédictin qui avait été construit au 11ᵉ s. à l'emplacement du bois sacré, le « Nemeton », « temple naturel sous la voûte céleste », annexant ainsi un haut lieu de culte druidique. De là viendrait le nom du pardon : Tro Minihi, ou « tour de la propriété monastique », francisé en « troménie ». Les jours qui précèdent la grande troménie, on abat les talus, on jette des ponts de fortune sur les ruisseaux, on ouvre les chemins privés pour retrouver le sentier originel. Les habitants se parent de leurs plus beaux costumes pour se rapprocher de leurs ancêtres. On dit d'ailleurs que si on ne fait pas cette troménie de son vivant, on devra la faire après sa mort, mais on ne pourra alors progresser que de la longueur de son cercueil par an.

de tissage, étape de la route des toiles de Bretagne). La deuxième section est consacrée à la collection de peintures et de gravures bretonnes se rapportant à Locronan : évocation des troménies, coiffes et costumes bretons, intérieur breton reconstitué.

À proximité Carte de microrégion p. 214-215

★ **Montagne de Locronan** C2

▶ *À 2 km à l'est.*

Du sommet (289 m) couronné par une **chapelle** qu'ornent des vitraux de Bazaine, beau **panorama**★ sur la baie de Douarnenez ; à gauche, on distingue Douarnenez et la pointe du Leydé ; à droite, le cap de la Chèvre, la presqu'île de Crozon, le Ménez-Hom et les monts d'Arrée. *La chapelle est fermée en dehors de la troménie (2ᵉ dim. de juil.). Se rens. auprès de l'office de tourisme - ☎ 02 98 91 70 14.*

Sainte-Anne-la-Palud B2

▶ *À 8 km au nord-ouest par la D 63 puis à gauche par la D 61. Quittez Locronan par la D 63 en direction de Crozon. À la sortie de Plonévez-Porzay, prenez à gauche.*

La **chapelle,** bâtie au 19ᵉ s., abrite une statue vénérée de sainte Anne, exécutée en 1548 en granit peint. Ana, déesse celtique, était vénérée principalement dans les milieux marécageux, *palud* signifiant « marais ». Beau pardon le dernier week-end d'août (*voir Agenda ci-contre*).

Un peu plus loin, on trouvera une très belle plage de sable posée à l'embouchure du Guer, à l'abri de la pointe de Tréfeuntec.

☺ NOS ADRESSES À LOCRONAN

3

HÉBERGEMENT

PREMIER PRIX

Chambre d'hôte Rodou Glaz – *Lieu-dit Rodou Glaz - 1 km du village par la D 63 et une route communale signalisée -* ☎ *06 99 22 91 60 - www.rodou-glaz.com - déb. avr.-fin sept. -* 🚭 *- 5 ch. 57 €* ☕. Cinq chambres réparties sur deux étages d'une villa dépendant d'une ferme (les salles de bains de celles du second sont nettement plus spacieuses). Décor agréable et accueil charmant d'une famille qui s'attache à perpétuer le véritable « esprit chambre d'hôte ». Notez que le petit-déjeuner se prend en table d'hôte ou en table individuelle pour ceux qui ne se sentent pas d'humeur bavarde au réveil.

BUDGET MOYEN

Hôtel Le Prieuré – *11 r. du Prieuré -* ☎ *02 98 91 70 89 - www.hotel-le-prieure.com - fermé 1ᵉʳ janv.-mi-mars et 11 nov.-mi-déc. -* 🅿 *- 15 ch. 70/80 € -* ☕ *10 € -* ✕ *menu sem. 19 €, 27/35/48 €.* Ce discret hôtel-restaurant familial propose des chambres rénovées sur l'avant et plus rustiques sur l'arrière. Cuisine traditionnelle et fruits de mer servis dans une salle à manger au mobilier breton.

POUR SE FAIRE PLAISIR

Hôtel du Manoir de Moëllien – *Lieu-dit Moëllien - 29550* **Plonévez-Porzay** *- 3 km au nord-ouest de Locronan, prendre la D 7 vers Douarnenez sur 1,5 km puis tournez à droite -* ☎ *02 98 92 50 40 - www.manoirmoellien.fr - fermé* *fin oct.-fin mars -* 🅿 *-* ♿ *- 18 ch. 96/145 € -* 🍽 *12 € -* ✕ *(sf dim.) menu 35/50 € - carte 46/60 €.* Cette demeure du 17ᵉ s., isolée en pleine campagne, vous hébergera dans ses dépendances. Ses chambres coquettes ouvrent leurs portes-fenêtres sur la nature et jouissent d'un calme remarquable. Seul le restaurant, agrémenté d'une cheminée, est dans le manoir.

Hôtel Latitude Ouest –
Rte du Bois-du-Névet - à 1 km de Locronan - ☎ 02 98 91 70 67 - www.latitudeouest.fr - 🅿♿ *- 29 ch. 82/109 € -* 🍽 *9,50 € -* ✕ *(dîner) menu 26/32 € - espace détente spa (22 €/45mn), sauna (18 €/30mn).* Niché dans un vaste parc doté notamment de superbes camélias, un agréable hôtel qui décline ses chambres selon trois ambiances : Côté Sud, Atlantique et Orient.

RESTAURATION

PREMIER PRIX

Crêperie Breiz Izel – *Pl. de l'Église - ☎ 02 98 91 82 23 - fermé le sam., ouvert déb. avr.-fin sept. et aux vac. de la Toussaint -* 🚭 *- crêpes 2/7,50 €.* N'hésitez pas à faire étape dans cet ancien hôtel particulier du Comptoir de la Compagnie des Indes : vous apprécierez sa vieille cheminée et ses crêpes à prix sages.

Crêperie Le Temps passé – *4 r. du Four - ☎ 02 98 91 87 29 - www.creperie-locronan.fr - hors sais. : midi, vend.-sam. soir ; Pâques-sept. tlj sf dim. soir et lun. ; tlj en été - crêpe 2/9,20 €.* Adresse sympathique : dans cette belle maison en pierre, les galettes de blé noir, tartines, et crêpes au froment se déclinent à des prix très doux : de l'andouille de Guémené au double crêpes sucrées, les « fromentines ».

Crêperie Les Trois Fées – *3 r. des Charrettes - ☎ 02 98 91 70 23 - fermé mar. soir et merc.*

(hors sais.) - crêpe 2,10/12 €. De la crêpe de blé noir à la saucisse fumée, à la crêpe de froment caramel chocolat, sans oublier les crêpes glacées, les papilles sont aux anges. Une adresse goûteuse.

BUDGET MOYEN

Comptoir des Voyageurs – *Pl. de l'Église - ☎ 02 98 91 70 74 - www.comptoir-des-voyageurs.fr - fermé lun.-mar. hors sais., de mai à oct. : lun. soir, 10 janv.-10 fév. -* ♿ *- formule déj. 17 € - menu 21 (déj.)/29/40/51 €.* Le décor, avec ses nombreux objets évoquant le voyage – photos, maquettes d'avions, valises… – ne laisse pas planer le doute : les jeunes propriétaires de ce restaurant sont plutôt du genre… globe-trotters ! Le chef compose une cuisine goûteuse et généreuse avec les produits d'ici : poissons, coquillages, escargots…

AGENDA

Le pardon de la montagne de **Locronan** *(voir encadré ci-contre)*, l'un des plus pittoresques de Bretagne, attire une grande foule. La **petite troménie** *(2ᵉ dim. de juil.)* a lieu tous les ans, et la **grande troménie** tous les six ans *(2ᵉ et 3ᵉ dim. de juil., la prochaine en 2019).*

Le pardon de Ste-Anne-la-Palud – *dernier w.-end d'août - dim. et mar. : messe solennelle à 10h30.* Messe à la chapelle, suivie, à 21h, d'une veillée et d'une grande procession aux flambeaux sur la dune au-dessus de la chapelle. Les vêpres sont suivies à 15h de la procession des statues, croix et bannières issues d'une trentaine de paroisses du diocèse portées par une centaine de personnes en costumes traditionnels. Bénédiction de la mer et de la terre du haut des dunes de Ste-Anne-la-Palud.

Douarnenez

★

14 483 Douarnenistes – Finistère (29)

Au fond de sa baie, Douarnenez entretient le souvenir de l'industrie qui fit sa gloire, la pêche et la conserverie des sardines. Les ombres des « komiserez » chargées d'évaluer le prix du poisson au retour des bateaux planent encore sur les vénérables môles du port du Rosmeur, rappelant une histoire faite de drames et de luttes. Si l'industrie sardinière vit toujours, les choses sont plus sereines aujourd'hui, et la vie locale tourne autour de Port-Rhû et sa collection de vieux gréements, ou du port de plaisance, qui se niche à Tréboul, près des plages.

NOS ADRESSES PAGE 273
Hébergement, restauration, achats, activités, etc.

S'INFORMER

Office du tourisme du pays de Douarnenez – *1 r. du Dr-Mével - 29100 Douarnenez - ☎ 02 98 92 13 35 - www.douarnenez-tourisme.com - juil.-août : 10h-18h30 ; de mi-avr. à fin juin et de déb. à mi-sept. : 10h-12h30, 14h-18h, dim. et j. fériés 10h30-12h30 ; de déb. à mi-avr. et de mi-sept. à fin oct. : tlj sf dim. 10h-12h30, 14h-18h ; reste de l'année : tlj sf dim. 10h-12h30, 14h-17h30 - fermé 1er janv.*

SE REPÉRER

Carte de microrégion B2 (p. 214) – Douarnenez est au fond de la baie qui sépare la presqu'île de Crozon du cap Sizun. Vous y accédez facilement depuis Quimper (23 km au sud), par la D 765, ou par les D 39 puis D 7 si vous souhaitez profiter d'une belle vue sur la baie.

SE GARER

Évitez le centre-ville et optez plutôt pour le parking du port de plaisance *(pl. des 4-Frères-Kérivel)* ou pour celui du Port-musée *(bd Camille-Réaud)*.

À NE PAS MANQUER

Les ports et les différents sentiers de randonnée comme ceux des Plomarc'h ou des Roches-Blanches.

ORGANISER SON TEMPS

Après la visite du port-musée le matin, allez flâner sur les falaises et profitez de l'après-midi pour le farniente sur les plages.

AVEC LES ENFANTS

Inspectez les bateaux du Musée à flot et laissez-les naviguer sur les bateaux miniatures à partir de l'embarcadère de Treiz-Port-Rhû.

Se promener Plan de la ville p. 268

De la place des Halles, gagner la rue Anatole-France par la rue Le Breton.

Chapelle Sainte-Hélène B2

Sur sa façade, trois **bas-reliefs** *(en haut, sur votre gauche, assez peu visibles)* représentent une barque de pêcheurs, un fou de Bassan et un banc de poissons, rappelant que des marins participèrent au financement de la construction de la chapelle. Achevée en 1755, elle comporte des éléments d'un premier sanctuaire de style gothique flamboyant : ainsi, deux vitraux situés au bas de la nef (16e s.). Remarquez aussi son clocher cylindrique.

3

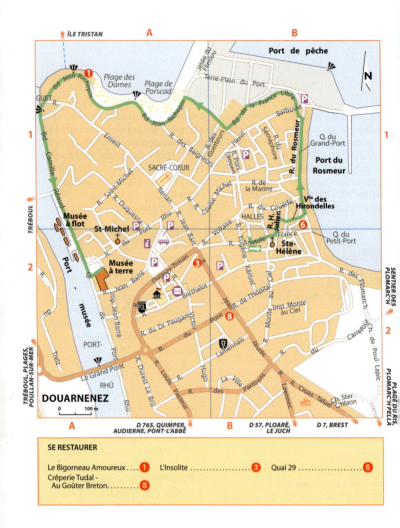

Prenez la rue Hervé-Julien, en face de la chapelle

La **rue Hervé-Julien** débouche sur une place minuscule, entourée de maisons de pêcheurs dont certaines possèdent des niches à statue. Bordée de maisons de pêcheurs, la **venelle des Hirondelles** qui descend vers le port, rappelle (ambiance en moins) le Douarnenez d'autrefois.

LE CHEMIN DE LA SARDINE

Cette balade retrace en 17 étapes l'histoire sardinière de Douarnenez. Des clous en bronze frappés du poisson-symbole le jalonnent. Il débute sur le belvédère des Plomarc'h, qui surplombe la baie et le port. La promenade va ensuite du port du Rosmeur et ses venelles au Port-Rhû et au front de mer face à l'île Tristan. Elle prend fin à l'ancienne mairie de Douarnenez *(2h, plan à l'OT)*.

La cité des « Penn Sardin »

Les « Penn Sardin », ce sont à l'origine les femmes embauchées par les conserveries de Douarnenez et dont le travail consistait à couper les têtes des sardines (« penn » en breton signifie tête). Aujourd'hui, le nom est revendiqué par tous les Douarnenistes, de naissance ou d'adoption.

L'ESSOR DE LA SARDINE

Ancien bourg de pêcheurs, Douarnenez se métamorphose à la fin du 19e s. avec l'apparition de la boîte de conserve. Les usines de poisson se multiplient, attirant une main-d'œuvre nombreuse. En vingt ans, la population double, un millier de chaloupes approvisionnent quelque 34 conserveries telle celle de Connétable, doyenne mondiale fondée en 1853 sous le nom de Chancerelle. Le port de pêche est le dixième de France en tonnage débarqué « sous criée » ; le troisième après Boulogne et Lorient en débarquement total, c'est-à-dire sous criée et hors criée. Douarnenez demeure toujours la capitale européenne de la conserverie de poisson.

Mais, au début du 20e s., les conditions de travail sont d'une dureté extrême et les salaires, misérables. Les mouvements sociaux se multiplient et Douarnenez deviendra même une des premières villes de France à devenir un bastion communiste.

DOUARNENEZ LA ROUGE

En 1924, éclate la grande grève des « Penn Sardin » menée par les ouvrières des 21 usines de conserverie de Douarnenez. Ce conflit très dur, ponctué de manifestations et même de fusillades, aboutira à la satisfaction des principales revendications salariales. Parmi les leaders du mouvement, s'illustre un personnage quasi légendaire, le militant communiste **Charles Tillon** (1897-1993), un des « mutins de la Mer Noire » (1919), combattant volontaire en Espagne (1936-38), puis dirigeant de la Résistance armée, et enfin ministre à la Libération. Tillon sera élu en mai 1925 au Conseil municipal de Douarnenez, en même temps qu'une femme, **Joséphine Pencalet** (1886-1972), et ce, vingt ans avant que les femmes n'obtiennent le droit de vote ! Ce qui est alors considéré comme une anomalie sera vite corrigé, et l'élection invalidée par les autorités préfectorales dès le mois de novembre.

DES PERSONNAGES HAUTS EN COULEUR

Bien qu'il ait été également marin et armateur, **Jean-Michel Le Bris** (1817-1872), né à Concarneau et mort à Douarnenez, est considéré comme un des pionniers de l'aviation, après avoir réussi à faire s'envoler à une date et dans un lieu indéterminés, un planeur de sa création, « la barque ailée ».

Jean Richepin (1849-1926), l'auteur de *La Chanson des Gueux*, qui passa nombre d'étés sur l'île Tristan, y recevait son inséparable ami rimailleur, fort populaire en son temps, **Raoul Ponchon** (1848-1937) : ces deux grands amateurs de la dive bouteille, poursuivent leurs conversations au cimetière de Pléneuf-Val-André dans les Côtes d'Armor...

Max Jacob (1876-1944) avait quant à lui choisi Tréboul où il fréquenta à partir de 1929 l'hôtel Ty Mad.

Enfin, un autre poète, également auteur d'aphorismes, **Georges Perros** (1923-1978) est lié à Douarnenez où il vécut à partir de 1959. Sa ville d'adoption lui a dédié sa médiathèque, située sur la place de l'Enfer.

3

> **⊙ VISITER LE PORT DE PÊCHE**
> On peut, en visite accompagnée *(2h50, 4,80 €, -18 ans 3,50 €)*, découvrir la vie et les installations portuaires de Douarnenez ; parfois même assister au débarquement de certains sardiniers. La criée, se faisant en chambre froide, ne se visite pas. *Pour connaître le calendrier des visites, s'adresser à l'office de tourisme au ☎ 02 98 92 13 35.*

★ Port du Rosmeur B1

Le grand port sardinier d'antan n'abrite plus que quelques barques de pêche artisanale. Il a cependant gardé fière allure avec ses façades colorées qui ont inspiré tant d'artistes, de Renoir à Boudin. Quant aux anciens bars à matelots, ils ont pour la plupart cédé la place à des restaurants entretenant sur le quai une animation bienvenue.

Suivre le long du port à gauche, puis, après la porte de l'ancienne criée prendre la rue du Rosmeur.

La **rue du Rosmeur**, qui abritait des conserveries, est bordée de hautes maisons ouvrières témoignant de l'essor démographique de la ville lors du « boom » de la sardine. Quelques pas dans la rue Bourdoulec *(2ᵉ à gauche)* permettent d'admirer la plus ancienne maison de la ville, qui date de 1584. Plus loin, dans la rue du Rosmeur, se dresse la façade rose de l'ancienne conserverie « Capitaine Cook », transformée en immeuble d'habitation. Au coin de la rue Barbusse, le siège des éditions du « Chasse Marée » occupe l'ancien Abri du Marin, fermé en 1971.

★ Port de pêche B1

Construit en 1951 sur un terre-plein gagné sur la mer, à l'abri d'un môle de 741 m, il abrite une importante **criée** où l'on se trouve plongé dans l'univers des pêcheurs : débarquement du poisson à partir de 23h et vente dès 6h30. La jetée offre une large **vue★** sur la baie, que domine le Ménez-Hom.

Empruntez le boulevard Jean-Richepin pour rejoindre Port-Rhû.

🐾 Depuis le boulevard Jean-Richepin, une **vue★** superbe se déploie sur la baie de Douarnenez. La promenade côtoie la plage de Porscad, puis celle des Dames. Depuis le boulevard Camille-Réaud, on contemple l'île Tristan. Là, une passerelle piétonne enjambe l'estuaire de Port-Rhû jusqu'à Tréboul.

À Port-Rhû, le Grand Pont, pont métallique haut de 24 m, conduit les automobilistes à Tréboul.

★★ Port-musée de Port-Rhû A1-2

Pl. de l'Enfer - ☎ 02 98 92 65 20 - www.port-musee.org - ♿ - 8 juil.-3 sept. : 10h-19h ; reste de l'année : tlj sf lun. (sf vac. scol.) 10h-12h30, 14h-18h - fermé de la fin des vac. de la Toussaint à déb. fév. - possibilité de visite guidée sur demande (1h30) - 7,50 € (-18 ans 4,50 €).

Ce lieu original, conservatoire vivant des activités maritimes, est né dans les années 1980, à l'initiative d'une poignée de passionnés.

Des dizaines de bateaux en voie de disparition – pêche, cabotage, plaisance… – furent alors collectés sur les côtes de France et d'Europe : autant de témoignages de la culture traditionnelle des gens de mer, vouée à une profonde mutation.

★ **Musée à terre** – Dans une grande salle plongée dans la pénombre sont habilement éclairées et mises en valeur de belles embarcations premières, depuis le bateau-panier vietnamien aux pirogues sculptées de Papouasie ou autres contrées lointaines.

À l'étage, on revient vers les embarcations à voile ou à rame des côtes bretonnes ou européennes. Un espace présente la survie en mer, la conserverie, etc. Un grand espace est dévolu à de très belles expositions temporaires.

★ **Musée à flot** – 👥👤 Quatre des sept bateaux amarrés dans le bassin se visitent : à partir d'estacades de bois, vous pouvez monter à bord du langoustier breton *Notre-Dame de Rocamadour*, visiter sa salle des machines et sa glaciaire, puis découvrir le remorqueur à vapeur britannique *St-Denys* à l'impressionnante machinerie, la gabare sablière *Dieu Protège* et la barge londonienne *Northdown*. Chaque bateau bénéficie d'une présentation qui allie le son et l'image.

À voir aussi

Chapelle Saint-Michel A2

✆ *02 98 92 13 35 - 15h-19h, sam. 10h30-12h30, 15h-18h, merc.-jeu. 10h30-12h30, 15h-19h - se rens. à l'office de tourisme - possibilité de visite guidée par les guides de la SPREV.*

Construite en 1663, elle abrite 52 panneaux peints de Dom Michel Le Nobletz (1577-1652). Ils lui serviront à représenter la religion de façon très visuelle, lors de sa mission d'évangélisation en basse Bretagne.

Tréboul A1 en dir.

Ce quartier aux venelles ramassées abrite le **port de plaisance,** qui peut accueillir plus de 700 embarcations. Au-delà, en empruntant le très agréable **sentier côtier – vues★** imprenables sur le Ménez Hom et la presqu'île de Crozon –, on rejoint le cimetière marin (outre quelques personnalités comme Georges Perros ou l'acteur Noël Roquevert, il abrite les corps des quelques 800 marins morts en mer au cours du 20e s.), la **plage St-Jean,** puis la vaste **plage des Sables-Blancs**, qui occupe un très beau site près de la pointe de Leydé, en face de l'îlot du Coulinec.

À proximité Carte de microrégion et carte de la Cornouaille

★ Sentier des Plomarc'h

▶ *À l'est – comptez 2h30 à pied AR. Accès par la rue des Plomarc'h, à l'est du plan.*
🥾 Ce sentier, à flanc de pente, offre des **vues★** pittoresques sur Douarnenez. Après les maisonnettes de Plomarc'h Pella, un **site archéologique** comporte les vestiges d'un important bâtiment (34 m de long) où l'on produisait, à l'époque gallo-romaine (2e s. apr. J.-C.), des salaisons de poissons ainsi que du *garum :* une sauce relevée, issue de la macération des viscères et du sang des poissons, auxquels on ajoutait du sel et des herbes très odorantes. Le sentier rejoint ensuite la **plage du Ris★**.

L'île Tristan

🥾 Ancrée à 300 m du rivage, cette île (450 m de long, 250 m de large) présente des côtes rocheuses et des falaises, un phare, une presse à sardines, des landes et des vergers où poussent le coing et la prune. On y découvre même un labyrinthe de bambous, planté au début du 20e s. Ancienne propriété de la famille du poète Jean Richepin, l'île a été rachetée par le Conservatoire du littoral, et la maison de maître devrait être prochainement restaurée *(souscription en cours)*. Elle se visite avec un guide, à marée basse, ou lors des « flâneries ». *Rens. à l'office de tourisme - traversée à pied (en fonction de la marée, 2h, 5,50 €, -18 ans 3,50 €) - traversée en bateau, 8 € (-18 ans 6,50 €).*

3

★ Sentier des Roches-Blanches

▶ *Circuit de 6 km à l'ouest – comptez 2h30 à pied AR. Accès depuis Tréboul, à l'ouest du plan. De la plage des Sables-Blancs, prenez à gauche la route des Roches-Blanches. Laissez la voiture sur le parking, juste après le village de vacances.*

🚶 Ce sentier côtier *(balisage rouge)* permet de contempler les falaises qui bordent le sud de la baie : très belle vue depuis la **pointe de Leydé★**.

Revenez à Tréboul par la route ou continuez vers Poullan-sur-Mer et Beuzec.

Église Saint-Herlé de Ploaré B2

▶ *Prenez la D 5, puis la rue Laennec - ☏ 02 98 92 65 02 - juil.-août : 10h-12h, 15h-17h, lun.-mar. et vend. 10h-12h, sam. 15h-17h - fermé dim. - gratuit - possibilité de visite guidée (2h) par les guides de la SPREV.*

Haute de 55 m, la **tour★** de l'église possède une flèche à crochets, cantonnée de quatre clochetons : deux gothiques et deux Renaissance. À l'intérieur, remarquez le retable sculpté du maître-autel et le groupe de bois peint du 17e s. représentant la Sainte-Trinité. Dans le **cimetière** repose René Laennec (1781-1826), inventeur de la méthode de l'auscultation en médecine.

Le Juch B2

▶ *À 8 km par la D 765. À 6 km, tournez à gauche vers Le Juch (prononcez le Juc).*

Sur la route, très jolie **vue** sur la baie de Douarnenez, la presqu'île de Crozon et le Ménez-Hom. Dans l'**église** des 16e-17e s., le vitrail (16e s.) du chevet représente des scènes de la Passion. Dans le bas-côté gauche, à droite de la porte de la sacristie, la statue de saint Michel terrasse un démon à forme humaine, appelé Diable du Juch. Un **pardon** a lieu le 15 août. *Été : dim. 15h-19h - en cas de fermeture, s'adresser à la mairie ☏ 02 98 74 71 50.*

Église de Guengat B2

▶ *À 14 km par la D 765 et la route à gauche, à 11 km - R. de Bretagne - ☏ 02 98 91 06 16 - 9h-17h30, dim. 9h-12h.*

De style gothique, elle conserve dans le chœur des **vitraux★** du 16e s. où l'on reconnaît la Passion : à gauche, le Jugement dernier ; à droite, la Vierge entre saint Jean Baptiste et saint Michel. À l'entrée du chœur, statue de sainte Barbe. Remarquez la frise sculptée à la voûte : lièvres, renards, sangliers, petits personnages et décor floral. Joli **calvaire** dans le cimetière.

UN CHEF DE LÉGENDE

Au 16e s., l'île Tristan fut le repaire de **Guy Eder de La Fontenelle**, l'un des terribles chefs des bandes qui, durant la Ligue, dévastèrent le pays. En 1598, il se soumet à condition de garder le gouvernement de l'île. Mais, en 1602, impliqué dans une conspiration, il est condamné au supplice de la roue à Paris.

😊 NOS ADRESSES À DOUARNENEZ

HÉBERGEMENT

BUDGET MOYEN

Camping Huttopia Douarnenez le Bois d'Isis – *69 av. du Bois-d'Isis - 29100 **Tréboul** - ℰ 02 98 74 05 67 - www.huttopia.com - ♿ - de fin avr. à fin sept. - 145 empl. 24,90 € - locatif 78/98 €.* Ce camping remplit bien les critères de chaîne Huttopia. Pleine nature, ombragé, confort sanitaire simple mais fonctionnel. La piscine et le bar offrent une vue imprenable sur la baie de Douarnenez. Locatifs simples en confort mais bien équipés avec les tentes lodges ; seules les roulottes ont des sanitaires complets. Adresse idéale pour les amoureux de la nature.

Chambre d'hôte Manoir de Kervent – *6 chemin de Kervent - Rte d'Audierne par D 765 puis à dr. apr. les feux, suivre fléchage - ℰ 06 98 24 84 98 - www.manoirdekervent.fr - 🖂 🅿 - 2 ch. et 1 suite 55/100 € 🖵.* En pleine campagne, demeure familiale abritant des chambres aux aménagements classiques. Copieux petit-déjeuner breton, servi par la maîtresse de maison avant une visite (facultative) de la tonnellerie voisine.

Auberge de Kerveoc'h – *42 rte de Kerveoc'h - par D 765 - ℰ 02 98 92 07 58 - www.auberge-kerveoch.com - 🅿 - 10 ch. 69/93 € - 🖵 10 € - ✕ (sf dim. soir et lun.) menu 19/38 €.* Les chambres de la ferme ont été refaites avec soin ; celles du petit manoir, plus anciennes, demeurent plaisantes et coquettes. Agréable jardin. Courte carte élaborée selon le marché et cachet rustique très affirmé au restaurant.

UNE FOLIE

Hôtel Ty Mad – *Plage St-Jean - 29100 **Tréboul** - près chapelle St-Jean - ℰ 02 98 74 00 53 - www.hoteltymad.com - fermé mi-nov.-mi-mars - 🅿 - 15 ch. 100/218 € - 🖵 15 € - ✕ fermé mar. - formule midi 17/23 €, menu 39 €.* Ty mad : bonne maison en breton. L'hôtel a du charme avec ses matériaux naturels (pierre et bois) et sa décoration franchement zen. Cuisine bio aux herbes fraîches et piscine à contre-courant : on se sent bien.

RESTAURATION

PREMIER PRIX

Crêperie Tudal - Au Goûter breton – *36 r. Jean-Jaurès - ℰ 02 98 92 02 74 - www.augouterbreton.com - fermé sam. soir (sf vac. scol.) et dim., 2ᵉ quinz. de juin - menu 11/19,80 €.* Entre cheminée et fresque murale, cadre chaleureux, et ambiance jeune. Cette crêperie-épicerie propose des spécialités originales : crêpes aux sardines marinées, à la gelée de chouchen, etc. Petite cour intérieure.

Café des Sables – *42 r. des Sables-Blancs - **Tréboul** - ℰ 02 98 76 71 76 - Pâques-Toussaint - fermé mar. (hors sais.) - ♿ - plat du jour 12,50 €, formule 16,50/19,50 €.* Un café de plage proposant des animations, une petite restauration ainsi que des pizzas.

Le Bigorneau amoureux – *2 bd Jean-Richepin - ℰ 02 98 92 35 55 - déj. mar.-dim., dîner mar.-sam. (avr.-sept) - fermé pour les fêtes de fin d'année - ♿ - formule déj. 12/15 €, pommes de terres garnies 14/19,50 €, desserts 5,50/7,50 €, plat du jour (sur ardoise) 11 €.* C'est une maison bleue… dominant

3

la plage des Dames. Ambiance détendue dans un lieu souvent bondé et sardines grillées au programme.

POUR SE FAIRE PLAISIR

Quai 29 – *11 quai du Petit-Port - ℘ 09 81 92 96 22 - fermé mar. soir et merc., de mi-nov. à mi-fév. - formule déj. 15 € - 26/34 €; tapas 6,10/7,50 €; formules plancha 13/24 €.* Bien protégé par la baie plastifiée, on nargue la tempête devant de savoureuses tapas (tartare de tourteau, rillettes de sardines…), des fruits de mer ou la formule à la plancha. À l'intérieur, ambiance bar.

L'Insolite – *4 r. Jean-Jaurès - Hôtel de France - ℘ 02 98 92 00 02 - www.lafrance-dz.com - fermé dim.-lun. (sf j. fériés), fin-fév., 2 sem. nov. et 22-27 déc. - formule déj. (sem.) 16 € - menu 38/70 €.* Insolites, cet espuma de pâté Hénaff et ces chips de vitelotte massala tandoori… Ici, le terroir flirte avec les épices et les inventions originales. La faute aux deux jeunes chefs, passionnés et formés dans de belles maisons.

PETITE PAUSE

Le Bris Glace – *45 bd Camille-Réaud - ℘ 02 98 75 54 80 - ⬧ - 10h-21h - fermé mar. (sf juil.-août), nov.-mars.* Sympathique café-glacier ouvert juste en face du musée à flot, dans une ancienne conserverie restaurée. Les glaces, délicieuses, proviennent de la ferme bio de Kerheu. Le lieu abrite aussi un point de vente des fameuses **conserveries Courtin de Concarneau** (*℘ 02 98 98 48 73 - tlj 10h-19h*).

EN SOIRÉE

Les Docks – *2 bd Jean Richepin - ℘ 02 98 60 47 15 - vend. et sam. 0h-6h, dim. 23h-4h.* Situé sous « Le Bigorneau amoureux »

et donnant sur la plage des Dames, ce bar de nuit est le lieu où se retrouvent pour danser les noctambules du cru.

ACHATS

Jour de marché – *Pl. des Halles.* Tous les matins sauf le dimanche, agréable marché en plein air.

Penn Sardin – *7 r. Le Breton - face aux Halles - ℘ 02 98 92 70 83 - www.pennsardin.com - 9h30-12h, 14h30-19h - fermé mar. (hors sais.) et dim., 15 j. en mars et 15 j. en oct.* « En poésie, on aligne des rimes/Comme en boîte, des sardines ». Telle est la devise de cette boutique vouée au culte tout douarneniste de la sardine en boîte, pourvu qu'elle soit préparée de façon artisanale « à l'ancienne ».

Conserverie la Pointe de Penmarc'h – *15 bd de la France-Libre - sur le port du Rosmeur - ℘ 02 98 11 07 07 - www. pointedepenmarch.com - 10h-13h, 14h-19h - fermé dim. - ⬧.* Tous les Bretons connaissent les raviolis de poisson, le foie de lotte et les filets de thon germon (le plus tendre) de cette usine, arrivée du Guilvinec où elle était installée depuis 1920.

Conserverie Kerbriant – *R. Jean-Kervoalen - Parc d'activités Lannugat-Nord - ℘ 02 98 70 52 44 - www.kerbriant.fr - ⬧ - visite guidée 9h30 et 11h, apr.-midi sur réserv. - fermé w.-end - boutique lun.-vend. 9h30-12h, 14h-17h30; avr.-août : lun.sam. 9h30-12h, 14h-19h.* Soupe de poisson traditionnelle, bisque de homard, plats cuisinés à base de thon (la grande spécialité), filets de maquereaux, sardines… Vous pourrez assister à l'élaboration de ces spécialités ou simplement les acheter dans cette petite conserverie familiale. L'accueil y est convivial et la visite très pédagogique.

ACTIVITÉS

Sports
Voile et planche à voile – **Centre nautique municipal de Douarnenez-Tréboul** - *Port de plaisance de Tréboul - ☎ 02 98 74 13 79 - www.centre-nautique-douarnenez.fr.* École de windsurf, stages de voile (à partir de 7 ans).
Sortie en mer – *deux sorties/j. en juil.-août (9h-12h, 14h-17h) - 30 € (enf. 21 €) - RV cale marine du centre nautique - réserv. au centre nautique.* Sortie en baie de Douarnenez à bord de la chaloupe sardinière *Telenn-Mor.*

Thalassotérapie
Thalasso Douarnenez – *R. des Prof.-Curie - Tréboul - plage des Sables-Blancs - ☎ 02 98 74 47 47 - www.thalasso. com - lun.-vend. 9h-20h30, w.-end 9h-19h30, à partir de 36 € - espace aqua détente 18 €.* Cures de plusieurs jours, forfaits à la demi-journée, soins à la carte. Agréable piscine tournée vers la baie.

AGENDA

Temps Fête – *Six jours en juil., années paires - www.tempsfete. com.* Ce rassemblement de vieux gréements a vu le jour en 1986, avant de se « délocaliser » à Brest en 1992, vue l'importance de la flotte. Depuis lors, tous les deux ans, Douarnenez célèbre le « retour de noces », alternativement au port de Rosmeur et à Port-Rhû pour permettre aux marins de rencontrer leur public.
Festival de cinéma des minorités de Douarnenez – *1 sem. fin août - www.festival-douarnenez.com - 6 €/séance.* Depuis 1978, ce festival se consacre aux peuples et aux cultures minoritaires. Également, concerts et expositions.
Les Gras de Douarnenez – *5 j. (et 5 nuits) mi-fév.* Depuis 1835, le carnaval de Douarnenez attire la grande foule avec défilés, chars, déguisements, fanfares et élection du roi, le « Den'Paolig ».

3

Port-musée de Port-Rhû : musée à flot.
Dournenez Port Musée

Pointe du Raz

Finistère (29)

À l'extrémité ouest de la Cornouaille, cet éperon rocheux s'enfonce dans le terrible raz de Sein que, selon l'adage, « nul n'a passé sans peur ou sans douleur ». Voilà pourquoi il constitue un site d'exception, qui attire chaque année près d'un million de touristes. Classé Grand Site de France, il canalise aujourd'hui ses visiteurs pour que chacun contemple au mieux le déchaînement des flots tout en respectant l'environnement. Une mesure nécessaire pour que la pointe du Raz demeure la « carte postale de Bretagne la plus vendue » !

😊 NOS ADRESSES PAGE 278
Hébergement, restauration, achats, activités, etc.

ℹ️ S'INFORMER

Maison de la Pointe du Raz et du cap Sizun – *29770 Plogoff - 📞 02 98 70 67 18 - www.pointeduraz. com - mi-juil. à fin août : 10h30-19h ; de déb. avr. à mi-juil. et de fin août à sept. : 10h30-18h ; oct. : 10h30-17h30 - visite guidée et randonnées sur demande préalable avr.-sept. (4-6 €/pers.).*

▶ SE REPÉRER

Carte régionale A2 (p. 214) – La pointe se situe au bout de la D 784 qui vient d'Audierne (12 km au sud-est). La D 7 longe le nord de la Cornouaille pour rejoindre Douarnenez (30 km à l'est).

🅿️ SE GARER

Obligatoire (avr.-oct.) à proximité de la Maison du site - 6,50 €/j. par voiture. Depuis le parking, comptez 15-30mn de marche sur un sentier pour rejoindre la pointe ou navette électrique en sais. (payant).

😊 À NE PAS MANQUER

Le sentier côtier pour ses panoramas vertigineux.

🕐 ORGANISER SON TEMPS

Si le paysage de la pointe du Raz est toujours spectaculaire, il devient extraordinaire les jours de tempête et de grande marée.

👫 AVEC LES ENFANTS

Suivez le parcours d'interprétation « Le Trésor de Kourik le Korrigan », munis du livret et de la boussole.

Découvrir Carte La Cornouaille p. 250-251

LE SITE

Plusieurs sites sont regroupés sous l'appellation **Grand Site de France Pointe du Raz en cap Sizun** : la pointe du Raz, la baie des Trépassés, la pointe du Van, la côte sud-ouest du cap Sizun et toute la côte nord. En 2013, le site s'est agrandi et couvre désormais plus de 2 000 ha. Les très longs travaux de réhabilitation et de reconquête naturelle du site avaient pour but d'offrir des sentiers sûrs et agréables afin d'empêcher le piétinement anarchique des landes. Ils se sont achevés par l'ouverture d'un espace réunissant les commerces et les restaurants invisibles depuis la pointe : la Porte du cap Sizun.

La Pointe du Raz.
mariobono/iStock

À l'extrémité de la pointe du Raz, près de la statue de N.-D.-des-Naufragés, le **panorama**★★ sur le large permet de distinguer l'île de Sein, au-delà de laquelle on aperçoit par temps clair le phare d'Ar Men ; au nord-ouest, on distingue, sur un îlot, le phare de Tévennec.

Pour des raisons de sécurité, il est recommandé de contempler la pointe depuis le belvédère naturel, sans prendre des risques en s'engageant dans le chaos granitique. Parmi les gouffres vertigineux, le plus spectaculaire est l'**Enfer de Plogoff**, long éperon étroit, déchiqueté par les lames, qui domine les flots de plus de 70 m. Il se prolonge en mer par une chaîne de récifs dont le dernier porte le phare de la Vieille, ultime avancée dans le raz de Sein (un raz est un courant violent ou un passage resserré par un courant maritime rapide).

Le site est encore plus impressionnant lorsque la mer est déchaînée. Le raz de Sein est particulièrement dangereux, et le **sémaphore** *(ne se visite pas)* est là pour assurer la sécurité de la navigation.

« Le trésor de Kourrik le Korrigan » est un circuit d'interprétation pour les 6-12 ans. Un carnet pédagogique est fourni aux enfants (6 €/enf. accompagné d'un adulte, 4 € adulte suivant, 5 € carnet seul - www.pointeduraz.com).

De la pointe du Raz, on peut se rendre en voiture ou à pied à la pointe du Van toute proche en longeant la belle baie des Trépassés.

Baie des Trépassés

Plutôt qu'une allusion aux corps des naufragés amenés par les courants, le nom de la baie proviendrait d'une déformation de *boe an aon* (signifiant « baie du ruisseau ») en *boe an anaon* (signifiant « baie des âmes en peine »). Cette hypothèse s'appuie sur le fait que le ruisseau, qui débouche maintenant dans les marais voisins, s'écoulait jadis dans la baie. On pense que celle-ci était le lieu d'embarquement des dépouilles des druides vers l'île de Sein, où ils étaient inhumés. Certains situent également la légendaire **ville d'Ys,** cité du roi Gradlon, engloutie par la mer *(voir p. 473)*, dans la petite vallée de la baie, occupée aujourd'hui par les marais. D'autres la localisent plutôt en baie de Douarnenez.

★★ Pointe du Van

À gauche du chemin s'élève la **chapelle St-They** (15ᵉ s.). Suivez, en restant toujours à gauche, la piste mal tracée qui contourne le cap *(1h à pied AR)*. Belle **vue**★★ sur la pointe de Castelmeur derrière laquelle se profile la pointe de Brézellec ; en face, le cap de la Chèvre, la pointe de Penhir et les Tas de Pois *(voir p. 240)*, la pointe de St-Mathieu ; au large de la pointe du Raz, l'île de Sein et le phare de la Vieille. Pour la descente, il vaut mieux se montrer prudent. Le paysage devient plus sévère : murs de pierres sèches, lande rase, aucun arbre n'égaye l'extrémité du cap.

Pour découvrir l'ensemble du périmètre du Grand Site **Pointe du Raz en cap Sizun**, *voir le circuit en Cornouaille p. 248.*

😊 NOS ADRESSES À LA POINTE DU RAZ

HÉBERGEMENT/RESTAURATION

PREMIER PRIX

Chambre d'hôte An Tiez Bihan – *16 Kerhuret - 29770 Plogoff - 2,5 km sur la D 784 dir. pointe du Raz -* ☎ *02 98 70 34 85 - www. chambre-gite-lapointeduraz. fr - mars-oct. -* 🚭 *- 5 ch. 50 € ☕ -* ✗ *sur réserv. - 25 € bc.* Cette ancienne ferme a conservé son style régional. Côté hébergement, plusieurs maisonnettes (jolies chambres simplement meublées) et un gîte. Côté table, on se régale de produits de la mer. Atelier de fumage du poisson (en vente).

Chambre d'hôte Ferme de Kerguidy-Izella – *Imp. de Kerguidy-Izella - 29770 Plogoff - dir. pointe du Raz, puis 1re à gauche apr. le château d'eau -* ☎ *02 98 70 35 60 - www.fermelebars.com - fermé déc.-janv. -* ♿ *- 25 empl. 12 € - 5 ch. 55 € ☕.* Les chambres simples et rustiques occupent les anciennes dépendances de cette ferme du 19e s. Produits régionaux au petit-déjeuner. Accueil sympathique du propriétaire qui saura vous conter l'histoire de sa maison et de son village.

BUDGET MOYEN

Hôtel La Baie des Trépassés – *La Baie-des-Trépassés - 29770 Plogoff -* ☎ *02 98 70 61 34 - www.hotelfinistere.com - fermé mi-nov.-mi-fév. -* 🅿 *- 24 ch. 91/190 € - ☕ 15 € -* ✗ *menu 24,50/65 €.* C'est l'emplacement de l'hôtel qui vaut le détour : bâti sur la plage, il offre une vue unique sur la baie des Trépassés, la pointe du Raz et l'île de Sein. Chambres anciennes mais propres, bar-glacier, restaurant.

ACHATS

Biscuiterie de la Pointe du Raz – *Rte de la Pointe-du-Raz - 29770 Plogoff -* ☎ *02 98 70 60 73 - www.biscuiteriedelapointeduraz. com - juil.-août : 9h-20h ; reste de l'année : 9h-18h, w.-end 9h-12h30, 14h-18h - fermé 1er janv., 25 déc.* Dans cette boutique, accolée à son atelier de fabrication, arrivent galettes feuilletées, palets dorés et madeleines moelleuses, le tout confectionné à partir de beurre de baratte. Il est possible de visiter l'usine et de déguster ces délicieuses spécialités bretonnes.

Monsieur Papier - *59 r. des Langoustiers, Lescoff - 29770 Plogoff - www.monsieur papier.fr merc.-lun.12h-18h (20h en sais.) - fermé en mars.* Un lieu original pour faire une pause, sur la route de la pointe du Raz. Ce café-papeterie propose les créations originales et une sélection d'objets design. On peut aussi y boire un verre ou manger.

AGENDA

Arts à la pointe – *Mi-juil.-mi-août.* Ce festival associant plusieurs communes du cap Sizun et de la pointe du Raz, propose à un large public une ouverture à la création contemporaine. Expositions *(tlj sf mar.)* dans des chapelles et autres lieux, concerts et randonnées patrimoine. ☎ *02 98 70 28 72 - www.artsalapointe.com.*

Île de Sein

230 Sénans – Finistère (29)

Louis XIV reconnaissait lui-même que Sein subissait les colères de la mer et offrait peu de ressources à ses habitants. Aujourd'hui, l'île affronte toujours les embruns et les tempêtes, au large de la pointe du Raz. Elle fait partie, avec Ouessant et Molène, de la Réserve de biosphère des îles et de la mer d'Iroise pour sa biodiversité riche et originale. Découvrir son paysage nu, au cœur de récifs à fleur d'eau, c'est un peu partir au bout du monde…

😊 NOS ADRESSES PAGE 280
Hébergement, restauration, achats, activités, etc.

🔋 S'INFORMER

L'île de Sein ne possède pas d'office de tourisme mais la mairie dispense des rens. par téléphone au 📞 02 98 70 90 35 ou sur www.mairie-iledesein. com qui fourmille de renseignements sur l'île.

⏵ SE REPÉRER

Carte de microrégion A2 (p. 214) – Au sud de la mer d'Iroise, l'île de Sein est à seulement quelques milles nautiques du continent et de la Cornouaille. Entre l'île et la baie des Trépassés se trouve le redoutable raz de Sein.

😊 À NE PAS MANQUER

La vision des « Causeurs » et la chapelle St-Corentin.

🕐 ORGANISER SON TEMPS

La journée suffit à faire le tour de l'île.

Se promener

3

Port et bourg

Protégé par d'importantes digues, le village groupe des maisons blanches aux volets peints le long de ruelles étroites qui ont à peine 1 m de largeur, pour offrir moins de prise au vent. Sur le tertre proche de l'église, les deux menhirs fichés côte à côte sont appelés les **Causeurs**. Les commerces s'alignent le long des quais où se trouvent aussi les deux musées de l'île.

Musée de l'Abri du marin – *Quai des Paimpolais - Men Brial - 📞 02 98 70 90 35 - juin-sept. : de l'arrivée du 1er bateau au dép. du dernier bateau - possibilité de visite guidée - 3 € (-11 ans 2,50 €) - 5 € billet combiné avec le phare.* Logé dans l'ancien Abri du Marin, ce musée évoque, au rez-de-chaussée, la vie

---

UN PAYS RUDE

« Vouloir imposer Sein ou Molène, déjà accablées de tous les impôts de la nature, ce serait vouloir imposer la mer, les tempêtes et les rochers », déclara Louis XIV. Ainsi, les habitants de Sein furent exemptés d'impôts locaux par Colbert. L'île inspira longtemps une terreur superstitieuse.

Au 18e s., ses habitants vivaient dans un isolement presque complet. Certains étaient pilleurs d'épaves. Aujourd'hui, ce sont des sauveteurs très actifs. Les hommes sont navigateurs ou pêcheurs, les femmes travaillent de minuscules jardins ou ramassent le goémon. Quelques-unes portent encore le *jibilinenn*, coiffe noire de deuil à longs pans, parure traditionnelle depuis l'épidémie de choléra de 1886.

COMPAGNONS DE LA LIBÉRATION

Au lendemain de l'appel du général de Gaulle, le 18 juin 1940, les 130 marins et pêcheurs de l'île de Sein gagnèrent l'Angleterre. Quand les Allemands arrivèrent à Sein, il n'y avait plus que femmes, enfants et vieillards, maire et curé. Parmi les marins de l'île partis pour la Grande-Bretagne, 29 moururent sur les champs de bataille.

Non loin du phare, un monument portant l'inscription *Kentoc'h Mervel* (« plutôt mourir ») commémore cet épisode. En 1946, le général de Gaulle vint lui-même remettre à l'île la croix de la Libération.

---

d'autrefois à Sein, et l'île aujourd'hui. Fondé au 19e s. par Jacques de Thézac, l'Abri du Marin avait pour fonction d'offrir aux marins un hébergement dans les ports ; on espérait ainsi les voir moins traîner dans les bars *(voir aussi p. 228)*. Le rez-de-chaussée présente aussi l'histoire du **sauvetage en mer** : objets récupérés dans les nombreuses épaves alentour et longues listes de noms de sauveteurs rappelant le courage des bénévoles sortant à leurs risques et périls pour sauver les bateaux en détresse dans les parages. À l'étage du musée sont commémorés les événements survenus pendant la Seconde Guerre mondiale : le départ des Sénans pour l'Angleterre, l'action des Forces françaises navales libres, les campagnes auxquelles ont participé les Compagnons de la Libération *(voir encadré ci-dessus)*.

Phare – À la pointe ouest de l'île, ce phare (49 m de haut) est équipé d'une lampe de 6 kW. Sa portée moyenne est de 55 km.

À gauche se trouve la minuscule **chapelle** dédiée à saint Corentin, l'évêque qui évangélisa les Celtes de cette région.

Au large s'élève le **phare d'Ar Men,** qui trône sur l'un des récifs de la chaussée de Sein, groupe d'écueils s'étirant au-delà de la pointe occidentale sur 20 km.

😊 NOS ADRESSES SUR L'ÎLE DE SEIN

TRANSPORTS

Accès à l'île

Penn Ar Bed – *Juil.-août : ligne régulière, dép. Audierne-Esquibien 8h46, 11h36 et 18h35 ; reste de l'année : dép. 9h30 -* ℘ *02 98 70 70 70 - de mi-juil. à mi-sept. : dép. dim. 8h40 de Brest et 9h40 de Camaret -* ℘ *02 98 80 80 80 (Brest) ou 02 98 27 88 22 (Camaret) - tarif, se rens.*

HÉBERGEMENT

BUDGET MOYEN

Hôtel Ar Men – *Rte du Phare -* ℘ *02 98 70 90 77 - www.hotel-armen.net - fermé 12 nov.-22 fév. - 10 ch. 58/75 € -* 🍽 *9 € -* 🍴 *(sf merc. et dim. soir) menu 26/57 €.* Cette séduisante maison rose est seule face à la mer. L'intérieur rénové abrite des chambres simples, un agréable salon-bibliothèque et une salle à manger où l'on sert une très bonne cuisine régionale. Spécialité : le ragoût de homard à ne rater sous aucun prétexte !

ACTIVITÉS

Île de Sein Nautisme – *Porzh-Kaïg -* ℘ *06 08 67 60 99 - www.iledeseinnautisme.com.* Ce centre nautique associatif propose de nombreuses formules pour découvrir l'île en stand-up paddle et kayak *(balades 1 à 2h, à partir de 25 €).*

Pont-l'Abbé

8 233 Pont-l'Abbistes – Finistère (29)

La capitale du pays bigouden se loge au fond de l'estuaire de la rivière de Pont-l'Abbé. Très connue pour son costume et sa coiffe, la ville la plus bretonne de toutes, selon Maupassant, demeure spécialisée dans la broderie et la construction navale.

NOS ADRESSES PAGE 283
Hébergement, restauration, achats, activités, etc.

S'INFORMER
Office du tourisme du Pays de Pont-l'Abbé – *11 pl. Gambetta - 29120 Pont-l'Abbé - ☏ 02 98 82 37 99 - www.paysdepontlabbe-tourisme. com - juil.-août : 9h30-12h30, 14h-19h, dim. 10h-12h30 ; reste de l'année : tlj sf dim. 9h30-12h30, 14h-17h - fermé j. fériés. 2ᵉ point d'accueil - 9 r. du Port - 29740 Plobannalec-Lesconil - ☏ 02 98 87 86 99 - juil.-août : 9h30-12h30, 14h-19h ; vac. scol. (sf juil.-août) : tlj sf sam. 9h30-12h30, 14h-17h ; reste de l'année : lun. 14h-17h, merc. 9h30-12h30 - fermé dim. 3ᵉ point d'accueil - pl. Grafenhausen - 29120 Combrit-Ste-Marine - ☏ 02 98 56 48 41 - juil.-août : 9h30-12h30, 14h-19h ; vac. scol. (sf juil.-août) : tlj sf sam. 9h30-12h30 ;*

reste de l'année : lun. et merc. 9h30-12h30 - fermé dim.

SE REPÉRER
Carte de microrégion B3 (p. 214-215) – Pour gagner Pont-l'Abbé : depuis Quimper, par la D 785 (19 km au nord-est) ; depuis Bénodet et son beau pont de Cornouaille, par la D 44 (12 km à l'est).

À NE PAS MANQUER
La visite du manoir de Kerazan pour sa décoration intérieure et la descente de l'Odet en bateau pour la beauté des paysages.

ORGANISER SON TEMPS
Flânez dans le centre de Pont-l'Abbé, voyez les alentours et terminez la journée sur les quais de l'Île-Tudy.

3

Se promener

La ville doit son nom au premier pont construit au 7ᵉ s. par les abbés de Loctudy entre le port et l'étang.

Église Notre-Dame-des-Carmes

Cette ancienne chapelle conventuelle (fin 14ᵉ s.) possède une belle verrière (15ᵉ s.) à rosace de 7,20 m de diamètre ; des statues de la Vierge et de saint Jean (16ᵉ s.). En sortant, tournez à droite pour voir le chevet plat coiffé d'un curieux clocher à dôme, peu commun en basse Bretagne. Dans le jardin, situé sur le flanc gauche de l'église, le **monument aux Bigoudens,** œuvre du sculpteur F. Bazin (1931), se dresse dans un cadre de verdure, en bordure du quai.

Château et Musée bigouden

Cette forteresse (14ᵉ-18ᵉ s.) présente un gros donjon ovale et un corps de bâtiment. À l'intérieur, le **Musée bigouden** présente la société traditionnelle du pays bigouden : l'histoire de la coiffe bigoudène, la vie quotidienne (« Du lit clos au Formica® »)… La visite s'achève par un jeu d'archives sonores et visuelles. Le point fort des collections est la fameuse coiffe *(voir p. 254)*. En haute saison, on peut assister à des démonstrations de pose, d'amidonnage et de repassage

> ### UN VÉRITABLE SYMBOLE
> Le costume bigouden, très original, se composait d'une jupe relativement courte et d'un corsage qui dégageait bien le cou. Le tout était magnifiquement brodé de motifs géométriques, de spirales et de cercles, dans les tons rouge, jaune et orange. Mais c'est encore la coiffe en tube qui reste l'élément le plus emblématique, avec ses 30 cm de hauteur.
> *Voir Histoire de la coiffe bigoudène, p. 254.*

des coiffes. Les expositions temporaires méritent aussi qu'on s'y attarde. *Square de l'Europe - 02 98 66 09 03 - www.museebigouden.fr - juil.-août : 10h-18h ; reste de l'année : tlj sf lun. 14h-18h - fermé des vac. de la Toussaint à fin mars, 1ᵉʳ Mai, 1ᵉʳ nov. - visite guidée sur demande (1h15) - 5 € (-26 ans gratuit).*

Ancienne église de Lambour
En ruine, située sur la rive gauche, elle présente encore une belle façade (16ᵉ s.) et des travées de la nef (13ᵉ s.).

À proximité Carte de microrégion p. 214-215

Chapelle Notre-Dame-de-Tréminou B3
À 2 km à l'ouest par la r. Jean-Moulin.
Dans un enclos ombragé, cette chapelle des 14ᵉ et 16ᵉ s., restaurée, possède un clocher chevauchant la nef. Le pardon a lieu le 4ᵉ dimanche de septembre.

★ Manoir de Kerazan B3
À 3 km au sud, rte de Loctudy.
Rte du Suler - 09 65 19 61 57 - www.kerazan.fr - & - de déb. juil. à déb. sept. : 11h-18h - visite guidée (45mn) - 7 € (-15 ans à 5 €) - 19 € billet famille (2 adultes + 2 enf.).
Situé dans un grand parc planté de hautes futaies, le manoir se compose d'un corps de logis reconstruit au 18ᵉ s. et d'une aile en retour d'équerre du 16ᵉ s. Les salles, abondamment décorées et richement meublées, témoignent du cadre luxueux qu'avaient voulu créer les Astor. La demeure recèle des boiseries Louis XV, des panneaux peints par Théophile Deyrolle (1844-1923), une bibliothèque telle qu'elle avait été aménagée par le père de Joseph Astor, une collection de peintures et de dessins se rapportant à la Bretagne (du 16ᵉ au 20ᵉ s.), ainsi que de nombreuses œuvres d'**Alfred Beau** (1829-1907). Ce peintre céramiste s'associa à la faïencerie Porquier de Quimper (d'où le sigle PB) et réalisa un violoncelle en faïence polychrome grandeur nature (sa fabrication exigea une quinzaine d'essais de cuisson). Expositions temporaires thématiques chaque année de mai à septembre.

Loctudy B3
À 6 km au sud par la D 2.
Les Loctudystes habitent un petit port situé à l'embouchure de la rivière de Pont-l'Abbé : un centre balnéaire tranquille et familial, aux plages abritées. Le **port** de pêche artisanale a été créé en 1847. Tous les soirs *(sf w.-end)*, le débarquement de la pêche (principalement la « demoiselle de Loctudy », c'est-à-dire la langoustine) constitue un spectacle vivant et coloré. Des quais, jolie vue sur l'île Chevalier, dans l'estuaire de Pont-l'Abbé, et sur Île-Tudy et sa plage. L'**église** du début du 12ᵉ s. a subi de nombreux remaniements, mais son **intérieur★** a conservé la pureté du style roman : nef, chœur avec déambulatoire et chapelles rayonnantes. Remarquez les sculptures des chapiteaux et

des bases des colonnes où petits personnages et animaux côtoient entrelacs, volutes et croix pattées. *1 r. de Poulpeye - ☎ 02 98 87 53 78 - juil.-août : 10h-18h ; reste de l'année : 10h-12h, 14h-18h, sam. 10h-12h, dim. 14h-18h - possibilité de visite guidée (1h) - gratuit.* Dans le cimetière, à gauche de l'allée menant à l'église, se dresse une **stèle gauloise** de 2 m de haut, surmontée d'une croix.

Promenades en bateau

★★ **Descente de l'Odet** *voir Quimper, p. 224.*

Île-Tudy – *La presqu'île est accessible par le CD 144 ou par la mer (passagers et cycles uniquement), au dép. de Loctudy juil.-août : tlj ; reste de l'année : tlj sf dim. - plusieurs AR/j.- 3 € (enf. 2 €) AR, 1 € vélo AR - www.ile-tudy.fr.* La vocation maritime de ce joli port de pêche bâti sur une presqu'île, malgré son nom, est antérieure à celle de Loctudy.

😊 NOS ADRESSES À PONT-L'ABBÉ

HÉBERGEMENT

BUDGET MOYEN

Hôtel de Bretagne – *24 pl. de la République - ☎ 02 98 87 17 22 - www.hoteldebretagne29. com - 18 ch. 58/77 € - ☐ 8,50 € - ✗ fermé lun.-merc. midi et sam. midi - formule déj. 13 € - menu 16,80 (déj.)/23/36,50 €.* Pimpante maison en pierre en centre-ville. Chambres meublées simplement, restaurant rustique, servant une sympathique cuisine de la mer. En été, terrasse dans la cour intérieure.

RESTAURATION

PREMIER PRIX

Crêperie du Marché – *15 pl. de la République - ☎ 02 98 74 67 16 - fermé dim. -menu déj. 12,90/13,90 €.* Brasserie et crêperie proposant des spécialités à base de produits locaux.

ACHATS

Marché des Halles– *Pl. de la République - lun.-sam. 9h-12h, 14h- 18h.* Une multitude de produits régionaux pour un délicieux pique-nique.

Le Minor – *5 quai St-Laurent - ☎ 02 98 87 07 22 - www.leminor. com - juil.-août : lun.-sam. 9h-13h,* *14h-19h ; hiver : tlj sf dim.-lun. 9h-12h, 14h-19h ; reste de l'année : se rens.* Depuis 1936, cette maison bigoudène spécialisée dans les arts de la table et le linge de maison fait preuve d'une grande vitalité en invitant les meilleurs artistes régionaux à imaginer de nouvelles collections.

ACTIVITÉS

Croisières vers les îles de Glénan au départ de Loctudy – Vedettes de l'Odet - *☎ 02 98 57 00 58 - www.vedettes-odet.com - mar.-sam. en juil.-août - à partir de 36 € adulte.*

Voie verte Pont-l'Abbé-Quimper – Aménagé sur l'ancienne voie ferrée Quimper-Pont-l'Abbé, ce sentier de 12 km, est ombragé en permanence. Il se termine à 6 km du centre de Quimper. *Se rens. auprès de l'office de tourisme - www.voiesvertes.com.*

Centre nautique de l'Île-Tudy – *1 r. des Mousses - 29980 Île-Tudy - ☎ 02 98 56 43 10 - cniletudy.free.fr* Il propose toutes sortes de sports nautiques (catamaran, planche à voile, kayak).

AGENDA

Fête des brodeuses – *☎ 02 98 82 37 99 - www.fetedesbrodeuses. com - mi-juil. (voir p. 254).*

Bénodet

3 475 Bénodetois – Finistère (29)

Idéalement située à l'entrée de l'estuaire de l'Odet, cette station balnéaire réunit tous les plaisirs d'un séjour estival en famille : petit port, plages de sable blond, sports de plein air, voile et un casino. Forte de ces atouts, Bénodet est une étape obligée sur la « Riviera bretonne ».

🙂 NOS ADRESSES PAGE 286
Hébergement, restauration, achats, activités, etc.

🛈 S'INFORMER
Office du tourisme de Bénodet –
29 av. de la Mer - 29950 Bénodet -
📞 02 98 57 00 14 - www.benodet.fr -
juil.-août : 9h-19h, dim. et j. fériés
10h-18h ; mars-juin, sept.-oct. et vac.
scol. : tlj sf dim. 9h30-12h, 13h30-18h ;
reste de l'année : tlj sf dim. 9h30-12h,
14h-17h, j. fériés 9h30-12h30 - fermé
1er janv., lun. de Pâques, 1er Mai, 1er et
11 Nov., 25 déc.

▶ SE REPÉRER
Carté de microrégion C3 (p. 215) –
À 17 km au sud de Quimper, entre

Pont-l'Abbé et Concarneau, Bénodet se niche face à l'anse du même nom.

🙂 À NE PAS MANQUER
L'Odet en bateau et les panoramas de la route entre Beg-Meil et Fouesnant.

🕓 ORGANISER SON TEMPS
Prenez au moins une heure pour remonter l'Odet.

👫 AVEC LES ENFANTS
Redécouvrez les premiers maillots de bain au musée du Bord de mer.

Se promener

Entre océan et estuaire, « Bénodet la balnéaire » offre un cadre idéal pour des vacances paisibles et familiales.

Il n'existe pas véritablement de centre-ville, et l'essentiel des ressources de la station tourne autour de la mer et des plages. La plus grande, celle du Trez, accueille les clubs pour petits et l'école de voile UCPA (location et cours de dériveur, catamaran, planche à voile).

Il en existe aussi deux autres, plus calmes : celle du Coq (la mer, en se retirant, découvre un rocher qui rappellerait cet animal) et celle de la pointe St-Gilles, idéale pour le farniente.

UN « GRAND MONSIEUR » DE LA VOILE
Nantais de naissance, **Éric Tabarly** (1931-1998) avait choisi Bénodet comme port d'attache. Avant de se perdre en mer le 13 juin 1998, il venait s'y reposer dans une longère qui avait vue sur l'Odet. Il laisse le souvenir d'un marin à la fois passionné et tranquille, au palmarès impressionnant. Entre autres : transat en solitaire Portsmouth-Newport (1964, 1976) ; course Sydney-Hobart (1967) ; transpacifique en solitaire San Francisco-Tokyo (1969) ; record de la traversée de l'Atlantique (1980) ; transat Le Havre-Carthagène (1997) avec Yves Parlier. Capitaine de vaisseau, Éric Tabarly était le « père » de cinq *Pen Duick*, dont le nom signifie « mésange à tête noire » en breton. 🔗 *Voir Cité de la voile à Lorient, p. 161.*

Bénodet, mouillage sur l'estuaire de l'Odet.
M. Renaudeau/hemis.fr

Agréable parcours à pied de la plage du Trez au port de plaisance sur les bords de l'Odet. Au passage, vous remarquerez l'étonnante villa blanche *Ker Magdalen* et son « minaret », datant de 1926 *(ne se visite pas)*.

Musée du Bord de mer

Espace J.-Boissel - 29 av. de la Mer - ☎ 02 98 57 00 14 - www.benodet.fr - ⚙ - 10h-13h, 14h-18h - fermé certains j. fériés - possibilité de visite guidée sur demande (30mn) - gratuit.

Au travers d'affiches, de peintures, de photos, de films de régates et de maquettes de bateaux, ce musée fait revivre l'époque de la « belle plaisance », née en même temps que les bains de mer et le chemin de fer. Les costumes de bain, les jouets de plage et les bagages ayant servi lors de séjours dévoilent d'autres tranches de vie du bord de mer. Des objets de navigation d'Éric Tabarly complètent les collections.

L'ODET

Avec le mot breton *ben* signifiant « pointe », ce cours d'eau est à l'origine de l'étymologie de Bénodet.

★★ Remontée de l'Odet en bateau

Durée : 1h30 au départ de Bénodet. ⚙ voir Descente de l'Odet à Quimper, p. 224.

Point de vue sur l'Odet

Par l'av. de Kercréven.
Belle vue sur la rivière et le port de plaisance.

Pont de Cornouaille

1 km au nord-ouest par la D 44.
Cet ouvrage long de 610 m offre une belle **vue**★ sur le port, Ste-Marine et l'estuaire, ainsi que sur l'amont de la rivière.

Sainte-Marine

Accès piéton par « Le P'tit Bac ». *Voir p. 228.*

3

Circuit conseillé Carte de microrégion p. 214-215

DE BÉNODET À CONCARNEAU PAR LA CÔTE

▶ *Circuit de 40 km tracé en rose – comptez environ 3h. Quittez Bénodet à l'est par la D 44 vers Fouesnant et, à 2 km, tournez à droite.*

Le vaste plan d'eau du **Letty,** abrité par une dune, est un terrain idéal pour s'aguerrir aux sports nautiques en tout genre : dériveur, catamaran, windsurf, kitesurf…

Revenez à la route de Fouesnant.

Le Perguet C3

Sur la droite de la chapelle Ste-Brigitte, construite au 12ᵉ s. et remaniée au 16ᵉ s., un escalier de pierre sur le toit permet d'accéder au clocher ajouré.

À 2,5 km, un embranchement, à droite, mène à la pointe de Mousterlin (voir Fouesnant-les-Glénan, p. 288). Faites demi-tour. À 2 km, prenez à droite et, à 4,5 km encore à droite.

Beg-Meil et Fouesnant *(voir Fouesnant-les-Glénan, p. 288)* C3

La route dévoile de jolies **vues★,** en particulier à marée haute. Elle longe la plage de sable fin de Kerleven, au fond de la baie de la Forêt. Après une forte descente (15 %), elle suit l'anse du Saint-Laurent, franchit celle de Saint-Jean et rejoint Concarneau.

😊 NOS ADRESSES À BÉNODET

HÉBERGEMENT

BUDGET MOYEN

Hôtel Les Bains de Mer – *11 r. de Kerguelen -* 📞 *02 98 57 03 41 - www.lesbainsdemer.com - fermé de mi-déc. à mi-janv. -* 🅿 *5 € - 32 ch. 77 € -* 🛏 *8,90 € -* 🍴 *menu 18,50/57 €.* Situé en centre-ville, cet hôtel accueillant propose des chambres sobrement décorées. Table traditionnelle et salle aux couleurs vert et prune.

Domaine de Kereven – *29950 Clohars-Fouesnant - À 2 km par rte de Quimper -* 📞 *02 98 57 02 46 - www.kereven.fr - du w.-end de pâques à fin sept. -* 🅿 *- 12 ch. 88/92 € -* 🛏 *9,50 €.* Dans un grand parc ombragé, plusieurs bâtiments récents et paisibles d'inspiration régionale hébergent des chambres douillettes et personnalisées. Tenue irréprochable et accueil charmant.

RESTAURATION

BUDGET MOYEN

Escapades – *37 r. du Poulquer -* 📞 *02 98 66 27 97 - www. escapades-benodet.com - fermé dim. soir et lun. (sept.-juin), 12 nov.-4 déc. - formule 14 € - menu 19 € - 35/50 €.* Au bout de la plage du Trez, un sympathique bistrot contemporain dont les deux chefs composent un menu (à l'ardoise) avec le marché du jour.

ACHATS

Biscuiterie François Garrec – *ZA de Kergaouen - rte de Fouesnant -* 📞 *02 98 57 17 17 - garrec.com - visite guidée juil.-août : tlj sf w.-end 10h30; reste de l'année : jeu.-vend. 11h - boutique juil.-août : 8h30-19h, dim. 10h-18h30; avr.-juin et sept. : 9h-19h, dim. 10h-18h30; reste de l'année : tlj sf dim. 9h-19h - fermé*

1er janv., 25 déc. La préparation des crêpes et l'élaboration des gâteaux bretons n'auront plus de secrets pour vous après votre passage dans cette belle biscuiterie moderne. Toute la chaîne de fabrication artisanale se déroule sous vos yeux jusqu'au magasin où l'on retrouve les spécialités maison et d'autres produits bretons.

EN SOIRÉE

Casino de Bénodet – *Corniche de la Plage - ℰ 02 98 66 27 27 - www.lucienbarriere.com - ♿ - 11h-2h, vend.-sam. 11h-4h, jeux de table à partir de 21h.* Ce casino compte 100 machines à sous, une salle de jeux traditionnels, un bar lounge *(12h-2h)* et un restaurant *(19h30-23h, menu 16,50/19,90 €).*

ACTIVITÉS

Centre nautique UCPA – *ℰ 02 98 57 03 26 - www.ucpa-vacances.com* Sur la plage du Trez, location de catamaran, dériveur, windsurf, kayak et stand-up paddle *(juil.-août).*

Promenades en mer

Les Vedettes de l'Odet – *2 av. de l'Odet - ℰ 02 98 57 00 58 - www.vedettes-odet.com - avr.-sept. :* croisières commentées *(2h15)* sur l'Odet ou croisière gourmande *(3h).* Possibilité d'escale à Quimper selon la marée. Croisière aux îles de Glénan (plusieurs formules). *Dép. de Bénodet, Beg Meil, Port-la-Forêt, Concarneau, Loctudy et Quimper-Corniguel.*

Traversée de l'Odet

Le P'tit Bac – *Bac piéton Bénodet-Ste-Marine - Cale St-Thomas - ℰ 02 98 57 00 58 - avr.-mi-sept : tlj sans interruption - 2 € (enf. 1 €), vélo 2 €.*

Régates – *Yacht Club de l'Odet - port de Penfoul - ℰ 02 98 57 26 09 - www.yco-voile.com* Le Yacht Club de l'Odet organise des régates, dont celle des Pieds gelés *(fin déc.),* celle de la Multyco *(mai),* celle de l'Obélix Trophy *(fin août)* et celle de La Belle Plaisance *(dernier w.-end de juin).*

Canoë-kayak – *Odet kayak - centre nautique de Créac'h Gwen - 29000 Quimper - ℰ 02 98 53 19 99 - www.kayak-quimper.org* Cette école propose initiation, stages ou locations *(17 € pour un kayak 2 places).* Départ de Bénodet (cale du Bac) ou de Quimper. Navette gratuite.

Thalassothérapie

Relais Thalasso – *Corniche de la Plage - ℰ 02 98 66 27 00 - www.thalasso-benodet.com - ♿ - accueil 9h-19h, sam. 9h-18h, dim. 9h-13h, 15h-18h - fermé 2 sem. déb. déc.* Discrètement établi face à la plage, à côté du casino, ce centre propose des soins à la carte, des bulles thalasso et une formule week-end pour découvrir le bain bouillonnant ou l'enveloppement d'algues. Piscine et espace hydromarin accessibles au public.

AGENDA

Descente de l'Odet – *En juin.* En kayak, canoë ou paddle, plus d'un millier de participants suivent ce parcours d'une quinzaine de km de Bénodet à Quimper (ou l'inverse, selon la marée) organisé par le club de canoë-kayak de Quimper. Une journée festive, sur un thème différent chaque année.

Concerts de la Butte du Fort – *14 juil.-15 août.* Concerts gratuits de musiques actuelles, à certaines dates. *Rens. à l'OT.*

3

Fouesnant-les-Glénan

9 437 Fouesnantais – Finistère (29)

La plus grande station du Finistère, formant avec Bénodet la « Riviera bretonne », est renommée de longue date pour sa côte et, surtout, son centre nautique. De Cap-Coz à la pointe de Mousterlin, d'immenses plages de sable blanc exposées au sud alternent avec les petites criques, tandis qu'à une heure de bateau, l'archipel de Glénan offre évasion et dépaysement dans un décor paradisiaque.

😊 NOS ADRESSES PAGE 291
Hébergement, restauration, achats, activités, etc.

🅘 S'INFORMER
Office de tourisme de Fouesnant – *4 Espace Kernévéleck - 29170 Fouesnant-les-Glénan -* 📞 *02 98 51 18 88 - www.tourisme-fouesnant.fr - juil.-août : 9h-19h, dim. et j. fériés 10h-13h ; reste de l'année : tlj sf dim. 9h-12h, 14h-18h - fermé 1er janv., 1er Mai, 25 déc.*

▶ SE REPÉRER
Carte de microrégion C2-3 (p. 215) – Calé au fond de la baie de la Forêt, Fouesnant se trouve entre Bénodet et Concarneau (sur la D 44), à une quinzaine de kilomètres au sud de Quimper par la D 34.

😊 À NE PAS MANQUER
Une plongée dans les eaux limpides de « La Chambre » des îles de Glénan ou une bonne marche le long des sentiers côtiers.

🕐 ORGANISER SON TEMPS
Renseignez-vous sur les horaires des excursions vers les îles de Glénan. La traversée prend une heure.

👫 AVEC LES ENFANTS
Le centre aquatique Les Balnéides, le centre nautique Fouesnant Cornouaille et les croisières maritimes (dont Capitaine Nemo).

Se promener Carte de microrégion p. 214-215

FOUESNANT-LES-GLÉNAN

Fouesnant C3
Église Saint-Pierre – Construite au 12e s., elle a été remaniée au 18e s. À l'intérieur, les hauts piliers de granit sont ornés de beaux chapiteaux romans. Remarquez, dans le bras gauche du transept, une belle statue polychrome de sainte Anne.
À l'extérieur, voyez l'émouvante expression de la Fouesnantaise du monument aux morts.

Cap-Coz C3
À 2 km à l'est, sud-est.
Ce petit centre balnéaire est bâti sur une langue sablonneuse, entre les falaises de Beg-Meil et le chenal d'accès à Port-la-Forêt. La longue plage de sable blanc bordée de pins, sous l'azur du ciel, prend des airs de Corse. Elle incarne la plage familiale par excellence : idéale pour les enfants, sans aucun danger, elle descend en pente douce. Derrière ce cordon se trouve l'anse de Penfoulic,

Vue aérienne des îles de Glénan.
B. Stichelbaut/hemis.fr

elle-même bordée par le bois de Penfoulic. Avec ses allures de forêt magique peuplée d'elfes, ce bois, où l'eau de mer pénètre, abrite également un verger conservatoire de pommiers, des prairies pâturées et une **maison des marais** (♿ - *ouverte certains après-midi en juillet/août*).

Quant à l'anse de Penfoulic, cette vaste étendue d'eau qui se vide et se remplit au gré des marées est un formidable réflecteur de lumières, notamment au couchant. Les oiseaux viennent y grappiller leur nourriture sur les bancs de vase.

🐾 Le sentier côtier qui conduit à la Roche-Percée est une agréable promenade dominant ou traversant des criques aux eaux limpides.

Beg-Meil C3

À 5,5 km au sud.

🚤 Une liaison maritime entre Beg-Meil et Concarneau permet d'éviter les difficultés de stationnement et de circulation en été (*Vedettes de l'Odet - www. vedettes-odet.com - juil.-août, mar.-vend. à 9h30 et 13h30, retour vers 15h ou 16h30 - 8 € AS (4-12 ans 5 €, -4 ans 3 €), vélo 4 € ; 12 € AR (4-12 ans 6 €, -4 ans 4 €), vélo 4 €, chien 7 € ; 30mn de traversée*).

À l'entrée de la baie de la Forêt, face à Concarneau, Beg-Meil adosse ses plages, côté baie, à de petites anses rocheuses : plage des Oiseaux, plage de la Cale, plage de Kerveltrec. Les grands industriels bretons, notamment, y possèdent de splendides manoirs de granit. La cale de Beg-Meil accueille des vedettes d'excursion *(voir « Nos adresses » p. 291)* et quelques petits pêcheurs côtiers, qui vendent directement le produit de leur pêche.

À la **pointe de Beg-Meil,** au-delà du sémaphore, un grand menhir d'environ 7 m de haut a été couché par les Allemands pendant la dernière guerre.

Pointe de Mousterlin C3

À 6,5 km au sud-ouest.

Vue étendue sur le littoral, de la pointe de Lesconil, à droite, à la pointe de Trévignon, à gauche. Le sable blanc des plages, immaculé, riche en paillettes de mica, scintille de très loin. C'est un « terroir marin » exceptionnel, très riche en oligo-éléments et en plancton, mais aussi en algues nourrissantes et en

herbiers qui accueillent les pontes : un spot idéal pour la pêche à pied. À l'arrière du littoral, séparé de lui par des digues construites au début du 20ᵉ s., le **marais** de Mousterlin – on peut même parler de polder – communique avec la mer par un chenal qui apporte en son cœur une eau salée. Prairies humides bordées de saules, limons féconds, lagunes, roseaux et joncs, iris des marais au jaune éclatant, nombreux oiseaux (du faucon crécerelle au héron en passant par le bécasseau Sanderling) : une autre facette de Fouesnant à découvrir.

★ Îles de Glénan C3

À 18 km du continent. Accès : voir « Nos adresses » ci-contre.

Les bateaux arrivent sur l'île St-Nicolas (la seule à disposer d'une infrastructure portuaire) qui abrite quelques maisons, le Centre international de plongée, un gîte d'étape, un bar et un grand vivier à crustacés *(restauration possible, sur réserv.)*. Mieux vaut donc réserver sa table ou emporter un pique-nique. Il n'existe pas d'hôtel ni de camping aux îles de Glénan. Le camping sauvage y est interdit (site classé). La seule possibilité de logement est le gîte de mer *(voir « Nos adresses » ci-contre)*. Sachez aussi qu'en dehors des plaisirs de la nature et de la mer, il n'y a rien à faire ni à visiter sur l'archipel : mieux vaut donc y aller quand il fait beau. Un conseil : emportez masque et tuba pour observer les fonds marins et des jumelles pour les oiseaux.

L'archipel de Glénan compte **cinq îles principales** (St-Nicolas, Penfret, Le Loch, Drénec et Cigogne) et un chapelet d'îlots et de récifs formant un cercle. En son centre, la mer plus calme et peu profonde est appelée « La Chambre » ; par beau temps, l'eau, extrêmement limpide, y prend les teintes émeraude ou turquoise d'un lagon.

L'**île St-Nicolas** est un site naturel classé et fragile. Une réserve naturelle a été créée pour l'exceptionnel narcisse *(voir encadré ci-dessous)* mais d'autres plantes sont protégées ; la cueillette des fleurs est donc interdite. Respectez le platelage au sol et la délimitation par des ganivelles (palissades en bois).

Les **plages** de l'archipel sont superbes, mais aucune n'est surveillée. Elles surprennent par leur blancheur (*pensez à la crème solaire, forte réverbération*) qu'elles doivent à la décomposition d'une algue calcaire, le maërl.

Le sentier qui fait le tour de l'île St-Nicolas offre de belles vues sur la côte. Près de l'éolienne, principale source d'électricité de l'île, des fosses à goémon témoignent de l'activité de production de soude qui débuta au 19ᵉ s. Au nord, la petite **île Brunec** et, au sud, l'**île du Loch** avec sa cheminée, vestige d'une ancienne usine de traitement du goémon, sont des propriétés privées.

Certaines îles sont occupées par le Centre nautique des Glénan, première école de voile d'Europe, de renommée internationale : **Penfret**, avec son phare du même nom, **Cigogne**, avec les vestiges d'un fort du 18ᵉ s., **Bananec**, reliée à St-Nicolas par un tombolo (banc de sable découvert à marée basse, vérifiez les horaires des marées avant de vous rendre sur l'île de Bananec par le tombolo), et **Drénec**. L'**île Giautec** et les îlots inhabités sont autant de réserves protégées où se reproduisent goélands, sternes, huîtriers pie et cormorans.

LE NARCISSE DES GLÉNAN

L'archipel, havre privilégié pour les oiseaux marins, accueille une espèce botanique unique au monde, le narcisse des Glénan. Cette plante, découverte en 1803 par un pharmacien de Quimper, a une floraison éphémère (trois semaines) à la mi-avril. Elle forme alors, avec la jacinthe des bois, un magnifique tapis jaune et bleu. Protégée par une réserve naturelle, on peut la découvrir lors des nombreuses sorties « nature » organisées par l'office de tourisme. Différents thèmes sont proposés selon les saisons.

À proximité Carte de microrégion p. 214-215

La Forêt-Fouesnant C3

▶ *À 3,5 km à l'est.*

Station dont les rivages boisés permettent de superbes randonnées. Le bourg possède un petit **enclos paroissial** et un calvaire du 16ᵉ s. original avec ses quatre pilastres d'angle.

Dans l'**église**, bâtie au 16ᵉ s., on remarque un baptistère sculpté (1628) et une statuaire polychrome.

Port-la-Forêt

▶ *À 5,5 km à l'est par la D 44.*

Ce port de plaisance (le 2ᵉ du Finistère), construit entre la plage et le bourg, peut accueillir 1 130 bateaux. Des vedettes mènent aux îles de Glénan.

😊 NOS ADRESSES À FOUESNANT-LES-GLÉNAN

ACCÈS AUX ÎLES DE GLÉNAN

Desservies par les vedettes de l'Odet. Horaires variables selon les mois et les lieux de dép. Mieux vaut réserver à l'avance en hte sais.

Les Vedettes de l'Odet -
℘ *02 98 57 00 58 - www.vedettes-odet.com -* &.
Au dép. de Bénodet (1h) : agence et embarcadère au vieux port près de l'église.
Au dép. de Loctudy (1h) : billetterie et embarcadère au port de pêche.
Au dép. de Port la Forêt (1h30) : port de plaisance de La Forêt-Fouesnant.
Au dép. de Beg-Meil (1h15) : billetterie à l'embarcadère de la cale.
Au dép. de Concarneau (1h15) : billetterie et embarcadère au port de plaisance.

HÉBERGEMENT

BUDGET MOYEN

À Fouesnant

L'Orée du Bois – *4 r. Kergoadic - 29170 Fouesnant -* ℘ *02 98 56 00 06 - www.hotel-oreedubois. com - 15 ch. 43/81 € -* 🖵 *8 €.* Vous n'êtes pas en lisière de forêt mais à deux pas de l'église de Fouesnant.

Accueil aimable et familial. Les chambres sont simples, évoquant les délices de la mer toute proche.

À proximité

Camping Club Airotel Kérantérec – *1 rte Saint-Laurent - À **Kerleven**, 2,8 km au sud-est de La Forêt-Fouesnant -* ℘ *02 98 56 98 11 - www.camping-keranterec. com - de mi-avr. à mi-sept. - 265 empl. 35 € - locatif 310/1000 € sem.* Un camping très bien entretenu qui bénéficie d'un accès direct à une petite plage. Pour les loisirs, piscines couverte et découverte, tennis, bar-restaurant et une belle salle d'animations. Les locations sont en mobile homes classiques et de bon confort.

Camping Sunêlia L'Atlantique – ***Hent Kerbader** - 4,5 km au sud de Fouesnant, vers la Chapelle de Kerbader -* ℘ *02 98 56 14 44 - www. camping-bretagne-atlantique. com -* & *- de fin avr. à mi-sept. - 432 empl. 46 € - locatif 115/207 €.* Un vrai camping-club avec de très nombreuses installations loisirs et services. Parc aquatique de grande qualité en partie couvert, espace balnéo (sauna-hammam-jacuzzi et massages), espace jeux pour enfants couvert, une grande salle d'animation

3

sans oublier le bar-restaurant. Pour le locatif, quelques yourtes ou tentes lodges bien équipées mais surtout plus de 200 mobile homes dont certains de très grand confort.

POUR SE FAIRE PLAISIR

À Fouesnant

Belle-Vue – *30 descente Belle-Vue - lieu-dit Cap-Coz - 29170 Fouesnant - ℘ 02 98 56 00 33 - www.hotel-belle-vue.com - fermé nov.-fév. - &. P - 17 ch. 77/115 € - 13 € - fermé lun.-mar. - formule sem. 18 €, menu 29/44 €.* Quelle vue sur la baie de la Forêt-Fouesnant ! Les chambres, parfaitement tenues, sont pimpantes avec leurs couleurs claires et, bien entendu, elles donnent sur les flots ou le jardin. De la salle du restaurant, on peut apercevoir la plage, les eaux cristallines et les arbres courbés par le vent… Au menu : une cuisine au goût du jour, orientée poissons et fruits de mer, que le chef Yves Kernévez travaille avec précision, en n'oubliant jamais d'y mettre une touche personnelle.

UNE FOLIE

À proximité

Hôtel de la Pointe de Mousterlin – *108 rte de la Pointe - 6 km au sud-ouest de Fouesnant par D 145 et D 134 - ℘ 02 98 56 04 12 - www. hoteldelapointefouesnant.com - fermé mar. midi, dim. soir et lun. midi (de mi-oct. à mi-avr.), 23 fév.-mi-mars - P &.- 43 ch. 90/200 € - 13 € - menu 32/52 €.* Trois bâtiments où alternent chambres traditionnelles et modernes, vue sur mer et plage ou sur jardin. Une maison sympathique disposant de nombreux équipements de loisirs (sauna, Jaccuzzi, salle de musculation…).

Glénan

PREMIER PRIX

Gîte de mer Relais Sextant aux Glénan – *Île St-Nicolas des Glénan - ℘ 02 98 50 68 88 - www.sextant-glenan.org - avr.-sept. - 5 ch. de 6 lits 16,40 €/pers. (3-16 ans 10,70 €) - réserv. par tél. longtemps à l'avance.* Construit pour les stagiaires d'associations nautiques, ce gîte accueille aussi des individuels l'été pour 3 nuits maxi (selon l'affluence). Il faut tout emporter : duvet, vivres, eau potable (possibilité de cuisiner sur place). Mais quel bonheur de contempler l'archipel à l'aube !

RESTAURATION

À Fouesnant

BUDGET MOYEN

Le Café du Port – *32 corniche de la Cale - 29940 La Forêt-Fouesnant - Vieux Port - ℘ 02 98 56 96 67 - fermé merc. (sf soir en août), de mi-sept à fin mars - formule déj. 15 €, menu 21 €.* Ce sympathique restaurant familial a jeté l'ancre il y a plus de quarante ans sur le vieux port. On y déguste poissons et fruits de mer livrés quotidiennement par les pêcheurs du coin. Décor de style breton et agréable terrasse pour les beaux jours.

POUR SE FAIRE PLAISIR

Bistrot chez Hubert – *6 r. des Glénan - Beg Meil - ℘ 02 98 94 98 04 - www.bistrotchezhubert.fr - fermé mar. (sept-juin) et lun., 15-30 juin et 10 nov.-3 déc. - formule 18 € - carte 35/55 €.* Un bistrot de famille : c'est l'arrière-grand-mère du chef qui le fonda en 1903. La cuisine bourgeoise y a toujours cours : poisson, gibier en saison et, en spécialité, pied de porc désossé farci au foie gras. La tradition est respectée ! En prime, une formule tapas est proposée au bar, pour les amateurs.

À proximité
La Pointe du Cap Coz – *153 av. de la Pointe du Cap-Coz - à la plage du Cap-Coz - 2,5 km au sud-est de Fouesnant par rte secondaire - ☎ 02 98 56 01 63 - www.hotel-capcoz.com - fermé lun. (sf soir en juil.-août), dim. soir (sept.-juin), merc. (juil.-août) et mar. midi, 1er janv.-10 fév. - ♿ - menu 32/74 € - 48/88 €.* Une langue de sable blanc et la mer pour horizon, une cuisine bien ficelée à base de produits frais, des prix raisonnables, une salle à manger côté port et l'autre face à l'océan… Cette maison a tout pour plaire ! Quelques chambres simples, au calme.

Glénan
BUDGET MOYEN
Les Viviers (Chez Castric) – *Île St-Nicolas - ☎ 02 98 50 68 90 - fermé oct.-avr. - menu 19/24/50 €.* Bar ouvert à toute heure, restauration sur réservation. Tenu par les Castric, famille de pêcheurs, depuis plus de quarante ans, ce restaurant sert des produits frais pêchés dans l'archipel ou puisés dans leurs magnifiques viviers, les premiers construits en Bretagne (1872) pour héberger les fameux homards bleus des Glénan. Spécialité de homard sur commande.
La Boucane – *Île St-Nicolas - ☎ 02 98 50 69 00 - mars-oct. - 25/30 € - réserv. conseillée (juil.-août).* Cette brasserie est nichée dans l'ancien abri du canot de sauvetage. Les nœuds marins ont depuis fait leur apparition. Sandwichs, poissons, moules-frites, crêpes et glaces, l'ambiance est amicale mais, en saison, le lieu est surpeuplé…

ACHATS

Cidrerie de Menez Brug – *54 Hent-Carbon - ☎ 02 98 94 94 50 - www.cidrerie-de-menez-brug.com -avr.-sept. : 10h-12h, 14h-18h30 ; reste de l'année : 10h-12h, 14h-17h - fermé dim. et j. fériés - ♿ - possibilité de visite guidée (1h) de l'atelier de fabrication de mi-juin à mi-sept. : lun. 10h-12h, merc. 10h-12h, 14h-17h - gratuit.* Cidre et pommeau de Bretagne AOC Cornouaille (seul cidre breton portant l'Appellation d'origine contrôlée) sont fabriqués ici.

ACTIVITÉS

Parc de loisirs
👥 **Centre aquatique Les Balnéides** – *51 allée de Loc-Hilaire - ☎ 02 98 56 18 19 - www.balneides.fr - juil.-août : 10h30-19h30 ; reste de l'année : horaires variables - fermé 1 sem. en mars et 1 sem. en sept., 1er Mai - 6,15 € (-16 ans 5,15 €).* Décor tropical pour ce centre aquatique disposant du plus long toboggan de Bretagne. Sauna, Jacuzzi…

Randonnées
🥾 **Les sentiers de randonnée** – Les amateurs de randonnée apprécieront les 250 km de sentiers balisés. Outre un sentier côtier panoramique, de nombreux chemins creux permettent de découvrir les charmes du bocage. L'archipel de Glénan et les marais de Mousterlin (Mer blanche et polder de Mousterlin) sont les deux plus beaux territoires de la région. Ne pas manquer le sentier côtier entre la cale de Beg-Meil et la plage de Cap Coz (4 km). *Guide détaillé de 30 circuits disponible à l'office de tourisme (5 €).*
Balades nature – *S'adresser à l'office du tourisme de*

3

Fouesnant-les-Glénan - ☎ *02 98 51 18 88 - www.tourisme-fouesnant. fr - vac. scol. (sf. Noël) - ½ j. - tarif, se rens.* Jumelles et lunettes ornithologiques sont mises à disposition pour observer les oiseaux sédentaires (aigrette garzette, héron cendré…) ou les hivernants (bernache cravant, harle huppé…). Les sorties « Famille » *(4 enf. maxi)* sont plus courtes *(env. 2h)* et à tarif préférentiel *(12 €).*

Croisières

Croisière sur l'Odet jusqu'à Quimper – Billets en vente à l'OT et à l'agence des vedettes de l'Odet de Beg-Meil et Bénodet.

Vision sous marine

👥 Capitaine Nemo – *Vieux Port - 29950 Bénodet - rens. et réserv. au* ☎ *02 98 57 00 58 - www. vedettes-odet.com - 49 € (4-12 ans 25 €, -4 ans 7 €).* Au départ de Beg-Meil : découverte des fonds sous-marins de l'archipel des Glénan lors d'une croisière à bord d'un catamaran à vision sous-marine.

Nautisme

👥 Centre nautique de Fouesnant Cornouaille – *1 chemin de Kersentic - 29170 Fouesnant -* ☎ *02 98 56 01 05 - www.centre-nautique-fouesnant-cornouaille.com - tlj sf dim. 9h-12h, 14h-17h.*

Centre nautique des Glénans – *Quai Louis-Blériot - 75016 Paris -* ☎ *01 53 92 86 00 - www.glenans.*

asso.fr. Tout est désormais centralisé au siège parisien de la première école de voile d'Europe qui accueille plus de 15 000 stagiaires et moniteurs par an. Née en 1947, sur l'archipel de Glénan, cette association propose des formations pour les individuels et les groupes en internat. Formation monitorat, voile légère, habitable. Il est indispensable de réserver et de s'inscrire à l'avance.

Plongée

CIP Glénan (Centre international de plongée) – *R. des Bolincheurs - 29185 Concarneau -* ☎ *06 84 46 84 82 - www.cip-glenan.fr - de mi-avr. à mi-nov.* Baptêmes, plongées exploration, formation monitorat. Inscription à l'avance obligatoire.

AGENDA

Festival Place aux mômes – En été, spectacles en plein air sont organisés dans la station. *Mar. 18h30 - gratuit - s'adresser à l'OT de Fouesnant-les-Glénan.*

Grand pardon de Ste-Anne – ☎ *02 98 56 00 91 (Chapelle St-Guénolé)- dim. suivant la Ste-Anne (26 juil.).*

La Fête des Pommiers – *Fouesnant-les Glénan - w.-end mi-juil.* Concours de cidre et de jus de pomme, danses bretonnes, restauration, Fest Noz, grand défilé au son du Bagad Bro Foën…

Concarneau

⭐

19 199 Concarnois – Finistère (29)

Grand port de pêche, Concarneau attire autant pour sa ville close et le spectacle de sa vie maritime que pour la qualité de ses plages de sable blanc. Enserrée dans des fortifications de granit édifiées au Moyen Âge, la célèbre ville close est petit bijou, très fréquenté, blotti sur un îlot. On la parcourt à pied le long de ses ruelles étroites ou du haut de ses remparts.

😊 NOS ADRESSES PAGE 300
Hébergement, restauration, achats, activités, etc.

🗊 S'INFORMER

Office du tourisme de Concarneau – *Quai d'Aiguillon - 29900 Concarneau - 📞 02 98 97 01 44 - www.tourismeconcarneau.fr - juil.-août : 9h-19h ; avr.-juin et sept. : 9h-18h30, dim. et j. fériés 10h-13h ; reste de l'année : tlj sf dim. 9h-12h30, 14h-18h - fermé 1er janv., 1er et 11 Nov., 25 déc.*

▶ SE REPÉRER

Carte de microrégion C3 (p. 215) – Au sud-est de Quimper par la D 783, Concarneau occupe un site abrité, face à Beg-Meil.

🅿 SE GARER

Il est difficile de circuler dans le centre de Concarneau en haute saison. Les parkings les plus proches se trouvent quai Carnot, quai d'Aiguillon et quai Pénéroff. Le parking de la gare est gratuit. Parking également côté port de commerce, quartier du Passage-Lanriec, relié par un bac à la ville close *(voir « Nos adresses » p. 300)*.

😊 À NE PAS MANQUER

Le tour des murailles de la ville close et une promenade sur le sentier du littoral (GR 34) vers le Cabellou.

🕐 ORGANISER SON TEMPS

Comptez une journée entre ville close, ports, balade et plages.

👫 AVEC LES ENFANTS

Une sortie en mer *(voir Nos adresses, p. 302)* et l'une des plages.

Se promener Plan de la ville p. 296

★★ LA VILLE CLOSE B1-2

▶ *Comptez 2h.*

Ses ruelles occupent un **îlot** de forme irrégulière, long de 350 m et large de 100 m, relié à la terre par deux petits ponts que sépare un ouvrage fortifié. Celui-ci est surplombé par un **beffroi**, érigé en 1906 à l'emplacement de l'ancien poste de guet, qui est devenu le symbole de la ville. D'épais **remparts**, élevés au 14e s., reconstruits au 16e s. et complétés par Vauban au 17e s., en font le tour. Cet ensemble unique et le riche patrimoine maritime valent à Concarneau d'être classée Ville d'Art et d'Histoire. Artère principale de la petite ville, la **rue Vauban** est bordée de maisons anciennes qui hébergent le musée de la Pêche et une enfilade de restaurants, cafés, glaciers, magasins de souvenirs et autres boutiques. Aux beaux jours, il est difficile de se frayer un chemin dans ce haut lieu du tourisme. 😊 Pour plus de tranquillité, gagnez la partie sud-est qui abrite un charmant **jardin** aux herbes hautes entouré

3

d'arbres *(pique-nique autorisé)*. Tout près se trouve l'espace scénique du **carré des Larrons** où l'on peut régulièrement assister à un concert ou une autre représentation artistique.

Maison du patrimoine

Tour du Gouverneur - Ville Close - ☏ 02 98 60 76 06 - www.concarneau.fr - juil.-août : 10h-18h30 ; mai-juin et sept.-oct. : 10h-17h - fermé lun. - possibilité de visite guidée (1h30) - gratuit - 5,50 € (enf. 3,50 €).

Installée dans la **maison du Gouverneur**, à l'entrée de la ville close, cette construction à colombages du 17ᵉ s. est flanquée de la **tour** du même nom du 15ᵉ s. C'était autrefois la résidence des gouverneurs militaires de la ville. La maison héberge des salles pour des animations et des expositions temporaires. Pendant les vacances scolaires et l'été, on accède aux fortifications depuis la belle salle voûtée de la tour.

Musée de la Pêche

3 r. Vauban - ☏ 02 98 97 10 20 - www.musee-peche.fr - ♿ - juil.-août : 10h-19h ; avr.-juin et sept.-oct. : tlj sf lun. 10h-18h ; reste de l'année : tlj sf lun. 14h-17h30 - fermé janv., 25 déc. - 5 € (-18 ans gratuit).

Situé dans l'ancien arsenal, le musée présente de façon un peu traditionnelle mais très claire l'évolution de la pêche depuis les méthodes ancestrales jusqu'aux techniques les plus contemporaines. Sa riche **collection★** de maquettes et de reconstitutions est impressionnante ! Complétée par quelques petits bateaux anciens, comme cette *jangada* brésilienne, elle évoque les pêches traditionnelles ou modernes (baleine, morue, thon, sardine, hareng). On découvre aussi le *Commandant Garreau,* canot de sauvetage de 1894.

SE LOGER		SE RESTAURER		
Hôtel de France et d'Europe	6	L'Amiral	1	Le Flaveur 4
Hôtel des Halles (Brit Hotel)	2	Crêperie Le Petit Chaperon Rouge	2	La Porte au Vin 3

La ville close.
J. Larrea/age fotostock

Par la **tour du Major**, on accède au musée à flot. À bord de l'*Hémérica,* un chalutier de 34 m désarmé en 1981, on peut se faire une idée du métier difficile des marins.

Fortifications

Suivez les plaques indicatrices. L'accès se fait par la Maison du patrimoine quand elle est ouverte. Sinon pour la 1re partie de la visite (zone nord), montez les marches à gauche immédiatement après le pont et prenez le chemin de ronde - ℘ 02 98 60 76 06 - horaires, se rens. - durée 1h30 - gratuit.

3

🙂 *Les fortifications à l'est, entre la tour du Passage et la tour du Maure sont toujours accessibles. Le bac permet de rejoindre l'autre rive depuis la porte du Passage.* Par les meurtrières, vue sur l'arrière-port, sa flotte de pêche et la tour neuve.

Pour la 2e partie de la visite, revenir au point de départ (redescendre les marches). Après avoir contourné l'esplanade du Petit-Château donnant sur le port de plaisance, on domine la passe qui relie les deux ports.

Rentrez plus avant dans la ville par la porte du Passage. Poursuivez tout droit et à gauche par la rue St-Guénolé.

De la **place St-Guénolé**, une courte ruelle à droite conduit à la **porte aux Vins,** ouverte dans les remparts ; en la franchissant, la vue s'ouvre sur les chalutiers amarrés dans le port et sur la criée.

La rue Vauban vous ramène à la sortie de la ville close.

LES PORTS, LES QUAIS ET LES PLAGES

Dans le **port de pêche** (B1)**,** important en France pour le poisson frais, et le premier d'Europe pour le thon, la plupart des bateaux sont amarrés le long du quai Carnot, où l'on verra côtiers et chalutiers.

🙂 Avec un peu de chance, on peut assister au déchargement des crustacés et des poissons vers 22h sous les néons. La vente a lieu vers 6h du matin. La criée n'est pas ouverte aux visiteurs (sauf en juillet-août lors de visites organisées plusieurs fois par semaine, se renseigner auprès de l'office de tourisme).

Longez les quais en direction du port de plaisance.

De nombreuses terrasses de restaurants et de cafés occupent l'esplanade le long du **quai Penéroff** (B2).

★ **Galerie Gloux** (B2) – *22 av. du docteur Pierre-Nicolas -* 🞉 *02 98 97 32 23 - mar.-sam. 10h-12h, 14h-19h, dim. et j. fériés 15h-19h - expositions toute l'année.* Installée face au port de plaisance dans une jolie maison à pans de bois, cette galerie, qui œuvre pour l'art ancien et contemporain depuis plus de 4 décennies, recèle de trésors variés consacrés à la région. Les peintres se sont en effet intéressés à Concarneau à partir des années 1890, sucombant à la lumière, aux scènes de pêche et à d'autres sujets liés la Bretagne. Prenez le temps de découvrir notamment les lumineuses peintures post-impressionnistes du Néo-Zélandais Sydney Lough Thompson (1877-1973) ou des œuvres contemporaines comme les linogravures colorées de l'île de Groix ou de Concarneau de Hans von Döhren, les délicats poissons et crevettes réalisés à l'aquarelle par Jean-Pierre Guilleron ou encore les émouvantes sculptures animalières de Jean Lemonnier.

Aménagé au cœur de la ville, le **port de plaisance** (D2) peut accueillir près de 400 bâteaux. À gauche du quai de la Croix s'élève la station marine du Muséum national d'histoire naturelle, dont on peut visiter le **Marinarium** (C2). Une occasion pour ses scientifiques de présenter leurs missions et l'incroyable biodiversité du monde marin, en particulier celle du littoral. Vous découvrirez aussi les difficultés liées à la gestion de ce merveilleux trésor. La visite est rythmée par l'observation du plancton, la déambulation au milieu des aquariums et la projection de films. *Pl. de la Croix -* 🞉 *02 98 50 81 64 - http://concarneau. mnhn.fr -* ♿ *- de fin mars à fin sept. : 10h-12h, 14h-18h ; 9 fév.-29 mars et oct.-déc. : 14h-18h - fermé 25 déc. - 5 € (-16 ans 3 €) - 2 € (enf. 1 €) animations vac. scol. : 15h.*

Dépassez l'ancien marché aux poissons où se tenait la criée, puis la chapelle N.-D.-de-Bon-Secours (15e s.) et un petit phare.

Longez ensuite le **port de la Croix** *(bd Bougainville)* que protège une jetée. Jolie vue en arrière sur la pointe du Cabellou et, en avant, sur la pointe de Beg-Meil. Au large, les îles de Glénan. Plusieurs **plages** de sable se succèdent : Rodel, la plus proche du centre-ville, des Dames, du Mine, de Cornouaille, puis la grande **plage des Sables-Blancs** *(activités sportives et ludiques en été).*

★ **À PIED VERS LES PLAGES DU CABELLOU**

🐾 *Traversez la ville close et empruntez le bac qui vous transporte en 5mn de l'autre côté de l'anse dans le quartier du Passage-Lanriec. De là, suivez le GR 34.* La balade, facile et éloignée de la circulation automobile, évolue et dans de magnifiques paysages entre les vues sur la ville close et les ports, l'océan, les rochers tout en rondeur, les pins maritimes, les villas et les criques (D2). La plage du **Pourzou** se trouve à 20mn de marche. On atteint la Belle-Étoile, première plage de la pointe du **Cabellou**★, en une heure de marche environ du point de départ.

À proximité Carte de microrégion p. 214-215

Château de Keriolet C3

⏵ *À Beuzec-Conq, à 1,5 km au nord. Par la rue Jules-Simon, traversez la D 783. Dans la rue de Stang-Ar-Lin, passez la grille d'entrée sur la gauche.*

Le manoir (13e s.) fut transformé au 19e s. en un extraordinaire château d'inspiration médiévale par la richissime princesse russe Zenaïde Narischkine pour son époux le comte de Chauveau. Un de ses descendants, le prince Félix Youssoupov, l'un des assassins de Raspoutine, habita également le château durant quelques années. *☎ 02 98 97 36 50 - http://chateaudekeriolet.com - &. - visite guidée (1h) de la 2ᵉ sem. de juin à la 3ᵉ sem. de sept. : 10h-13h, 14h-18h - fermé sam. - 6,50 € (-15 ans 3,50 €) - 16,50 € billet famille (2 adultes + enf.). Exposition peinture et sculpture en sais.*

Rosporden C3

▶ *À 13 km au nord-est par la D 70.*

Cette petite ville, au bord d'un étang formé par l'Aven, s'est fait connaître pour ses conserveries mais aussi surtout pour son hydromel, appelé *chouchen* en breton. Cette boisson alcoolisée, obtenue par fermentation du miel dans de l'eau, était déjà appréciée dans l'Antiquité. Son **église** des 14ᵉ et 15ᵉ s., remaniée au 17ᵉ s., possède un beau **clocher★** carré. Quatre clochetons et quatre fenêtres à remplage enserrent la flèche octogonale.

Circuit conseillé Carte de microrégion p. 214-215

★ LA CÔTE VERS PONT-AVEN C-D3

▶ *Circuit de 45 km tracé en violet – comptez environ 2h.*
Quittez Concarneau par le quai Carnot vers Lorient ; à 3 km, prenez à droite.

La route passe par le pont du Moros qui offre une très jolie **vue d'ensemble★** de Concarneau, de son port de pêche et de la baie ; sous le pont se trouve la petite île aux Canards.

★ Pointe du Cabellou C3

Contournez la pointe par la droite.

Belle **vue★** sur Concarneau. Parmi les villas et les pins, la route qui longe la côte rocheuse offre des vues sur la baie de la Forêt et les îles de Glénan.
Revenez à la route nationale et prenez vers Quimperlé. À Pont-Minaouët, tournez à droite et, à Kermao, encore à droite.

Traversez **Pouldohan** (belle plage) et Pendruc.

Pointe de la Jument C3

🐾 *15mn à pied AR.*

On appréciera le site rocheux et la vue sur le Cabellou, la baie de la Forêt et Beg-Meil.
Rejoignez Lambell où vous prendrez à droite, vers Lanénos et Ruat.

Pointe de Trévignon C3

Arrêtez-vous sur la **plage du Trévignon** où se trouve la **Maison du littoral** *(www.bretagne-vivante.org)*. Elle présente une petite exposition sur la flore et la faune typiques des **dunes** et des **étangs** qui s'étendent ici le long du littoral, en particulier sur les nombreux oiseaux nicheurs. La Maison organise aussi des sorties découverte de ce site naturel protégé par le Conservatoire du littoral. La pointe du Trévignon porte à son extrémité un ancien fort. Un minuscule **port de pêche** *(vente de poissons en direct en fin de matinée et vers 17h)* et le bateau de sauvetage s'abritent sur la face ouest. Belle **vue★** à droite sur la baie de la Forêt et Beg-Meil, à gauche sur les îles de Glénan et, plus près de la côte, l'île Verte et l'île Raguenès. *Suivez la route en bordure de la plage de Kersidan puis prenez à gauche vers Kercanic. La suite de l'itinéraire est décrite en sens inverse au départ de Pont-Aven (voir p. 306).*

3

😊 NOS ADRESSES À CONCARNEAU

VISITE

Concarneau, Ville d'art et d'histoire, propose différentes visites-découverte (1h30) générales ou thématiques : visites historiques de la ville close et du port *(5,50/3,50 €)*. Visite-découverte, la criée, Noctambules *(8 €, enf. 4,50 €)* et atelier du patrimoine *(gratuit)*. *Programme et rens. à l'office de tourisme. Pass 4 visites (10,50 €), se renseigner.*

Petit train touristique – 📞 02 98 97 25 82 - www.celtictrain. com - ♿ - *visite guidée (35mn) avr.-sept. : horaires, se rens. - 6,50 € (-18 ans 4 €) - 40mn - dép. face à la ville close (devant l'office de tourisme lun. et vend. mat.).*

TRANSPORTS

Bac du passage – Liaison en bateau électrique entre la ville close (porte du Passage) et le quartier du Passage-Lanriec (parking). *Juil.-août : tlj 8h-23h ; 2e quinz. de juin et 1re quinz. de sept. tlj 8h-20h30 ; reste de l'année : se rens. - 5mn de traversée - 1 € l'unité (-10 ans gratuit), 6,70 € carnet de 10.*

HÉBERGEMENT

PREMIER PRIX

Hôtel des Halles (Brit Hotel) – *2 r. Charles-Linement/Pl. de l'Hôtel-de-Ville -* 📞 *02 98 97 11 41 - www.hoteldeshalles.com -* ♿ 🅿 *- 25 ch. 65/70 € -* 🍴 *10 €.* L'hôtel bénéficie d'une parfaite situation, à quelques pas de la ville close et des ports et à 10mn à pied des premières plages. Confortables et de tailles variables, les chambres, aux tons clairs, se répartissent sur 3 étages. Gâteaux et confitures maison au petit-déjeuner (buffet). Un bon rapport qualité-prix.

BUDGET MOYEN

Hôtel de France et d'Europe – *9 av. de la Gare -* 📞 *02 98 97 00 64 - www.hotel-france-europe.com - fermé 22 déc.-25 janv. -* ♿ *-* 🅿 *8 € - 22 ch. 87/140 € -* 🍴 *12 €.* Voici un hôtel pour le moins confortable, situé près d'un axe passant entre le port et la ville close. Les chambres ont été rénovées dans un style actuel et fonctionnel. Un pied-à-terre idéal pour découvrir la ville !

POUR SE FAIRE PLAISIR

Le petit manoir de Keriolet – *R. de Keriolet - sur les hauteurs de Concarneau, à env. 1,5 km du centre -* 📞 *02 98 56 90 40 - lepetitmanoirdekeriolet.com - 5 ch. 119 € 🍴 (4 autres ch., un peu plus chères, dans l'ancien pavillon de chasse) -* 🛁*.* Les chambres de cette demeure de charme (1850) sont aménagées dans les anciennes écuries du château et portent le nom de femmes liées à l'histoire de celui-ci. Un lieu paisible, romantique et très confortable au cœur d'un splendide parc.

UNE FOLIE

Hôtel Ker Moor (Kermor) – *37 r. des Sables-Blancs -* 📞 *02 98 97 02 96 - www.hotel-kermor.com -* 🅿 *- 11 ch. 116/167 € -* 🍴 *13 €.* « Les pieds dans l'eau », villa 1900 dont la discrète façade cache un décor maritime avec lambris blanc, gravures, et maquettes de bateaux. Les chambres ouvrent sur la mer ; cinq ont une terrasse.

RESTAURATION

PREMIER PRIX

Crêperie Le Petit Chaperon Rouge – *7 pl. du Guesclin -* 📞 *02 98 60 53 22 - fermé dim. soir (et dim. midi hors saison) et* *lun.* Dans cette petite maison à l'effigie du conte de Perrault avec sa multitude de petits paniers accrochés au plafond, les crêpes sont préparées avec amour. En dessert, peut-être succomberez-vous à « la Bobinette » ou à « la Chevillette ».

BUDGET MOYEN

La Coquille – *1 quai du Moros - ℘ 02 98 97 08 52 - www.lacoquille-concarneau.com - fermé dim. soir, lun. et merc. soir, 1 sem. en janv. - menu 30/46,50 €.* Face à la ville close, côté port de commerce, on se presse au « Bistrot » du chef Jean-François Sicallac pour ses suggestions à l'ardoise et l'ambiance franchement conviviale.

Le Flaveur – *4 r. Duquesne - ℘ 02 98 60 43 47 - fermé sam. midi, dim. soir et lun., 15-30 nov., 1 sem. en janv. - formule 17 €, menus 19,90 (déj. sem.)/27/52 €, carte 45/100 €.* Ce restaurant se niche dans une petite rue calme, à côté du port de plaisance et de la ville close. Aux commandes, le jeune chef fait preuve d'une inventivité rafraîchissante, à l'image de ce lieu jaune, écume iodée, cromesquis d'huître et pamplemousse marin… Un délicieux mélange de saveurs concocté avec des produits frais locaux.

POUR SE FAIRE PLAISIR

La Porte au Vin – *9 pl. St-Guénolé - ville close - ℘ 02 98 97 38 11 - fermé 5 nov.-1er avr. - ᪐ - menu 18/31 €.* Cette maison ancienne jouxte la porte qui permettait autrefois la livraison du vin. Les repas sont servis dans un décor authentique : pierres, grandes cheminées, photos d'antan et tableaux régionaux.

L'Amiral – *1 av. P.-Guégin - ℘ 02 98 60 55 23 - www.restaurant-amiral.com - fermé dim. soir et lun. (sf juil.-août), vac.* *de fév. et 3 sem. en nov. - ᪐ - formule (brasserie) 12,50 € - menu (restaurant) 47 € - 31/55 € - réserv. conseillée.* Ce restaurant, tout en boiseries sombres et allusions marines élégantes, propose les grands classiques d'une cuisine de la mer.

PRENDRE UN VERRE

La Taverne des Korrigans – *2 av. du Dr-P.-Nicolas - ℘ 02 98 97 02 37 - www.facebook.com/tavernedeskorrigans - jeu.-dim. 18h30-5h - fermé lun.-merc. - ᪐.* Bonnes bières, ambiance festive dans l'une des plus vieilles maisons de Concarneau, datant de 1695. Incontournable.

ACHATS

Marchés

Les halles – *Pl. Jean-Jaurès. 8h30-13h.* Boulanger, charcutier, poissonniers, bouchers, maraîchers… de quoi se confectionner un bon pique-nique. Également un espace dégustation de crêpes. Un **marché bio** s'installe le mercredi à partir de 16h30 devant les halles. **Marché hebdomadaire** – *Face à la ville close, lun. et vend. matin.*

Artisanat

Atelier de Valérie Le Roux – *4 r. Duguay-Trouin - ℘ 02 98 50 82 13 - www.valerieleroux.com - mar.-sam. 9h-12h, 14h-19h.* De très jolies céramiques originales pour personnaliser sa table. Stages d'arts plastiques pour les enfants.

Gastronomie

La Maison du Kouign-Amann – *16-18 pl. St-Guénolé (Ville close) - ℘ 02 98 60 58 35 - www.kouignamann.com - juil.-août : 9h-22h ; avr.-juin et sept. : 9h-19h.* La famille Chazé prépare sous vos yeux (laboratoire au fond du

3

magasin) *kouign-amann* et autres spécialités (*far aux pruneaux, gâteaux aux pommes*) sur l'agréable terrasse.

Conserverie Gonidec - Les Mouettes d'Arvor – *ZA de Keramporiel - 2 r. Henri-Fabre - ✆ 02 98 97 07 09 - www.gonidec. com - boutique 10h-12h, 14h-17h - fermé w.-end.* La boutique propose la gamme des « Mouettes d'Arvor » : sardines, thon blanc germon, soupes et crèmes à tartiner. Le reste de l'année, les habitués se fournissent au magasin de l'usine, à l'entrée de Concarneau (*visite en été ou sur réserv.*).

Conserverie Courtin – *Zone de Kerouel - 29910 Trégunc - ✆ 02 98 97 01 80 - www. conserverie-courtin.com - &. juil.-août : 9h-20h ; reste de l'année : 9h-19h - fermé 1er janv., 25 déc. - visite guidée sur demande (1h).* Véritable institution, cette conserverie centenaire est réputée pour ses confits de St-Jacques ; elle prépare aussi de façon artisanale soupes, rillettes, mousses, bisque et cotriade estampillée « La Concarnoise ». Visite commentée et dégustation gratuite (*se rens.*). Coin exposition donnant sur les ateliers.

Britt Boutik – *Zone de Kerouel - 29910 Trégunc - ✆ 02 98 50 25 97 - www.britt.fr - lun.-sam. 10h30-13h, 15h-21h (23h vend. et sam.).* On trouve ici toute la gamme de la bière de Bretagne brassée sur place, plus le Britt Cola. Boutique et espace bar-dégustation, (*concerts en fin de semaine*).

ACTIVITÉS

Bien-être – Thalasso Concarneau - *36 r. des Sables-Blancs - ✆ 02 98 45 05 40 - www. concarneau-thalasso.com.* Ce centre de thalassothérapie récent fait face à la plage des Sables-Blancs. Plusieurs formules, de l'accès simple au Spa marin (*30 €/1 entrée, 270 €/10 entrées*) à des programmes d'une demi-journée (*à partir de 85 €*) à plusieurs jours.

Promenades en mer – *Avr.-sept.*
Croisières Bleues – *✆ 06 63 05 83 47.* Balades commentées sur la baie (*10 €, 5-15 ans à 6 €*) avec formules « apéro en mer » (*12 €*).

Santa Maria – *✆ 06 62 88 00 87 - www.santamariapeche.com - sam. 37 €/½ j, pêche au gros (le sam.) 100 €/j.* Pêche en mer dans la baie de Concarneau ou au large des îles de Glénan sur un ancien sardinier.

Vedettes de l'Odet – *21 av. Dr-Nicolas - port de plaisance - ✆ 02 98 57 00 58 - www.vedettes-odet.com.* Excursion au port de Beg-Meil en juil.-août (*12 € AR, 4-12 ans 6 €*) et croisières aux îles de Glénan (*45 €, 4-12 ans 23 €*).

Popoff – *✆ 06 81 98 64 44/ 06 84 87 15 74 - www.popoff-voile. com.* À bord d'un vieux gréement, croisière dans la baie de Concarneau ou jusqu'à l'archipel des Glénans.

AGENDA

Festival du polar Le Chien jaune – *www.lechienjaune.fr - 3e sem. de juil.* L'association du titre éponyme de Simenon promeut la littérature policière chaque année autour d'une thématique.

Festival des filets bleus – *✆ 02 98 97 09 09 - www. festivaldesfiletsbleus.fr - un long w.-end en août.* Instaurée en 1905 pour aider les familles de pêcheurs, cette fête a pris un caractère folklorique : groupes costumés, danses et défilés ponctués par un grand feu d'artifice.

Pont-Aven, le port sur l'Odet.
F. Guiziou/hemis.fr

Pont-Aven

⭐

2 833 Pontavenistes – Finistère (29

Ce bourg, niché au bord de l'Aven, fut le havre de Paul Gauguin, qui s'y lia avec des peintres comme Émile Bernard et Maurice Denis, attirés par la modicité des auberges et l'exceptionnelle lumière des lieux. Ainsi naquit l'école de Pont-Aven, courte aventure d'une dizaine d'années, de 1886 à 1894, qui fit connaître au monde entier ce discret village, essaimé aujourd'hui de galeries d'art. Après la visite du musée, suivez les traces des peintres en arpentant les rives de l'Aven et les chemins boisés à la découverte d'une nature majestueuse.

😊 NOS ADRESSES PAGE 308
Hébergement, restauration, achats, activités, etc.

S'INFORMER

Office de tourisme de Pont-Aven – *5 pl. de l'Hôtel-de-Ville - 29930 Pont-Aven - 𝄞 02 98 06 04 70 - www.pontaven.com - juil.-août : 9h30-12h45, 14h30-18h45, dim. 10h-12h45 ; reste de l'année : 9h30-12h, 14h-18h - fermé dim., 1ᵉʳ janv., 1ᵉʳ Mai, 25 déc.* L'office de tourisme propose trois boucles pédestres à travers Pont-Aven qui permettent de découvrir à la fois l'oeuvre de Gauguin et le patrimoine architectural de la ville. *Visite guidée de la ville (1h) juil.-août : mar. et jeu. à 11h ; reste de l'année : se rens.*

▶ SE REPÉRER

Carte de microrégion D3 (p. 215) – Pont-Aven se trouve presque à équidistance de Lorient (39 km à l'est) et de Quimper (34 km à l'ouest) par la N 165, ainsi que de Quimperlé

(14 km à l'est) et de Concarneau (12 km à l'ouest) par la D 783.

🅿 SE GARER

La ville est très fréquentée entre avril et septembre. Essayez de vous garer au grand parking un peu au-delà de la poste.

😊 À NE PAS MANQUER

Le musée de Pont-Aven, le sentier du Bois d'Amour, la chapelle de Trémalo avec son Christ en bois

qui inspira Gauguin et une partie du sentier côtier (GR 34) au sud de Névez.

🕐 ORGANISER SON TEMPS

Comptez 2h pour la visite du musée et autant pour les promenades.

👫 AVEC LES ENFANTS

Une balade le long de l'Aven jalonné de moulins, passerelles et rochers. Le labyrinthe et la ferme de Pont-Aven *(voir « Nos adresses », p. 310)*.

Découvrir

★ Musée de Pont-Aven

Pl. de l'Hôtel-de-Ville - ✆ 02 98 06 14 43 - www.museepontaven.fr - ♿ - visite guidée sur demande préalable (1h) juil.-août : 10h-19h ; avr.-juin et sept.-oct. : tlj sf lun. 10h-18h ; fév.-mars et nov.-déc. : tlj sf lun. 14h-17h - 7 € (-18 ans gratuit). Audioguide inclus. Activités pour enfants les merc. de vac. scol.

Suite à d'importants travaux et à un agrandissement, le musée de Pont-Aven, en partie installé dans l'ancien **hôtel Julia** qui accueillit de nombreux artistes, a enrichi ses collections et présente une allure et une scénographie contemporaines. Le parcours est ouvert et séquencé en différentes couleurs qui font écho au célèbre tableau *Le Talisman* de Paul Sérusier. On découvre ici avec bonheur plus d'un siècle de création artistique liée à Pont-Aven, depuis l'arrivée des premiers peintres américains – précurseurs – dans les années 1860, attirés par la lumière exceptionnelle, les paysages et les auberges à prix modique. Le musée organise aussi de grandes expositions temporaires de qualité.

Le bâtiment s'articule autour d'un jardin intérieur composé de terrasses étagées rappelant la toile de Charles Filiger *Paysage rocheux, Le Pouldu* (1891), que l'on peut admirer dans le musée. On plonge dans l'ambiance de Pont-Aven de la 2ᵉ moitié du 19ᵉ s. grâce à une impressionnante reconstitution faite de cartes postales en mouvement, au livre d'or de la pension Gloanec ou encore à des panneaux peints provenant d'anciens ateliers. Dans la section consacrée à Paul Gauguin *(voir encadré ci-contre et p. 470)*, remarquez en particulier l'estampe sur zinc *Joies de Bretagne*, le délicat pastel *Deux têtes de Bretonnes* et l'huile sur toile *Village breton sous la neige*. L'**école de Pont-Aven** est très bien mise en valeur grâce à des œuvres variées et à un film sur le synthétisme. On découvre Émile Bernard avec *Paysage de Pont-Aven aux peupliers* et *Les baigneuses*, Paul Sérusier avec *Les porcelets* et *Portrait de Marie Lagadu*, Meijer de Haan, Armand Seguin, Charles Filiger, Émile Jourdan *(La Chapelle de Lanriot)*, Henry Moret, Émile Schuffenecker, etc. L'influence de l'art japonais à la fin du 19ᵉ s. est illustré à travers des estampes et des œuvres réalisées en Bretagne. Une autre belle salle est consacrée au groupe des **Nabis** avec, en particulier, Maurice Denis *(Maternité au Pouldu)* et Georges Lacombe. La fin du parcours montre la postérité et l'influence de l'école de Pont-Aven au 20ᵉ s. jusqu'à l'abstraction des peintures de Jean Deyrolle (1911-1967).

Se promener

★ Vers le port, le long des rives de l'Aven

👫 🚶 *30mn AR. De la place Julia, prenez à gauche du pont, la direction du port.*

On longe l'Aven qui coule parmi les rochers et les vestiges des **moulins**. La promenade se poursuit pendant environ 800 m, dévoilant le beau plan d'eau

> ## GENÈSE DE L'ART MODERNE
>
> Élève et ami de Pissarro, **Paul Gauguin** (1848-1903) est encore un impressionniste, désireux d'inventer de nouvelles formes d'expression artistique, lorsqu'il arrive en 1886 à Pont-Aven. Il s'installe à l'auberge de **Marie-Jeanne Gloanec**, une pension bon marché connue des artistes. Cette même année, sa rencontre avec **Émile Bernard** (1868-1941) donne naissance au **synthétisme**, ou symbolisme pictural : « L'œuvre doit être expressive par elle-même et non par le sujet. » Cette aspiration est consacrée par deux tableaux d'avant-garde : *Les Bretonnes dans la prairie verte*, d'Émile Bernard, et *La Vision après le sermon*, de Gauguin. En 1889, ce dernier s'installe au Pouldu *(voir p. 314)* et décore la salle à manger de l'auberge de Marie Henry avec Meyer De Haan, Paul Sérusier *(voir encadré p. 322)* et Charles Filiger. En 1895, Gauguin quitte la Bretagne pour les îles Marquises. Derrière lui, l'**école de Pont-Aven** a rallié une dizaine de peintres de toutes nationalités, tels Maurice Denis, Maxime Maufra, Wladyslaw Slewinski ou Roderic O'Connor. Malgré sa courte existence, ce mouvement – qui se caractérise notamment par une simplification des formes, des aplats de couleur soulignés par des cernes et des cadrages originaux – annonce l'art moderne.

formé par la rivière. Le **port**, où transitaient autrefois huîtres, vin, sel et céréales, est aujourd'hui réservé aux plaisanciers.

Sur la rive gauche du port, notez le **rocher** en forme de soulier géant, appelé « soulier de Gargantua ». Dans le square, en bordure du port, se dresse la statue de Théodore Botrel (cet auteur-compositeur de chansons bretonnes mourut à Pont-Aven en 1925) et, sur l'autre rive, parmi les frondaisons, la maison qu'il habita.

★ Promenade Xavier-Grall et du Bois d'Amour

45mn de balade (si vous voulez poursuivre à pied vers la chapelle de Trémalo, comptez env. 1h30). Accès par la ruelle en face de l'office du tourisme (pl. Julia). Aménagée le long de l'Aven, cette ravissante et verdoyante promenade porte le nom du poète-journaliste **Xavier Grall** (1930-1981) qui vécut ici pendant plusieurs années. Sur les rives s'échelonnaient jadis une dizaine de moulins. On découvre les biefs et les vannes qui assuraient la distribution de l'eau, ainsi que les **lavoirs** répartis de chaque côté de la rivière. Plusieurs passerelles enjambent l'Aven qui se faufile entre les **chaos du Poche-Menu**, amoncellement de rochers de granit arrondis. Depuis la promenade Xavier-Grall, on grimpe par la rue du Bois d'Amour vers les hauteurs boisées, lieu d'inspiration des peintres. Paul Gauguin y vint avec Paul Sérusier durant l'été 1888 et lui donna une leçon de peinture à la suite de laquelle Sérusier réalisa son fameux tableau *Le Talisman*. Un ravissant **sentier★** sous les futaies de hêtres et de chênes suit les méandres de l'Aven en passant par le **moulin Neuf**.

★ Chapelle de Trémalo

Accès par la rue Émile-Bernard, puis la D 24 (route de Quimper) à droite. Suivez ensuite la signalisation - ℘ 02 98 06 04 70 - été : 10h-19h, hors saison : 10h-17h - gratuit. ☺ Si vous le pouvez, accédez à pied à la chappelle.

Au cœur d'un bel et paisible écrin de verdure sur les hauteurs de Pont-Aven, cette chapelle rurale (début 16e s.) était aussi l'une des promenades favorites des peintres de Pont-Aven. De larges allées bordées de nobles hêtres mènent à l'édifice au pan de toit dissymétrique touchant presque le sol. La chapelle, à la fois simple et harmonieuse, abrite plusieurs sculptures en bois polychrome dont un **Christ** de la fin du 15e s. qui a inspiré une toile de Gauguin (*Christ jaune*, 1888), exprimant une foi simple et rustique.

3

À proximité

Nizon D3

▶ *À 3 km au nord-ouest. Quittez Pont-Aven par la D 24, route de Rosporden. On peut aussi y aller à pied par la vallée de Pénanaros. Se renseigner à l'OT.*
La petite **église** (15ᵉ et 16ᵉ s.) renferme de splendides vitraux, œuvre du maître verrier Guével. Le calvaire qui s'élève sur la place a servi de modèle et inspiré *Le Christ vert* de Gauguin (1889).

Rosbras D3

▶ *À 5 km au sud par Kergoulet (ou à pied par le GR34).*
🍴 *Bistrot sur le port pour déjeuner ou boire un verre.* Ce tout petit port de caractère, qui était l'un des lieux de prédilection des peintres de Pont-Aven, se blottit sur la rive est de l'Aven à 2 km de l'estuaire. Les chalutiers et thoniers ont fait place aux bateaux de plaisance.

Circuit conseillé Carte de microrégion p. 214-215

★ LA CÔTE VERS CONCARNEAU

▶ *Circuit de 45 km tracé en jaune – comptez environ 2h. Quittez Pont-Aven à l'ouest par la D 783 puis, à 2,5 km, tournez à gauche sur la D 77.*

Névez CD3

🛈 *18 pl. de l'Église - 29920 Névez - ☎ 02 98 06 87 90 - www.nevez.com - juil.-août : 9h30-12h45, 14h30-18h45, dim. et j. fériés 10h-12h45 ; sept.-juin : 9h30-12h, 14h-18h, dim. et j. fériés 10h-12h45.*
Situé à une dizaine de kilomètres de Pont-Aven et à environ 4 km de la côte,, Névez est resté à l'écart des grands itinéraires routiers et touristiques. Le **bourg** accueille la **chapelle Ste-Barbe** (16ᵉ s.) qui abrite des statues anciennes en bois, ainsi qu'un maître-autel du 17ᵉ s. Autour de Névez se trouvent plusieurs sites remarquables : Port-Manec'h à l'embouchure de l'Aven, de nombreux hameaux dispersés sur une jolie campagne, la côte sauvage et les longues plages dont l'une baptisée « Tahiti ».
Prenez la D 77 direction Port-Manech puis tournez à gauche route de Kerdruc.

Kerdruc D3

Un **moulin à marée** (15ᵉ s.) voisine avec l'ancienne maison du meunier, au bord de l'Aven, dans le beau paysage du **Hénan**. Ce petit port occupe un joli **site★** sur la rive ouest de l'Aven – en face, le port de Rosbras est blotti sur la rive est – et conserve quelques maisons à toits de chaume. S'il abritait par le passé une vingtaine de sardiniers et de maquereautiers, c'est aujourd'hui un charmant port de plaisance où mouillent notamment quelques vieux gréements.

LES TAILLEURS DE GRANIT DU NÉVEZ

C'est au fond de l'anse de **Kerochet**, un bras de l'Aven, que travaillaient des tailleurs de pierre – une centaine au début du 20ᵉ s. À marée basse, dans une carrière à ciel ouvert, ces gaillards extrayaient des pierres destinées à la construction des quais des ports de Nantes, Bordeaux et Port-Louis. Ils utilisaient des chalands à fond plat, que les ostréiculteurs adopteront à leur tour.

Port-Manec'h et sa plage D3

La **plage★** *(école de voile)* se blottit en bordure de l'**Aven** et du **Belon**, qui forment un double estuaire. Encadrée de pins et de rochers ocres, elle a de faux airs de Corse. Il n'y manque même pas les anciennes cabines de bain repeintes de frais qui témoignent du destin balnéaire et mondain de Névez à la Belle Époque. La station accueillait également tous les admirateurs des paysages et de l'école de Pont-Aven qui séjournaient, pour les plus riches d'entre eux, à l'hôtel Julia. Parmi ces collectionneurs, de nombreux étrangers dont Albert Barnes – le milliardaire américain était tellement épris du site qu'il fit démonter et remonter chez lui à Philadelphie un puits en granit.

👣 De la plage, suivez le sentier André Joly (GR 34) qui mène au **port** *(10mn)*. Vous pouvez poursuivre le GR au delà du port, il sinue en corniche au-dessus de la mer – un cadre qui évoque irrésistiblement la côte sauvage de Belle-île et offre de très belles vues sur l'archipel de Glénan et l'île de Groix.

★ Kerascoët, Kercanic et la pointe de Raguénez

À l'ouest de Port-Manec'h, les deux hameaux de Kerascoët et Kercanic, du 15e s., incarnent une sorte de Cornouaille éternelle avec leurs murs en granit, volets bleus, massifs d'hortensias et **toits de chaume**. Aujourd'hui construits en roseaux, les toits de chaume étaient auparavant faits de paille de seigle, céréale qui était la base de l'alimentation sur ces terres pauvres. Plus tard, le chaume disparaîtra victime de l'ardoise. Ironie de l'histoire, ces maisons de pauvres marins, agriculteurs ou tisserands (et parfois les trois à la fois) sont aujourd'hui les plus prisées. Certaines de ses chaumières comportent des appentis ou des enclos faits de « **pierres debout** » *(Mein Zao en breton)*, de grandes dalles en granit que les paysans demandaient aux tailleurs de pierre de la commune d'extraire de leurs champs.

★ **Kerascoët** – *Laissez votre véhicule au parking*. Faites un petit tour du village à pied pour admirer de près les chaumières, le puits et le four à pain.

★ **Kercanic** – *Laissez votre voiture au parking Dourveil, à 500 m au sud du hameau.* 👥👣 *5,1 km, 1h30. Circuit des chaumières de Kercanic avec retour*

3

Port-Manec'h et la rivière Aven.
B. Stichelbaut/hemis.fr

par la côte, suivre le balisage jaune n° 1. Cette promenade facile permet de découvrir les différentes richesses du pays de Névez : le patrimoine (habitat traditionnel, clôtures en pierres debout) et la nature préservée. On traverse le village de Kercanic (15ᵉ s.) qui a conservé de nombreuses **maisons au toit de chaume** avant de bifurquer vers le hameau de Kervaillet et de rejoindre la côte au niveau de la plage de Raguénez.

★ **Raguenez** – 👫 Au crépuscule, la **pointe de Raguenez** et sa lande rase battue par les vents figurent le cadre idéal pour admirer le soleil couchant sur ce coin de Bretagne miraculeusement préservé… En face, l'**île de Raguenez** est accessible à marée basse. À l'est s'étend la belle plage de Raguenez surnommée « Tahiti » : sable fin et eau turquoise…

Prenez la direction de la pointe de Trévignon.

♿ *Suite du circuit décrite en sens inverse au départ de Concarneau (voir p. 306).*

😊 NOS ADRESSES À PONT-AVEN

HÉBERGEMENT

À Pont-Aven

PREMIER PRIX

Chambre d'hôte Kermentec – *Kermentec - 1 km rte Quimper puis Chapelle de Trémalo -* ☎ *02 98 06 07 60 - larour.veronique.free.fr - fermé déc.-janv. -* 🚫 *- 3 ch. 58 € .* Nichée sur les hauteurs de Pont-Aven, les chambres de cette petite maison bretonne couverte de vigne vierge sont spacieuses et confortables. Le calme et la proximité du bourg en font une belle halte champêtre.

Maison d'hôte Kerevennou – *Kerevennou, à 4 km au nord-est du centre de Pont-Aven -* ☎ *02 98 06 03 19 - www.chambres-kerevennou. pagesperso-orange.fr -* 🚫 *- 3 ch. 55 € .* Cette exploitation agricole dédiée à la volaillerie héberge, à l'arrière d'une belle bâtisse, trois chambres avec des espaces communs indépendants. Un salon avec cheminée et une cuisine permettent de vivre en totale autonomie dans un cadre rustique et confortable.

BUDGET MOYEN

Hôtel Les Ajoncs d'Or – *1 pl. Julia -* ☎ *02 98 06 02 06 - www. ajoncsdor-pontaven.com - fermé dim. soir et lun. (hors sais.),* vac. de fév. et 18-28 oct. - 14 ch. *68/75 € -* ☕ *9,50 € -* ✗ *20/49 €.* Gauguin aurait logé dans cette accueillante maison bretonne, juste sur la place du marché. Simples et colorées, les chambres portent des noms de peintres… Sympathiques, le restaurant et ses spécialités terre et mer.

POUR SE FAIRE PLAISIR

La Carri'air – *19 r. de Ste-Marguerite -* ☎ *06 48 72 95 99 - www.lacarriair.com - fermé en janv. - 5 cabanes 119/159 € ☕ - Jacuzzi.* Des *lodges* élégants et tout confort perchés sur les hauteurs d'une ancienne carrière baignant dans la verdure, voici un lieu original et paisible, conçu et tenu par un jeune couple dynamique et attentionné. Chaque cabane est différente, la *Cachoti'air* (avec mezzanine) dissimulée dans les arbres, la *Lumin'air* baignée de lumière et surplombant la végétation… On peut aussi profiter de la cuisine d'été, de l'espace bien-être et des vélos à disposition.

Aux environs

Le Manoir Dalmore – *Plage de* **Port-Manech**, *7 corniche de Pouldon - 29920 Névez -* ☎ *02 98 06 82 43 - www.manoirdalmore.com - 10 ch. 130/230 € -* ☕ *14 € -* ✗ *le soir* *vend.-dim. hors sais., tlj sf merc. de mai à oct. et vac. scol. - menu 37 €.* Bâti en 1926 par un architecte écossais dans le style Arts & Crafts pour une Australienne férue de l'art de l'école de Pont-Aven, ce manoir domine la mer et la plage de Port-Manech en offrant une vue inoubliable. L'adresse a conservé de nombreuses boiseries d'origine, ainsi que ses serrures, ferrures et autres poignées de porte, tout en introduisant de subtiles touches modernistes.

RESTAURATION

À Pont-Aven

PREMIER PRIX

Crêperie Le Talisman – *4 r. Paul-Sérusier -* ☏ *02 98 06 02 58 - fermé lun., fin-nov. et fin-mars - 10/15 €.* Si les générations se succèdent aux fourneaux depuis 1920, la réputation de cette crêperie reste intacte. Au menu, omelettes, salades et, bien sûr, crêpes salées, dont la fameuse Talisman.

BUDGET MOYEN

Les Trois Buis – *6 r. des Abbés-Tanguy -* ☏ *02 98 09 43 17 - www.surlepont-pontaven.fr - fermé lun. (et mar. soir, merc. et dim. soir hors sais.) - menu 23 €.* Dans cette jolie et accueillante adresse au cœur de Pont-Aven, on se régale de produits de saison subtilement préparés et relevés, comme le cabillaud au riz noir safrané et bouillon de curcuma ou les ravioles de langoustines. Cuisine ouverte et petite terrasse aux beaux jours.

POUR SE FAIRE PLAISIR

Au petit bouchon – *17 r. Émile-Bernard -* ☏ *02 98 09 16 56 - www.aupetitbouchon.29sud.com - fermé mar. soir et merc. (sf juin-sept.), 2 sem. fin oct. - 24/31,50 €.* Préparés et présentés avec soin, les plats privilégient les produits du terroir : cassolette de St-Jacques, huîtres chaudes, joues de porc… Un bon rapport qualité/prix. Préférez à la salle, un peu anonyme, la terrasse.

Sur le Pont… – *11 pl. Paul-Gauguin -* ☏ *02 98 06 16 16 - www.surlepont-pontaven.fr - fermé mar. soir, merc. et dim. soir (hors sais.) - formule 25 € (déj. lun.-sam.) - menu 32 € - 40/55 €.* Ce bistrot branché propose une attrayante cuisine déclinant le poisson à toutes les sauces, surtout si elles sont originales.

Aux environs

PREMIER PRIX

La Châtaigneraie – *16 r. de la Plage - Plage de **Port-Manec'h** - 29920 Névez -* ☏ *02 98 06 64 15 - avr.-mi-sept.* Surplombant la plage de Port-Manec'h, à l'ombre des pins et des… châtaigniers, ce bar-restaurant régale d'abord l'humeur et les yeux. On y vient prendre un verre, ou déguster une galette *(de 6 à 8 €)*, une salade *(à partir de 13 €)* ou encore un plat du jour. Salle bistrot et terrasse ; bon rapport qualité-prix.

BUDGET MOYEN

Maison le Guern – *17 pl. de l'Église - 29920 **Névez** -* ☏ *02 98 06 68 19 - fermé dim.-lun. -* ♿ *- formule à partir de 14,90 €.* « Annexe » du restaurant étoilé *Ar Men Du,* cette épicerie-traiteur-caviste et surtout restaurant (déj. uniquement) régale en terrasse au cœur du village ou à l'étage dans une petite salle toute pimpante. Dans l'assiette, concoctée par un cuistot formé à l'*Ar Men Du,* un duo de la mer au fumet de langoustines avec son riz aux trois couleurs, ou un médaillon de lotte poêlée à la sauce américaine, ou encore un filet mignon de porc à la réduction de vinaigre de cidre. Vins au verre, service attentionné : une découverte pleine de charme.

3

UNE FOLIE

Ar Men Du – *47 r. des Îles-Raguenez-Plage - 29920 Névez - 4 km au sud de Névez par rte secondaire -* 📞 *02 98 06 84 22 - www.men-du.com - fermé mi-nov.-mi-déc., déb. janv.-déb. mars - 17 ch. 130/209 € -* 🍴 *14 € - rest. (fermé mar. midi et merc. midi), menus 49/130 €.* Dans un site classé, grand ouvert sur l'océan, cette maison néo-bretonne vibre avec les éléments : décor des chambres façon clipper, vue sur les flots et l'île Raguenez. Bol d'air et évasion garantis ! Goûtez la belle cuisine de Patrick Le Guen, amoureux du terroir et de la mer : soin d'exécution, produits de qualité, et une pointe de créativité bien maîtrisée !

ACHATS

Marché – *Mar. matin. Pl. Julia (en été sur le port).*

Visite des biscuiteries – *Deux adresses permettent de bénéficier d'une visite commentée (1h) des biscuiteries : Penven - ZA Kergazuel - 29230 Pont-Aven -* 📞 *02 98 06 05 87 - www.galettes-penven.com - juil.-août : mar. et jeu. 11h - gratuit. Traou Mad - ZA Kergazuel - 29230 Pont-Aven -* 📞 *02 98 06 01 03 - www.traoumad. fr - juil.-août : mar.-jeu. 10h, 11h30, 14h et 15h30 - 3 € (-17 ans 2 €) - fermé j. fériés.*

Boutiques :

Penven – *20 pl. Julia -* 📞 *02 98 06 02 75 - www.galettes-penven.com -* *sais. : 9h30-19h, w.-end 9h30-19h30 ; reste de l'année : tlj sf dim.-lun. 9h30-12h30, 14h-18h.*

Traou Mad – *10 pl. Paul-Gauguin -* 📞 *02 98 06 01 94 - www.traoumad. com - 9h30-12h30, 14h-19h, dim. 10h-12h30, 14h30-19h - fermé Noël et Jour de l'an.*

ACTIVITÉS

👥 **Les vedettes Aven Belon** – *Port le Bélon - 29350 Moëlan-sur-Mer -* 📞 *02 98 71 14 59 - www. vedettes-aven-belon.com - 13,50 € (-12 ans 7 €) pour le cicuit AR Pont-Aven, Aven maritime (1h45) - autres circuits : 11,50/16,50 €.* Différents circuits au départ de Pont-Aven et de Port-Belon pour sillonner l'estuaire de l'Aven et/ou du Belon. Se rens. sur les horaires changeant selon les marées.

👥 **Labyrinthe et ferme de Pont-Aven** – *Lieu-dit Kergoz, sortie de Pont-Aven en direction de Trégunc -* 📞 *06 78 18 35 98 - labyrinthedepontaven.com - avr.-nov. - 6 € (-3 ans gratuit).* Aire de jeux en bois, ferme pédagogique, ateliers divers, labyrinthes de charmilles, de bois, et de maïs en été avec animations nocturnes… de quoi ravir les enfants de tout âge.

AGENDA

Fête des fleurs d'ajonc – *1er dim. d'août.* Créée en 1905 par Théodore Botrel, une occasion pour admirer la coiffe traditionnelle de Pont-Aven.

Quimperlé

12 025 Quimperlois – Finistère (29)

Au nord de la forêt de Carnoët et à la confluence de la rivière Ellé avec l'Isole qui s'unissent pour former la Laïta, Quimperlé s'étend entre basse et haute ville autour des quais témoignant de l'importance de son ancien port. La ville a conservé une remarquable abbatiale au plan cruciforme, de nombreuses maisons médiévales, des ruelles pavées et des ponts anciens. Ceux qui souhaitent l'aborder par la rivière, pourront suivre une visite guidée en kayak ! Quimperlé bénéficie d'un emplacement idéal pour partir à la découverte des forêts mitoyennes et du littoral tout proche.

😊 NOS ADRESSES PAGE 317
Hébergement, restauration, achats, activités, etc.

🛈 S'INFORMER

Office du tourisme de Quimperlé Terre Océane – *20 pl. de l'Église - 29350 Moëlan-sur-Mer - 📞 02 98 39 67 28 - www.quimperle-terreoceane.com - horaires, se rens.*

⊙ SE REPÉRER

Carte de microrégion D3 (p. 215) – Quimperlé signifie « au confluent de la rivière Ellé ». Lorient se trouve à 20 km au sud-est par la N 165, Pont-Aven à 14 km à l'ouest.

🅿 SE GARER

Nombreux parkings publics dans le centre, notamment place St-Michel, face à l'office de tourisme.

😊 À NE PAS MANQUER

L'abside et le retable de l'église Ste-Croix ; les maisons médiévales de la rue Dom-Morice ; une randonnée jusqu'aux Roches du Diable pour la descente sur l'Ellé ; déguster des huîtres face au Belon ; la promenade des peintres au Pouldu ou une le long du sentier côtier autour du port du Belon.

⏱ ORGANISER SON TEMPS

Au moins une journée pour la ville et ses alentours.

👫 AVEC LES ENFANTS

Visitez la ville en kayak, découvrez le manoir de Kernault ; observez des chauves-souris dans le grenier de l'abbaye St-Maurice ; pique-niquez près du pont Lovignon en bordure de la splendide berge de l'Ellé ; suivez le parcours à pied dans le bois de Plaçamen et la ria de Merrien.

Se promener Plan de la ville p. 312

★ **VILLE BASSE** B1-2

★★ Église Sainte-Croix

R. Bremond-d'Ars - 📞 02 98 96 04 32 - 9h-18h30 - possibilité de visite guidée par les guides de la SPREV juil.-août : tlj sf sam. 10h-13h, 15h-18h30, dim. 15h-18h30.
On est un peu perdu en arrivant dans cette église abbatiale dont le plan cruciforme et circulaire s'inspire de celui du Saint-Sépulcre de Jérusalem. Élevée à la fin du 11e s., elle a dû être réédifiée (à l'exception de l'abside et de la crypte) en 1862, quand son clocher s'est effondré.

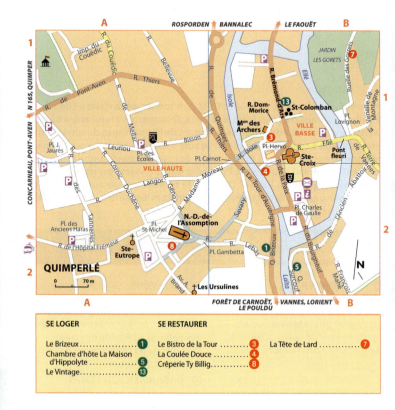

L'**abside★★** (chœur), avec ses arcatures, ses colonnes, ses chapiteaux et ses fenêtres, est un très bel exemple d'art roman en Bretagne. Voyez également, adossé à la façade, le **retable★** Renaissance en pierre, partie d'un ancien jubé. On aperçoit dans la première crypte (19e s.), une émouvante **Mise au tombeau** de 1500. De son côté, l'ancienne **crypte★★**, vestige de l'église primitive, possède de remarquables chapiteaux et deux tombeaux du 15e s. à gisants, dont celui de saint Gurloës que l'on invoquait pour guérir les maux de tête.

En sortant de l'église, jetez un œil sur les **halles** (1887), bel exemple d'architecture industrielle en brique et fer forgé puis avancez-vous dans la rue Ellé qui longe le flanc gauche et offre une jolie vue sur le chevet et le clocher.

Au bout de cette rue, le **Pont fleuri** (15e s.) donnait accès à l'une des trois portes de la ville fortifiée. Il a conservé son aspect en dos-d'âne et ses puissants éperons.

Revenez sur vos pas et tournez à droite rue Brémond-d'Ars.

Rue Brémond-d'Ars

On y voit les imposantes **ruines de l'église St-Colomban**, des maisons à colombages et des demeures du 17e s. *(n°s 8, 10, 11 et 12).* Au n° 15 bis, remarquez le bel escalier du Présidial, ancien tribunal.

★ Rue Dom-Morice

C'est une ruelle étroite bordée de logis du 16e s. Au n° 7, très belle **maison des Archers**, qui abrite d'intéressantes expositions temporaires. Elle tire son nom d'une chapelle dédiée à saint Sébastien qui se trouvait à proximité. *7 r. Dom-Morice - ☎ 02 98 96 37 37 - 30 mai-20 sept. : 10h-12h30, 14h-18h ; reste de l'année : se rens. - fermé mar. - 2 € (-18 ans gratuit) - 5 € billet combiné avec la chapelle des Ursulines - gratuit vend.*

VILLE HAUTE A2

Église Notre-Dame-de-l'Assomption
Connu aussi sous le nom de St-Michel, cet édifice des 13ᵉ et 15ᵉ s. domine la ville. Il est surmonté d'une grosse tour carrée.

Passez sous l'arcade, ouverte à droite dans l'un des contreforts de l'église, pour voir le beau porche sculpté de 1450. À l'intérieur, belle voûte en chêne. *En sortant, vous apercevez en face le clocher de Ste-Eutrope.*

Chapelle Sainte-Eutrope (Hôpital Frémeur)
Cet ancien hospice date du 16ᵉ s. Il a succédé à une léproserie du 13ᵉ s. La longère a conservé sa structure médiévale. Les portes ouvertes, les malades pouvaient entendre la messe célébrée dans la chapelle accolée. *Revenez pl. St-Michel et prenez la r. A.-Briand.*

Chapelle des Ursulines
Ancien couvent du 17ᵉ s., de style jésuite à tendance baroque, il possède un magnifique plafond doré à la feuille d'or. La ville de Quimperlé y organise des expositions d'art contemporain.

À proximité Carte de microrégion p. 214-215

Manoir de Kernault D3
▶ *À Mellac, 5 km au nord-ouest par la D 765 - ☎ 02 98 71 90 60 - www.cdp29.fr - juil.-août : 11h-18h30 ; de déb. avr. à déb. mai et vac. de la Toussaint : 14h-18h ; de déb. mai à fin juin et sept.-oct. : tlj sf lun.-mar. 14h-18h - visite guidée possible (1h) - 5 € (-7 ans gratuit) - gratuit RV aux jardins (juin) - accès libre au parc.*

👪 Ce beau manoir du 15ᵉ s., entouré d'un parc de 30 ha, est remarquable pour son superbe **commun★** (16ᵉ s.) à pans de bois. Devenu centre culturel, il accueille d'intéressantes expositions temporaires, de nombreuses animations et des parcours adaptés aux enfants.

★ Roches du Diable D2-3
▶ *À 12 km au nord-est, plus de 30mn à pied AR. Quittez Quimperlé par la D 790 vers Le Faouët et, à 4,5 km, tournez à droite vers Locunolé que vous traverserez. La descente sur l'Ellé est fort belle. Franchissez le pont et tournez aussitôt à gauche vers Meslan ; à 400 m, laissez votre voiture à gauche.*

🚶 Un lacis de sentiers permet d'atteindre le sommet des roches d'où l'on domine, dans un à-pic impressionnant, les eaux torrentueuses de l'Ellé.

Circuits conseillés Carte de microrégion p. 214-215

CLOHARS-CARNOËT ET LE POULDU

▶ *Circuit de 43 km, tracé en jaune clair sur la carte – comptez environ 2h30. Quittez Quimperlé au sud par le quai Brizeux.*

Forêt de Carnoët D3
Bordée par la Laïta, cette forêt domaniale de 850 ha offre de jolis sites et d'agréables promenades *(certains chemins sont réservés aux piétons et aux*

3

cavaliers). Près de 120 ha de hêtres et de chênes ont été dévastés par l'ouragan d'octobre 1987. Ils sont aujourd'hui en cours de reconstitution.

À 500 m après Toulfoën, tournez à gauche vers le Rocher royal.

La route serpente dans la forêt avant d'atteindre la Laïta où l'on peut voir le **Rocher royal**, escarpement rocheux dominant la rivière, et les vestiges du château de Carnoët. Il serait, selon la légende, la demeure du comte de Commore, le « Barbe-Bleue » cornouaillais.

Revenez à la route du Pouldu, tournez à gauche et, à un grand carrefour, prenez encore à gauche.

Enjambant la Laïta, le **pont de St-Maurice** offre une belle **vue★** sur les abrupts et les ombrages de la rivière.

Faites demi-tour et à 700 m tournez à droite.

Saint-Maurice D3

81 rte de Lorient - St-Maurice - ☏ 02 98 71 65 51 - http://abbayesaintmaurice. blogspot.fr - mi-juin à mi-sept. : 11h-19h ; déb. avr. à mi-juin et mi-sept. à déb. nov. : dim., j. fériés et vac. scol. (sf sam.) 14h-18h – fermé 1er Mai, 1er nov. - 5 € (-16 ans 3 €) - 3 € billet combiné avec la Maison-musée du Pouldu - audioguide inclus.

Ce **site naturel★** protégé, propriété du Conservatoire du littoral depuis 1991, est agréable et verdoyant. L'eau est partout : à droite, la Laïta, à gauche, un bel étang. Les ruines de l'abbaye St-Maurice (12e s.) sont progressivement restaurées. La salle capitulaire, du 13e s., est une des plus anciennes de Bretagne. Dans les salles de l'ancien logis de l'Abbé, une exposition retrace l'histoire des lieux et l'expansion monastique en Bretagne au Moyen Âge.

Ne repartez pas sans avoir passé un moment dans le grenier aménagé en **observatoire des chauves-souris★**. Grâce à une caméra infrarouge, les visiteurs peuvent suivre sans les déranger la vie d'une colonie de grands rhinolophes, espèce protégée qui habite les combles du logis. Une exposition bien documentée sur ces mammifères volants complète la visite. Sur réservation, on peut aussi les voir évoluer de nuit *5 € (-16 ans 3 €) - sur réserv.*

Le Pouldu D3

Petit port situé à l'embouchure de la Laïta, Le Pouldu abrite 3 **plages** surveillées qui attirent les familles et une adaptée aux surfeurs.

Maison-Musée du Pouldu Sur les traces de Gauguin – *10 r. des Grands-Sables - ☏ 02 98 39 98 51 - de mi-juin à mi-sept. : tlj sf lun. 11h-19h ; vac. de Pâques et vac. de la Toussaint : tlj sf lun. 14h-18h ; de déb. avr. à mi-juin et de mi-sept. à déb. nov. : w.-end, j. fériés et ponts 14h-18h - fermé 1er Mai - possibilité de visite guidée (1h) - 4,10 € (-16 ans 2,60 €) - 7,60 € billet combiné avec le site abbatial de St-Maurice - animations famille vac. scol.* La « Buvette de la Plage », auberge de Marie Henry que Gauguin et certains membres de l'école de Pont-Aven ornèrent de peintures et d'images fait l'objet d'une reconstitution : mobilier et objets des années 1890. Créations sonores, jeux de lumière, carnets de correspondances des peintres et mises en scène font revivre l'ambiance du lieu où Gauguin développa les principes du synthétisme.

★ Le chemin des peintres – *Env. 5 km, 1h30 (ou boucle plus courte de 2 km).* Au départ de la Maison-Musée du Pouldu, ce circuit pédestre en 11 étapes permet de découvrir les lieux d'inspiration des peintres ; il est ponctué de panneaux explicatifs comportant des citations ou des reproductions de tableaux de Gauguin, Sérusier ou Meijer de Haan. Une très belle et paisible balade, de niveau facile (un seul escalier) qui traverse des paysages variés : petit tronçon du sentier côtier, joli hameau du Kerzellec – avec ses maisons de pierre, ses fermes et un puits – petite plage, **port du Pouldu** *(croisière à la*

Maison-Musée du Pouldu.
Ch. Heeb/hemis.fr

découverte de la Laïta, voir « Nos adresses ») dans un site préservé à l'embouchure de la **Laïta**, sous-bois et splendides rives verdoyantes du fleuve.

Chapelle N.-D.-de-la-Paix – Près de la plage des Grands-Sables, dans un enclos herbeux, la chapelle, dont l'entrée est marquée par un monument en hommage à Gauguin, a été sauvée de la ruine par un déplacement pierre par pierre de 26 km (elle était située à Nizon jusqu'en 1956). Rebâtie, elle présente des baies à meneaux en forme de flammes ou de lis avec des vitraux de Manessier et Le Moal. Sous la charpente boisée, remarquez une poutre de gloire au Christ en pagne blanc et une pietà.

Longez la plage des Grands-Sables, puis tournez à gauche vers Doëlan.

Doëlan D3

Ce petit port commande l'entrée d'un estuaire bien abrité où mouillent quelques bateaux de pêche et de plaisance. Rives verdoyantes et maisons bretonnes.

Par Clohars-Carnoët, regagnez Quimperlé.

À LA DÉCOUVERTE DU BELON

▶ *Circuit de 37 km, tracé en vert sur la carte – comptez environ 1h30.*
Quittez Quimperlé au sud-ouest par la D 16 et, à Gare-de-la-Forêt, prenez à droite.

Moëlan-sur-Mer D3

Plusieurs petits ports. L'**église** recèle quatre beaux confessionnaux (18e s.). Érigée au 16e s., la **chapelle Saint-Philibert** est dotée d'une charpente en forme de coque de bateau renversée et abrite de belles statues en bois polychrome. Face à la chapelle se trouvent un émouvant calvaire du 16e s. sur lequel figure une Pietà surmontée de 3 croix, et une fontaine de granit, bien conservée, datant de la même époque. L'ensemble est remarquable.

Bois de Plaçamen et ria de Merrien D3

★ **Parcours découverte** – *4,8 km, 1h30, niveau facile. Départ du parking au sud du hameau de Kerouant. Procurez-vous auprès de l'office du tourisme la fiche*

BELON, L'HUÎTRE PLATE DE BRETAGNE ET DE FRANCE

L'appellation Belon vient du nom de ce fleuve côtier dont l'estuaire est envahi par la mer. Vivant à l'état sauvage dans ce mélange d'eau douce et d'eau de mer qui lui donne cette saveur de noisette si caractéristique, l'huître belon *(ostrea edulis)*, plate, ronde, à la chair ferme et blanche, a donné son nom à l'ensemble des huîtres plates bretonnes. Le succès de cette huître indigène, déjà très appréciée des Romains, l'aurait condamnée à disparaître si Hippolyte de Mauduit et Auguste de Solminihac n'avaient développé en 1864 le premier établissement ostréicole de l'estuaire.

L'huître plate affronte dès les années 1920 ses premiers parasites. Ceux-ci vont la décimer dans les années 1970 en divisant par dix une production annuelle alors voisine de 20 000 t. Les professionnels vont alors massivement se reconvertir vers la production d'huîtres creuses (comme la *crassostrea gigas* importée du Japon à partir de 1966). Aujourd'hui, les huîtres plates représentent moins de 5 % de la production bretonne. L'huître plate est classée par ordre de poids : plus le numéro est grand, plus l'huître est petite. Cette classification va de 40 g à plus de 150 g pour une n° 0000, nommée « pied de cheval ». Exemples : la n° 4 pèse 40 g, la n° 3, 50 g, la n° 2, 60 g, la n° 1, 70 g, la n° 0, 80 g… 🖉 Trois ostréiculteurs œuvrent toujours dans le port de Belon (rive droite), *voir « Nos adresses » p. 319.*

(questions-énigmes) à poinçonner à chaque borne le long du parcours (11 étapes). 🐚🌿👥 Ce parcours ludique s'inscrit dans un cadre charmant à l'embouchure de la rivière de Merrien (site naturel protégé par le Conservatoire du littoral). Belle vue sur le petit **port de Merrien** en face, promenade le long des rives boisées de la ria aux eaux vert émeraude, dans le bois de chênes et de châtaigniers et le long des champs.

Brigneau D3

Au sud-ouest, minuscule port de pêche, classé « Port d'intérêt patrimonial » où s'abritent des bateaux de plaisance. La route longe la côte ; on voit de-ci de-là quelques maisons à toits de chaume.

À Kergroës, tournez à gauche.

Kerfany-les-Pins D3

Sur l'estuaire du Belon, ce petit séjour balnéaire offre un joli site et une plage de sable fin. Belle vue sur Port-Manec'h et l'estuaire de l'Aven.

Suivez la route en montée au-delà de la plage et, à Lanriot, tournez à gauche.

★ Belon D3

Située de part et d'autre du Belon – deux petits ports se font face – cette localité est connue pour son **centre ostréicole**, installé sur la rive droite, où l'on peut acheter et déguster des huîtres *(voir encadré ci-dessus et « Nos adresses » p. 319)*. À marée basse, remarquez les parcs à huîtres aménagés des deux côtés. Sur la rive gauche, le petit port abrite une halle aux poissons. On peut assister en semaine au retour de quelques bateaux de pêche *(vente de poissons et fruits de mer en direct lun.-vend. à partir de 17h)*. À partir de ce port, ne manquez pas une promenade le long du GR 34, vers l'estuaire (circuit de Belon) ou vers l'anse de Lanriot jusqu'à l'allée couverte de Kermeur Bihan.

★ **Circuit du Belon** – *6 km, 1h30, niv. moyen (quelques dénivelés et escaliers assez escarpés durant la première partie de la balade sur le sentier côtier). Départ du port du Belon rive gauche, suivre le balisage jaune n° 3 (se procurer le plan touristique de Moëlan-sur-Mer).* 🐚 Le sentier côtier surplombe les parcs à huîtres et le minuscule port du Gorgen, ménage des vues sur les eaux turquoises et les criques avant d'atteindre la belle plage de **Kerfany-les Pins** *(bar-restaurant « Auberge de la Mer » ouvert de Pâques à la Toussaint). Pour reprendre le chemin, traversez la plage et le parking du bas, puis longez le camping.* Le circuit se poursuit vers l'intérieur des terres dans un vallon boisé, il traverse le hameau de **Kermer** jalonné de quelques jolies chaumières et de la chapelle Saint-Guenaël (18ᵉ s.), avant de serpenter dans les bois et de plonger vers Belon.

★ **Allée couverte de Kermeur-Bihan** – *5 km, 1h15 env. AR, niveau facile. Départ du port du Belon rive gauche, suivre le sentier côtier en direction du sud vers l'anse de Lanriot.* Le sentier fait le tour de l'**anse de Lanriot**, véritable havre de paix et refuge de nombreux oiseaux. Au bout de l'anse, dans le bois de Kermeur-Bihan, suivez le panneau indiquant l'allée couverte sur la droite. Celle-ci se dévoile, majestueuse, dans une clairière 200 m plus loin. Datant du néolithique, elle se compose d'une dizaine de piliers et de six dalles protégés par de magnifiques chênes. *Retour par le même chemin.*
Par Moëlan-sur-Mer, regagnez Quimperlé.

😊 NOS ADRESSES À QUIMPERLÉ

HÉBERGEMENT

À Quimperlé

BUDGET MOYEN

Le Brizeux – *7 quai Brizeux - 29300 Quimperlé -* ✆ *02 98 96 19 25 - www.lebrizeux.com - 8 ch. (6 confort 55/65 €, 2 éco 45 €) et un studio (4 pers.) -* 🍽 *7 €.* Le Brizeux se niche au cœur de la ville basse et offre une belle vue sur la confluence des rivières. Récemment refaites, les chambres, confortables, ont chacune leur propre univers ; à vous de choisir. Animations musicales et spectacles certains soirs dans le bar au rez-de-chaussée.

Chambre d'hôte La Maison d'Hippolyte – *2 quai Surcouf -* ✆ *09 51 68 04 81 -* 🍽 *- wifi - 4 ch. 70 €* 🍽. Sympathique atmosphère d'artiste dans cette maison de 1930 située sur les bords de la Laïta. La propriétaire, accueillante et passionnée par sa région, organise des expositions au gré de ses découvertes. Chambres simples dotées d'un parquet d'époque.

POUR SE FAIRE PLAISIR

Villa Ker Milin – *126 r. de Quimper -* ✆ *02 98 06 57 80 - villakermilin.fr - 4 ch. 75/95 €, réduc. à partir de 5 nuits* 🍽. Sur les hauteurs de Quimperlé, à 15mn à pied du centre, cette accueillante demeure datant de 1925, est entourée d'un parc enchanteur (magnolia grandiflora, glycine, grands chênes, bambouseraie). Chambres et espaces partagés romantiques et très soignés.

Le Vintage – *20 r. Brémond-d'Ars -* ✆ *02 98 35 09 10 - www.hotelvintage.com - fermé 29 juin-5 juil. -* ♿ *- 10 ch. 95/128 € -* 🍽 *13 €.* Au cœur de la vieille ville, on jette un œil admiratif sur la façade de cet ancien hôtel particulier de 1907, autrefois agence bancaire… Tableaux, sculptures, escalier en bois et grandes chambres : chaleureux et fonctionnel !

À proximité

PREMIER PRIX

▶ **Chambre d'hôte domaine de Kervail** – *Kervail - 3 km à l'ouest de Quimperlé par la C 4 -* ✆ *02 98 35 06 47 - www.domaine-de-kervail. com -* 🅿 ♿ *- 4 ch. 65 €* 🍽. Belle demeure cossue aux chambres vastes, agréables et aménagées avec goût. Point de départ de

3

différentes randonnées. Accueil très sympathique.

BUDGET MOYEN

Camping Les Embruns – *r. du Philosophe-Alain (au bourg) - 29360* **Le Pouldu** *-* ℰ *02 98 39 91 07 - www.camping-les-embruns. com - déb. avr. à mi-sept. - 176 empl. 37,50 € - locatif 110/190 €.* L'un des plus beaux campings de la région avec des emplacements spacieux, fleuris et une tenue irréprochable. Piscine couverte (découverte en saison), toboggan aquatique, bel espace détente, jeux pour enfants et petit parc animalier. Mobile homes de bon confort.

Chambre d'hôte Ty-Horses – *Le Rouho - rte de Lorient et rte de Locmaria - 56520* **Guidel** *- 7 km au sud-est de Quimperlé par D 765 -* ℰ *02 97 65 97 37 -* 🖼 **P** *- 4 ch. 65/70 €* 🍽. Une aile de cette bucolique demeure contemporaine à toit de chaume est réservée aux hôtes. Chambres, coquettement aménagées, chacune d'une couleur différente. Petit-déjeuner servi dans la véranda, face au spectacle des chevaux à l'exercice.

UNE FOLIE

Chambre d'hôte du Château de Kerlarec – *29300* **Arzano** *- 6 km à l'est de Quimperlé par la D 22 en dir. d'Arzano -* ℰ *02 98 71 75 06 - www.chateau-de-kerlarec.com - fermé fin sept.-fin avr. -*🖼 **P** *- 5 ch. 135/160 €* 🍽. Château de 1830, dressé au milieu d'un parc, et agrémenté d'un bassin, d'une piscine et d'un tennis. À l'intérieur, tout exhale le raffinement du Second Empire : meubles anciens, objets d'art, souvenirs de voyages. La salle Jeanne d'Arc, en particulier, mérite une visite.

RESTAURATION

À Quimperlé

PREMIER PRIX

Crêperie Ty Billig – *2 pl. St-Michel -* ℰ *02 98 96 40 91 - www.ty-billig.com - fermé dim.-lun. et merc. soir (sept.-juin).* À l'ombre de N.-D.-de-l'Assomption, cette crêperie, bourrée de livres sur la Bretagne, décline des spécialités (lard de Cornouaille, rillettes de St-Jacques, caramel au beurre salé) élaborées à base de produits bio. Concerts de musique traditionnelle certains soirs.

BUDGET MOYEN

La Tête de lard – *Ruelle Gorrets -* ℰ *02 98 35 13 81 - fermé lun., mar. et jeu. (sf juil.-sept), 10 j. en fév.-mars, 10 j. en juil. et 15 j. en oct. -* 👦 *- menu 19 (déj.)/23 (sem.)/28 € (w.-end) - 20/26 €.* Campée sur les splendides bords de l'Ellé, loin des grands axes, cette demeure bretonne propose des braserades de viande et de poisson. Belle terrasse en été.

POUR SE FAIRE PLAISIR

La Coulée douce – *2 r. de la Tour-d'Auvergne -* ℰ *02 98 35 11 27 - www.restaurant-lacouleedouce. com - fermé jeu. soir, dim. soir et lun., fin-août-déb.sept., 1re sem. de janv. -* 👦 *- menu 23/33 € - réserv. conseillée.* En bordure de l'Isole, ce restaurant propose une cuisine savoureuse (confit d'agneau, pavé de lieu jaune à l'andouille de Baye) à prix raisonnables. Préférez, à la salle sombre, la terrasse donnant sur la rivière ou aménagée sur la passerelle qui enjambe l'Isole.

UNE FOLIE

Le Bistro de la Tour – *2 r. Dom-Morice -* ℰ *02 98 39 29 58 - www.bistrodelatour.fr - fermé dim. (sf soir en juil.-août), lun. (sf soir en juil.-août) et sam. midi, 1 sem. déb.-janv., 1 sem. en mars, 2 sem.*

en juin-juil. et 1 sem. déb.-oct. -
♿ - formule déj. (sem.) 25 € - menu
38,50/58,50 € bc - 45 €. Ce bistrot
rétro et cossu sert de généreux
petits plats oscillant entre
tradition et terroir. Belle carte des
vins. Épicerie fine attenante.

À proximité

Trois ostréiculteurs œuvrent
toujours dans le **port de Belon**
(rive droite). Ne manquez pas une
dégustation d'huîtres face à la
rivière : quelques tables installées
en surplomb de la ria à l'huîtrière
du **château de Belon** (voir Achats
ci-dessous) ou sur les quais chez
Anne de Belon (www.huitres-
annedebelon.com). Il est possible
d'apporter un pique-nique en
complément.

PREMIER PRIX

Crêperie Le Préau – 3 r. des
Plages - 29350 **Moëlan-sur-Mer** -
☎ 02 98 96 50 91 - fermé merc. -
♿ 🅿 - 10/26 €. Cette ancienne
école, voisine de l'église, abrite
une petite crêperie. Les cartes
de géographie, en bonne place
sur les murs, réveilleront sans
doute des souvenirs, ravivés par
l'odeur des crêpes faites sous
vos yeux.

ACHATS

Les Halles – Place Hervo,
ville basse - mar.-dim. 8h-13h.
Boucherie-charcuterie, fruits
et légumes, fromagerie,
poissonnerie et crêpes à déguster
sur place ou à emporter.
Marché – Pl. St-Michel, ville haute -
vend. matin.
**Huîtrières du Château de
Belon** – Port de Belon (rive droite) -
29340 Riec-sur-Belon - ☎ 02 98 06
90 58 - www.huitre-bretagne.com -
fermé de mi-déc. à fin déc. (sf
vente), 1er janv. Affaire familiale
fondée en 1864. Possibilité de
visite guidée (45mn, 8 pers. mini,

8,50 € avec dégustation) depuis la
petite maison du port jusqu'aux
parcs à huîtres plates et creuses
(si les marées le permettent).
Dégustation face au Belon et
vente directe de bourriches.

ACTIVITÉS

**Vingt et une idées de balades
au pays de Quimperlé** – L'office
de tourisme propose des belles
randonnées pédestres et VTT.
Les sorties encadrées sont le plus
souvent gratuites. Attention, il
n'y a pas de location de VTT à
Quimperlé.
**La traversée de Quimperlé en
kayak** – Selon le niveau d'eau,
réserv. à l'OT - départ base Saint-
Nicolas - ☎ 02 98 39 24 17 - 21 €,
1h30 - retour en minibus.
Laïta croisières – Au départ
du port du Pouldu - ☎ 06 64 27
62 15 - www.laita-croisieres.fr -
de mai à fin sept. - 12 € (2-12 ans
7 €). Croisière commentée pour
découvrir la vallée littorale de la
Laïta jusqu'à l'anse de St-Maurice.
Ferme équestre de Kersperche –
29340 **Riec-sur-Belon** - ☎ 02 98 06
50 22 ou 06 82 45 09 49 - fermé sept.
pour l'équitation. Établie entre
Riec et Moëlan, cette pension de
chevaux propose des promenades
sur réservation et organise sur sa
propriété des parties de paintball.

AGENDA

**Pardon de la chapelle de
Lothéa** – dim. qui suit la Pentecôte.
Repas champêtre et Fest Noz –
3e sam. d'août - chapelle de Lothéa.
Mercredis musicaux – dern. sem.
de juil.-août. Concerts gratuits
sur la place St-Michel (musique
traditionnelle et variétés).
Festival des Rias – Dernière sem.
d'août - http://www.lesrias.com.
Festival de théâtre de rue dans dix
communes du pays de Quimperlé.

3

Montagnes Noires et canal de Nantes à Brest

Finistère (29) et Morbihan (56)

Cette chaîne de grès armoricain et de schiste noirâtre compose avec les monts d'Arrée l'« épine dorsale de la péninsule ». Un peu moins haute que ces derniers (326 m contre 384 m), elle présente des crêtes plus étroites, des pentes peu accentuées et des landes moins étendues. Elle n'en offre pas moins de superbes buts d'excursion pour ceux qui souhaitent s'écarter un moment du littoral breton.

NOS ADRESSES PAGE 325
Hébergement, restauration, achats, activités, etc.

🛈 S'INFORMER

Office du tourisme de Haute Cornouaille – Bureau d'information touristique de Châteauneuf-du-Faou – *R. de la mairie - 29520 Châteauneuf du Faou -* 📞 *02 98 81 83 90 - www.hautecornouaille.fr*
Bureau d'information touristique de Spézet - *R. du Gén.-de-Gaulle - 29540 Spézet -* 📞 *02 98 93 94 70. www.haute-cornouaille.fr.*

▶ SE REPÉRER

Carte de microrégion C-D 1-2 (p. 215) – Les Montagnes Noires s'étendent sur une soixantaine de kilomètres d'est en ouest, au sud de Carhaix-Plouguer. Quimper

se trouve à une quarantaine de kilomètres au sud-ouest, par la D 15.

👁 À NE PAS MANQUER

Les vitraux de la chapelle N.-D.-du-Crann.

🕐 ORGANISER SON TEMPS

Le circuit proposé prend une demi-journée en voiture. Si vous souhaitez marcher, les randonnées ne manquent pas : pensez juste à vos chaussures, au coupe-vent et éventuellement au pique-nique.

👪 AVEC LES ENFANTS

La visite du domaine de Trévarez pour ses ordonnancements de massifs floraux. Une balade à pied ou à vélo et un pique-nique sur les bords du canal de Nantes à Brest.

Circuits conseillés

UNE VIE MONTAGNARDE BRETONNE Carte Montagnes Noires ci-contre

▶ *Circuit de 85 km, tracé en vert sur la carte – comptez une demi-journée.*
👁 Le nom Montagnes Noires viendrait des grandes forêts de feuillus qui couvraient autrefois le massif. Le reboisement est en bonne voie, offrant de belles balades à l'écart de la côte et des embruns.

Carhaix-Plouguer *(voir p. 326)*

Quittez Carhaix à l'ouest en direction de Pleyben (N 164) et poursuivez sur la D 769 vers le sud.
La route s'engage dans la pittoresque vallée de l'Hyères.

MONTAGNES NOIRES ET CANAL DE NANTES À BREST

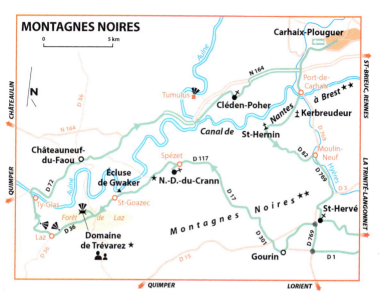

À Port-de-Carhaix, après avoir franchi le canal de Nantes à Brest, tournez à droite. À environ 1,5 km, remarquez sur la gauche le **calvaire de Kerbreudeur**, l'un des plus anciens de Bretagne (15ᵉ s.), dont les sculptures, bien qu'endommagées, sont encore expressives.

Saint-Hernin

Dans ce lieu où se serait fixé saint Hernin, moine venu d'Irlande, subsiste un enclos paroissial du 16ᵉ s.

Le **calvaire** très élancé est fort beau ; on reconnaît saint Michel terrassant le dragon de sa longue épée.

Regagnez à Moulin-Neuf la route de Carhaix à Gourin (D 769), et tournez à droite. On aperçoit ici et là des ardoisières abandonnées.

😊 Possibilité de prendre la Voie verte *(voir « Nos adresses » p. 325).*

Chapelle Saint-Hervé

Le chemin d'accès se détache sur la gauche.

Cet édifice du 16ᵉ s. au décor flamboyant et au clocheton ajouré reçoit chaque année le pardon de la Saint-Hervé.

Franchissez la ligne de faîte avant d'amorcer la descente sur Gourin.

Gourin fournissait des ardoises. C'est aujourd'hui un centre d'élevage de chevaux, de bovins et de volailles.

Poursuivez vers l'est.

La Trinité-Langonnet

Fermeture pour travaux.

L'**église**★ de style flamboyant possède une remarquable **charpente** (1568) à motifs Renaissance, qui témoigne d'une grande maîtrise artisanale et souligne l'élévation de la nef. Dans le chœur, remarquez les enfeus sculptés et les sablières.

Revenez à Gourin en passant par Minetoul et, à la sortie de Gourin, prenez la D 301 vers le nord. Dirigez-vous à nouveau vers la crête des Montagnes Noires. Gagnez Spézet et, à la sortie vers Châteauneuf-du-Faou, tournez à gauche.

3

★ Chapelle Notre-Dame-du-Crann (Spézet)

Rte de Roudouallec - ♿ - de mi-mai à fin sept. : 14h-17h30 ; reste de l'année : sur demande à la mairie au ☎ 02 98 93 80 03 - CD explicatifs en français, anglais, allemand et espagnol.

Bâtie en 1532, cette chapelle possède une splendide série de **vitraux★★** du 16e s. On raconte qu'au 19e s. un amateur parisien voulut faire leur acquisition, mais que le curé demeura incorruptible ! Le programme le plus important *(12 panneaux)* orne le chœur et illustre la Passion.

Dans le bas-côté droit, légende de saint Éloi. Les retables polychromes du 16e s. ont été restaurés.

Revenez à l'entrée de Spézet où vous tournerez à gauche et, à 2 km, encore à gauche. À l'entrée de St-Goazec, tournez à droite.

Écluse de Gwaker

C'est l'une des nombreuses écluses du canal de Nantes à Brest. Belle chute en fin de plan d'eau.

Traversez St-Goazec, puis prenez à droite vers Laz.

★ Domaine de Trévarez

☎ 02 98 26 82 79 - www.cdp29.fr - juil.-août : 10h-18h30 ; de mi-mars à fin juin et de déb. sept. au vac. de la Toussaint : 13h30-18h30 ; de mi-nov. à déb. janv. : 14h-19h30 - visite guidée possible (1h) - 7 € (-17 ans 1 €) - gratuit RV aux jardins (juin).

Ce parc de 85 ha s'ordonne autour d'un château Belle Époque (vers 1900), de style gothique. Des sentiers balisés à travers bois permettent d'agréables promenades au rythme des saisons : camélias *(particulièrement en avril)*, azalées et rhododendrons *(en mai)*, hortensias *(en juillet)*, et fuchsias fleurissent le parcours. Des fontaines, un jardin d'eau et un étang apportent une fraîcheur agréable. La terrasse du château offre une belle **vue** sur la vallée de l'Aulne et les monts d'Arrée.

La visite se termine agréablement dans les anciennes écuries, réaménagées en lieu de détente et d'expositions. Boutique et goûter breton complètent la visite.

Dans Laz, tournez à droite vers Ty-Glas où, après avoir admiré les arêtes rocheuses et la vallée de l'Aulne, vous prendrez à droite vers Châteauneuf-du-Faou. La route franchit, puis longe l'Aulne.

Châteauneuf-du-Faou

Au penchant d'une colline qui domine l'Aulne, la ville attire les pêcheurs de saumons et de brochets.

Dans l'église St-Julien, **Paul Sérusier** a décoré la chapelle des fonts baptismaux, entre 1914 et 1918. Il y a représenté des scènes du Nouveau Testament :

SÉRUSIER ET CHÂTEAUNEUF

À l'occasion de voyages à Pont-Aven où travaille Gauguin, Paul Sérusier découvre Châteauneuf-du-Faou en 1891. Il a alors 27 ans. Dès lors, cette région ne va cesser de l'inspirer. En 1906, il fait construire une maison (dans l'actuelle rue Paul-Sérusier). Son verger donne sur la splendide vallée de Pontadig ; deux sujets de prédilection dans l'œuvre de Sérusier, qui va peindre jusqu'aux murs de sa maison (1913). Propriété privée, on ne peut malheureusement pas la visiter… mais un projet de **maison-musée Paul Sérusier**, porté par la municipalité, devrait se concrétiser en plein centre-ville dans un avenir relativement proche.

Château de Trévarez.
E. Berthier/hemis.fr

l'Annonciation, le Baptême du Christ, la Crucifixion, la Résurrection et la Transfiguration.

🐦 **Parcours « Sur les pas de Paul Sérusier »** – ☎ *02 98 81 83 90 - www. haute-cornouaille.fr - visite libre (1h30 environ) avec le fascicule (gratuit) disponible à la mairie ou à l'office de tourisme.* Marchez sur les pas du peintre Paul Sérusier (1864-1927), fondateur du groupe des Nabis (*prophètes* en hébreu), disciple et ami de Gauguin. Découvrez sa ville d'adoption et les paysages qu'il immortalisa en suivant le Circuit des huit chevalets. Quelques œuvres de Paul Sérusier sont visibles à la mairie *(sur RV hors sais.).*
Rejoignez la N 164.

3

Cléden-Poher

Ce village possède un bel **enclos paroissial★**, bâti pour l'essentiel au 16ᵉ s. L'église des 15ᵉ et 16ᵉ s. renferme d'intéressants retables. Une grande partie de la voûte conserve ses lambris peints en 1750. Remarquez aussi la jolie charpente de l'ossuaire transformé en chapelle, un beau calvaire de 1575 représentant une pietà et la scène de la flagellation, et deux sacristies couvertes en carène. Sur cette commune se trouve aussi la maison éclusière de Pont-Triffen *(voir ci-dessous dans Le canal de Nantes à Brest).*
Regagnez Carhaix-Plouguer.

LE CANAL DE NANTES À BREST

◐ *Il y a 73 km le long du canal de Kergoat à Châteaulin.*

🚴 Vous pouvez le parcourir à vélo *(7h)*, en bateau *(voir « Nos adresses dans les Montagnes Noires » p. 325)* ou à pied *(comptez deux jours et demi).* Sur le canal même, on peut pratiquer le kayak ou louer des péniches (il faut manier les écluses soi-même).

Ce canal, dont on a fêté le 200ᵉ anniversaire en 2011, répondait au départ à des motivations stratégiques. Il faut imaginer les voies terrestres de l'époque, des chemins creux vite embourbés par temps de pluie. Or, pendant les guerres

> ### LE CANAL EN CHIFFRES
>
> Le canal de Nantes-à-Brest est mis en service en 1842, après plus de trente ans de travaux exécutés dans des conditions épouvantables par des forçats et des prisonniers de guerre. Il constitue alors une voie d'eau de **360 km**, ponctuée de **238 écluses** (18 d'entre elles ont été englouties lors de la création du lac de Guerlédan) et ayant 555 m de dénivelé. Huit rivières au total furent canalisées. ☙ *Informations sur le canal : www.smatah.fr ou Maison éclusière de Bizernig- 29520 Châteauneuf-du-Faou - ☎ 02 98 73 40 31 - 9h-12h, 14h-17h, vend. 9h-12h, 14h-16h30 - fermé w.-end et j. fériés.*

napoléoniennes, se posa le problème du ravitaillement de Brest et de la flotte coincée par le blocus anglais. La pose de la première pierre de l'écluse de Port-Launay eut lieu le 7 septembre 1811, mais l'écluse n'ouvrit qu'en 1826. Le canal de Nantes à Brest ne fut terminé qu'en 1836.

Le canal devint vite un axe commercial très important pour le centre de la Bretagne. Les péniches transportaient les ardoises vers la mer et revenaient chargées de sable, et aussi de minerai, de houille et de fonte.

Un net coup de frein intervint avec la mise en service du chemin de fer, puis ce fut le coup fatal de la construction du barrage hydroélectrique de Guerlédan, en 1923, qui coupa les relations entre Nantes et Brest. La voie d'eau fut abandonnée. En 1966, le département du Finistère en fit l'acquisition et décida de l'aménager dans un but touristique en créant le Smatah (Syndicat mixte d'aménagement touristique de l'Aulne et de l'Hyères).

Aujourd'hui, les écluses ont toutes été remises en état, les chemins de halage nettoyés font de superbes parcours de randonnée pédestre, cycliste ou équestre. Les pêcheurs y trouvent de nombreux sites.

Maisons éclusières et centres d'interprétation

Plusieurs maisons d'éclusiers ont été aménagées ; on les découvre en suivant le chemin de halage à pied ou à vélo d'amont en aval. **Le Centre d'interprétation de la flore du canal** dans la maison éclusière de Kergoat-St Hernin.

Le Centre d'interprétation de l'histoire du canal est installé dans la maison éclusière de Pont-Triffen à Cléden-Poher.

Le Centre d'interprétation de la vie éclusière, dans la maison de Rosvéguen, à la limite entre les communes de Gouézec et Lennon. Le site est très beau et la maison éclusière a été restaurée pour abriter des expositions sur l'histoire de la vie batelière. Des films sur le canal et les travaux y sont projetés. On peut aussi découvrir le sentier sensoriel « Terre ô Pied : Retour ô sources » à parcourir pieds nus : long de 360 m, il est composé d'une vingtaine de matériaux (sable, gravillons, ardoise, bois, chanvre, etc.) liés au canal.

À 200 m en suivant le chemin de halage, on peut voir l'épave d'un chaland qui s'est échoué ici en 1934.

Le centre d'interprétation de la faune du canal : écluse de l'Aulne- Châteaulin. *Maison Éclusière de l'Aulne - ☎ 02 98 73 40 31 - www.smatah.fr - ♿ - printemps-été : mar. et vend. 10h-18h - possibilité de visite guidée - des promenades sont proposées sur des thèmes se rattachant au canal ; programme des animations sur le site Internet ou par téléphone.*

L'observatoire aquatique à Châteaulin *(voir p. 337).*

☺ Procurez-vous le topoguide couvrant l'ensemble du canal de Nantes à Brest et du Blavet *(gratuit)* auprès du comité régional de tourisme de Bretagne *(www.tourismebretagne.com).*

☙ *Voir aussi Blain, p. 414.*

☺ DANS LES MONTAGNES NOIRES

HÉBERGEMENT

PREMIER PRIX

Hôtel du Relais de Cornouaille –
9 r. Paul-Sérusier - 29520
Châteauneuf-du-Faou *-*
*℘ 02 98 81 75 36 - www.
lerelaisdecornouaille.com - fermé
oct. -* ♿ 🅿 *- 29 ch. 59/62 € -*
🛏 *8 € -* ✗ *fermé dim. soir et sam.
(hors sais.),18/41 €.* Installé dans
deux maisons de village accolées,
cet hôtel a peu à peu modernisé
ses chambres, son salon et sa
réception. Les menus généreux
du restaurant attirent une
clientèle locale nombreuse.

RESTAURATION

POUR SE FAIRE PLAISIR

Le Bienvenue – *84 r. Nicolas-le-
Grand - 56110* **Roudouallec** *- 9 km
à l'ouest de Gourin rte de Quimper
par D1 - ℘ 02 97 34 50 01 - www.
restaurant-hotels.com - fermé dim.
soir - formule du jour 19,80 € - menu
28,80 bc (w.-end)/53 €.* Hortensias
et rhododendrons fleurissent aux
abords de ce restaurant. Dans une
salle claire, vous goûterez une
copieuse cuisine mettant en avant
les produits de la région.

ACTIVITÉS

Aulne Loisirs Plaisance – *Penn-
ar-Pont - 29520 Châteauneuf-du-
Faou - ℘ 02 98 73 28 63 - www.
facebook.com/Aulne-Loisirs-
Plaisance-122591354432141 -
avr.-fin oct. - fermé lun. (hors
sais.) et mar.* Cette base fluviale
propose des embarcations
pour découvrir le canal de
Nantes à Brest : vedettes *(50 pl.)*,
bateaux habitables sans permis,
canoës-kayaks. Location de
VTT. Nombreuses activités l'été.
Possibilité de pique-niquer sur
le lieu d'embarquement ou de
déjeuner au bar-restaurant.
École de pêche – *Salle de Penn-
ar-Pont - 29520 Châteauneuf-du-
Faou - ℘ 06 50 32 19 00 - sam.
14h-18h.* Pour grands et petits,
cette école donne les bases pour
pêcher le saumon, la truite, le
brochet, et autres ressources des
rivières de Châteauneuf.
**La Voie verte n° 7 Roscoff-
Concarneau** – Elle relie Carhaix à
Rosporden *(voir p. 299)* en passant
par St-Hernin. Promenades à vélo
en toute sécurité avec les enfants.
Location de VTT et de VTC à Aulne
Loisirs Plaisance.

AGENDA

Festival jazz à Châteauneuf –
*Sur les bords du canal, fin juil. -
www.fest-jazz.com.*
**Pardon de la chapelle N.-D.-
du-Crann** – *dim. qui suit la
Pentecôte.* Pardon du beurre.
Pardon de St-Hervé – *℘ 02 97 23
41 83 (presbytère de Gourin) -
dernier dim. de sept.*

3

Carhaix-Plouguer

7 391 Carhaisiens – Finistère (29)

Carhaix a planté sa flèche en pleine Armorique, entre les monts d'Arrée et les Montagnes Noires, dans une région d'élevage. Ville carrefour, la capitale du Poher a résisté au dépeuplement en créant le festival des Vieilles Charrues. Cet événement musical donne l'occasion de parcourir les alentours et de découvrir un peu mieux les recoins cachés de l'Argoat.

😊 NOS ADRESSES PAGE 329
Hébergement, restauration, achats, activités, etc.

🛈 S'INFORMER

Carhaix Poher Tourisme – *R. Brizeux - 29270 Carhaix-Plouguer -* 📞 *02 98 93 04 42 - www. carhaixpohertourisme.bzh/fr - juil.-août : 9h30-12h30, 14h-17h30, dim. et j. fériés 10h-13h ; juin et sept. : tlj sf dim. et j. fériés 9h30-12h30, 14h-17h30 ; reste de l'année : tlj sf dim.-lun. et j. fériés 10h-12h, 14h-17h30, jeu. 14h-17h30.*

▶ SE REPÉRER

Carte de microrégion D1 (p. 215) – Entre les monts d'Arrée et les Montagnes Noires, en pleine Bretagne intérieure, la ville occupe une position de carrefour.

👁 À NE PAS MANQUER

Les gorges du Corong et le festival des Vieilles Charrues en juillet.

🕐 ORGANISER SON TEMPS

Après une petite visite en ville, comptez une demi-journée pour découvrir le plateau du Huelgoat. Vous pouvez aussi piocher des idées dans le journal *Ar gazetenn*, publié le 10 de chaque mois par la municipalité.

Se promener

Église Saint-Trémeur

Reconstruite au 19ᵉ s., elle conserve une imposante tour-porche du 16ᵉ s. Le tympan du portail est orné de la statue de saint Trémeur, dont la légende remonte au 6ᵉ s.

Maison du Sénéchal

R. Brizeux - mêmes horaires que l'office de tourisme.
Une belle façade du 16ᵉ s. : le rez-de-chaussée en granit sculpté, les étages en encorbellement, le tout habillé d'ardoise et décoré de statuettes. L'office de tourisme y est installé.

À proximité Carte de microrégion p. 214-215

★ La Vallée des Saints à Carnoët D1

▶ *14 km au nord par la D 787.*
Un rêve de granit et un projet fou ! Depuis 2009, une dizaine de sculpteurs font naître de blocs de granit des statues monumentales de saints bretons, placées ensuite sur la colline de Saint-Gildas offrant une très belle vue à 360° sur toute la campagne alentour. Depuis 2009, quatre-vingt statues-menhirs en granit de 4 à 5 m de haut et de plus de 15 t ont déjà été installées. De styles très divers (l'art brut n'est pas loin, mais on pense aussi aux alignements mégalithiques),

> ## VIEILLES CHARRUES ET IDÉES NEUVES !
>
> Quelques chiffres d'abord pour prendre la mesure du phénomène. 280 000 spectateurs (premier des festivals français de musiques actuelles), 12 salariés permanents et plus de 6 000 bénévoles participant à l'organisation chaque année, un auto-financement à 99 % : le **festival des Vieilles Charrues** – qui a fêté ses 25 ans en 2015 – est une vraie réussite, côté musique et spectacle bien sûr, mais aussi côté développement du territoire. Géré par une association, il fait appel en priorité à des fournisseurs locaux et participe à des projets culturels dans la région. Une démarche volontaire qui contribue à sa manière à redynamiser le centre Bretagne situé à l'écart des grands circuits touristiques.

elles évoquent les saints fondateurs des pays bretons (Corentin, Tugdual, Samson, Brieuc…), chacun muni de ses attributs traditionnels.

Un espace boutique *(lun.-dim. 10h-17h30)* propose des produits dérivés ainsi que de quoi se régaler en pensant aux saints bretons : farine de Saint-Gérand, jus de pomme de Saint-Guénolé, miel de Saint-Derrien…

Abbaye Notre-Dame-de-Langonnet D2 en dir.

À 31 km au sud-est de Carhaix-Plouguer, l'abbaye se situe sur la D 790 entre Le Faouët et Plouray - Rte de l'Abbaye - ℘ 02 97 23 93 08 - http://abbayedelangonnet.fr/ home.html - ♿ - 11 juil.-23 août : 9h-12h, 14h-18h30, mar. et dim. 14h-18h30 ; reste de l'année : 14h-18h - fermé 1ᵉʳ janv., 25 déc. - visite guidée sur demande (1h) - gratuit - offrande conseillée pour participation aux frais d'entretien.

De l'abbaye fondée en 1136, il ne subsiste que la salle capitulaire du 13ᵉ s. L'ensemble architectural que l'on voit aujourd'hui date du milieu du 18ᵉ s. Cloître du début du 20ᵉ s. Occupés par un haras en 1806, les bâtiments furent bien entretenus et purent en 1858 être réoccupés par les Spiritains. C'est désormais une maison de repos pour les missionnaires et un lieu de retraite spirituelle. Musée d'art africain.

Circuit conseillé Carte de microrégion p. 214-215

PLATEAU DU HUELGOAT

Circuit de 80 km, tracé en gris sur la carte – comptez environ 4h.

Quittez Carhaix par les rues Oberhausen et des Abattoirs en direction de Plounévézel (D 54). À Croissant-Marie-Jaffré, tournez à droite puis, 3 km après avoir laissé Lesquern sur la gauche, prenez à nouveau à droite, dans un virage, un chemin non revêtu.

Chapelle Saint-Gildas D1

Un parcours en sous-bois y conduit. Clocher carré à flèche de pierre et grotesques au chevet (16ᵉ s.). À la droite de la chapelle se trouve le signal St-Gildas qui culmine à 238 m : vue sur les monts d'Arrée. Un chemin permet ensuite de rejoindre la Vallée des Saints, en haut de la colline *(15mn)* ou *repende la voiture et suivre les indications.*

★ La Vallée des Saints à Carnoët *(voir ci-contre)*

Revenez à la route initiale et tournez à droite. Prenez à gauche vers Plourac'h.

Église de Plourac'h D1

Ce sanctuaire Renaissance en forme de T a été élevé en grande partie aux 15ᵉ et 16ᵉ s. Le **porche** gothique abrite les statues des apôtres, surmontées de dais très ouvragés. Trois gâbles armoriés dominent une belle porte Renaissance et les deux fenêtres qui l'encadrent. À l'intérieur, récemment rénové, remarquez les statues de saint Guénolé et de saint Nicodème en docteur de la loi, ainsi qu'une Descente de croix où la Vierge est vêtue de la cape de deuil du pays.

Callac D1 en dir.

Cette ville possède une station de haras devant laquelle est érigée la statue de bronze de l'étalon Naous. Né en 1935, ce formidable reproducteur fut l'étalon le plus réputé de Bretagne. Durant treize ans de bons et loyaux services, ce cheval de trait breton a donné naissance à quelque 800 descendants directs ! Callac est également la « capitale » de l'épagneul breton, un chien d'arrêt très efficace.

Empruntez la route de Guingamp et, à 2 km, tournez à droite.

Bulat-Pestivien D1 en dir.

Ce village conserve quelques manoirs (17e et 18e s.) dont on notera la qualité du matériau de construction et une belle **église★** aux porches remarquables. Sa tour Renaissance, la première de cette période en Bretagne, a été surmontée d'une flèche au 19e s. La sacristie monumentale est ornée d'une frise macabre ; un curieux lutrin représente un paysan en costume vannetais. La belle table de 1583, à dessins géométriques, longue de 5 m, recevait les offrandes lors du **pardon.** Celui-ci a toujours lieu le dimanche qui suit le 8 septembre.

Descendez vers Burthulet par la route de Rostrenen.

Chapelle de Burthulet D1 en dir.

Ce modeste édifice du 16e s. à clocher-mur apparaît dans un site mélancolique : nul doute que « le diable y soit mort de froid » ainsi que l'assure la légende.

Gagnez Ty-Bourg, où vous tournerez à droite.

Saint-Servais D1 en dir.

Le romancier Anatole Le Braz (1859-1926) naquit dans ce village. Imposante église du 16e s.

Suivez la direction de Locarn.

★ Sentier de découverte des landes de Locarn et des gorges du Corong

🐾 *Dép. du parking du Quélénec. Boucle de 7 km avec 13 stations balisées. Livret de découverte (2,30 €) à la Maison du patrimoine ou dans les offices de tourisme.* Cette balade mène à travers landes, forêt et chaos rocheux. La rivière s'enfonce en effet dans la forêt de Duault, disparaît dans un amas rocheux pour en rejaillir en cascade.

Locarn D1 en dir.

Son **église** possède une remarquable verrière du 16e s., cinq panneaux d'un retable flamand de la même époque représentant des épisodes de la vie du Christ et une **roue à carillon** *(voir encadré ci-contre).* Si Locarn en conserve une, vous pourrez aussi en voir dans les églises de St-Nicolas-du-Pélem, Lanniscat, Confort-en-Meilars et Kérien.

★ **Trésor –** ✆ 02 96 36 66 11 - ♿ - de mi-juin à mi-sept. : 14h-18h ; de mi-avr. à mi-juin et de mi-sept. à fin oct. : tlj sf dim.-lun. 14h-17h30 ;

> ### LA ROUE À CARILLON
>
> Ce très curieux objet rituel, souvent appelé « roue de fortune », était un symbole religieux pour les Celtes, probablement lié au culte solaire. Plus tard, il fut annexé au culte chrétien pour ponctuer les cérémonies de joie (baptêmes, mariages, pardons).

reste de l'année : tlj sf w.-end et lun. 14h-17h30 - fermé de mi-déc. à mi-janv., certains j. fériés - 3 € (-10 ans gratuit). Il est conservé à la **Maison du patrimoine**. Il comprend un buste et un bras reliquaires de saint Hernin, exécutés au 15e s., une croix de procession de la fin du 16e s. et un calice du 17e s., le tout en vermeil.

Maison du patrimoine – *8 pl. du Centre -* 📞 *02 96 36 66 11 - www.patrimoine-locarn.org -* ♿ *- mi-juin à mi-sept. : 14h-18h ; mi-mai à mi-juin et mi-sept. à déb. oct. : tlj sf dim.-lun. 14h-17h ; reste de l'année : tlj sf w.-end et lun. 14h-17h30 - fermé de mi-déc. à mi-janv. - fermé 1er et 8 Mai, dim. et lun. de Pâques, 14 Juil.* Nombreuses balades guidées passionnantes *(3 €)* et une exposition permanente *(3 €, -18 ans 2 €)* qui permet de découvrir le paysage de landes, de tourbières mais aussi d'ardoisières de Locarn. À près de 200 m de fond, des centaines d'ardoisiers ont creusé et travaillé le schiste pendant des décennies, pour en extraire l'une des plus belles ardoises d'Europe jusqu'en 2000.

🔗 *Voir aussi « Une vie montagnarde bretonne », p. 320.*

😊 NOS ADRESSES À CARHAIX-PLOUGUER

HÉBERGEMENT

POUR SE FAIRE PLAISIR

Hôtel Noz Vad – *12 bd de la République -* 📞 *02 98 99 12 12 - www.nozvad.bzh - fermé 1 sem. en janv. et 2 sem. en déc. -* ♿ 🅿 *- 44 ch. 51/102 € -* 🍽 *8,50 €.* Bel intérieur breton contemporain, chambres modernes et pratiques. Vous passerez une *noz vad* (bonne nuit).

RESTAURATION

PREMIER PRIX

La Ronde des Mets – *5 pl. de la Mairie -* 📞 *02 98 93 01 50 - fermé lun. et jeu. soir,-* ♿ *- formule déj. (sem.) 13,50 € - 17/31 €.* Au milieu de tableaux peints par des artistes locaux, vous y dégusterez une goûteuse cuisine traditionnelle.

La Cantine des chefs – *76 av. Victor-Hugo -* 📞 *02 98 93 71 56 - www.lacantinedeschefs.com - lun.-mar. 11h-15h, merc.-vend. 11h-19h, sam. 10h-19h.* Un concept original : les recettes sont préparées par des chefs puis mises en bocaux. À déguster sur place ou à emporter. Fait également salon de thé.

ACTIVITÉS

Les Ânes sont dans le pré – *Le Pellem -* 📞 *02 98 99 44 21 - tte l'année sur réserv. - tarif, se rens.* Cette structure propose des promenades et des randonnées accompagnées d'ânes bâtés ainsi qu'une visite guidée de l'exploitation. Hébergement en chambres d'hôtes possible.

AGENDA

Festival des Vieilles Charrues – *mi- juil. -* 📞 *0 820 890 066 (0,12 €/ mn) - www.vieillescharrues.asso.fr.* Depuis vingt-cinq ans, ce festival attire des stars internationales et des découvertes. Pendant quatre jours, 80 artistes se produisent devant quelque 250 000 spectateurs. Une réussite.

Festival du livre en Bretagne – 📞 *02 98 99 33 33 - www. festivaldulivre-carhaix.org - dernier w.-end d'oct.* Une centaine de maisons d'édition, et près de 300 auteurs et journalistes se rassemblent pour assurer la promotion du livre et de la lecture. Conférences, débats, autour d'une thématique différente chaque année.

3

Huelgoat

★★

1 541 Huelgoatains – Finistère (29)

Posé en bordure d'un lac, le bourg de Huelgoat (« Uhel-Coat », le bois du haut en breton) est le point de départ de balades fééériques au cœur de l'Argoat. Forêt, lac, eaux vives et chaos de rochers s'ajustent depuis des millénaires pour former l'un des plus beaux sites de la Bretagne intérieure. La magie de ces combinaisons naturelles a suscité des légendes tenaces, dont témoignent encore le lit du roi Arthur, creusé dans la pierre, ou la mare aux Fées.

😊 NOS ADRESSES PAGE 333
Hébergement, restauration, achats, activités, etc.

🛈 S'INFORMER

Bureau d'information touristique d'Huelgoat – *18 pl. Aristide-Briand - 29690 Huelgoat -* 📞 *02 98 99 72 32 - http://carhaixpohertourisme.bzh/fr - www.lesmontsdarree.fr - juil.-août : 9h30-12h30, 14h-18h, dim. et j. fériés 10h-13h ; reste de l'année : tlj sf dim.-lun. 10h-12h, 14h-17h30, jeu. 10h-12h.*

▶ SE REPÉRER

Carte de microrégion D1 (p. 215) – Au cœur d'une région boisée, à l'est des monts d'Arrée, Huelgoat se situe à 29 km au sud de Morlaix. Au sud du bourg, la D 764 rejoint Carhaix-Plouguer (18 km au sud-est).

👁 À NE PAS MANQUER

Les promenades en forêt : celle du Sentier pittoresque, qui serpente en partie le long de la rivière d'Argent, et celle des Rochers, qui domine le lit de la même rivière.

🕐 ORGANISER SON TEMPS

Les différents sentiers forestiers peuvent vous occuper une bonne partie de la journée, surtout si vous pique-niquez.

Se promener Plan de la ville

Le bourg

L'**église** du 16ᵉ s., au clocher moderne, se dresse en bordure de la grande place, au cœur de la cité. À l'intérieur, sablières (poutres horizontales) sculptées et, à gauche du chœur, groupe de saint Yves, patron de la paroisse, entre le pauvre et le riche.

Dominant Huelgoat, la chapelle Renaissance **N.-D.-des-Cieux** (clocher du 18ᵉ s.) conserve de curieux bas-reliefs peints figurant des scènes de la vie de la Vierge et de la Passion. Un **pardon** a lieu le 1ᵉʳ dimanche d'août.

Les Arbres du monde – *Le Poerop -* 📞 *06 79 69 20 98 - www. lesarbresdumondeauhuelgoat.fr - juil.-août : tlj sf lun. 14h-18h ; avr.-juin et sept.-oct. : jeu.-dim. 14h-18h - fermé jeu. de l'Ascension, dim. de Pentecôte - possibilité de visite guidée sur demande (1h30) - 5 € (-18 ans 3 €).* **L'arboretum** présente 3 600 espèces d'arbres et d'arbustes regroupées en collections géographiques et thématiques. La plupart des continents y sont représentés, y compris l'Himalaya, le bush australien et la cordillère des Andes. Jardin du Moyen Âge et de plantes médicinales, verger de variétés anciennes, bambouseraie, roseraie complètent la visite. Pépinière et salon de thé en sus.

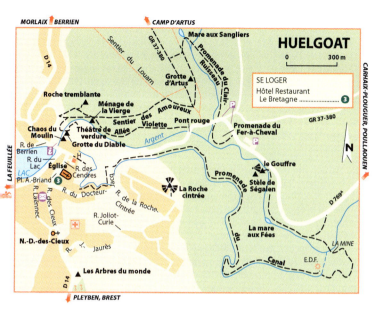

Conçu à l'origine pour les résidents de la maison de retraite voisine, le jardin de l'Argoat regroupe de son côté un millier de plantes de toutes les régions du globe : lilas, eucalyptus, hydrangéas, iris, rosiers lianes et rhododendrons.

★★ Les Rochers

1h30 à pied. Dans la rue de Berrien, au bout du lac. Suivez le sentier fléché.

Chaos du Moulin – Le sentier s'enfonce dans un amoncellement de blocs granitiques dominant le lit de la rivière d'Argent, venue du lac de Huelgoat.

Grotte du Diable – *On y accède par une échelle de fer étroite et glissante.* Sous les rochers… le bruit de la rivière.

Roche tremblante – *Sur la rive gauche de la rivière.* En s'adossant en un point très précis de cet énorme bloc de 100 t, on le fait osciller !

En montant par le Sentier des amoureux, on peut gagner la grotte d'Artus et la mare aux Sangliers (voir explications p. 332 dans la « Promenade du Clair-Ruisseau »).

Allée Violette – Longeant la rive gauche de la rivière, qui serpente en sous-bois, cette allée termine agréablement la promenade dans les rochers.

Au Pont rouge, on peut poursuivre en forêt (voir plus bas) ou regagner le centre-ville : tournez à droite sur la route venant de Carhaix, puis suivez la rue du Docteur-Jacq.

★ La forêt

D'une superficie de plus de 1 000 ha, la forêt de Huelgoat est accrochée au pied du versant sud de la chaîne des monts d'Arrée. Ses collines sont sépa-rées par des vallées souvent profondes, qui recèlent des sites étranges et pittoresques, riches en contes et légendes *(fléchage et parkings permettent de découvrir les sites).*

Promenade du Fer-à-Cheval et gouffre – *30mn à pied. Après le Pont rouge, à droite, suivez la promenade du Fer-à-Cheval.* Flânerie dominant la rivière d'Argent. *Puis reprenez à droite la route de Carhaix pendant 300 m.* Un escalier de 39 marches mène au gouffre. La rivière d'Argent se perd dans une

> **DES MENHIRS AUX TROTTOIRS DE PARIS**
> Utilisé dès l'époque mégalithique pour ériger les menhirs, le **granit de Huelgoat** servit plus tard à édifier calvaires, chapelles et églises (Brennilis, St-Herbot). La construction de l'école navale de Brest, en 1928, fut l'un des premiers gros chantiers, tandis que Paris commandait 4 km de granit pour ses bordures de trottoir. Après les destructions de 1945, c'est Brest tout entière qui sollicita Huelgoat. L'apparition du béton sonna le glas du bassin granitier.

excavation profonde pour ne reparaître que 150 m plus loin. On peut gagner un belvédère *(15mn AR – accès difficile et manque de protection)* dominant le chaos du gouffre. Cette promenade peut se poursuivre le long de la rivière – on passe près de la mare aux Fées – et se combiner avec la promenade du Canal. *Suivez le fléchage « La Mine », tournez à droite, au pont, sur la route non revêtue. À l'ancienne mine, montez par un sentier s'embranchant sur la droite jusqu'au collecteur de l'usine électrique. Une petite passerelle franchit le canal.*

Promenade du Canal – *3h à pied AR, au départ de la rue du Docteur-Jacq.* C'est pour l'exploitation des mines de plomb argentifère, déjà connues des Romains, qu'un lac de barrage et deux canaux ont été aménagés au 19e s. Les eaux étaient utilisées pour le lavage du minerai et comme force motrice d'un concasseur. La promenade emprunte la berge du canal supérieur. À son extrêmité, il est possible de gagner le gouffre *(description de ce parcours en sens inverse ci-dessus).*

Promenade du Clair-Ruisseau – *1h30 AR. Au parc de stationnement situé après le Pont rouge, prenez l'allée du Clair-Ruisseau.* Elle offre des vues sur le lit du ruisseau, encombré de rochers et d'arbres enchevêtrés. À gauche, un escalier *(25 marches)* descend à la **mare aux Sangliers,** petit bassin limpide dans un joli site de rochers où l'on croit reconnaître des têtes de sangliers, d'où le nom. Un ponceau rustique permet de franchir le ruisseau et de gagner l'allée de la Mare, que l'on prend à gauche.

Après l'impressionnant escalier *(218 marches)* qui conduit plus rapidement au **camp d'Artus**, on découvre, sur la droite, en contre-haut, l'entrée de la **grotte d'Artus**.

Poursuivez par le chemin en montée qui, en 800 m, mène au camp.

Des rochers en marquent l'entrée, qui était commandée par une motte artificielle. C'est un important exemple d'oppidum gaulois limité par deux enceintes. Malgré l'envahissement de la végétation, il est possible de faire le tour du camp par un sentier *(1 km environ)* qui suit la seconde enceinte elliptique, la seule qui soit assez bien conservée.

😊 NOS ADRESSES À HUELGOAT

HÉBERGEMENT

POUR SE FAIRE PLAISIR

Hotel Restaurant Le Bretagne – *13 pl. Aristide-Briand - ☏ 02 98 99 83 66 - www.le-bretagne-huelgoat. com - fermé 23-24 déc. - ♿ - 8 ch. 78/98 € ☕ - ✕ 25/29 €.* Entièrement renovées, les chambres sont spacieuses et coquettement agencées. Une excellente adresse tenue par un couple breton-colombien. Les spécialités des deux régions sont à la carte du restaurant *(voir ci-dessous).*

RESTAURATION

BUDGET MOYEN

Hotel Restaurant Le Bretagne – *13 pl. Aristide-Briand - ☏ 02 98 99 83 66 - le-bretagne-huelgoat.com - ♿ - 25/32 €.* Dans une salle chaleureuse un peu baroque, on déguste des plats traditionnels français ou latino-américains, goûteux et copieux, tel que la *bandeja paisa* (viande hachée, haricots rouges, œuf, riz, lard grillé, banane plantain, chorizo, avocat et salade), spécialité colombienne.

ACTIVITÉS

Ti Ar Gouren – *Imp. du Gouren - Le Poullic - 29690 Berrien - ☏ 02 98 99 03 80 - www.tiargouren.fr - horaires variables, se rens.* Cette Maison de la lutte et des jeux bretons promeut par des stages, des classes de découverte et des camps de vacances, l'intérêt pour le *gouren* (lutte bretonne) et les jeux traditionnels d'adresse.

Cyclotourisme

🚲 **Vélodyssée** – Cet itinéraire cyclable aménagé permet de remonter vers le nord de la Bretagne (Morlaix, Roscoff) ou de rallier Nantes en passant par le cœur de la Bretagne (Carhaix-Plouguer, Pontivy, Josselin, Redon).

AGENDA

L'École des Filles – *25 r. du Pouly - ☏ 02 98 99 75 41 - www. ecoledesfilles.org - juil.-août 11h-19h.* Cette ancienne école communale revit depuis 2010 comme galerie d'art moderne et contemporain. Ce « lieu muséal non identifié » (selon la définition de Françoise Livinec, sa créatrice) propose une programmation culturelle variée (débats, rencontres, lectures) avec des artistes, journalistes ou écrivains toute l'année. Grande exposition l'été.

3

Monts d'Arrée

★★

Finistère (29)

Frontière naturelle entre la Cornouaille et le Léon, autrement dit entre le Finistère Sud et le Finistère Nord, les monts d'Arrée sont les plus élevées des « montagnes bretonnes » avec pour points culminants à 384 m le roc Trévezel et le Tuchenn Gador (Signal de Toussaines). Les sommets de grès ou de granit ont été transformés par l'érosion en croupes arrondies appelées « menez », tandis que les quartzites ont donné des crêtes découpées en dents de scie baptisées « rocs » ou « roc'hs ». Arides, couverts de landes, souvent perdus dans la brume, ces reliefs peuvent donner une impression de haute montagne. Ils font partie du Parc naturel régional d'Armorique, l'un des premiers sites naturels protégés en France.

NOS ADRESSES PAGE 341
Hébergement, restauration, achats, activités, etc.

S'INFORMER

Parc naturel régional d'Armorique – ☎ 02 98 81 90 08 - www.pnr-armorique.fr - ♿ - 8h30-12h30, 13h30-17h30 - fermé w.-end et j. fériés - informations sur les activités, sorties, etc. à la Maison du parc - 15 pl. aux Foires - 29590 Le Faou. **Bureau d'information touristique de Brasparts** – Pl. des Monts d'Arrée - 29190 Brasparts - ☎ 02 98 81 47 06 - www.yeun-elez.com - mar.-sam. 9h-14h.

SE REPÉRER

Carte de microrégion B-C1 (p. 214-215) – Dans le prolongement de la presqu'île de Crozon, les monts d'Arrée s'étirent au nord-est jusqu'au roc Trévezel et à Huelgoat. La D 14, puis la D 21 les traversent.

À NE PAS MANQUER

Le panorama du roc Trévezel et les enclos paroissiaux de Pleyben et de Brasparts.

ORGANISER SON TEMPS

Réservez les activités nature à l'avance en saison touristique.

AVEC LES ENFANTS

L'observatoire aquatique de Châteaulin, une sortie nature sur la trace des castors dans la Réserve naturelle de la tourbière du Venec, une balade sur un sentier de découverte dans le domaine de Ménez-Meur.

Se promener

PARC NATUREL RÉGIONAL D'ARMORIQUE Carte Parc d'Armorique

Inauguré en 1969, ce parc naturel englobe pas moins de 39 communes sur une superficie de 112 000 ha. On distingue **quatre zones** : les monts d'Arrée, la presqu'île de Crozon, l'Aulne maritime et les îles de la mer d'Iroise. Autant d'espaces maritimes littoraux ou de pleine mer, de landes, de tourbières et de presqu'île qui abritent des espèces animales et végétales propres à chaque milieu. Le Parc naturel régional d'Armorique concentre ainsi une incroyable diversité de paysages et d'écosystèmes.

Ses objectifs principaux sont : la sauvegarde des paysages, de la flore et de la faune ; la création d'activités propres à développer l'économie locale et la préservation des traditions rurales.

De très nombreux lieux d'expositions sont ouverts au public à travers un réseau de 20 équipements : Ferme d'Antea à Brasparts, écomusée des Monts d'Arrée à St-Rivoal et Commana, musée des Phares et Balises à Ouessant, musée de l'École rurale en Bretagne à Trégarvan, Maison des minéraux à Crozon, Maison de la rivière à Sizun, musée du Loup au Cloître-St-Thégonnec…
N'hésitez pas à vous renseigner au siège du Parc, situé au Faou.

Circuit conseillé

À TRAVERS LA MONTAGNE Carte Monts d'Arrée p. 336

Circuit de 122 km, tracé en violet sur la carte – comptez une journée. Quittez Huelgoat au sud par la D 14 en direction de Pleyben sur 7,5 km.

★ Saint-Herbot

La **chapelle**★ *(se rens. au ✆ 02 98 86 90 07 - possibilité de visite guidée sur demande préalable - ♿),* de style gothique flamboyant, apparaît dans un cirque boisé. Au porche du flanc droit est accolé un petit ossuaire Renaissance. À l'intérieur, le **chœur** est entouré d'une belle **clôture**★★ en chêne sculpté, surmontée d'une Crucifixion.

Les deux tables de pierre qui s'appuient contre la clôture étaient destinées à recevoir les touffes de crin prises à la queue des bovins et offertes par les paysans pendant le pardon : ce geste leur permettait d'obtenir la protection de saint Herbot, patron des bêtes à cornes. Voyez aussi les quinze stalles, richement décorées *(relevez les sièges)*.

Une croix-calvaire de 1575, en granit de Kersanton, s'élève au milieu de la place.
Continuez 4 km sur la D 14 pour rejoindre le site de Roc'h Begheor.

★ Roc'h Begheor

Un sentier parmi les ajoncs *(15mn à pied)* mène au sommet, qui culmine à 277 m : beau point de **vue**★ sur les monts d'Arrée et les Montagnes Noires. *Reprenez la D 14 sur 4 km.*

3

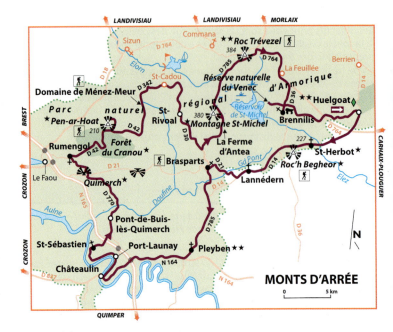

Lannédern

Petit **enclos** paroissial dont la croix à personnages présente, sur la traverse inférieure, saint Edern chevauchant un cerf. Dans l'**église,** on peut voir le tombeau du saint (14e s.) et six bas-reliefs polychromes (17e s.) retraçant sa vie. *Continuez en direction de Pleyben. à 1,5 km, prenez à droite la D 21 sur 4 km.*

Brasparts

Planté au sommet d'une colline, ce bourg possède un intéressant **enclos** paroissial du 16e s. À l'intérieur de l'**église**, splendide **Vierge de pitié★** du 16e s.

Depuis Brasparts, suivez les sentiers de randonnée balisés du Méné (18 km) et de Gorre (13 km).

Prenez la D 785 au sud sur 9,5 km.

★★ Pleyben

La grande curiosité de cette localité est son magnifique **enclos paroissial★★**, élevé du 15e au 17e s. Il démontre une grande maîtrise architecturale et artistique, d'autant plus impressionnante qu'elle s'appuie sur un matériau difficile à travailler : le granit.

★★ Calvaire – C'est le plus imposant de Bretagne. Construit en 1555 près du porche latéral de l'église, il fut déplacé en 1738 et prit l'aspect du monument actuel en 1743. Entre-temps, de nouveaux motifs vinrent l'enrichir : la Cène et le Lavement des pieds datent de 1650. L'énorme piédestal aux **portes triomphales** met en valeur les personnages de la plate-forme, qui se détachent sur le ciel en une très belle ordonnance.

★ Église – *Pl. Charles-de-Gaulle* - 📞 *02 98 26 71 05* - ♿ - *horaires, se rens. à l'office de tourisme.* Ce vaste édifice est dominé par deux clochers dont le plus remarquable est celui de droite. Il s'agit d'une **tour★★** Renaissance, couronnée par un dôme à lanternons. L'autre clocher, de style cornouaillais, porte une flèche gothique reliée à la tourelle d'angle par une galerie aérienne. À l'intérieur, la nef présente une **voûte★** lambrissée du 16e s. : ses nervures et sa

remarquable **sablière** sont sculptées et peintes de sujets mythologiques ou sacrés. Au centre du chevet, **vitrail**★ de la Passion du 16e s. Sont également intéressants : la chaire, le buffet d'orgue, le groupe du Baptême du Christ *(au-dessus des fonts baptismaux)* et de nombreuses statues polychromes.

Chapelle funéraire – Cet ossuaire du 16e s. abrite des expositions.

Rejoignez la N 164 au sud-est, puis la D 887 sur 11 km.

Châteaulin

Située sur une boucle de l'Aulne, dans la vallée verdoyante et encaissée où coule la rivière canalisée, cette ville est le rendez-vous des pêcheurs en eau douce. En effet, la marée n'atteint pas Châteaulin : elle vient mourir en aval, à Port-Launay, où mouillent de nombreux bateaux de plaisance.

Les meilleurs mois pour venir lancer sa ligne à Châteaulin, grand centre de pêche au saumon, sont mars et avril, lorsque ces poissons, emblèmes de la ville, remontent la rivière pour frayer. Ils tentent alors l'escalade des petites chutes d'eau formées par le déversoir des écluses : en se plaçant en aval de celles-ci, vous pourrez toujours faire de belles prises !

Observatoire aquatique – *Ces maisons sont ouvertes tte l'année et, pdt l'été, du lun. au vend (sf j. fériés). Promenades proposées sur des thèmes se rattachant au canal. Pour connaître le programme des animations, voir le site www.smatah.fr ou* ✆ *02 98 73 40 31.* Ce centre de découverte sur le canal de Nantes à Brest *(voir p. 323)* permet de se familiariser avec les principales espèces qui fréquentent les fleuves côtiers du Finistère, comme le saumon atlantique. En été, des randonnées sont organisées dans les monts d'Arrée.

Chapelle Notre-Dame – L'ancienne chapelle du château apparaît dans un enclos, près de maisons du 17e s. L'arc triomphal franchi, on découvre une croix-calvaire (15e s.) présentant une curieuse scène du Jugement dernier. Remaniée aux 17e et 18e s. et restaurée, la chapelle conserve des vestiges du 13e s. *(chapiteaux)*, ainsi que des retables du 17e s.

Empruntez la rive droite de l'Aulne.

Port-Launay, à Châteaulin sur l'Aulne, offre sur son quai de belles promenades.

Laissez à droite la route de Brest et longez l'Aulne vers le nord. Passez sous le via-duc ferroviaire et, à un rond-point, prenez à droite et, 100 m plus loin, à gauche.

Chapelle Saint-Sébastien

✆ *02 98 73 17 03 - www.mairie-saintsegal.fr - possibilité de visite guidée sur demande - gratuit.*

De l'**enclos** du 16e s. subsistent la porte triomphale, supportant saint Sébastien, et un beau calvaire à personnages où l'on reconnaît le saint transpercé de flèches. À l'intérieur, magnifiques **retables**★ (17e s.) dans le chœur et le transept ; à gauche, des panneaux retracent l'histoire de Lorette : petite ville italienne de la région des Marches où, de Nazareth, la maison de Marie aurait été transportée par des anges au 13e s.

Suivez la petite route qui enjambe la voie ferrée et la voie express Quimper-Brest, puis tournez à gauche sur la D 770.

Pont-de-Buis-lès-Quimerch

À la sortie de la localité, en contrebas de la route à gauche, se trouve une importante poudrerie qui a trois siècles d'existence.

Suivez la D 770 sur 4 km pour rejoindre Quimerch.

★ Quimerch

Depuis la table d'orientation, la **vue**★ s'étend du Ménez-Hom jusqu'à la forêt du Cranou, la rade de Brest et la presqu'île de Plougastel.

Continuez la D 770 puis tournez à droite en direction de Rumengol.

3

Rumengol

Selon la légende, le roi Gradlon (5e s.) construisit ici une chapelle au lendemain de la disparition de la ville d'Ys. L'**église** date du 16e s., comme en témoignent son porche sud et sa magnifique façade en granit de Kersanton, mais elle a subi de notables transformations aux 17e et 18e s. Les deux **retables★** et leurs autels datent de 1686. Au milieu du bourg, au-delà du chevet de l'église, on aperçoit la fontaine miraculeuse de 1792, objet de dévotion lors des pardons. Ces derniers, consacrés à N.-D.-de-Tout-Remède, sont célèbres à travers toute la Bretagne. Le plus couru est celui du dimanche de La Trinité. Un autre a lieu le 15 août.

Prenez la D 42 sur 4 km vers l'est.

★ Forêt du Cranou

La D 42, route sinueuse, traverse cette forêt domaniale, qui s'étend sur plus de 600 ha. Elle présente de belles futaies de chênes et de hêtres, ainsi que des sous-bois d'ifs et de houx. Aires de pique-nique aménagées.

Continuez sur la D 42 ; à la sortie de la forêt du Cranou, tournez à droite sur 1,5 km. À l'entrée de Kerancuru, prenez à gauche pour gagner Pen-ar-Hoat-ar-Gorré. Dans ce hameau aux vieilles maisons de schiste, tournez à gauche vers Hanvec et, immédiatement de nouveau à gauche sur une petite route goudronnée en montée.

★ Pen-ar-Hoat

45mn à pied AR. Empruntez le chemin qui longe la ferme et appuyez à gauche en vous orientant sur la ligne des hauteurs ; la montée, après être passée entre de petits murs, finit dans les ajoncs.

À 210 m d'altitude, le **panorama** se développe sur les montagnes couvertes de landes : au nord, les collines bordant l'Élorn ; à l'est, les hauteurs proches de l'Arrée ; au sud, la forêt du Cranou avec au loin les Montagnes Noires et le Ménez-Hom ; à l'ouest, la rade de Brest.

Revenez à Kerancuru où vous tournerez à gauche sur la D 42, puis à 3,5 km, encore à gauche sur la D 342 en direction de Sizun.

Domaine de Ménez-Meur

☎ 02 98 68 81 71 - www.pnr-armorique.fr - ♿ - juil.-août : 11h-19h ; juin et de déb. à mi-sept. : merc., w.-end et j. fériés 12h-19h ; oct. : merc., w.-end et j. fériés 12h-17h ; nov.-mars et vac. scol. (zone B) 13h-17h30 ; avr.-mai : merc., w.-end, j. fériés et vac. scol. 12h-17h30 - fermé 1er janv., 25 déc. - possibilité de visite guidée (1h30) - 4,50 € (-12 ans 2,50 €).

Le domaine de Ménez-Meur, « la grande montagne », s'étend sur 420 ha dans l'une des régions les plus élevées des monts d'Arrée (320 m). Plusieurs sentiers de découverte forestière, animalière ou paysagère *(respectivement 2,5 km-1h, 3,3 km-1h30, 8,5 km-3h30)* serpentent parmi les vastes enclos où vivent des espèces sauvages (loups, sangliers, daims, cerfs, aurochs…) et des animaux domestiques appartenant à des races menacées de disparition (vaches « pie noir » ou « nantaises », petits moutons d'Ouessant, porcs blancs de l'Ouest…). La **ferme pédagogique** permet d'approcher encore plus les animaux domestiques. La **Maison du cheval breton** présente des expositions sur la place de cet animal dans la vie rurale bretonne.

Reprenez la D 342, puis la D 130 jusqu'à St-Cadou et redescendez vers St-Rivoal à 5,5 km par la D 30.

Roc Trévezel.
E. Berthier/hemis.fr

Saint-Rivoal

Niché dans un écrin verdoyant, le petit bourg se situe à 170 m d'altitude.

Écomusée des monts d'Arrée – *Le Bourg -* ℘ *02 98 68 87 76 - www.ecomusee-monts-arree.fr - juil.-août : 11h-13h, 14h-19h - visite guidée (1h) possible - dons acceptés.* À la sortie du village, sur la route du Faou, à gauche en contrebas, on découvre la **maison Cornec**, une fermette de 1702. Cette petite maison de schiste, avec son bel escalier extérieur couvert, se compose d'une vaste pièce qui abritait d'un côté la famille, autour de la grande cheminée, et de l'autre les animaux domestiques. Juste à côté, la **maison Bothorel** présente un intérieur des années 1950-60.

Ces deux maisons sont des éléments, disséminés dans le parc d'Armorique, d'un écomusée en plein air consacré aux différents styles de la construction bretonne *(voir aussi les moulins de Kerouat à Commana p. 340).*

Prenez la D 30 vers Brasparts. La route se déroule dans un paysage de collines, de vallées verdoyantes et boisées dont la fraîcheur contraste avec l'aridité des sommets rocheux et couverts de landes.

À 5,5 km, tournez à gauche sur la D 785 vers Morlaix.

La Ferme d'Antea

Ferme St-Michel - ℘ *02 98 81 11 61 - www.lafermedantea.fr - de mi-juin à mi-sept. : 10h-19h ; vac. scol., de déb. mai à mi-juin et de mi- à fin sept. : 13h30-18h30, w.-end et j. fériés 10h30-18h30 ; reste de l'année : w.-end et j. fériés 10h30-18h30 - fermé 1ᵉʳ janv., 25 déc. - gratuit.*

Propriété du Parc régional, elle est installée dans la ferme St-Michel et présente les créations de plus de 200 artisans bretons : tournage sur bois, gravure, poterie, bijoux, verre, sculpture…

Poursuivez la D 785 sur 2 km vers Morlaix puis prenez le chemin à gauche.

★ Montagne Saint-Michel

Au sommet (380 m) se dresse une petite chapelle dont le faîte atteint 391 m d'altitude : **panorama** sur les monts d'Arrée et les Montagnes Noires.

Au pied de la montagne, vers l'est, s'étend un vaste marais tourbeux appelé le **Yeun Elez**. La brume hivernale le rend si lugubre que la légende bretonne y situa le *Youdig*, ce gouffre formant l'entrée de l'enfer!

Au-delà, le lac créé par le barrage de St-Michel fait partie de la centrale thermique (gaz) des monts d'Arrée, à Brennilis. À droite du lac, sur la pointe rocheuse, un alignement mégalithique est appelé la noce de pierre.

Continuez 8 km sur la D 785 qui offre de belles vues sur le relief et la cuvette de Brennilis, tout en longeant le Signal de Toussaines *(Tuchenn Gador)*.

★★ Roc Trévezel

Cet escarpement rocheux (384 m) fait saillie sur la crête et occupe une situation pittoresque, dans un décor de véritables montagnes.

🌿 *Prenez le sentier (30mn à pied AR) qui s'amorce à côté du panneau indicateur. Dirigez-vous vers la gauche; traversez ensuite une petite lande en appuyant à droite et gagnez la pointe rocheuse la plus éloignée.* Ici, le **panorama★★** est immense. Vers le nord, le plateau du Léon apparaît; par temps clair, on distingue la flèche du Kreisker de St-Pol-de-Léon et, à l'est, la baie de Lannion. À l'ouest, on voit le fond de la rade de Brest; vers le sud, la montagne St-Michel et, au-delà, la ligne de forêts des Montagnes Noires.

Non loin de là, à Commana, les **moulins de Kerouat** ont été restaurés. Ils abritent l'**écomusée des monts d'Arrée**, consacré à la vie rurale d'autrefois.

Reprenez la D 785 sur 1,5 km et à hauteur du pylône de Roc-Tredudon, prenez à droite la D 764 vers Huelgoat sur 6 km et encore à droite vers Brennilis.

Brennilis

Ce bourg possède une **église** du 15e s. coiffée d'un fin clocher ajouré.

Réserve naturelle du Venec – *Le Bourg* - 📞 02 98 79 71 98 - ♿ - *juil.-août: horaires, se rens. - fermé j. fériés - visite guidée (1h30) possible - 5 € (-18 ans gratuit) - sortie nature (2h) à la découverte de la tourbière du Venec, de la rivière aux Castors ou d'autres thèmes - au dép. de la Maison de la réserve et des castors, sur la pl. de Brennilis.* Créée en 1993, sur 77 ha, cette réserve protège une zone essentiellement humide dont le cœur se compose d'une tourbière à sphaignes (mousse des marais qui produit la tourbe). Dédiée à la conservation et à l'étude scientifique, elle n'est pas accessible au public. 👥 Néanmoins, vous pourrez la découvrir à la **Maison des castors et de la Réserve naturelle du Venec** qui présente et met en valeur ce milieu très spécifique. Exposition sur la population de castors, la faune et la flore.

😊 *Un livret d'interprétation est fourni (maison de la réserve, commerces ou en scannant le QR code en déb. de sentier) pour permettre au visiteur de mieux connaître ce milieu spécifique, mais le meilleur moyen de le découvrir est encore de suivre une sortie nature -* 📞 *02 98 99 65 76 ou 02 98 79 71 98 - www. bretagne-vivante.org - 8 juil.-31 août: 14h-18h - fermé lun., 14 Juil., 15 août - 2 € (-12 ans gratuit). Revenez à l'entrée de Brennilis et prenez à droite. À 100 m, à droite, un sentier fléché mène à une **allée couverte**, en partie enfouie sous un tumulus.*

Continuez sur cette route qui ramène à Huelgoat.

> ### NUCLÉAIRE À BRENNILIS
> En 1962, le CEA et EDF décident de construire la centrale nucléaire des monts d'Arrée à Brennilis. La faible puissance du réacteur (70 MW), les mouvements écologiques et l'évolution de la politique énergétique condamnent la centrale. Elle est depuis 1985 en cours de démantèlement.

😊 NOS ADRESSES DANS LES MONTS D'ARRÉE

VISITES

Balades contées – Association ADDES - Le Bourg - 29690 Botmeur - ☎ 02 98 99 66 58 - www.arree-randos.com - visite guidée sur demande préalable (2h) horaires, se rens - tarif selon randonnée. Cette association propose toute l'année des randonnées nature et des balades contées familiales sur les crêtes des monts d'Arrée au départ de Commana et Botmeur. Promenades accessibles aux personnes à mobilité réduite grâce à des joëlettes (fauteuils mono roue tout terrain) et aux personnes malentendantes.

RESTAURATION

Pleyben

BUDGET MOYEN

Taverne La Blanche Hermine – 1 pl. Charles-de-Gaulle - ☎ 02 98 26 61 29 - www.la-blanche-hermine. com - fermé lun.-mar. (hors sais.), mi-déc.-fin janv. - plat 13/24 €. Plats copieux inspirés par le terroir breton comme la potée des Montagnes Noires ou la marmitée de St-Jacques avec une pointe de curry. Grand choix de bières.

Auberge du Poisson Blanc – Pont-Coblant - 4,5 km au sud de Pleyben par ancienne rte de Quimper en dir. de Briec - ☎ 02 98 73 34 76 - www.auberge-poisson-blanc.fr - fermé dim. soir et lun. soir (hors sais.), 2 sem. en nov. - réserv. conseillée - 🅿 - 13,90/26 € - 5 ch. 52 € - 🍽 6,50 €. Restaurant proposant des recettes du terroir. Accueil chaleureux.

ACHATS

Pleyben

Chatillon Chocolatier SAS – 46 pl. Charles-de-Gaulle - ☎ 02 98 26 63 77 - www.chatillon-chocolat.com - 9h-12h30, 14h-19h, dim. 10h-12h30, 14h-19h - fermé dim. (de déb. oct. au w.-end de pâques). Ne quittez pas Pleyben sans goûter les florentins : une spécialité, créée et produite par Michel Chatillon à partir de miel, d'amandes, de chocolat et d'orange. Cet artisan pâtissier fabrique également des chocolats et des biscuits bretons. Visite de l'atelier de production, suivie d'une dégustation (11h30 et 18h - gratuit). Vente en ligne.

AGENDA

Châteaulin organise chaque année **les Boucles de l'Aulne,** une course qui attire les vedettes internationales du cyclisme. Rens. à la mairie de Châteaulin - (15 quai Jean-Moulin - ☎ 02 98 86 10 05 - www.chateaulin.fr) ou Comité des Boucles de l'Aulne (R. Raoul-Anthony - ☎ 02 98 86 03 50 - www.bouclesdelaulne.com).

Pleyben

On vient de loin pour assister au **pardon** célébré chaque 1er dim. d'août.

Saint-Herbot

Fête du beurre – ☎ 02 98 86 90 07 - 4e dim. de sept. Nombreuses animations culinaires : exposition d'anciennes barrates, pain cuit au feu de bois, fabrication de beurre et de cidre à l'ancienne… De quoi se régaler !

Pardon de St-Herbot – ☎ 02 98 26 40 32 - Jeu. de l'Ascension.

Rumengol

Pardon de N.-D.-de-Rumengol – ☎ 02 98 81 93 45 - 15 août.

3

Nantes et la Loire-Atlantique **4**

Carte Michelin Départements 316 – Loire-Atlantique (44)

Le château des Ducs de Bretagne à Nantes.
J. Loic/Photononstop

NANTES ET LA LOIRE ATLANTIQUE

0   10 km

NANTES
La Baule
St-Nazaire
Rouans

★★★ Vaut le voyage
★★   Mérite un détour
★   Intéressant
     À voir
     Ville de départ du circuit

MORBIHAN

Vilaine

Abbaye de
St-Gildas-des-Bc

Missillac

Parc   naturel

Herbignac

La Madeleine
Pontchâteau

régional

Kercabellec

*Pointe
du Castelli*

ÎLE DUMET

Kerhinet

La Grande Brière

Kerbourg

Île de Fédrun

Trescalan

*Presqu'île
de Guérande*

Guérande

de   Brière

Pont routier
St-Nazaire-St-Brevin

Le Croisic

La Baule

Tumulus de
Dissignac

Batz-s-Mer

Pornichet

La Côte sauvage

Le Pouliguen

St-Nazaire

Escal'Atlantic

Paimbœ

St-Marc-sur-Mer

St-Brevin-
les-Pins

St-Brevin-
l'Océan

St-Michel-
Chef-Chef

OCÉAN

Pointe de St-Gildas

ATLANTIQUE

Ste-Marie

Pornic

La Côte de Jade

Prigny

Les Moutiers-en-Retz

Bourgneuf-
en-Retz

→ Le pays du Muscadet
de Sèvre-et-Maine
→ La Côte de Jade
→ Pays de Retz
→ Entre mer et Brière
→ La Côte Sauvage
→ Tout autour du parc
→ De forêts en maquis

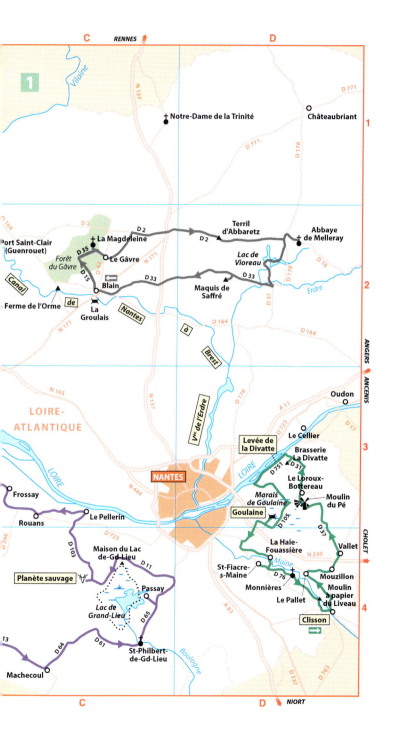

Nantes

298 029 Nantais (agglomération : 619 240 habitants) – Loire-Atlantique (44)

Élégante, bourgeoise et dynamique, Nantes semble à l'équilibre parfait entre son riche passé et le vent de modernisme qui souffle sur la cité depuis une quinzaine d'années. Capitale de la région Pays de la Loire, elle est aujourd'hui la sixième ville de France et se situe au centre d'une agglomération de plus de 600 000 habitants. Sa douceur de vivre, son patrimoine historique, sa vitalité culturelle mais aussi la formidable réhabilitation de l'île de Nantes, où les anciens hangars côtoient des immeubles d'habitation rivalisant de contemporanéité, ont attiré un afflux record de citadins et séduit de plus en plus de touristes. Pour découvrir la cité des ducs, il convient de flâner dans les rues du centre, d'emprunter le tramway, qui fut le premier à être réhabilité en France, ou encore les Bicloo, les vélos en libre-service.

🙂 NOS ADRESSES PAGE 369
Hébergement, restauration, achats, activités, etc.

🛈 S'INFORMER

Nantes Tourisme – *9 r. des États (face au château) - 44000 Nantes - ☏ 08 92 46 40 44 - www.nantes-tourisme.com - &- juil.-août : 9h-19h ; reste de l'année : 10h-18h, dim. et j. fériés 10h-17h - fermé 1ᵉʳ janv., 25 déc. - visites guidées, vente du Pass Nantes (& « Nos adresses » p. 369).*

▶ SE REPÉRER

Carte de microrégion CD3-4 (p. 344-345) – Nantes est située sur l'estuaire de la Loire, à 113 km au sud de Rennes par la N 137 et 385 km au sud-ouest de Paris par l'A 11. Grâce à la ligne à grande vitesse Bretagne-Pays de la Loire, la ville est située à moins de 2h de Paris en TGV (2h20 avec arrêts) et à 1h15/1h45 de Rennes. L'aéroport Nantes Atlantique (www.nantes.aeroport.fr) se trouve 11 km au sud-ouest du centre-ville. Il est relié toute l'année avec de nombreuses villes françaises (Ajaccio, Lille, Marseille, Paris, Strasbourg…).
Le centre-ville s'organise autour du **cours des Cinquante-Otages**, qui distingue le quartier médiéval du Bouffay, la cathédrale et le château des ducs, à l'est, des quartiers des 18ᵉ-19ᵉ s. avec le passage Pommeraye, la place Graslin et la place Royale, à l'ouest. Au sud, s'étendent les anciennes îles Feydeau, Gloriette, de la Madeleine et l'île de Nantes.

🅿 SE GARER

Le centre-ville est un casse-tête pour l'automobiliste. Dans le centre, en zone rouge, le stationnement sur voie est limité à 2h. La zone jaune englobe l'hypercentre, on peut y stationner 3h. En périphérie, vous trouverez des parkings relais *(panneau P + R)* où vous pourrez laisser gratuitement votre véhicule et prendre le tramway.

👁 À NE PAS MANQUER

Le château des ducs de Bretagne, le musée d'arts de Nantes, le passage Pommeraye, le lieu unique, les Machines de l'Île, le parcours artistique « Estuaire » entre Nantes et St-Nazaire et une croisière dans la vallée de l'Erdre.

⊙ ORGANISER SON TEMPS

Comptez au minimum 2 jours pour découvrir les incontournables et

Nantes, les bords de l'Erdre et la cathédrale Saint-Pierre-et-Saint-Paul.
F. Guiziou/hemis.fr

flâner dans le centre-ville. Prévoyez environ 2-3h pour chacun des plus grands sites de visite (château, musée d'arts, Machines de l'île). Vous pouvez ajouter 1 journée en voiture ou en bateau pour explorer les bords de la Loire aux environs.

👥 AVEC LES ENFANTS
Poétique et stupéfiant, le parc d'attractions des Machines de l'île est un must pour une visite en famille. Autres sites bien conçus : le Muséum d'histoire naturelle, le musée Jules-Verne, le Planétarium.

Se promener Plan de la ville p. 348-349

★★ AUTOUR DU CHÂTEAU

4

▶ *Circuit* **1** *tracé sur le plan de la ville (p. 348-349) – comptez environ 3h.*

★★ Château des ducs de Bretagne D2
4 pl. Marc-Elder - 📞 *0 811 46 46 44 - www.chateaunantes.fr -* ♿ *- juil.-août : 8h30-20h, sam. 9h-23h ; reste de l'année : 10h30-18h - fermé 1er janv., 1er Mai, 1er nov., 25 déc. - possibilité de visite guidée sur demande (1h30) - 8 € (-18 ans 5 €) - audioguide disponible (2 €) - accès à la cour, aux douves et aux remparts gratuit, 1er dim. du mois gratuit.*

Le château, ayant un rôle défensif, était construit au bord de la Loire. La muraille reliant la tour du Port à la tour de la Rivière était baignée par le fleuve jusqu'à ce que Nantes décide de combler les bras de la Loire au milieu du 20e s. Pour rappeler le fleuve disparu, la ville a installé un miroir d'eau au pied du château. En 1466, le duc François II décide sa construction, sur le château primitif du 13e et 14e s. Sa fille, Anne de Bretagne, poursuivra son édification. L'architecture du deuxième château, Renaissance cette fois, rappelle la double fonction qu'il avait jadis : place forte aux murailles de granit et, dans la cour intérieure, palais à l'architecture élégante comme en témoigne le tuffeau ouvragé du Grand Logis. Anne de Bretagne épouse Louis XII dans la chapelle en 1499. Ensuite, les

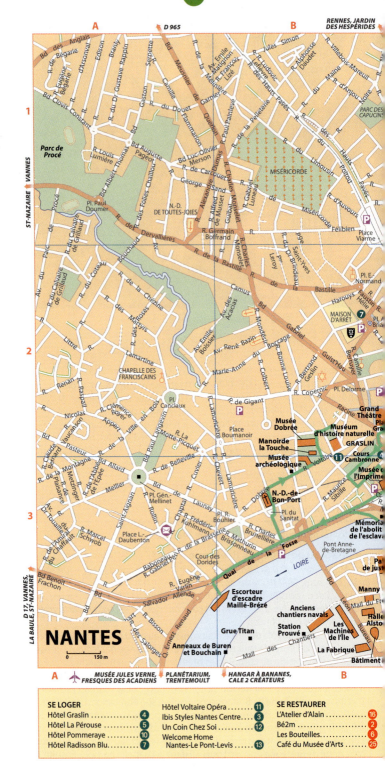

NANTES

0   150 m

MUSÉE JULES VERNE,
FRESQUES DES ACADIENS

PLANÉTARIUM,
TRENTEMOULT

HANGAR À BANANES,
CALE 2 CRÉATEURS

SE LOGER

Hôtel Graslin	4
Hôtel La Pérouse	5
Hôtel Pommeraye	10
Hôtel Radisson Blu	7
Hôtel Voltaire Opéra	11
Ibis Styles Nantes Centre	3
Un Coin Chez Soi	12
Welcome Home Nantes-Le Pont-Levis	13

SE RESTAURER

L'Atelier d'Alain	16
Bé2m	2
Les Bouteilles	6
Café du Musée d'Arts	25

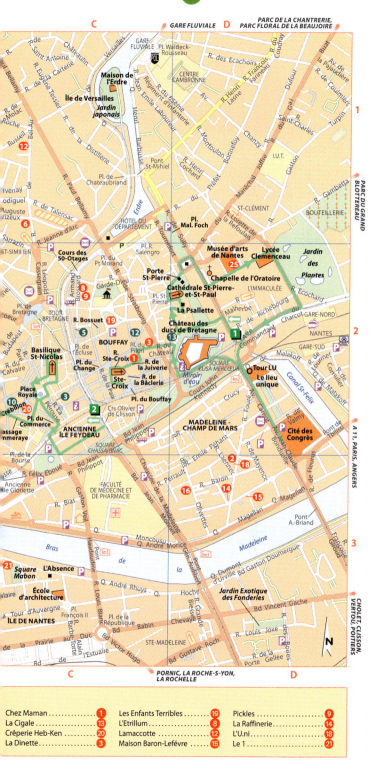

PARC DE LA CHANTRERIE,
PARC FLORAL DE LA BEAUJOIRE

GARE FLUVIALE

PORNIC, LA ROCHE-S-YON,
LA ROCHELLE

CHÂTEAU
DES DUCS

rois de France y séjourneront tous, même brièvement, jusqu'à Louis XIV qui s'y rend en 1661 pour la réunion des États de Bretagne. C'est aussi dans ce château qu'aurait été élaboré et peut-être signé l'édit de Nantes en 1598 par Henri IV. À la fin du 18e s., l'administration militaire prend possession de l'édifice, taille, rogne, élève des bâtiments au style sans apprêt.

Le château a fait l'objet d'un vaste programme de restauration d'une quinzaine d'années. Il abrite désormais le passionnant musée d'Histoire de Nantes.

Forteresse – Avant d'entrer dans la cour, vous pouvez contourner les tours massives, typiques de l'architecture militaire à la fin du 15e s. La tour du Pied de Biche doit son nom à la forme d'une salle basse. La tour de la Boulangerie servit de prison : elle est surnommée tour de l'Enfer. La tour des Jacobins accueillit également une geôle. Le bastion St-Pierre fut ajouté durant les guerres de Religion (16e s.) par le duc de Mercœur, puis arasé en 1904. La tour des Espagnols **(1)** était utilisée comme poudrière, et sauta accidentellement en 1800 *(les bâtiments démolis sont indiqués en pointillé sur le plan ci-dessus).* Un pont du 18e s. rejoint l'ancien pont-levis.

Bâtiments sur cour – Le Vieux Donjon **(2)** est l'une des quatre tours polygonales qui encadraient le château primitif : il est en partie enclavé dans un pavillon du 18e s. abritant la Conciergerie **(3)**. Le Grand Logis, bâti par François II et rehaussé par Anne de Bretagne, est orné de cinq lucarnes gothiques à pinacles ouvragés. C'était le lieu d'habitation des ducs, tout comme le palais ducal : reconstruit après l'incendie de 1670, celui-ci prit le nom de Grand Gouvernement, et devint la résidence du gouverneur de Bretagne. La gracieuse tour de la **Couronne d'Or★★** possède de belles loggias à l'italienne. Le Petit Gouvernement, de style Renaissance, a été édifié sous François Ier. Le bâtiment militaire du Harnachement date de 1800.

Enfin, le **puits★★**, qui remonte probablement à François II, est surmonté d'une magnifique armature en fer forgé, qui figure la couronne ducale. Autrefois dorée à l'or, elle comporte sept poulies, et sept gargouilles sculptées sur une margelle à sept côtés. Le **chemin de ronde★** permet d'apprécier les volumes imposants du château et offre de belles vues sur les toits de la cité.

Nantes au cœur de l'Histoire

NANTES, CAPITALE DE LA BRETAGNE

La ville doit son nom aux Namnètes, un peuple celte qui occupait la région vers 70 av. J.-C. D'abord gauloise, puis romaine, Nantes est mêlée aux luttes sanglantes qui opposent les rois francs aux comtes et ducs bretons. Mais ce sont les Normands qui lui portent les pires coups. En 937, **Alain Barbe-Torte**, descendant des chefs bretons réfugiés en Angleterre, délivre la Bretagne des Normands. Au Moyen Âge, Nantes lutte pour son titre de capitale contre Rennes. Les Montfort, principalement **François II**, la choisissent comme résidence principale.

L'ÉDIT DE NANTES

En 1597, la Bretagne, lasse des troubles engendrés par la Ligue et par les ambitions séparatistes de son gouverneur, Philippe de Lorraine, adresse un appel à **Henri IV** pour qu'il vienne rétablir l'ordre. Devant le château, le roi s'écrie, admiratif : « Ventre-Saint-Gris, les ducs de Bretagne n'étaient pas de petits compagnons ! » Durant son séjour, le 13 avril 1598, il signe l'édit de tolérance qui, en 92 articles, règle la question religieuse – du moins le croit-il.

CANNE À SUCRE ET « BOIS D'ÉBÈNE »

Du milieu du 17e au début du 19e s., la vente aux Antilles des Noirs, troqués sur les côtes africaines contre des marchandises françaises, permet l'achat de canne à sucre, cacao, café, tabac et coton, qui sont ensuite revendus à Nantes. Les philosophes tonnent contre cette traite inhumaine. Mais Voltaire, dont on connaît le sens aigu des affaires, détient une part de 5 000 livres chez un négrier nantais ! Le commerce triangulaire, dénommé « commerce du bois d'ébène », participe en grande partie à la richesse de Nantes au 18e s. Premier port négrier de France, la ville développe des chantiers navals et des fabriques de toiles indiennes. Sa flotte compte 2 500 navires. Les gros armateurs, qui forment de véritables dynasties, se font construire les immeubles du quai de la Fosse et de l'ancienne île Feydeau.

LE TEMPS DES INDUSTRIES

L'abolition de la traite en 1815, la fabrication du sucre à partir de la betterave et l'ensablement de la Loire marquent la fin d'une époque. La ville, tout en poursuivant la construction navale, se tourne vers la métallurgie et les fabrications alimentaires : biscuiteries, conserveries… En 1856, on établit un avant-port à St-Nazaire. Au tournant du 20e s., un canal latéral à la Loire est créé et on ouvre l'estuaire aux cargos de 8,25 m de tirant d'eau. De 1926 à 1948 sont comblés l'Erdre et les bras nord de la Loire.

UNE NOUVELLE VITALITÉ

En 1987, Nantes subit la fermeture des chantiers navals et le déclin de l'industrie agroalimentaire. Mais la « belle endormie » se réveille : création du périphérique et du pont de Cheviré, inauguration du TGV et du tramway. Aujourd'hui, le tertiaire représente l'essentiel de son activité économique. Avec son université et ses 12 grandes écoles, Nantes accueille plus de 50 000 étudiants. En 10 ans, elle s'est propulsée parmi les villes les plus jeunes de France. Plus de 35 % de sa population a moins de 25 ans.

★★ **Musée d'Histoire de Nantes** – Un parcours en sept séquences à travers l'histoire de Nantes. De François II à nos jours, on découvre la vie de l'estuaire et des mariniers sur la Loire puis l'orientation vers l'Océan avec le commerce du sucre et le négoce des esclaves que l'on appelait pudiquement « l'or noir » (remarquez les terribles dessins de la *Marie-Séraphique* et de son chargement). On admire au passage les toiles imprimées inspirées des Antilles ou d'autres terres coloniales. Le musée conserve le reliquaire en or rehaussé d'émail du cœur de la duchesse Anne de Bretagne (1514). Tout en haut, sous la superbe charpente en carène renversée de bateau, sont exposés les magnifiques meubles en acajou des riches armateurs, surnommés « les messieurs du commerce ».

Ensuite on redescend à travers la Nantes industrielle, illustrée par les maquettes des usines, les affiches et, plus récemment, les mouvements sociaux. Une très belle maquette de Nantes en 1900 montre l'importance des chantiers navals et des usines à cette époque.

Une nouvelle section est entièrement consacrée au 20e s. et plus précisément aux deux conflits mondiaux. La visite se termine par la présentation d'une œuvre d'un artiste contemporain s'inspirant de l'histoire de la ville.

Le Miroir d'eau D2

Pl. Marc-Elder - www.nantes.fr/miroir - accès libre - jets d'eau : 9h-22h (jusqu'à minuit en été) - mise en lumière : 21h-23h30.

Cette vaste étendue d'eau de 1 300 m², équipée de 32 jets d'eau et plus de 200 brumisateurs rappelle que l'Erdre coulait naguère au pied des murailles. Disposée de manière à refléter l'imposante architecture du château, elle a été inaugurée en 2015 et conclut de manière féerique le programme de réaménagement du château et de ses environs, tout en offrant une appréciable oasis aux passants. En soirée, les fontaines sont mises en lumière pour un spectacle poétique et rafraîchissant.

La Psallette D2

5 imp. St-Laurent - ne se visite pas. Cet ancien hôtel particulier du 15e s., doté d'une tourelle polygonale, forme un tout avec la sacristie. Par le passage voûté à droite, on rejoint le square, où l'on découvre l'autre façade de la Psallette. *Prenez à droite l'impasse St-Laurent, puis à gauche la rue Mathelin-Rodier (nom de l'architecte de la cathédrale et d'une partie du château).*

Dans la **maison** du n° 3 fut arrêtée en 1832 la **duchesse de Berry** (*voir p. 487*). *Traversez le cours St-Pierre pour rejoindre la rue Georges-Clemenceau.*

★★ Cathédrale Saint-Pierre-et-Saint-Paul D2

Pl. St-Pierre - ☏ 02 40 47 84 64 - www.cathedrale-nantes.cef.fr - ♿ - été : 8h30-19h ; reste de l'année : 8h30-18h - accès libre (sf messes dim. et fêtes à 10h et 19h).

Commencé en 1434, achevé en 1891 et restauré après l'incendie de 1972, cet édifice imposant surprend par l'austérité de sa façade : deux tours sans fantaisie encadrent une grande baie flamboyante. Les trois portails, en revanche, présentent des voussures finement sculptées. Une statue de saint Pierre se dresse au milieu du portail central. Sur le côté droit, la chaire extérieure est à nouveau visible depuis les années 1950. L'ensemble est particulièrement bien mis en valeur le soir, grâce à un éclairage nocturne, discret mais précis.

★★ **Intérieur** – Le tuffeau remplace le granit des cathédrales bretonnes. Moins lourde, cette pierre blanche a permis d'élever des voûtes jusqu'à 37,50 m de hauteur – elles sont plus hautes que celles de Notre-Dame de Paris. Il en résulte un vaisseau de style gothique aux lignes très pures.

Placez-vous sous la tribune d'orgues pour apprécier les cinq travées : une double haie de lignes verticales fuse jusqu'aux clefs de voûte où elles s'entrecroisent. Les nervures des piliers masquent les pans de mur qui les séparent et toutes les lignes des arcades ou du triforium qui pourraient rompre l'harmonie de cette perspective.

Faites le tour du vaisseau par la droite.

Dans le croisillon droit, le **tombeau de François II★★** *(en travaux à partir de décembre 2017 pour au moins un an)*, commandé par Anne de Bretagne à Michel Colombe (1502-1507), en hommage à son père, le duc François II (1435-1488), et à sa mère, Marguerite de Foix, est l'œuvre maîtresse de la cathédrale et l'une des grandes productions de la Renaissance.

Le duc et la duchesse sont couchés sur une dalle de marbre noir fermant le tombeau de marbre blanc. Le lion couché aux pieds du duc est l'emblème de la Puissance ; le lévrier de Marguerite, celui de la Fidélité. Les anges qui soutiennent leur tête représentent l'accueil céleste. Dans les angles, quatre statues personnifient les vertus cardinales : la Justice (couronne en tête, glaive en main) et la Force (casque, armure, arrachant un dragon d'une tour) reviennent au duc ; la Prudence et la Tempérance, à la duchesse. La Prudence, vertu qui s'inspire du passé pour envisager l'avenir, a deux visages : une jeune fille au miroir et un vieillard. La Tempérance tient un mors rappelant la retenue des passions, et une horloge qui symbolise la mesure.

Au-dessous des gisants, 12 niches abritent les statuettes des apôtres, auxquelles s'ajoutent celles de saint François d'Assise et de sainte Marguerite (les patrons du duc et de la duchesse), de Charlemagne et de Saint Louis. Au niveau inférieur, 16 pleureuses, statuettes en partie mutilées, symbolisent la douleur du peuple. Ce magnifique ensemble est éclairé par une **verrière** moderne du maître verrier François Chapuis (1928-2002), haute de 25 m : elle est consacrée aux évêques et saints de Bretagne. Dans le bas-côté droit, une toile triptyque du Nantais Alain Thomas figure une Adoration des Mages dans un style assez naïf. On découvre aussi un tableau néo-classique d'Hippolyte Flandrin, *Saint Clair guérissant les aveugles* (1836).

Dans le croisillon gauche, se trouve le **cénotaphe de Lamoricière★**, exécuté en 1879. Grand soldat d'Afrique, ce général captura Abd el-Kader avant d'être exilé par Napoléon III. Le sculpteur Masseron l'a représenté couché sous un linceul. Les quatre statues en bronze symbolisant la Méditation, la Charité, la Force guerrière et la Foi sont dues à Paul Dubois.

Cryptes – ℘ 02 40 47 84 64 - juil.-août : 10h-19h ; J. du patrimoine 10h-18h - reste de l'année : 1er dim. du mois 14h30-18h - entrée libre - 17 pers. maxi par visite - possibilité de visite guidée sur demande (1h) : 7 € (12-18 ans 4 €). Les cryptes ont été restaurées et rouvertes récemment. La crypte romane du 11e s. abrite le **trésor** de la cathédrale (ornements liturgiques et orfèvrerie).

Longez la façade de la cathédrale et franchissez le porche à gauche.

Porte Saint-Pierre D2

Bâtie sur les fondations de l'enceinte gallo-romaine du 3e s., cette porte du 13e s. a été surmontée au 15e s. d'un élégant logis à tourelle.

★ Place du Maréchal-Foch CD1-2

Ancienne place Louis-XVI, c'est l'un des rares lieux publics en France où subsiste une statue du souverain, juchée ici sur une colonne de 28 m. Commandée en 1790, elle fut inaugurée en 1823 et abrite des hôtels du 18e s. construits selon les plans de Ceineray (1722-1821).

★★ Musée d'arts de Nantes D2

10 r. G.-Clemenceau - ℘ 02 51 17 45 00 - museedartsdenantes.nantesmetropole. fr - juil.-août : 10h-19h ; reste de l'année : 11h-19h ; nocturne jeu. jusqu'à 21h tte l'année - fermé mar., 1er janv., 1er Mai, 1er nov., 25 déc. - 8 € (-18 ans gratuit) - gratuit

4

1er dim. du mois (sf juil.-août), jeu. 19h-21h et avec le Pass Nantes - application gratuite pour smartphones : « Ma visite - Musée d'arts de Nantes » - visite guidée ou visite-conférence (dates et horaires : se rens.) : 12 € (7-17 ans 2,50 €) - ateliers enf. : 6 € - café-restaurant voir « Nos adresses » p. 371) et librairie-boutique.

Après six années de rénovation, le vénérable musée des Beaux-Arts (fondé en 1801) a rouvert ses portes en 2017. À la clé, une nouvelle identité et une extension moderne (Le Cube) qui relie le bâtiment principal (1893) à la chapelle de l'Oratoire, consacrée aux expositions temporaires. Cet agrandissement permet de présenter près d'un millier d'œuvres d'une des plus riches collections de France, principalement consacrée à la peinture européenne du 13e s. à nos jours. La muséographie se révèle soignée, jouant avec des murs de couleur, la lumière naturelle, l'architecture des bâtiments et des espaces « transversaux » où des œuvres d'époques différentes communiquent entre elles.

Art ancien – *RDC.* On découvre ici un bel ensemble d'œuvres des **primitifs italiens**, surtout issues de la collection du diplomate François Cacault (1743-1805) : *Saint Nicolas de Bari* (vers 1430) de Cosimo Tura, *Saint Sébastien* (vers 1523) du Pérugin, *Moïse frappant le rocher* (vers 1600) de Leandro Bassano, etc. Les peintres français sont bien représentés avec trois chefs-d'œuvres★★ de **Georges de La Tour**(1593-1652) : *Le Vielleur, Le Songe de saint Joseph* et *Le Reniement de saint Pierre.* Enfin, notez le tableau dit du *Guitariste* de Jean-Baptiste Greuze (1725-1805) et *Arlequin, empereur dans la Lune* d'Antoine Watteau (1684-1721).

19e s. – *1er étage.* À partir de 1830, le musée fut un des principaux acquéreurs du marché de l'art naissant. Il en résulte une collection foisonnante : émouvant *Madame de Senonnes* (1814) de Dominique Ingres, *Kaïd, chef marocain* (1837) d'Eugène Delacroix, **Les Cribleuses de blé** (1854) de Gustave Courbet.

Art moderne – *1er étage.* De l'impressionnisme à l'expressionnisme, la politique d'acquisitions se poursuivit au 20e s. Dès le départ, des merveilles comme *Le Port du Havre* (1906) de Raoul Dufy et *Le Phare d'Antibes* (1909) de Paul Signac rejoignirent le musée. La collection s'enrichit de dons d'œuvres de **Claude Monet** : *Gondoles à Venise* (1908) léguée par son ami Georges Clemenceau, une version des *Nymphéas* (1917) offerte par le peintre lui-même. Le musée profita aussi de la présence active d'André Breton et des **surréalistes** dans la ville : photographies de la Nantaise Claude Cahun (1894-1954), tableau *La Forêt* réalisé à Pornic par Max Ernst en 1925, etc. De la même période, les 11 œuvres★ de **Vassily Kandinsky,** constituent un ensemble unique en France : elles furent peintes à l'époque où il enseignait au Bauhaus (1922-1933). Enfin, d'autres grands maîtres du 20e s. sont représentés avec de singulières productions de **Dubuffet**, **Picasso**, **Léger** et **Soulages**.

Art contemporain – *Le Cube.* Hébergée dans l'élégant nouveau bâtiment (2 000 m² d'exposition), la production récente est la principale bénéficiaire de la rénovation. Prévu pour évoluer au gré des nouveaux mouvements comme la vidéo, cet espace revient sur les artistes italiens de l'**Arte Povera** des années 1960-70 et sur les **nouveaux réalistes** avec des affiches lacérées de Jacques Villeglé (né en 1926) et de Jacques Dufrêne (1930-1980) ainsi qu'une sculpture de Jean Tinguely (1925-1991). Enfin, on note de nouvelles acquisitions dans le domaine de la **photographie** avec les travaux d'artistes comme l'Iranien Bahman Jalali (1944-2010) et l'Israélienne Efrat Shvily (née en 1955).

Lycée Clemenceau D1-2

1 r. Georges-Clemenceau. Créé par Bonaparte en 1803, puis reconstruit sous la IIIe République par les architectes Antoine Demoget et Léon Lenoir, cet établissement voit naître en 1886 la première association sportive scolaire de France. Plusieurs élèves de ces années-là deviendront célèbres parmi lesquels

Le lieu unique (Scène nationale de Nantes).
J. Loic/Photononstop

l'écrivain Aristide Briand. Longtemps seul lycée de Nantes et du département de Loire-Atlantique, il a joué un rôle non négligeable dans l'histoire de la ville et même dans l'évolution de l'enseignement secondaire en France.

★ Jardin des Plantes D1-2

Pl. Charles-Leroux - ☏ 02 40 41 65 09 - www.jardins.nantes.fr - de mi-mars à mi-oct. : 8h30-20h ; reste de l'année : 8h30-17h30 (ou 18h30) - accès libre - possibilité de visite guidée (1h) des serres de cactées (gratuit) : se rens.

Ce jardin paysager de 7 ha, entrepris dès 1807, s'agrémente de nombreuses cascades et pièces d'eau. La flore bretonne y côtoie les végétaux d'Amérique, d'Asie et d'Afrique : remarquables camélias, rhododendrons, palmiers et magnolias, dont celui d'Hectot : cet arbre, le plus vieux du jardin, fut planté en 1807, à l'âge de 20 ans. Des **serres** sèches abritent l'une des plus riches collections de cactées en France. La plus récente (2014) est dédiée à la flore des îles Canaries et présente 140 plantes dans un nouvel espace réhabilité du Jardin des plantes. Un buste de Jules Verne rappelle que le romancier est né à Nantes. *Rejoignez le cours J.-F. Kennedy et traversez la voie ferrée.*

★ Le lieu unique D2

15 quai Ferdinand-Favre - ☏ 02 40 12 14 34 - www.lelieuunique.com - ♿ - horaires et expositions : voir programmation sur le site Internet - fermé lun., 1ᵉʳ janv., 1ᵉʳ Mai, 25 déc. - restaurant, hammam, café et librairie - la tour LU est actuellement fermée.

Face au château, de l'autre côté de la voie ferrée, se dresse un curieux clocheton bleu, blanc et rouge : c'est l'ultime vestige de la **biscuiterie Lefèvre-Utile**. L'endroit rebaptisé de manière à conserver les initiales de la marque LU accueille aujourd'hui la **Scène nationale de Nantes** *(voir « Nos adresses » p. 373)*. **Histoire** – La biscuiterie fut installée ici en 1885, par Louis Lefèvre-Utile, succédant à ses parents Jean Romain Lefèvre et Pauline Utile qui avaient créé une pâtisserie en 1854. Mariant leurs initiales, il créa l'**usine LU**, où naquit l'année suivante le « Petit Beurre ». En 1905, le biscuitier se lance, au côté de l'architecte Auguste Bluysen, dans la construction de deux tours face au château des ducs de Bretagne. La première disparaîtra lors des bombardements de 1943, l'autre conservera sa

hauteur jusqu'à ce qu'elle soit décapitée lors de grands travaux en 1970. Lorsque l'usine LU ferme ses portes en 1984, elle ne tarde pas à devenir une friche industrielle puis un squat culturel. Il faut attendre l'an 2000 pour que l'ex-usine soit réhabilitée sur 8 000 m² par l'architecte Patrick Bouchain. Rebaptisée « le lieu unique », elle est aujourd'hui le principal centre culturel de la ville : théâtre, danse, musique, expositions. Dans ses murs quasi nus, de béton et de brique, on y vient aussi pour flâner dans la librairie, prendre un verre au bar, se restaurer, se détendre dans l'immense et envoûtant **hammam** traditionnel au sous-sol.
En contournant le lieu unique, vous verrez un pan de mur vitré qui abrite le **Grenier du siècle** contenant des milliers d'objets d'hier et d'aujourd'hui scellés le 31 décembre 1999 par les Nantais pour être légués aux générations futures dans 100 ans, le 31 décembre 2099 exactement.

Quartier Madeleine-Champ-de-Mars D2-3
Emblématique du renouveau urbain nantais, ce quartier a engagé une mutation profonde sous la houlette de l'architecte-urbaniste Jean-François Revert. Des reconversions originales de bâtiments industriels ont renouvelé l'activité et l'animation du quartier, qui abrite galeries d'art, bars et restaurants.
La **Cité des Congrès**, œuvre de l'architecte Yves Lione (1992), dispose d'un grand auditorium de 2 000 places qui accueille régulièrement des spectacles produits par Nantes-Angers Opéra.

★ Quartier Bouffay C2
C'était le centre névralgique de la ville au Moyen Âge. C'est aujourd'hui l'un des hauts lieux des soirées nantaises. Bars et restaurants s'y succèdent, et les terrasses gagnent le pavé dès les premiers beaux jours. Son labyrinthe de ruelles recèle des maisons à colombages des 15e et 16e s. : **rues de la Juiverie** (n° 7), **Ste-Croix** (n° 7), de la **Bâclerie** (nos 8 et 10), **Bossuet** (n° 5), **place du Change**. Seules quelques familles bourgeoises avaient les moyens de se faire construire une maison en pierre, comme l'hôtel de Bruc (8 r. de l'Emery).
L'**église Ste-Croix** (17e s.) surprend par sa façade classique surmontée du beau **beffroi★** de la ville, couronné d'anges sonnant de la trompette. À l'intérieur, le chœur à voûte nervurée en palmier contraste avec la voûte ronde en berceau de la nef. Elle jouxte les bâtiments d'un prieuré du 11e s. transformé en espace culturel : le **passage Sainte-Croix** (9 r. de la Bâclerie - ✆ 02 51 83 23 75 - www.passagesaintecroix.fr - ♿ - 12h-18h30 - fermé dim.-lun., certains j. fériés - possibilité de visite guidée (1h). Conférences, concerts et expositions se tiennent dans les salles de cet élégant passage alliant pierre, verre et métal, et dont la cour pavée a été surmontée d'une verrière.
Prenez la rue du Bouffay.
Sur la **place du Bouffay** se dressait jusqu'en 1843 le premier château des ducs de Bretagne, qui plus tard servit de prison et de tribunal. Lors de la Révolution, la place fut le théâtre d'événements sanglants, notamment de nombreuses exécutions à la guillotine.
Pour rejoindre le cœur du vieux Nantes, prenez le cours Franklin-Roosevelt, puis le cours Olivier-de-Clisson jusqu'à la rue Kervégan.

★ AU CŒUR DU VIEUX NANTES

▶ Circuit **2** tracé sur le plan de la ville (p. 348-349) – comptez environ 3h.

★★ Ancienne île Feydeau C2
Marécageuse, l'île fut lotie au début du 18e s. sous l'impulsion de l'intendant Feydeau de Brou, qui lui donnera son nom. Malgré une belle harmonie apparente, celle-ci fut entamée par l'abandon de plusieurs constructions. Avec

l'adoption d'une nouvelle technique de fondations selon un strict cahier des charges, le quartier est achevé aux environs de 1780. La plupart des immeubles présentent un plan identique : activité commerçante au rez-de-chaussée, logement des propriétaires au 1er étage, et de locataires aux étages supérieurs. Ces immeubles d'opulents négociants enrichis par le commerce triangulaire *(voir p. 351)* s'ornent de mascarons – masques de fantaisie – et de balcons galbés. Certains penchent terriblement en raison des sols instables – de longs pilotis étaient alors plantés dans le sable –, et témoignent d'une construction difficile. L'île a été rattachée à la ville entre 1926 et 1938, par le comblement des bras de la Loire.

★ Quartier Graslin BC2

Receveur général des fermes à la fin du 18e s., Jean-Jacques Graslin fit réaliser le quartier qui porte son nom. Sur la **place du Commerce**, véritable centre névralgique de la vie nantaise, la Bourse a été construite par Crucy de 1811 à 1813 : elle abrite la Fnac. On atteint la **place Royale**, piétonne depuis 2007, où la fontaine érigée en 1865 symbolise la ville de Nantes. Détruite par les bombardements alliés de 1944, elle a été reconstruite à l'identique.

Basilique St-Nicolas – Œuvre néogothique de Jean-Baptiste Antoine Lassus, construite à partir de 1844, elle est la première église française à remettre à l'honneur le Moyen Âge. À l'intérieur, la nef élancée et lumineuse avec ses trois niveaux d'élévation, le chevet à double déambulatoire sont imposants et majestueux. Sa haute flèche de pierre blanche veille sur le quartier Graslin.

★★ Passage Pommeraye – Dans la rue Santeuil s'ouvre cette galerie couverte, constituée de commerces et d'habitats, ouverte en 1843 sur trois niveaux, à

4

LA PAGE SOMBRE DE L'ESCLAVAGE

Important port depuis le Moyen Âge, Nantes s'enrichit grâce au commerce triangulaire à partir du 17e s. La ville, qui gère la répartition des produits de la Compagnie des Indes, réexporte peu à peu une partie de ces marchandises vers l'Afrique pour les échanger contre des esclaves vendus aux Antilles. Ce sinistre commerce fait de Nantes le 1er port français jusqu'à l'abolition de l'esclavage en 1848. Ce sont des associations et universitaires qui se sont emparés du sujet en 1985, posant les jalons de la création du **Mémorial de l'abolition de l'esclavage** en 2012 (♿ *ci-dessous*).

l'initiative d'un notaire. C'est l'un des lieux les plus attachants de Nantes, avec son escalier de bois et de métal dont les contremarches sont ornées de souris, ses colonnes cannelées, ses balustrades ajourées et ses statues d'enfants surmontées de torchères. Jacques Demy y tourna *Lola* en 1961. Classé Monument historique en 1976. En 2015, une seconde galerie commerçante, le passage Cœur, a été ouverte parallèlement au passage.

★ **Place Graslin** – Très commerçante, la **rue Crébillon** est toujours animée. Piétonne depuis 2012, on y vient « crébillonner » (flâner). Elle mène à cette esplanade où s'élève le **grand théâtre** (1783) de style corinthien, où sont jouées les productions de Nantes-Angers Opéra. À l'angle de la brasserie La Cigale (intérieur 1900 aux belles mosaïques, *voir* « *Nos adresses* » *p. 372*) s'amorce le **cours Cambronne★**. Réalisé par Mathurin Crucy, il est bordé sur 180 m de maisons à pilastres construites entre le Premier et le Second Empire. *Après l'avoir traversé, tournez 2 fois à gauche, puis à droite vers le quai de la Fosse.*

Musée de l'Imprimerie B3

24 quai de la Fosse - ☎ 02 40 73 26 55 - www.musee-imprimerie.com - ♿ - tlj sf dim. 10h-12h, 14h-17h30 - fermé sam. en juil.-août et certains j. fériés - 7 € (10-18 ans 4 €) - gratuit avec le Pass Nantes - visite guidée et démonstrations à 14h30.

Il retrace l'histoire des métiers du livre. Lithographies, enluminures, bois gravés : des professionnels présentent les techniques de composition et d'impression en utilisant des machines et des outils anciens en parfait état de marche.

★ Quai de la Fosse B3

Il est bordé de belles demeures du 18e s. (nos 17, 54, 70). Au n° 86, les communs de l'hôtel Durbé servaient d'entrepôt à la Compagnie des Indes.

Mémorial de l'abolition de l'esclavage B3

Quai de la Fosse - ☎ 08 11 46 46 44 - memorial.nantes.fr - ♿ - de mi-mai à mi-sept : 9h-20h ; reste de l'année : 9h-18h - fermé 1 sem. en janv. - gratuit.

LA TERREUR RÉVOLUTIONNAIRE À NANTES

En octobre 1793, la Convention dépêche **Jean-Baptiste Carrier** à Nantes, pour « *purger le corps politique de toutes les mauvaises humeurs qui y circulent* ». Les prisons sont déjà remplies de royalistes vendéens, de prêtres réfractaires, de suspects anti-révoltionnaires. Pour faire de la place, Carrier recourt à des **noyades en masse** : les condamnés sont entassés dans des chalands qu'on saborde en Loire. Connus sous le nom des **noyades de Nantes**, ces massacres feront entre 1 800 et 4 800 morts. Avertie, la Convention rappelle son représentant à Paris. Renvoyé devant le tribunal révolutionnaire de Nantes, il est guillotiné en 1794.

C'est en 1998, lors du 150e anniversaire de l'abolition de l'esclavage, qu'a été signé l'accord sur l'édification d'un monument commémoratif dans celle qui fut la plus importante ville négrière de France : de 1700 à 1830, près de 400 000 captifs, hommes, femmes et enfants, furent l'objet de ce commerce triangulaire surnommé « or noir ». Café, cacao, épices, bois exotiques ou encore canne à sucre étaient débarqués sur ce quai, où se déploie désormais l'œuvre monumentale de l'artiste polonais Krzysztof Wodiczko, une esplanade piétonne hérissée de 2 000 plaques commémoratives. Sous ce vaste espace minéral et végétal, un passage souterrain bordé d'une plaque de verre gravée de textes liés à l'abolition de l'esclavage symbolise l'enfermement des esclaves dans les cales des navires. Le mémorial, outre le devoir de mémoire, s'inscrit dans la politique urbaine de réaménagement des quais de Loire et témoigne de l'engagement de Nantes dans la lutte contre l'esclavage moderne.

Remontez vers la place du Sanitat.

Escorteur d'escadre « Maillé-Brézé » AB3

Quai de la Fosse - ℰ 09 79 18 33 51 - www.maillebreze.com - visite guidée uniquement - vac. scol. : 14h30-16h ; reste de l'année : à 15h, merc. et w.-end 14h30-16h - fermé 1er janv., 25 déc. - visite complète (1h30) : 9 € (4-11 ans 5 €, 12-25 ans 7 €) ; visite sans les machines (1h) : 7 € (enf. 4/6,50 €) ; visite des machines (30mn) : 6 € (enf. 3,50/5 €).

Mis en service en 1957, cet ancien escorteur anti-sous-marin de Marine nationale (132,65 m de longueur) sert de musée naval à flot depuis son désarmement en 1988. On découvre les systèmes d'armes, les équipements de détection, le poste de commandement et certains quartiers de l'équipage. Intéressante visite des machines. Dans le carré des officiers, évocation de la vie de Jean Armand de Maillé, duc de Brézé, célèbre amiral français du 17e s.

Église Notre-Dame-de-Bon-Port B3

Également appelé église St-Louis, cet édifice (1846-1858) est coiffé d'un dôme de style néoclassique. À l'intérieur, de lourds piliers hexagonaux soutiennent la coupole, couronnée alternativement de vitraux et de fresques.

De là, vous pouvez redescendre sur le quai et traverser le pont Anne-de-Bretagne pour rejoindre l'île de Nantes ou revenir vers le centre par les rues Dobrée et Voltaire.

Musée archéologique Thomas-Dobrée B3

18 r. Voltaire - ℰ 02 40 71 03 50 - www.nantes.fr/museedobree - ♿ - fermé depuis 2011, mais espace d'exposition temporaire ouv. jusqu'en 2018, se rens. - gratuit.

En 1862, le collectionneur Thomas Dobrée fait construire sur le site un étonnant palais néoroman par l'architecte Viollet-le-Duc. Dans le cadre des expositions temporaires sont présentées une partie des collections : mobilier français, céramiques grecques et étrusques, section égyptologique, section d'histoire régionale et collections chinoises. À l'ouest du palais, sur une tour carrée, Thomas Dobrée fit inscrire sa devise en breton « *Ann dianaf a rog ac'hanoun* » (« L'inconnu me dévore. »), surmontée d'un dragon, agrippé à un cœur de pierre rouge. Face au musée se dresse le **manoir de la Touche**. Il fut construit au début du 15e s. par l'évêque Jean de Malestroit. Le terme de « tousche » désigne un petit bois, qui couronnait jadis la colline.

★★ Muséum d'histoire naturelle B2

12 r. Voltaire - ℰ 02 40 41 55 00 - www.museum.nantes.fr - tlj sf mar. 10h-18h - fermé 1er janv., 1er et 11 nov., 25 déc. - 4 € (-18 ans gratuit) - gratuit 1er dim. du mois (sf juil.-août) et avec le Pass Nantes - visites guidées thématiques chaque sem. (horaires : se rens.) : 8 € (7-17 ans 4 €) - ateliers pour enf. (horaires : se rens.) : 6 €.

4

Créé en 1799, le Muséum est installé dans l'ancien hôtel de la Monnaie depuis 1875. Il abrite des collections de zoologie, faune régionale, ostéologie, paléontologie, préhistoire, sciences de la terre, minéralogie, ethnographie. La section de **conchyliologie** se distingue par la beauté et la variété des coquillages. Un vivarium présente des reptiles et batraciens de toutes origines. Spectaculaire, un **squelette de rorqual commun** trône au milieu de la galerie de zoologie. Ce cétacé, de 30 t et 20 m de longueur, s'était échoué près de St-Nazaire en 1991. Dans la même salle, ne manquez pas de le comparer au squelette de *basilosaurus isis*, ancêtre des cétacés ayant vécu entre 45 et 36 millions d'années d'années avant notre ère. C'est le seul spécimen conservé en France.

★ L'ÎLE DE NANTES

Face au quai de la Fosse, l'île de Nantes fut en partie occupée par les **chantiers navals** jusqu'en 1987. Elle abrite de grands équipements culturels et touristiques comme les Machines de l'île, le Hangar à Bananes et La Fabrique. On y trouve aussi des habitations,des bureaux, des commerces et une partie du pôle univesitaire. Les berges et quais en bord de Loire sont aménagés avec de larges trottoirs et des pistes cyclables. L'île est desservie par le tram n° 1.

★★ Les Machines de l'île B3

2 bd Léon-Bureau - ☎ *08 10 12 12 25 - www.lesmachines-nantes.fr -* ♿ *-horaires et tarifs des attractions : voir ci-après.*

Créé en 2007, ce **parc d'attractions** d'une folle originalité est peuplé d'étranges créatures qui évoquent l'univers de Jules Verne, les machines de Léonard de Vinci et le passé industriel de la ville. Il a été imaginé par deux anciens membres de la compagnie de théâtre de rue Royal de Luxe, le dessinateur Pierre Orefice et le directeur artistique François Delarozière.

Le Grand Éléphant – *Parcours de 30mn, dép. env. ttes les 45mn - juil.-août : 8h15-18h15 ; vac. scol. de fév., de Pâques et de la Toussaint : 10h-18h ; reste de l'année : tlj sf lun. 10h-17h, w.-end 10h-18h - fermé 1er janv., de déb. janv. à déb. fév., certains j. fériés et 4 j. fin juin - 8,50 € (4-17 ans 6,90 €) avec accès à la « branche prototype » de la Galerie des Machines - possibilité de réservation sur le site Internet pour certains parcours - conseil : venir le matin à l'ouv.* Vous ne pouvez pas le rater ! Entre ses 12 m de hauteur, ses 48 t, ses barrissements et sa trompe crachant de l'eau, mieux vaut être sur son dos (50 passagers maximum) que sur son passage ! De là-haut, la vue sur l'ancien site des chantiers navals est par ailleurs imprenable. Cette structure de métal, de bois et de cuir (pour ses oreilles) contribue depuis 2007 à l'animation de l'île. Sur le plan technique, ce sont 62 vérins et un moteur de 450 chevaux qui permettent à ce pachyderme de se mouvoir à une vitesse de 1 à 3 km/h.

La Galerie des Machines –*Juil.-août : 10h-19h ; avr.-juin et sept.-oct. (hors vac. scol.) : tlj sf lun. 10h-17h, w.-end et certains j. fériés 10h-18h ; vac. scol. de Pâques et de la Toussaint : 10h-18h ; vac. scol. de fév. et de Noël : 14h-18h ; reste de l'année : 14h-17h, w.-end 14h-18h - fermé 1er janv. et de déb. janv. à déb. fév. - 8,50 € (4-17 ans 6,90 €) - gratuit avec le Pass Nantes - billet combiné valable 48h avec le Carrousel des Mondes marins « mode forain » : 15,40 € (enf. 12,20 €) ; « mode découverte » : 13,20 € (enf. 10,60 €) - conseil : venir ap. 16h (pendant vac. scol.).*

C'est ici, dans les anciens ateliers de chaudronnerie des Chantiers de la Loire, que naissent les créatures des Machines de l'île. On y prépare aujourd'hui les animaux fantastiques du futur **Arbre aux Hérons**. Vous aurez peut-être la chance de monter sur le dos d'une **fourmi** ou d'une **araignée**. Une maquette au 1/10e permet d'imaginer ce que sera ce gigantesque arbre en acier de 50 m

Le « Grand Éléphant » de François Delarozière et Pierre Orefice, Les Machines de l'Île (Nantes).
Ph. Blanchot/hemis.fr

de diamètre et 35 m de hauteur. Sur ses 22 branches, le visiteur pourra (vers 2022), déambuler dans des jardins ou embarquer sur deux hérons géants. Une **branche prototype**, longue de 20 m, conclut la visite de ce site féerique **Le Carrousel des Mondes marins** – *2 modes de visite - « mode forain » (visite libre avec 1 tour de manège) juil.-août : 10h-19h ; vac. scol. de Pâques et de la Toussaint : 10h-18h ; vac. scol. de fév. et de Noël : 14h-18h ; reste de l'année : merc. et w.-end 14h-17h (ou 18h) - « mode découverte » (visite guidée - durée 50mn/1h) ttes vac. scol. : mar.-merc. 10h-13h, jeu.-vend. tte la j. (horaires : se rens.) - fermé 1ᵉʳ janv. et de déb. janv. à déb. fév. - tarifs « mode forain » : 8,50 € (4-17 ans 6,90 €) ; « mode découverte » : 6,30 € (enf. 5,30 €) - billet combiné valable 48h avec la Galerie des Machines « mode forain » : 15,40 € (enf. 12,20 €) ; « mode découverte » : 13,20 € (enf. 10,60 €).* Ce véritable théâtre à 360°, haut de 25 m, est animé de tout un bestiaire de machines étonnantes : **calamar à rétropropulsion**, serpent des mers, bernard-l'hermite, **poisson-coffre**… Le carrousel est composé de trois niveaux : le premier abrite les animaux des fonds marins, le deuxième ceux des abysses, le troisième ceux qui évoluent à la surface de la mer. Un tour de manège offre une belle **vue** sur la ville.

La Fabrique B3

4 bd Léon-Bureau - voir « Nos adresses » (voir p. 374).
Inauguré en 2011, ce complexe aux formes futuristes est le navire amiral du centre municipal **La Fabrique, laboratoire(s) artistique(s)** qui inclut 2 autres sites dans la ville. On trouve ici 2 bâtiments : **Stereolux** (2 salles de spectacle de 1 200 et 400 places) et **Trempolino** (centre d'information, café, salle de conférence, studios de répétition). Une dizaine d'associations d'artistes y organisent toute l'année concerts, rencontres, expositions, projections de films, etc.

À l'extrémité ouest de l'île B3 en dir.

Deux **grues Titan** des années 1950-60 (43 et 47 m de hauteur), dont la grise est classée Monument historique, marquent les deux extrémités de la promenade le long de la Loire, qui mène en 10mn à pied au Hangar à Bananes.

4

ÎLE DE NANTES : ARTS ET ENSEIGNEMENT

Depuis la fermeture des chantiers naval en 1987, l'île de Nantes ne cesse de se réinventer. Dans le sillage des Machines de l'île (2007) et de La Fabrique (2011), c'est le pôle d'enseignement professionnel **quartier de la Création** qui prend forme. Celui-ci intègre déjà l'École nationale supérieure d'architecture (Ensa Nantes), l'École des métiers graphiques et plurimédia (Grafipolis) et, dans les anciennes halles Alstom, l'École supérieure des beaux-arts de Nantes Métropole (ESBANM). À terme, environ 4 000 apprentis et étudiants ainsi que plus de 100 enseignants-chercheurs devraient rejoindre l'île *(rens. : www.creativefactory.info)*.

Au pied de la grue jaune, l'ancienne cale de lancement n° 2 est désormais un espace dédié à la création textile, la **Cale 2 Créateurs** (jeunes créateurs en résidence, boutique, expositions, salon de thé). Si vous êtes accompagné d'enfants, allez les faire bondir sur les **trampolines** installés quelques pas plus loin et disposés dans des cratères pour évoquer la surface lunaire. Les soirs d'été, un globe géant suspendu à un câble simule un romantique clair de terre.

Entre les deux grues, les **Anneaux de Buren et Bouchain** (lumineux la nuit) ressemblent à de grands hulahoop encadrant diverses vues sur Nantes. Au pied de la grue jaune, la **Station Prouvé**, ancienne station-service démontable conçue en 1969 par le designer Jean Prouvé (1901-1984), abrite un bureau d'information de l'office de tourisme de Nantes *(juil.-août : 7h-18h)*. Le long du quai, dans les anciens entrepôts, où mûrissaient les bananes importées de Guinée et de Guadeloupe, le **Hangar à Bananes** *(voir « Nos adresses » p. 374)* a été aménagé pour accueillir une galerie d'art, des restaurants et des bars branchés dont les terrasses donnent sur le fleuve face à la butte Ste-Anne. Dans le **Hangar 32** *(32 quai des Antilles - ☎ 02 51 89 72 50 - www.iledenantes. com - juil.-août : tlj sf lun. 14h-19h ; reste de l'année : vend.-dim. 14h-18h - entrée libre - possibilité de visite guidée)*, vidéos et documents d'information permettent de mieux comprendre les aménagements de l'île.

Revenez vers le palais de justice pour découvrir l'autre extrémité de l'île.

Palais de justice B3

19 quai F.-Mitterrand. Conçu par **Jean Nouvel** en bord de Loire et inauguré en 2000, le palais est accessible par la passerelle Victor-Schoelcher. Il s'impose par sa masse noire et monolithique au design épuré. Derrière, l'**immeuble Manny**, reconnaissable à sa résille métallique en façade, est un lieu de rencontre privilégié des acteurs de l'architecture contemporaine. Le site accueille deux **œuvres** du parcours artistique « Estuaire » : *The Zebra-Crossing* d'Angela Bulloch et *Air*, de Rolf Julius. Non loin, les anciennes **halles Alstom** *(rue Arthur-III)* sont intégrées au **quartier de la Création** *(voir encadré ci-dessus)*.

École nationale supérieure d'architecture de Nantes C3

6 quai F.-Mitterrand. - www.nantes.archi.fr. Inauguré en 2009, ce bâtiment du quartier de la Création a été imaginé par la grande agence Lacaton et Vassal. Le bâtiment, construit sur deux îlots, peut accueillir un millier d'étudiants sur quatre niveaux d'espaces flexibles et évolutifs (environ 5 000 m²). Il offre par ailleurs des points de vue intéressants pour découvrir et comprendre la ville.

Au pied de l'école d'architecture, remarquez **L'Absence**, monumentale sculpture bleue en forme d'iceberg et faisant office de cafétéria : créée

Le Voyage à Nantes

LE CHOIX DE LA CULTURE

Une structure, un parcours, un événement ! « Le Voyage à Nantes », initié en 2012, est le résultat de l'implication de plusieurs figures dont Jean-Marc Ayrault, maire de Nantes de 1989 à 2012, et Jean Blaise, directeur artistique, qui proposent une politique culturelle ambitieuse pour donner à Nantes une identité nouvelle à la suite de la fermeture des chantiers navals en 1987. La métamorphose s'opère grâce à plusieurs événements : le festival Les Allumées à Nantes (1990-1995), la création du **lieu unique** dans les entrepôts de l'ancienne biscuiterie LU (2000), puis du parcours **Estuaire** entre Nantes et St-Nazaire (2007), la naissance du **Grand Éléphant** (2007), première « machine » de l'île, etc. Depuis 2012, « Le Voyage à Nantes » prend aussi forme d'un **festival** *(juil.-août)* qui se déroule partout dans la ville autour d'œuvres d'art et de réalisations architecturales marquantes.

UN VOYAGE À TRAVERS LA VILLE

L'été, le « Le Voyage à Nantes » est constitué d'un parcours de 12 km ponctué par une vingtaine de créations de plasticiens, de jardiniers ou d'architectes ainsi qu'une cinquantaine d'étapes modifiées chaque année. Il invite à se laisser guider grâce à une **ligne verte** tracée sur le sol et à découvrir là une œuvre d'art contemporaine, ici une installation décoiffante, un peu plus loin un point de vue étonnant. Véritable parcours insolite, « Le Voyage à Nantes » est un dialogue entre art et paysage, patrimoine historique et architecture contemporaine. Avec cette structure, Nantes veut décloisonner la culture, briser les frontières géographiques et mentales de son territoire, et faire de celui-ci non plus un simple musée à ciel ouvert mais une œuvre unique, monumentale, dont les éléments dialoguent à l'envi. **Château des ducs de Bretagne**, lieu unique, **Angers-Nantes Opéra**, **Hangar à Bananes**, Machines de l'île, **Mémorial de l'abolition de l'esclavage**, parcours artistique « Estuaire » et nombreux autres sites se lisent autrement et ponctuent cette promenade inédite à explorer de jour comme de nuit. Un rendez-vous incontournable !
🔗 *www.levoyageanantes.fr*

1989, ROYAL DE LUXE S'INSTALLE A NANTES…

Royal de Luxe, aujourd'hui la plus grande compagnie de théâtre de rue au monde, est née de la rencontre de trois jeunes comédiens à Aix-en-Provence, en 1979. La manifestation « Aix, ville ouverte aux saltimbanques et aux amuseurs de rue » leur donne l'occasion de créer leur premier spectacle « Le Cap Horn ». La Compagnie, dirigée par **Jean-Luc Courroult**, est depuis restée fidèle à ses choix artistiques : investir la rue pour aller à la rencontre du public. Invitée par la ville de Nantes en 1989, elle s'y installe, dans un hangar désaffecté au bord de la Loire. Depuis, les spectacles se sont succédé, à la fois poétiques et spectaculaires. La saga des géants, née en 1993 avec *Le Géant tombé du ciel*, fait déambuler dans les rues de Nantes, du Havre, de Calais et d'ailleurs des personnages gigantesques – scaphandrier, Petite Géante, girafe ou éléphant. Royal de Luxe – souvenir du nom du magnétophone à bande, utilisé pour écrire leurs spectacles – a désormais acquis une renommée internationale.
🔗 *www.royal-de-luxe.com*

par l'atelier Van Lieshout, c'est une autre œuvre du parcours « Estuaire ». À l'angle du quai et de la rue de l'Île-Mabon, le **square Mabon**, manifeste du retour à la nature, dévoile, grâce à ses friches, la végétation naturelle de l'île, dense et diversifiée.

Bâtiment B B3

15 bd Léon-Bureau - ℘ 02 40 73 73 30 - www.atlanbois.com - ♿ - merc.-vend. 10h-12h, 14-18h, sam. 14h-18h - gratuit - animations et ateliers pour enf. : se rens. Érigée en 2013, cette structure en bois se démarque dans le quartier de la Création, où dominent le béton et le métal. Il s'agit de la vitrine des métiers de la filière bois des Pays de la Loire. Le bâtiment accueille plusieurs organismes comme l'ONF, un centre d'information, un espace d'exposition, une bibliothèque et la **xylothèque**, qui permet de découvrir les essences de la région.

Jardin des Fonderies D2

R. Louis-Joxe - accès libre. Cet espace vert de 3 600 m² prend place dans les ex-**Fonderies de l'Atlantique** (1908-2002) d'où sortirent les hélices du paquebot *France* et du porte-avions *Clemenceau*. Aux côtés du patrimoine botanique et horticole nantais subsistent trois anciens fours, les rails, le pont roulant et les anciennes fosses plantées de roseaux.

BUTTE SAINTE-ANNE ET QUARTIER CHANTENAY

Planétarium A3 en dir.

8 r. des Acadiens - ℘ 02 40 73 99 23 - www.nantes.fr/le-planetarium - ♿ - séance (1h, réserv. conseillée) vac. scol. : à 10h15, 11h30, 14h, 15h15 et 16h30, dim. et j. fériés à 14h, 15h15 et 16h30 ; reste de l'année : à 16h30, merc. 10h30, 14h, 15h15 et 16h30, dim. et j. fériés à 14h, 15h15 et 16h30 - fermé sam., 1er janv., 1er Mai, 1er nov., 25 déc. - 6 € (-18 ans 3 €) - gratuit avec le Pass Nantes - ateliers pour enf. : se rens.

👪👤 Sous un dôme de 8 m de diamètre, des effets scéniques permettent de s'initier à l'astronomie : mouvement des planètes, simulation de la voûte céleste, immersion au cœur d'une pluie d'étoiles filantes, etc. *Accédez à la butte Ste-Anne en suivant le quai E.-Renaud et la r. de l'Hermitage.*

👁 De la table d'orientation, la **vue★** se déploie sur l'île de Nantes et les anciens chantiers de construction navale.

★ Musée Jules-Verne A3 en dir.

3 r. de l'Hermitage - ℘ 02 40 69 72 52 - www.julesverne.nantesmetropole.fr - ♿ - juil.-août : 10h-19h ; reste de l'année : 14h-18h, sam. 10h-12h, 14h-18h - fermé mar. et j. fériés - 3 € (-18 ans gratuit) - gratuit 1er dim. du mois, St-Jules et avec le Pass Nantes - visite guidée (1h) juil.-août à 15h (gratuit) - animations pour enf. (en été) et visites conférence : se rens.

Sans rapport avec l'écrivain nantais ou sa famille, cette belle demeure du 19e s. offre un cadre enchanteur à ce musée fondé en 1978. De nombreux souvenirs retracent la vie et surtout l'œuvre de Jules Verne (1828-1905) qui passa ses vingt premières années à Nantes : autographes, meubles, maquettes, objets personnels (provenant de la donation Jean Verne, son petit-fils), portraits, bustes, affiches évoquant ses ouvrages publiés chez Hetzel, jeux et objets divers inspirés par ses livres, planisphère lumineux reproduisant *Les Voyages extraordinaires*. Les héros mythiques des *Voyages* prennent vie : le capitaine Nemo, Michel Strogoff, Phileas Fogg, les enfants du capitaine Grant… Devant l'entrée du musée se dresse la **statue de sainte Anne**, bénissant le port.

L'ancien village de pêcheurs de Trentemoult, à Rezé.
E.Berthier/hemis.fr

Fresques des Acadiens A3 en dir.

Situées rue des Acadiens, près de la butte Ste-Anne (point culminant de la ville à 38 m au-dessus de la Loire), ces fresques en trompe-l'œil commémorent l'épisode du **Grand Dérangement** : dans les années 1775-1785, Nantes accueillit une grande partie des Acadiens déportés du Canada francophone par les Britanniques. La plus grande (15,80 m de longueur sur 3,70 m de hauteur) a été réalisée en 1993 par le peintre muraliste américain Robert Dafford (né ne 1951). Intitulée *Le port de Nantes, 1785*, elle illustre l'embarquement des réfugiés à Nantes, sur les sept bateaux qui devaient les amener vers La Nouvelle-Orléans, en Louisiane. La seconde fresque, plus petite, est une réplique de *The Arrival of the Acadians in Louisiana*, une autre œuvre de Robert Dafford peinte en 1999 à St-Martinville, ville de Louisiane et berceau de la culture cajun aux États-Unis.

TRENTEMOULT A3 en dir.

Pour y accéder, prenez le Navibus (navette fluviale) qui relie le centre de Nantes (arrêt Gare-Maritime) aux rives de Trentemoult (arrêt Trentemoult-Roquios).

Situé sur la rive gauche de la Loire, dans la commune de Rezé, cet ancien village de pêcheurs et d'ouvriers est devenu un quartier branché avec l'arrivée de nouveaux habitants qui ont restauré les maisons bâties sur trois niveaux à cause des crues. Le prix de l'immobilier y a grimpé, les restaurants s'y sont installés et c'est aujourd'hui l'endroit où l'on va flâner et boire un verre dans les **guinguettes** le long du fleuve ou du port de plaisance.

Trentemoult peut aussi se découvrir au gré de différents événements populaires : le concours de fanfares des Fanfaronnades *(www.fanfaronnades.com - déb. mai)*, l'étonnant et unique en Europe rassemblement de guitaristes des Folies tapping *(mi-mai)*, le festival de musique rock et rap des Trentemou'zicales *(fin août)* ou les traditionnelles **régates de Trentemoult** *(mi-sept. - voir « Nos adresses » p. 375)*.

★★ PARCOURS ARTISTIQUE « ESTUAIRE NANTES–SAINT-NAZAIRE »

L'itinéraire « Estuaire » s'étend le long des rives de la Loire, entre Nantes et St-Nazaire *(60 km)*, et présente 30 œuvres d'art contemporain, réparties sur 23 sites, en accès gratuit, à découvrir à pied, à vélo, en voiture ou en bateau. N'essayez pas de voir toutes les œuvres le même jour. Il est préférable d'en découvrir quelques-unes pour mieux apprécier et s'en imprégner.

Les sites du parcours « Estuaire »

Description des œuvres du parcours sur le site Internet www.estuaire.info - visites guidées, informations pratiques, cartes gratuites et réservations de croisières tte l'année au bureau central de l'office de tourisme (voir p. 346) et, en juil.-août, au point d'information de la Station Prouvé (voir p. 362).

Cet insolite projet artistique, imaginé par Jean Blaise, le directeur du *Voyage à Nantes,* accompagne en fait un projet politique : faire du « pôle métropolitain Nantes - St-Nazaire » (créé en 2012) une réalité, et animer les rives de l'estuaire. Dès 2007, des artistes français et internationaux sont venus le long de l'estuaire, pour interpréter ce territoire, avec son histoire fluviale et industrielle, pour faire dialoguer le paysage avec l'œuvre. Chacune d'entre elles a été conçue sur un site choisi au préalable, zone naturelle protégée ou bâtiment industriel telle la centrale thermique de Cordemais, près de laquelle le Japonais Tatzu Nishi a créé la **Villa Cheminée**. Il reproduit à l'identique une tour de la centrale et installe à son sommet un petit pavillon avec son jardinet, qu'il est possible de louer pour y passer la nuit. **Misconceivable**, de l'artiste autrichien Erwin Wurm, présente un voilier penché au-dessus du canal de La Martinière. Est-ce pour fuir ce qui est appelé le cimetière des bateaux ou parce qu'il ne résiste pas à l'appel de l'eau ? La spectaculaire **Maison dans la Loire** du Français Jean-Luc Courcoult (fondateur de la compagnie Royal de Luxe) est quant à elle en partie immergée dans les eaux du fleuve. Le parcours intègre aussi des œuvres plus anciennes comme la **Station Prouvé** (1969), sur l'île de Nantes, du grand designer et architecte du même nom.

COMMENT DÉCOUVRIR CE MUSÉE À CIEL OUVERT

En bateau – *Dép. de la gare maritime de Nantes - quai Ernest-Renaud - ☎ 02 40 69 40 40 - www.marineetloire.fr - trajet entre Nantes et St-Nazaire : avec AR en bateau avec ou sans escale à St-Nazaire (journée) ; avec aller en bateau (2h30) et retour en car ou en train (env. 1h) - juil.-août : dép. tlj sf lun. et certains j. fériés à 10h - avr.-juin et sept.-oct. : certains j. (se rens.) - AR en bateau : à partir de 35 € (-3 ans 13 €, 4-17 ans 25 €) - AS en bateau et retour en car ou en train : à partir de 30 € (enf. 7/20 €).* La compagnie Marine et Loire propose différentes **croisières** consacrées au parcours « Estuaire » avec guide conférencier, y compris avec repas, apéritif et/ou concert à bord. L'option avec retour en car permet d'approcher au plus près certaines œuvres comme *Serpent d'océan* de Huang Yong Ping et *Le Jardin étoilé* de Kinya Maruyama.

En voiture – *120 km aller-retour.* Carte détaillée disponible auprès de l'office de tourisme de Nantes.

À vélo – Suivre le parcours fléché de la Loire à vélo. Voir également le plan guide Estuaire.

À pied – *Visite guidée proposée à certaines dates en juil.-août par l'office de tourisme de Nantes (se rens.).* En ville, sur l'île de Nantes, découverte des œuvres du parcours « Estuaire » à la tombée de la nuit.

La Maison dans la Loire, œuvre du parcours « Estuaire » à Couëron, signée Jean-Luc Courcoult.
Λεωνίδας/Fotolia.com

★ VALLÉE DE L'ERDRE

La route ne suit pas la rivière, aussi le meilleur moyen d'en profiter est-il de louer un canoë – une promenade démarre de l'île de Versailles – ou de profiter des agréables croisières organisées par les **Bateaux nantais** (♿ *« Nos adresses » p. 375*).
Les berges verdoyantes sont jalonnées d'une vingtaine de gentilhommières, anciennes résidences de campagne d'armateurs nantais. Le château de la Gacherie (16ᵉ s.) aux fenêtres ouvragées retient particulièrement l'attention.

Île de Versailles C1

Cette île artificielle de 1,7 ha a été créée en 1831 à l'emplacement d'une zone marécageuse avec des remblais provenant du creusement du canal de Nantes à Brest. Depuis 1987, elle est aménagée avec un **jardin japonais** *(quai de Versailles - ☎ 02 40 41 65 09 - www.jardins.nantes.fr - ♿ - de mi-mars à mi-oct. : 8h30-20h ; de mi-janv. à mi-mars et de mi-oct. à mi-nov. : 8h30-18h15 ; reste de l'année : 8h30-17h15 - entrée libre).* Réalisé par une équipe de paysagistes français, il est composé notamment de rocailles, de cascades, cerisiers du Japon, bambous et de maisons d'architecture nippone. Parmi celles-ci, il est possible de visiter la **Maison de l'Erdre** *(☎ 02 40 29 41 11 - www.jardins.nantes.fr - ♿ - de mi-janv. à mi nov. : 13h30-18h15, merc., w.-end et j. fériés 9h15-12h15, 14h15-18h15 ; reste de l'année : 13h30-17h15, merc., w.-end et j. fériés 9h30-12h30, 14h15-18h15 - fermé jeu., 1ᵉʳ janv., 1ᵉʳ mai, 25 déc. - gratuit).* Située au cœur de l'île et entourée d'un jardin zen, elle s'inspire d'un pavillon de thé japonais. Elle abrite de nombreux **aquariums** qui permettent de découvrir la flore et la faune de l'Erdre, rivière qui, jusqu'au 19ᵉ s., desservait l'entrée du canal de Bretagne. Y sont également présentés d'anciennes activités humaines comme la batellerie.

☺ Le dernier week-end d'août, l'île de Versailles et les communes voisines accueillent le festival **Les Rendez-vous de l'Erdre** avec concerts de jazz gratuits et rassemblement nautique *(rens. : www.rendezvouserdre.com).*

À voir aussi Plan de la ville p. 348-349

PARCS ET JARDINS

Dès le 17e s., la situation portuaire de Nantes favorisa l'entrée des plantes exotiques. Aujourd'hui, la ville compte 800 ha d'espaces *(rens. : jardins.nantes.fr)*.

Parc de Procé A1

Entrée bd des Anglais, r. des Dervallières ou bd Clovis-Constant. Avec ses longues perspectives, ses doux vallonnements, ce parc (12 ha) est un agréable lieu de promenade. Autour d'un manoir datant de 1789, parmi les chênes, s'épanouissent rhododendrons, azalées, fuchsias, dahlias et bruyères.

Parc du Grand Blottereau D1 en dir.

Bd Auguste-Péneau - ♿ - de mi-mars à mi-oct. : 8h45-19h30 ; reste de l'année : 8h45-17h (ou 18h) - visite guidée des serres (1h, gratuit) : lun., merc. et vend. à 15h, sam. à 15h et 16h (et 17h sf en hiver), dim. à 10h, 11h, 15h et 16h (et 17h sf en hiver). Légué à la ville en 1905 par Thomas Dobrée *(voir p. 359)*, ce parc de 37 ha reconstitue différents milieux naturels comme la rocaille méditerranéenne, le bayou de Louisiane, la **bananeraie** avec plus de 400 espèces et le jardin de « la colline de Suncheon » qui est le plus grand **jardin coréen** d'Europe (1 ha). Le **château** qui trône au cœur du parc est un parfait exemple des folies nantaises. Construit en 1747, le bâtiment comporte deux pavillons entourant le corps principal du logis. Face à lui, s'étend un jardin « à la française » avec ses **serres tropicales** qui abritent une collection de 600 espèces exotiques.

Parc floral de la Beaujoire D1 en dir.

Rte de St-Joseph - ♿ - de mi-mars à mi-oct. : 8h30-20h ; reste de l'année : 8h30-17h30 (ou 18h30. Situé près de l'Erdre et du parc des expositions, il rassemble une magnifique **roseraie**, une collection d'iris et de bruyères et la collection nationale de référence de magnolias, regroupant 400 variétés et espèces.

Parc de la Chantrerie D1 en dir.

Rte de Gachet - de mi-mars à mi-oct. : 8h30-20h ; reste de l'année : 8h30-17h30 (ou 18h30. Relié au centre de la ville par une promenade pour piétons de 6 km sur la rive gauche de l'Erdre, ce parc garde quelques très beaux arbres dont un châtaignier millénaire et une intéressante collection d'osiers (saules). Différents animaux peuvent être observés dans les pâtures longeant l'allée principale.

Ferme de La Hautière -Jardin des Hespérides C1 en dir.

La Hautière - 44240 La Chapelle-sur-Erdre - 13 km au nord par la D 39 - ☏ 02 40 72 03 83 - www.fermefruitierelahautiere.com - ♿ - mai-sept. : 9h-19h - fermé 15 août - gratuit - vente de fruits et de produits issus des fruits : voir « Nos Adresses » p. 375. Exploitée depuis 1810 par la même famille, cette ferme fruitière abrite un domaine (1,5 ha) aménagé en huit thèmes : jardin des Fraises ; jardin de la Loire-Atlantique ; jardin du Monde où poussent des fruits d'origine lointaine, comme la myrtille ou « bleuet du Canada » ; jardin des Fruits nouveaux tel le *loganberry*, issu de la mûre et de la framboise ; jardin des Fruits sauvages telle l'arbouse ; jardin du Néolithique évoquant des cueillettes venues du fond des âges… Un **jardin méditerranéen** abrite merisier, caroubier et pistachier. Le jardin des Botanistes montre des espèces situées à la frontière entre fruits et légumes, tel le potiron. Les fruits tropicaux ont trouvé abri et chaleur dans une serre. Le visiteur est ensuite invité à déguster un cocktail de fruits. À la **boutique**, vente de confitures, sorbets, coulis…

😊 NOS ADRESSES À NANTES

TRANSPORTS

TAN – *2 allée Brancas (bureau de vente et de rens.) - ☏ 04 40 44 44 44 - www.tan.fr - tlj sf dim. 7h30-19h30 - ticket 1h : 1,60 € ; 24h : 5,40 € ; navette aéroport : 9 € - achat sur le site Internet, chez 120 commerçants ou aux principaux arrêts - service tte l'année (sf 1er mai) 7h-22h30 pour la plupart des lignes.* Le réseau de Transports de l'agglomération nantaise est un des plus innovants de France. Il se compose de 3 lignes de **tramway** (nos 1, 2 et 3), d'une cinquantaine de lignes de d'**autobus**, dont dix rapides et à forte fréquence (ligne n° 4 « BusWay » et lignes C1-C9 « Chronobus ») et sept « nocturnes », dont la ligne « Luciole » *(sam. 2h15-7h15)*, de 3 **navettes fluviales** sur l'Erdre et la Loire (Navibus), de 58 **parkings relais** *(gratuit sur présentation d'un titre de transport)*, mais aussi de transport à la demande et de voitures en autopartage.

😊 **Pass Nantes** – *www.nantes-tourisme.com/fr/visite/pass-nantes - 25 € pour 24h, 35 € pour 48h ou 45 € pour 72h ; forfait famille (2 adultes + 2 enf. 4-17 ans) : 67 € pour 24h, 94 € pour 48h, 121 € pour 72h - réduction de 10 % sur le site Internet.* Ce pass permet d'accéder à l'ensemble du réseau TAN *(sf aéroport)* et aux principaux sites de visite gratuitement. Il donne aussi droit à des réductions, chez des loueurs de vélo notamment.

Bicloo – *☏ 0810 444 450 - www.bicloo.nantesmetropole. fr.* 700 vélos en libre-service sont répartis sur 79 stations du centre-ville jusqu'au nord de l'île de Nantes. Pour 1 ou 3 €, louez un vélo autant de fois que vous le souhaitez pendant 1 ou 3 j. La 1re demi-heure est gratuite.

Location de vélos

À partir de 16 €/j. pour un vélo standard chez les loueurs suivants.

Détours de Loire – *Allée de la Maison-Rouge - ☏ 02 40 48 75 37 - www.detoursdeloire.com.* Ce réseau s'étend tout au long de la Loire. Il permet de louer un vélo à St-Nazaire ou à Nantes et de le rendre à Tours, Orléans, Blois…

L'Îlot Familles – *Parc des Chantiers (île de Nantes) - ☏ 07 60 22 74 81 - www.ilot-familles.com.* Cette association propose des vélos standard pour enfant et adulte, des vélos familiaux (triporteur, biporteur, tandem parent/enfant, etc.) ainsi que des modèles adaptés aux personnes handicapées.

HÉBERGEMENT

Autour du château

BUDGET MOYEN

Un Coin chez soi (Apparthôtel) – *C2 - 1 r. de Briord - ☏ 06 14 57 22 41 - www.uncoinchezsoi. net - à partir de 99 €/nuit - wifi.* Le réseau local « Un coin chez soi » propose douze appartements privés situés en centre-ville et pouvant accueillir de 2 à 10 personnes. Décoration soignée, personnalisée et souvent insolite.

Apparthôtel Welcome Home Nantes - Le Pont Levis – *B2 - 1 r. Mathelin-Rodier - ☏ 06 72 77 43 85 - welcomehome-nantes.fr - 210 €/1 nuit, 220 €/2 nuits, 630 €/ sem./2 pers. - wifi.* Peintures ? Sculptures ? Photos ? Toute la déco semble être faite d'œuvres d'art dans ce splendide appartement très bien rénové. Spacieux et lumineux, bien équipé et parfaitement situé. Un lieu conceptuel et chaleureux, à l'image de sa propriétaire.

4

POUR SE FAIRE PLAISIR

Hôtel La Pérouse – C2 - *3 allée Duquesne - ☏ 02 40 89 75 00 - www.hotel-laperouse.fr - 46 ch. - 129/199 € ☕ 16 € - wifi.* Un hôtel d'architecture contemporaine construit en 1993 au cœur de la ville. L'ambiance moderne, agrémentée de touches Art déco, est axée sur le thème de la mer et des grandes expéditions. Les chambres, vastes, sont d'un confort irréprochable. Très bon petit-déjeuner et accueil chaleureux. Parking à proximité.

Quartier Graslin - Viarme

PREMIER PRIX

Hôtel Graslin – B2-3 - *1 r. Piron - ☏ 02 40 69 72 91 - www. hotel-graslin.com - 47 ch. 61/135 € - ☕ 12,65 € - wifi.* Situé dans le cœur animé de la ville, cet hôtel de la chaîne Best Western bénéficie d'une bonne insonorisation. Les chambres sont fonctionnelles ; huit d'entre elles sont plus vastes. Formule buffet au petit déjeuner. Parking public à proximité.

Hôtel Voltaire Opéra – B2-3 - *10 r. Gresset - ☏ 02 40 73 31 04 - www.hotelvoltaireoperanantes. com - 40 ch. 55/125 € - ☕ 11 € - wifi.* Hôtel situé à deux pas de la place Graslin. Le tissu coloré des murs égaie des chambres au décor contemporain. Parking « Médiathèque » à côté *(16,50 €/j.).*

BUDGET MOYEN

Ibis Styles Nantes Centre – C2 - *3 r. Couëdic - ☏ 02 40 35 74 50 - www.accorhotels.com - 65 ch. 51/149 € ☕ - wifi.* À deux pas de la place Royale, cet hôtel récent dispose de chambres contemporaines avec vue sur les toits de la ville au dernier étage.

Hôtel Pommeraye – C2 - *2 r. Boileau - ☏ 02 40 48 78 79 - www.accorhotels.com - ⅃ - 50 ch. 99/159 € - ☕ 10,75 € - wifi.* À deux pas du célèbre passage Pommeraye et des boutiques de la rue Crébillon, un hôtel à la décoration contemporaine raffinée. Chambres bien tenues. Éco-label « Clef Verte ».

POUR SE FAIRE PLAISIR

Hôtel Radisson Blu – B2 - *6 pl. Aristide-Briand - ☏ 02 72 00 10 00 - www.radissonblu.fr/hotel-nantes - ⅃ - 142 ch. dont 20 suites 136/290 € - ☕ 19 € - wifi - ✗ formule déj. en sem. 17 € - menu 32/45 €.* Installé dans l'ancien palais de justice de la ville (19e s.), cet hôtel mêle le classique et le contemporain avec élégance. La majestueuse salle des pas-perdus a été transformée en bar. L'ex-cour d'assises accueille quant à elle un bon restaurant (L'Assise) aux saveurs modernes.

À proximité

PREMIER PRIX

Nantes Camping - Le Petit Port – Hors plan par C1 - *21 bd du Petit-Port - 4 km au nord par le bd Michelet - tram n° 2, arrêt Morrhronnière-Petit Port - ☏ 02 40 74 47 94 - www.nantes-camping.fr - ⅃ - 200 empl. 15/25 € - wifi.* Dans un cadre verdoyant, 58 châlets et bungalows sont aussi disponibles *(se rens.).* Accès gratuit à la piscine voisine, location de vélos.

Quintessia Resort & Spa – Hors plan par B1 - *24 chemin des Marais-du-Cens - 44700 Orvault - 6 km au nord-ouest par le bd R.-Schuman - ☏ 02 40 76 84 02 - www.quintessia-resort.com - 41 ch. 80/190 € - ☕ 6,90/20 € - wifi - ✗ formule déj. en sem. 20/26 € - menu 28/64 €.* Dans un quartier résidentiel entouré de verdure, ce complexe abrite des chambres contemporaines (balcons au dernier étage), un centre de balnéothérapie et un restaurant proposant une cuisine élaborée (belle terrasse sous les tilleuls).

RESTAURATION

Autour du château et ancienne île Feydeau

PREMIER PRIX

La Dinette – C2 - *12. r. du Château - 02 51 82 79 13 - www.facebook. com/dinettenantes - 12h-19h - fermé mar. et 2 sem. de sept. - formule déj. 12,50 €.* Dans une rue piétonne à deux pas du château, la Dinette propose tartes salées et pâtisseries maison. C'est le bon endroit pour goûter le gâteau nantais. Brunchs le week-end.

BUDGET MOYEN

Les Enfants Terribles – C2 - *4 r. Fénelon - 02 40 47 00 38 - fermé dim.-lun. - 🔀 - formule déj. 17,90/20,50 €- menu soir 35 €.* Restaurant « cosy » et convivial, salle agrémentée de cheminées des 16ᵉ et 17ᵉ s., de miroirs et de banquettes. La carte, renouvelée quotidiennement, propose des produits faits maison.

Les Bouteilles – C1 - *11 r. de Bel-Air - 02 40 08 27 65 - 10h-23h - fermé dim. - à la carte 25 € (déj.), 35 € (soir).* À côté du marché de Talensac, un bistrot à vin épatant : décor simple honorant Bacchus, belle cuisine de produits (charcuteries corses, plats canailles, poisson de la marée…) et, bien sûr, belle carte des vins.

L'Etrillum – C2 - *22 r. Armand-Brossard - 02 40 12 10 38 - www. etrillum.fr - 12h-14h, 19h30-22h - fermé sam. midi, dim. et merc., 3 sem. en juil. - formule déj. 13/16 € - 34 €.* D'élégantes tables en bois, un comptoir à l'ancienne et des ardoises sur lesquelles s'alignent les spécialités de poissons et fruits de mer, que le chef travaille avec brio dans sa cuisine ouverte. Le menu du soir se limite à trois entrées et tois plats, évoluant au fil des saisons. Belle carte de vins et bières dont une gamme bio.

Café du musée d'arts – D2 - *10 r. Georges-Clemenceau - 02 51 12 93 09 - www.facebook. com/cafedumuseenantes - 11h-19h, jeu.-sam. 11h-23h30 - fermé mar. - formule déj. 19/25 € - menu soir 39/49 €.* Depuis la réouverture du musée en 2017, Éric Guérin, chef étoilé de la Mare aux Oiseaux, a pris les commandes de ce petit espace de 35 couverts qui fait à la fois café et restaurant. Le soir, le menu « signature » (3/4 plats) uniquement à base de produits régionaux et de saison. Brunch le dimanche *(11h-15h).* Réservation indispensable.

Chez Maman – C2 - *2 r. de la Juiverie - 02 51 72 20 63 - www. chez-maman.com - 12h-14, 19h-22h30 - à la carte 26,50/39 €.* À deux pas du château, ce restaurant-brocante est décoré d'objets vintage des années 1950-80 qui sont tous à vendre. Dans les assiettes (à vendre aussi) : produits frais et recettes de grand-mère.

Pickles – C2 - *2 r. du Marais - 02 51 84 11 89 - www.pickles-restaurant.com - 12h-14h, 19h30-22h30 - fermé dim.-lun., mar. soir et sam. midi - formule déj. en sem. 18/22 € - menu soir 40/46 €.* Formé chez Alain Senderens, le chef anglais Dominic Quirke propose une cuisine simple et bien maîtrisée, souvent à partir de produits bio, d'inspiration scandinave (comme le décor) et française. Beaux accords mets et vins. Réservation conseillée.

Quartier Graslin - Viarme

PREMIER PRIX

Crêperie Heb-Ken – C2 - *5 r. de Guérande - 02 40 48 79 03 - www. heb-ken.fr - 11h45-23h - fermé dim. - plus de 200 crêpes différentes - 10/18 €.* Des galettes de qualité à prix très raisonnables : une escale sympathique à prévoir au cours de vos flâneries entre la place Royale et la rue Crébillon.

4

BUDGET MOYEN

La Cigale – B2 - *4 pl. Graslin - ℰ 02 51 84 94 94 - www.lacigale. com - ♿ - 7h30-0h30 - formule déj. 16/27 € - menu 28 € (31 € le dim. soir).* Cette brasserie date de 1895 et ne compte plus les clients célèbres passés entre ses murs. Son superbe cadre (mosaïques et boiseries) témoigne de l'ivresse ornementale du Modern Style. Menu du marché au déjeuner, brunch tous les jours *(27 €).*

Lamaccotte – C1 - *63 r. de Bel-Air - ℰ 02 85 37 42 30 - www.facebook. com/lamaccotte - 12h-13h30, 19h45-21h30 - fermé sam. midi, dim.-lun. et août - formule déj. 17/35 €, soir 40/50 €.* Créé en 2017 par des disciples d'Éric Guérin, ce petit restaurant joue dans la cour des grands. Un décor sobre, un menu imposé, mais un festival de saveurs, de parfums et de textures avec, en vedette, le poisson. Excellents choix de vins.

Le 1 – C3 - *1 r. Olympe-de-Gouges - à l'angle du quai F.-Mitterrand - ℰ 02 40 08 28 00 - www.leun. fr - 9h-23h - formule déj. 16 € (19 € le dim.) - menu 28 € (31 € le dim.).* Cette adresse est le fruit d'une coproduction entre le chef de L'Atlantide 1874 *(♿ ci-après)* et le directeur de la Cigale *(♿ ci-avant).* Concept façon brasserie avec cuisine ouverte, carte actuelle et terroir revisité.

Île de Nantes

PREMIER PRIX

La Cantine du Voyage – Hors plan - *21 quai des Antilles - ℰ 08 92 46 40 44 - tlj 12h-15h, 19h30-23h30, ouv. continue sam.-dim. - fermé de déb. oct. à fin avr. - 10 € (13 € le soir).* Un menu unique à déguster sur de grandes tablées et sous une structure temporaire : poulet Label Rouge d'Ancenis *(42 km au nord-est),* pommes de terre et crudités

provenant du potager attenant (et qui se visite). Le lieu compte aussi un skate-park, une librairie, etc.

Quartier Champ-de-Mars

BUDGET MOYEN

Maison Baron-Lefèvre – D3 - *33 r. de Rieux - ℰ 02 40 89 20 20 - www.baron-lefevre.fr - ♿ - 12h-14h30, 19h30-22h30 - fermé dim.-lun., 2 sem. en août - formule déj. en sem. 15,50/18,50 €, menu 26 €, à la carte 35/57 €.* Dans un ancien entrepôt de maraîcher, ce restaurant au cadre chic sert une cuisine légère aux saveurs de l'Atlantique et de la Méditerranée. Bonne carte des vins. Fait aussi épicerie.

L'Atelier d'Alain – D3 - *24 r. des Olivettes - ℰ 02 40 84 38 66 - www. atelieralain.fr - 12h-14h30, 19h-22h30 - fermé sam. midi et dim. - formule déj. 19/24,50 € - à la carte 34/58 €.* Meublé design, paré de blanc et de vert pomme, un atelier très en vue. Assis au comptoir, on peut admirer le chef composant ses assiettes de saison. Belle carte des vins, liqueurs et whiskys.

Le Bé2M – D3 - *32 bis r. Fouré - ℰ 09 80 77 61 72 - www.be2m. eu - ♿ - 18h-1h - formule 27/36 €.* Ce bistrot-cave à vin est idéal pour un apéritif : les plateaux de dégustation de fromages et les assiettes du jour sont un régal. Mais, attention, la qualité des produits, la sélection de vins, l'ambiance musicale du mardi soir et l'accueil chaleureux pourraient vous décider à rester pour le dîner.

La Raffinerie – D3 - *54 r. Fouré - ℰ 02 40 74 81 05 - www. restaurantlaraffinerie.fr - 12h-14h, 19h45-21h30 (22h30 jeu.-vend.) - fermé w.-end et j. fériés. - menu déj. 19/29 € - soir à la carte 32/48 €.* Dans un décor minimaliste avec cuisines ouvertes, les produits frais sont déclinés chaque jour en deux menus soignés et gourmands.

Clientèle un peu « business » pour le déjeuner, mais ambiance plus décontractée en soirée.

POUR SE FAIRE PLAISIR

L'U.ni – D3 - *36 r. Fouré -* ☏ *02 40 75 53 05 - restaurant-luni@ orange.fr - 10h-15h, 19h-22h - fermé lun.-mar. et dim. midi, 2 sem. en mai, 3 sem. en août - formule déj. 18/22 € (merc.-vend.), soir et w.-end 41/62 €.* Une référence de la gastronomie nantaise depuis son ouverture, en 2011, et une étape incontournable pour les fins gourmets. Des recettes subtiles, tout en légèreté, faisant la part belle aux produits régionaux (carrelet du Croisic, thon de la Turballe, cocos de Paimpol…) et servis dans un cadre contemporain chic et élégant

Quartiers sud

POUR SE FAIRE PLAISIR

La Civelle – Hors plan par B3 - *21 quai Marcel-Boissard - Trentemoult - 44400 Rezé - 6 km au sud-ouest du centre-ville via l'île de Nantes - accès en Navibus en été - ☏ 02 40 75 46 60 - www. lacivelle.com - 9h30-1h - fermé dim. soir en mars-oct. - menu 29,50 €, à la carte 35/88 €.* Une institution où les Nantais viennent depuis 1928 savourer poissons et fruits de mer sur la terrasse en bord de Loire.

L'Atlantide 1874 - Maison Guého – Hors plan - *5 r. de l'Hermitage - ☏ 02 40 73 23 23 - www.restaurant-atlantide.net - tlj sf dim. et j. fériés 12h-13h15, 19h30-21h15 - fermé 3 sem. en août et vac. scol. de Noël - formule déj. en sem. 32/40 €, menu dîner 50/100 €, à la carte 80/120 €.* Ce restaurant étoilé au *Guide Michelin* depuis 1999 est désormais installé dans une belle maison du 19ᵉ s. surplombant la Loire. Le chef Jean-Yves Guého fait la part belle aux produits de la mer : homard aux cèpes, turbot au crumble d'anguille fumée, etc.

Intéressante carte de vins de Loire. En sus, quatre chambres d'hôte avec vue imprenable sur le fleuve *(130/150 € - ☐ 15 €).*

EN SOIRÉE

😊 L'essentiel des bars, pubs et lieux de fête se trouve dans **trois secteurs** du centre-ville : le quartier Graslin *(entre la pl. Royale et la pl. du Commerce)*, le quartier Bouffay *(près du château)* et à la pointe ouest de l'île de Nantes *(quai des Antilles)*. Distribué dans de nombreux lieux de la ville, le **guide gratuit** *Wik Nantes* traite de l'actualité culturelle locale. Il est décliné en version hebdomadaire *(chaque merc.)*, mensuelle et sur Internet *(www.wik-nantes.fr).*

Autour du château

Le Café Cult'– *2 r. des Carmes - ☏ 02 40 47 18 49 - www.cafe-cult.com - ♿ - tlj sf dim. 12h-2h - menu 22/28 €.* Réputée plus belle demeure à colombages de Nantes, la maison des Apothicaires date du 15ᵉ s. Elle abrite ce café très fréquenté où l'on peut manger. Bel intérieur médiéval et grande terrasse.

Les Bien-Aimés – *2 r. de la Paix - ☏ 02 85 37 36 01 - www.les-bien-aimes.fr - 10h-20h30 - fermé dim.-lun.* Un agréable endroit entouré de hautes étagères garnies de livres où sont organisés concerts et débats littéraires.

Café Flesselles – *3 allée Flesselles - ☏ 02 40 47 66 14 - ♿ - 7h-22h - fermé dim., 1 sem. en fév., 1 sem. en été.* Cette institution nantaise est le rendez-vous des intellectuels.

Quartier Graslin

Le lieu unique – *Quai Ferdinand-Favre - ☏ 02 51 72 05 55 - www. lelieuunique.com.* Installée dans les anciens locaux de la biscuiterie LU, la Scène nationale de Nantes propose de nombreux spectacles. Elle abrite aussi un restaurant,

4

un bar, une librairie et le plus grand **hammam** traditionnel de France (*mixte vend. 16h-21h et dim. 11h-21h ; autres horaires : se rens.*).
Le Nid – *Pl. de Bretagne, tour Bretagne -* 📞 *02 40 35 36 49 - www.lenidnantes.com - horaires variables (se rens.), mais souvent ouv. très tard - accès 1 € (gratuit avec le Pass Nantes).* Ce bar design situé au 32e étage de la tour Bretagne (120 m de hauteur) offre un point de **vue** à 360° sur la ville.

Quartier Talensac

🚊 Le quartier est desservi par le tram n° 2 (*arrêt Cinquante-Otages*) et le tram n° 3 (*Viarme-Talensac*).
Pannonica – *9 r. Basse-Porte -* 📞 *02 51 72 10 10 - www.pannonica.com - 19h les soirs de concert - fermé juil.-août.* Salle de spectacle consacrée au jazz, au rock et aux musiques nouvelles.

Les Îles

🚊 Les 2 adresses suivantes sont desservies par le tram n° 1 (*arrêt Chantiers-Navals*) et, le samedi soir, par le bus Luciole (♿ *p. 369*).
La Fabrique – *4 bd Léon-Bureau - www.lafabrique.nantes.fr.* Cette pépinière de créateurs dispose de 3 salles de spectacle et propose une programmation variée : concerts, expos, etc.
Hangar à Bananes – *21 quai des Antilles -www.hangarabananes.com.*Restaurants et bars, un café-concert et une discothèque.

Quartiers sud

La Soufflerie – *2 av. de Bretagne - 44400 Rezé - 4 km au sud du centre-ville via l'île de Nantes - accès en tram (n° 3), arrêt Balinière -* 📞 *02 51 70 78 00 - www.lasoufflerie.org - mar.-vend. 13h30-18h30 et le soir selon la programmation.* Spectacles, conférences, stages et ateliers : un bel endroit pour découvrir la musique sous toutes ses formes. Programmation de qualité.

ACHATS

Autour du château

Maison Lemaître – *12 r. de la Paix -* 📞 *02 40 47 04 12 - www.maisonlemaitre.fr - mar.-jeu. 10h15-19h, vend. 10h15-19h30, sam. 10h-19h30.* Cette épicerie fine recèle de nombreux trésors, comme le Nantillais, un sirop aux fruits additionné de canne à sucre qui fait merveille avec le muscadet.
La Fraiseraie – *13 r. de la Marne - face aux Galeries Lafayette -* 📞 *02 51 72 13 18 - www.lafraiseraie.com - 14h30-19h, sam. 10h30-19h, dim. 15h-19h.* Ces producteurs de fraises de Pornic déclinent le fruit en sorbets, sirops, confitures, rhums arrangés… Autres adresses à Nantes : place de la Bourse et site des Machines de l'Île.

Quartier Graslin - Viarme

Passage Pommeraye – *www.passagepommeraye.fr.* Le cinéma de Jacques Demy (*Lola*, 1961) et la prose d'André Breton hantent ce magnifique passage du 19e s. qui déroule ses galeries et ses nombreuses boutiques de luxe.
Marché aux puces – *Pl. Viarme, sam. 8h-13h.*
Gautier-Debotté – *9 r. de la Fosse -* 📞 *02 40 48 23 19 - www.debotte.fr - lun. 14h-19h, mar.-sam. 9h-19h15 - fermé dim.* Magnifique chocolaterie datant de 1850, classée monument historique. Mascarons nantais, berlingots nantais, muscadets nantais, etc.
Librairie Coiffard – *7 r. de la Fosse -* 📞 *02 40 48 94 97 - www.librairiecoiffard.fr - 10h-19h, lun. 14h-19h - fermé dim. et j. fériés.* Une institution fondée en 1919 qui rassemble tous les types d'ouvrages, de la littérature générale à la photographie en passant par les voyages. Libraires de très bon conseil.

Maison Grimaud – *4 r. Vauban (en retrait de la pl. Royale) - ☎ 09 86 67 56 23 - www.maisongrimaud.fr - mar.-dim. 11h-19h.* La pâte à choux est ici la vedette. Elle se décline en Paris-Brest, éclairs, chouquettes, religieuses, mais aussi en version salée avec des gougères garnies.

Quartier Talensac

♿ Accès : ♿ *« En soirée », p. 373.*
Marché de Talensac – *Pl. Talensac - www.marche-talensac. com - tlj sf lun. 7h-13h.* Cette imposante halle rectangulaire en béton (1937) abrite le plus important marché de Nantes avec 75 commerçants et artisans (et 90 autres à l'extérieur).
La Friande – *12 r. Paul-Bellamy - ☎ 02 40 20 14 68 - www.lafriande. fr - 9h45-19h, lun. 14h30-19h - fermé dim.* Vaste choix de galettes et biscuits artisanaux bretons.

À proximité

Ferme fruitière de La Hautière – *Lieu-dit La Hautière - 44240 La Chapelle-sur-Erdre - 12 km au nord par le bd Michelet et le bd Becquerel - ☎ 02 40 72 03 83 - www. fermefruitierelahautiere.com - 9h-12h30, 14h-19h, vend.-sam. 9h-19h (dim. 9h-13h en mai-sept.) - fermé lun. en janv.-mars.* Depuis 1810, cette exploitation familiale perpétue la tradition fruitière. Ses 35 ha sont consacrés à la culture de 23 fruits, notamment la fraise. Vente directe de fruits frais, confitures, jus de fruits, sorbets…

ACTIVITÉS

« MS Loire Princesse » – *☎ 08 26 10 12 34 - www. croisieurope.com - embarquement quai de La Fosse - accès en tram (n° 1), arrêt Chantiers-Navals - à partir de 895 €/pers.* Ce navire de 38 cabines propulsé par des roues à aubes effectue des croisières de 6/8 jours le long de la Loire entre St-Nazaire et Angers.

Bateaux Nantais – *Quai de la Motte-Rouge - tram n° 2, arrêt Motte-Rouge - ☎ 02 40 14 51 14 - www.bateaux-nantais.fr - croisière (1h30) : dép. à 15h30 et 17h30 en juil.-août (reste de l'année : se rens.) ; 13 € (3-12 ans 6 €) - croisière avec repas (2h30) dép. à 12h30 et 20h30 tte l'année ; 53/91 € (enf. 21/26 €) - se présenter 30mn av. dép.* Voguez sur l'Erdre jusqu'au château de la Gascherie (1h30) ou jusqu'au manoir de la Châtaigneraie (2h30).
Bateaux électriques – *Quai de Versailles (île de Versailles) - tram n° 2, arrêt St-Mihiel - ☎ 02 51 81 04 24 - www.location-bateaux-electriques.com - juil.-août : 10h-19h (21h jeu.-vend.) ; avr.-oct. : 14h-19h (21h jeu.-vend. sur RV en mai-juin), w.-end 10h-19h ; oct. : 14h-18h, w.-end 10h-18h - 25/45 €/h.* Bateaux électriques sans permis pour découvrir l'Erdre et la Sèvre.

AGENDA

La Folle Journée – *www. follejournee.fr - de fin janv. à déb. fév.* Grand festival de musique classique né à Nantes en 1995 qui s'est étendu à toute la région.
Printemps des arts – *www. printempsdesarts.fr - de mi-mai à fin juin.* Musique baroque et classique.
Le Voyage à Nantes – *(♿ p. 363).*
Les Rendez-vous de l'Erdre – *www.rendezvouserdre.com - de fin août à déb. sept.* Concerts de jazz au bord de l'Erdre.
Régates de Trentemoult – *www.cnsl.fr - mi-sept.* Cette manifestation organisée depuis 1847 associe courses entre bateaux de toutes catégories, animations et spectacles.
Scopitone – *www.scopitone. org - mi-sept.* Festival des arts numériques dans toute la ville : musiques électroniques, création multimédia, ateliers culturels, etc.

4

La Baule

★★

15 542 Baulois – Loire-Atlantique (44)

Destination sportive, balnéaire et familiale, La Baule est indémodable. Station de villégiature aménagée spécialement pour les besoins des premiers vacanciers, à la fin du 19e s., elle n'a cessé depuis de s'agrandir et de s'étendre, tout au long des 9 km de sa longue plage de sable fin, le trésor naturel qui lui vaut de prendre sa place au sein du club des plus belles baies du monde. La station est aussi courue pour son extraordinaire profusion d'activités nautiques : catamaran, voilier, volley, kitesurf, etc. Difficile de ne pas en trouver une à votre goût !

NOS ADRESSES PAGE 381
Hébergement, restauration, achats, activités, etc.

S'INFORMER

Office du tourisme Bretagne Plein Sud - La Baule-Guérande – *8 pl. de la Victoire - 44500 La Baule-Escoublac -* ☏ *02 40 24 34 44 - www.labaule-guerande.com - juil.-août : 9h30-19h ; vac. scol. de Pâques et. de Noël : 9h30-12h30, 14h-18h, dim. et j. fériés 10h-13h, 14h-17h ; reste de l'année : 10h-12h30, 14h-18h, mar. 10h30-12h30, 14h-18h, dim. et j. fériés 10h-13h - fermé 1er janv., 1er Mai, 25 déc. - possibilité de découverte de la Baule grâce aux audioguides en français et anglais (6 €).*

SE REPÉRER

Carte de microrégion A3 (p. 344-345) – Entre Pornichet et Le Pouliguen, à 13 km à l'ouest de St-Nazaire, la station est enserrée par l'Océan et les marais salants de Guérande. En été, du parking des Salines, une navette gratuite dessert la place de la Victoire, la plage et le marché.

À NE PAS MANQUER

Le marché sous les halles en matinée, les promenades et les baignades sur la Côte sauvage ou bien, pour les cavaliers, un galop sur la plage.

ORGANISER SON TEMPS

Le matin, allez vous régaler des produits locaux au marché. Gardez l'après-midi pour profiter de la plage ou parcourir le circuit de la Côte sauvage.

AVEC LES ENFANTS

Les activités de loisirs (vélo, kayak), le Grand Blockhaus.

Se promener

Du soleil de la plage à l'ombre des pinèdes, La Baule est une station familiale tout en longueur, sans véritable centre-ville mais dotée d'une artère particulièrement commerciale et animée, l'avenue Charles-de-Gaulle, qui pourra servir de repère. Les pistes cyclables y sont nombreuses. Le **vélo** reste donc le meilleur moyen de transport, particulièrement en saison, pour se jouer des embouteillages du front de mer. Il permet aussi d'arpenter plus facilement les quartiers et de mieux apprécier la diversité des villas. Pour ceux qu'un autre sport tenterait, la station compte un golf, une bonne centaine de courts de tennis et plusieurs écoles de voile. La pêche à pied demeure aussi une valeur sûre du bord de mer.

★ Le bord de mer, de Pornichet au Pouliguen

Protégée des vents par les pointes de Penchâteau à l'ouest et de Chémoulin à l'est, une promenade bordée d'immeubles modernes s'étire sur près de 9 km entre Pornichet et Le Pouliguen.

Pornichet est apprécié pour ses petits espaces de sable fin plus confidentiels entre les rochers saillants. À l'extrémité, l'**esplanade Benoît**, petit coin privilégié de La Baule, constitue une agréable promenade piétonne. Entre les deux, la beauté du front de mer a passablement souffert de l'appétit des promoteurs, et la plupart des villas du début du 20ᵉ s. – qui faisaient l'âme de la station – ont disparu.

★ Circuits des villas balnéaires

5 km à pied, sans difficulté - rens. auprès de l'office de tourisme (voir p. ci-contre) - circuits de découverte avec audioguide (env. 1h30) : 6 € - visite guidée sur demande préalable (1h30) : 6 € (-12 ans 3 €) - guide « Balades Architecturales » : 5 €- possibilité de visite adaptée pour les pers. malentendantes.

Si la baie exerce une attirance irrésistible, vous serez bien inspiré de quitter le sable pour vous offrir une balade entre les villas de La Baule. Derrière une façade littorale abîmée par les immeubles en béton se dissimulent des trésors d'architecture balnéaire, souvent noyés dans des parcs verdoyants.

Le **quartier historique** se divise de part et d'autre de l'avenue du Général-de-Gaulle. Il s'est étendu entre la gare ferroviaire et la plage sitôt après l'arrivée du chemin de fer, en 1879. À l'ouest, vers le port, apparaît à partir de 1882 le **quartier Benoît**, certainement un des plus agréables. Avec le temps, deux autres quartiers se développèrent : celui du Casino et celui de La Baule-les-Pins *(voir ci-dessous)*.

Les circuits proposés par l'office de tourisme vous feront évoluer à travers différentes périodes de l'architecture balnéaire de la fin du 19ᵉ s. et de la première moitié du 20ᵉ s. : maisons Belle Époque, hôtels de style anglo-normand, immeubles fonctionnalistes, ensembles Art déco, villas des années 1950. Car le terme générique « d'architecture balnéaire » englobe une foule d'influences, couvrant plusieurs époques, et souvent teintées de l'extravagance des propriétaires ou des concepteurs. Parmi les réalisations les plus notables, ne manquez pas l'hôtel l'Hermitage (1925) sur le front de mer, les villas Regina (1903) et Pax (1908) avenue Pierre-Loti ou la très médiévale **Ker Louisic** (1906) et son somptueux parc à l'angle des avenues Pasteur et Malherbe. Dans un tout autre style, la **villa Atlantide** *(à l'angle des av. Bettine et de la Mésange)* plaira aux amateurs d'architecture des années 1950.

L'HISTOIRE D'UNE PLAGE

En 1787, une très violente tempête répandit sur le village d'**Escoublac** le sable qui s'était accumulé dans l'estuaire de la Loire. Après cette tempête de plusieurs jours, l'apport des sables continua. Le village dut être reconstruit plusieurs kilomètres à l'intérieur des terres. Le parlement de Bretagne ordonna la construction d'une digue, longue de 400 m pour contenir les grandes marées. Cette digue, achevée en 1788, séparait ainsi le village de la côte couverte de marécages sablonneux, localement appelés « bôles ». Le mot est à l'origine du nom de la station créée en 1879. Le littoral, devenu accueillant, prit au milieu du 19ᵉ s. le nom de « **Côte d'Amour** ». Aujourd'hui, La Baule-Escoublac et les communes voisines forment une longue chaîne de plages, sur près de 9 km.

4

★ La Baule-les-Pins

Au début des années 1920, les nécessités de s'agrandir poussent à l'aménagement du quartier de La Baule-les-Pins, à l'est du front de mer. Organisé autour d'une place centrale *(pl. des Palmiers)* d'où rayonnent huit avenues, dont l'avenue Lajarrige (du nom de l'urbaniste en chef) qui mène au front de mer, il présente de belles villas de style Art déco.

Parc des Dryades

Allée des Dryades - ☎ 02 40 24 34 44 - mai-sept. : 8h-20h30 ; reste de l'année : 8h-18h30 - possibilité de visite guidée, se rens. à l'office de tourisme.

Un ancien bois réaménagé en jardin public, où trouver ombre et fraîcheur loin de la foule estivale. Les pins dominent, mais la présence de palmiers, lauriers et mimosas apporte une ambiance méridionale. Un théâtre en plein air de 2 000 places accueille les manifestations culturelles bauloises comme lors du Festival de jazz *(voir « Nos adresses » p. 384)*. Des installations et des sculptures égayent les allées du parc sur un thème renouvelé chaque année.

Forêt d'Escoublac

Elle porte le nom du bourg enseveli sous les dunes, fixées en 1840 par 400 ha de pins maritimes. Il ne reste de cette vaste pinède que quelques dizaines d'hectares non construits. Deux sentiers de randonnée les parcourent *(plan à l'OT)*.

🐾 Chacun des deux sentiers fait environ 2,5 km. Celui qui est balisé en rouge propose de découvrir le milieu forestier *(départ au cœur de la pinède, sur l'aire de pique-nique du bd de Cacqueray)*. Le second, repérable à ses flèches orange, se contente de promener le randonneur dans la partie orientale de la forêt *(départ sur l'aire de pique-nique du bd de la Forêt)*.

À proximité Carte de microrégion p. 344-345

PORNICHET

Village de paludiers, Pornichet devient, dès 1860, une station à la mode. Des éditeurs parisiens la fréquentent, parmi eux Camille Flammarion. Le Vieux-Pornichet, actif toute l'année, se distingue de Pornichet-les-Pins, au nord-ouest, dont les belles villas disséminées dans la verdure s'animent lors de la saison estivale. Tracé dans des marais asséchés, l'hippodrome de la Côte d'Amour accueille quelques courses en été. Le **boulevard des Océanides** borde la plage et mène au port de plaisance en eau profonde qui peut accueillir plus de mille bateaux.

Circuit conseillé Carte Presqu'île de Guérande p. 392

★ LA CÔTE SAUVAGE

▶ *Circuit de 30 km tracé en orange sur la carte Presqu'île de Guérande (p. 392) – comptez environ 2h.*

La côte sauvage s'étend entre Le Pouliguen et Le Croisic, *via* Batz-sur-Mer. Côté terre, l'urbanisation s'est tellement densifiée que la côte n'a plus rien de « sauvage ». Côté mer, en revanche, le spectacle est inchangé : un littoral déchiré, des courants violents, des criques enchanteresses, et partout le vent et l'iode qui fouettent le visage. La côte sauvage est constituée d'une myriade de petits îlots qui, reliés par des bancs de sable au fil des siècles, ont fini par former le socle de la presqu'île de Guérande et ses paysages de marais salants.

La plage de La Baule.
F. Guiziou/hemis.fr

Le Pouliguen

🛈 *8 quai du Commandant-l'Herminier - Port Sterwitz -* 📞 *02 40 42 31 05 - ♿ - www. tourisme-lepouliguen.fr - juil.-août : 9h-19h, dim. 10h-13h, 15h-18h ; avr.-juin et sept.-nov. : tlj sf dim. 10h-12h30, 14h-18h ; reste de l'année : mar.-sam. 10h-12h30, 14h-17h30 - fermé certains j. fériés.*

À l'ouest de La Baule dont il est séparé par un étier – canal qui amène de l'eau de mer dans les marais salants –, ce port aux rues étroites est devenu à la mode en 1854, lancé par des littérateurs tels Louis Veuillot et Jules Sandeau. Une plage abritée et un bois de 6 ha font du Pouliguen (4 500 habitants) une station bien agréable.

Chapelle Ste-Anne-et-St-Julien – *6 r. F.-Bougouin - visite guidée de mi-juin à fin août : merc. à 10h - 4 €.* Près d'un calvaire rustique, cet édifice gothique du 15ᵉ s. (aussi appelé chapelle de Penchâteau) abrite une **statue de sainte Marguerite d'Écosse** (16ᵉ s.). Le vitrail du chœur représente saint Julien. Au revers de la façade, de part et d'autre du porche, on verra deux intéressants **bas-reliefs** du 16ᵉ s. : le Couronnement de la Vierge et l'Adoration des Rois mages.

4

LA CÔTE SAUVAGE SANS SE PRESSER

À vélo – *Circuit téléchargeable sur www.loireavelo.fr.* La Côte sauvage peut se parcourir à vélo via l'**itinéraire Vélocéan**, qui est séparé de la route et sécurisé. Par ailleurs, il dessert aussi la presqu'île de Guérande (7 km). Régulièrement, la Côte sauvage saura se faire douce en offrant des sentiers discrets pour rejoindre la mer le temps d'une baignade.

À pied – *Circuit téléchargeable sur www.tourisme-lepouliguen.fr.* Aménagé entre Le Pouliguen et Batz-sur-Mer, le **sentier des Douaniers** borde les falaises et offre de magnifiques panoramas sur l'Océan. Un itinéraire de 9,5 km relie la pointe de Penchâteau à la baie du Scall. Au gré des marées *(se rens.)*, il permet de découvrir un espace naturel et protégé, avec des criques sauvages et 23 grottes granitiques sculptées par les embruns.

Pointe de Penchâteau

La côte présente des à-pics rocheux s'ouvrant sur des baies sablonneuses et de 23 grottes. Celles-ci sont accessibles à marée basse, en particulier la **grotte des Korrigans**, qui doit son nom aux petits lutins des légendes bretonnes. En effet, la Bretagne géographique débute vraiment ici.

Poursuivez sur la D 45, route de la Côte sauvage.

★ Batz-sur-Mer

🛈 *20 r. de la Plage - 🕿 02 40 23 92 36 - www.ot-batzsurmer.fr - ♿ - juil.-août : 9h-19h, dim. et j. fériés 10h-17h ; avr.-juin et sept.-oct. : 10h-12h, 14h- 17h30, dim. 10h-17h ; reste de l'année : lun.-vend. 10h-12h, 14h-17h - fermé certains j. fériés.*

Entre marais salants et Océan, surgit la haute tour-clocher de Batz. La côte rocheuse est entrecoupée de plages de sable : Valentin, la Govelle (funboard) et St-Michel, une petite grève où, les jours de tempête, l'on observe le spectacle des lames qui se brisent sur la digue.

★ **Église Saint-Guénolé** – *Pl. du Garnal - 9h-12h, 14h-19h - visite guidée de la tour : rens. à de l'office de tourisme.* Elle fut reconstruite aux 15e et 16e s. Sa **tour** sévère (1677) est surmontée d'un clocheton cantonné de pinacles. L'**intérieur** surprend par la déviation du chœur, la masse des piliers soutenant des arcs gothiques et la voûte en carène ; remarquables **clefs de voûte** dans le bas-côté gauche. En montant à la **tour** *(60 m, 182 marches, en travaux)*, on profite d'un très vaste **panorama★★** sur le littoral, de la pointe St-Gildas au sud de la Loire jusqu'à la presqu'île de Rhuys au nord et, au large, sur Belle-Île et Noirmoutier.

★ **Chapelle N.-D.-du-Mûrier** – Belles ruines gothiques aux arches pures. Selon la légende, Jean de Rieux de Ranrouët l'aurait élevée au 15e s., à la suite d'un vœu fait lors d'une tempête : un mûrier enflammé l'aurait guidé vers la côte.

★ **Musée des Marais salants** – *Pl. Adèle-Pichon - 🕿 02 40 23 82 79 - www. cap-atlantique.fr - ♿ - juil.-août : 10h-19h ; vac. scol. (sf été), juin et sept. : tlj sf lun. 10h-12h30, 14h-18h ; reste de l'année : tlj sf lun. 10h-12h30, 14h-17h - fermé 2 sem. déb. janv., 1er janv., 1er Mai, 1er nov., 25 déc. - 5 € (13-26 ans 3 €).* Ce musée se distingue par une mise en valeur de ses collections particulièrement réussie. Le visiteur est pris dans une déambulation ludique et interactive au cours de laquelle défile une impressionnante collection consacrée au sel. Ses origines, sa formation, son exploitation : tout est passé en revue et illustré par des échantillons de sel provenant du monde entier. C'est ensuite au tour des marais salants d'être étudiés sous toutes les coutures, avec notamment une présentation des grandes routes commerciales. Enfin on pénètre dans l'intimité des paludiers, où le 19e s. est à l'honneur avec les remarquables meubles rouges guérandais, des objets usuels et des costumes populaires, mais aussi une importante collection de peintures et de faïences (19e-20e s.).

Le Grand Blockhaus – *12 bis rte du Dervin - 🕿 02 40 23 88 29 - www.grand-blockhaus.com - de déb. avr. à mi-nov. : 10h-19h ; vac. scol. de fév. : 10h-18h - 7,50 € (5-12 ans 5,50 €) - jeu d'énigmes pour les enf. (sans supp.) - vidéo ttes les 15mn.* Cet impressionant bunker allemand de 17 m de haut et 25 m de long fut construit en 1943 pour servir de poste de direction de tir à l'artillerie de la « forteresse de St-Nazaire », un des maillons clés du mur de l'Atlantique. Abritant aujourd'hui le **musée de la Poche de St-Nazaire**, il était était occupé par 20 militaires et camouflé en villa pour éviter les attaques aériennes. À l'intérieur (285 m²) sont reconstitués chambrées, PC radio, armurerie et salle des machines, mais aussi des événements de la Seconde Guerre mondiale dans la région, dont l'acte de rédition de la garnison allemande de St-Nazaire, le 8 mai 1945.

★ **Le Croisic** (voir p. 385)

🙂 NOS ADRESSES À LA BAULE

HÉBERGEMENT

PREMIER PRIX

Camping Le Bois d'Amour – *10 allée Diane - ☎ 04 30 05 15 14 - www.campingleboisdamour.com -* 🅿 🛶 *- de déb. avr. à mi-sept. - 150 empl. 25 €/nuit/2 pers. avec élect. - wifi.* Bien tenu, ombragé, le camping le plus proche de la plage de La Baule (1,5 km). Nombreux bungalows et chalets de 4 à 6 personnes.

Camping La Roseraie – *20 av. Jean-Sohier - ☎ 02 40 60 46 66 - www.laroseraie.com -* ♿🅿🛶 *- avr.-sept. - réserv. conseillée - 223 empl. 33 € - locatif 67/140 € - wifi.* L'un des meilleurs campings de la région. Sur un vaste espace de 5 ha, vous aurez accès à un large éventail d'activités (espace aquatique, salle de musculation, animations pour les enfants encadrées par des professionnels…).

Hôtel Les Dunes – *277 av. De-Lattre-de-Tassigny - ☎ 02 51 75 07 10 - www.hotel-des-dunes.com -* 🅿 *8 €/j. - 32 ch. 65/120 € - ☕ 10 € - wifi.* Chambres fonctionnelles joliment rénovées, bien tenues, plus calmes sur l'arrière. Accueil familial et prix doux.

Inter-Hôtel le St-Pierre – *124 av. De-Lattre-de-Tassigny - ☎ 02 40 24 05 41 - www.hotel-saint-pierre. com - 18 ch. 72/125 € - ☕ 12 € - wifi.* Dans une jolie maison habillée de colombages peints en bleu, des chambres récemment refaites, très cosy et pour certaines dotées de balconets. Le petit déjeuner, avec ses produits maison, est servi sous une véranda lumineuse. L'hôtel, écolabellisé, dispose d'un business center. Accueil aimable.

Hôtel Mona Lisa – *42 av. Georges-Clemenceau - ☎ 02 40 60 21 33 - www.hotelmonalisa-labaule.*

com - 16 ch. 70/100 € - ☕ 10 € - wifi. Heureux mariage de mobilier ancien et contemporain, de lignes pures et de couleurs chaleureuses dans cet hôtel proche de la gare. Le petit jardin, pour se détendre en fin de journée, abrité du bruit de la rue, est un plus. Location de vélos électriques.

Hôtel La Closerie – *173 av. De-Lattre-de-Tassigny - ☎ 02 51 75 17 00 - www.hotel-la-closerie.com - fermé en janv. -* 🅿 *- 12 ch. 75/135 € - ☕ 11 € - wifi.* Pavillon fleuri proche du Palais des congrès, à 200 m de la plage. Ambiance familiale et cadre frais.

BUDGET MOYEN

Hôtel Brittany – *7 av. des Impairs - ☎ 02 40 60 30 25 - www. hotelbrittany.com - 19 ch. 69/189 € - ☕ 13 € - wifi.* Hôtel de la chaîne Best Western situé à 50 m de la plage. Le solarium sur le toit de l'hôtel permet de goûter au soleil d'hiver avec vue sur la mer. Chambres personnalisées et bien équipées.

POUR SE FAIRE PLAISIR

Hôtel-restaurant Le St-Christophe – *Pl. Notre-Dame - ☎ 02 40 62 40 00 - www. st-christophe.com -* ♿ 🅿 *- 79/235 € ☕ - wifi -* ✕ *12h30-14h, 19h-22h - formule déj. (tlj sf dim.) 21 €, menu 37/48 € - à la carte 54/66 €.* Quatre jolies villas 1900 à deux pas de la plage. Tentures, meubles anciens et bibelots créent une ambiance raffinée dans les chambres. Couleurs vives, tableaux et baies vitrées composent le décor du restaurant où sont servis foie gras de canard à la sardine fumée de Piriac ; cabillaud en jus de mer, avocat et pamplemousse ; agneau confit pendant 36h… Service brasserie en terrasse *(en été)* et possibilité de demi-pension *(45 €/pers.)*.

4

Pornichet

BUDGET MOYEN

Hôtel-restaurant Villa Flornoy – *7 av. Flornoy - près de l'hôtel de ville - ☎ 02 40 11 60 00 - www. villa-flornoy.com - fermé période de Noël - ♿ - 30 ch. 99/139 € - ☲ 12 € - wifi - ✖ 26/36 €.* Dans un quartier résidentiel, villégiature balnéaire des années 1920 aménagée dans un esprit « cottage » : tons pastel, mobilier de style, porcelaine anglaise. Les chambres personnalisées, la salle à manger feutrée et le coquet jardin constituent ses principaux atouts. Possibilité de demi-pension.

UNE FOLIE

Hôtel-restaurant Château les Tourelles - Relais Thalasso – *1 av. Léon-Dubas - ☎ 02 40 60 80 80 - www.thalasso-tourelles. com - ▣ 15 €/j. - ⛱ ♿ - 105 ch. 180/770 € ☲ - wifi - ✖ 12h15-14h, 19h15-21h30 - formule déj. en sem. 19/39 €, plateau de fruits de mer 48 €, menu 49/79 €, à la carte 62/85 €.* Cette belle demeure du 19e s. a conservé ses tourelles mais aussi son parc classé. Tout le reste a été modernisé pour en faire un centre de thalassothérapie haut de gamme. Piscines à l'eau de mer, très belle terrasse ouvrant sur la mer, bar-lounge, restaurant gastronomique et des chambres luxueuses donnant sur l'Océan.

Le Pouliguen

PREMIER PRIX

Chambre d'hote Chalet Lakmé – *9 r. Pierre-Ier-de-Serbie - ☎ 02 40 00 95 04 - www.chaletlakme.com - ▣ 🚭 - 2 ch. 65/95 € et 2 suites 130/185 € ☲ - wifi.* Dans cette ancienne pension de famille située entre la plage et un petit bois, les chambres associent charme, confort douillet et technologies actuelles. Terrasse plein sud pour le petit-déjeuner.

Batz-sur-Mer

PREMIER PRIX

Hôtel Le Lichen – *Baie du Manerick - 4 rte de la Govelle - 2 km au sud-est par la D 45 - ☎ 02 40 23 91 92 - www.le-lichen.com - fermé de mi-nov. à mi-déc. - ▣ - 17 ch. 70/260 € - ☲ 13 € - wifi.* Sur la Côte sauvage, vaste villa néobretonne (1956) jouissant du spectacle unique de l'Océan. La moitié des chambres, certaines avec terrasse, donnent sur les flots.

RESTAURATION

PREMIER PRIX

La Croisette – *31 pl. du Mar.-Leclerc - ☎ 02 40 60 73 00 - www. lacroisette-labaule.fr - ♿ - tlj 10h-23h (23h30 vend.-sam.) - menu déj. en sem. 15,90 €, menu dîner 29 €.* L'illusion cannoise presque parfaite dans ce restaurant à l'ambiance méditerranéenne. Sur la carte, poissons, huîtres, salades, grillades, pâtes et pizzas ; bar et glacier l'après-midi. Belle terrasse.

Crêperie La Ferme du Grand Clos – *52 av. De-Lattre-de-Tassigny - ☎ 02 40 60 03 30 - 12h-14h, 19h-22h - fermé merc.-jeu. - 15/25 €.* Nichée avec sa terrasse au fond d'un jardin ombragé et fleuri, cette ferme plus que centenaire abrite une salle rustique ouverte sur les fourneaux où cuisent les galettes.

La Villa – *18 av. du Général-de-Gaulle - ☎ 02 40 23 06 00 - www. lavilla-labaule.com - ♿ - 10h-23h (23h30 le w.-end) - réserv. conseillée - formule déj. sem. 15 € - formule 22,40 € et menu 27 €.* Un cadre lumineux, une cuisine souvent inventive, un service attentif, et une ambiance chic et décontractée.

Les Canetons – *13 espl. François-André - ☎ 02 40 24 15 08 -*

*www.facebook.com/lescanetons -
12h-14h30, 20h-22h30 - fermé
soir (sf sam. et hors sais.) -
à la carte 25 €.* Petit restaurant
agréable, avec un accueil
sympathique, peu onéreux,
terrasse sur la plage.

Le Pouliguen

BUDGET MOYEN

Vue Mer – *22 r. de la Plage -
✆ 02 40 42 31 20- www.vue-mer-
by-westotel.fr -* ♿ *- tlj 9h-22h30 -
menu 26/38 €.* Repris par le groupe
nantais Westotel en 2017, cet
emplacement unique à l'extrémité
de la jetée du port, jouit d'une
vue imprenable sur l'ensemble
de la baie. Architecture originale
imitant les deux ponts arrière d'un
paquebot. Bar-lounge et brasserie
avec plats traditionnels, poissons
et fruits de mer à déguster à
l'intérieur ou sur la belle terrasse
panoramique.

L'Aparté – *6 pl. de Mautperthuis -
✆ 02 40 42 31 97 - 12h30-14h,
19h30-22h - vac. scol. : fermé
dim. midi - hors vac. scol. : fermé
lun.-jeu. soir, dim.- déj. plat unique
10 € - à la carte 20/40 €.* Cuisine
essentiellement tournée vers la
mer et exclusivement composée
de produits frais. Le chef travaille
les recettes classiques en les
teintant de touches exotiques
sans oublier la présentation du
plat, qui sait mettre en appétit.

EN SOIRÉE

Casino de La Baule – *24 espl.
Lucien-Barrière - ✆ 02 40 11 48 28 -
www.lucienbarriere.com -* ♿ *-
9h-3h (vend.-sam. 4h).* Il comprend
200 machines à sous, une salle de
jeux traditionnels, deux bars, une
brasserie et une discothèque.

Pornichet

Casino de Pornichet – *93 bd
des Océanides - ✆ 02 40 61
05 48 - www.partouche.com -* ♿

🅿 *- 10h-3h (4h le sam. et en été).*
Face à la plage, ce bâtiment
de style Art déco abrite une
vaste salle accueillant près de
200 machines à sous et toute
la gamme des grands jeux
traditionnels.

Le Bidule – *122 av. de Mazy -
✆ 02 40 61 03 54 - www.
lebidulepornichet.fr - 10h-13h30,
17h30-20h45, dim.-lun. et j. fériés
18h30-20h45 ; reste de l'année : tlj sf
lun. - fermé 3 sem. en janv.* Ouvert à
l'heure de l'apéritif, ce bar à vin où
l'on s'assoit autour de tonneaux
offre une ambiance conviviale. Un
lieu atypique, souvent synonyme
d'excellentes soirées.

ACHATS

Marché de La Baule – *En été :
8h-14h ; reste de l'année : tlj sf lun.
9h-13h.* Après avoir rempli votre
panier gourmand, dégustez
de succulentes huîtres chez
l'Écailleur.

Confiserie Manuel – *2-4 av.
du Gén.-de-Gaulle - ✆ 02 40 60
20 66 - juil.-août : 9h30-13h,
14h30-0h ; reste de l'année : tlj sf jeu.
10h-12h30, 14h30-19h30 - fermé de
mi-nov. à mi-fév.* Institution fondée
en 1937, ce confiseur propose la
célèbre « niniche » qu'il décline en
20 parfums. Ne manquez pas la
préparation de ces sucettes molles
(10h-12h). Autres gourmandises
à savourer : gaufres, chocolats,
caramels au sel de Guérande,
glaces et bonbons, le tout préparé
au beurre d'Échiré.

Le Fondant Baulois – *131 av.
du Gén.-de-Gaulle - ✆ 02 40 23
16 05 - www.lefondantbaulois.com -
10h-13h, 15h-19h - fermé lun. (sf
juil.-août).* L'adresse de référence
pour goûter à cette spécialité
de La Baule concoctée à base
de caramel (au beurre salé bien
sûr), de chocolat et totalisant une
quantité honteuse de calories !

4

ACTIVITÉS

Chaillou Location – *213 av. de Lattre-de-Tassigny - ☎ 02 40 60 07 06 - www.chailloulocation. com - tlj 10-12h15, 14h-19h - vélo 3 vit. : 8,50 € la ½ j., 10 €/j.; VTC : 10 € la ½ j., 12 €/j.; vélo à assistance électrique : 19 € la ½ j., 25 €/j.* Location de tous types de vélos.

Aquabaule – *5 av. Honoré-de-Balzac - ☎ 02 40 11 09 00 - www. aquabaule.fr.* Ce grand centre aquatique municipal est en travaux jusqu'à fin 2018.

Manège des Platanes – *25 av. Antoine-Louis - ☎ 02 40 70 38 28 - manegedesplatanes.fr - tte l'année balade à cheval ou à poney sur la plage (1h30) : 40 € (6-9 ans 31 €, 10-17 ans 35 €,); en forêt (1h) : 30 € (enf. 21/27 €) - accueil : tlj sf jeu. 9h-12h30, merc. 9h-12h, 14h- 18h, vend. 9h-12h, 15h-18h, sam. 9h30-12h30, 14h-18h30, dim. 15h-18h.* À 200 m de la « plus belle plage d'Europe », ce grand centre équestre propose stages, balades et initiation à partir de 2,5 ans (sur sur poney Shetland). La sortie sur la plage de La Baule *(autorisée av. 9h ou apr. 20h30 en sais.)* est un incontournable.

Aéroclub de la Côte d'Amour – *Aérodrome de La Baule-Escoublac - allée de l'Aéropostale- ☎ 02 40 60 23 84 - www.aeroclub-labaule. com - baptême de l'air ou promenade en avion : 135 €/3 pers.* Vol de 25mn au-dessus de la baie sur réservation.

Golf international Barrière La Baule – *Rte de St-Denac - 44117 St-André-des-Eaux - 6,5 km au nord-est par la rte d'Avrillac - ☎ 02 40 60 46 18 - www. lucienbarriere.com - juin.-sept. : 8h-19h ; avr.-mai : 8h30-18h30 ; reste de l'année : tlj sf mar. 9h-17h30 - parcours 18 trous : 72/90 € ; 9 trous : 45/55 €.* Dans un parc de 220 ha, ce golf dispose de trois beaux parcours (deux 18 trous, un 9 trous). De grandes compétitions s'y déroulent régulièrement. Sur place également : hôtel, restaurant, location de matériel, stages, etc.

Centre Thalgo La Baule – *Av. Marie-Louise - ☎ 02 40 11 99 99 - www.lucienbarriere.com - 8h30-12h30, 14h30-19h45, dim. 8h30-12h45 - 81 €/½ j.* Dans l'univers feutré, luxueux et confortable de ce centre de thalassothérapie associant le verre, le bois clair et le marbre, vous profiterez de tous les bienfaits des soins de thalassothérapie (soins marins, massages, relaxation, soins de beauté…). Forfaits de 6 jours, 3 jours, à la journée ou à la carte.

Pornichet

Yagga Club – *Face au 180 bd des Océanides - ☎ 02 40 61 59 30 - www.yagga-voile-pornichet.com - tlj 10h-18h - locations 13/60 €/h.* Club de voile réputé : location de matériel (catamarans Hobie Cat 16, dériveurs Laser Pico, kayaks de mer, planches à voile et paddles) et stages.

AGENDA

Jumping international de France – *☎ 02 40 60 02 80 - www.labaule-cheval.com - 4 j. durant la 1re quinz. de mai.* L'un des 8 plus grands concours d'équitation du monde ! Durant quatre jours s'affrontent les meilleurs couples pour le plus grand plaisir de tous les passionnés.

La Baule Jazz Festival – *☎ 02 40 24 34 44 - de déb. juil. à déb. août.* Concerts de jazz, de blues et de soul gratuits devant le casino et l'avenue du Général-de-Gaulle.

Écrivains en bord de mer – *ecrivainsenborddemer.fr - mi-juil.* Rencontres entre écrivains, éditeurs et lecteurs.

Le Croisic

4 024 Croisicais – Loire-Atlantique (44)

Cette station familiale est située sur une presqu'île face au golfe intérieur du Grand-Traict, qui alimente les marais salants de Guérande. Petit port de pêche, précurseur du tourisme balnéaire dans la région grâce à ses jolies plages, il bénéfice aujourd'hui du label des « Petites Cités de caractère », qui récompense son unité architecturale et son art de vivre.

> **😊 NOS ADRESSES PAGE 387**
> **Hébergement, restauration, achats, activités, etc.**

🗓 S'INFORMER

Office de tourisme du Croisic –
*6 r. du Pilori - 44490 Le Croisic -
☎ 02 40 23 00 70 - www.tourisme-lecroisic.fr - juil.-août : 9h-19h, dim. et j. fériés 10h-17h ; avr.-juin et sept. : 9h30-12h, 14h-18h, dim. et j. fériés 10h30-12h30, 14h-17h ; reste de l'année : tlj sf dim. 9h30-12h, 14h-18h - fermé 1ᵉʳ janv., 25 déc. - plan de la ville et de la presqu'île gratuit, centrale de réservation, billetterie de l'Océarium du Croisic, possibilité de visites commentées de la vieille ville et du Traict (se rens.).*

▶ SE REPÉRER

Carte de microrégion A3 (p. 344-345) – Au-delà de La Baule vers l'ouest, presque en face de Guérande, Le Croisic est accessible par une seule route, la N 171, souvent embouteillée en été.

🕐 ORGANISER SON TEMPS

Prévoyez une demi-journée pour la visite du Croisic.

👥 AVEC LES ENFANTS

Le ballet des raies et des requins de l'Océarium.

Se promener

Comme le peintre et graveur **Jean-Émile Laboureur** (1877-1943), estivant régulier du Croisic en son temps, vous serez séduit par le port, ses quais et le cœur historique de la ville.

4

Port

Il s'étend du mont Esprit au mont Lénigo, deux buttes artificielles. Comme le mont Lénigo, le mont Esprit, haut de 26 m, a été formé de 1814 à 1816 par le lest des navires venant charger le sel de Guérande. Son nom proviendrait d'une déformation de « lest pris ».

Sur plus de 1 km, les quais sont bordés de maisons du 17ᵉ s. La plupart sont ornées de balcons de fer forgé, illustrant la réussite des anciens négociants. La jetée du Tréhic (858 m de longueur), à l'ouest, clôture l'espace portuaire.

Hôtel d'Aiguillon

La mairie a occupé ce bel hôtel du 17ᵉ s. où fit halte le d'Artagnan de Dumas !

Église Notre-Dame-de-Pitié

Cette curieuse église (15ᵉ et 16ᵉ s.) domine le port de sa **tour lanterne** du 16ᵉ s., haute de 56 m. L'intérieur présente quatre nefs voûtées éclairées par seize verrières. Au trumeau du portail, statue de N.-D.-des-Vents.

Maisons anciennes

Pour découvrir ces belles demeures à encorbellement et à pans de bois, il faut parcourir les rues proches de N.-D.-de-Pitié. Remarquez rue de l'Église les nᵒˢ 25, 20 et 28, place du Pilori le nᵒ 4, et rue St-Christophe les nᵒˢ 33 et 35.

Mont Lénigo

Comme sa jumelle du « mont Esprit », en face, cette butte artificielle s'élevant à 8,40 m au-dessus du niveau de la mer est constituée de dépôts de pierres de lest déchargées au fil des siècles par les navires et de sable provenant du creusement du port. Son nom serait dérivé du breton *leni goz*, les « petits étangs » en souvenir des zones marécageuses présentes à cet endroit avant la construction des quais. Planté d'arbres en 1761, offre une **vue★** sur la rade et la jetée du Tréhic. En face s'étire la dune de **Pen-Bron**, qui offre une parfaite illustration de la manière dont se sont formés les paysages de la Côte sauvage, des dépôts de sable reliés entre eux au fil des siècles jusqu'à former des langues de terre. Plus à l'ouest, à la pointe du **Port aux Rocs**, un des paysages les plus sauvages du Croisic, vous verrez émerger de nombreux rochers entre les étendues de sable et la mer.

Une promenade ombragée descend vers l'esplanade : un monument rappelle que 22 vaisseaux français furent sauvés, lors de la bataille de la Hougue en 1692, par le barreur Hervé Rielle qui les dirigea vers St-Malo.

★ Océarium

Av. de St-Goustan - ℰ 02 40 23 02 44 - www.ocearium-croisic.fr - ♿ - de déb. juil. à fin août : 10h-20h ; mai-juin et vac. scol. de fév., de Pâques et de la Toussaint : 10h-19h ; de mi-fév. à mi-avr. (sf vac. scol.), de déb. sept. à mi-oct. et vac. scol. de Noël : 10h-13h, 14h-19h ; reste de l'année : 14h-19h - fermé de déb. janv. à mi-fév., 1ᵉʳ janv., 25 déc. - 14,50 € (3-12 ans 11,50 €) - animation « repas des manchots » : tlj à 11h, 15h et 17h ; « la vie secrète des requins d'Australie » : mar., jeu. et sam. à 16h30 - boutique et aires de pique-nique à l'extérieur.

Sa structure en forme d'étoile abrite les merveilles des fonds océaniques, plus inattendus et colorés que l'on ne croit. Eaux chaudes tropicales et Pacifique nord sont également évoqués.

L'espace « île Vancouver » aborde quelques aspects de la culture amérindienne. Une colonie de **manchots** est nourrie tous les jours à horaires fixes devant le public. À ne pas manquer : la nurserie, le tunnel qui traverse un aquarium de 300 000 l, et le bassin de contact où l'on peut toucher étoiles de mer et coquillages… ou serrer la pince d'un crabe. Très attendus, les **requins d'Australie** paradent avec les raies dans un immense bassin de 1 million de litres.

👫 L'Océarium est bien conçu pour les enfants. Les « Jeunes Aventuriers » disposent de 2 circuits : « chasseur de trésors » pour les 6-8 ans et « chercheur océanographe » pour les 9-12 ans.

Pointe du Croisic

De la pointe, profitez du joli panorama où la vue embrasse la longue plage de La Turballe au nord et les falaises vers l'est. Outre des rochers et des falaises, on trouve quantité de criques et de plages prisées des Croisicais comme à St-Goustan ou à **Port-Lin**. Cette dernière, avec ses belles villas de front de mer, est particulièrement appréciée des familles pour son sable fin.

Circuit conseillé Carte Presqu'île de Guérande p. 392

★ **La Côte sauvage** *(voir p. 378)*

😊 NOS ADRESSES AU CROISIC

HÉBERGEMENT

PREMIER PRIX

Hôtel Les Nids – *15 r. Pasteur - Port-Lin -* 📞 *02 40 23 00 63 - www.hotellesnids.com -* ♿ 🏊 *- 24 ch. 60/92 € -* ☕ *9,50 € - wifi.* Vous serez bien accueilli dans ce petit hôtel familial modernisé situé dans un jardin fleuri. Les chambres, certaines de très belle taille, sont douillettes et colorées. Petits déjeuners servis au bord de la piscine couverte.

Hôtel Les Vikings – *Port-Lin -* 📞 *02 40 62 90 03 - www.hotel-les-vikings.com -* ♿ *- 23 ch. 75/125 € -* ☕ *12/14 € - wifi.* Un bâtiment moderne, en retrait de l'Océan. La plupart des chambres – avec balcon ou bow-window – dominent la Côte sauvage.

RESTAURATION

BUDGET MOYEN

Le Neptune – *11 av. de Port-Val -* 📞 *02 40 23 02 59 - www.restaurant-leneptune.fr - 12h-14h30, 19h-21h30 - fermé lun. (sf juil.-août) - formule déj. 19,50 € - 31/69,50 €.* Cet établissement très chaleureux propose, depuis 1984, de beaux plateaux de fruits de mer ainsi qu'un menu du terroir renouvelé chaque jour. Grand choix de vins de Loire, tous sélectionnés chez des propriétaires. Superbe vue sur la Côte sauvage !

Le Lenigo – *11 quai Lénigo -* 📞 *02 40 23 00 31 - 12h15-14h, 19h15-21h - fermé lun.-mar. (lun. sf août et j. fériés) - 31/46 € (menu enf. 12 €).* Un restaurant qui fleure bon les embruns, avec sa carte de poissons et ses murs agrémentés de cordages. La terrasse offre une jolie vue sur le port et la presqu'île de Pen-Bron.

Le Saint-Alys – *3 quai Hervé-Rielle -* 📞 *02 40 23 58 40 -* 🅿 ♿ *- 12h15-14h, 19h15-21h - fermé mar. soir, merc. et dim. soir- 24/60 €.* Accueil charmant dans cette jolie maison du port de plaisance. Alléchante cuisine terre-mer.

UNE FOLIE

L'Océan – *Port-Lin -* 📞 *02 40 62 90 03 - www.restaurantlocean.com -* ♿ *-12h-14h30, 19h-22h - fermé en janv. - à la carte 80/142 € (menu : se rens.).* Une situation unique, à même les rochers de la Côte sauvage, magnifiquement illuminés le soir. Pas de menu, mais une carte riche d'une belle variété de produits de la mer déclinés avec simplicité.

ACTIVITÉS

Plages – La plage de Port-Lin, face au large, est située à 800 m du centre de l'agglomération ; celle de St-Goustan, sur la rade, à 1 km.

Promenades en mer – *Possibilité de promenade (1h) dans le Traict du Croisic avec le bateau Galipétant. Mai-juin et sept. : lun.-jeu. Réserv. obligatoire au* 📞 *06 88 67 73 05.*

Les Jardins de la Mer – *Av. de St-Goustan -* 📞 *09 75 75 84 07 - www.lesjardins-delamer.fr - cueillette d'algues (2h) et cours de cuisine (2h) sur RV : 12 € (-12 ans gratuit).* Pour apprendre quelles algues se mangent et de quelle manière, à la Saline de St-Goustan.

AGENDA

Plumes d'Equinoxe – *www.tourisme-lecroisic.fr - fin sept.* Salon du livre sur le thème de la mer.

De la Page à l'Image – *www.facebook.com/festivaldufilmducroisic - 2e sem. d'oct.* Festival de cinéma consacré aux adaptations littéraires sur grand écran.

4

Presqu'île de Guérande

Loire-Atlantique (44)

Classés au Patrimoine mondial de l'Unesco depuis 2012, les marais salants de la presqu'île guérandaise constituent de magnifiques paysages avec une faune et une flore d'une grande variété. Au centre de ce territoire historiquement et culturellement breton de 233 km², Guérande offre le charme particulier d'une cité médiévale fortifiée.

NOS ADRESSES PAGE 394
Hébergement, restauration, achats, activités, etc.

S'INFORMER
Office du tourisme de Guérande - Bretagne Plein Sud –
1 pl. du Marché-au-Bois - 44353 Guérande - ℘ 0 820 15 00 44 - www. ot-guerande.fr - juil.-août : 9h30-19h, dim. et j. fériés 10h-13h, 14h-19h ; avr.-juin et sept. : 10h-12h30, 14h-18h, dim. et j. fériés 10h-13h, 15h-17h ; reste de l'année : tlj sf dim. 10h-12h30, 14h-18h, j. fériés 10h-13h - fermé 1er janv., 25 déc.

SE REPÉRER
Carte de microrégion A3 (p. 344-345) – Placé sur un sillon qui domine son marais, Guérande n'est distant que de 6 km de La Baule. On y accède de St-Nazaire (20 km au sud-est) par la N 171.

SE GARER
La circulation dans le centre de Guérande est très réglementée. Vous trouverez, tout autour des remparts, des parkings non surveillés.

À NE PAS MANQUER
Les personnages grotesques des chapiteaux de la collégiale St-Aubin ; les visites guidées des marais salants.

ORGANISER SON TEMPS
Ne manquez pas le marché, chaque mercredi et samedi matin autour de la collégiale St-Aubin.

AVEC LES ENFANTS
Le musée de la Poupée de Guérande ; une balade en calèche avec les chevaux de Congor.

Se promener Plan de la ville p. 390

★ GUÉRANDE

Cette petite ville de 16 000 habitants domine la région des marais salants. Elle est entièrement ceinturé de remparts. Entrée principale, la massive porte St-Michel accueille des expositions temporaires.

Porte Saint-Michel
Pl. St-Jean - ℘ 02 28 55 05 05 - www.ville-guerande.fr - avr.-sept. : 10h-12h30, 14h30-19h, lun. 14h30-19h ; oct. : 10h-12h30, 14h30-18h, lun. 14h30-18h- fermé nov.-mars - 4 € (6-17 ans à 2 €) - livret de jeux pour les enf.
Cette ancienne et imposante demeure des gouverneurs (15e s.) comporte un bel escalier à vis. Le premier étage abrite des expositions temporaires et donne accès aux **remparts** que l'on peut suivre sur environ 250 m.
La rue St-Michel, très commerçante, conduit à la collégiale.

Guérande, les marais salants.
J.-M. Barrère/hemis.fr

★ Collégiale Saint-Aubin

Pl. St-Aubin - ℘ 02 40 24 90 68 - www.sainteanne-notredame-nantes.cef.fr - ♿ - 9h-12h, 14h-18h (en dehors des offices) - possibilité de visites guidées (30mn).

Élevée du 12ᵉ au 16ᵉ s., elle présente une belle façade ouest de granit, agrémentée de fins clochetons, de pinacles à crochets et surtout d'une rare chaire extérieure encastrée dans un contrefort (15ᵉ s.).

À l'**intérieur**, les imposantes colonnes romanes de la nef sont surmontées d'arcs gothiques et de **chapiteaux** à sujets grotesques ou à décor floral. Plus élancé, le profond chœur gothique du 15ᵉ s. est entouré de collatéraux s'ouvrant sur quatre chapelles du 16ᵉ s., et est éclairé par une superbe **verrière** du 18ᵉ s. représentant l'Assomption et le Couronnement de la Vierge. Ne manquez pas le deuxième vitrail à gauche de cette verrière : très allongé et très ancien (14ᵉ s.), ce petit vitrail en fer de lance illustre des scènes de la vie de saint Pierre.

De la place St-Aubin, cœur de la cité, vous pouvez flâner dans les ruelles qui ont gardé d'intéressants vestiges architecturaux, notamment dans les rues du Saillé, de Ste-Catherine et du Tricot, avant de revenir vers N.-D.-la-Blanche et la place du Pilori. Ne manquez pas de lever les yeux pour découvrir les décors sculptés, les lucarnes, les frontons ou les corniches denticulées caractéristiques de Guérande. En sortant, faites le tour par le flanc sud de la collégiale. De nombreuses sculptures ont été installées en 2005, là où se trouvait l'ancien cimetière. Tout en honorant les générations passées, elles illustrent les traditions locales, en particulier le métier des paludiers.

Promenade autour des remparts

En 1365, un traité signé à Guérande met fin à la guerre de Succession de Bretagne. Le vainqueur de ce long affrontement de vingt-cinq ans est **Jean de Montfort** qui devient duc de Bretagne sous le nom de Jean IV. Il avait lancé la construction de cette place forte en 1343, et les travaux vont continuer jusqu'à la fin du 15ᵉ s.

4

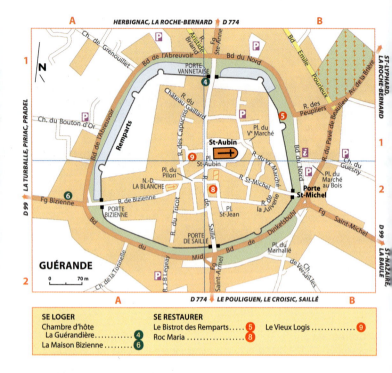

SE LOGER

Chambre d'hôte
La Guérandière .... ④
La Maison Bizienne .... ⑥

SE RESTAURER

Le Bistrot des Remparts ..... ⑤
Roc Maria .... ⑧

Le Vieux Logis .... ⑨

En sortant par une des portes de la cité, vous pouvez suivre, à pied ou en voiture, la promenade qui fait le tour des quelque 1 434 m de remparts. Elle a été aménagée au 18ᵉ s. par le duc d'Aiguillon, gouverneur de Bretagne, qui fit combler une partie des fossés. L'enceinte ne comporte aucune brèche. Flanquée aujourd'hui de six tours, sur les onze qu'elle compta, elle s'ouvre par quatre portes fortifiées.

Circuit conseillé Carte Presqu'île de Guérande p. 392

ENTRE MER ET BRIÈRE

▶ *Circuit de 48 km tracé en marron sur la carte Presqu'île de Guérande (p. 392) – comptez une demi-journée. De Guérande, prenez la direction La Baule par la D 92.*

Château de Careil

33 r. du Château-de-Careil - ☎ 02 40 60 22 99 - www.careil.com - visite guidée (55mn) juin-août : horaires, se rens. - 6 € (-12 ans 5 €) - 8 € ; visite aux chandelles juil.-août : lun. et merc. à 21h30, 7 € - visite-jeu mar., jeu. et sam. 17h.

Cette place forte du 14ᵉ s., remaniée aux 15ᵉ et 16ᵉ s. et toujours habitée, présente deux ailes : une façade Renaissance aux gracieuses lucarnes à coquille ; un bâtiment plus rustique dont les mansardes sont ornées de frontons armoriés. La salle des gardes et le grand salon possèdent de belles poutres. Par un escalier à vis, on accède à la salle qu'occupaient les soldats. Dans la chambre du capitaine, la cheminée porte la croix de Malte.

Rejoignez La Baule et longez la mer pour gagner Le Pouliguen à l'ouest. Peu après avoir passé le bras de mer, suivez la dir. de Guérande par la D 45. La route traverse

un paysage de marais salants où vous pourrez observer, en l'empruntant tôt le matin, de nombreux oiseaux sauvages.

Saillé

Ce hameau de la commune de Guérande est situé sur une île au milieu des marais salants. C'est une des nombreuses « capitales » du sel de la presqu'île.

Maison des Paludiers – *18 r. des Prés-Garnier -* 🕾 *02 40 62 21 96 - www. maisondespaludiers.fr -* ♿ *- juil.-août : 10h-12h30, 14h-18h ; mai-juin : 10h-12h30, 14h-17h30 ; avr. et sept. (sf vac. scol.) : 10h-12h, 14h-17h30 ; fév.-mars, oct. et vac. scol. (sf été) : 14h30-17h30 - nov.-déc. : sam. 14h30-17h30 - fermé janv., 1er mai - visite guidée de la maison (1h) : 5 € (4-14 ans 3,60 €) ; des salines : 7,80 € (enf. 5,30 €).* Installé dans une ancienne chapelle, cet écomusée présente, avec des vidéos et des maquettes, la vie et le travail de ces hommes. Il propose surtout des visites des salines *(de mi-avr. à fin août : à 16h30 ; sept. : à 15h30)* ainsi que l'observation d'oiseaux et la visite du village *(se rens.).*

Reprenez la D 774 sur 2 km puis tournez à gauche.

Terre de Sel

Lieu-dit Pradel - 44350 Guérande - 🕾 *02 40 62 08 80 - www.terredesel.com -* ♿ *- juil.-août : été : 9h30-19h30 ; sept. : 10h-18h30 ; avr.-juin : 10h-18h ; oct.-nov. : 10h-13h, 14h-17h30 ; reste de l'année : 10h-13h, 14h-17h - fermé 1er janv., 25 déc. - 4 € (3-15 ans 2 €) - visite guidée : 9 € (enf. 4 €, famille 23 €) pour 45mn ; 11 € (enf. 6 €, famille 29 €) pour 1h30 ; 13 € (enf. 8 €, famille 35 €) pour 2/3h.*

Ce centre d'exposition géré par les producteurs-coopérateurs de sel propose des visites guidées *(horaires : se rens.)* pour découvrir le travail des paludiers et l'écosystème des marais. Sur place, on trouve un **maréscope** expliquant le mouvement des marées ainsi que des loupes permettant de détailler les différentes qualités de sel : gros sel, sel gris, fleur de sel, etc.

Continuez au nord-ouest par la D 92 sur 6 km.

Pointe de Pen-Bron

Parking obligatoire. Cette pointe sablonneuse offre une belle occasion de promenade, sous les pins ou le long de la plage, entre les vestiges des fortifications du mur de l'Atlantique et les dunes mobiles. À la pointe sud, jolie vue sur Le Croisic. La zone est protégée et vous y observerez de nombreux oiseaux marins en vous promenant tôt le matin.

La Turballe

Très animé, ce gros village de 4 500 habitants bâti autour d'un port artificiel abrite des bateaux de plaisance et de pêche (anchois). Il est également un point de départ vers Belle-Île, Houat et Hoedic dans le golfe du Morbihan.

Longez la côte vers le nord sur 5 km. Belle vue sur la côte à partir de **Lerat**.

Piriac-sur-Mer

Ce petit port de pêche et centre balnéaire profite du label des « Petites Cités de caractère ». Sur la place de l'église, bel ensemble de maisons du 17e s. Côté mer, des prestataires proposent des croisières à destination de l'**île Dumet**, seule île maritime de Loire-Atlantique. Classée réserve ornithologique, elle abrite de nombreuses espèces d'oiseaux.

🐾 Un sentier mène à la **pointe du Castelli★** en empruntant la crête de la falaise : à droite, on distingue l'île Dumet et la côte basse de la presqu'île de Rhuys ; à gauche, la rade et la presqu'île du Croisic, avec les clochers du Croisic et de Batz.

Rejoignez le port et suivez le littoral jusqu'à Mesquer, puis Kercabellec.

4

Kercabellec

Ce petit port typiquement breton appartient à la commune de **Mesquer** *(office de tourisme dans le bourg de Quimiac - pl. de l'Orée du Bois -* ℘ *02 40 42 64 37 - www.mesquerquimiac.com - juil.-août : 9h30-13h, 14h30-18h30, dim. et j. fériés 10h-13h ; reste de l'année : se rens.).* Il a connu la prospérité lorsque les navires venaient y charger le sel produit sur la presqu'île. La production s'est aujourd'hui orientée vers les **huîtres**, élevées dans les anciens marais salants qui dominent encore largement le paysage.

🐾 Du parking du port, plusieurs randonnées mènent vers la pointe de Merquel où vous attend un très beau **panorama** marin. Au sommet d'un blockhaus faisant office d'observatoire, plusieurs panneaux vous présentent la faune avicole qui peuple la pointe. La boucle complète *(16,5 km, env. 4h15 en suivant le GR 34)* en fait le tour : décors de rêve, belles maisons de bord de mer et plages nichées au fond de petites anses rocheuses rythment le parcours. *Reprenez la dir. de Guérande par la D 252. Au croisement avec la D 33, prenez à droite vers Trescalan.*

Trescalan

Dans ce hameau de La Turballe, l'**église** N.-D.-de-la-Miséricorde (1852) est épaulée de contreforts. Elle présente de belles colonnes à chapiteaux et abrite dans le bas-côté droit une statue de sainte Brigitte de Touraine, parée d'un tissu argenté. Son **clocher** *(visite en été : 14h30-17h - 1 €, -10 ans gratuit)* constitue le point de vue le plus élevé de la presqu'île, à 45 m au-dessus du niveau de la mer. *Regagnez Guérande par la D99.*

Un vaste golfe devenu fertile

L'ANCIEN GOLFE

Entre l'île rocheuse de Batz et le coteau de Guérande se serait étendu, à l'époque romaine, un vaste golfe marin. Les apports des courants ont relié l'île de Batz au continent, créant la langue de sable qui porte La Baule et Le Pouliguen. À l'ouest, la flèche sableuse de Pen-Bron n'a pu rejoindre tout à fait l'île. Face au Croisic, un passage permet donc à la mer de pénétrer, à marée haute, dans le **Grand** et **le Petit Traict** : vestiges de l'ancien golfe, ils forment des réservoirs naturels pour l'alimentation des marais salants en eau de mer. Cette vaste étendue est propre à l'élevage des huîtres et des moules, et on peut y pêcher des palourdes et des bigorneaux.

LES MARAIS SALANTS

Ils s'étendent sur 2 000 ha, répartis en deux bassins, et forment un immense quadrillage délimité par des fossés. L'étymologie de Guérande, issue des mots bretons *gwen* et *ran* signifiant « blanc » et « pays, parcelle », renvoie à ce paysage bien particulier. Toutefois, le « blanc » ici évoqué ne ferait pas référence au sel, mais plutôt à l'aspect sacré du site.

L'art de récolter le sel

La mer irrigue le marais par un canal, ou **étier**, au rythme quotidien des marées. Tous les 15 jours, en période de saunaison, le paludier, grâce à une trappe, admet l'eau dans un réservoir de décantation, la **vasière**. Sous l'effet d'une légère dénivellation, l'eau circule sur une faible épaisseur dans la saline, en traversant une suite de bassins aménagés dans l'argile : **cobiers**, **fares** et **aderres**. Sous l'action du soleil et du vent, l'eau s'échauffe, s'évapore et devient saumure (augmentation de sa teneur en sel). Dans les **œillets**, bassins de 70 m² où elle parvient finalement, le sel se cristallise. De juin à septembre, le paludier récolte deux sortes de sel : la **fleur de sel**, sel de surface (de 3 à 5 kg par jour et par œillet), et le gros sel, ou sel gris, déposé au fond, remonté avec un grand râteau plat, le lasse, sur la ladure (de 40 à 70 kg par jour et par œillet). La récolte est ensuite roulée jusqu'au **trénet**, plate-forme aménagée sur le talus, pour former un tas appelé le **mulon**, avant d'être stockée dans le magasin à sel en septembre.

Une lutte difficile

Les salines furent très prospères jusqu'à la Révolution. Le sel circulait dans toute la région sans être soumis à la gabelle ; les marchands pouvaient l'échanger dans les provinces voisines contre des céréales. La contrebande des « **faux sauniers** » s'exerçait, malgré la menace des galères. Aujourd'hui, on exploite environ 7 000 œillets, qui produisent en moyenne 10 000 t de gros sel par an. Le sel guérandais est d'une très haute qualité nutritive, du fait de sa richesse en oligoéléments.

> ⊛ **Randonnées** – Organisée 2 fois par an, la traversée du Traict de Guérande est un *must* pour les amateurs de marche à pied en milieu sauvage. Cette escapade d'une journée est aussi l'occasion de rencontrer des paludiers sur leur lieu de travail et d'accéder à des propriétés privées et chemins inaccessibles le reste de l'année *(dates établies en fonction des marées ; réserv. indispensable auprès de Terre de Sel ; 20 € ; prévoyez un pique-nique)*.

😊 NOS ADRESSES À GUÉRANDE

VISITES GUIDÉES

Office du tourisme de Guérande - Bretagne Plein Sud - ♿ *p. 388.* Guérande, qui porte le label Ville d'art et d'histoire, propose différentes visites-découvertes *(1h30)* animées par des guides conférenciers agréés par le ministère de la Culture et de la Communication. Différents thèmes : la ville close, les églises, les remparts, mais aussi des « visites flash » *(30mn - 4 €, 6-12 ans 2 €)* ou « théâtrales » en journée et le soir *(juil.-août - 9 €, enf. 4 €)* et la découverte des villages guérandais.

HÉBERGEMENT

PREMIER PRIX

Camping de l'Étang du Pays Blanc – *47 r. des Chênes - 9 km au nord-est du centre par la D 51 et D 48 -* ☎ *02 40 61 93 51 - www. camping-etang-guerande.com -* ♿ 🛷 🅿 *- tte l'année - réserv. conseillée - 119 empl. 12,50/25 € -* 🍴 *(juil.-août) - wifi payant.* Situé à côté des étangs de Sandun (réserve de pêche de 26 ha), ce camping dispose d'une piscine couverte et chauffée. En plus des emplacements classiques, tipis, mobile homes, chalets et bungalows toilés sont à louer.

Hôtel ÉcoNuit – *1 r. du Milan-Noir- 2 km au nord du centre par la D51 et la D99^E -* ☎ *02 40 45 85 47 - www.econuit.com -* 🅿 ♿ *- 70 ch. 39/79 € -* 🛏 *6,90 € - wifi.* Des panneaux solaires pour chauffer l'eau des douches et de l'eau de pluie récupérée pour entretenir le joli jardin : cet hôtel 100 % écologique s'inscrit dans l'air du temps. Les chambres sont à l'avenant, contemporaines et fonctionnelles.

Chambre d'hôte La Guérandière – *5 r. Vannetaise -* ☎ *02 40 62 17 15 - www. guerandiere.com -* 🅿 *- réserv. obligatoire (hiver) - 5 ch. 65/109 € et 1 suite 119/139 € -* 🛏 *10 € - wifi.* Cette charmante demeure du 19e s. adossée aux remparts offre un cadre raffiné et « cosy » à des chambres desservies par un bel escalier d'époque. Petit déjeuner à l'anglaise dans le jardin en été.

Best Western Hôtel de la Cite – *2 pl. Dolgellau - 1,5 km à l'est du centre par l'av. Anne-de-Bretagne -* ☎ *02 40 22 02 20 - www.hotel-guerande.com -* 🅿 ♿ 🛷 *- 60 ch. 79/145 € -* 🛏 *12 € - wifi.* Chambres soignées et contemporaines. Piscine extérieure chauffée *(avr.-oct.),* salle de remise en forme et bar avec terrasse.

POUR SE FAIRE PLAISIR

Chambre d'hôte La Maison Bizienne – *14 fg Bizienne -* ☎ *02 40 70 92 57 - lamaisonbizienne.fr - 3 ch. et 2 suites - 86/125 € -* 🛏 *- wifi.* À deux pas de la porte Bizienne ouvrant sur la cité fortifiée, chambres (dont une avec cuisine) claires aux murs lambrissés. Joli mobilier chiné. Jardin et sauna.

À proximité

PREMIER PRIX

Hôtel-restaurant de la Poste – *26 r. de la Plage - 44420* **Piriac-sur-Mer** *- 11 km au nord-ouest par la D 99 et la D 333 -* ☎ *02 40 23 50 90 - www.hotelrestaurantdelaposte-piriac.fr - 15 ch. 66/79 € -* 🛏 *10 € - wifi -* 🍴 *fermé déc.-janv. - formule déj. en sem. 15,50 €, menu 26,50 €, à la carte 20,50/30,50 €, plateau de fruits de mer 68 €/2 pers.* Ancien relais de poste, de style rétro, très fleuri et dans un décor mis au goût du jour. Restaurant de poissons et agréable terrasse.

BUDGET MOYEN

Chambre d'hôte du Manoir des Quatre Saisons – *744 bd de Lauvergnac - 44420* **La Turballe** *- 7 km au nord-ouest par la D 99 et la D 333 - 📞 02 40 11 76 16 - www. le-manoir-des-quatre-saisons. com -* 🖼 🛋 🅿 *- 5 ch. 75/105 € -* 🛏. Dans son parc paysager, cette belle longère bretonne, avec ses pierres apparentes et ses ardoises, vous propose de loger au manoir ou au cottage. Petits déjeuners au coin du feu ou au bord de la piscine.

HÉBERGEMENT ET RESTAURATION

PREMIER PRIX

Hôtel-crêperie Roc-Maria – *1 r. du Vieux-Marché-aux-Grains - 📞 02 40 24 90 51 - www. hotel-creperie-rocmaria.com - fermé 3 sem. en nov. et 2 sem. en janv. - 9 ch. 58/74 € -* 🛏 *7,30 € - wifi -* ✕ *12h-21h (21h30 en été) - fermé lun. (sf vac. scol.) - menu 9,90/10,80 € - galette 6,60/8,70 €.* Seul hôtel de Guérande situé dans la vieille ville, cette maison médiévale et familiale propose de nombreuses spécialités de crêpes et de galettes réalisées avec des produits du terroir. À l'étage, chambres simples au mobilier rustique.

Hôtel-restaurant des Remp'Arts – *15 bd du Nord - 📞 02 40 24 90 69 - www. hoteldesremparts.com - 8 ch. 49/59 € -* 🛏 *8,50 € - wifi -* ✕ *12h-14h, 19h30-21h30 - fermé merc. et dim. (sf juil.-août) - formule déj. en sem. 9,50 € - à la carte 13,50/20 €.* L'ardoise du jour et la carte font la part belle à la mer dans le bistrot de cet hôtel sans prétention mais chaleureux et accueillant. Les prix restent doux,

la qualité est au rendez-vous et les recettes sont savoureuses à défaut d'être originales.

RESTAURATION

BUDGET MOYEN

Le Vieux Logis – *1 pl. Psalette - 📞 02 40 62 09 73 - levieuxlogisguerande.over-blog.fr - 12h-14h30, 19h-21h30 - fermé dim. soir et lun. (sf juil.-août) - formule déj. en sem. 16,90/19,90 € - menu 29/43 €.* Ancienne prévôté de Guérande, cette belle maison en pierre située *intra-muros* a conservé son cadre du 17e s. Plaisante terrasse verdoyante. Cuisine de « maître restaurateur », spécialités de grillades cuites au feu de bois et espace pizzeria-crêperie avec des formules avantageuses à partir de 9,50 €.

À proximité

PREMIER PRIX

Crêperie Lacomère – *18 r. Keroman - 44420* **Piriac-sur-Mer** *- 12 km au nord-ouest par la D 99 et la D 333 - 📞 02 40 23 53 63 - 12h-14h(14h30), 18h-23h - fermé lun.-mar. (sf juil.-août) - à la carte 12/30 €.* En terrasse ou dans la salle intérieure, un poil rustique mais conviviale, le personnel sera aux petits soins pour vous. Ici, on concocte de bonnes galettes et des recettes familiales toutes simples avec des produits à la fraîcheur irréprochable.

La Cabane à Huîtres – *Port de Kercabellec -44420* **Mesquer** *- 10 km au nord par la D 252 - 📞 02 40 91 37 83 -* 🅿 ♿ *- 12h15-14h30, 19h15-22h - fermé lun.-mar. hors sais., lun. juil.-août - à la carte 15/30 €.* Les plateaux d'huîtres viennent directement du producteur. Palourdes farcies, pâtes aux fruits de mer et poissons du marché : autant

4

de propositions alléchantes de la carte. À savourer sur la terrasse aménagée sur les anciens marais salants.

BUDGET MOYEN

La Vieille Forge – *32 r. d'Aha - 44420* **Mesquer** *- 9 km au nord par la D 252 - ☎ 02 40 42 62 68 - vieilleforge.fr - ዿ - fermé mar. midi et lun. en juil.-août, mar. soir et merc. en sept.-juin, dim. soir en nov.-avr., 2 sem. en janv. et en juin et vac. scol. de la Toussaint - formule déj. en sem. 15/19 € - menu 32/60 €.* Cette ancienne forge (1711) abrite deux salles dont l'une donne sur le jardin et la terrasse. L'endroit iédal pour déguster les huîtres de Kercabellec. Un jeune chef malouin y prépare une cuisine traditionnelle bien tournée.

Le Terminus – *18 quai St-Paul - 44420* **La Turballe** *- 8 km au nord-ouest par la D 99 - ☎ 02 40 23 30 29 - www.acat-laturballe.fr/restaurant-terminus - ዿ - 12h15-13h30, 19h15-21h - fermé dim. soir, mar. soir et merc. hors saison, 2 sem. en fév., 1 sem. en oct. - formule déj. en sem. 16 €, menu 29/39,50 €.* Choisissez une table proche des baies de la véranda pour contempler le port de pêche. Bonne cuisine à base de produits de la mer.

PETITE PAUSE

Salon Céladon – *5 r. des Lauriers - ☎ 02 40 11 13 11 - 10h-19h - fermé lun.* Une pause à côté de la collégiale St-Aubin. On y sert des thés et cafés du monde, ainsi que des cocktails de fruits frais. Pour les petits creux, testez le *kouign amann* maison. Terrasse et jardin.

Gout'thé – *30 r. de Saillé - ☎ 02 40 01 88 83 - ዿ - mar.-sam. 10h-19h, dim. 15h-19h.* Profitant d'une placette au calme à la hauteur de la porte de Saillé, ce salon de thé offre un cadre idéal pour une pause thé ou café. Bonnes pâtisseries et tartes salées du jour pour un déjeuner léger.

ACHATS

Marché – *Pl. St-Aubin - merc., vend. (poissonniers uniquement) et sam. 8h30-13h (8h-14h en juil.-août).* À l'intérieur et à l'extérieur des halles avec 17 exposants en hiver et jusqu'à 140 en été.

Terre de Sel – *Lieu-dit Pradel - 4 km au sud-ouest du centre par la D 774 - voir p. 391.* La boutique du centre d'exposition des producteurs-coopérateurs de sel de Guérande affiche des tarifs plus élevés que sur le marché ou chez les petits paludiers, mais vous trouverez en un clin d'œil un grand choix parmi les nombreuses productions de la presqu'île : caramels au beurre salé, miel et confitures, galettes au beurre, algues, épices, savons, sels de bain aux huiles essentielles, etc.

Les Vins d'Oleg – *3 pl. du Marhallé - ☎ 09 50 87 19 75 - www.lesvinsdoleg.com - 9h30-12h30, 15h30-19h30, dim. 9h30-12h30.* Ce caviste met à l'honneur les références régionales, surtout des vins produits en biodynamie.

Maison Georges Larnicol – *17 r. St-Michel - ☎ 02 51 16 93 96 - larnicol.com - 9h30-19h30 (22h en juil.-août).* Impossible de passer à côté des pâtisseries et biscuits de ce chocolatier « meilleur ouvrier de France ». Essayez la kouignette, petit *kouign-amann* parfumé aux amandes, au caramel, au beurre salé, ou encore au rhum.

ACTIVITÉS

Plages – Les petites plages familiales s'étendent autour de Piriac et à Lerat. La Turballe possède au sud une longue plage de sable fin, plein ouest.

Vélocéan – *www.loireavelo.fr.* Itinéraires à vélo de Guérande vers Piriac-sur-Mer, Le Croisic ou St-Nazaire (via La Baule).

Les Chevaux de Congor – *Lieu-dit Pradel - rte de Congor - 4 km au sud-ouest du centre par la D 774 - ☎ 02 40 42 98 93 - www. leschevauxdecongor.com - balade en calèche : à partir de 14 €/pers. (enf. 7 €) pour 30mn en haute sais.* Ce centre équestre dispose de chevaux et poneys d'attelage pour partir à la découverte des marais salants. Il propose aussi des stages de voltige, de dressage, de développement personnel, etc.

La Champagne – *D 774 - 44350 St-Molf - 7 km au nord-est par la D 774 - ☎ 02 40 61 95 20 - www.equitationlachampagne. com - balade à cheval : à partir de 25 €/pers.* Cet important centre équestre organise des sorties sur la plage, des nocturnes en Brière, des balades sur les bords de la Vilaine ou des randonnées à la demande.

Nautisme en Pays Blanc – *1 r. du Fort-Baron - 44420 Piriac-sur-Mer - 12 km au nord-ouest par la D 99 et la D 333 - ☎ 02 40 23 53 84 - www. npb.asso.fr - ouv. tlj. juil.-août - sortie de 5h : 40 € en goélette (jeu.-sam.), 45 € en kayak (vend.) ou en paddle (jeu.) - raid en catamaran le sam. à parir de 40 €.* Balade avec des skippers confirmés autour de l'île Dumet. Découverte des marais salants, stages, etc.

AGENDA

Fête médiévale de Guérande – *www.facebook.com/ fetemedguerande - fin mai.* Deux jours de fête en s'immergeant dans l'époque du Moyen Âge.

Les Celtiques de Guérande – *www.bro-gwenrann.org - 1re quinz. d'août.* Spectacles de danse et de musique bretonnes et celtiques (Irlande, Écosse…).

4

La Grande Brière

Loire-Atlantique (44)

Des canaux et des plantes aquatiques à perte de vue : voici le deuxième marais de France après la Camargue. Également nommé Grande Brière Mottière, il occupe 7 700 des 40 000 ha du Parc régional de Brière, juste au nord de l'estuaire de la Loire. Ce lieu préservé, à quelques minutes des plages de La Baule et des installations de St-Nazaire, offre l'occasion de belles promenades à pied, à cheval ou en chaland.

😊 NOS ADRESSES PAGE 403
Hébergement, restauration, achats, activités, etc.

🅸 S'INFORMER
Maison du tourisme de Brière – Maison du Parc - *village de Kerhinet - 44410 St-Lyphard -* ☏ *02 40 66 85 01 - www.parc-naturel-briere. com - juil.-août : 9h30-19h, dim. et j. fériés 10h-13h, 14h-18h ; avr.-sept. : 10h-12h30, 14h-18h, dim. et j. fériés 10h-13h, 15h-17h ; reste de l'année : tlj sf dim. 10h-12h30, 14h-18h, j. fériés 10h-13h - fermé 1er janv., 25 déc.*

▶ SE REPÉRER
Carte de microrégion AB 2-3 (p. 344-345) – *Carte Michelin Départements 316 C/D 3/4.* Au nord de St-Nazaire, la Grande Brière est une dentelle de marais nichés entre la N 171 (St-Nazaire-La Baule), la D 774 (La Baule-La Roche-Bernard) et la N 165 (Nantes-Vannes).

👁 À NE PAS MANQUER
Les prairies marécageuses de l'île de Fédrun et les chaumières du hameau de Kerhinet.

🕐 ORGANISER SON TEMPS
Privilégiez le crépuscule pour l'observation des oiseaux, en n'oubliant pas de vous protéger contre les moustiques !

👪 AVEC LES ENFANTS
Promenez-vous en chaland.

Circuit conseillé Carte Parc naturel régional de Brière p. 400

TOUT AUTOUR DU PARC

▶ *Circuit de 83 km tracé sur la carte Parc naturel régional de Brière (p. 400) – comptez une demi-journée. Quittez St-Nazaire par la N 171, vers Nantes, sortez à Montoir-de-Bretagne et prenez la D 50.*

Saint-Malo-de-Guersac
🅸 *Maison d'accueil de Rozé - D 50 -* ☏ *02 40 91 17 80 - www.parc-naturel-briere. com - de mi- avr. à fin sept. : 13h30-18h30 - possibilité de location de vélos.*
Plus important village du parc, cette commune de 3 200 habitants est installée sur les **îles de Guersac et d'Errand**. Cette dernière, située 3 km au nord du bourg, est la plus vaste (190 ha) de la Brière. Du haut de ses 13 m d'altitude, la **vue** s'étend de Guérande à l'ouest au Sillon de Bretagne à l'est. Au nord du bourg, en direction de St-Joachim, le hameau de **Rozé** fut un important port et chantier naval. De là partaient les chalands, chargés de tourbe, vers Nantes, Belle-Île, La Rochelle ou Vannes.
Réserve ornithologique Pierre-Constant – *Rozé - 7 r. Laënnec - traversez les deux ponts-écluses, puis longez sur 800 m, sur votre droite, le canal de*

Saint-Lyphard dans le Parc naturel régional de Brière.
H. Lenain/hemis.f

Rozé - ☎ 02 40 66 85 01 - avr.-oct. : 10h-18h - entrée libre avec accès à l'obser-vatoire situé à l'entrée de la réserve - parcours découverte (1h30) en juil.-août : 6 € (6-12 ans 3 €) avec audioguide ou 12 € (enf. 6 €) avec visite guidée - jumelles disponibles. Ce parc de 26 ha est sillonné par un sentier émaillé de postes d'observation où seuls la patience et le silence peuvent être récompensés. Des panneaux permettent d'identifier la faune et la flore. Petite exposition sur les activités du marais.
Avant St-Joachim, prenez à gauche.

★ Île de Fédrun

🅸 *La Chaumière Brièronne - 207 r. du Chef-de-l'Île - Île-de-Fédrun - 44720 St-Joachim - ☎ 02 40 22 35 84 - www.parc-naturel-briere.com - de mi-juin à mi-sept. : 10h-13h, 14h-18h - de déb. avr. à mi-juin et de mi-sept. à fin oct. : w.-end 10h-13h, 14h-18h - location de vélos - exposition gratuite.*

Reliée à la route de St-Joachim par deux ponts, c'est la plus attachante des îles de la Brière, entourées de prairies marécageuses. Traversée par une voie médiane, elle est cernée par une rue dessinant ses contours.

Maison de la mariée – *182 r. du Pouet - Île-de-Fédrun - 44720 St-Joachim - ☎ 02 40 91 65 91 - www.maisondelamariee.com - ♿ - visite libre juil.-août : jeu.-dim. 14h-17h ; gratuit - visite guidée (45mn) tlj en juil.-août et pendant les vac. scol. de Pâques, le w.-end en mai-juin et sept. à 14h ; 3 € (-12 ans gratuit).* Dans un intérieur briéron, étonnante collection de parures de mariage ornées de **fleurs d'oranger en cire**, dont on peut découvrir la fabrication *(ateliers une fois par mois, se rens.).*

Saint-Joachim

Berceau de la fleur d'oranger en cire, le bourg s'allonge sur les îles de **Brécun** (8 m d'altitude) et de **Pendille**, dominé par la flèche de son **église St-Joachim** (1895) qui culmine à 50 m de hauteur.
La route traverse les îles de **Camerun** et de **Camer**, peu habitées.

4

La Chapelle-des-Marais

Dans l'**église N.-D. de Toutes-Aides** (1862) se trouve une statue de saint Corneille, protecteur des bêtes à cornes *(chapelle à droite du chœur)*.
Prenez la route d'Herbignac et, après 2 km, tournez à gauche, dir. Mayun.

Château de Ranrouët

R. de Ranrouët - 44410 Herbignac - ✆ *02 40 88 96 17 - www.chateauderanrouet. fr - juil.-août : 10h-19h ; juin et vac. scol. de Pâques et de la Toussaint : tlj sf lun. 10h-12h, 14h30-18h30, w.-end 14h30-18h30 ; mai et de déb. sept. à mi-oct. : tlj sf lun. 14h-18h - fermé 1ᵉʳ mai - 4 € (7-18 ans 3 €) - visite guidée (1h) : 5 € (enf. 4 €).*
Cette forteresse des 12ᵉ et 13ᵉ s. fut démantelée en 1618 par Louis XIII puis brûlée à la Révolution. Ses ruines imposantes conservent six tours rondes, entourées de douves sèches. Remarquez les aménagements du 16ᵉ s. destinés à contrer l'artillerie (barbacane, enceinte bastionnée) et, sur plusieurs tours, des besants (figures circulaires) appartenant aux armoiries de la famille.
Faites demi-tour et reprenez la route d'Herbignac.

Un espace naturel riche et singulier

LES HABITANTS DU MARAIS

Derrière une digue

La Grande Brière occupe une ancienne cuvette, vallonnée et boisée. Ses populations néolithiques en furent chassées par une invasion momentanée de la mer. Le marais s'est formé derrière un talus, constitué par les alluvions de la Loire. Dans les plantes aquatiques, transformées en **tourbe**, se trouvent des arbres fossiles, les **mortas**, vieux de 5 000 ans, durs et imputrescibles.

Au quotidien

Par le travail de l'homme, cette lagune se compartimente, s'assèche, se draine. En 1461, le duc de Bretagne François II reconnaît aux Briérons un droit de propriété indivis, confirmé par les édits royaux de François Ier à Louis XVI. Le Briéron exploite la tourbe, le « **noir** » (terreau servant d'engrais), qui a valu à la Grande Brière le surnom de « pays noir ». Il cueille les roseaux et les joncs dont il recouvre les chaumières, la bourdaine qu'il tresse en paniers, cultive son jardin. Il récolte aussi les sangsues, harponne les **pimpeneaux**, anguilles au ventre argenté, pose dans les **piardes** (plans d'eau) des **bosselles**, nasses en osier, pour capturer brochets, tanches et gardons. Il chasse à l'affût avec ses chiens dans son **chaland**, caché derrière une **bosse** plantée de saules. Il pousse de sa longue perche son **blin**, grande barque plate chargée de vaches ou de moutons qui vont paître sur la **plattière**. Mais son gain reste incertain, et les femmes n'hésitent pas à travailler « aux fleurs ». Au 19e s. et au début du 20e s., deux ateliers de **St-Joachim**, qui emploient près de 140 ouvrières, confectionnent des fleurs d'oranger en cire.

Du marécage au pâturage

Au 20e s., le Briéron se tourne vers les industries métallurgiques de Trignac, les chantiers navals et aéronautiques de St-Nazaire. Des routes relient les anciennes îles, des écluses sont construites. Mais la Grande Brière garde son attrait, et le Briéron, revenu chez lui, pêche et chasse pour son plaisir. Il conduit volontiers le visiteur sur son chaland, à travers les canaux et les piardes où poussent iris jaunes *(de mi-mai à mi-juin)* et nénuphars blancs *(de mi-juin à fin juillet)*.

PARC NATUREL RÉGIONAL

Le **Parc naturel régional** créé en 1970 a pour mission de sauvegarder et de préserver la spécificité de ces paysages si particuliers et de leur **avifaune** (le parc accueille la plus grande concentration de busards et de hérons cendrés de France). Il s'y emploie en surveillant par exemple la progression des **roselières** (surfaces plantées de roseaux) qui empiètent de plus en plus sur les **prairies** et les **plans d'eau**. Il assure également le curage des **canaux**, autrefois entretenus par les habitants qui vivaient des marais.

Une autre de ses missions consiste à **valoriser** économiquement ces espaces. Cela passe par l'étude de **pratiques agricoles** qui s'appuient sur les produits du marais comme les roseaux et le « noir ». Côté tourisme, le parc organise des fêtes traditionnelles, des randonnées guidées à pied, à bicyclette ou en canoë-kayak.

Herbignac

2 r. Pasteur - ☎ 02 40 19 90 01 - www.herbignac.com - juil.-août. : 10h-13h, 14h30-18h30, dim. 10h-13h ; avr.-juin et sept. : vend.-sam. 10h-13h, 14h30-18h30, dim. 10h-13h - exposition gratuite sur la poterie.

Outre son château *(voir ci-avant)*, cette petite ville de 6 500 habitants est réputée pour ses **poteries** *(marché en mai)*. Une tradition qui remonte à l'Antiquité : en 1991, un atelier de potier gallo-romain a été mis au jour au lieu-dit Landieul.

D'Herbignac, reprenez la route jusqu'à Mayun, où les vanniers tressent encore la bourdaine, et tournez à droite.

Port des Fossés-Blancs

Sur le canal du Nord, le port de la Chapelle-des-Marais, offre une belle vue de la Brière. Il est possible d'embarquer sur un chaland *(rens. ☎ 02 40 53 93 93)*. La visite du marais permet de découvrir la flore et la faune, entre canaux et piardes, ces étendues de terre envahies d'eau toute l'année.

Saint-Lyphard

Pl. de L'Église - ☎ 02 40 91 41 34 - w ww.saint-lyphard.com - ♿ - juil.-août : 9h30-13h, 14h30-18h30, dim. et j. fériés 10h-13h ; avr.-oct. : 10h-12h30, 14h-18h, dim. et j. fériés 10h-13h ; reste de l'année : tlj sf dim. et j. fériés 10h-12h30, 14h-17h.

Ce village de 4500 habitants est dominé par l'**église St-Lyphard** (1935) où un belvédère a été aménagé dans le clocher *(135 marches)*. De là, on profite d'un vaste **panorama★★** qui s'étend sur la Brière, et de l'estuaire de la Loire à l'embouchure de la Vilaine en passant par Guérande et ses marais salants.

Prenez la route de Guérande et, à 7 km de St-Lyphard, tournez à gauche.

★ Dolmens de Kerbourg

Lieu-dit La Masse - village de la Madeleine- 44410 St-Lyphard - accès libre.

Situés près d'un moulin, ces deux dolmens datent du néolithique moyen (4500- 4000 av. J.-C.). Seul l'un des deux est bien conservé. Cette allée couverte de 7 m de long et 3 m de large est un ancien cairn dont ne subsistent que le couloir et la chambre funéraire.

Continuez en direction du Brunet.

★ Kerhinet

Voir « S'informer » p. 398.

Ce charmant hameau du village de St-Lyphard rassemble de nombreuses chaumières dont la plupart ont été restaurées par le parc. On y trouve une auberge et divers lieux d'exposition : présentation d'un modeste **intérieur briéron** (sol en terre battue, meubles, ustensiles de cuisine) et ses dépendances.

*Gagnez le Brunet, où la route se prolonge jusqu'au **port de Bréca** : belle vue sur la Brière et le canal de Bréca. Revenez au Brunet et prenez la D 47.*

Saint-André-des-Eaux

26 pl. de L'Église - ☎ 02 40 91 53 53 - www.saintandredeseaux.com - juil.-août : tlj sf dim. : 10h-13h, 14h30-18h30 ; reste de l'année : mar.-vend. 9h30-12h30, 13h30-17h30, sam. 9h30-12h30 - fermé j. fériés.

Cette petite ville de 6 000 habitants compte **deux ports** à partir desquels on peut embarquer pour des balades en chaland : Tréhé et La Chaussée-Neuve.

La Chaussée-Neuve – De cet ancien port d'où les blins partaient, chargés de tourbe, **vue★** étendue sur la Brière.

Par la D 47, rentrez à St-Nazaire.

À proximité Carte de microrégion p. 344-345

Pontchâteau B2

26 km au nord-est de St-Nazaire par la N 171 et la D 773.

Perchée sur une colline, dans une région peuplée d'anciens moulins à vent, l'église St-Martin (fin 19ᵉ s.) domine cette ville de 10 000 habitants aux maisons étagées sur les rives du Brivet.

Calvaire de la Madeleine – *D 33 - lieu-dit La Madeleine-du-Calvaire - 4 km à l'ouest de en dir. d'Herbignac - ☏ 02 40 01 60 54 - www.lecalvairedepontchateau. com - accès libre - accueil en juin-sept. au « Chalet » : 10h-12h-14h-18h - musée « Au carrefour du monde » : tlj sf mar. 10h-12h, 14h30-18h, dim. 14h30-18h ; gratuit - espace d'exposition « Sur les pas de Montfort » : 15h-18h (sur RV de mi-sept. à fin avr.) ; gratuit.* Dans la lande de la Madeleine, ce calvaire et son Golgotha artificiel fut édifié en 1709-1710 par le grand missionnaire catholique **Louis-Marie Grignion de Montfort** (canonisé en 1947). Démoli sur l'ordre de Louis XIV, il fut reconstruit en 1821. Lieu de curiosité et de pèlerinage, le site s'étend sur 14 ha et se compose d'une trentaine de statues, chapelles et édifces étranges. Partez du **temple de Jérusalem**, construction mi-forteresse mi-palais oriental ; une belle allée traverse le parc vers la **Scala Sancta**, dont les hauts-reliefs représentent les premières scènes de la Passion. Après la première station, le Chemin de croix se poursuit, par de grandes statues blanches, qui sortent de l'imagerie populaire. Du calvaire, vue sur la Brière, St-Nazaire et Donges.

Fuseau de la Madeleine – *7 rte du Menhir - à 800 m du calvaire : prenez la route à gauche de la statue du Sacré-Cœur, traversez le parc, puis tournez à gauche au premier carrefour.* Ce **menhir** de granit de 5,65 m de hauteur et de 5 m de circonférence se dresse au milieu d'un pré. Il est daté d'environ 5 000 av. J.-C.

Château de la Bretesche B2

Lieu-dit La Bretesche - 44780 Missillac - 10 km au nord-ouest de Pontchâteau par la N 165, puis la D 2, à droite - ☏ 02 51 76 86 96 - www.bretesche.fr - cour intérieure en accès libre juil.-août et J. Patrimoine : 10h-12h, 14h-18h.

Dans un site remarquable, ce château du 15ᵉ s., aux remparts cernés d'eau, est séparé du bourg de Missillac par un bel étang en bordure de forêt. Il héberge un complexe hôtelier de luxe doté d'un restaurant étoilé *(voir ci-dessous)*.

4

😊 NOS ADRESSES DANS LA GRANDE BRIÈRE

HÉBERGEMENT

PREMIER PRIX

Hôtel Le Bretagne – *Pont d'Armes - 44410 **Asserac** - ☏ 02 40 01 71 03 - www. lebretagne.net -* 🅿 *- 5 ch. 57/93 € -* ☕ *7 € - wifi.* Les marais à une encablure et l'Atlantique à 5 km : voici l'environnement de cette maison néobretonne aux chambres simples mais attrayantes. Petit déjeuner sous une véranda tournée vers le jardin.

UNE FOLIE

Domaine de La Bretesche – *44780 **Missillac** (pour s'y rendre, voir ci-dessus) - ☏ 02 51 76 86 96 - www.bretesche.fr -* 🅿 ⚒ ♿ *- 31 ch. 200/400 € -* ☕ *24 € - wifi -* 🍴 *19h15-21h, dim. 12h15-15h, 19h-21h - menu 58/115 €, à la carte 58/101 €.* Cet hôtel de luxe dispose, entre autres, de deux piscines (dont une intérieure), d'un centre de bien-être, d'un golf de 18 trous et d'un restaurant bénéficiant d'une étoile au *Guide Michelin* depuis 2017.

RESTAURATION

PREMIER PRIX

Les Calèches briéronnes – *Lieu-dit Bréca - 44410* **St-Lyphard** *- ✆ 02 40 91 33 24 - www.creperie-de-breca.com -* ♿ 🅿 *- juil.-août : 12h-15h, 19h15-0h, mar. 12h-15h ; avr.-juin et sept.-oct. : 12h-15h, 19h15-0h, lun.-jeu. 12h-15h - fermé nov.-mars - formule 12,70 €, menu 15,20 €.* Les vieux chênes et le marais entourent cette maison où vous pourrez grignoter une galette, une crêpe, une salade ou une glace pour le goûter. Agréable terrasse d'été. Possibilité de promenades en chaland ou en calèche dans le Parc naturel.

POUR SE FAIRE PLAISIR

Auberge de Bréca – *Lieu-dit Bréca - 44410* **St-Lyphard** *- ✆ 02 40 91 41 42 - www.auberge-breca.com -* ♿🅿 *- 12h-14h, 19h-21h - tlj en juil.-août - fermé lun. et dim. soir en avr.-oct. ; lun., mar.-merc. soir et dim. soir le reste de l'année - formule déj. 20,50 € (tlj sf dim. et j. fériés), menu 32,50/38 €, à la carte 41/53 €.* Au cœur du Parc naturel, cette maison assume son passé de relais de chasse. Comme il se doit, le gibier – à plumes et à poils – est à l'honneur en saison, et le reste de la carte est une ode à la tradition : rognon de veau rôti et échalotes confites, anguilles et cuisses de grenouilles en persillade, mais aussi très bonnes glaces maison.

UNE FOLIE

Hôtel-restaurant La Mare aux Oiseaux – *223 r. du Chef-de-l'Île - île de Fédrun - 44720* **St-Joachim** *- ✆ 02 40 88 53 01 - www.mareauxoiseaux.fr -* ♿🅿 *- 15 ch. 155/280 € - ☕ 20 € - wifi - 🍴 12h-14h, 19h30-21h - fermé lun. midi de mi-avr. à fin sept. ; lun.-mar. le reste de l'année - menu déj. 55 € (tlj sf dim. et j. fériés), menu 78/110 €, à la carte 81/100 €.* Moment de poésie au cœur de la Brière, parmi les oiseaux en liberté. Chef étoilé au *Guide Michelin* depuis 2009, Éric Guérin signe une cuisine ludique et inventive, à base de beaux produits régionaux : encornet aux herbes et algues du Croisic, pigeon de Mesquer rôti entier, anguille de la Loire cuite en croûte de sel de Guérande, etc. Pour prolonger la magie, des chambres luxueuses (certaines dans des bungalows) et un espace détente.

★★ PROMENADE EN CHALAND

Pour vous promener, reportez-vous à la carte du parc *(p. 400)* où sont précisés les embarcadères. En toute saison, la Grande Brière garde son charme : fleurie au printemps, verte en été avec ses berges noires et ses racines de saules apparentes, rousse en automne avec ses vols de canards, argentée en hiver avec ses terres inondées.

L'Arche Briéronne – *Port de Bréca - 44410 St Lyphard - ✆ 02 40 91 33 97 - www.larchebrieronne.com - 9h-18h - location de chaland : 20/45 € - promenade commentée en chaland ou en calèche (45mn) : 9 € (3-12 ans 4,50 €) ; en chaland et en calèche (1h30) : 16 € (enf. 7 €).* Avec ses barques et ses chevaux, Sophie Moreno propose de faire découvrir le Parc naturel en chaland ou en calèche. Des sorties au lever ou au coucher *(merc.)* du soleil ainsi que dans les marais salants sont aussi possibles.

Découvrir La Brière – *Port de La Chaussée-Neuve - 44117 St-André-des-Eaux - ✆ 06 10 78 34 23 - decouvrir-la-briere.fr - 10h-18h - location de chaland : 18/30 € - promenade commentée en chaland (45mn) : 8 € (3-12 ans 4 €).* Anthony Mahé organise des promenades en barque et des excursions à thème *(1h-3h)* dans le Parc naturel.

Saint-Nazaire

70 310 Nazairiens (agglomération : 123 000 hab.) – Loire-Atlantique (44)

Longtemps rivé à son image de port industriel, berceau des plus orgueilleux géants des mers, Saint-Nazaire vire de bord et, tout en continuant de bénéficier de l'activité des chantiers navals, se réapproprie les friches du passé pour faire peau neuve et créer de nouveaux traits d'union avec l'océan. Le dynamique quartier de Ville-Port, récemment réaménagé autour de la base sous-marine, ancre définitivement Saint-Nazaire comme une cité culturelle et festive. Un renouveau éclatant à découvrir le temps d'une promenade sur le front de mer ou d'une excursion confidentielle sur les sentiers côtiers.

😊 NOS ADRESSES PAGE 412
Hébergement, restauration, achats, activités, etc.

🅱 S'INFORMER

Office du tourisme de St-Nazaire – Base sous-marine - *3 bd de la Légion-d'Honneur - 44600 St-Nazaire -* 📞 *02 40 22 40 65 - www. saint-nazaire-tourisme.com -* ♿ *- juil.-août : 9h30-18h30 ; avr.-juin et sept. : 9h30-12h30, 13h30-18h ; vac. scol. de la Toussaint et de Noël : 9h30-12h30, 13h30-17h30 ; reste de l'année : tlj sf dim. 13h30-17h30 - fermé 1ᵉʳ janv., 1ᵉʳ Mai, 25 déc.* Le Port de tous les Voyages – *Base sous-marine - bd de la Légion-d'Honneur - 44600 St-Nazaire -* 📞 *02 28 54 06 40 - www. leportdetouslesvoyages.com - de déb. juil. à déb. sept. : 10h-19h ; vac. scol. (hors été) et certains j. fériés : 10h-13h, 14h-18h ; mars : merc.-dim. 10h-13h, 14h-18h ; reste de l'année : tlj sf lun. 10h-13h, 14h-18h - fermé de déb nov. à déb. fév. (sf vac. scol. et certains dim.), 1ᵉʳ janv., 1ᵉʳ mai, 24-25 et 31 déc.* Situé près de l'office de tourisme, cet organisme gère la billetterie de tous les sites de visite de la Ville-Port : base sous-marine, chantiers navals, Escal'Atlantic, etc. Il propose le Pass Port + (30 €, 4-14 ans 15 €) avec accès illimité pendant 1 an à 3 sites et des réductions de 15 à 50 % sur les autres, plus certains avantages.

▷ SE REPÉRER

Carte de microrégion B3 (p. 344-345) – Avec St-Brevin qui lui fait face, St-Nazaire garde l'embouchure de la Loire. La ville est desservie par la N 171, qui vient de Nantes (65 km à l'est) et finit sa course à Guérande (22 km à l'ouest). Grâce au pont qui enjambe la Loire, St-Nazaire est aussi reliée à la Vendée *via* la D 213.

🅿 SE GARER

Les parkings sont nombreux dans la ville, y compris dans le centre.

😊 À NE PAS MANQUER

La vue sur le port depuis les terrasses panoramiques de la base sous-marine, les chantiers navals, une promenade sur le front de mer, le parcours artistique Estuaire.

🕐 ORGANISER SON TEMPS

Pensez à réserver votre place pour la visite du port de Nantes-St-Nazaire, des chantiers navals ou du site d'Airbus. Prévoyez plus de deux jours si vous voulez tout visiter.

👪 AVEC LES ENFANTS

Allez rêver de grands paquebots à Escal'Atlantic ; emmenez-les vibrer au cœur du sous-marin *Espadon* ; profitez des plages toutes proches pour un après-midi de détente.

4

Se promener Plan de la ville p. 408

★★ VILLE-PORT

Comptez une journée de découverte. Suivez le fléchage Ville-Port. Garez-vous sur le parking de l'ancienne base sous-marine.

★ **Base sous-marine** B1-2

Bd de la Légion-d'Honneur - accès libre à certaines parties réaménagées : Escal'Atlantic, terrasses panoramiques, etc. - visite guidée (1h10) de déb. juil. à fin août : lun. à 16h30 ; vac. scol. de Pâques : merc. à 11h ; mai : dim. à 11h ; juin : se rens. - 6 € (4-14 ans 3 €) ; 3 € (enf. 1,50 €) avec le « Pass Port + ».

Édifiée par les Allemands pendant l'Occupation, cette forteresse de béton armé fait partie des cinq bases sous-marines construites par l'Organisation Todt le long de la côte Atlantique. Aujourd'hui, c'est la seule d'entre-elles qui soit véritablement ouverte au public. Conçue sur le même modèle que celles de La Rochelle et Bordeaux – les deux autres se trouvent à Brest et Lorient –, la base de St-Nazaire est la mieux conservée de toutes.

Implantée dans le bassin où accostaient auparavant les paquebots de ligne en provenance d'Amérique centrale et des Antilles, ses dimensions sont impressionantes : **480 000 m³ de béton** coulé sur 300 m de longueur, 125 m de largeur et 18 m de hauteur pour une surface intérieure de 4 ha. Le chantier, nécessita 5 000 ouvriers, dont une grande partie de travailleurs forcés. Les **14 alvéoles** furent progressivement mises en service entre 1941 et 1943. Huit étaient concues pour effectuer des réparations sur les U-Boote. Six autres, plus larges, permettaient chacune à deux sous-marins de rester à flot. Dans la partie arrière était installé l'arsenal. Après guerre, toujours intact malgré les bombardements alliés, ce bunker démesuré coupa la ville de son port. Plus tard, il fut utilisé par la Marine nationale pour entretenir certains de ses navires.

Reconversion – Depuis la fin des années 1990, la ville se réapproprie l'espace. Dans les alvéoles 8 à 11 percées pour recréer une vue sur le port se sont installés l'office de tourisme, Le Port de tous les Voyages, Escal'Atlantic, un café et une librairie. L'alvéole 14, couverte d'un dôme (ancien radôme d'un radar de l'Otan) depuis 2007 abrite notamment **Le Life** (Lieu international des formes émergentes) dédié à la création contemporaine, et **Le VIP** consacré aux musiques actuelles avec une salle de spectacle de 550 places. Quant à l'alvéole 12, elle a été transformée en 2017 en salle multi-événements pour les associations.

Le pont de Saint-Nazaire à l'embouchure de la Loire.
Jk_nantes/iStock

★★ Escal'Atlantic B1-2

Base sous-marine - mêmes coordonnées, dates et horaires d'ouv. que la billetterie du Port de tous les Voyages (voir page précédente) - 13 € (4-14 ans 6,50 €) ; gratuit avec le « Pass Port + » - billet combiné avec le navire-musée « Espadon » et l'Écomusée de St-Nazaire : 20 € (enf. 10 €) - visites guidées thématiques et conférences selon la programmation (se rens.) - bar et boutique.

Pénétrez dans les alvéoles 6 et 7 de la base sous-marine pour embarquer dans l'univers sans limites des **grands transatlantiques**. La visite de ce gigantesque espace de 3 700 m² est conçue comme un voyage à bord d'un des mythiques paquebots construits dans les chantiers de St-Nazaire. Du luxueux hall d'embarquement jusqu'au romantique pont arrière en passant par toute la gamme des **cabines de passagers** et d'équipage, rien n'est laissé au hasard pour vous immerger dans l'ambiance d'une traversée transatlantique à bord de l'*Île-de-France*, du *Normandie* ou du *France*.

Parmi les temps forts de la visite, ne manquez pas l'**entrepont**, où se tassaient les émigrants de condition modeste partis avec l'espoir d'une vie nouvelle en Amérique. Sur le **pont-promenade** où souffle la brise du large, les icebergs défilent à bâbord. Toute cette partie de la visite est rythmée par des documentaires et de nombreux ateliers interactifs qui permettent de se placer tour à tour du point de vue de l'équipage, en se mettant dans la peau d'un directeur de compagnie maritime, ou du point de vue des passagers en exploitant le potentiel de votre garde-robe virtuelle pour s'adapter à tous les moments de la vie à bord. Vous traverserez ensuite l'impressionnante salle des machines, au bruit assourdissant, puis l'opulente **salle de restaurant**. Et pour ceux qui n'ont pas peur de faire naufrage, une petite surprise vous attend en fin de parcours.

4

D'ILLUSTRES PAQUEBOTS

De prestigieux paquebots sont sortis des chantiers de St-Nazaire. En 1864, l'*Impératrice-Eugénie* fut le premier navire construit ici. Il était encore équipé de roues à aubes, remplacées plus tard par des hélices. Le *Normandie* fut livré en 1935, le *France* en 1960. L'une des grandes fiertés des chantiers fut le **Queen Mary 2**. Ce mastodonte (345 m de longueur et une capacité de 2 800 passagers) était alors le plus grand paquebot jamais construit. Commandé par la Cunard, il fut livré en 2003. Depuis, de nouveaux records ont été battus : en 2016, le navire de croisière *Harmony of the Seas* était lancé (362 m de longueur, 6 296 passagers), suivi, en 2018, par le **Symphony of the Seas**, le plus grand navire au monde : 362,15 m de longueur.

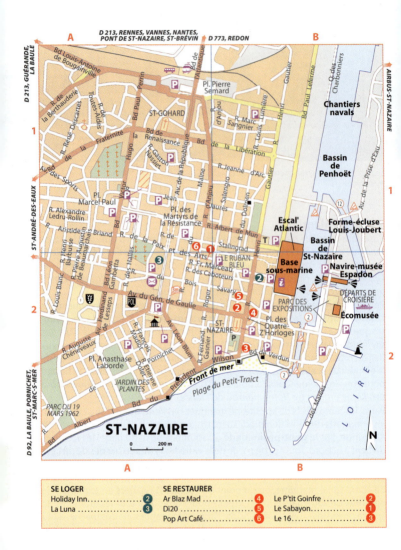

SE LOGER		SE RESTAURER			
Holiday Inn	②	Ar Blaz Mad	④	Le P'tit Goinfre	②
La Luna	③	Di20	⑤	Le Sabayon	①
		Pop Art Café	⑥	Le 16	③

★★ Terrasses panoramiques B1-2

Situées de part et d'autre du **bassin de St-Nazaire** (9 ha), les toits de deux anciennes installations militaires offrent une **vue** d'ensemble sur la Ville-Port.
Jardin du Tiers-Paysage – *Sur le toit de la base sous-marine - accès soit par la rampe face à la r. Henri-Gautier, soit de l'intérieur de la base par l'ascenseur situé derrière la billetterie du Port de tous les Voyages - juin-sept. : 9h-22h ; reste de l'année : 9h-17h30 - entrée libre.* Ouverte au public depuis 1998, la dalle supérieure (4 m d'épaisseur) de la base sous-marine a été réaménagée entre 2009 et 2012 par **Gilles Clément**, artiste à qui l'on doit les jardins du château de Blois. Le paysagiste a ici conçu la surface en béton comme *« un lieu de résistance »* capable de mettre en valeur la diversité écologique de l'estuaire de la Loire. Les **chambres d'éclatement des bombes** (espaces sous la dalle prévus pour

atténuer l'effet de souffle d'une explosion) accueillent par exemple une série de trembles, 107 arbres censés faire « trembler » la redoutable base.

Terrasse du navire-musée « Espadon » – *Quai de Kribi - accès aux horaires d'ouverture du navire-musée (voir ci-après) par un ascenseur ou par un escalier extérieur - entre libre.* Contrairement à la dalle de l'ancien repère des U-Boote, ce toit n'a pas fait l'objet d'un aménagement particulier. Mais c'est justement d'ici que l'on bénéficie de la meilleure **vue sur la base sous-marine**. Et, en tournant le regard vers le nord, on peut s'amuser à chercher l'emplacement exact qui permet de reconstituer d'étranges motifs géométriques rouges éclatés sur différents bâtiments de la zone portuaire : à un point précis, les formes se rejoignent pour composer l'œuvre **Suite de triangles**, une anamorphose géante réalisée en 2007 par l'artiste suisse Felice Varini.

Vue sur la Ville-Port – Les deux terrasses panoramiques permettent d'apprécier l'ampleur du **bassin de Penhoët** *(au nord)*. Parmi les plus étendus d'Europe (22 ha et 2,8 km de quais), il accueille à la fois le port commercial et les chantiers navals d'où sortent les géants des mers. On peut observer un autre lieu emblématique du port, la **forme-écluse Joubert** (350 m de long sur 53 m, 15,25 m de profondeur) qui date de 1932. Toujours utilisée – en 2010, elle a reçu une nouvelle porte de plus de 1 000 t –, cette forme de radoub a été bâtie entre le port et l'estuaire pour les transatlantiques : pour les réparer et pour leur permettre d'entrer dans le bassin quelle que soit la marée. Elle fut nommée en l'honneur de **Louis Joubert**, président de la chambre d'industrie locale qui, en 1925, lança St-Nazaire dans l'aventure des « grandes unités navales ».

Écomusée de Saint-Nazaire B2

Av. St-Hubert - &. - mêmes dates et horaires d'ouv. que la billeterie du Port de tous les Voyages (voir p. 406) - 4 € (4-14 ans 2 €) ; gratuit avec le « Pass Port + » et le 1er dim. du mois (sf juil.-août) - billet combiné avec le navire-musée « Espadon » et Escal'Atlantic : 20 € (enf. 10 €) - visites guidées et conférences : se rens.

Des maquettes de navires et d'hydravions couplées à des documents audio-visuels retracent l'histoire de St-Nazaire et de son activité économique ainsi que la croissance du port et de ses chantiers. Expositions temporaires *(se rens.)*.

Navire-musée « Espadon » B2

Av. de la Forme-Écluse - &. - mêmes dates et horaires d'ouv. que la billeterie du Port de tous les Voyages (voir p. 406) - 9 € (4-14 ans 4,50 €) ; gratuit avec le « Pass Port + » - billet combiné avec l'Écomusée de St-Nazaire et Escal'Atlantic : 20 € (enf. 10 €) - visites guidées et conférences : se rens.

Construit en 1957 au Havre, *L'Espadon* fut le premier **sous-marin** français à naviguer sous l'Artique (1964). Dans les coursives, on peut imaginer la vie des 67 hommes de l'équipage et découvrir l'univers sonore du monde marin.

★ Chantiers navals - Le Voyage en Bateau B1

Dép. en autocar de la base sous-marine - bd de la Légion-d'Honneur - tte l'année sf en janv. - 2 visites guidées au choix : « Chantier naval » (2h) ou « Géants des mers » (1h30) - réserv. obligatoire au ✆ 02 28 54 06 40 ou sur www.leportde-touslesvoyages.com - 14 € (4-14 ans 7 €) ; 11,90 € (enf. 5,95 €) avec le « Pass Port + ».

Le Port de tous les Voyages propose deux circuits commentés qui permettent d'apprécier la démesure des **Chantiers de l'Atlantique★** (leur nom d'usage) : 150 ha sur lesquels travaillent environ 2 000 salariés et 4 000 sous-traitants.

Circuit « Chantier naval » – Il donne un aperçu de l'ensemble du site avec la visite des trois formes : celle pour le **montage** de la coque (470 m sur 66 m), la **forme profonde** (415 m sur 66 m) qu'on longe à pied, dans la galerie technique, et le **bassin d'armement** (424 m sur 95 m) où sont équipés les navires.

Du Second Empire à nos jours

DES PÊCHEURS AUX « MÉTALLOS »

En 1850, St-Nazaire n'est qu'un village de 800 habitants. Six ans plus tard, pour contrer l'ensablement de l'estuaire, on y crée l'avant-port de Nantes, destiné aux navires de gros tonnage. En même temps, la Compagnie générale transatlantique implante ici son chantier naval. Plus important port pour acheminer les troupes américaines en 1917-1918, St-Nazaire a surtout été l'un des sites les plus stratégiques de France durant la Seconde Guerre mondiale.

LA SECONDE GUERRE MONDIALE

Opération « Chariot »

Dès 1941, l'armée d'occupation allemande construit dans le port une gigantesque base sous-marine. Début 1942, ce ne sont pas encore les sous-marins allemands qui inquiètent la Royal Navy, mais le *Tirpitz*, le plus grand cuirassé d'Europe. Sur toute la façade l'Atlantique, seule la **forme-écluse Joubert** de St-Nazaire peut accueillir le navire pour des réparations. Celle-ci sera détruite lors d'un **raid commando** mené dans la nuit du 27 au 28 mars 1942. Les Britanniques laissent derrière eux 169 morts et 215 prisonniers. Mais l'opération « Chariot » est un succès : la forme-écluse ne sera remise en état qu'après la guerre. Toutefois, cette action va encourager la Kriegsmarine à agrandir la **base sous-marine** malgré les **bombardements** alliés. Ceux-ci détruiront 85 % de la ville, mais pas la base sous-marine.

La « poche » de Saint-Nazaire

Après le débarquement de Normandie, Hitler a désigné St-Nazaire parmi les **poches de l'Atlantique** qui doivent résister. Autour de l'estuaire de la Loire, les Allemands organisent la **forteresse de St-Nazaire** avec 30 000 soldats. Les Alliés bloquent la ville. À l'exception de quelques combats (500 morts côté allié), le siège s'installe dans la durée. Finalement, le **11 mai 1945**, trois jours après la capitulation à Berlin, une cérémonie de reddition se déroule à Bouvron. St-Nazaire est alors l'un des derniers territoires libérés en Europe.

LE RENOUVEAU

Programme urbain

La reconstruction d'une ville nouvelle commencera, dès 1945, sous la direction de l'architecte Noël Le Maresquier. Plus tard, à la fin des années 1990, un vaste programme de reconquête des friches et de la base sous-marine donne naissance à un nouveau quartier : **Ville-Port**. La mise en valeur des sites touristiques et culturels a depuis fait muter ce secteur délaissé en un pôle attractif.

Une ville portuaire

Dès 1966, le port autonome de Nantes-St-Nazaire regroupe plusieurs sites, sur 60 km le long de l'estuaire de la Loire. St-Nazaire accueille le trafic des usines « à quai » et la construction navale dans ses célèbres chantiers.

Aujourd'hui, le grand port maritime est devenu un acteur économique majeur dans la région. Les installations portuaires, où plus de 3 000 navires sont accueillis par an, représentent 2 700 ha entre Nantes et St-Nazaire.

Circuit « Géants des mers » – Cette visite se concentre sur les paquebots de croisière actuellement en cours de construction : cinq **villes flottantes** capables de transporter entre 8 000 et 9 000 personnes chacun (passagers et équipage) doivent être livrés d'ici à 2024. En moyenne, 2,5 ans s'écoulent entre la découpe de la première tôle et le lancement de ce type de navire.

Airbus B1 en dir.

Mêmes lieu de dép., conditions de visite et tarifs que pour « Chantiers navals - Le Voyage en Bateau » (lire ci-avant), mais un seul type de visite (2h) et des mesures de sécurité plus strictes : réserv. 48h mini. av. le dép. et pièce d'identité obligatoire. Deuxième site de production en France des avions d'Airbus (après Toulouse) avec 2 000 salariés, St-Nazaire est spécialisé dans l'assemblage, l'équipement et les essais des pointes avant et des fuselages centraux de toute la gamme Airbus. Parcourt à pied les gigantesques **halls de fabrication**. Grâce à des passerelles, on approche de très près les tronçons en cours de construction.

Front de mer AB2

Bd Albert-1er et bd Wilson. La jolie courbe de la rade est bordée d'une agréable promenade piétonne avec pelouses, bancs et cafés.

À proximité Carte de microrégion p. 344-345

★ Pont routier Saint-Nazaire–Saint-Brevin B3

Construit en 1975 à la limite nord-est de St-Nazaire, ce pont franchit la Loire sur 3 356 m et culmine à 61 m au-dessus des eaux. Il assure une liaison facile avec le pays de Retz, la Vendée et la côte charentaise.

Saint-Marc-sur-Mer B3

8 km à l'ouest, dir. La Baule. Cette station balnéaire de la commune de St-Nazaire doit sa célébrité au film *Les Vacances de monsieur Hulot* tourné ici en 1951 par **Jacques Tati**. Depuis 1999, la plage est surveillée par la statue en bronze du personnage. Sa pipe a disparu, mais son hôtel est toujours là *(voir page suivante).*

Tumulus de Dissignac B3

Rte de Dissignac - 13 km à l'ouest du centre-ville par la D 492 - ℘ 02 28 54 06 40 - www.saint-nazaire-tourisme.com - visite guidée (1h) de déb. juil. à déb. sept. : mar.-vend. et dim. 10h30-13h, 14h30-19h (dép. ttes les 30mn) - 6 € (4-14 ans 3 €). Érigé sur une butte, ce tombeau néolithique à deux chambres couvertes (vers 4 000 av. J.-C.) est entouré de murailles circulaires en pierre sèche, étagées en gradins. Deux étroits couloirs mènent aux chambres funéraires.

★ La Grande Brière AB 2-3 *(voir p. 398)*

4

😊 NOS ADRESSES À SAINT-NAZAIRE

HÉBERGEMENT

PREMIER PRIX

Hôtel-restaurant La Luna – *15 av. de la République -* 📞 *02 40 66 70 82 - www.hotel-la-luna.com -* ♿ *- 24 ch. 51/63 € -* 🛏 *7,30 € - wifi -* 🍴 *lun.-jeu. 12h-14h, 19h15-21h30, vend. 12h-14h - formule 10,50/12,50 € (déj.) et 12,50/14,50 € (dîner).* Des chambres simples à 300 m de la plage et à 900 m du port. Cuisine traditionnelle.

BUDGET MOYEN

Hôtel-restaurant de la Plage – *37 r. du Cdt-Charcot - St-Marc-sur-Mer - 8 km à l'ouest du centre-ville par la D 92 -* 📞 *02 40 91 99 01 - www.hotel-delaplage.fr -* ♿🅿 *- 30 ch. 75/240 € -* 🛏 *12 € - wifi -* 🍴 *12h-14h30, 19h-22h30 - formule 15/19 € (sf vac. scol.), menu 30 €.* Tati filma ici *Les Vacances de monsieur Hulot*. La grande bâtisse blanche appartient aujourd'hui à la chaîne Best Western, mais donne toujours directement sur la plage. Ravissantes petites chambres (terrasses au 1er étage). Brasserie face aux flots (fruits de mer).

POUR SE FAIRE PLAISIR

Hôtel Holiday Inn – *1 r. de la Floride -* 📞 *02 40 19 01 01 - www.hotelsaintnazaire.com -* ♿ *-* 🅿 *6 €/j. - 75 ch. 90/150 €* 🛏 *- wifi.* Situé face à la base sous-marine, cet hôtel dispose de chambres confortables. Service impeccable.

RESTAURATION

PREMIER PRIX

Ar Blaz Mad – *23 av. René-Coty -* 📞 *02 40 15 63 70 - 11h30-14h, 19h-22h - fermé dim.-lun. et sam. midi. - tartines 9/15 €.* Entre le front de mer et le port, une toute petite salle chaleureuse où déguster d'excellentes tartines

garnies de fromage, de poisson et/ou de légumes. Accueil souriant.

Le P'tit Goinfre – *3 passage Henri-Gautier -* 📞 *02 40 22 09 91 -* ♿ *- tlj sf dim. 12h-15h, 19h-22h30 - formule déj. en sem. 10,50 €, menu 15/28 €.* Ce bouchon lyonnais à St-Nazaire fait (aussi) la part belle aux produits de la mer. Déco rétro et terrasse ensoleillée.

Pop'Art Café – *13 r. de la Paix-et-des-Arts -* 📞 *02 40 45 47 01 - www.facebook.com/popartsaintnazaire - mar.-jeu. 8h30-19h, vend.-sam. 8h30-21h - formule déj. 11,50 €, menu 17/23 €.* Ce chaleureux café sert bien plus que des bons cafés : pâtisseries maison, brunch (7,50/15 € le sam.) et petits plats à base de produits frais.

BUDGET MOYEN

Le 16 – *16 bd de Verdun -* 📞 *02 40 15 41 89 - www.restaurant-le-16.fr - 12h15-14h, 19h15-21h - formule déj. en sem. 14,90/16,90 €, menu 25,50/29,90 €.* Derrière la façade aux pierres apparentes donnant sur le front de mer, une salle moderne et lumineuse avec vue. On y sert coquillages et crustacés, poissons et viandes grillées.

Di20 – *7 r. du Bois-Savary -* 📞 *02 40 15 19 20 - www.di20.fr - mar.-sam. 10h30-21h30 - menu 17/23 €.* Ce restaurant propose des classiques du sud-ouest et des recettes de la mer. Large choix de vins et whiskies (500 références) provenant de la cave située à côté.

Le Sabayon – *7 r. de la Paix-et-des-Arts -* 📞 *02 40 01 88 21 - mar.-sam. 12h-13h30, 19h15-21h - formule déj. en sem. 20,50 € - menu 32/55 €.* Dans ce restaurant au décor chaleureux, délicieux petits plats : poissons grillés, noix de St-Jacques sautées à la fleur de Guérande et sabayon aux coteaux de l'Aubance. Les desserts faits maison sont à base de chocolat Valrhona.

SORTIES

Le Life – *Alvéole 14 - base sous-marine - bd de la Légion-d'Honneur - ☎ 02 28 54 99 45 - lelifesaintnazaire. wordpress.com - ouv. en général mar.-dim. 14h-19h - tarifs concerts : env. 18/38 €.* Le « lieu international des formes émergentes » est un espace de travail pour les artistes, mais aussi de concerts, expos, happenings, etc. Le tout dans une immense alvéole à U-Boote de 1 460 m² et 10 m de hauteur sous plafond.

Le VIP – *Alvéole 14 - base des sous-marins - bd de la Légion-d'Honneur - ☎ 02 40 22 43 05 - www.levip-saintnazaire.com.* Cette salle de concerts de musiques actuelles programme chaque année une trentaine d'artistes.

Le Théâtre – *R. des Frères-Pereire - ☎ 02 40 22 91 36 - www.letheatre-saintnazaire.fr.* À côté de la base sous-marine, la Scène nationale, propose une programmation riche et éclectique.

ACTIVITÉS

Plages – On en compte vingt qui se succèdent de la capitainerie jusqu'à la vaste plage des **Jaunais** *(14 km à l'ouest du port)* abritée par une dune à proximité de Pornichet. Celles de **Villès-Martin** (&) et de **Porcé** sont familiales, celle de **La Courance** parfaite pour le body-surf et la **plage de M. Hulot** (&), à St-Marc-sur-Mer, a su préserver son charme d'antan. L'été, ces cinq plages sont surveillées et deux d'entre-elles mettent des engins de baignade à disposition des personnes à mobilité réduite. Trois bénéficient du label **Pavillon bleu** : Jaunais, M. Hulot et La Courance. Enfin, on trouve des criques tranquilles, du côté de Port-Charlotte, par exemple.

Chemin des douaniers – *7 km balisés au dép. de la base nautique, avant le Rocher du Lion.* C'est la plus belle façon de découvrir les plages. Un itinéraire à suivre de préférence à marée basse pour éviter de remonter sur la route.

Vélocéan – *Itinéraires à télécharger sur rando.loire-atlantique.fr - carte disponible à l'office de tourisme.* Pour aller de St-Nazaire à La Baule à vélo (29 km).

Le Voyage sur l'estuaire – *Dép. quai de Kribi, à côté de l'Écomusée de St-Nazaire - ☎ 02 28 54 06 40 - www. leportdetouslesvoyages.com - juin-sept. : dates et horaires, se rens. - croisières-découvertes (2h) : 20 € (4-14 ans 10 €) - excursion dans la zone portuaire (2h) : 14 € (enf. 7 €) - réduction de 15 % avec le « Pass Port + ».* Visites guidées en bateau thématiques (côte d'Amour, estuaire, route des phares, port) presque tous les jours en été. La compagnie Marine et Loire Croisières organise des **excursions pour Nantes** avec retour en bus ou en TER *(rens. : www.marineetloire.fr).*

AGENDA

Les Escales –*www.festival-les-escales.com - 3 j. fin juil.* Festival de musiques traditionnelles, world, pop, rock et electro près du port avec chaque année un thème (une ville, une culture, etc.).

Farniente Festival – *www. farniente-festival.org - mi-juil.* Concerts de « musique libres et sentimentales » (jazz, funk spirituel, transe du Sahel…) sur la plage de M. Hulot, à St-Marc-sur-Mer.

Record SNSM – *www.recordsnsm. com - fin juin.* Amateurs de voile, impossible de manquer cet événement nautique organisé au profit des sauveteurs en mer. Animations, feux d'artifices, etc.

4

Canal de Nantes à Brest

★

Loire-Atlantique (44)

Faisant autrefois office de passage pour le transport marchand, le canal construit de 1811 à 1842 affiche une longueur totale de 360 km. Aujourd'hui, les plaisanciers ont remplacé les mariniers et découvrent au fil des écluses une succession de paysages champêtres, de bois et de villages tout aussi paisibles qu'accueillants. Les promeneurs à pied ou à vélo peuvent longer une partie du canal grâce à l'aménagement des chemins de halage.

☺ NOS ADRESSES PAGE 417
Hébergement, restauration, achats, activités, etc.

⚑ S'INFORMER
Voir les offices de tourisme indiqués ci-après avec le symbole .

◐ SE REPÉRER
Carte de microrégion CD2 (p. 344-345) – Situé 38 km au nord-ouest de Nantes par la la N 137, entre les forêts du Gâvre et de la Groulais, Blain est une bonne base pour découvrir le canal.

◔ ORGANISER SON TEMPS
En été, pour éviter la chaleur, privilégiez les bords du canal le matin et une petite marche en forêt l'après-midi.

👫 AVEC LES ENFANTS
Suivez le sentier de découverte du moine Guenael.

Découvrir Carte de microrégion p. 344-345

Blain C2

⚑ *2 pl. Jean-Guihard - ℰ 02 40 87 15 11 - www.erdrecanalforet.fr - 10h-12h, 14h-18h, sam. 10h-12h, 14h-17h30 - fermé dim.-lun. et j. fériés.*
Ancien carrefour de voies romaines, Blain (9 500 habitants) joue un rôle commercial important entre Nantes, Redon et l'Anjou. Sa proximité avec la forêt du Gâvre offre de belles possibilités de promenade (sentiers balisés).
Musée de Blain – *2 pl. Jean-Guilhard - au sein de l'office de tourisme (mêmes horaires) - ℰ 02 40 79 98 51 - www.musee-de-blain.fr - 3 € (7-14 ans 1,50 €) - boutique.* Installé dans l'ancien présidial des ducs de Rohan, ce musée fait revivre le passé du pays blinois, avec la reconstitution de l'épicerie, du bureau de tabac, de la saboterie, etc. Deux salles sont consacrées aux traditions populaires du temps de Noël.
Château de La Groulais – *6 allée Olivier-V-de-Clisson - 1 km au sud du centre-ville en traversant L'Isac - ℰ 02 40 79 07 81 - juil.-août : tlj sf lun. 14h-18h, w.-end et j. fériés 10h-12h, 14h-18h - gratuit.* Érigée à partir du 11e s. par le duc de Alain IV de Bretagne, cette belle forteresse doit sa forme actuelle aux ducs de Clisson (13e-14e s.). Remaniée au 16e s. par les ducs de Rohan, elle fut en partie démentelée sur l'ordre de Richelieu en 1628. La **tour du Pont-Levis** (14e s.), au toit en poivrière, domine des douves sèches. Le **logis du Roi** (15e s.) impressionne par sa longue façade Renaissance ornée de hautes lucarnes à pinacles. Il accueille aujourd'hui un gîte et une salle de réception.

BLAIN, BERCEAU D'UN CHEF PROTESTANT

En 1579, **Henri de Rohan** voit le jour à Blain, en pleine guerre de Religion. Son nom reste lié aux guerres qui opposèrent huguenots et pouvoir royal entre 1620 et 1629, alors qu'il était à la tête du parti protestant. Amnistié par la paix d'Alès en 1629, il récupère Blain, cédé à Condé, mais doit s'exiler. Rappelé en 1635, il repartira néanmoins en Suisse, servir le roi à l'occasion de la guerre de Trente ans (1618-1648). Il meurt là-bas en 1639.

🞵 Guenrouët

Halte nautique - quai St-Clair - 📞 *02 40 87 68 09 - www.guenrouet.fr - juil.-août : 10h30-12h30, 14h-19h ; mai-juin. : w.-end et j. fériés 14h-17h - location de vélos, paddles et pédalos.*

Situé sur la ligne de front de la « poche de St-Nazaire », ce bourg (3 300 habitants aujourd'hui) eut à subir de nombreux dégâts à la fin de la Deuxième Guerre mondiale. Très endomagée, l'**église St-Hermeland** (19e s.) fut rebâtie entre 1945 et 1951 et dotée de 27 magnifiques **vitraux** réalisés par Gabriel Loire, maître verrier à Chartres. Remarquez notamment ceux des deux rosaces, qui, au travers du thème de la Passion du Christ, évoquent le sort subi par Guenrouët de septembre 1944 à mai 1945.

Port Saint-Clair – *quai St-Clair.* Au bord de l'Isac, une des huit rivières dont le canal emprunte le cours, ce petit port est un agréable lieu de promenade. Sur l'eau, en bateau ou en paddle, ou le long du chemin de halage, à pied ou à vélo, on découvre de beaux points de vue sur les méandres de la vallée de l'Isac.

Abbatiale de Saint-Gildas-des-Bois B2

Pl. de l'Abbatiale - 44530 St-Gildas-des-Bois - 📞 *02 40 01 41 72 - juin-sept. : 9h-19h ; reste de l'année : 9h-17h - entrée libre (sf messe mar. et vend. à 18h et dim. à 11h) - visite guidée (1h30) juil.-août : jeu. à 15h - gratuit - rens. à l'office de tourisme de Guenrouët (voir ci-avant) ou à celui de Ponchâteau (* 📞 *02 40 88 00 87).*

Bombardée en 1944, cette abbaye avait perdu ses magifiques vitraux et était restée depuis en partie ouverte aux vents. En 2005, le plasticien Pascal Convert, auteur du monument aux Fusillés du mont Valérien, se voit confier la réalisation de nouveaux vitraux. Il opte pour du cristal et, au lieu de scènes de la Bible, choisit de les sculpter à partir de photographies d'enfants prises au 19e s. dans un asile d'aliénés L'effet est saisissant, puisque tous ces petits regards en relief semblent suivre chacun de vos pas lors de vos déplacements dans la nef.

Circuit conseillé Carte de microrégion p. 344-345

★ DE FORÊTS EN MAQUIS

▶ *Circuit de 85 km tracé en gris sur la carte de microrégion (p. 344-345). Au départ de Blain, dirigez-vous au nord-ouest par la D 15, route de Guémené-Penfao.* La route traverse les futaies où les chênes, les hêtres et les pins s'étendent sur plus de 4 400 ha. Elle rejoint le **carrefour de la Belle-Étoile**, aux dix allées rayonnantes.

Tournez à droite vers Le Gâvre ; à la Maillardais, prenez à gauche.

Chapelle de la Magdeleine C2

Lieu-dit La Magdeleine - 44130 Le Gâvre - 8h-20h - entrée libre.

Cette modeste chapelle du 12e s. faisait partie d'une léproserie. Remarquez la gracieuse **statue polychrome** de la Vierge (15e s.) et les vitraux (2013).

Revenez à la Maillardais et continuez vers Le Gâvre.

Musée Benoist - Maison de la forêt C2

*2 rte de Conquereuil - 44130 Le Gâvre - ☏ 02 40 51 25 14 - www.maisondelaforet44.fr -
juil.-août : 14h30 -18h30 ; vac. scol. (sf été et fév.) : lun.-mar., jeu.-vend. et dim.
14h30-18h30 ; sept.-oct. : dim. 14h30-18h30 - fermé j. fériés - 4 € (6-17 ans 2,50 €).*
Dans une demeure du 17ᵉ s., une exposition présente la forêt du Gâvre : les
essences qui la composent, autrefois réputées pour la construction navale,
des animaux naturalisés… Sous les combles que coiffe une belle charpente en
châtaignier, de vieux métiers sont évoqués : tonnelier, scieur de long, rémou-
leur… Non loin de l'école, une loge de sabotier évoque la vie d'artisans au 19ᵉ s.

🐾 **Sentier du moine Guenaël** – *Dép. du parking du camping du Gâvre -4 km.*
Muni du livret de découverte disponible à l'office du tourisme de Blain, suivez
les pas du moine Guenaël, personnage imaginaire, qui vous mènera sur un
sentier balisé à travers la forêt. Là, faits historiques se mêlent aux légendes.
Prenez la dir. de Nozay par la D 2, puis poursuivez en dir. d'Abbaretz.

Terril et lac d'Abbaretz D2

*D 2 - 44170 Abbaretz - accès libre - base nautique ouv. avr.-oct. : merc.-dim.
10h30-19h - ski nautique : 30 €/15mn (10-18 ans 25 €, 5-10 ans 10 €) - bouée tractée :
10 €/pers. les 15mn - rens. au ☏ 06 63 04 88 80 ou sur skinautiquesnna.wixsite.com.*
Avec ses paysages de dunes, cette ancienne mine d'étain à ciel ouvert, exploitée jusqu'en 1957, est devenue le rendez-vous des promeneurs. Un lac (15 ha),
apparu avec le remplissage de la mine, est aménagé avec un sentier et une base
nautique. Le terril, créé par l'accumulation de résidu minier depuis l'Antiquité,
est le **point culminant du département** (121 m d'altitude). Un escalier mène
au sommet d'où l'on bénéficie d'un **panorama★** jusqu'à Nantes par beau temps.
Reprenez la D 2 jusqu'à La Meilleraye-de-Bretagne.

Abbaye Notre-Dame de Melleray D2

*Rte de Riaillé - 44520 La Meilleraye-de-Bretagne - ☏ 02 40 55 26 00 - www.melleray-
abbaye.com - ♿ - visite guidée (1h) mai-juil. : 1ᵉʳ ou 2ᵉ sam. du mois à 15h30 (se rens.) -
3 € (-12 ans gratuit) - accès à l'église possible durant les offices (se rens.).*
Fondée en 1142 près d'un étang, cette ancienne abbaye cistercienne est
occupée par un groupe œcuménique chrétien (Communauté du Chemin Neuf)
depuis 2016. Dans l'**église** (1183), statue en bois polychrome de la Vierge (17ᵉ s.).
Quittez La Meilleraye par le sud et suivez le fléchage vers le lac de Vioreau.

Lac de Vioreau D2

*Lieu-dit Vioreau - 44440 Joué-sur-Erdre - ☏ 02 40 72 35 43 - www.vioreau.com -
♿ - accès libre - aire de pique-nique - restauration, baignade surveillée en juil.-août.*
Deux circuits *(7,5 et 8 km)* font le tour de ce lac artificiel de 200 ha créé en
1811. Activités nautiques, VTT, pêche et animation musicale l'été.
*Descendez vers Joué-sur-Erdre, puis empruntez la D 33 vers Saffré. Après le croise-
ment avec la D 69, suivez le fléchage du maquis de Saffré sur la gauche.*

Monument du maquis de Saffré D2

Lieu-dit Le Pas-du-Houx - 44390 Saffré - accès libre.
Inauguré en 1950 par Charles de Gaulle, il rend hommage au maquis de Saffré
pris par la Milice française et les troupes allemandes le 28 juin 1944. Treize des
300 maquisards furent tués sur place, 29 furent exécutés dans les jours suivants
et 29 autres déportés. Derrière le monument et les tombes de 13 résistants,
un **sentier d'interprétation** présente à travers une dizaine de panneaux les
sites du combat et s'enfonce dans la forêt jusqu'à un oratoire près duquel se
trouvent les ruines des **baraquements** de fortune de ce maquis formé en
1943. *Reprenez la dir. de Saffré et rejoignez Blain par la D 33.*

☺ NOS ADRESSES AUTOUR DU CANAL DE NANTES À BREST

HÉBERGEMENT ET RESTAURATION

PREMIER PRIX

Camping de la Forêt –
3 r. de l'Étang - 44130 **Le Gâvre** *-
5,5 km au nord de Blain par
la D 42 - ℘ 02 40 51 20 62 - www.
campinglegavre.fr - ⚐🅿 - de déb.
avr. à mi-oct. - 80 empl. 15,50 € -
5 châlets 230/539 €/sem. - wifi
gratuit à l'accueil.* Ce camping au
cadre verdoyant est situé au bord
de l'étang du Gâvre et à 400 m
du centre du village. Très calme.

BUDGET MOYEN

Gîte de l'Écluse de la Tindière –
Lieu-dit Sobidin - 44390 **Nort-
sur-Erdre** *- 21 km au sud-
est de Blain par la D 164 -
℘ 06 70 04 45 09 - www.
etapecanalgiteeclusedelatindiere.
com - 2 ch. 52 € - 1 dortoir de 4 lits
16 €/pers. - ⊑ 5 € -wifi - ✕ tlj sf
mar. 12h-18h - fermé nov.-mars
(sf pour clients du gîte) - plat 10 €.*
Idéalement placée en bordure du
canal, sur l'itinéraire Vélodyssée,
cette ancienne maison éclusière
réhabilitée avec charme constitue
une étape bucolique et reposante.

Auberge de la Forêt – *Lieu-dit
La Maillardais - 44130* **Le Gâvre** *-
9 km au nord de Blain par la D 42
et la D 35 - ℘ 02 40 51 20 26 - www.
auberge-delaforet.fr - ⚐🅿 -
13 ch. 79/120 € - ⊑ 5/11 € - wifi -
✕ 11h45-14h45, 19h45-22h15 -
fermé lun.-mar. (sf le soir pour
les clients de l'hôtel) et dim. soir -
formule déj. en sem. 18 € - menu
28,50/37,50 €.* Agréable compromis
entre gastronomie et cuisine
traditionnelle. Service correct
dans une grande salle à manger
à la fois sobre et élégante. Les
chambres, simples et bien tenues,
font de cette auberge une adresse
sympathique à l'orée de la forêt.

ACHATS

**Boutique de l'abbaye
Notre-Dame de Melleray** –
*Rte de Riaillé - 44520 La Meilleraye-
de-Bretagne - ℘ 02 40 55 26 00 -
www.melleray-abbaye.com -
tlj sf mar. 9h45-11h45, 15h-18h,
lun. 15h-18h, dim. 11h45-12h30,
15h-18h - fermé déb. janv.* Vente
de miel, jus de fruit, confitures
produits sur place. Outre de
nombreux articles religieux
(icônes, livres, etc.), on trouve
aussi fromages, liqueurs ou
chocolats artisanaux provenant
d'autres monastères.

ACTIVITÉS

**La Vallée des Korrigans -
Tépacap !** – *Rte du Lac - lac de
la Vallée Mabille - 44260 Savenay -
au sud-ouest de Blain par la
N 171 - ℘ 02 40 58 30 30 - www.
lavalleedeskorrigans.fr - juil.-août
et vac. scol. de Pâques : 10h-19h ;
juin : 14h-19h, merc. et w.-end
10h-19h ; sept. : merc. et w.-end
10h-19h ; reste de l'année : se
rens. - aire de jeux : 10,50 € (-3 ans
gratuit) - accrobranche : 23,50 €
(7-13 ans 23,50 €) - aire de jeux et
accrobranche : 28 € (7-13 ans 22 €) -
activités : paintball à partir de 20 €,
kart aquatique à partir de 8,50 €,
canoë à partir de 15 €.* Préparez
vous au grand frisson avec un
parcours accrobranche installé
dans un parc de 2 ha. L'aire de
jeux comprend, quant à elle, des
espaces conçus à partir de 3 ans.

AGENDA

Canal en Scène – *artnonyme.
jimdo.com - fin juin ou déb. juil.* Au
port de Blain et au château de
La Gourlais, concerts et spectacles
gratuits, fête foraine « décalée »,
produits bio et folklore maritime.

4

Châteaubriant

11 895 Castelbriantais – Loire-Atlantique (44)

Au centre d'une région boisée et parsemée d'étangs, cette ancienne ville fortifiée se situe aux marches de la Bretagne et de l'Anjou. Capitale du pays de la Mée, elle constitue avant tout une étape sur la route des stations balnéaires bretonnes, mais en vous attardant un tant soit peu, vous découvrirez une ville au riche passé historique et culturel, berceau de la famille de Chateaubriand.

> (☺) **NOS ADRESSES PAGE 420**
> Hébergement, restauration, achats, activités, etc.

ⓘ S'INFORMER

Office de tourisme du Castelbriantais– *29 pl. Charles-de-Gaulle - 44110 Châteaubriant -* ✆ *02 40 28 20 90 - www.tourisme-chateaubriant.fr - 9h30-12h30, 14h-18h - fermé dim.-lun. et certains j. fériés.*

▶ SE REPÉRER

Carte de microrégion D1 (p. 344-345) – La ville de Châteaubriant est située au nord du département, 70 km au nord de Nantes par la D 178 et la D 31 et 88 kmau nord-est de St-Nazaire par la N 171 et la D 771.

☺ À NE PAS MANQUER

Le château et le marché aux bestiaux du mercredi matin.

⏱ ORGANISER SON TEMPS

Comptez une bonne heure de visite pour le château.

Se promener

★ Château

Pl. Charles-de-Gaulle - ✆ *02 40 28 20 20 - grand-patrimoine.loire-atlantique.fr/chateau-de-chateaubriant - visite guidée du château (1h) mai-sept. : tlj sf lun. à 11h, 14h30 et 16h ; vac. scol. de fév., de Pâques et de la Toussaint : jeu. à 15h30, w.-end à 14h30 et 15h30 ; reste de l'année (sf janv.) : w.-end à 14h30 et 15h30 - jardins ouv. mai-sept. : 7h30-20h ; reste de l'année : 7h30-18h - exposition temporaire ouv. juil.-sept. : tlj sf lun. 10h30-18h - atelier pour familles (1h) ttes vac. scol. sf Noël : merc. à 15h30 - fermé 1er janv., 1er et 11 nov., 24-25 et 31 déc. - spectacles/animations (dates : se rens.), jardins et exposition temporaire : gratuit - visite guidée ou atelier : 3 € (14-18 ans 2 €) - boutique - application gratuite pour smartphones.*

Ce château est particulièrement bien mis en valeur par le département de Loire-Atlantique qui en est propriéaire depuis 1853. Il comprend une partie féodale et une partie Renaissance, due à Jean de Laval, comte de Châteaubriant, dont l'épouse Françoise de Foix fut un temps la favorite de François Ier. Du château féodal, il subsiste un important **donjon**, rattaché au châtelet d'entrée et à la chapelle par des murailles auxquelles s'adossent les deux ailes du Grand Logis. En face s'élève le **palais seigneurial** *(partie intérieure visible lors de la visite guidée de 14h30, sur réserv.)* dont les trois ailes sont reliées par d'élégants pavillons Renaissance. Au cours de la visite, on emprunte l'escalier central **(1)** menant à un balcon d'où l'on jouit d'une belle vue sur la cour d'honneur, le donjon et les toits de la ville. On accède ensuite à la chambre « dorée » de Françoise de Foix **(2)** avec sa monumentale cheminée en bois sculpté (début 17e s.), puis à l'oratoire **(3)**.

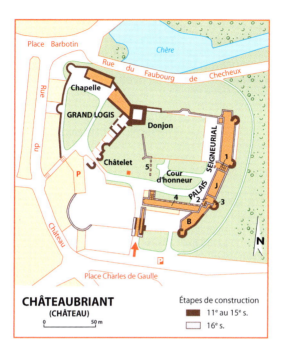

CHÂTEAUBRIANT
(CHÂTEAU)

0   50 m

Étapes de construction
- 11e au 15e s.
- 16e s.

En regagnant l'accueil, remarquez la pierre tombale de Françoise de Foix *(devant la billetterie)*, gravée d'une épitaphe de Clément Marot. Le tribunal d'instance **(J)** occupe une partie du palais seigneurial et la bibliothèque municipale, l'aile méridionale **(B)**. De la colonnade qui encadrait la cour d'honneur, il reste la galerie couverte **(4)** aboutissant à un pavillon d'escalier et un tronçon **(5)** fermant la cour d'honneur.

One peut faire le tour du château en flânant sur l'esplanade et dans les jardins qui descendent jusqu'à la Chère, où il fait bon pique-niquer.

Église de Saint-Jean-de-Béré
9 r. du Prieuré-de-Béré - 9h-18h - entrée libre.

Le chœur et la croisée du transept remontent à la fin du 11e s. La nef est du 12e s. À droite du chapitreau (porche couvert du 16e s.) se trouve le petit « autel du Bon Dieu de Pitié » où était célébrée la messe au temps de la peste noire (1347-1351). À l'intérieur, sur le maître-autel, très riche retable (1665).

CHÂTEAUBRIANT DANS L'ASSIETTE

Centre d'un pays d'élevage de **viande bovine**, Châteaubriant, deuxième marché aux gros bovins de France, a donné son nom à une pièce de bœuf de 300 à 400 g prise dans le filet. La viande doit être saisie à l'extérieur, et saignante, juste chaude, à l'intérieur, et est traditionnellement servie avec des pommes dauphine et une sauce béarnaise. La technique de cuisson aurait été mise au point par **Montmirail**, cuisinier de François-René de Chateaubriand, à moins que ce ne soit par **Magny**, cuisinier d'un restaurant parisien qui recevait au 19e s. les célébrités littéraires.

Carrière des Fusillés - Musée de la Résistance

Lieu-dit La Sablière - 2 km à l'est du centre-ville par la r. des 27-Otages - ℘ 02 40 28 60 36 - www.musee-resistance-chateaubriant.fr - monument : accès libre - musée : merc. et sam. 14h-17h (18h en juil.-août) ; gratuit (libre participation).

Le **monument du Souvenir** rappelle que 27 otages ont été fusillés ici par les allemands le 22 octobre 1941. Guy Môquet, 17 ans, était le plus jeune d'entre eux. Ils furent exécutés en représailles à une action de la résistance qui tua le commandant de la place de Nantes deux jours plus tôt. Au total, les représailles causèrent la mort de 48 personnes à Châteaubriant, Nantes et Paris. À côté du monument, le musée revient sur cet épisode.

À proximité Carte de microrégion p. 344-345

Église Notre-Dame de l'Assomption C1

▸ *24 km à l'ouest par la D 771, la D 775 et la D 123.*
Pl. de l'Église - 44590 Mouais - 9h-18h - entrée libre.

Cette église du 11e s., remaniée aux 16e et 20e s., abrite les plus vieilles cloches du département (1440), mais aussi des **fresques et vitraux** réalisés en 1969 par le peintre abstrait nantais Joël Dabin (1933-2003).

😊 NOS ADRESSES À CHÂTEAUBRIANT

HÉBERGEMENT ET RESTAURATION

BUDGET MOYEN

Hôtel-restaurant La Ferrière –
R. Winston-Churchill - ℘ 02 40 28 00 28 - www.hotellaferriere.fr -
🅿️ ♿ *- 27 ch. 85/115 € - ☕ 11 € -*
wifi - 🍴 formule déj. 22 € - menu 30/40 €. Belle demeure bourgeoise et ses dépendances nichées dans un parc abritant des chambres confortables, avec mobilier de style et dotées de salles de bains modernes. Salle à manger de caractère (stucs et moulures) et véranda ouverte sur la nature.

POUR SE FAIRE PLAISIR

Brin de Chevrette – *Lieu-dit Les Hautes-Chapelettes - 44540 Bonnœuvre - 30 km au sud-est par la D 41 et la D 120 - ℘ 06 31 42 84 56 - www.brindechevrette. com -* 🅿️ *- 3 cabanes dans les arbres, 119 € ☕.* Trois cabanes dans les arbres pour s'imaginer en Robinson le temps d'une nuit. Vélos et paniers repas à remplir avec menu complet ou en-cas *(12/35 €)* à partir de produits fermiers fabriqués sur place (confiture de lait, caramels, etc.). Site labellisé bio.

ACTIVITÉS

Marché aux bestiaux – *Foirail intercommunal - voie de la Liberté - 1,5 km au sud du centre-ville par la r. d'Ancenis - Merc. 7h15-10h.* Plus de 1 000 bovins transitent chaque semaine ici. Les estimations de poids se font à l'œil et les transactions financières à la parole.

Clisson et le vignoble nantais

6 717 Clissonnais – Loire-Atlantique (44)

D'un massif pont de pierre, la vue se dégage sur le site de Clisson baigné de verdure, et sur son château médiéval dont la puissante silhouette se reflète dans les eaux de la Sèvre nantaise. À la limite entre la Vendée et la Loire-Atlantique, cette charmante ville se distingue par la fantaisie italianisante de son architecture, et offre à la visite un splendide domaine de style néoclassique : la Garenne-Lemot. Au nord, la Sèvre nantaise arrose la partie la plus dense du vignoble nantais où l'on produit le muscadet de Sèvre-et-Maine et le gros-plant, deux vins blancs. De Clisson au Val de Loire, les domaines des viticulteurs ouvrent leurs portes au public.

😀 NOS ADRESSES PAGE 428
Hébergement, restauration, achats, activités, etc.

🔖 S'INFORMER

Office de tourisme du vignoble de Nantes – *Pl. du Minage - 44190 Clisson - ☎ 02 40 54 02 95 - www.levignobledenantes-tourisme. com - avr.-oct. : 10h-12h30, 14h-18h ; mars : tlj sf lun. 10h-12h30, 14h-18h ; reste de l'année : tlj sf lun. 10h-12h30, 14h30-17h30, dim. 14h30-17h30 - fermé 1er janv., 25 déc.*

▶ SE REPÉRER

Plan de microrégion D4 (p. 344-345) – Clisson se trouve au confluent de la Sèvre nantaise et de la Moine, 35 km au sud-est de Nantes.

😊 À NE PAS MANQUER

Le charme romantique de cette petite cité italianisante en bordure de Sèvre ; les paysages de vignoble du muscadet de Sèvre-et-Maine.

🕐 ORGANISER SON TEMPS

De mi-avril à début mai, profitez du tapis bleu des jacinthes pour visiter le parc de la Garenne-Lemot.

👫 AVEC LES ENFANTS

Une balade en barque dans le marais de Goulaine.

4

Se promener

★ Château d'Olivier de Clisson

Pl. du Minage - ☎ 02 40 54 02 22 - grand-patrimoine.loire-atlantique.fr/chateau-de-clisson - 👤 - juil.-août : 10h30-18h ; mai-juin et sept. : tlj sf mar. 10h30-18h - reste de l'année : tlj sf mar. 14h-17h30 - fermé 1er et 11 nov. 24-25 et 31 déc. - visite guidée (1h) juil.-août : à 11h, 14h30 et 16h ; vac. scol. de fév., Pâques et la Toussaint : tlj sf mar. 15h30 ; mai-juin et sept. : tlj sf mar. à 11h, 14h30 et 16h - reste de l'année (sf janv., pas de visite) : w.-end 15h30 - atelier famille (1h, réserv. conseillée) de mi-juil. à fin août : merc.-jeu. à à 14h30 et 16h ; vac. scol. (sf été) : merc. à 15h30 - accès : 3 € (14-18 ans 2 €) - accès et visite guidée : 6 € (enf. 4 €) - atelier : 3 €/pers.

Le château que l'on découvre aujourd'hui sur son promontoire dominant la Sèvre nantaise protégeait jadis le duché de Bretagne face à l'Anjou et au Poitou. Parmi ses premiers seigneurs, les sires de Clisson, figure le célèbre connétable **Olivier V de Clisson** (1336-1407). En 1420, le château fut confisqué par le duc de Bretagne.

LE MANÈGE ENCHANTÉ

En 1931 naît à Clisson une personnalité fantaisiste : **Serge Danot** (1931-1990), le créateur de Pollux. Pour ses loisirs, Danot fabrique des films de marionnettes animés. Après avoir exercé plusieurs métiers, ce passionné fait ses premiers pas dans le monde du cinéma et devient très vite dessinateur d'animation, puis opérateur. Lorsque Danot met au point *Le Manège enchanté*, petit film dont le héros est un chien à l'accent anglais, Pollux, le succès arrive très vite. L'ORTF lui commande 90 films. *Les Aventures de Pollux* seront vues dans le monde entier…

Le **château primitif★** remonterait aux 11e et 12e s. Au 13e s., Guillaume de Clisson fit élever une construction polygonale flanquée de tours. Au 14e s., un donjon également polygonal lui fut accolé. Il en subsiste un pan de mur encore couronné de mâchicoulis. La cuisine, le logis seigneurial et la chapelle datent aussi du 14e s. Au 15e s., pour moderniser les fortifications, le duc François II de Bretagne fit édifier une deuxième enceinte comprenant des prisons et une nouvelle porte monumentale munie d'un pont-levis. Enfin, par crainte de la Ligue, trois bastions furent construits au 16e s. afin de renforcer le château.

Au centre de la cour d'honneur, vous pourrez voir le puits où, en 1794, furent précipités 18 habitants de Clisson qui s'étaient réfugiés dans le château.

Animations gratuites – Entre mai et juillet, le château sert de cadre à des concerts, spectacles et reconstitutions historiques *(programme sur le site internet)*.

Halles

Pl. du Minage et r. des Halles - marché : mar. et vend. 8h30-13h.

Non loin du château, admirez la superbe charpente en chêne, châtaignier et sapin de ces halles qui pourraient dater du 14e s. Bien conservées, elles sont parmi les plus vieilles de France et sont inscrites aux Monuments historiques depuis 1923.

Ponts

Le viaduc (1840) qui franchit la Moine offre une **vue** plongeante sur le château, la rivière, ses berges verdoyantes et le **pont St-Antoine**. Celui-ci aurait été édifié par le duc François II de Bretagne lorsqu'il devint seigneur de Clisson au 15e s. Du **pont de la Vallée**, reconstruit au 18e s. et qui enjambe la Sèvre, on découvre un aspect différent de la rivière dominée par le château.

PETITE ITALIE

Située au nord de la Vendée royaliste, Clisson fut mise à feu et à sang par les « Colonnes infernales » en 1794, si bien qu'à la fin de la Révolution, la ville avait été désertée par presque tous ses habitants. Quelques années plus tard, au début du 19e s., elle « s'italianisa » sous l'impulsion de deux Nantais, les **frères Cacault** (Pierre, peintre formé à Rome, et François, diplomate en Italie) et du sculpteur **François-Frédéric Lemot** (1772-1827), inspirés par leurs différents séjours à Naples, à Rome et en Toscane. Nombre de demeures de Clisson et divers moulins à eau ou manufactures des environs, reconnaissables notamment à leurs baies en plein cintre appareillées en briques, sont autant de témoignages de cet engouement dont on trouve les prémices dans le parc de la Garenne-Lemot, ou dans les bâtiments conventuels du 17e s. de Charroux *(voir Guide Vert Charentes-Poitou).*

Le château de Clisson et la Sèvre nantaise.
Ph. Blanchot/hemis.fr

★ Domaine de la Garenne-Lemot

Rte de Poitiers - 44190 Gétigné - 600 m au sud-est de Clisson par la rte de Poitiers -
☎ 02 40 54 75 85 - grand-patrimoine.loire-atlantique.fr/domaine-de-la-garenne-
lemot - &. - avr.-sept. : 9h-20h ; reste de l'année : 9h30-18h30 - accès gratuit au parc
et aux expositions temporaires - visite guidée du parc et de la villa (1h) juil.-oct. :
tlj sf lun. à 11h, 14h30 et 16h - visite guidée du parc (1h) mai-juin : tlj sf lun. à 16h -
atelier pour famille (1h15) juil.-août : merc.-jeu. à 14h30 et 16h ; vac. scol. (sf été) :
merc. à 15h30 - visites guidées : 3 € (14-18 ans 2 €) - atelier : 3 €/pers. - animations
et visites guidées gratuites en mai-sept. (dates et horaires : voir le programme sur
le site Internet) - boutique.

Cette propriété de 13 ha doit son nom au bois de la Garenne et au sculpteur
François-Frédéric Lemot qui l'acquiert en 1805 et décide de la transformer en
un lieu de villégiature dédié aux arts. C'est lui qui charge l'architecte Mathurin
Crucy d'aménager l'ensemble dans le goût italianisant alors en vogue.

Parc – S'étenddant sur 13 ha, il est animé de statues et de fabriques ornemen-
tales faisant référence à l'Antiquité. On y verra le **temple de Vesta** imitant celui
de Tivoli, une borne milliaire, un oratoire, un tombeau, la grotte d'Héloïse et
deux rochers gravés de poèmes. Ne manquez pas, au bord de la Sèvre, le joli
site rocheux des **Bains de Diane**.

Maison du jardinier – *À l'entrée du domaine, à droite* - Inspiré des maisons de
Toscane ou d'Ombrie, ce petit chef-d'œuvre de l'architecture rustique italienne
en France servit de modèle à plusieurs maisons de la région. Remarquez sa
tour-pigeonnier, sa loggia, ses tuiles rondes. Comme un vent d'Italie soufflant
sur cette localité de Loire-Atlantique.

Villa Lemot – Précédée d'une colonnade en hémicycle, cette villa néoclassique (1824) est uniquement ouverte à l'occasion de visites guidées
(juin-sept. : tlj sf mar. à 11h, 14h30 et 16h - 3 €, 14-18 ans 2 €) et d'une grande
exposition annuelle *(juin-sept. : tlj sf mar. 10h30-18h - gratuit)*. Elle offre, de
sa terrasse arrière, une jolie **vue** sur la ville et sur le temple de l'Amitié, où
repose François-Frédéric Lemot.

4

Circuit conseillé Carte de microrégion D4 p. 344-345

LE PAYS DU MUSCADET DE SÈVRE-ET-MAINE

Circuit de 85 km tracé en vert sur la carte de microrégion (p. 344-345) – env. 4h30. De part et d'autre de la vallée de la sineuse Sèvre nantaise se succèdent, sur les coteaux, les domaines des viticulteurs. *Quittez Clisson par la D 117 (rte de Gorges puis rte de Clisson). Dépassez la mairie de Gorges et empruntez la D 113. Après avoir traversé la Sèvre nantaise, tournez à droite et garez-vous au parking.*

Moulin à papier du Liveau D4

Lieu-dit Le Liveau - 44190 Gorges - ℘ 06 16 11 89 50 - lemoulinapapierduliveau. fr - &. - juil.-août, vac. scol. de Pâques et de la Toussaint : 14h30-18h ; avr.-juin et sept.-oct. (sf vac.) : tlj sf lun. 14h30-18h - visite guidée (1h) en juil.-août et vac. scol. de Pâques et de la Toussaint, se rens.- 4 € (5-12 ans 2 €) - visite guidée : 7 € (5-12 ans 3 €, 12-18 ans 5 €). Cet écomusée est installé sur les bords de la Sèvre nantaise dans un ancien moulin à farine du 17e s. utilisé pour la fabrication du papier au 19e s. Depuis 2015, la pile à maillets est de nouveau actionnée par une roue à aubes. Initiation à la fabrication des feuilles de papier à la main et à l'imprimerie sur une ancienne presse à bras. Espace vidéo, boutique et expositions temporaires.

Le Pallet D4

Cette commune de 2 400 habitants est le village natal du philosophe et théologien **Pierre Abélard** (1079-1142). Cette personnalité remarquable et déconcertante est surtout connue pour sa passion amoureuse pour Héloïse, la nièce du cruel Fulbert. Il l'épousa secrètement avant qu'elle ne fût mise dans un couvent.
Musée du Vignoble nantais – *82 r. Pierre-Abélard - ℘ 02 40 80 90 13 - www. musee-vignoble-nantais.eu - &. - juil.-août : 10h-18h ; reste de l'année : se rens. - 5 € (12-17 ans 2,50 €) - possibilité de visite guidée (1h15).* Dans ce vaste bâtiment moderne, découvrez les secrets du muscadet : les différentes zones de production et le travail de la vigne (greffage, vendanges, pressurage, tonnellerie, etc.). Parmi les objets, machines et outils exposés remarquez un monumental **pressoir à long fût** du 18e s. Dégustation et, à l'extérieur, présentation des différents cépages du Pays nantais.
Promenade dans les vignes – De l'autre côté du village, au départ de la chapelle St-Michel, un circuit balisé offre une agréable balade dans le vignoble. *Quittez Le Pallet par l'est en empruntant la rte qui longe la Sanguèse.*

Mouzillon D4

Ce village organise le festival «Une nuit en muscadet » *(www.unenuitenmus-cadet.com - déb. juil.).* Au sud de l'église, **pont gallo-romain** sur la Sanguèse. *Quittez Mouzillon par le nord en empruntant la D 763.*

Vallet D4

🏛 *1 pl. Charles-de-Gaulle - ℘ 02 40 36 35 87 - www.levignobledenantes-tourisme. com - juil.-août : 9h30-12h30, 14h30-18h30, lun. 14h30-18h30, w.-end 10h-12h30 ; reste de l'année : tlj sf lun. et certains j. fériés 9h30-12h30, 14h30 à 18h30, dim. 10h-12h30.*
Cette commune viticole est considérée comme la capitale du muscadet.
Domaine de la Fessardière – *La Hersonnière - ℘ 02 40 36 20 88 - www.domaine-fessardiere.fr - visite guidée et dégustation sur RV (lun.-jeu. 9h-17h, vend. 8h-12h).* Sur ce domaine de 25 ha n'est produit que du muscadet bio. *Quittez Vallet par le nord-ouest en prenant la D 37.*

Moulin du Pé D3

Rte du Moulin-du-Pé - 44430 Le Loroux-Bottereau - accès libre.

Sur une colline à 64 m d'altitude, ce moulin du 19ᵉ s. a été aménagé avec une plate-forme à 13 m de hauteur. **Vue** sur le vignoble et les marais de Goulaine. *Revenez et poursuivez sur la D 37.*

Le Loroux-Bottereau D3

Pendant la guerre de Vendée, des hommes du village forment la bande armée des « gâs du Loroux » qui rejoint les royalistes. En représailles, le 8 mars 1794, la 9ᵉ colonne infernale du général Cordellier met le feu au bourg et tue 500 habitants. Au total, plus de 1 000 Lorousains perdent la vie durant le conflit. Des monuments leur rendent hommage, dont une statue de Louis XVI installée face à l'**église St-Jean-Baptiste**. Rebâtie en 1858, celle-ci abrite un tableau offert par Charles X portant l'inscription « À la paroisse du Loroux pour sa vaillance et son martyre ». L'église possède aussi deux **fresques** du 12ᵉ s. représentant la légende de saint Gilles. Du **clocher**, vue sur les coteaux du vignoble.

Quittez Le Loroux-Bottereau par le sud-est en empruntant la D 7 puis la D 31. Tournez à gauche avant de rejoindre la Loire en suivant le fléchage vers La Divatte.

Brasserie de La Divatte D3

Lieu-dit Le Norestier - 44450 La Chapelle-Basse-Mer - ℘ 02 40 33 38 94 - www.bieretrompesouris.com - lun. 18h-20h, vend. 18h-21h et sam. 14h-20h - fermé j. fériés - visite guidée sur réserv. (1h - 3 €) : sam. à 15h et 16h.

Créée en 2001, cette brasserie artisanale produit une dizaine de bières dont la Trompe-Souris, qui doit son nom aux ruines d'un moulin situé non loin. Dégustations, visites, mais aussi concerts et animations toute l'année.

Au carrefour, prenez en direction de la Loire. Tournez à gauche et suivez la rive.

★ Levée de La Divatte D3

Cette digue route a été aménagée en 1857 pour protéger le maraîchage des crues de la Loire. Bordant le fleuve sur 15,8 km, elle traverse de bucoliques paysages. Il est agréable de la parcourir, surtout en fin de journée lorsque les lumières rasantes colorent la Loire.

Au lieu-dit Boire-Courant, prenez la rte des Meuniers puis à droite sur la D 104. Au croisement avec la D 105, prenez-celle-ci à droite vers le pont de l'Ouen.

4

LE VIGNOBLE NANTAIS

Terroir – Superficie : 13 800 ha ; production : 600 000 hl. Climat océanique, peu arrosé, largement ensoleillé. Les sols sont composés de sables, de graviers, de granits et de gneiss.

Vins – La principale production est le muscadet (blanc), issu du melon-de-bourgogne, dans les AOC muscadet-sèvre-et-maine, muscadet-coteaux-de-la-loire et muscadet-côtes-de-grandlieu à quoi s'ajoutent les AOVDQS gros-plant du Pays nantais (blanc).

Muscadet – Originaire de Bourgogne, ce cépage fut introduit en Pays nantais au début du 18ᵉ s. L'influence atlantique et les sols schisteux lui impriment son caractère iodé. Précoce, il est sensible aux gelées et aux maladies. Les petites baies de sa grappe sont de couleur jaune doré. Lorsqu'il est élevé sur lie, il présente un aspect perlant. Une robe très pâle, un nez iodé, minéral dans les vins jeunes, auxquels s'ajoute un bouquet de fleurs blanches après quelques années de garde. Une bouche vive et légère.

Conseil interprofessionnel des vins de Nantes – *www.vinsdeloire.fr.*

Marais de Goulaine D3

Cette étendue verdoyante (1 500 ha) est traversée par de nombreux canaux bordés de roseaux. Le marais est alimenté par La Goulaine que la D 105 enjambe au **pont de l'Ouen**. Datant du 6ᵉ s. mais reconstruit en 1910, l'ouvrage marque la séparation entre deux étangs riches en carpes, tanches et brochets.

La Maison bleue – *136 rte du Pont-de-l'Ouen- 44115 Haute-Goulaine - ℘ 02 40 54 55 50 - www.maraisdegoulaine.fr - tlj sf sam. et j. fériés 14h-17h, dim. 15h30-18h30 - fermé nov.-avr. - visite guidée (sur RV) en barque et à pied (1h30) : 6 € (-3 ans gratuit) ; à pied (1h) : 5 € (6-12 ans 2 €).* Le centre d'information du marais de la Goulaine propose des **promenades en barque** ou en longeant les canaux à pied. Autour, plusieurs itinéraires sont aménagés, notamment celui qui mène à la butte de la Roche *(30mn AR)*. Là, on profite d'un **panorama** à 360° sur Nantes, les clochers des environs et le château de la Goulaine.

Prenez sur la droite la D 74.

★ Château de Goulaine D3

Allée du Château - 44115 Haute-Goulaine - ℘ 02 40 54 91 42 - www.chateaude-goulaine.fr - juil.-août : 10h45-19h ; vac. scol. de Pâques et de la Toussaint, de mi-juin à fin juin et de déb. sept. à mi-sept. : 14h-18h30 ; de déb. avr. à mi-juin et de mi-sept. à mi-nov. (sf vac. scol) : w.-end et j. fériés 14h-18h30 - fermé de mi-nov. à déb. avr. - 9 € (4-16 ans 5,50 €) - visite guidée (1h) à 14h30, 15h45 et 17h.

Entouré de vignobles, ce château fut bâti entre 1480 et 1495 par Christophe de Goulaine, gentilhomme de la chambre des rois Louis XII et François Iᵉʳ. De son passé militaire subsistent une tour à mâchicoulis et un castelet, précédé d'un pont enjambant les douves. Au corps de logis du 15ᵉ s., construit en tuffeau dans le style ogival, deux ailes furent ajoutées au début du 17ᵉ s.

Intérieur – Au rez-de-chaussée vous déambulerez dans la cuisine du 15ᵉ s., et ses deux grandes cheminées, avant de rejoindre l'étage via un escalier à vis qui s'ouvre sur le Grand Salon (cheminée Renaissance), le salon Bleu (plafond à caissons bleu et or) et le salon Gris (panneaux en lambris, scènes de mythologie sur les trumeaux). Une exposition permanente (tableaux, affiches, objets, mobilier) retrace l'histoire de la **biscuiterie LU** de 1880 à nos jours. 👫 Des jeux de découverte culinaire et autres animations sont proposés aux enfants.

À Haute-Goulaine, prenez au sud la DF 105. À l'entrée de Vertou, tournez à gauche, puis empruntez la D 59 en dir. de Clisson. Après 500 m, prenez sur la gauche la D 539.

La Haie-Fouassière D4

Ce village vigneron doit son nom à la fouasse, délicieux gâteau en forme d'étoile à six branches que l'on trouve dans les pâtisseries du secteur.

Quittez La Haie-Fouassière par le sud en franchissant la Sèvre nantaise par la D 74.

Saint-Fiacre-sur-Maine D4

Cette commune viticole possède la plus forte densité de vignes de la région. Vous découvrirez l'église romano-byzantine St-Hilaire (1896) et la tour du Chasseloir (15ᵉ s.), pourvue d'un cellier orné d'animaux fantastiques. Domaine viticole, le château de Coing (15ᵉ-19ᵉ s) abrite des communs de style italianisant dit « clissonnais » *(dégustations tlj sf dim. 11h-13h, 14h-18h).*

Prenez à gauche la D 76 qui longe la rivière.

Monnières D4

L'église Ste-Radegonde (12ᵉ et 15ᵉ s.), possède de magnifiques **vitraux** sur le thème de la vigne et du vin. Ils ont été conçus par Jacques Grüber (1870-1936), maître verrier et ébéniste de l'École de Nancy.

La D 76 ramène à Clisson.

Le château de Goulaine.
F. Leroy/hemis.fr

À proximité Carte de microrégion p. 344-345

Le Cellier D3

▶ *36 km au nord de Clisson par la D 763, la D 7, la D 31 et la D 68.*

De beaux panoramas sur la Loire se dégagent de cette commune viticole. On y trouve plusieurs belles propriétés, dont le château de Clermont (17e s.) qui fut la dernière demeure de l'acteur **Louis de Funès** (1914-1983).

Domaine des Génaudières – *Lieu-dit Les Genaudières -* ℘ *02 40 25 40 27 - www. domaine-genaudieres.fr - tlj sf dim. et j. fériés 9h-12h30, 14h-19h.* Située à flanc de coteaux sur la rive droite de la Loire, cette propriété viticole de 35 ha est ouverte pour des dégustations mais aussi pour des **randonnées**. Elle se trouve en effet sur le tracé du mythique GR3. Très beaux points de vue sur le fleuve.

Oudon D3

▶ *11 km au nord-est du Cellier par la D 68 et la D 723.*

Un **donjon médiéval**, élevé en 1392 et remanié jusqu'au 19e s., domine cette commune de 3 700 habitants. Du sommet de la tour, belle vue sur la vallée.

Ancenis D3 en dir.

▶ *10 km au nord-est d'Oudon par la D 723.*

🛈 *27 r. du Château -* ℘ *02 40 83 07 44 - www.pays-ancenis-tourisme.com - de mi-juin à fin août : tlj sf dim. 9h30-12h30, 14h-18h ; de déb. avr. à mi-juin et sept.-oct. : mar.-sam. 10h-12h, 14h-18h ; reste de l'année : mar.-merc. 10h-12h, 14h-17h30, jeu. 10h-12h - 2e bureau à Oudon (se rens.).*

Bâties en schiste et couvertes d'ardoise, les maisons de ce bourg s'étagent face à la Loire que franchit un pont suspendu (1953), long de 412 m. Les fortifications de la cité et les remparts du château, dont les restes sont encore visibles, en faisaient une « clef de la Bretagne ». Ancien port très actif dans le trafic des vins, Ancenis abrite la coopérative des Vignerons de La Noëlle, l'un des plus importants groupements de France avec 350 ha de vignes.

4

😊 NOS ADRESSES À CLISSON

HÉBERGEMENT ET RESTAURATION

BUDGET MOYEN

Hôtel Best Western Villa Saint-Antoine – 8 r. St-Antoine - ☏ 02 40 85 46 46 - www.hotel-villa-saint-antoine.com - 🅿️🍴 - 43 ch. 82/245 € - 🍽️ 13,50/16 € - wifi. Au cœur de Clisson, cette ancienne filature abrite de belles chambres contemporaines rendant hommage à l'art italien. Terrasse au bord de l'eau, piscine.

POUR SE FAIRE PLAISIR

La Bonne Auberge – 1 av. Olivier-de-Clisson - ☏ 02 40 54 01 90 - 12h-13h30, 20h-21h30 - fermé dim. soir, lun.-mar. et merc. soir - formule déj. en sem. 16 €, menu 23 €, à la carte 49/85 €. Dans une maison bourgeoise, trois salles élégantes et chaleureuses (boiseries blondes), dont une véranda ouverte sur un jardin. Carte fidèle à son classicisme.

À proximité

PREMIER PRIX

Hôtel-restaurant Don Quichotte – 35 rte de Clisson - 44330 **Vallet** - 10 km au nord par la D 763 - ☏ 02 40 33 99 67 - www.hotel-donquichotte-nantes.fr - 🅿️♿ - 14 ch. 59,90 € - 🍽️ 8,90 € - wifi - 🍴 12h-14h, 18h30-22h30 - formule déj. en sem. 16 €, menu 22,90/36,90 €. De grandes fresques décorent cet ancien moulin aux chambres simples. Plats du terroir.

Chambre d'hôte du château de la Galissonnière – Lieu-dit La Galissonnière - 44330 **Le Pallet** - 10 km au nord-ouest par la D 149 - ☏ 02 40 80 45 83 - www.chateaugalissonniere.fr - 🅿️ - 5 ch. - 70/113 € 🍽️ - wifi. Chambres modernes dans un superbe domaine viticole. Dégustations.

BUDGET MOYEN

Restaurant Clémence – 91 Levée-de-La-Divatte - 44450 **St-Julien-de-Concelles** - 28 km au nord-ouest par la D 763 et la D 37 - ☏ 02 40 36 03 18 - www.restaurantclemence.com - ♿ - 12h-13h30, 19h30-21h - fermé merc. soir, dim. soir, lun. et vac. scol. de Noël - formule 24/27 €, menu 33/56 €. Un cuisine inventive qui exploite tous les trésors de la région : royal d'asperges, croustillant d'agneau, brochet au beurre blanc, etc. Vins chers.

La Toile à Beurre – 82 r. St-Pierre - 44150 Ancenis - 35 km au nord-est par la D 763 - ☏ 02 40 98 89 64 - www.latoilea beurre.com - ♿ - 12h-14h, 20h-21h30 - fermé dim. soir, mar.-merc. soir et lun. - formule déj. en sem. 15,50 €, menu 30/55 €. Pierres, poutres et tomettes pour cette maison de 1753 avec terrasse. Cuisine traditionnelle franche et goûteuse (poissons de la Loire).

ACTIVITÉS

La Vélo-Visite – 24 r. St-Jacques - ☏ 07 68 77 95 77 - www.lavelo visite.com - de 99 €/j. à 429 €/7 j. - avec assistance élec. : de 119 €/j. à 599 €/7 j. Ce loueur installé à Clisson livre sur demande partout en France le vélo Pino, un tandem allemand avec pédalage en position horizontale à l'avant. Possibilité de prise en charge des bagages sur les circuits locaux.

AGENDA

Les Médiévales de Clisson – www.lesmedievalesdeclisson.fr - 2 j. fin juil. les années impaires. Défilés, joutes, combats de chevaliers, etc.

Hellfest – www.hellfest.fr - 3e w.-end de juin. Plus grand festival de musique metal de France, à Clisson depuis 2006.

Le pays de Retz

Loire-Atlantique (44)

Si son nom est connu grâce au compagnon d'armes de Jeanne d'Arc (Gilles de Retz) et à l'adversaire de Mazarin (le cardinal de Retz), ce pays demeure le plus sauvage de la région nantaise. Un espace rural partagé entre l'Océan, l'estuaire de la Loire, le lac de Grand-Lieu et le Marais breton.

😊 NOS ADRESSES PAGE 433
Hébergement, restauration, achats, activités, etc.

🛈 S'INFORMER

Office du tourisme de Pornic – *Pl. de la Gare - 44210 Pornic - ☎ 02 40 82 04 40 - www.ot-pornic.fr - juil.-août : 9h30-19h, dim. 10h-18h ; avr.-juin et sept. : 9h30-12h30, 14h-18h30, dim. et j. fériés 10h30-13h, 15h-17h30 ; reste de l'année : 9h30-12h30, 13h30-18h30, jeu. 9h30-12h30, dim. 10h30-13h - fermé 1er janv., 1er mai, 25 déc.*

◗ SE REPÉRER

Plan de microrégion BC3-4 (p. 344-345) – Le pays de Retz s'étend de l'estuaire de la Loire au Marais breton avec Les Moutiers-en-Retz situés 10 km au sud-est de Pornic par la D 13.

😊 À NE PAS MANQUER

L'abbatiale carolingienne St-Philbert et Planète sauvage.

🕐 ORGANISER SON TEMPS

Prévoyez une nuit à Pornic, sur la Côte de Jade.

👫 AVEC LES ENFANTS

Visitez le Grand Parc des légendes et la Maison du lac de Grand-Lieu. Et dormez au parc Planète sauvage.

Découvrir Carte de microrégion p. 344-345

LE PAYS DE RETZ

◗ *Circuit de 145 km tracé en violet sur la carte de microrégion – comptez 2 jours. Quittez Pornic par la D 13 vers le sud et tournez à gauche en direction de Prigny.*

Chapelle Monsieur-Saint-Jean-Baptiste de Prigny B4

8 rte de l'Abbaye - 44760 Les Moutiers-en-Retz - entrée libre - visite guidée (30mn) juil.-août : merc. 14h-18h ; gratuit (participation libre) - concerts en juil.-août : merc. à 21h - rens. à l'office de tourisme de Pornic ou sur www.lesmercredisdeprigny.fr.
Située sur une éminence du village de Prigny (commune de Les Moutiers-en-Retz), cette chapelle romane fut érigée au 11e s. à l'emplacement d'un oppidum. Au 12e s., son clocher (10 m de hauteur) servit de tour de guet aux Templiers qui avaient en charge la sécurité des pèlerins. L'édifice abrite trois autels baroques (17e-18e s.), dont l'un dédié au saint patron des paludiers bretons, Guénolé, et une ancre abandonnée par les Vikings après leur départ de la région en 938. *Suivez la D 13 vers le sud. Belles* **vues** *sur la baie de Bourgneuf et l'île de Noirmoutier.*

Les Moutiers-en-Retz B4

🛈 *14 pl. de l'Église-Madame - ☎ 02 40 82 74 00 - www.ot-pornic.fr - juil.-août : 10h-13h, 15h-18h30, dim. et j. fériés : 10h-13h - reste de l'année : se rens.*
Aux portes de la Vendée, ce bourg côtier de 1 500 habitants a longtemps vécu de ses marais salants. En été, on peut y visiter les **Salines de Millac** *(visite guidée de 1h15 sur RV - 3 €, 6-18 ans 1,50 € - rens. sur www.salines-de-millac.com.*

4

Bourgneuf-en-Retz B4

Rte de Bouin - 02 40 31 88 88 - www.tourisme-regiondemachecoul.fr - juil.-août : 9h30-13h, 14h-18h30, dim. et j. fériés 9h30-12h30 ; reste de l'année : se rens.
Ce bourg de 3 500 habitants (rattaché à la nouvelle municipalité de Villeneuve-en-Retz depuis 2016) est un important carrefour routier entre les plages de la baie de Bourgneuf (au nord) et les parcs à huîtres vendéens (au sud).
Musée du Pays de Retz – *6 r. des Moines - 02 40 21 40 83 - www.museedupays-deretz.fr - & - juil.-août : 15h-19h ; avr.-mai et sept.-oct. : tlj sf lun. 14h30-18h30 - 5 € (6-12 ans 3 €).* Dans les dépendances (17e s.) d'un ancien couvent de cordeliers sont regroupés des collections archéologiques et minéralogiques ainsi que des coiffes et costumes locaux. Une bourrine (ancienne demeure paysanne) de la fin du 19e s. et des reconstitutions d'ateliers font revivre les activités traditionnelles des habitants du pays de Retz : ostréiculture, marais salants, pêche, agriculture et artisanat (sabotier, cordonnier, forgeron, menuisier, fileuse, tonnelier, boulanger, aubergiste, briquetier).
Quittez Bourgneuf par l'est en empruntant la D 13 sur 12 km.

Machecoul-Saint-Même C4

14 pl. des Halles - 02 40 31 42 87 - www.tourisme-regiondemachecoul.fr - juil.-août : tlj sf lun. 9h30-12h30, 14h30-18h30, dim. 9h30-12h30 ; reste de l'année : se rens. Capitale historique du pays de Retz, cette petite ville compte 7 300 habitants. Fin mai et fin juillet, deux fêtes médiévales sont organisées dans le bourg, retraçant l'histoire du féroce **Gilles de Retz** *(rens. : www.raiscreations.com).*
Quittez Machecoul par le nord-est en empruntant la D 64. Environ 2 km après St-Même-le-Tenu, prenez à droite la D 71. À St-Lumine, prenez la D 61 sur 7 km.

★ Abbatiale Saint-Philbert-de-Grand-Lieu C4

2 pl. de l'Abbatiale - 44310 St-Philbert-de-Grand-Lieu - 02 40 78 73 88 - www.stphilbert.fr - tlj sf lun. 10h30-12h30, 14h30-18h30 - fermé 1er mai, 1er nov., de fin déc. à fin janv. - 4 € (6-18 ans 2 €) - billet combiné avec le musée de la Maison touristique de Passay : 6 € (6-15 ans 3 €) - visite guidée (45mn) juil.-août : mar. à 21h et jeu. à 16h ; reste de l'année : jeu. à 16h ; 5 € (6-18 ans 3 €) - boutique.
Cette étonnante **église carolingienne** est le seul bâtiment bien conservé du monastère bénédictin fondé en 815 sous le nom d'abbaye de Déas. Le site fut choisi pour son éloignement du rivage, alors sous la menace des raids vikings. En 836, les moines de Noirmoutier trouvent ici refuge avec les **reliques de saint Philibert**. Pour protéger celles-ci, le complexe est fortifié. En 847, les Normands atteignent l'abbaye et l'incendient. Mais la précieuse dépouille du saint est intacte. Elle est transférée à Tournus, en Bourgogne, tandis que les moines reconstruisent les bâtiments. Endommagée lors des guerres de Religion, l'abbaye est abandonnée et l'abbatiale transformée en église paroissiale. Utilisée comme entrepôt à fourrages durant l'époque révolutionnaire, ses murs sont abaissés de plus de 3 m en 1870. Bien que classée au titre des Monuments historiques en 1896, elle sert de marché aux poulets jusqu'en 1936, date à laquelle elle est rendue au culte. Acquise par la commune en 1993, elle continue d'accueillir des célébrations, notamment lors de la Saint-Philibert, le 20 août. L'église offre aujourd'hui le spectacle émouvant d'un édifice meurtri au cours des siècles, mais dont la beauté été rehaussée grâce à des travaux de réhabilitation récents.
Intérieur – À la fois majestueuse et austère, la nef frappe par le curieux mélange de tradition antique et d'influence byzantine qui se retrouve dans les puissants piliers dépourvus de décor et l'alternance de briques et de pierres à la romaine. Remarquez, sur les murs latéraux, la ligne blanche de chaux

LA LÉGENDE DE SAINT PHILBERT (OU PHILIBERT)

Ce Gascon né vers 616 à Eauze fonda plusieurs abbayes dans l'ouest de la France, notamment à Jumièges près de Rouen, à St-Philbert-de-Grand-Lieu et à Noirmoutier où il mourut en 685. Sa dépouille connut lors des invasions normandes maintes tribulations. Son sarcophage fut d'abord transféré à St-Philbert-de-Grand-Lieu (836), puis sa dépouille seule fut transportée à Cunault, en Anjou, en 858. De là, son exode se poursuivit par Messais, en Poitou (862), puis par St-Pourçain, en Bourbonnais. Cette incroyable odyssée se termina à Tournus où la chapelle absidiale du chœur de l'abbaye abrite la châsse de saint Philbert.

---

marquant le niveau du sol avant déblaiement, et dans les arcs des transepts, le remploi de matériaux issus de monuments romains. Dans le chœur, vous verrez la **crypte** qui fut emmurée afin d'échapper au pillage et à l'incendie lors de l'attaque des Normands en 847. Elle abrite toujours la **châsse en marbre** du 7e s. dans laquelle les moines noirmoutrins avaient placé le corps de leur abbé. Depuis 1936, à l'occasion du onzième centenaire du transfert des reliques de saint Philbert, une partie de celles-ci sont de nouveau conservées ici.

Quittez St-Philbert par le nord en empruntant la D 65 sur 6 km puis tournez à gauche sur la D 62 en dir. de Passay.

Lac de Grand-Lieu C4

Bordé par St-Philbert, au sud, Passay, à l'est, St-Aignan-de-Grand-Lieu et Bouaye, au nord, ce lac de 63 km² est une réserve naturelle depuis 1980. Constituant la **deuxième réserve ornithologique de France** après la Camargue, il a été inscrit au titre de la Convention de Ramsar et classé Natura 2000. Placé sur une voie de migration atlantique, il accueille 270 espèces d'oiseaux. C'est aussi un important site de nidification pour des espèces plus locales comme le **héron cendré**, la **spatule blanche** (30-50 couples chacun) et la rare **guifette noire** avec, selon les années entre 50 et 120 couples, soit la moitié environ de la population présente en France. Peu profond (de 1 à 2 m), le lac est recouvert par endroits d'une importante couche de vase. Cet environnement a vu naître plusieurs légendes au cours des siècles, comme celle d'**Herbauges**, ville ensevelie pour ses mœurs dissolues. Ainsi, chaque nuit de Noël, dit-on, le tintement d'une cloche d'église se fait entendre au milieu du lac.

Passay C4

Ce hameau de pêcheurs de la commune de La Chevrolière est le seul site qui permet d'accéder directement au lac de Grand-Lieu.

Maison touristique – *16 r. Yves-Brisson - 44118 La Chevrolière -* ✆ *02 40 31 36 46 - www.mairie-lachevroliere.com -* ♿ *- avr.-oct. : tlj sf lun. 10h30-13h, 14h30-18h30 ; reste de l'année : merc. et vend.-dim. 14h30-17h30 - fermé 1er janv., 25 déc. - gratuit - musée : 4 € (6-15 ans 2 €) ; billet combiné avec la tour-observatoire ou l'abbatiale St-Philbert : 6 € (enf. 3 €).* Ce bâtiment moderne abrite un office de tourisme, une salle d'exposition temporaire et un **musée**. Celui-ci est consacré à l'écosystème du lac (5 aquariums) et aux techniques de pêche locales. À l'extérieur, se trouvent une **tour** pour l'observation des oiseaux et une zone artisanale où sont regroupées plusieurs boutiques de métiers liés à l'activité du lac. À noter que la Maison touristique est le seul organisme autorisé à proposer des **promenades en barque** sur le lac, en août uniquement *(se rens.).*

Prenez la D 65 par le nord-est, puis la D 11 à Pont-St-Martin jusqu'à Bouaye et la D 264 vers St-Mars-de-Coutais (fléchage pour la Maison du lac sur la gauche).

4

Maison du Lac de Grand-Lieu C4

R. du Lac - 44830 Bouaye - ℘ 02 28 25 19 07 - www.maisondulacdegrandlieu. com - juil.-août, vac. scol. de Pâques et de la Toussaint : 10h-18h30 ; avr.-juin et sept.-oct. (sf vac. scol.) : 13h-18h, dim. 10h-18h30 ; vac. scol. de fév. : 13h30-18h ; reste de l'année : merc. et w.-end 13h30-17h - fermé lun., vac. scol. de Noël et déb. fév. - 3 € (-6 ans gratuit) - vsites guidées sur réserv. uniquement, horaires se rens. - visite découverte (2h15) : 5 € (6-18 ans 4 €) - visite guidée (3h) ou visite famille (2h) : 8 € (6-18 ans 5 €) - boutique, aire de pique-nique.

La Maison du lac propose une belle exposition permanente, ludique et interactive, détaillant l'écosystème du lac. À travers les interviews de pêcheurs, les sons et les montages photographiques, on se met dans l'ambiance avant de découvrir plus en détail les trois types de paysages offerts par le lac et ses environs : les prairies inondables, l'herbier flottant et les roselières boisées. À l'extérieur, un **sentier d'interprétation** *(1 km)* ponctué de plusieurs stations mène au **pavillon Guerlain** *(accessible uniquement dans le cadre des différentes visites guidées)* d'où la vue porte sur les rives du lac et ses 270 espèces d'oiseaux : bécassines, canards, sarcelles, grèbes, râles, oies…

🐦 **Circuit à vélo** - *Carte à télécharger sur www.cc-granlieu.fr.* Une boucle de 72 km autour du lac a été ouverte spécialement pour la randonnée à vélo. Différents accès permettent d'aller jouir de très beaux panoramas. À faire de préférence tôt le matin, pour avoir la chance d'observer des oiseaux.

★ Planète sauvage C4

Lieu-dit La Chevalerie - 44710 Port-St-Père - ℘ 02 40 04 82 82 - www.planete-sauvage.com - ♿ - de mi-juil. à fin août : 9h30-19h ; avr. : 10h-18h, jeu.-dim. 10h-19h ; mai-juin et sept. et vac. scol. de la Toussaint : 10h-18h, vend.-dim. 10h-19h ; mars : merc.-vend. sur RV, w.-end 10h-18h, oct.-nov. (sf vac. scol.) : w.-end 10h-18h - dernier billet 2h av. la fermeture - fermé de fin nov. à déb. mars - 26 € (3-12 ans 21 €) - en 4x4 : 36 € (enf. 28 €) - avec visite du bassin des dauphins : 35 € (enf. 30 €) - journée ou demi-j. avec les soigneurs ou en 4x4 avec guide : 70-100 €/pers. - hébergement (voir ci-contre), boutiques, aires de pique-nique et restauration sur place.

Ce parc zoologique créé en 1988 abrite près de 1 000 animaux de 150 espèces. S'étendant sur 80 ha, il est divisé en 5 espaces, dont l'un se parcourt en voiture.

Piste Safari – *En voiture - 2h env. - consignes de sécurité : fermez vos vitres et, en cas de problème, ne descendez pas de votre véhicule, mais klaxonnez.* Vous emprunterez 10 km de pistes serpentant à travers 16 parcs différents afin de découvrir, dans des paysages de brousse et de savane, hippopotames et éléphants, impalas et springboks, ours baribal, tigres, lions, lycaons, girafes…

Reste du parc – Le grand bassin de la **Cité marine** sert de cadre à un spectacle de dauphins *(25mn)*. Le **Chemin de brousse** mène du Village de Kirikou à l'Île de Madagascar à la rencontre des lémuriens. Le **Temple de la jungle** mêle découverte d'animaux d'Asie (macaques, hydopotes, pélicans, etc.) et jeux avec notamment un pont supendu. Enfin, le **Sentier des Incas** est consacré à l'Amérique latine avec flamands de Cuba, saïmiris (« singes-écureuils »), alpagas… *Rejoignez Port-St-Père, empruntez la D 103 puis la D 80 sur 10 km vers le nord.*

Le Pellerin C3

Le village faisait partie des points de passage des pèlerins de St-Jacques-de-Compostelle. Il est possible d'emprunter un bac pour traverser la Loire. Sur une écluse du canal de la Martinière, remarquez l'œuvre *Misconceivable* du parcours Estuaire *(voir p. 366)*. Surnommé **« le bateau mou »**, ce voilier à la proue penchant dans l'eau a été installé ici en 2007 par l'artiste autrichien Erwin Wurm. *Quittez Le Pellerin par l'ouest en empruntant sur 10 km la D 58 puis la D 66.*

Rouans C3

Ce village a servi de décor au film de Jean-Loup Hubert *Le Grand Chemin* (1987). Les joutes verbales entre Anémone et Richard Bohringer résonnent encore. *Prenez la D 723 vers Frossay.*

Frossay C3

Cette bourgade abrite un parc zoologique sur le thème des contes et légendes
Legendia Parc – *Lieu-dit La Poitevinière - ℰ 02 40 39 75 06 - legendiaparc.com - ♿ - fév.-nov. : 10h-18h (ou 19h) - 14,50/18,50 € selon la sais. (3-12 ans 9,50/13 €) - boutique et restauration sur place.* Près de 400 animaux évoluent dans des reconstitutions de décors de légendes célèbres. Nombreux spectacles et animations.
Poursuivez sur la D 723.

Paimbœuf B3

C'était l'avant-port de Nantes au 18ᵉ s. Ses ruelles et passages étroits rappellent ce passé maritime. Profitez de la vue sur l'estuaire et découvrez le *Village étoilé* (2007), œuvre du parcours Estuaire *(voir p. 366)* du japonais Kinya Maruyama.
Quittez Paimbœuf par le sud en empruntant la D 114. À St-Père-en-Retz, prenez la D 86 qui ramène à Pornic.

Pornic B4 *(voir page suivante).*

😊 NOS ADRESSES DANS LE PAYS DE RETZ

HÉBERGEMENT ET RESTAURATION

BUDGET MOYEN

L'Artimon – *17 r. J.-du-Plessis - 44760 **La Bernerie-en-Retz** - ℰ 02 51 74 61 60 - 12h15-13h30, 19h30-21h - juil.-août : tlj sf lun. et mar. midi ; reste de l'année : tlj sf dim. soir et lun.-merc. - réserv. conseillée - menu déj. 20 € - 32/44 €.* Une bonne adresse face à la place du marché. Le décor épuré (bois et fresques peintes par un artiste) évoque l'univers de la mer. Intéressante cuisine au goût du jour.

UNE FOLIE

Planète sauvage – *Voir coordonnées ci-contre - 120-180 €/pers. avec dîner, petit-déj., entrée au parc, visite guidée en 4x4 et visite guidée du bassin des dauphins.* Pour dîner auprès d'un feu de camp, entendre les loups hurler dans la nuit et s'endormir – en toute sécurité ! – sous une tente de lin, parmi les zèbres, les antilopes et les gnous. Le tarif est élevé mais, au final, avantageux.

ACHATS

Domaine des Herbauges – *44830 Bouaye - ℰ 02 40 65 44 92 - www.domaine-des-herbauges. com - 10h-12h15, 14h-18h, sam. 10h-12h30, 14h-16h30 - fermé lun., dim. et j. fériés.* Le plus grand producteur de muscadet-côtes-de-grand lieu-sur-lie. À découvrir également : gros-plant, grolleau, gamay et chardonnay.

ACTIVITÉS

Vélo – Couëron est relié à St-Brevin-l'Océan par 55 km de pistes cyclables : agréables balades *via* le canal de la Martinière, Paimbœuf et les œuvres Estuaire *(voir p. 366).*

4

Pornic

14 578 Pornicais – Loire-Atlantique (44)

Autour du château de Pornic, dominant un joli port de pêche au charme impérissable, se tisse un réseau de rues et ruelles encadrant des quartiers tassés sur une petite colline. Les occasions de promenades sont nombreuses, tant dans la station balnéaire que le long du chenal, où l'on appréciera le décor offert par les villas début 20ᵉ s. aux jardins ombragés de pins parasols. Impossible de ne pas tomber sous le charme.

> ## NOS ADRESSES PAGE 438
> **Hébergement, restauration, achats, activités, etc.**

S'INFORMER

Office du tourisme de Pornic – *Pl. de la Gare - 44210 Pornic - ☎ 02 40 82 04 40 - www.ot-pornic.fr - juil.-août : 9h30-19h, dim. 10h-18h ; avr.-juin et sept. : 9h30-12h30, 14h-18h30, dim. et j. fériés 10h30-13h, 15h-17h30 ; reste de l'année : 9h30-12h30, 13h30-18h30, jeu. 9h30-12h30, dim. 10h30-13h - fermé 1ᵉʳ janv., 1ᵉʳ mai, 25 déc.*

SE REPÉRER

Plan de microrégion B4 (p. 344-345) – Pornic est située 27 km au sud de St-Nazaire par la D 213 et 50 km à l'ouest de Nantes par la D 751.

À NE PAS MANQUER

La vue de la corniche de la Noëveillard.

ORGANISER SON TEMPS

Comptez 1h pour le centre-ville.

Se promener

Vieille ville

La ville a pris sa forme actuelle au 10ᵉ s. avec un habitat ramassé autour d'un castrum. C'était alors une place forte dont la protection naturelle était assurée au sud par le port et à l'ouest par un vallon, aujourd'hui « jardin de Retz ». Plus tard, le château et des remparts, suivant le tracé de la promenade de la Terrasse, puis de la rue de la Douve, constituèrent le dispositif de défense.

Port de pêche

Il offre un abri à une petite flotte désormais réduite à moins de dix bateaux de pêche. De l'extrémité du port, superbes perspectives à droite vers la ville étagée sur la pente, et en face, sur l'anse à l'entrée de laquelle on distingue, au milieu des arbres, la silhouette du château.

Château

Enfoui sous la verdure, le château de Pornic, bâti en granit, domine la petite plage du Château. Élevé aux 13ᵉ et 14ᵉ s., il appartint au célèbre Gilles de Retz (ou de Rais). Il était autrefois entouré d'eau, et son accès se faisait par un pont-levis qu'a remplacé un pont fixe sous lequel passe la rue des Sables.

Promenade de la Terrasse

Aménagée sur les anciens remparts, elle permet de découvrir des **vues** agréables sur le château et sur le jardin de Retz, envahi par les pépinières.

Le vieux Port de Pornic.
H. Lenain/hemis.fr

★ Corniche de la Noëveillard

30mn à pied AR. Prenez le sentier longeant la mer à partir de la plage du Château.
On rejoint un chemin en balcon sur la mer, d'où l'on a de jolies vues sur l'anse de Pornic, les rochers et l'Océan. On domine bientôt les installations du vaste port de plaisance avant d'atteindre la plage de sable fin de la Noëveillard.

Corniche de Gourmalon

La route suit le bord de la corniche, passe au-dessus de l'anse aux Lapins, puis sur la pointe de Gourmalon. **Vues** sur Pornic, le château, la corniche de la Noëveillard.

Tumulus des Mousseaux

Signalé au dép. de la plage du Château. Cette double allée couverte, surmontée de pierres étagées en gradins, aurait fait office à la fois de tombeau et de monument de prestige pour des cultivateurs du néolithique, aux alentours de l'an 3500 av. J.-C. Les deux chambres possèdent un **plan transepté**, caractéristique de l'estuaire de la Loire, c'est-à-dire un couloir à chambres latérales.

4

DES CÉLÉBRITÉS À PORNIC

Aux 19e et 20e s., la station accueille des touristes nommés George Sand, Flaubert, Lénine, Léautaud, Gracq… **Pierre-Auguste Renoir** apprécie peu son séjour dans la ville (1892), mais il y réalise quatre toiles, dont *Voile Blanche* et *Plage de Pornic*. Le peintre surréaliste **Marx Ernst** met ici au point sa technique du « frottage » en 1925. Et, le 20 août 1946, **Albert Camus** achève *La Peste* chez les Gallimard, au château des Brefs *(5 km à l'est).*

Circuit conseillé Carte de microrégion p.344-345

★ LA CÔTE DE JADE

Circuit de 44 km tracé sur la carte de microrégion (p. 344-345) – comptez environ une journée.

De Pornic à St-Brevin-les-Pins, un chapelet de stations balnéaires fréquentées jalonne le littoral du pays de Retz, nommé la Côte de Jade en raison de la couleur de ses flots d'un vert soutenu. Entre Pornic et St-Gildas, la corniche échancrée de criques de sable est particulièrement attrayante.

La route qui longe le port de plaisance étant en sens unique, prenez l'av. du Jardin-de-Retz puis la route du Golf pourparvenir à Ste-Marie.

Sainte-Marie-sur-Mer B4

À proximité de la plage Mombeau, un sentier en corniche offre une jolie **vue** sur la côte rocheuse où s'inscrivent des plages de sable fin. On remarque de nombreux **carrelets** (cabanes sur pilotis) installés pour la pêche. Le bourg appartient à la commune de Pornic.

De la **plage des Sablons** à celle du Porteau, la route suit la mer, longeant en balcon une côte déchiquetée.

Plage du Porteau B4

Entre les rochers, au bord de la route, une ravissante et étroite langue de sable ocre avec vue sur l'île de Noirmoutier. Baignade surveillée en été, cabines, douches, parking, accès pour les personnes à mobilité réduite.

La route s'éloigne du littoral : suivez la D 571 jusqu'à La Plaine-sur-Mer, puis prenez la D 313, à gauche.

★ Pointe Saint-Gildas B4

Cette avancée rocheuse classée **réserve naturelle** depuis 2014 est située sur la commune de Préfailles. Couverte de l'herbe rase de la lande, que parsèment les vestiges du mur de l'Atlantique, elle se prolonge par des écueils de schiste sur lesquels se brisent les vagues. C'est au large de la pointe St-Gildas que sombra, le 14 juin 1931, le vapeur nantais *St-Philibert*, entraînant la mort de 500 passagers. De la pointe St-Gildas, la vue se développe de la côte bretonne, entre St-Nazaire et Le Croisic, jusqu'à l'île de Noirmoutier.

Sémaphore de la pointe Saint-Gildas – *R. du Sémaphore - 44770 Préfailles - ℘ 02 40 21 01 21 - www.ccpornic.fr - juil.-août : 10h-13h, 14h30-19h ; avr.-juin et sept. : tlj sf mar. 10h-13h, 14h30-18h ; oct. : merc.-dim. 14h30-17h30 ; mars : vend.-dim. 14h30-17h30 - 4,50 € (7-18 ans 3,50 €, famille 12 €).* Le site abrite à la fois un ancien sémaphore, érigé en 1861 à l'emplacement d'un ancien poste de guet, et un phare. Ce dernier fut créé par la marine allemande en 1941. Automatisé en 1986, il est aujourd'hui contrôlé à distance de St-Nazaire. Le sémaphore, quant à lui, inutilisé par le Service des phares et balises a été transformé en musée par la municipalité de Préfailles. On y découvre l'histoire du site et l'avancée des communications maritimes et des techniques de surveillance des côtes du 19e s. à nos jours. Expositions temporaires gratuites.

🐾 Tour de la pointe Saint-Gildas – *7,1 km - env. 1h45 - itinéraire à télécharger sur www.ot-pornic.fr - parking aménagé près du sémaphore.* Falaises, criques et grottes marines rythment votre parcours sur le chemin côtier tandis que l'arrière-pays vous réserve la découverte de magnifiques villas.

Reprenez la D 113 en sens inverse sur 1,5 km, puis tournez à gauche av. le camping pour rejoindre La Prée. De petites routes longent ensuite la côte jusqu'à St-Michel.

Saint-Michel-Chef-Chef B3

Réputée pour ses plages et sa biscuiterie, ce bourg de 4 600 habitants doit son nom au chevecier-chef en charge du chevet de l'église où était placé le trésor. **Biscuiterie St-Michel** – *8 r. du Chevecier* - ☏ *02 51 74 75 44* - *www.atelierstmichel. fr* - ♿ - *visite guidée (1h) : tlj sf dim. à 10h30 (en juil.-août) et 14h, sam. à 15h30 - 3 € (6-12 ans 2 €) - livret jeu pour enf., boutique.)* On y découvre les secrets de fabrication de la petite galette avant de remplir son panier gourmand à la boutique. *Le bd de l'Océan longe les plages vers le nord. En été, s'il est trop encombré, passez par la Route Bleue (D 123), à l'intérieur des terres.*

Saint-Brevin-les-Pins B3

Ville de 13 300 habitants, cet ancien village de marins, de pêcheurs et d'agriculteurs s'est étendu avec la création du quartier de **Mindin**, établi autour de différents édifices défensifs dont une forteresse érigée par Vauban (1696). Puis, en 1882, était créée la station balnéaire de **St-Bevin-l'Océan** (1882) : villas disséminées parmi les pins, 8 km de plage de sable fin, casino, chapelle St-Louis (1889) et le port de plaisance, plus récent. En saison, un **petit train** parcourt la station dont les dunes s'étendent au sud de l'avancée rocheuse du Pointeau. **Dolmen des Rossignols** – *St-Brevin-l'Océan*. Parmi les nombreux mégalithes de la région, ce dolmen (5 m de longueur) est l'un des plus accessibles. **Musée de la Marine** – *Pl. Bougainville - Mindin* - ☏ *02 40 27 00 64 - musee marinemindin.wordpress.com* - ♿ - *de mi-juin à mi-sept. : tlj sf lun. 14h30-19h ; de déb. mai à mi-juin : w.-end et j. fériés 15h-19h - 5 € (13-16 ans 3 €, famille 12 €).* À l'embouchure de la Loire, sur le promontoire du Nez-de-Chien, ce musée occupe un petit fort construit en 1861. Des documents y évoquent l'histoire de Mindin, en particulier la bataille des Cardinaux entre Français et Anglais en 1759 (pendant la guerre de Sept ans) : celle-ci eut pour conséquence le naufrage du navire *Le Juste* dont on peut voir les canons à l'entrée du fort. Des abords du fort, **vue** sur St-Nazaire avec ses **Chantiers de l'Atlantique★**, et sur l'élégant **pont routier St-Nazaire-St-Brevin★**. *Prenez la D 213 (Route Bleue) vers le sud pour revenir à Pornic.*

4

Fromage Le Curé Nantais, ici affiné au muscadet *(voir « Nos adresses » page suivante).*
Ph. Blanchot/hemis.fr

😊 NOS ADRESSES À PORNIC

HÉBERGEMENT

PREMIER PRIX

Chambre d'hôte Cupidon – *72 rte de la Plage-du-Portmain - Ste-Marie-sur-Mer - ☎ 02 51 74 19 61 - www.chambre44.com - fermé de mi-déc. à mi-janv. -* 🅿🛏🚭 *- 4 ch. 82/92 € ☕ - pas de wifi.* Cette maison contemporaine, à 50 m de la plage, est conçue comme un chalet côtier. Trois chambres ont vue sur mer. Toutes disposent d'un balcon ou d'une terrasse. Copieux petit déjeuner (thés de qualité et pains très variés) ; prêt de vélos, piscine.

BUDGET MOYEN

Chambre d'hôte Le Jardin de Retz – *1 chemin des Mousseaux (face au château) - ☎ 06 30 07 07 66 - www.lejardinderetz.fr -* 🚭🅿 *- 3 ch. 95/115 € ☕ (2 nuits mini.) - wifi.* Les propriétaires, passionnés de botanique, ont aménagé un délicieux jardin. Chambres plaisantes, petits déjeuners d'été servis dans un cadre bucolique. Possibilité de massage et location de vélos.

À proximité

BUDGET MOYEN

Hôtel-restaurant L'Empreinte – *119 bd de l'Océan - Tharon-Plage - 44730 St-Michel-Chef-Chef - 9 km au nord-ouest par la D 213 et la r. de la Dalonnerie - ☎ 02 40 27 82 17 - hotel-restaurant-lempreinte. com -* ♿ *- 13 ch. 66/105 € - ☕ 11 € - wifi -* 🍴 *12h-14h, 19h-22h - fermé dim.-lun. hors sais. - formule 23,50/29,50 € - plateau de fruits de mer 41 €.* Sur la terrasse ou près des baies, on dîne en profitant du coucher de soleil sur l'Océan et d'une cuisine actuelle (poisson frais). Chambres ravissantes aux couleurs reposantes.

POUR SE FAIRE PLAISIR

Hôtel-restaurant du Beryl – *55 bd de l'Océan - St-Brévin-l'Océan - 44250 St-Brévin-les-Pins - 16 km au nord-ouest par la D 213, l'av. du 11-Novembre et l'allée du Rocher-Vert - ☎ 02 28 53 20 00 - www.hotel-stbrevinlocean. com -* ♿ *- 94 ch. 91/205 € - ☕ 14 € - wifi -* 🍴 *12h-23h - formule 17/20 €, menu 23,50/36 €.* Ce complexe dispose d'un centre de bien-être (massages, hammam, spa, etc.), d'un casino et d'un bar-restaurant (carte traditionnelle). Chambres, lumineuses et spacieuses avec vue sur mer ou sur les pins.

RESTAURATION

PREMIER PRIX

Les Vieilles Canailles – *41 av. du Prés.-Roosevelt - ☎ 02 44 06 55 50 - www.facebook. com/lesvieillescanailles44 - 11h-14h30, 19h-23h - fermé dim. soir, lun.-mar. hors sais., 1 sem. en mars - formule déj. en sem. 14,90/16,90 €, menu 20/35 €.* Ambiance bistrot à l'ancienne et menu à l'ardoise. C'est bon, c'est copieux et c'est bon marché. Le choix est limité, mais les produits sont frais.

BUDGET MOYEN

L'Ana'Gram – *Pl. du Petit-Nice - ☎ 02 40 82 51 25 - 12h-14h, 19h-21h - fermé merc. soir et dim. soir hors sais. - formule déj. en sem. 14,50/17,70 € - menu 26,90/32,90 €.* La salle à manger de ce bistrot-restaurant donne sur le port : on peut ainsi contempler le va-et-vient des bateaux de plaisance, tout en se régalant des plats « terre et mer » créés par le chef (moules à l'andouille de Guémené, cocotte de rouget barbet). Aux beaux jours, la terrasse dressée face au château est également appréciable.

La Poissonnerie du Môle – *30 r. de la Marine - 📞 02 40 21 04 86 - www.la-poissonnerie-du-mole.fr - tlj sf lun.12h-15h, 18h30-23h30 - fermé merc. en sept.-juin., janv. - formule déj. (sf dim.) 22/29 €, menu 39/40 €, plateau de fruits de mer (sur réserv. 48h à l'avance) 45/65 €.* Aménagé dans l'ancienne poissonnerie familiale, ce restaurant propose une cuisine fraîche et inventive. Le menu évolue en fonction des achats à la criée. Petite terrasse agréable et vente de sushis à emporter.

POUR SE FAIRE PLAISIR

Hôtel-restaurant La Fontaine aux Bretons – *Chemin des Noëlles - 3,5 km au sud-est du centre-ville par la r. de la Bernerie - 📞 02 51 74 08 08 - www.auberge-la-fontaine. com -* 🅿 🛏 ♿ *- 23 ch. et studios 103/210 € -* ☕ *14,50 € - wifi -* 🍴 *12h15-14h, 19h15-21h30 - fermé dim. soir et lun. hors sais. - formule déj. en sem. 18/22 €, menu 34/58 €.* Superbe salle à manger rétro pour une cuisine du terroir saine et savoureuse à base de bons produits et de légumes bio du jardin. Cocotte de cochon vendéen aux aromates, Saint-Jacques à la mousseline de céleri, porcelet rôti, etc. Charmantes chambres, certaines avec vue sur mer. Piscine et superbe jardin.

ACHATS

Faïencerie de Pornic – *R. de la Faïencerie - 📞 02 51 74 19 10 - www.faiencerie-pornic.fr -* 🅿♿ *- tlj sf dim. et j. fériés 10h-12h30, 14h-18h (été 19h) - fermé lun. en janv. - visite guidée (45mn) sur réserv. : mar. et jeu. à 14h30 - 4 € (7-15 ans 2 €).* La boutique de cette fabrique fondée en 1948 propose des faïences traditionnelles et des créations récentes. Visite, vidéo, démonstrations et atelier de peinture à la main sur biscuit.

Fromagerie Le Curé Nantais – *16 r. du Dr-A.-Guilmin - 📞 02 40 82 28 08 - www.curenantais.com -* ♿ *- mar.-sam. 9h-13h, 14h30-19h - fermé certains j. fériés - visite guidée (1h) : mar.-vend. à 10h sur réserv. ; 1 € (-6 ans gratuit).* Cette fromagerie artisanale perpétue la tradition locale des fromages au lait de vache, dont le célèbre Curé Nantais. La recette serait née en 1880 de la rencontre d'un agriculteur de St-Julien-de-Concelles et d'un prêtre de passage (nantais pour les uns, vendéen ou savoyard pour d'autres). Décliné en plusieurs versions, il s'accorde bien avec les vins blancs locaux. Vous pourrez assister à sa fabrication et terminer par une dégustation.

ACTIVITÉS

Alliance Pornic – *Plage de la Source - 📞 02 40 82 21 21 - www.thalassopornic.com -* 🅿 🛏 ♿ *- forfait spa à la journée (9h-20h) : 79/175 € ; avec déj. : 128/156 € - accès pour des soins à la carte : 12h30-20h, w.-end 15h30-20h.* Profitez du centre de thalasso de cet hôtel au cadre exceptionnel, face à l'Océan. Piscines à l'eau de mer, spa avec 19 cabines à l'atmosphère zen et dépaysante. Chambres superbes, un bar et deux restaurants *(se rens.).*

Velodyssée – *www.lavelodyssee. com - téléchargement gratuit des itinéraires.* Deux portions du grand itinéraire atlantique pour cyclistes : Pornic–Les Moutiers-en-Retz *(15,6 km)* et St-Brevin-les-Pins–Pornic *(25,6 km).*

AGENDA

Rencontres Coques en Bois – *www.coquesenbois.com - fin mai.* Rassemblement de bateaux mythiques du tour du monde. Exposition, démonstrations, etc.

4

COMPRENDRE
LA BRETAGNE

La Bretagne Sud

Le Morbihan, le sud du Finistère, le sud de l'Ille-et-Vilaine et la Loire-Atlantique forment la Bretagne méridionale. Bordée par le golfe de Gascogne au sud et par la mer Celtique à l'ouest, la péninsule bretonne subit de plein fouet les vigueurs de marées d'assez forte amplitude. Ciselée en rades, estuaires, anses, rias, golfes, la terre qui s'étire en presqu'île avant de se perdre en îles modèle un littoral extrêmement varié. L'intérieur des terres, quant à lui, est découpé en plateaux et dominé par les crêtes des monts d'Arrée et des Montagnes Noires, un paysage de tourbe auquel peuvent faire écho de vastes estrans sableux. Terre et mer s'interpénètrent ainsi jusqu'à ce magnifique compromis qu'est la mer intérieure qu'on appelle le golfe du Morbihan.

RENNES, TERRE D'HISTOIRE ET DE LÉGENDE

Autrefois siège du parlement de Bretagne, Rennes est devenue un pôle étudiant et culturel animé. Son patrimoine se dévoile au détour de ruelles médiévales et de façades classiques. Aux alentours, c'est au fil de l'eau que s'écrit l'histoire de la région. Au sud, la vallée de la Vilaine conduit jusqu'à Redon et son port de plaisance bordé de belles maisons d'armateurs. À l'est, Vitré et son château perché sur un éperon rocheux, revendique le caractère médiéval de cette petite ville de Haute Bretagne labellisée « Ville d'art et d'histoire ». Enfin, pour s'immerger dans la légende, rien ne vaut une plongée au cœur de l'antique forêt de Brocéliande. Sentir le souffle de Merlin dans cette forêt qui laisse parfois la place à la lande et à de beaux plans d'eau reste une expérience enchanteresse.

LE PATRIMOINE MORBIHANNAIS

Le Morbihan abrite à lui seul de nombreux sites mégalithiques dont les alignements de Locmariaquer et de Carnac ou encore le cairn de Gavrinis, chef-d'œuvre du néolithique. Le mystère des dolmens et menhirs rivalise avec le charme des cités de caractère parmi lesquelles Vannes et Auray, réputées pour leurs maisons à pans de bois qui enserrent de jolies placettes médiévales. Côté châteaux, Josselin miroitant dans les eaux de l'Oust compose un panorama superbe ; mais il en va de même pour le château de Suscinio, et les citadelles Vauban de Belle-Île et de Port-Louis. Profitez des jours de pluie pour découvrir les musées morbihannais : la Préhistoire à Carnac, le monde des thoniers à Étel, à moins d'opter pour une plongée historique à l'ancienne base sous-marine de Lorient ou au musée de la Compagnie des Indes de Port-Louis.

LE MORBIHAN CÔTÉ MER

Ici, terre et mer s'entremêlent entre presqu'îles, rias, étangs, sans oublier l'océan, le tout sous un climat réputé pour sa douceur. Cet écrin d'une faune et d'une flore sans pareil, est aussi un pays de conchyliculture et de pêche artisanale. Le long de la ria d'Étel, la nature se dévoile au détour de chemins boisés et champêtres des plus agréables. Sur le littoral, les petits ports se déclinent le long de côtes sauvages ou balnéaires. Parsemé d'îles et d'îlots, le golfe du Morbihan offre un superbe terrain de jeux aux adeptes de loisirs nautiques. Les stations balnéaires de la presqu'île de Quiberon comme celles de la presqu'île de Rhuys sont particulièrement prisées l'été. Pour le monde de la plaisance, la Trinité-sur-Mer est inégalable, surtout en avril, pour la régate du Spi Ouest France. également dédiée au monde nautique, la Cité de la voile Éric-Tabarly à Lorient figure parmi les incontournables.

FINISTÈRE SUD, PAYS DE CORNOUAILLE

Peuplé de vestiges préhistoriques, d'édifices religieux, et de musées – parmi lesquels celui de l'école de peinture de Pont-Aven –, le Finistère Sud est une terre de tradition et de patrimoine. Ancienne capitale de la Cornouaille, Quimper jouit du charme d'une « Ville d'art et d'histoire » dominée par sa cathédrale. L'Odet, l'une des deux rivières qui la traversent, constitue une belle promenade le long des quais et passerelles fleuries. à quelques encablures, c'est la randonnée qui s'invite au cœur des Montagnes Noires, poussant même jusqu'au point culminant du Ménez-Hom. Sauvage et grandiose, le Finistère Sud offre des paysages très variés. Sur le littoral, se dressent les cités maritimes : la ville close de Concarneau, avec ses conserveries et son musée héritier de l'industrie de la pêche, ou encore Douarnenez

et ses trois ports restés célèbres pour la sardine. Toutes deux n'en restent pas moins des destinations balnéaires dotées de belles plages et de criques comme celles de Bénodet et de sa voisine Fouesnant-les-Glénan. Pour un bol de nature à l'état sauvage, rien n'égale la presqu'île de Crozon, le cap Sizun ou la Pointe du Raz, avec en toile de fond l'île de Sein.

NANTES, ENTRE LOIRE ET ATLANTIQUE

Dynamique et créative, Nantes jouit également d'un patrimoine architectural habilement mis en valeur. Du centre-ville historique qui borde le château des ducs de Bretagne, à l'ancienne usine LU reconvertie en lieu culturel protéiforme, la ville de Jules Verne ne cesse de surprendre le visiteur. En témoigne aussi l'aménagement de l'île de Nantes avec ses incroyables machines et son Hangar à Bananes. Si une étape s'y impose, les alentours invitent au séjour. Le Parc naturel régional de Brière offre d'innombrables balades aux amoureux de la nature tandis que, sur la côte Atlantique, les séjours se déclinent entre les plaisirs balnéaires dans la baie de La Baule ou à Pornic, le charme de la côte sauvage ou la découverte des traditions paludières dans les marais salants de Guérande. Une autre alternative s'offre du côté de la Loire avec notamment Clisson, porte d'entrée du vignoble de la vallée de la Sèvre nantaise. Enfin, les cyclistes apprécieront particulièrement le canal de Nantes à Brest, dont l'aménagement des anciens chemins de halage constitue une agréable balade jalonnée de cités de caractère.

La Bretagne aujourd'hui

Tourisme vert, fluvial, maritime ou culturel, mais aussi éco-tourisme… Grâce à la diversité de ses paysages et à la richesse de son patrimoine, la Bretagne est la quatrième région touristique de France en termes de fréquentation. Les étrangers, qui sont de plus en plus nombreux à choisir d'y résider, le reconnaissent : il fait bon vivre en Armorique. Relation de cause à effet ? Le renouveau de la culture bretonne vient cimenter davantage une société régionale de plus en plus attrayante sur le plan culturel, ce que confirme le succès grandissant des festivals devenus des événements européens. L'économie aussi compte des secteurs très dynamiques et, forte de ses pôles d'enseignement et de recherche, la région est très bien classée en matière de création d'entreprises innovantes.

Société

La société bretonne a entamé le siècle avec un dynamisme certain, stimulée par une économie saine, un engouement touristique qui ne se dément pas et une hausse de la démographie qui ne se limite pas au retour des retraités : elle séduit désormais des Européens en quête de littoral et de « celtitude ».

DÉMOGRAPHIE

Autour des pôles urbains

La densité moyenne en Bretagne est sensiblement la même que celle du reste de la France, 119,8 hab./km² (118 hab./km² au niveau national). La particularité bretonne est la concentration des habitants sur le littoral et les villes. En effet, plus de 95 % de la population vit à moins de 60 km de la mer. La côte méridionale est de loin la préférée, puisqu'elle est habitée en continu de St-Guénolé à Vannes. Cette

dernière compte 52 515 habitants, Lorient 57 204. Au nord, les Bretons se rassemblent dans les grandes villes comme Rennes (207 000), Brest (141 000), Saint-Malo (47 000), Saint-Brieuc (46 000)…

Le grand « retournement »

S'agissant de la démographie bretonne, certains observateurs s'amusent à parler de grand « retournement » par évocation du « grand dérangement » d'Amérique du Nord. Cette référence est suscitée par le solde migratoire positif de la région (il y a plus d'arrivées que de départs). La tendance tient à différents facteurs, au nombre desquels il faut citer le retour au pays de retraités originaires de la région et surtout l'attractivité économique de la Bretagne, qui incite les actifs de plus de 30 ans à venir s'y installer.

Avec en moyenne 25 000 habitants supplémentaires par an depuis

Festival Interceltique de Lorient.
AGE/Photononstop

2000, la population bretonne ne cesse d'augmenter. En 2016, la Bretagne se plaçait au 9e rang des régions françaises, récemment redécoupées, avec 3,31 millions d'habitants (source Insee).

Les nouveaux Bretons

Attirés par le climat, les infrastructures publiques et par la beauté des paysages, les étrangers sont de plus en plus nombreux à choisir la Bretagne comme lieu de villégiature ou de retraite. Confirmant une tendance amorcée il y a une dizaine d'années, les Britanniques sont de loin les plus nombreux à devenir Bretons, devant les Hollandais et les Belges.

RAYONNEMENT

De nos jours, les Bretons émigrés sont estimés à 9 millions. Leur première région d'élection est la région parisienne, qui accueillerait toujours un million de natifs ou de personnes originaires de Bretagne (pour mémoire, on en comptait plus de deux millions à la fin du 19e s.). Tout le littoral français, riche en chantiers navals et en ports, est également une zone de prédilection pour les Armoricains, présents de Dunkerque à Bordeaux. En dehors des marins expatriés par voie maritime, portés par un esprit d'aventure certain, quelques vagues d'émigration collective (1921-1959) ont conduit nombre d'entre eux en Amérique (Argentine, États-Unis et Canada). Les Bretons sont partis de par le monde et partout ont fait souche. Ce qui caractérise la diaspora, c'est son indéfectible esprit communautaire. Où qu'ils se trouvent, les Bretons se rassemblent en associations, communiquent, éditent, partagent et parlent du pays.

CULTURE

Considérées par l'Unesco « en danger sérieux d'extinction », les langues bretonnes (le breton et le gallo) sont aujourd'hui trois fois moins parlées qu'en 1900, avec un peu plus de 200 000 locuteurs. Cette remarquable différence n'est pas synonyme de régression culturelle, bien au contraire.

Elle masque paradoxalement le renouveau de la culture bretonne. Jamais les éditeurs de la région n'ont publié autant de livres en breton. L'enseignement en langue bretonne s'est également beaucoup développé *(voir Langue bretonne, p. 455)*.

Des fêtes locales aux festivals

Les grandes manifestations culturelles et les festivals sont assurément les vecteurs les plus charismatiques de la culture bretonne *(voir Musique celte et chanson bretonne, p. 456)*. Pourtant, ces grands rassemblements ne sont pas les seuls moments pendant lesquels la culture régionale s'exprime ; celle-ci se vit au quotidien au travers des pardons, des fêtes folkloriques ou familiales…

La culture bretonne rayonne de nouveau et s'inscrit dans un vaste mouvement européen de reconnaissance et d'affirmation des cultures régionales.

Économie

Avec un produit intérieur brut de 89,5 milliards d'euros en 2014 (source Insee), soit 4,3 % du PIB national, la Bretagne se situe au 9e rang des régions françaises redécoupées. Après plus de dix ans de croissance moyenne supérieure à celle de la France, le PIB de la Bretagne connaît un léger recul et suit la tendance nationale. Relativement épargnée lors de son entrée dans la crise, la Bretagne a en revanche été particulièrement touchée en 2012-2013 : plusieurs milliers d'emplois salariés ont été perdus dans les secteurs marchands et industriels, soit des pertes supérieures aux autres moyennes régionales.

Recul également pour l'agriculture et la pêche qui conservent néanmoins leur place dans l'économie bretonne, même si la valeur ajoutée de ce secteur (3,3 %) est la plus faible des activités participant à la richesse régionale. L'activité industrielle (15,3 %) s'est développée autour de secteurs tels que l'agroalimentaire (35 % des emplois industriels bretons), l'automobile, la construction navale et les télécommunications (deuxième pôle national). Un dynamisme qui attire un nombre croissant d'entreprises de haute technologie, pérennisant sur place les formations supérieures des universités et des grandes écoles.

AGRICULTURE

Avec près de 34 500 exploitations (presque un quart des entreprises bretonnes), l'agriculture conserve toute son importance en Bretagne, qui est la première région française productrice de lait, d'œufs, de porcs et de volailles mais aussi de brocolis, de choux-fleurs, d'artichauts, d'échalotes, de tomates sous serre.

Plus d'une exploitation bretonne sur deux fait de l'élevage de bovins et 15 % sont orientées vers l'élevage granivore (porcs et volailles).

Avec l'application de la politique agricole commune et des nouvelles réglementations pour préserver l'environnement, l'agriculture bretonne a connu une transformation sans précédent. Depuis les années 2000, le nombre d'exploitations a chuté de 32 %

LES CHIFFRES CLÉS

Part des principaux secteurs d'activités contribuant au PIB (2014, source CCI Bretagne), en valeur ajoutée :
Agriculture 3,3 % (France 1,7 %)
Industrie 15,3 % (France 13,9 %)
Construction 6,8 % (France 5,8 %)
Tertiaire 74,6 % (France 78,6 %)

du fait de la mondialisation des marchés et de la concurrence des pays émergents. L'agriculture biologique attire un nombre croissant d'exploitants. Certains ont compris la portée du bio, d'autres ont eu à cœur la préservation d'une ancienne race bovine locale, la Pie-noir, réputée pour sa vigueur, la qualité de son lait et le persillé de sa viande.

AGROALIMENTAIRE

Premier secteur industriel breton (34 % des entreprises), l'agroalimentaire est le moteur économique de la région même s'il est soumis ces dernières années à de fortes tensions.

Sa capacité d'adaptation et d'innovation offrent à la Bretagne d'être aujourd'hui, avec ses 58 580 salariés, la première région agroalimentaire exportatrice d'Europe, elle contribue en outre à près de la moitié des exportations nationales de viande et de poisson. Les secteurs poids lourds concernent le lait, la viande, l'alimentation animale, la charcuterie salaison ; ceux d'excellence : la biscuiterie, les légumes et plats cuisinés, les produits de la mer… Parmi les marques les plus célèbres, citons les légumes D'Aucy, les viandes Bigard-Charal, le pâté Hénaff, les volailles Doux-Père Dodu, les biscuits La Trinitaine, le cidre Loïc Raison, les yaourts Malo ou encore les conserves La Belle-Iloise.

🌱 *Voir aussi La sardine bretonne p. 129.*

PÊCHE ET AUTRES RESSOURCES DE L'OCÉAN

Pêche

Avec plus de 2 730 km de côtes – un tiers des côtes françaises –, il n'est pas étonnant que la Bretagne soit la **première région française productrice de produits de la mer** (poissons, crustacés et mollusques). Si les 22 ports de pêche bretons concentrent toujours près de la moitié du tonnage national de poissons et de crustacés, l'avenir de la pêche bretonne est cependant préoccupant. La pêche maritime a été laminée par des difficultés croissantes : raréfaction des ressources, évolution contraignante de la réglementation communautaire sur le libre accès aux ressources maritimes, concurrence étrangère et vieillissement d'une flotte difficilement rentable ; une situation plus difficile encore quand elle se conjugue avec une augmentation du prix du carburant.

La flottille bretonne comptait, en 2015, près de 1 200 navires de pêche pour 4 970 marins-pêcheurs (contre 22 400 en 1945). Elle représente 26,7 % de la flottille nationale et 35 % des effectifs nationaux. On compte généralement trois emplois induits à terre par marin : de la réparation et la construction navale aux industries de transformation et de commercialisation des produits. La pêche maritime bretonne fait donc vivre environ 15 000 personnes. La pêche artisanale devient de plus en plus prisée. Les ports de Cornouaille (Douarnenez, Audierne, Saint-Guénolé-Penmarch, Le Guilvinec, Lesconil, Loctudy, Concarneau), du Finistère Nord (Roscoff), d'Ille-et-Vilaine (Cancale), où tous les types de pêche sont représentés, forment aujourd'hui le plus grand port de pêche artisanale de France : près de 96 855 t de poissons frais pour 313 millions d'euros (en 2015).

Aquaculture et conchyliculture

Dans les années 1970, on prédisait à l'aquaculture marine un avenir enthousiasmant. Quarante ans plus tard, la filière est en crise. En eau

EN TÊTE POUR LES ALGUES MARINES

Avec en moyenne 70 000 tonnes exploitées chaque année, soit 90 % des volumes nationaux, la Bretagne est la première région européenne de production d'algues marines et la 10e au niveau mondial. Depuis longtemps récoltées comme engrais, puis matières premières de l'industrie chimique, elles sont ainsi largement utilisées comme gélifiants ou épaississants dans les glaces, les flans, les dentifrices ou autres produits de consommation courante. La recherche laisse entrevoir de nouvelles utilisations, notamment dans le domaine des biomatériaux qui intéresse de près les constructeurs automobiles, ou encore dans les bio-isolants, qui ouvrent de nouvelles perspectives au secteur du bâtiment.

douce, grâce aux truites fario et arc-en-ciel, la production bretonne de l'aquaculture dite « nouvelle » se situe tout de même au deuxième rang français, après l'Aquitaine. Du côté de la conchyliculture (culture du coquillage), l'élevage des huîtres (ostréiculture) et des moules (mytiliculture) constitue une activité importante en Bretagne. Avec 57 067 t de coquillages (huîtres, moules et coques) en 2012, la Bretagne reste la première région productrice de produits conchylicoles (cela représente plus du tiers de la production de France métropolitaine). Grande productrice d'huîtres plates appelées belon *(voir encadré p. 316)*, la région a aussi développé des parcs d'huîtres creuses (fines de Bretagne), notamment à Cancale dans la baie du Mont-St-Michel. La Bretagne Sud se caractérise par l'importance des surfaces allouées à l'élevage à plat et par celle de l'élevage de l'huître plate. Le golfe du Morbihan, la ria d'Étel, la baie de Quiberon, la rivière de Penerf et l'estuaire de la Vilaine constituent des zones de prédilection d'exploitation. La Bretagne Nord, quant à elle, est la première région productrice de moules en France. Les moules de bouchot notamment sont cultivées de la baie du Mont-St-Michel à la baie de St-Brieuc. L'avenir de ce secteur est peut-être à chercher dans l'exploitation médicale et paramédicale de certaines ressources halieutiques. L'huile de foie de raie, riche en acide cervonique, est à l'étude pour répondre aux problèmes de mémoire et de dégénérescence maculaire de l'œil. La poudre d'écailles de sardine, riche en calcium, est utilisée pour résoudre des problèmes dentaires. Les industriels de la cosmétique s'intéressent à la peau des poissons blancs, comme le lieu ou le cabillaud, pour son action sur la synthèse du collagène…

RECHERCHE ET INNOVATION

La recherche, tant privée que publique, constitue une activité essentielle en Bretagne, classée 6e région française pour la création d'entreprises innovantes et 5e région française pour les dépôts de brevets. Elle s'articule autour de quatre pôles majeurs : Rennes, Brest-Quimper-Roscoff, St-Brieuc-Lannion et Lorient-Vannes. Les deux grandes villes universitaires sont Rennes et Nantes (même si cette dernière ne fait pas partie de la Région Bretagne). La création de l'Université européenne de Bretagne en 2007 a permis de regrouper l'ensemble des acteurs universitaires, des écoles d'ingénieurs et des organismes de recherche. Véritable pôle de recherche et d'enseignement supérieur, elle concourt à renforcer la visibilité internationale des

Parcs à huîtres dans le golfe du Morbihan.
B. Stichelbaut/hemis.fr

équipes de recherche et de l'offre de formation en Bretagne.

La région se distingue particulièrement dans trois grands domaines de recherche. Les **technologies de l'information et de la communication** bénéficient d'une implantation privilégiée qui s'appuie sur le partenariat entre les formations universitaires, les grandes écoles et les industriels dominant le secteur. Ces entreprises sont organisées en pôles autour de grandes villes comme Rennes (Mitsubishi, Canon, Motorola), Lannion (Orange, Nokia, Siemens) ou encore Brest avec Thalès. Le secteur emploie 47 000 personnes environ et 3 500 chercheurs. La Bretagne a acquis une réputation mondiale dans ce domaine, du fait, notamment, des innovations majeures qui sont sorties de ses laboratoires publics et privés, à l'instar des technologies et des normes telles que le JPG, le MPG ou encore le MP3.

Dans le domaine de l'**agriculture et l'agroalimentaire,** la recherche autour des productions agricoles animales et végétales, de la sécurité alimentaire et des biotechnologies mobilise ainsi de nombreuses équipes ;

Les **sciences et technologies de la mer** tiennent aussi une place prépondérante, grâce notamment au pôle européen de la recherche marine de Brest (Ifremer et CNRS).

INDUSTRIE

Les chantiers navals

Bien qu'ayant perdu en dix ans plus du tiers de ses effectifs, la construction navale reste le quatrième secteur industriel en Bretagne et représente encore 4 % de l'emploi. Ce secteur sinistré pendant des années regroupe les chantiers de construction et de réparation navale militaires et civils, au service de la pêche, de la plaisance, de l'océanographie et du transport de passagers.

Avec les chantiers navals à St-Nazaire, un site d'envergure mondiale capable de mettre en chantier des navires de 500 000 t, la construction navale s'est tournée vers la production de porte-conteneurs, de plates-formes de forage et de navires de croisière, comme ces paquebots géants commandés en 2012 par la Royal Caribbean. C'est grâce à ce secteur de prestige que les chantiers ont pu prouver leur dynamisme et leur savoir-faire.

Le secteur automobile

L'implantation de Citroën à Rennes dans les années 1960 a entraîné l'essor de l'industrie automobile en Bretagne autour d'un important réseau d'équipementiers et de sous-traitants. La filière automobile bretonne se distingue par son expérience et son savoir-faire dans le domaine du véhicule spécifique et dédié. L'activité est très concentrée, notamment avec l'usine PSA (Peugeot Citroën) à Chartres-de-Bretagne et les équipementiers satellites. Cependant, ce secteur est actuellement fortement soumis à la concurrence internationale et aux aléas de la conjoncture. Aujourd'hui, le poids des effectifs de la filière automobile (environ 13 % des effectifs industriels de la Bretagne contre 34 % dans l'industrie agroalimentaire) en fait une filière certes importante mais non prédominante dans le paysage industriel régional.

TRANSPORTS

La Bretagne est traversée par deux axes rapides qui mènent à Brest. La **N 165** longe le littoral sud de Nantes à Brest via Vannes, Lorient et Quimper. Au nord, la **N 12** relie Paris à Brest, en desservant au passage Rennes, St-Brieuc, Guingamp et Morlaix. Aujourd'hui, la priorité est à la desserte est-ouest avec l'achèvement de la **N 164**, qui relie la **N 12** à la **N 165**, traçant une ligne horizontale en plein cœur de la Bretagne (fin des travaux prévue pour 2020).

L'arrivée du TGV à Rennes et à Nantes, a fortement contribué au désenclavement des départements bretons en mettant les deux capitales régionales respectivement à 1h30 (depuis la mise en place de la Ligne Grande Vitesse en 2017) et 2h de Paris, et des villes comme Quimper et St-Malo en liaison directe avec la capitale, ainsi que plusieurs autres grandes villes régionales *(voir p. 506)*. Le transport maritime, enfin, voit sa fréquentation diminuer depuis dix ans, notamment le trafic transmanche.

TOURISME

Le secteur touristique fait vivre près de 5 % des Bretons actifs, c'est dire son importance économique (estimée à 8 % du PIB régional en 2012). En terme de fréquentation, la clientèle française est de loin la plus représentée. Avec 17,4 millions de nuitées en 2016, la Bretagne se situe au 1er rang des séjours à la mer et en 7e position des régions touristiques françaises. Aux plaisirs de la plage et aux sports nautiques s'ajoutent la plaisance *(voir p. 459 et 519)* et la thalassothérapie. Résultat : 75 % des nuitées touristiques sont passées en bord de mer entre avril et septembre ; ce qui n'est pas sans conséquence sur l'environnement.

Pour mieux accompagner ce développement touristique, la région Bretagne s'est engagée depuis plusieurs années dans une démarche de développement durable *(voir Environnement p. 500)*. Car pour être bleue, la Bretagne se veut également verte. Les parcs, réserves et espaces protégés sont nombreux, et il est possible de marcher, rouler ou trotter sur 3 700 km de sentiers de randonnée. Et si le temps ne s'y prête pas, la région recèle un patrimoine culturel et vivant d'une rare diversité.

Traditions et art de vivre

À l'instar des grandes régions françaises, la Bretagne cultive sa forte identité préservant ardemment des traditions séculaires, tels les pèlerinages ou les pardons encore empreints de ferveur. Religieuses, vestimentaires, linguistiques ou plus largement artistiques, ces coutumes traduisent une mentalité et un art de vivre tout à fait particuliers. Du renouveau de la langue bretonne à l'enthousiasme pour les concerts de musique celtique, certaines anciennes pratiques restent ainsi bien ancrées, tout en étant adaptées au goût du jour. Cet attachement aux traditions se prolonge jusque dans l'assiette avec une cuisine simple et conviviale. Longtemps réduite aux galettes, far et beurre salé, la chère bretonne s'est depuis une trentaine d'années taillée une belle et fière réputation (plus de 50 chefs étoilés). Parmi les fleurons de la gastronomie bretonne, poissons, coquillages et crustacés rappellent l'omniprésence d'un littoral.

Traditions et folklore

Si la Bretagne a plus changé au cours de la première moitié du 20e s. qu'au cours des deux siècles précédents, elle a su retrouver depuis les années 1990 toute l'originalité de ses traditions, malgré le dépeuplement des villages et l'évolution économique et touristique de la région.

SYMBOLES BRETONS

Premier des symboles, le **drapeau breton,** le fameux *Gwenn ha du* (blanc et noir) a été dessiné en 1925 par Morvan Marchal. Ses cinq bandes noires symbolisent les cinq anciens évêchés de haute Bretagne (Rennes, Nantes, Dol, St-Malo et St-Brieuc) et ses quatre bandes blanches ceux de basse Bretagne (Léon, Cornouaille, Vannes et Tréguier).

Les hermines, quant à elles, rappellent l'ancien duché de Bretagne. Au 13e s., la fourrure de ce petit animal fut adoptée par les ducs de Bretagne comme symbole du pouvoir. Autre attribut, le **triskell,** ou triskèle, se présente sous une forme tournante à trois branches représentant la terre, le feu et l'eau. Son origine serait celte.

COSTUMES ET COIFFES

La Bretagne possède des costumes d'une variété et d'une richesse surprenantes *(voir La broderie, p. 472)*. Transmis de génération en génération, ils étaient autrefois de toutes les fêtes familiales et publiques. Aujourd'hui, les costumes traditionnels ne sortent des armoires qu'à l'occasion des pardons ou des manifestations folkloriques. De satin ou de velours, brochés et brodés, garnis

---

LA BLANCHE HERMINE

La devise *Potius mori quam foedari*, « plutôt la mort que la souillure », est donnée comme celle des Bretons. La légende raconte qu'une petite duchesse aurait recueilli une blanche hermine blessée qui avait préféré braver les flèches des chasseurs plutôt que de trouver le salut en traversant un chemin boueux !

---

de dentelles, les tabliers rivalisent avec les robes de cérémonie. Généralement noires et souvent ornées de bandes de velours, celles-ci présentent parfois des broderies de soies multicolores et flamboyantes, comme à Quimper ou sur le costume bigouden de Pont-l'Abbé *(voir p. 281 et encadré p. 254)*.

Parures de dentelle

La grande originalité du costume féminin breton reste néanmoins la **coiffe,** portée autrefois principalement dans le Finistère et le Morbihan.

L'une des plus attrayantes est certainement celle de Pont-Aven. Sa dentelle harmonieusement disposée autour d'un ruban de couleur est complétée d'une grande collerette empesée. La coiffe bigoudène (région de Pont-l'Abbé) est l'une des plus curieuses, et probablement la plus connue. Naguère de petite dimension, cette ravissante et haute parure de dentelle a atteint, après 1930, des proportions déconcertantes *(voir p. 254)*. Il faut aussi évoquer la petite coiffe de Quimper, celle de Plougastel qui rappelle les hennins médiévaux, celle de Douarnenez qui est serrée sur le chignon, celle d'Auray qui ombre le front, celle de Huelgoat et sa résille en dentelle. Encore une fois, la Bretagne se décline en variétés et diversités, et le voyageur curieux en prendra pleine conscience en visitant les musées de Quimper, Guérande, Rennes, Nantes et Pont-l'Abbé.

LES PARDONS

Manifestations de ferveur religieuse, les pardons bretons ont lieu dans des églises ou chapelles consacrées par une tradition parfois millénaire. Les fidèles viennent y chercher le pardon de leurs fautes, exécuter un vœu ou demander des grâces. Si les grands pardons sont les plus spectaculaires, les petits sont souvent les plus fervents. Les uns et les autres offrent l'occasion d'assister à une cérémonie haute en couleur au cours de laquelle on porte en procession des bannières, des reliques, des croix et des statues. En général, les pardons

Costume du pays de Quimper.
B. Rieger/hemis.fr

sont clos par une fête villageoise plus profane, animée par des danses traditionnelles.

La grande troménie

Ce pèlerinage renommé se déroule tous les six ans à Locronan. Il ne s'agit pas d'une fête folklorique mais d'un pèlerinage à marche lente, qui se déroule dans un esprit de dévotion *(voir encadré p. 264).*

Monsieur saint Yves

Saint Yves est l'un des saints les plus populaires de Bretagne. C'est le redresseur de torts et la consolation des pauvres. Fils d'un gentilhomme, Yves Hélori est né à Minihy-Tréguier en 1253. Magistrat et avocat, il a acquis une popularité inouïe par son esprit de justice et de conciliation. Un jour, un bourgeois assigne devant lui un mendiant qui, chaque jour, vient devant le soupirail de sa cuisine humer le fumet des plats. Yves saisit une pièce de monnaie, la fait sonner et renvoie le plaignant en disant : « Le son paie l'odeur ». Cet « avocat des pauvres » s'éteignit en 1303 et fut canonisé en 1347. En tant que patron des avocats et des gens de loi, son culte s'est étendu à toute l'Europe et jusqu'en Amérique.

LE TRO-BREIZ

Jusqu'au 16e s., une tradition exigeait que tout Breton fît, au moins une fois dans sa vie, le **pèlerinage des sept cathédrales**. C'est ainsi que le Tro-Breiz draina les foules les plus nombreuses. L'itinéraire avoisinait 700 km et permettait aux pèlerins d'aller se recueillir devant les reliques des saints fondateurs de Bretagne : saint Brieuc à… **St-Brieuc**, saint Malo à **St-Malo**, saint Samson à **Dol-de-Bretagne**, saint Patern à **Vannes**, saint Corentin à **Quimper**, saint Pol-Aurélien à **St-Pol-de-Léon** et saint Tugdual à **Tréguier**. Qui manquait à ce devoir devait effectuer le voyage après sa mort, en avançant tous les sept ans de la longueur de son cercueil ! De nos jours, des groupes de plus en plus nombreux suivent les traces des pèlerins d'autrefois.

Cela explique que des délégations d'avocats étrangers se joignent à la foule des pèlerins qui, à Tréguier, assistent au « pardon des pauvres ».

Saints guérisseurs et saints protecteurs

Les relations des Bretons avec leurs saints ont toujours été empreintes de familiarité. Certains sont appelés pour combattre des **maladies :** sainte Apolline contre les maux de dents ; saint Colomban pour rendre l'esprit aux demeurés ; saint Hervé contre les maladies des yeux ; saint Hubert contre la rage ou la peur ; saint Mamert contre les maux de ventre ; saint Méen contre les troubles mentaux ; saint Mériadec contre la surdité ; sainte Eugénie contre la migraine… Ces saints guérisseurs exauçaient leurs invocateurs. Bien leur en prenait, car, faute de bienveillance, la statue était injuriée, quelquefois même fouettée ou traînée dans la boue !

Il y a aussi les saints **protecteurs :** saint Fiacre veille sur les jardiniers, saint Jacques sur les marins, sainte Barbe (invoquée par temps d'orage) sur les artificiers… Mais c'est à la Vierge Marie et à sa mère, sainte Anne, que va la ferveur la plus vive.

Sainte Anne

Son culte, répandu après les croisades, favorisé par la duchesse Anne, a fait de sainte Anne la patronne des Bretons. Le plus fameux pardon, celui de Ste-Anne-d'Auray (26 juillet), lui est consacré, de même que celui, très important, de Ste-Anne-la-Palud, d'où ce dicton : « Mort ou vivant, à Ste-Anne une fois doit aller tout Breton. »

Langue et musique

La langue et la musique bretonnes connaissent un incroyable renouveau depuis une vingtaine d'années. Les grands festivals – comme le Festival interceltique de Lorient ou le Festival de Cornouaille à Quimper – y sont pour beaucoup, mais il convient d'y ajouter la fierté retrouvée d'appartenir à une culture régionale dont l'affirmation passe par la réappropriation de la langue et par les rassemblements festifs.

LA LANGUE BRETONNE

Du point de vue linguistique, les Bretons sont plus proches des Irlandais et des Gallois que des Français. Du 4e au 7e s., l'Armorique, à savoir la Bretagne actuelle, a donné asile aux Brittons chassés de Bretagne – la Grande-Bretagne actuelle – par l'invasion anglo-saxonne. Dès lors, le breton rivalisa avec le français, dérivé du bas latin. Il fallut le rattachement à la France au 15e s. et la Révolution pour

LA LANGUE BRETONNE
- - - Avancée extrême (9e s.)
––– Recul (époque contemporaine)

renverser la situation en faveur du français.

On compte en fait deux Bretagne : la haute Bretagne, ou pays gallo, et la basse Bretagne ou Bretagne bretonnante. On parle français dans la première, français et breton dans la seconde. Outre la langue, cette limite, qui s'étend globalement de St-Brieuc à Vannes, reflète les traditions : c'est en effet en basse Bretagne (à l'ouest) qu'on a le plus de chances de retrouver les coutumes, contrairement à la haute Bretagne (à l'est) où il n'en reste presque plus de traces.

Plusieurs dialectes

Appartenant au groupe des langues celtiques, le breton actuel *(brezhoneg)* se décompose en quatre dialectes principaux : le cornouaillais (Sud Finistère), le léonard (Nord Finistère), le trégorrois et le vannetais. Si les trois premiers sont très proches et constituent la langue dénommée « KLT » (Kerne-Léon-Trégor), le vannetais s'en distingue, substituant notamment un « h » au « z » ; ainsi, *Breiz* (Bretagne) devient *Breih*. Pour remédier à ces différences, l'usage du « zh » a été institué pour tous les mots concernés, ce qui a par exemple donné *Breizh*.

Pour redonner vie aux langues bretonnes dans la société contemporaine, d'importants moyens financiers et humains ont été mis en œuvre : apprentissage du breton à l'école, formation de nouveaux professeurs et essor des activités périscolaires bilingues. Créées en 1977, les écoles *diwan* ont aussi permis de préserver la vitalité de ces langues en proposant une scolarité entièrement en breton, de la maternelle au baccalauréat. La volonté de décentralisation et les subventions européennes ont également beaucoup aidé les structures associatives à perpétuer la culture bretonne, mais rien n'aurait pu se faire sans la volonté locale d'irréductibles bretonnants.

Le **renouveau** de la langue bretonne n'échappe pas à l'automobiliste qui sillonne la Bretagne. Les panneaux d'entrée et de sortie d'agglomération sont doublés en breton, et la traduction s'étend désormais à la signalétique urbaine pour satisfaire les 206 000 personnes qui s'expriment en breton.

Associations et médias

Il existe même un Office public de la langue bretonne *(OPLB, www.fr.brezhoneg.bzh)*. Créé en 1999 par le conseil régional de Bretagne avec le soutien du ministère de la Culture, il a pour mission d'accompagner et de conseiller toutes les personnes, organismes, entreprises ou élus qui souhaitent prendre en compte la langue bretonne au quotidien.

Aujourd'hui, les médias contribuent aussi à faire perdurer la culture bretonne. Plusieurs radios émettent en breton (Arvorig FM, Radio Kerne, Radio Bro Gwened, Radio Kreiz Breizh et France Bleu Breizh Izel). Des programmes sont diffusés sur certaines chaînes de télévision (France 3 Ouest, TV Rennes…) et il existe également une Web TV en breton *(www.brezhoweb.com)*. Du côté de la presse écrite, l'hebdomadaire *Ya !* et une dizaine de mensuels sont publiés en breton. Et signe des temps, la Bretagne a obtenu de l'autorité qui attribue les noms de domaines Internet le «.bzh » qui cohabite désormais avec le «.fr » et le «.com ».

MUSIQUE CELTE ET CHANSON BRETONNE

Le renouveau de la musique celtique s'est amorcé après la Seconde Guerre mondiale. En Bretagne, il a éclos avec la création de la *Bodadeg ar Sonérion*, assemblée des sonneurs

PETIT LEXIQUE MUSICAL

Bagad (pluriel *bagadou*) : ensemble composé de binious, de bombardes, de caisses claires, de tambours et d'une grosse caisse.

Biniou kos ou cos : petite cornemuse traditionnelle sonnant à l'octave de la bombarde.

Biniou braz ou bras : grande cornemuse d'origine écossaise (*great highland bag pipe*).

Bombarde : instrument à vent, ancêtre du hautbois, accompagnant toujours le biniou. Très populaire en Bretagne, il est pratiqué par des milliers de *talabarders*.

Cornemuse : instrument de musique à anche, composé d'un sac de cuir comportant plusieurs tuyaux sonores.

Harpe : la harpe celtique, ou harpe irlandaise, telle qu'on la voit de nos jours, est directement issue de la harpe médiévale.

Kevrenn : ensemble des *bagadou* d'une ville.

Sonneur : joueur de biniou.

qui « inventa » le *bagad,* forme bretonne des *pipebands* écossais. Le plus connu aujourd'hui est celui de **Lann Bihoué**, immortalisé par la chanson d'Alain Souchon. Créé en 1956 et basé près de Lorient, il dépend toujours de la Marine nationale.

Dans les années 1970, **Alan Stivell,** formé à l'école des *festou-noz* et des *bagadou*, ressuscita la harpe celtique et s'inscrivit comme le chef de file de la nouvelle musique bretonne. Dan Ar Braz, Tri Yann, Gilles Servat, Denez Prigent, Yann Tiersen, Nolwenn Leroy ont contribué à affirmer la vitalité de la musique celte actuelle.

Héritière de très anciennes traditions mélodiques, la musique bretonne épouse aujourd'hui d'autres influences et sa puissance s'exprime au travers des nombreux **festivals** bretons réputés : le Festival de Cornouaille à Quimper, le Festival interceltique à Lorient, etc.

Chants populaires

La langue bretonne doit aussi sa survie aux chansons populaires. Entonnées lors des pardons, des fêtes votives ou privées, longtemps cantonnées à l'ouest de la région, elles ont gagné du terrain après la Seconde Guerre mondiale, grâce notamment aux sœurs Goadec. Ce trio a remis au goût du jour l'art du *gwerziou* (la complainte) et le *kan ha diskan* ou chant et déchant (un chanteur entonne une phrase, répétée tour à tour par les autres). Aujourd'hui, leur art connaît un regain d'intérêt international grâce aux festivals et à la tradition du **fest-noz** (« fête de nuit »). Le *fest-noz* s'est répandu dans toute la Bretagne sous l'égide du chanteur et « sonneur » **Loeiz Roparz** (1921-2007), et été inscrit en décembre 2012 par l'Unesco au patrimoine culturel immatériel de l'humanité.

Les chants marins fredonnés lors de longues sorties en mer, dans les cafés ou lors d'événements comme le Festival du chant de marin à Paimpol –, une ville qui doit d'ailleurs beaucoup au succès de *La Paimpolaise* de **Théodore Botrel** (*voir p. 474*), sont chéris des Bretons.

TERRE DE ROCK

À la fin des années 1970, le magazine Télérama baptisa Rennes « *Capitale du rock en France* ». On vient des quatre coins de la France voir des concerts, des labels indépendants voient le jour et les groupes locaux de l'époque sont devenus mythiques : Marquis de Sade, Dominic Sonic, Marc Seberg… Dans le sillage de ce souffle musical nait en 1979 le célèbre festival Les **Trans Musicales**. Chaque année, en décembre, Rennes vibre au son de groupes venus ici faire leurs armes. Étienne Daho en 1980, Noir Désir en 1986, Nirvana en 1991… Depuis les « Trans » ont fait des émules. En 1992, les **Vieilles Charrues** rendent célèbre la ville du centre Bretagne Carhaix. Chaque week-end de Pentecôte depuis 1983, St-Brieuc accueille **Art Rock**. St-Malo, quant à elle, est la scène de **La Route du Rock** en février et en août. Côté musique électronique, Brest résonne aux beat d'**Astropolis**… Rennes, toujours, fête ses groupes locaux début septembre avec « I'm From Rennes ».

Cette forte imprégnation de culture bretonnante et cet état de berceau du rock en France, explique sans doute pourquoi la Bretagne est branchée « rock-celtique ».

Gastronomie

En Bretagne, on ne manque pas de s'asseoir devant un plateau de fruits de mer, une assiette de poisson fraîchement pêché ou une bonne crêpe au beurre. La cuisine bretonne est à la fois simple et délicate.

LA MER ET SES DÉLICES

Coques farcies, pétoncles poêlés, langoustines fraîches, carpaccio de coquilles St-Jacques, émietté de chair d'araignée de mer, huîtres creuses ou plates, homards grillés ou à l'armoricaine… il existe mille et une façons de servir coquillages et crustacés, la meilleure reste encore l'incontournable **plateau de fruits de mer**. Il contient généralement deux variétés d'huîtres, bouquets de crevettes roses, bigorneaux au petit goût de noisette, bulots

et palourdes, crevettes grises et tourteau, sans oublier les langoustines en saison. Les puristes le dégustent juste escorté d'un bout de « pain-beurre salé ». Certains préfèrent le citron, la vinaigrette à l'échalote ou la mayonnaise. Un must ! À cette spécialité s'ajoutent les poissons dressés sur les étals des marchés, du maquereau au bar de ligne, de la raie à la lotte, du rouget à la dorade, du lieu au St-Pierre… Un choix illimité qui inspire de savoureuses recettes comme la **cotriade,** bouillabaisse bretonne. Les algues sont de plus en plus utilisées dans la cuisine, comme condiments, ainsi le haricot de mer *(Himanthalia elongata)*, l'ouessane *(undaria)* cultivée en pleine mer autour d'Ouessant.

Le fleuron : les huîtres

Parmi les très nombreux coquillages de la côte *(voir p. 496)*, les huîtres font figure de stars. Classées en 12 crus, elles sont le plus souvent consommées crues, bien que de plus en plus de restaurants les proposent chaudes. Un impératif absolu : leur fraîcheur !

En Bretagne Sud, vous apprécierez notamment les huîtres de la baie de Quiberon aux parfums variés, celles du golfe du Morbihan aux subtiles saveurs d'algues, les Penerf à la chair abondante et ferme, les Croisicaises et leur arôme de noisette, les Ria-d'Étel peu iodées, et enfin l'Aven-Belon légèrement sucrée.

Encadré sur l'huître Belon p. 316.

TRÉSORS DE LA FERME

Comment parler de la gastronomie régionale sans évoquer les succulentes spécialités et recettes à base de porc : l'andouille de Guéméné-sur-Scorff, réalisée avec des chaudins, gros intestins de porc, découpés, enfilés les uns sur les autres selon leur diamètre, fumés au bois de hêtre avant d'être séchés (six à neuf mois) et cuits ; la saucisse bretonne, souvent associée à une galette, et, bien sûr, le fameux plat traditionnel breton, le *kig-ha-farz* (viande et farce), cuisiné comme un pot-au-feu.

Mais l'agriculture bretonne offre bien d'autres trésors ; comme la poule coucou de Rennes, le poulet de Janzé, le canard nantais, même s'il est plutôt vendéen, le chou-fleur et l'artichaut du Léon, l'oignon rosé de Roscoff, la fraise de Plougastel, le marron de Redon…

CRÊPES, GALETTES ET AUTRES GOURMANDISES

La crêpe de froment ou de sarrasin fait les délices de tous les gourmands. Au beurre, au sucre, à la confiture, au fromage, aux œufs, au jambon, etc., elle s'accompagne de cidre ou de lait ribot (petit lait). À savoir : la galette de sarrasin se mange salée, la crêpe de froment, sucrée.

À l'ombre de ce monument, les amateurs de sucreries se régaleront de crêpes dentelle de Quimper, de galettes de Pont-Aven, de biscuits et de berlingots nantais, de far et de *kouign-amann* de Concarneau, d'œufs de mouettes de St-Malo ainsi que de pralines ou de parlementins de Rennes.

À CONSOMMER AVEC MODÉRATION

La boisson régionale est le cidre. Les plus réputés sont ceux produits à Fouesnant, Beg-Meil et Pleudihen-sur-Rance. Le cidre de Cornouaille, qui bénéficie d'une Appellation d'origine contrôlée depuis 1996, est connu depuis plus de mille ans, puisqu'on retrouve sa trace sur la presqu'île de Crozon en 870 ! Le pommeau de Bretagne, mélange de moût de pomme et d'eau-de-vie *(lambig)*, est également produit en Cornouaille et titre 10°.

De la cervoise celtique à la bière, il n'y a qu'un pas, et des brasseries bretonnes (Brasserie de Bretagne, Britt, Coreff, Lancelot, Mutine, Ste-Colombe, Tri Martolod) produisent des bières traditionnelles, mais aussi au blé noir ou à l'eau de mer…

Le seul vin breton est le muscadet, qui bénéficie de l'AOC depuis 1936. Les Nantais l'entourent d'un culte jaloux. Son cépage, le melon de Bourgogne, cultivé depuis le début du 17e s., donne un vin blanc sec et fruité, particulièrement recommandé pour la dégustation des poissons et fruits de mer.

Les apéritifs, eaux-de-vie et liqueurs ne manquent pas. Le *chouchen*, également appelé hydromel (eau-de-vie de miel), fait la fierté de Rosporden. Mais il y a aussi le bouchinot de St-Méen-le-Grand, le lambig ou fine de Bretagne, le pommeau, la liqueur de fraise et même… le whisky breton ! Des distilleries (Menhirs, Armorik…) conçoivent un whisky de plus en plus réputé, inspiré du terroir breton dont le Eddu au blé noir.

LES MARCHÉS, UNE TRADITION MILLÉNAIRE VIVACE

Même si l'un des précurseurs de la grande distribution - Edouard Leclerc - est breton, la popularité des marchés est restée vive en Bretagne. Avec l'engouement pour les produits naturels et le bio, ils connaissent un essor sans pareil. Chaque commune d'importance possède aujourd'hui un marché municipal. Ne manquez pas d'y effectuer vos courses, c'est la garantie de faire des rencontres et d'acheter des produits régionaux. Le plus grand marché du genre (15 ha) se tient à Rennes, chaque samedi matin, sur la place des Lices.

LES GRANDS CHEFS

Les saveurs bretonnes sont sublimées par des chefs distingués, que nous vous recommandons.

Le marché des Lices du samedi matin à Rennes.
R. Mattes/hemis.fr

Plomodiern (Finistère)

Olivier Bellin propose une cuisine créative terre-mer de haute volée, servie dans une jolie salle contemporaine avec vue sur la campagne et la baie de Douarnenez. Pour l'étape, des chambres confortables et élégantes.

Auberge des Glazicks - 7 r. de la Plage - 29550 Plomodiern - ☎ 02 98 81 52 32 - www.aubergedesglazick.com.

Lorient (Morbihan)

Jean-Paul Abadie réalise une cuisine d'auteur fine et harmonieuse, qui privilégie les produits de la mer, et servie dans une salle à manger contemporaine raffinée. Très belle carte des vins.

L'Amphitryon - 127 r. du Colonel Müller - 56100 Lorient - ☎ 02 97 83 34 04 - www.amphitryon-abadie. com.

St-Joachim (Loire-Atlantique)

Éric Guérin imagine avec talent une cuisine terre-mer privilégiant les produits régionaux. Une carte « créative » à laquelle viennent s'ajouter quelques plats plus traditionnels. Situation idyllique au cœur de la Brière.

La Mare aux Oiseaux - 223 r. du chef de l'île de Fedrun - 44720 Saint-Joachim - ☎ 02 40 88 53 01 - www.mareauxoiseaux.fr.

Nautisme

Avec ses côtes découpées où alternent hauts caps de granit et de landes, criques secrètes et grandes plages de sable fin, avec ses baies, ses rades et ses rivières navigables, la Bretagne est une région privilégiée pour la pratique de la voile. Ses adeptes sont de plus en plus nombreux et, même si le développement des outils d'aide à la navigation la rend plus accessible, cette activité reste synonyme d'aventure, de sport, de grand air et, surtout, de liberté.

LA VOILE

Naviguer en Bretagne se révèle également très exigeant, notamment en raison du marnage et des courants de marée très

importants sur ses côtes nord et
ouest. La région produit ainsi des
générations d'excellents marins.

Les grands marins

Certes, tous les grands marins ne
sont pas Bretons… Quoiqu'ils le
soient tous un peu, tant la Bretagne
est pour eux un terrain de jeu
incontournable. Et dans cet univers
sans frontières, il n'y a pas un
« voileux » qui ne connaisse Bernard
Moitessier ou Éric Tabarly, l'idole
des houles, disparu au large du pays
de Galles en juin 1998.

Il laisse un souvenir impérissable et
un sillage où navigue une pépinière
de marins formés à ses côtés :
Olivier de Kersauson, Marc Pajot,
Philippe Poupon, Jean Le Cam,
Alain Thébault, Yves Parlier, Alain
Gautier, Titouan Lamazou, Florence
Arthaud, Isabelle Autissier. Éric
Tabarly a également donné son
nom à la Cité de la voile de Lorient
(voir p. 161), qui retrace l'histoire du
yachting et de la course au large.

Des « formules 1 » de la mer

La voile est aujourd'hui entrée dans
le monde de la compétition. Grâce
au financement de marques qui ont
compris l'énorme force d'attraction
que ce sport exerce sur les foules,
des bateaux de plus en plus
performants sortent des chantiers
de Lorient, de Vannes ou de Nantes
(on parle désormais d'une « Sailing
Valley », entre Brest et Vannes). Ils
sont aussitôt engagés dans des
courses effrénées et palpitantes,
éprouvantes aussi, comme la
Volvo Ocean Race, « Le Rhum »,
Le Vendée Globe ou The Bridge.
Ces « formules 1 » des mers sont
conçus en matériaux performants à
haute résistance tels le Dyneema®,
le carbone ou le titane. Elles sont
barrées par de véritables stars
qui ont pour nom Frank Cammas,
Michel Desjoyeaux, Alain Gautier,
Francis Joyon, Lionel Lemonchois,
Loïck Peyron, Armel Le Cleac'h,
Thomas Coville, François Gabart

ou Servane Escoffier. Courses en
solitaire ou en équipage et records
de traversée animent le monde de
la voile tout au long de l'année.
La Bretagne est le cadre de départs
ou d'arrivées de compétitions
prestigieuses. La plus célèbre est
probablement la Route du Rhum,
qui tous les quatre ans relie la
pointe du Grouin à Pointe-à-Pitre
à bord de monocoques et
multicoques.

La régate, un sport qui se démocratise

L'industrie nautique est passé de
l'artisanat à la construction en
série, et produit des embarcations
en matériaux de synthèse, plus
résistants et plus faciles d'entretien,
qui ont rendu cette discipline
beaucoup plus accessible.
Monocoques et multicoques
de tous types sont amarrés aux
pontons des ports de plaisance, et
chacun rêve de participer un jour à
une course, fût-elle la plus modeste,
ou au Spi Ouest-France, organisé
à La Trinité-sur-Mer, à la Solitaire
Urgo-Le Figaro, au Tour du Finistère
à la voile, qui permet aux anonymes
de côtoyer de grands noms de
la voile. Près de 500 bateaux y
participent chaque année.

L'encombrement des ports

Depuis les années 1960, la
démocratisation de la plaisance
a entraîné une hausse continue
du nombre d'immatriculations
de bateaux. Cette croissance
pose le problème crucial du
manque de places de port. La
fréquentation des côtes et des
zones de mouillage improvisé
croît dans une même mesure, ce
qui ne va pas sans une certaine
dégradation des paysages
et des fonds marins.
Pour pallier les atteintes à
l'environnement et la saturation
des ports bretons, les autorités
réfléchissent à des solutions
qui permettraient de contenter

Un vieux gréement du golfe du Morbihan : le forban du Bono « Notre-Dame-de-Béquerel ».
J. Douillet/age fotostpck

les 10 000 plaisanciers en liste d'attente, tout en offrant des places d'escale pour les bateaux de passage. Il existe déjà des ports à sec à Concarneau, Lorient, St-Philibert ou Vannes. Par ailleurs, les ports de Brest, de Roscoff et St-Brieuc-Légué, ont récemment converti certains bassins de commerce ou militaires en ports de plaisance.

LES VIEUX GRÉEMENTS

Depuis les années 1970, des passionnés remettent en valeur de vieux bateaux en les restaurant ou en construisant des répliques. Ainsi est né un véritable engouement pour les vieux gréements (le gréement désigne précisément l'ensemble des cordages et poulies nécessaires à la manœuvre des navires à voiles) qui, si l'on en croit les marins, procurent un plaisir inégalable à ceux et celles qui les barrent.

Une passion que traduisent des rassemblements de voiliers traditionnels, organisés par les grands ports. La France possède quelques bateaux de cet ordre. Le plus prestigieux, le plus grand, est le *Belem*, dont le port d'attache est Nantes. Ce trois-mâts barque (58 m de long, 1 200 m² de voilure) a été lancé dans ce port en 1896 pour transporter du cacao, du rhum et du sucre, et navigua comme « antillais » jusqu'en 1914. Entièrement restauré de 1979 à 1985, il accueille aujourd'hui des stagiaires.

Le grand rassemblement des vieux gréements, qui a lieu tous les quatre ans à Brest (prochaine édition en 2020), prouve l'intérêt du grand public pour les vieux bateaux. Par ailleurs, les croisières proposées par certains centres nautiques sur des vieux gréements attirent aussi le visiteur.

Pour tous les goûts

– Les **goélettes**, bâtiments à deux mâts très voilées, sont mondialement connues.
– Les **bisquines**, bateaux de pêche à la ligne et au chalut, originaires de Normandie et en service à Cancale jusqu'au début du 20e s., sont les plus renommées, grâce à la superbe *Cancalaise* à coque

noire entièrement reconstruite. Ces bateaux participaient à des régates qui attiraient déjà les touristes sur la Côte d'Émeraude durant la seconde moitié du 19e s.

– Également réputés, les **chasse-marée** sont des bateaux côtiers à trois mâts que l'on rencontrait près des abers; aujourd'hui, *La Belle Angèle* prouve à quel point ils tenaient bien la mer.

– Nettement plus petits, les **sinagots** étaient destinés au dragage des huîtres dans le golfe du Morbihan et en baie de Quiberon. Un des derniers exemplaires mouille dans le port de Séné, qui a donné son nom à ce type d'embarcation.

– Les **langoustiers** portent un nom plus explicite; *La Belle Étoile*, à la coque blanche et aux voiles rouges, est aujourd'hui amarrée au port de Camaret, ancien grand port langoustier.

– Les **lougres** effectuaient du cabotage, comme le *Corentin* au large de l'Odet ou le *Grand-Léjon* au large de St-Brieuc.

– Les **flambarts** naviguaient autrefois exclusivement sur les côtes septentrionales de Bretagne et servaient notamment au ramassage du goémon; on peut en revoir depuis qu'ont été lancés l'*An Durzunel* de Loguivy et l'*Ar Jentilez* de Perros-Guirec.

– Les **chaloupes sardinières** naviguaient, elles, sur les côtes méridionales de Bretagne; le *Telenn Mor* de Douarnenez en préserve le souvenir.

– Les **cotres** sont de petits bateaux à un seul mât. *Le Renard,* construit à l'occasion des festivités de « Brest 1992 », est la réplique du dernier bateau de Robert Surcouf, le corsaire malouin.

– Les **sloops** sont aussi de petites embarcations à mât unique qui se déclinent sous différents modèles : sloops coquilliers brestois, les forbans du Morbihan, les dragous des Côtes-d'Armor, etc.

Arts et culture

Façonnée pendant des siècles à l'écart des grands mouvements artistiques, du fait de son enclavement péninsulaire, la Bretagne n'en a pas moins intégré des influences venues d'ailleurs grâce à son exceptionnelle façade maritime ouverte sur le monde. L'isolement a favorisé l'expansion de la religiosité et son cortège de richesses architecturales et coutumières, les préoccupations défensives ont produit des villes et des ports fortifiés, mais le commerce maritime a aussi importé de nouveaux dessins pour les broderies... Entre l'enclos paroissial, particularité régionale, la forteresse et la mer, les Bretons se sont constitué une culture originale et se sont illustrés dans différents arts et artisanats. De nos jours, ce dynamisme artistique transparaît non seulement dans l'intérêt porté aux arts plastiques, mais aussi dans le domaine littéraire, avec quelques auteurs d'envergure nationale.

Architecture

L'architecture bretonne peut paraître austère et massive. Sa dureté doit beaucoup à la principale matière première des édifices régionaux : le granit. Les Bretons, qui ont su à merveille marier la rudesse du matériau avec celle de leur paysage, ont en effet pioché pendant des siècles dans le socle du Massif armoricain.

VILLES ET VILLAGES

Flâner dans les vieux quartiers fait partie des charmes de la Bretagne. Il n'est guère de villes ou de bourgs qui n'aient conservé intactes des rues entières, ou tout au moins des maisons anciennes, généralement magnifiquement restaurées.

Vieilles maisons

L'architecture traditionnelle des villes et des campagnes bretonnes est bien plus diverse qu'on ne l'imagine au premier abord. Au détour des villages, on croise de petites maisons de pêcheurs frappées d'une ancre de marine, des fours à pain voûtés de briques, des moulins à marée à proximité des abers, des fermes massives aux toits de chaume ou d'ardoise, en pierres apparentes à l'intérieur des terres, parfois enduites dans les régions côtières pour les protéger de l'air salin. Disséminées au bord des routes, ces curiosités ne peuvent être envisagées d'un seul coup d'œil. Si l'on veut découvrir l'archétype du village breton, il faut se rendre à Locronan, dont l'ensemble de maisons cossues forme un patrimoine d'une valeur exceptionnelle.

Dans les villes, le granit est bien sûr à l'honneur, mais on rencontre aussi du schiste, du grès ou du pisé (une maçonnerie de terre argileuse), ou encore une combinaison de matériaux qui rythment très élégamment le paysage urbain de villes comme Vitré ou Morlaix. Sans être rares, ces habitations ne sont pas légion. De nombreuses

DE LA DÉFENSE À L'AGRÉMENT

L'aspect des forteresses bretonnes a évolué au rythme de l'histoire régionale. Des édifices d'allure médiévale comme Châteaugiron, Tonquédec ou Suscinio, construits dès le 13e s. à l'intérieur des terres, témoignent de rivalités seigneuriales. Leurs contemporains élevés à Fougères, Vitré ou Chateaubriant, surnommés « les Marches de Bretagne », rappellent quant à eux le cordon défensif créé à l'intention du royaume de France. À partir de 1532, la Bretagne adoptant les intérêts français, le danger vient de la flotte anglaise et le littoral est fortifié.

Vauban intervient au 17e s. à Morlaix (château du Taureau) et à Belle-Île. Le Fort national protège St-Malo avec toute une série de fortins, et la citadelle de Port-Louis surveille la rade de Lorient. Les forteresses accueillent des garnisons. Dès lors, celles de l'arrière-pays, comme Josselin, libérées de leur vocation défensive, peuvent consacrer plus de moyens à leur embellissement et deviennent des lieux d'agrément, reflétant toujours la prospérité et le rang de leur propriétaire. C'est à cette époque qu'apparaissent des châteaux comme Kerjean ou Quintin, qui se parent d'emblée d'éléments décoratifs Renaissance ou classiques.

maisons médiévales à pans de bois ont en effet disparu dans les grands incendies du 18e s., comme celui de Rennes en 1720 *(voir p. 31)*, ou à cause des bombardements de la Seconde Guerre mondiale, notamment pour les anciennes maisons de Lorient. Aussi les Bretons soignent-ils avec amour celles qui ont survécu, d'autant plus qu'à partir de la fin du 16e s. chaque terroir se singularisait par un type d'architecture propre. Au 18e s., à la suite d'édits interdisant l'utilisation du bois dans la construction, des hôtels particuliers en pierre ont remplacé ces belles demeures à détails gothiques, trop inflammables. Les villes étant souvent closes par des murailles, il fallait aussi construire en hauteur pour trouver de la place. Apparurent alors des bâtiments classiques aux lignes plus sévères, mais qui ont toutefois su conférer un cachet élégant aux grandes villes de l'Ouest.

FORTERESSES ET CHÂTEAUX

Le granit breton est un matériau sévère qui ne vieillit pas. Sans les lignes générales et le mode de construction qui permettent de les différencier, il ne serait guère possible de donner un âge aux monuments. Si l'on excepte les forteresses *(voir encadré ci-dessus)*, on trouve peu de châteaux importants en Bretagne, contrairement aux édifices religieux. Cette répartition traduit parfaitement le caractère de la population dont tous les efforts artistiques furent dédiés à la religion. On peut néanmoins encore admirer aujourd'hui de beaux exemples de fortifications et de châteaux.

St-Malo et **Guérande** ont conservé la totalité de la ceinture de pierre qui les enserrait. De beaux exemples de remparts se rencontrent aussi à Vannes, Concarneau et Port-Louis. Parmi les plus importantes forteresses, celles de **Fougères** et de **Vitré** sont particulièrement bien préservées. **Dinan** et **Combourg** ont leurs châteaux forts encore debout, tandis que Suscinio et Tonquédec offrent des ruines imposantes. La sentinelle avancée du fort **La Latte** occupe un site magnifique. Et si les édifices mi-forteresses mi-palais, tels **Kerjean, Josselin** ou le château des ducs de Bretagne à Nantes n'abondent pas, c'est que la noblesse bretonne était pauvre. On le voit, la diversité est au rendez-vous, sans parler des innombrables manoirs-fermes des gentilshommes campagnards qui, sans renoncer à leur rang, n'hésitaient pas à cultiver leurs terres comme des paysans.

ARCHITECTURE TECHNIQUE

Moulins à marée

Les moulins à marée existent au moins depuis le 12ᵉ s. Très présents en Bretagne, notamment le long des rias et des fleuves soumis à de très forts marnages comme la Rance, ils sont particulièrement abondants dans le Morbihan. Comme leur nom l'indique, ces moulins ne pouvaient fonctionner sans les marées. Accolés à une digue, ils accumulaient de l'eau dans une réserve pendant les phases montantes de la marée. Au reflux, le retrait d'une simple vanne permettait d'actionner la roue et de moudre le grain. En période de mortes-eaux (marées faibles), les marées ne suffisaient pas à donner du travail à temps plein au minotier, qui construisait alors, sur une butte proche, un moulin traditionnel. D'allure austère et massive, les moulins à marée, aussi appelés moulins à eau bleue, constituent un superbe exemple d'architecture fonctionnelle bretonne. Comme pour leurs homologues à vent, c'est l'arrivée du chemin de fer, de l'automobile et de la mécanisation qui a eu raison de leur activité. Les derniers ont fonctionné jusque dans les années 1960.

Certains moulins à marée sont encore en état de fonctionnement, comme le moulin de Pen Castel dans le golfe du Morbihan (*voir p. 97*).

Phares

La Bretagne compte 50 phares, soit le tiers des phares français. Les premiers critères de construction sont d'abord techniques. La portée géographique est induite par la rotondité de la terre. Plus un phare est haut, plus la rencontre du faisceau lumineux avec l'horizon est éloignée : le marin aperçoit le feu de plus loin. La portée lumineuse dépend avant tout de la puissance de la lampe, mais aussi de la composition de l'atmosphère qui se dégrade de nuit ou par temps pluvieux ou brumeux. Si la hauteur d'un phare est donc déterminée en fonction de la portée voulue (3 m de haut = 3,6 milles ; 30 m = 11,5 milles ; 100 m = 21 milles), sa forme l'est par l'endroit où il se trouve.

Sur terre, les phares sont presque toujours de forme carrée. En mer, ils sont systématiquement de forme cylindrique, de manière à subir le moins possible la pression des vagues et du vent.

En 2017, vingt-deux phares bretons sont classés monuments historiques dont quatre en Bretagne Sud : les phares d'Eckmühl et d'Ar Men dans le Finistère (1897), les phares de Goulphar à Belle-Île-en-Mer et de Pen Men à Groix, dans le Morbihan (1836).

Art religieux et enclos paroissiaux

Non loin des plages et des sites géographiques les plus prisés, les villes et les campagnes protègent pieusement les témoignages artistiques de l'histoire bretonne. Profondément religieux, l'art a ici laissé des traces matérielles à la fois monumentales et originales, presque toujours taillées dans ce granit qui fait à la fois l'orgueil et la particularité de la Bretagne. Prendre le temps de s'intéresser à ces vestiges, c'est se donner toutes les chances de mieux comprendre cette « péninsule du bout du monde ».

UNE ARCHITECTURE MYSTIQUE

Neuf cathédrales, une vingtaine de sanctuaires importants, des milliers d'églises et de chapelles rurales forment un imposant ensemble de monuments religieux. La richesse et le réalisme de leurs détails traduisent encore toute la force de la foi qui animait le peuple breton.

Les cathédrales

Elles sont inspirées des grands édifices de Normandie ou d'Île-de-France, mais ne peuvent rivaliser, ni par les dimensions ni par l'ornementation, avec leurs modèles. Les ressources des bâtisseurs étaient limitées, et le granit local est une pierre dense et difficile à travailler. En outre, les difficultés de trésorerie ont prolongé les travaux de trois à cinq siècles, ce qui nous permet de repérer toutes les étapes du gothique, depuis l'arc dépouillé des débuts jusqu'à la folle exubérance du flamboyant. Enfin, la Renaissance est venue placer sa dernière touche au cœur de ces édifices dont les plus intéressants sont ceux de St-Pol-de-Léon, Tréguier, Quimper, Nantes et Dol.

Églises et chapelles rurales

À l'époque romane (11e et 12e s.), la Bretagne n'était pas florissante. Les sanctuaires furent donc rares, et même transformés aux siècles suivants. Sous les ducs, et après la réunion à la France, le territoire se couvrit d'églises et de chapelles gothiques et Renaissance. Jusqu'au 16e s., le plan général est un rectangle, parfois un plan en T.

La nef est souvent sans bas-côtés et sans fenêtres, et aboutit à un chœur flanqué de chapelles, dont il est séparé par un arc de pierre. Le chevet est plat et percé d'ouvertures. La voûte de pierre est très rare : on lui préfère une charpente lambrissée, souvent peinte et dont les entraits, les sablières et les têtes de blochets sont fréquemment sculptés. À partir du 16e s., est adopté le plan en forme de croix latine, avec un transept dont la présence efface l'arc central. Le chevet devient à trois pans et des fenêtres percent les bas-côtés.

On est surpris aujourd'hui de découvrir, dans des solitudes désolées, des chapelles qui feraient l'orgueil de localités importantes. Des édifices comme ceux de N.-D.-du-Folgoët ou de Kernascléden illustrent bien la foi des petits pays bretons de l'époque. Cependant, il est malheureusement assez courant de voir des chapelles modestes plus ou moins à l'abandon.

Les clochers

Ces bâtiments symbolisaient à la fois la vie religieuse et la vie municipale. Les populations y plaçaient toute leur fierté, et c'était un châtiment terrible de voir un souverain mécontent les abattre, comme en 1675 dans le Finistère (*voir encadré p. 256*). Le type le plus fréquent est le clocher-pignon, plus léger et moins coûteux que le clocher classique. On y accède par des marches extérieures ou par des escaliers logés dans les tourelles qui le flanquent.

UNE CURIOSITÉ

Les nombreuses statues qui ornent les églises bretonnes sont de véritables portraits et des documents de premier ordre pour l'histoire du costume. Le groupe trinitaire de sainte Anne, la Vierge et l'Enfant se retrouve assez fréquemment en Bretagne. Cette figuration, assez courante en Europe centrale, est relativement rare en France.

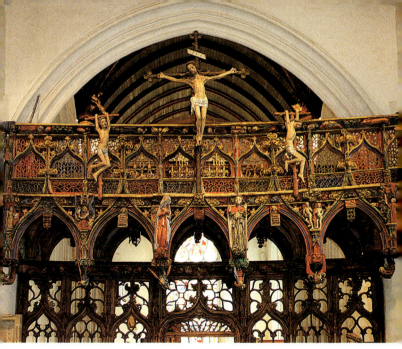
Jubé de la chapelle Saint-Fiacre (15ᵉ s.), Le Faouët (Morbihan).
Ch. Boisvieux/age fotostock

Les porches

Dans les églises bretonnes, un porche important s'ouvre sur le côté sud. Il a fréquemment servi de lieu de réunion pour les notables de la paroisse qui prenaient place sur les bancs de pierre garnissant les murs. Souvent, une double rangée d'apôtres le décore. On les reconnaît à leurs attributs : saint Pierre tient la clé du paradis ; saint Paul, un livre ou une épée ; saint Jean, un calice ; saint Thomas, une équerre ; saint Jacques le Majeur, un bâton de pèlerin ; saint Matthieu, une hachette ; saint Simon, une scie ; saint André, une croix ; saint Barthélemy, un couteau.

LE MOBILIER RELIGIEUX

Du 15ᵉ au 18ᵉ s., une armée de sculpteurs bretons a fourni aux églises divers éléments : chaires, stalles, buffets d'orgues, baptistères, clôtures de chœur, jubés, poutres de gloire *(voir ci-contre)*, retables, niches à volets, confessionnaux, saints sépulcres et statues…

On ne s'étonnera pas de constater que ces œuvres présentent un caractère plus abouti que les figures des calvaires. Il est en effet beaucoup plus aisé de travailler le chêne, le châtaignier ou l'albâtre que le granit.

Jubés et poutres de gloire

Nombreux dans les églises bretonnes, les jubés sont souvent d'une richesse inouïe, qui surprendra plus d'un amateur. Quelques-uns sont sculptés dans le granit, mais la plupart, et c'est l'une des originalités de la Bretagne, sont en bois. Variée, la décoration diffère sur leurs deux faces, car le jubé sépare le chœur de la partie de l'église réservée aux fidèles et complète les clôtures latérales du chœur. Par ailleurs, le jubé sert à la prédication et à la lecture des prières, qui sont faites du haut de sa galerie supérieure. En général, il est surmonté d'un crucifix, entouré des statues de la Vierge et de saint Jean, qui font face à la foule *(voir photo ci-dessus)*.

La poutre de gloire, ou tref, est à l'origine du jubé. Afin de l'empêcher de fléchir, on fut amené à la soutenir par des supports qui firent place à une clôture plus ou moins ouvragée. Décorée habituellement de scènes de la Passion (elle porte toujours le groupe du Christ entouré de la Vierge et de saint Jean), on la trouve surtout dans les petites églises et les chapelles.

Les retables

Nombreuses, surchargées, les œuvres Renaissance se retrouvent dans les fonts baptismaux et les chaires à prêcher, transformés en vrais petits monuments. Mais le cas le plus intéressant est celui des retables. À l'origine, l'autel primitif n'est qu'une table. Petit à petit, il va perdre en simplicité et atteindre des dimensions étonnantes. Du 12e au 14e s., les autels s'ornent d'un gradin peu élevé, le retable est de même longueur que l'autel, puis la sculpture s'en empare et on voit apparaître des scènes extraites de la Passion. À partir du 15e s., l'autel est envahi de colonnes torses, de frontons et de niches ornées de statues et de panneaux sculptés, qui trouvent leur plein épanouissement au 17e s. Le retable, dont le sujet principal s'est perdu parmi les angelots et les guirlandes, en arrive à occuper la totalité de la chapelle réservée à l'autel. Le paroxysme ornemental est même atteint lorsque, ne faisant qu'un avec les retables des autels voisins, il orne toute la muraille du chevet, comme c'est le cas à **Ste-Marie-du-Ménez-Hom** *(voir p. 235)*.

La dévotion au rosaire, que l'on doit au dominicain breton Alain de La Roche (15e s.), donna lieu, à partir de 1640, à l'érection de maints retables dans lesquels la Vierge est représentée remettant le chapelet à saint Dominique et à sainte Catherine de Sienne.

Arbre de Jessé et Mise au tombeau

Un grand nombre de niches à volets renferment un Arbre de Jessé. Jessé, qui appartenait à la tribu de Juda, eut un fils, David, de qui descend la Vierge Marie. Il est généralement représenté couché. Dans son cœur, ses entrailles ou ses reins plongent les racines de l'arbre dont les rameaux portent, dans l'ordre chronologique, les rois et les prophètes, ancêtres du Christ. La Vierge, au centre, figure la tige qui porte la fleur : Jésus. Voyez l'arbre de La Trinité-Porhoët, non loin de Ploërmel *(voir p. 199)*.

La Mise au tombeau, ou Saint-Sépulcre, groupe généralement sept personnages autour du Christ mort. Si elle est souvent traitée sur les calvaires, elle est rarement présente dans les églises, sauf à Lampaul-Guimiliau et à St-Thégonnec, où elles sont remarquables.

Toutefois, les chefs-d'œuvre de la sculpture funéraire sont visibles à Nantes, avec le tombeau de François II, et à Josselin, avec le mausolée d'Olivier de Clisson.

Vitraux

Si les peintures et les fresques sont rares (Kernascléden reste une exception), les verrières sont en revanche assez nombreuses. Souvent inspirées par l'art italien ou flamand, elles se caractérisent toujours par une facture bretonne. La cathédrale de **Dol** en possède une très belle du 13e s. Les plus beaux exemples datent des 14e, 15e et 16e s. et sortent des ateliers de Rennes, Tréguier et Quimper ; on peut en voir à N.-D.-du-Crann et à St-Fiacre du Faouët.

Au 20e s., la restauration ou la création de nombreuses églises et chapelles a permis de parer ces édifices de nouveaux vitraux éclatants, souvent non figuratifs.

Une myriade de fontaines

Les fontaines liées au culte de l'eau sont innombrables en basse Bretagne. La plupart d'entre elles sont des **fontaines guérisseuses**.

Presque tous les lieux de pardons possèdent une fontaine où vont boire les fidèles. Elle est placée sous la protection d'un saint ou de la Vierge, dont les statues s'abritent dans de petits sanctuaires, tantôt frustes, tantôt ornés. Dans les lieux de pèlerinage importants, comme **Ste-Anne-d'Auray,** la fontaine a été aménagée de façon moderne, avec vasques, bassins et escaliers.

LES ENCLOS PAROISSIAUX

Une particularité bretonne : l'enclos paroissial est l'ensemble monumental le plus typique que l'on rencontre dans les bourgs. Il s'ouvre habituellement par une porte triomphale donnant accès à l'église, au calvaire et à l'ossuaire, et permettait à la vie paroissiale de rester étroitement attachée à la communauté des morts, puisque l'enclos avait le cimetière pour centre. L'émulation qui existait entre villages voisins explique la richesse des enclos qui ont surgi en basse Bretagne à la Renaissance et au 17e s.

Portes triomphales et ossuaires

La porte monumentale ou porte des Morts, généralement très décorée, est traitée en arc de triomphe pour symboliser l'entrée du Juste dans l'immortalité. Les portes latérales voient leur passage barré par une pierre haute, l'échalier ; cette clôture est symbolique car elle n'en empêche pas le franchissement.
Dans les minuscules cimetières bretons d'autrefois, les corps devaient être exhumés pour laisser la place aux nouveaux défunts. On entassait les ossements dans des réduits que l'on élevait contre l'église ou le mur du cimetière. Ces ossuaires sont ensuite devenus des bâtiments isolés, et leur exécution devint plus soignée. Ils ont pris la forme de reliquaires et ont servi de chapelles funéraires.

Les calvaires

Foncièrement bretons, ces petits monuments de granit groupent autour du Christ en croix des épisodes de la Passion. Bon nombre d'entre eux furent érigés pour conjurer la peste de 1598 ou, après sa disparition, en tant qu'action de grâces. Ils servaient à l'instruction religieuse : tout en prêchant, le prêtre désignait les scènes qu'il racontait. Le plus ancien des calvaires existants est celui de Tronoën (fin 15e s.) ; les plus célèbres sont ceux de Guimiliau (200 personnages), Plougastel-Daoulas et Pleyben.
Si la sculpture est fruste et naïve, c'est qu'il s'agit essentiellement d'un art de tailleurs de pierre villageois. Mais quel sens admirable de l'observation avaient ces artistes anonymes ! L'expression de la vie y est souvent saisissante. Ils choisissaient les scènes au gré de leur inspiration, sans les grouper de façon chronologique. Certaines se reconnaissent au premier coup d'œil, d'autres, plus ou moins abîmées, sont traitées plus sommairement.
Les calvaires ont eu pour prédécesseurs immédiats les croix de chemin. Il y en eut des dizaines de mille, mais beaucoup ont été détruites.

UNE HISTOIRE ÉDIFIANTE

Sur plusieurs calvaires (Plougastel-Daoulas, Guimiliau) figure l'histoire de **Catell-Gollet** (Catherine perdue). Cette jeune servante avait dissimulé en confession ses écarts de conduite puis avait dérobé une hostie consacrée pour la donner au diable, qui avait pris les apparences de son amoureux. Elle fut donc condamnée aux flammes éternelles…

Peinture
et artisanat d'art

Dès le 19e s., les artistes ont trouvé en Bretagne une source d'inspiration inépuisable. Peintres et graveurs ont sillonné le littoral, de la baie du Mont-St-Michel au golfe du Morbihan, à la recherche des secrets de la lumière et des couleurs, tandis que faïenciers et céramistes se sont plutôt tournés vers les sujets ethniques et culturels.

L'ÉCOLE DE PONT-AVEN

« Un petit trou pas cher », c'est ainsi qu'un ami peintre décrit le bourg de Pont-Aven à Paul Gauguin. En 1886, ce dernier a alors 38 ans et décide de quitter sa petite vie bourgeoise pour la vie de bohème que lui promet la peinture. Construite au bord de l'Aven, la petite ville est connue pour ses moulins et l'activité portuaire induite par les minoteries. Les alentours, riches en églises, en champs couverts de meules jaunes ou de mégalithes épars, attirent déjà un cortège de peintres académiques, attirés par l'exotisme régional.

Gauguin, bientôt suivi par un large groupe d'amis, fait exploser leur vision stricte de l'art pictural. Leur courant, baptisé école de Pont-Aven, porte d'abord le nom de « synthétisme ». Les couleurs sont vives, couchées en à-plats, les contours et les formes sont simplifiés et les visages souvent dépourvus de traits : le style de Pont-Aven s'affirme comme une nouvelle vision artistique de la nature. Émile Bernard et Paul Gauguin, les fondateurs, sont bientôt rejoints par le jeune Sérusier, Maurice Denis, Armand Seguin et par des peintres étrangers informés par la critique parisienne saluant la naissance du mouvement.

Le groupe, dont la tranquillité est perturbée par l'affluence de curieux, s'installe au Pouldu. Gauguin, lui, part dans le Pacifique chercher d'autres sources d'inspiration. Il fait son dernier séjour breton en 1894, laissant à Pont-Aven une réputation qui perdure encore de nos jours.

L'ART CONTEMPORAIN EN BRETAGNE

Le **Frac Bretagne** (Fonds régional d'art contemporain), situé à Rennes, a rassemblé depuis 1981 près de 4 000 œuvres, qui sont exposées régulièrement dans les quatre départements bretons et, depuis 2013, dans son propre espace *(voir p. 39)*. Outre un centre de documentation et un service éducatif, il publie régulièrement des monographies d'artistes régionaux et des catalogues collectifs. La région compte aussi deux centres d'art contemporain labellisés – **La Criée** à Rennes, **La Passerelle** à Brest – et un lieu privé, le **Fonds Hélène et Édouard Leclerc pour la culture**, à Landerneau. Notez que toutes les grandes villes de Bretagne possèdent des centres d'art contemporain. Le musée des Beaux-Arts de Rennes ouvre ainsi régulièrement ses portes à des plasticiens locaux et la ville accueille également depuis 2008 une biennale. La Passerelle, à Brest est, quant à elle, un centre d'art plus ouvert sur la danse, la musique et la poésie

Si vous êtes amateur de sculpture, ne manquez pas la visite du parc du **domaine de Kerguéhennec**, qui propose également des expositions *(voir p. 198)*.

En Loire-Atlantique, la ville de Nantes possède un musée des Beaux-Arts doté d'une belle collection d'art contemporain. Il invite régulièrement des artistes français et étrangers. Avec le

Voyage à Nantes, chaque été, la création contemporaine est également mise en valeur au gré de parcours inédits dans la ville et dans l'estuaire de la Loire *(voir p. 363 et 365)*.

Enfin, certains lieux de culte désacralisés accueillent aujourd'hui des expositions temporaires d'œuvres contemporaines. C'est le cas notamment de diverses chapelles de la vallée du Blavet et du pays de Pontivy, dans le cadre de la manifestation annuelle intitulée **« L'art dans les chapelles »** *(voir p. 206)*. De même, à la pointe du Raz-cap Sizun avec **« Arts à la pointe »** *(voir p. 278)*.

La mer aussi contribue au renouveau artistique régional grâce à une nouvelle utilisation des bois d'épaves. S'ils sont recherchés depuis des siècles par les Bretons du littoral pour la manufacture de mobilier, les bois flottés rejetés sur la laisse de mer (accumulation des détritus naturels rejetés par la mer) sont désormais récoltés et retravaillés par des artistes du cru.

LES ARTS DÉCORATIFS

Le mobilier
Pendant des siècles, les artisans bretons ont exécuté lits clos, buffets, vaisseliers, armoires et gaines d'horloges selon des modèles identiques, ne différant d'une pièce à une autre que par de petits détails d'ornementation. Ce caractère répétitif les a portés à une grande maîtrise de leur art.

Le **lit clos**, pièce essentielle du mobilier breton, permettait de se protéger du froid mais aussi de s'isoler dans la grande pièce commune. Le lit est généralement fermé par deux portes coulissantes ; par une seule grande porte dans le Léon, par d'épais rideaux dans la région d'Audierne ou le Morbihan. Il se complète toujours d'un banc-coffre où l'on rangeait le linge. Une riche ornementation le décore : des fuseaux, des guirlandes, des motifs religieux dont le monogramme du Christ ou le cœur chouan, des figures géométriques, juxtaposées ou entrelacées, appelées décorations « au compas ». Ces motifs se retrouvent aussi sur les **armoires,** souvent coiffées d'une corniche plate débordante, ou parfois à double cintre comme dans le bassin de Rennes. Le **coffre** a également un rôle important : il abritait le linge ou le grain destiné à l'usage ménager.

La faïence
Relevant davantage de l'art décoratif que du mobilier, la faïence en était pourtant un accessoire indissociable. La faïence de Quimper, la plus renommée, s'est enrichie au fil des siècles de nombreux apports qui ont, à diverses reprises, relancé cette production, marquant son évolution et témoignant de sa créativité. Un savoir-faire transmis de siècle en siècle aux « peintres » quimpérois a fait de cette ville le foyer d'une production dont l'originalité réside dans la diversité des styles.

C'est aux environs de 1840 qu'apparaissent les faïences à sujets bretons (avec notamment le fameux « petit Breton », personnage caricatural qui va détrôner les décors traditionnels), et que débute leur industrialisation. Créées par Alfred Beau (1829-1907), la série des « scènes bretonnes » inspirées de contes et de gravures, et, plus tard, celle des « légendes bretonnes » connaîtront un vif succès.

L'orfèvrerie
C'est aux 14e et 15e s. que l'orfèvrerie bretonne a connu ses périodes les plus fastes. Les commandes étaient alors surtout religieuses, avec des pièces magnifiques, notamment les reliquaires. Nombre d'entre elles ont été fondues pour financer

des guerres. Malgré ces pertes, la Bretagne recèle encore de très belles pièces dues à des artistes locaux, notamment du côté de Morlaix et de Vannes, où elles ont été jalousement mises à l'abri des convoitises. On en verra aussi à Carantec, à St-Jean-du-Doigt, à St-Gildas-de-Rhuys, à Paimpont, à Locarn, etc.

La broderie

La broderie apparaît en Bretagne après la Révolution française. Avant, les matériaux (fil de soie, perles, velours…) étaient si chers que seuls les plus riches pouvaient se les offrir. Au 19e s., les costumes régionaux connaissent un développement extraordinaire : on n'en comptait pas moins de 1 200 différents en Bretagne ! Les ornements brodés, tant sur les costumes que sur les coiffes, étaient propres à chaque pays et permettaient de les identifier grâce aux points et aux motifs (floraux pour le pays de l'Aven, broderies orange et jaune pour le pays bigouden…). Presque disparue avec les confréries de brodeurs dans l'entre-deux-guerres, l'activité perdure aujourd'hui de manière artisanale et connaît même un regain d'intérêt lié à l'essor de la culture celtique (*Voir École de broderie d'Art Pascal Jaouen p. 223*).

Légendes et littérature

D'est en ouest et du nord au sud, la Bretagne regorge de récits merveilleux. Croyances, rituels et contes ont ainsi créé au fil des siècles tout un univers, folklorique pour les uns, mystérieux pour les autres. Les légendes ont surtout su conserver la fraîcheur de mythes très anciens qui n'ont pas été sans imprégner la vie littéraire bretonne, du Moyen Âge à nos jours.

UNE TERRE DE LÉGENDES

L'âme bretonne a toujours incliné au rêve, au fantastique, au surnaturel. C'est ce qui explique l'étonnante abondance et persistance des légendes.

La Table ronde

Après la mort du Christ, Joseph d'Arimathie, un de ses disciples, quitte la Palestine en emportant quelques gouttes du sang divin dans la coupe où le Rédempteur a bu lors de la Cène. Il débarque en Bretagne, séjourne en forêt de Brocéliande, l'actuelle forêt de Paimpont, puis disparaît sans laisser de traces.

Au 6e s., le roi Arthur et 50 chevaliers entreprennent de retrouver la précieuse coupe. Elle constitue à leurs yeux le **Saint-Graal,** que seul pourra conquérir un guerrier au cœur pur. Cet homme idéal est Perceval, le Parsifal de Wagner. La recherche du Graal a donné naissance à d'inépuisables récits d'aventures qui forment le cycle de la Table ronde. Ronde parce qu'Arthur et ses chevaliers s'assemblaient autour d'une table qui, par sa forme, supprimait toute préséance.

Merlin et Viviane

Un des compagnons du roi Arthur, Merlin l'Enchanteur, vit en forêt de Brocéliande. Dans sa retraite, il rencontre Viviane… et tombe amoureux de la fée. Pour garder plus sûrement Merlin, Viviane lui soutire un à un ses secrets et l'enferme dans un cercle magique. Il pourrait certes se libérer, mais il accepte avec joie, et pour l'éternité, cette captivité amoureuse.

Tristan et Iseult

Tristan, prince de Léonois envoyé en Irlande par son oncle Mark, roi de Cornouaille, en ramène Iseult, que Mark va épouser. Sur le navire, Tristan et Iseult boivent

Peinture de Karl Reizabech dans l'église Sainte-Onenne (ou chapelle du Graal) à Tréhorenteuc.
B. Rieger/hemis.fr

par erreur le philtre destiné à lier d'un amour inaltérable Iseult à son époux. La passion éclate. Les récits font varier les dénouements : tantôt Tristan est tué par Mark, ulcéré de sa trahison ; tantôt il se marie et meurt dans son château de Bretagne. À chaque fois, Iseult le suit invariablement dans la tombe. L'opéra de Wagner et le livre de Joseph Bédier ont célébré ce drame de l'amour.

La ville d'Ys

Au temps du bon roi **Gradlon,** vers le 6e s., Ys est la capitale de la Cornouaille : la baie des Trépassés et la baie de Douarnenez en revendiquent les vestiges. La ville est protégée de la mer par une digue, et le roi garde toujours sur lui la clé d'or qui ouvre les écluses.

Sa fille, la belle Dahut, appelée encore Ahès, mène une vie de débauche et rencontre le diable sous la forme d'un séduisant jeune homme. Comme preuve d'amour, il lui demande d'ouvrir les portes aux flots. Dahut dérobe la clé pendant le sommeil du roi et bientôt la mer se rue dans la ville. Gradlon fuit à cheval, sa fille en croupe. Mais les vagues le poursuivent et vont l'engloutir quand une voix céleste lui ordonne, s'il veut être sauvé, de jeter à l'eau le démon qu'il porte derrière lui. Le cœur serré, le roi obéit, et la mer se retire aussitôt. Mais Ys est détruite.

Gradlon, qui choisit Quimper comme nouvelle capitale, finira ses jours en odeur de sainteté, guidé par saint Corentin. Quant à Dahut, changée en sirène, elle est devenue Marie-Morgane et entraîne depuis au fond de la mer les marins attirés par sa beauté. Il en sera ainsi jusqu'au vendredi de la Croix où la messe du rachat sera célébrée dans la cité engloutie. Alors Ys ne sera plus maudite et Marie-Morgane reprendra sa forme initiale.

LA VIE LITTÉRAIRE

Moyen Âge et Renaissance

Aucune œuvre rédigée en vieux breton n'ayant été conservée,

seuls ont traversé les siècles des ouvrages en latin, ayant le plus souvent pour thèmes l'histoire de l'Église ou de la Bretagne, la morale et la vie des saints. D'un côté, la littérature bretonne disparue a inspiré le cycle arthurien ; de l'autre, il nous reste des écrits de moines.

La grande figure médiévale est **Pierre Abélard** (1079-1142), brillant philosophe, natif du Pallet, près de Nantes, qui fut abbé de St-Gildas-de-Rhuys. Il y reçut la correspondance passionnée de la jeune Héloïse, épousée secrètement, et relata l'histoire de ses malheurs. On peut citer aussi **Guillaume Le Breton** (1165-1226), poète et historiographe de Philippe Auguste, auteur de douze volumes de *Philippide* où il exalte les événements du règne avec patriotisme. Ce n'est qu'aux 15e et 16e s. qu'on cerne une véritable école d'historiens et de poètes, née après la création de l'université de Nantes au 15e s.

Aux 17e et 18e siècles

Bretonne par alliance, **Mme de Sévigné** (1626-1696) a, de son château des Rochers-Sévigné, écrit maintes lettres décrivant Rennes, Vitré, Vannes et Port-Louis où elle a fait « le plus joli voyage du monde ». **Alain-René Lesage** (1668-1747), spirituel auteur de *Gil Blas*, connut le succès avec ses œuvres réalistes où il transposa des souvenirs de son Vannetais natal. **Élie Fréron** (1718-1776) s'est illustré à travers ses démêlés avec Voltaire, et fut le brillant directeur du périodique parisien, *L'Année littéraire*.

Du romantisme aux romans du terroir

« Il inventa la mélancolie et la passion moderne. » Cette opinion de Théophile Gautier souligne à quel point **François-René de Chateaubriand** (1768-1848) a eu un rayonnement immense. Sa sensibilité, son éloquence passionnée, servies par un talent et un style brillants, expliquent l'influence qu'il exerça sur ses contemporains. Ses *Mémoires d'outre-tombe* évoquent son enfance à St-Malo et sa jeunesse au château de Combourg. Royaliste et théocrate, **Lamennais** (1782-1854) devint un démocrate convaincu. L'évolution de sa philosophie se reflète dans ses œuvres, de l'*Essai sur l'indifférence* au *Livre du peuple* paru en 1837. Philologue, historien et philosophe, **Ernest Renan** (1823-1892) fut un esprit critique professant une foi absolue dans la science. Il écrivit de nombreux ouvrages parmi lesquels ses *Souvenirs d'enfance et de jeunesse* rappellent sa Bretagne natale. La jeunesse et la famille ont également été les thèmes de prédilection de **Zénaïde Fleuriot** (1829-1890), dont les romans ont largement été publiés dans la seconde moitié du 19e s.

Probablement moins puissants, mais fidèles interprètes du terroir, quelques auteurs ont bien traduit la pensée bretonne : **Auguste Brizeux** (1803-1858), auteur des poésies *Telen Arvor ;* le conteur **Émile Souvestre** (1806-1854) qui écrivit *Les Derniers Bretons ;* **Hersart de La Villemarqué** (1815-1895) et ses recueils poétiques de chants populaires, *Barzaz Breiz* et *Myrdhinn ou l'Enchanteur Merlin ;* le chantre du cidre **Frédéric Le Guyader** (1847-1926) ; le folkloriste et poète **Anatole Le Braz** (1859-1926) avec *Les Légendes de la mort ;* le romancier **Charles Le Goffic** (1863-1932), également poète avec *L'Amour breton ;* le chansonnier **Théodore Botrel** (1868-1925) qui célébra *Les Chansons de chez nous* et *Les Chants du bivouac*.

Quelques auteurs célèbres

Parmi les nombreux auteurs citons ici les poètes symbolistes **Villiers de L'Isle-Adam** (1838-1889) et

Tristan Corbière (1845-1875), les romanciers Paul Féval (1816-1887), auteur du *Bossu*, et **Jules Verne** (1828-1905), précurseur des découvertes modernes et traduit dans le monde entier, ainsi que Jean-Pierre Calloc'h (1888-1917), poète lyrique qui s'exprimait dans le dialecte de Vannes. **Pierre Loti** (1850-1923) doit également être mentionné pour *Mon frère Yves* et *Pêcheur d'Islande* qui a Paimpol pour cadre. Il faut encore évoquer le poète surréaliste **Saint-Pol-Roux** (1861-1940), dit « le Magnifique », Marseillais mais breton de cœur ; **Jean Guéhenno**, né à Fougères, (1890-1978) qui a raconté son enfance dans *Changer la vie* ; le romancier et nouvelliste **Jakes Riou** (1899-1937), auteur de *Nominoé* qui écrivait en breton ; le journaliste, essayiste et écrivain **Louis Guilloux** (1899-1980), originaire de St-Brieuc (ville qui apparaît souvent en filigrane dans *Le Sang noir*, *Le Pain des rêves* et *Le Jeu de la patience*) ; et le poète **René-Guy Cadou** (1920-1951) qui chanta sa Brière natale.

Littératures d'aujourd'hui

Littérature, essais, contes et récits, BD : les auteurs bretons publient chaque année de très nombreux ouvrages, dont beaucoup sont désormais aussi édités en langue bretonne (le catalogue de Coop Breizh est riche de centaines de titres). Le dynamisme littéraire de la région se mesure aussi à la popularité du festival **Les Étonnants Voyageurs,** qui se tient à St-Malo depuis 1990.

Le poète **Eugène Guillevic**, né à Carnac (1907-1997), a reçu le prix Goncourt de la poésie en 1988.

Henri Queffélec (1910-1992) est un des auteurs ayant le plus célébré la Bretagne. Son roman le plus populaire, *Un recteur de l'île de Sein*, a été adapté au cinéma

(*Dieu a besoin des hommes,* d'Yves Delannoy, 1950). Son fils **Yann** a brillamment pris la relève et reçu le prix Goncourt en 1985 pour son roman *Les Noces barbares*.

Pierre Jakez Hélias (1914-1995) a consacré toute son œuvre à la Bretagne, publiant plus de 60 ouvrages, dont *Le Cheval d'orgueil*, publié en breton sous le titre *Marh al Lohr*.

Glenmor (1931-1996), de son vrai nom Émile Le Scanff ou Milig ar Scanv, fut un inlassable défenseur de la culture bretonne. Ce chanteur a laissé de nombreux disques et recueils de poèmes.

Mona Ozouf, née à Lannilis en 1931 à laquelle on doit un bouleversant et magnifique ouvrage *Composition française : retour sur une enfance bretonne*.

Irène Frain, née en 1950 à Lorient, est une romancière et historienne parmi les plus lues du grand public. Elle a reçu le Grand Prix du roman historique en 2009 pour *Les Naufragés de l'île Tromelin*.

Claire Bretécher, née en 1940, est une dessinatrice de BD rendue célèbre notamment par ses albums *Agrippine* ou *Les Frustrés*.

Emmanuel Lepage, né en 1966 à Saint-Brieuc, est un dessinateur, scénariste et coloriste de bande dessinée. Très remarqué pour ses ouvrages *Muchacho*, et *Un printemps à Tchernobyl*, c'est l'ensemble de son œuvre qui a été salué par le festival « Quai des bulles » (Grand prix de l'Affiche 2012).

Tanguy Viel, né en 1973 à Brest, écrivain brillant et prolifique (déjà 12 romans) dont il faut lire *Paris-Brest* et *L'Absolue Perfection du crime*, s'il fallait choisir…

Olivier Adam, né en 1974 à Draveil, a choisi St-Malo et la côte nord comme décor de sa vie et de ses livres (*Vents Contraires*, *Les Lisières*).

ABC d'architecture

Les dessins présentés dans les planches qui suivent offrent un aperçu visuel de l'histoire de l'architecture dans la région et de ses particularités. Les définitions des termes d'art permettent de se familiariser avec un vocabulaire spécifique et de profiter au mieux des monuments religieux, militaires ou civils.

ST-BRIEUC – Plan de la cathédrale St-Étienne (13ᵉ et 14ᵉ s.)

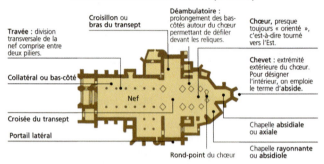

Croisillon ou bras du transept

Déambulatoire : prolongement des bas-côtés autour du chœur permettant de défiler devant les reliques.

Chœur, presque toujours « orienté », c'est-à-dire tourné vers l'Est.

Travée : division transversale de la nef comprise entre deux piliers.

Chevet : extrémité extérieure du chœur. Pour désigner l'intérieur, on emploie le terme d'abside.

Collatéral ou bas-côté

Nef

Croisée du transept

Chapelle absidiale ou axiale

Portail latéral

Chapelle rayonnante ou absidiole

Rond-point du chœur

ST-POL-DE-LÉON – Élévation des deux premières travées Nord de la nef de l'ancienne cathédrale (13ᵉ et 14ᵉ s.)

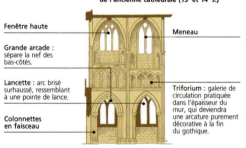

Fenêtre haute

Meneau

Grande arcade : sépare la nef des bas-côtés.

Lancette : arc brisé surhaussé, ressemblant à une pointe de lance.

Triforium : galerie de circulation pratiquée dans l'épaisseur du mur, qui deviendra une arcature purement décorative à la fin du gothique.

Colonnettes en faisceau

DINAN – Porche à trois arcs de la basilique St-Sauveur (12ᵉ s.)

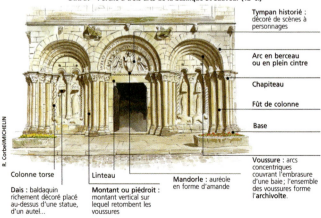

R. Corbel/MICHELIN

Tympan historié : décoré de scènes à personnages

Arc en berceau ou en plein cintre

Chapiteau

Fût de colonne

Base

Voussure : arcs concentriques couvrant l'embrasure d'une baie ; l'ensemble des voussures forme l'archivolte.

Colonne torse

Linteau

Mandorle : auréole en forme d'amande

Dais : baldaquin richement décoré placé au-dessus d'une statue, d'un autel...

Montant ou piédroit : montant vertical sur lequel retombent les voussures

QUIMPER – Cathédrale St-Corentin (13e au 19e s.)

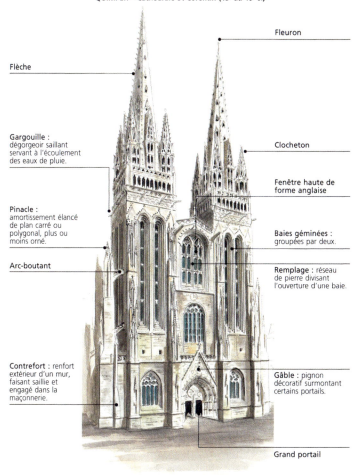

Fleuron

Flèche

Gargouille : dégorgeoir saillant servant à l'écoulement des eaux de pluie.

Clocheton

Fenêtre haute de forme anglaise

Pinacle : amortissement élancé de plan carré ou polygonal, plus ou moins orné.

Baies géminées : groupées par deux.

Arc-boutant

Remplage : réseau de pierre divisant l'ouverture d'une baie.

Contrefort : renfort extérieur d'un mur, faisant saillie et engagé dans la maçonnerie.

Gâble : pignon décoratif surmontant certains portails.

Grand portail

COMMANA – Retable Ste-Anne (1682-1691) dans l'église St-Derrien

Placé derrière l'autel et le surmontant verticalement, le retable de Commana est un véritable joyau de l'art baroque en Bretagne.

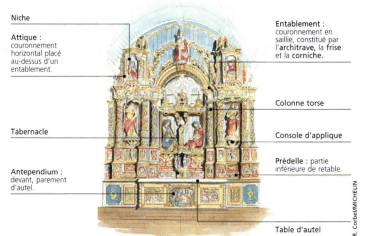

Niche

Entablement : couronnement en saillie, constitué par l'architrave, la frise et la corniche.

Attique : couronnement horizontal placé au-dessus d'un entablement.

Colonne torse

Tabernacle

Console d'applique

Prédelle : partie inférieure de retable.

Antependium : devant, parement d'autel.

Table d'autel

R. Corbel/MICHELIN

PLOUGASTEL-DAOULAS – Calvaire (17ᵉ s.)

Véritables pages d'évangile figées dans la pierre, les scènes de la vie de Jésus, sculptées sur le calvaire, permettaient au prédicateur d'illustrer son propos.

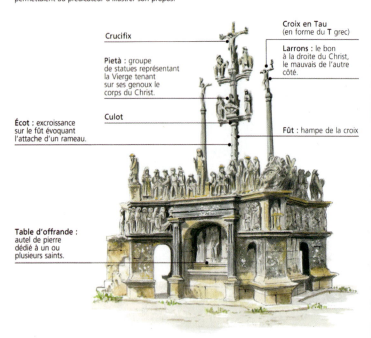

Crucifix

Croix en Tau (en forme du T grec)

Larrons : le bon à la droite du Christ, le mauvais de l'autre côté.

Pietà : groupe de statues représentant la Vierge tenant sur ses genoux le corps du Christ.

Culot

Écot : excroissance sur le fût évoquant l'attache d'un rameau.

Fût : hampe de la croix

Table d'offrande : autel de pierre dédié à un ou plusieurs saints.

ST-THÉGONNEC – Porte triomphale de l'enclos paroissial (17ᵉ s.)

La « porte des morts », porte cochère très ouvragée marquant la frontière entre la vie profane et le monde spirituel, était réservée aux processions religieuses ou aux convois funèbres.

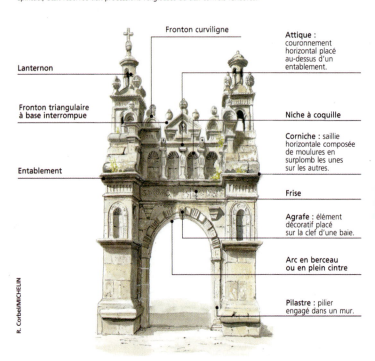

Fronton curviligne

Attique : couronnement horizontal placé au-dessus d'un entablement.

Lanternon

Fronton triangulaire à base interrompue

Niche à coquille

Corniche : saillie horizontale composée de moulures en surplomb les unes sur les autres.

Entablement

Frise

Agrafe : élément décoratif placé sur la clef d'une baie.

Arc en berceau ou en plein cintre

Pilastre : pilier engagé dans un mur.

R. Corbel/MICHELIN

FORT LA LATTE – Château fort (14ᵉ s.)

Dominant la mer de plus de 60 m, ce fort du 14ᵉ s. remanié au 17ᵉ s. et restauré au 20ᵉ s. a conservé un aspect médiéval.

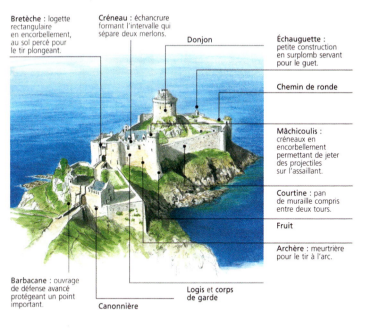

Bretèche : logette rectangulaire en encorbellement, au sol percé pour le tir plongeant.

Créneau : échancrure formant l'intervalle qui sépare deux merlons.

Donjon

Échauguette : petite construction en surplomb servant pour le guet.

Chemin de ronde

Mâchicoulis : créneaux en encorbellement permettant de jeter des projectiles sur l'assaillant.

Courtine : pan de muraille compris entre deux tours.

Fruit

Archère : meurtrière pour le tir à l'arc.

Barbacane : ouvrage de défense avancé protégeant un point important.

Logis et corps de garde

Canonnière

BELLE-ÎLE-EN-MER – Citadelle Vauban (17ᵉ s.)

Construite au 16ᵉ s., la citadelle de Belle-Île fut entièrement remaniée par Vauban au 17ᵉ s. Particulièrement bien conservée, elle est un témoin remarquable de l'architecture militaire classique.

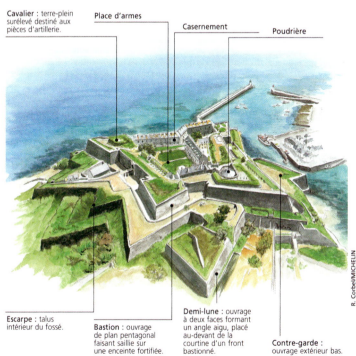

Cavalier : terre-plein surélevé destiné aux pièces d'artillerie.

Place d'armes

Casernement

Poudrière

Escarpe : talus intérieur du fossé.

Bastion : ouvrage de plan pentagonal faisant saillie sur une enceinte fortifiée.

Demi-lune : ouvrage à deux faces formant un angle aigu, placé au-devant de la courtine d'un front bastionné.

Contre-garde : ouvrage extérieur bas.

R. Corbel/MICHELIN

JOSSELIN – Façade intérieure du château (1490-1510)

Élevée tout au début du 16ᵉ s., cette magnifique façade sur cour montre l'exubérance, la fantaisie et la richesse des lucarnes sculptées à la mode de la Renaissance.

Pinacle :
amortissement élancé
de plan carré ou
polygonal, plus
ou moins orné.

Fleuron

Lucarne à deux
étages en avancée

Toiture
polygonale

Fronton-pignon

Étrésillon

Fenêtre à meneaux :
le **meneau** est
l'élément vertical
d'un **remplage**.

**Meneau à traverse
simple** (et double
traverse à l'étage).

Arc en accolade

Grand appareil

RENNES – Hôtel de ville (1730-1742)

Construit par l'architecte Jacques Gabriel ; le creusement central au niveau du beffroi produit un effet de mise en scène théâtral, typiquement baroque.

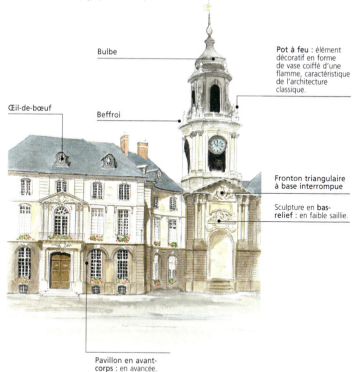

Bulbe

Pot à feu : élément décoratif en forme de vase coiffé d'une flamme, caractéristique de l'architecture classique.

Œil-de-bœuf

Beffroi

Fronton triangulaire à base interrompue

Sculpture en **bas-relief** : en faible saillie.

Pavillon en avant-corps : en avancée.

JOSSELIN – Maison « Lovys Piechel » (1624)

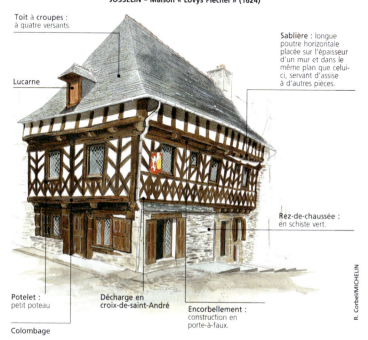

Toit à croupes : à quatre versants.

Sablière : longue poutre horizontale placée sur l'épaisseur d'un mur et dans le même plan que celui-ci, servant d'assise à d'autres pièces.

Lucarne

Rez-de-chaussée : en schiste vert.

Potelet : petit poteau

Décharge en croix-de-saint-André

Encorbellement : construction en porte-à-faux.

Colombage

R. Corbel/MICHELIN

Une Bretagne de mégalithes

Ces monuments de pierre brute ont été à la source d'une inépuisable série de légendes et d'interprétations.
La potion magique de nos irréductibles Gaulois n'est néanmoins pas responsable de toutes ces pierres levées qui ne cessent de nous intriguer par leur aspect colossal.

UNE CONSTELLATION DE PIERRES LEVÉES

On dénombre en Bretagne quelque 6 000 menhirs et plus de 1 000 dolmens, sans compter les cairns, comme celui de Barnenez dans la baie de Morlaix, et les dépôts funéraires (la Table des Marchands à Locmariaquer, *voir p. 114*). Les cairns sont apparus au néolithique ancien (vers 5 000 av. J.-C.). Géographiquement cantonnés au littoral, ces assemblages de dolmens prennent des formes variées, tantôt agencés en coude, en transept, en V ou en simple couloir comme à Gavrinis. Au cours du néolithique moyen (vers 4 000 av. J.-C.), les chambres funéraires se sont allongées et ont progressivement changé de type architectural tout en se dotant d'un art pariétal très riche. À la fin du néolithique, elles évoluèrent en allées couvertes (comme celles de la Roche-aux-Fées - *voir Vitré p. 53* - ou de Gavrinis - *voir p. 93*), parallèlement à l'apparition de sépultures à entrée latérale. À la différence des cairns, menhirs et dolmens, les allées couvertes se répartissent sur l'ensemble de la Bretagne.

Les constructeurs

L'homme est présent en Bretagne depuis quelque 600 000 ans. À l'*Homo erectus* qui domestique le feu vers 450 000 av. J.-C. succède, vers 35 000 av. J.-C., l'homme « moderne », chasseur-cueilleur nomade qui se sédentarise progressivement. Vers 7 000 av. J.-C., les agriculteurs du Proche-Orient colonisent l'Europe. Vers 5 000 av. J.-C., l'océan Atlantique stoppe net leur progression. Arrivés à la fin de la terre (Finistère), ils vont remplacer les communautés locales et prendre possession du sol. Et voici que, pour enterrer leurs morts, ils élèvent des mégalithes, des « grandes pierres ».

Leur masse, leur aspect cyclopéen sont très impressionnants. En effet, un mégalithe peut peser plus de 300 t. Le déplacer nécessitait donc le concours de plusieurs centaines de personnes. Soit on faisait rouler la pierre sur des rondins (jusqu'à 10 km), soit on la plaçait sur un radeau pour descendre la rivière ou traverser la baie. Pour la dresser, on la faisait glisser dans une fosse sur une rampe inclinée, puis on la stabilisait avec de la terre et des cailloux.

🦽 *Petit lexique des mégalithes p. 122*

RELIGION ET SOCIÉTÉ

Seul un pouvoir politiquement fort avait la faculté d'« inviter » ses sujets à construire des tombes gigantesques pour une petite élite.
Les mégalithes avaient une fonction funéraire et de prestige. Placés sur des hauteurs, taillés dans des roches nobles, ils étaient visibles de loin. Ces **symboles des divinités** tutélaires veillaient sur les villages et structuraient le territoire. Les alignements paraissent orientés en fonction des équinoxes ou des solstices, mais il serait imprudent de se laisser aller à des théories astronomiques hasardeuses. On peut supposer que, dans une société d'agriculteurs, les travaux étaient rythmés par des cérémonies, comme ce fut le cas chez nous jusque dans les années 1950.

Survivances et folklore

Nombre de légendes se sont attachées à expliquer les mégalithes, de même qu'une myriade d'interprétations romantiques. Les unes et les autres ont engendré fées et farfadets sur un lit de superstitions. La réalité est plus simple. Au 2e millénaire, à l'âge du bronze, le mégalithisme est progressivement abandonné. À l'âge du fer, certains mégalithes sont démolis et réincorporés dans d'autres ensembles. Eh non ! Les Gaulois n'élevaient pas de menhirs, dommage pour Obélix… Les Romains, eux, s'en servaient comme bornes routières. Les Bretons ont cependant toujours éprouvé du respect pour ces grandes pierres, d'où un culte païen qui a survécu à tous les efforts d'une Église oscillant sans cesse entre destruction et tentative de récupération ; de nombreux menhirs sont ainsi christianisés (comme en témoignent les croix sculptées à leur sommet), comme ceux de Brignogan-Plages par exemple.

Des légendes pittoresques sont nées au cours des siècles. Ne dit-on pas que le soir de Noël, les menhirs de Carnac vont boire sur la grève de Saint-Colomban…

FOUILLES ET CONSERVATION

Depuis quelques années, les sites mégalithiques de Bretagne sont victimes de leur succès. Le meilleur exemple en est **Carnac**. Du fait d'une forte fréquentation, des allées ont commencé à se creuser entre les blocs, déchaussant ces derniers. Pour la sécurité du public et la préservation des alignements, le site a donc été clôturé. Son devenir et son mode d'exploitation sont au cœur du débat, sachant que la décision servira sans doute de modèle à d'autres sites confrontés aux mêmes problématiques. Comme pour tous les grands sites, la question se pose de l'équilibre à maintenir entre l'ouverture au public et la préservation du patrimoine. Dans un objectif à long terme de préservation, le Morbihan prépare actuellement un dossier d'inscription des sites mégalithiques du département (répartis sur 26 communes) auprès du Patrimoine mondial de l'Unesco. 🖐 www.megalithes-morbihan.fr

Île de Gavrinis, le cairn de Gavrinis considéré comme l'un des plus beaux monuments mégalithiques au monde.

S. Lemaire/hemis.fr

Histoire

Dans l'imaginaire populaire français, la Bretagne druidique occupe une place de choix, au point d'avoir donné naissance au sympathique personnage d'Astérix qui résiste encore et toujours à l'envahisseur. Les sources manquent, il est vrai, sur ces premiers âges, permettant ainsi la libre interprétation. Et les impressionnants mégalithes, menhirs et autres, dressés sur les terres bretonnes bien avant l'arrivée des Celtes, ne font qu'ajouter au mystère... Ce n'est vraiment qu'à partir du Moyen Âge que les chroniqueurs commencent à relater en détail l'histoire bretonne, enrichie des heures de gloire de Du Guesclin et d'Anne de Bretagne, reine d'un duché encore distinct de la couronne de France. Plus tard, du 17e s. au 19e s., les armateurs, les corsaires et les pêcheurs succèdent à ces figures historiques, construisant à leur tour la légende et liant indéfectiblement la Bretagne à la mer.

Des origines à nos jours

L'ANTIQUE ARMOR

L'homme manifesta sa présence en Bretagne il y a près de 600 000 ans. Quelque 150 000 ans plus tard, voici qu'un *Homo erectus* y taille des galets, puis, vers 35 000 av. J.-C. passe un chasseur-cueilleur nomade, qui se sédentarise au mésolithique, soit vers 7 000 av. J.-C. *(voir « Une Bretagne de mégalithes », p. 482).*

Avant l'ère chrétienne

● **6e s. av. J.-C.** – Les Celtes arrivent dans la péninsule, pour eux *Armor* (pays au voisinage de la mer). Ils succèdent à un peuple mal connu, dresseur de mégalithes.

● **56 av. J.-C.** – César détruit la flotte des Vénètes, le peuple le plus puissant d'Armorique, et conquiert tout le pays.

Des Romains aux Francs

Pendant quatre siècles, la civilisation romaine accomplit son œuvre. Puis les invasions barbares ruinent l'Armor.

● **460** – Arrivée des Celtes de Grande-Bretagne (dénommée alors Bretagne, *Britannia*). Ces colons évangélisent l'Armorique, qu'ils nomment Petite Bretagne. L'État reste anarchique.

● **799** – Charlemagne soumet toute la Bretagne.

LE DUCHÉ DE BRETAGNE

En 826, Louis le Pieux fait duc de Bretagne un seigneur vannetais, Nominoé, qui se libère de la suzeraineté franque. Il rassemble toute la Bretagne sous son autorité et ouvre une dynastie royale indépendante. En 952 meurt le dernier roi de Bretagne, Alain. Suit alors une période de désordre et de misère qui se prolongera jusqu'à la fin du 14e s.

● **1341** – La guerre de Succession s'ouvre à la mort du duc Jean III. Sa nièce, Jeanne de Penthièvre, femme de Charles de Blois, que soutiennent les Français, et son frère Jean de

Anne de Bretagne.
Image Asset Managemen/World History Archive/age fotostock

Montfort, allié des Anglais, se disputent le duché.

● **1364** – Charles de Blois est battu et tué à Auray, malgré l'aide de Du Guesclin *(voir p. 110-111)*. Cette guerre ruine la Bretagne. Jean de Montfort devient duc sous le nom de **Jean IV**.

RÉUNION DE LA BRETAGNE À LA FRANCE

De 1364 à 1468, les ducs de la maison de Montfort relèvent la Bretagne. C'est la période la plus éclatante de son histoire. Les ducs, véritables souverains, ne rendent qu'un hommage théorique au roi de France.

En 1488, le duc François II, entré dans la coalition féodale dirigée contre la régente de France, Anne de Beaujeu, est battu à St-Aubin-du-Cormier et meurt. Sa fille, Anne de Bretagne, lui succède.

● **1491** – Anne de Bretagne épouse le roi de France Charles VIII, mais reste duchesse et souveraine de Bretagne.

● **1498** – Charles VIII meurt accidentellement, Anne retourne dans son duché.

● **1499** – Anne redevient reine de France en se mariant avec Louis XII. Le duché reste distinct de la Couronne.

● **1514** – Anne de Bretagne meurt. Sa fille, Claude de France, hérite du duché. Elle épouse François d'Angoulême, futur François Iᵉʳ.

● **1532** – François Iᵉʳ fait ratifier l'union définitive de la Bretagne et de la France par le parlement de Vannes *(voir encadré p. 485)*.

LES RAPPORTS AVEC LE POUVOIR CENTRAL

En août 1532, sous François Iᵉʳ, les États de Bretagne, réunis à Vannes, proclament l'« union perpétuelle du pays et duché de Bretagne avec le royaume et couronne de France ». La Bretagne devient ainsi une province française. Mais certains droits et privilèges du duché sont néanmoins maintenus : les impôts doivent être consentis par les États ; le parlement de Bretagne garde la souveraineté juridique ; une armée bretonne peut être entretenue aux frais de la province.

LOYALISME ET RÉVOLTES

La découverte du Canada par le navigateur malouin Jacques Cartier en 1534 donne l'impulsion aux voyages lointains et aux grandes heures du négoce international. Entre 1550 et 1700, la Bretagne se retrouve en effet au cœur des principales routes maritimes commerciales, et St-Malo devient le premier port français, avec 3 000 bateaux. Des grandes pêches au large de Terre-Neuve, les marins bretons rapportent la morue, qu'ils échangent en Espagne et en Italie contre des agrumes, de l'huile d'olive ou de l'alun de Rome, matière indispensable à l'industrie textile. L'agriculture se développe grâce aux nouvelles cultures du blé noir et du sarrasin, bien adaptées aux sols bretons. Le lin et le chanvre sont utilisés pour les voiles des bateaux ou la confection de toiles plus fines. Des forges s'implantent, tandis que les ateliers de Nantes et de Rennes frappent 35 % de la monnaie française. Pendant cet « **âge d'or** », la région se couvre d'églises, de chapelles et d'enclos. La Bretagne est administrée par un gouverneur nommé par le roi. La vie politique est calme jusqu'à ce que le duc de Mercœur, gouverneur en 1588, s'oppose à la propagation de la religion protestante en Bretagne et refuse l'arrivée sur le trône du protestant Henri de Navarre. Il fait appel au roi d'Espagne Philippe II. Des troupes espagnoles occupent Port-Louis *(voir p. 154)*. Après de multiples tractations, Mercœur se soumet au roi en mars 1598. Quelques semaines après, la signature de l'Édit de Nantes met fin aux luttes religieuses.

● **1664** – Création à Lorient, par Colbert, de la première Compagnie des Indes orientales.

● **1675** – Révolte dite du « papier timbré » ou des « Bonnets Rouges », qui dégénère en jacquerie *(voir p. 256)*. À cette occasion sont rédigés des « codes paysans » très proches des futurs cahiers de doléances de la Révolution.

● **1720** – La tentative du marquis de Pont-Callec d'établir une République bretonne échoue.

● **1764** – Le parlement de Rennes et son procureur général La Chalotais s'opposent au gouverneur d'Aiguillon, le représentant de Louis XV. Le prestige de l'autorité royale est entamé. La Révolution s'annonce.

● **1765** – De nombreux réfugiés acadiens s'installent à Belle-Île.

● **1773** – Naissance de Surcouf à St-Malo.

LA RÉVOLUTION

● **1789** – Les Bretons accueillent la Révolution avec enthousiasme. Dès la session des États de Bretagne de janvier 1789, la bourgeoisie régionale se heurte à la noblesse. Le conflit qui s'ensuit fait trois morts à Rennes. La Révolution passe mais les paysans bretons, qui représentent près de 90 % de la population, se méfient de plus en plus d'une bourgeoisie dont ils perçoivent mal les desseins. L'exécution de Louis XVI, la persécution des prêtres et la campagne de conscription nationale (300 000 hommes doivent être enrôlés dans l'armée) finissent de les convaincre de rejoindre l'insurrection royaliste.

● **1793** – Noyades en série à Nantes par le sinistre Carrier. Les prisons étant saturées, et la guillotine jugée trop lente, il ordonne que l'on fasse couler des bateaux entiers chargés d'hommes et de femmes *(voir p. 358)*.

LA CHOUANNERIE

● **1793-1804** – La chouannerie est le nom donné à l'insurrection royaliste dont les artisans avaient adopté le hululement du chat-huant comme signe de ralliement.

Parallèlement au soulèvement de la Vendée, les Chouans mènent leur propre mouvement dès l'automne 1793. Ils ne sont alors qu'une **poignée d'hommes** sans expérience, sans équipements et sans réel espoir de succès face à l'armée républicaine qu'ils se contentent de harceler.

Le **renfort** d'effectifs de l'armée vendéenne, défaite à Savenay, et le ralliement de nobles exilés leur permettent de s'organiser et d'obtenir des promesses de soutien des Anglais. Dans le même temps, les républicains négocient la paix en leur promettant liberté de culte et amnistie. Le traité signé au château de **la Jaunaye** le 17 février 1795 est rapidement dénoncé par Charette. Les chouans doivent soutenir un important débarquement d'émigrés à **Quiberon** en juin de cette même année. Les troupes royalistes remportent quelques succès, mais les rivalités entre les chefs provoquent de grosses erreurs stratégiques. Repoussées dans la presqu'île, elles sont défaites et massacrées par les troupes du général Hoche *(voir encadré p. 130)*. La reprise des persécutions religieuses en 1797 marque le début du troisième et dernier mouvement chouan qui s'achève en 1804 par l'exécution de **Cadoudal** *(voir encadré p. 108)*. Ce dernier, fils d'un cultivateur des environs d'Auray, était l'un des principaux chefs de la chouannerie bretonne avec le **marquis de La Rouërie,** né à Fougères et instigateur du mouvement.

● **1832** – Échec d'une tentative de révolte, organisée par la duchesse de Berry, à Nantes. C'est le dernier soubresaut.

LE 20e S. ET L'ESSOR D'UNE GRANDE RÉGION

● **1909** – La grève des soudeurs des conserveries concarnoises dégénère en émeute.

● **1914-1918** – La Bretagne paie un lourd tribut à la Grande Guerre (plus de 250 000 victimes). Après les mesures de « débretonnisation » de la IIIe République, la région va voir briller le flambeau du nationalisme breton.

● **1918** – Fondation du parti nationaliste breton *Breiz Atao* (Bretagne toujours) qui donnera naissance au PAB (Parti autonomiste breton) en 1927 et au PNB (Parti nationaliste breton) en 1932.

● **1940** – Les habitants de l'île de Sein sont les premiers à rallier le général De Gaulle *(voir p. 280)*.

● **1941** – Le gouvernement de Vichy décide de redessiner le paysage régional français. La ville de Nantes et la Loire-Atlantique (Loire-Inférieure) sont séparées de la Bretagne. Ce découpage sera repris sous la IVe République (la Loire-Atlantique est rattachée administrativement aux Pays de la Loire en 1956).

● **1942** – Audacieux coup de main anglo-canadien contre la base de St-Nazaire. Il porte le nom d'opération Chariot *(voir p. 410)*.

● **1944-1945** – La fin de l'occupation nazie en Bretagne voit se multiplier les destructions, notamment à Brest, Lorient, St-Malo et St-Nazaire.

● **1951** – La formation du Comité d'études et de liaison des intérêts bretons (Celib) prélude au renouveau économique de la Bretagne.

● **1962** – Première liaison de télévision par satellite réalisée à Pleumeur-Bodou.

● **1965** – La langue bretonne est admise parmi les épreuves du bac.

● **1966** – Mise en service de l'usine marémotrice de la Rance et de la centrale nucléaire des monts d'Arrée.

● **1967** – Le naufrage, en mars, au large des côtes anglaises, du pétrolier *Torrey Canyon* engendre la première « marée noire » en Bretagne.

● **1969** – Création du Parc naturel régional d'Armorique.

● **1970** – Création du Parc naturel régional de Brière.

● **1975** – Premiers forages pétroliers entrepris en mer d'Iroise.

● **1977** – Naissance de l'école *diwan*, bilingue breton-français.

● **1978** – Institution de la Charte culturelle et du Conseil culturel de Bretagne. Échouage de l'*Amoco Cadiz* devant Portsall. Près de 80 communes refusent les indemnités et se portent partie civile contre le pétrolier.

● **1985** – Mise en place d'une signalisation routière en français et en breton.

● **1990** – Les Côtes-du-Nord deviennent les Côtes-d'Armor.

● **1992** – Indemnisation des communes sinistrées par l'*Amoco Cadiz*.

● **1994** – Grand incendie du parlement de Bretagne à Rennes.

● **1999** – Naufrage de *L'Erika* au large de Penmarch, provoquant une marée noire d'ampleur historique.

● **2004** – « Brest 2004 » sacre la fête de la voile dans une Bretagne plus que jamais maritime.

● **2007** – Vote du budget de la LGV (ligne grande vitesse) Bretagne-Pays de la Loire, qui doit mettre Rennes à 1h30 de Paris. Les travaux débutent en 2012. La mise en service est envisagée pour 2017.

● **2010** – La motion votée pour la réunification de la Bretagne et le rattachement de la Loire-Atlantique relance le débat.

● **2012** – Le *fest-noz* entre au patrimoine culturel immatériel de l'Unesco.

● **2013** – Importantes manifestations anti-écotaxe dans toute la région, en réaction à la crise qui touche durement le secteur agroalimentaire breton. En décembre, le gouvernement engage un plan de soutien à la région sur plusieurs années, le Pacte d'avenir pour la Bretagne.

● **2014** – Création du Parc naturel régional du golfe du Morbihan.

● **2015** – Dans le cadre de la nouvelle organisation territoriale, la région Bretagne conserve le périmètre existant, avec Rennes comme capitale.

● **2017** – Arrivée de la Ligne Grande Vitesse. Rennes est à 1h30 de Paris.

Corsaires et commerce

L'univers corsaire fascine car il mêle tout à la fois l'esprit d'aventure du combat naval et la légitimité découlant de privilèges royaux.

L'ÂGE D'OR DES CORSAIRES

La course est une pratique connue depuis le Moyen Âge. Contrairement à la piraterie, avec laquelle on la confond parfois, la course est extrêmement codifiée. Indissociable du commerce maritime, elle connaît ses heures de gloire entre la fin du 17e s. et le début du 19e s., et s'éteint à chaque traité de paix. Elle consiste à confier, en temps de guerre et, la plupart du temps, à des armements privés, la mission d'entraver le commerce ennemi grâce à la capture de ses bateaux. Le capitaine corsaire, muni d'une lettre de marque, sillonnait les routes commerciales en harcelant les navires ennemis. Si l'histoire a retenu volontiers les corsaires célèbres comme **René Duguay-Trouin** (1673-1736) ou **Robert Surcouf** (1773-1827), cette pratique était très répandue dans les ports français, les deux principaux étant Dunkerque et St-Malo. Considéré comme le port corsaire entre tous sous le règne de Louis XIV, St-Malo a armé pas moins de 900 bâtiments qui ont capturé plus de 1 000 navires, sans compter ceux qui ont sombré.

Le corsaire Robert Surcouf.
C. Philippe/ArTerra Picture Library/age fotostock

Une source de richesse

Face à de tels chiffres, il est utile de préciser que la course n'attirait pas seulement les marins épris d'aventure et de fortune ; c'était une activité connexe des armateurs de commerce. En effet, soucieux de protéger leurs marchandises, ces derniers armaient leur bateau de plusieurs canons et sollicitaient une « commission de guerre et de marchandises » qui les autorisait à attaquer les navires ennemis et à s'emparer de leur cargaison. Le butin était ensuite partagé entre l'armateur, l'amirauté et les marins. Durant son âge d'or, la course a eu énormément d'avantages pour la nation française. Le premier était sans aucun doute la contribution financière énorme des butins accumulés pour une économie qui peinait à financer les guerres successives. Le deuxième était d'obtenir un harcèlement constant du négoce ennemi, qui isolait un peu plus les îles britanniques. Le dernier, et non des moindres, était d'offrir une économie de substitution aux marins et armateurs qui se consacraient en temps de paix à la pêche ou au commerce.

La situation géographique de la Bretagne, son ouverture sur la Manche et sa position de sentinelle surveillant les principales routes maritimes anglaises passant au large de la Cornouaille, lui ont naturellement conféré une importance stratégique primordiale, à laquelle se sont ajoutées la qualité des marins et celle des chantiers navals locaux.

LA COMPAGNIE DES INDES

Au milieu du 17e s., la France raffolait de produits exotiques – épices, fruits et légumes, porcelaine, soies et cotons, thé et café… – introduits par la découverte des Amériques et par l'ouverture des grandes routes maritimes vers l'Asie. L'essentiel de ces produits, notamment les épices, était acheté à prix d'or aux Anglais et aux Hollandais qui maîtrisaient les mers et se procuraient ces denrées à bon compte dans leurs colonies d'Inde et de l'archipel de la Sonde (Indonésie). L'un des meilleurs moyens de faire fortune était de faire commerce d'épices.

La prospérité de Lorient

La **Compagnie des Indes orientales** est créée à la demande de Colbert en 1664. Le siège de la compagnie est établi à **Port-Louis**. Les bateaux font escale sur l'île de Gorée (la Compagnie des Indes reçoit dès 1635 le monopole de l'approvisionnement des îles françaises en esclaves), avant de contourner l'Afrique, traverser l'océan Indien, relâcher en Arabie pour charger du moka, et rejoindre Pondichéry, le principal comptoir de la Compagnie. Ce commerce fait vite la fortune des armateurs et favorise le développement de la ville de **Lorient**, qui doit son nom au principal navire des débuts, le *Soleil d'Orient* (dit *L'Orient*).

Les guerres de Succession d'Espagne (1702-1714) et de la ligue d'Augsbourg (1688-1697) mettent à mal la rentabilité du commerce maritime et la Compagnie des Indes fait une première fois faillite.

En 1719, sous la houlette de John Law, elle conquiert de nouveaux marchés grâce au monopole des échanges commerciaux entre la France, les colonies des Antilles, la Louisiane et les comptoirs d'Afrique et d'Asie. C'est le temps du commerce triangulaire et de l'extraordinaire prospérité de la ville de Lorient, devenue le centre du commerce maritime français. La perte des colonies des Antilles en 1763, due à l'occupation britannique, signe le déclin de la Compagnie des Indes, dont la dernière faillite est constatée en 1769.

🐚 Un musée à Port-Louis *(voir p. 155)* retrace l'histoire de cette prestigieuse compagnie.

NAUFRAGEURS OU SAUVETEURS ?

La mythologie populaire raconte que les anciens Bretons provoquaient des naufrages, en installant par exemple d'improbables feux pour attirer les navires sur des écueils rocheux. Aucun élément n'a jamais étayé ces hypothèses. Mais il est certain que le littoral breton, hérissé de brisants et balayé par des courants violents, rendait difficile d'accoster. Si l'on ajoute à cela l'emploi d'instruments de navigation rudimentaires, on comprend les risques encourus à l'époque. Si l'apparition des phares et autres balises a simplifié le pilotage, les dangers demeurent, et expliquent la tradition du **sauvetage** en Bretagne. Dès qu'un naufrage était signalé, en effet, les habitants du lieu se rapprochaient des côtes pour porter secours aux éventuels survivants. Le sauvetage du *Drummond Castle* par les Ouessantins en 1896 est à ce titre emblématique.

Solidarité d'aujourd'hui

Cet exemple illustre la traditionnelle solidarité des gens de mer, qui a d'ailleurs présidé à la création de la **Société nationale de sauvetage en mer** (SNSM) en 1967. Cette dernière naît du rapprochement de deux associations créées au 19e s., dont celle des Hospitaliers sauveteurs bretons (1873). La SNSM dispose d'environ 5 800 sauveteurs permanents (chiffres 2012), tous bénévoles et disponibles, quelle que soit la météo. Ils répondent aux appels reçus par les CROSS (Centre régional opérationnel de surveillance et de sauvetage), qui, en plus des missions de recherche et de sauvetage, s'occupent de la surveillance du trafic, des pêches et des alertes à la pollution. Parmi les cinq centres que compte la France, deux sont en Bretagne, l'un à la pointe de Corsen (Finistère), et l'autre à Étel (Morbihan).

Nature et paysages

Quatre cinquièmes des contours bretons sont baignés par la Manche et l'océan Atlantique. Sa formation géologique unique en Europe a pourtant façonné une extraordinaire diversité de paysages. Dunes, vasières, tourbières, landes, forêts, rivières et torrents… la Bretagne se métamorphose après chaque virage. Grâce à l'effort de protection des milieux et à l'action combinée des autorités (européennes, nationales et régionales) et des populations, la Bretagne n'est pas seulement un immense conservatoire naturel, elle est devenue une destination nature par excellence.

Un des plus anciens massifs d'Europe

L'âge du Massif armoricain est estimé à 2 milliards d'années. C'est l'ancêtre des massifs français et aussi l'une des plus anciennes formations géologiques d'Europe de l'Ouest.

LA GENÈSE

Le soubassement de la Bretagne actuelle, qui semble étrangement calqué sur ses frontières, s'est formé à des profondeurs comprises entre 20 et 30 km. À de telles distances, le jeu des plaques tectoniques soumet les roches à des pressions et des températures si importantes qu'il en modifie la composition : elles deviennent alors métamorphiques. L'essentiel des sous-sols de la région se compose de ce type de roches (schistes, gneiss…).
La chaîne de montagne originelle a subi l'érosion océanique, puis une nouvelle chaîne, dite cadomienne, s'est formée il y a environ 650 millions d'années (c'est à cette

période que naissent la plupart des granits, lors du refroidissement du magma). Érodée à son tour, elle est plissée au carbonifère (il y a environ 300 millions d'années) par la pression des continents voisins. En effet, à cette époque, les terres émergées, qui formaient auparavant un immense et unique continent baptisé **Pangée**, étaient en phase de séparation. Pour prendre leur place actuelle, elles se sont poussées les unes les autres, entraînant des changements importants dans la géographie du globe : séismes, éruptions volcaniques, brusques changements climatiques, plissements… L'un d'entre eux a conduit à la création de la **chaîne hercynienne**, qui est le socle de toute l'Europe, Bretagne comprise.

L'ÉROSION

Après ces bouleversements de l'ère primaire, le Massif armoricain émerge d'un territoire « français » noyé. Il est alors fréquenté par les dinosaures, sous un climat tropical. Par la suite, au tertiaire et au quaternaire, tous les reliefs sont chamboulés par une mer qui se livre à d'incessants va-et-vient sur l'ensemble de l'Europe. Ces masses d'eau en érodent la moindre éminence et, en se retirant, déposent d'immenses quantités de sédiments.

De la géologie aux paysages

Le territoire breton, en tant que massif, est une entité géologique cohérente, qui subit depuis plusieurs centaines de millions d'années une érosion lente. Tous les paysages actuels en découlent.

UN RELIEF CONTRASTÉ

La Bretagne est une immense presqu'île de 27 200 km² dont le relief est modeste, voire à peu près nul. C'est à l'ouest que vous verrez les paysages les plus tourmentés, notamment grâce aux Montagnes Noires et aux monts d'Arrée, qui culminent à 384 m au roc Trévezel (*voir p. 340*). Dans tout le Finistère et dans les Côtes-d'Armor, ces reliefs sont souvent profondément entaillés par un nombre incalculable de cours d'eau, le plus imposant étant sans doute l'Aulne, qui semble pousser vers le large la presqu'île de Crozon.

Au centre et à l'est, seules quelques buttes rehaussent les paysages. En se rapprochant du Bassin parisien, les reliefs se font de plus en plus doux et se terminent en vastes plaines et en forêts. Pour schématiser, on pourrait dire que la Bretagne est une immense table dont les reliefs s'estompent à mesure qu'elle s'incline vers l'est.

LE SPECTACLE DU LITTORAL

Mer et climat ont modelé ces roches et produit de véritables tableaux naturels. Toutes les côtes de la région présentent un intérêt géologique et paysager unique. Les falaises du cap Sizun sont à ce titre emblématiques. Toute la partie nord, de la pointe du Raz à Douarnenez, est une succession ininterrompue de falaises et d'escarpements dont les granits sombres changent de couleur selon la météo. Au sud du même cap, le socle de granit s'est adouci grâce à l'érosion, et la côte recèle de nombreuses dunes et plages.

KERSANTITE OU LOGONNA

Granits, schistes, grès… toutes les roches de Bretagne sont appréciées des bâtisseurs, qui ont su les marier pour construire des édifices aussi variés que solides. Parmi ces minéraux, il s'en trouve deux particulièrement prisés, la **kersantite** et la **pierre de Logonna** (ou de Daoulas). Les deux doivent leur nom aux villages du Finistère (Kersanton et Logonna-Daoulas) dans lesquels leurs gisements affleurent. La première, et la plus rare, est une roche magmatique (comme les granits et les basaltes). Elle s'est formée à de très grandes profondeurs et est remontée lentement à la surface dans des filons de schistes. Sa couleur varie du gris clair au plus foncé et sa texture très fine en fait un matériau de choix pour les sculpteurs. La pierre de Logonna, également née dans un magma, est un microgranit de couleur jaune, utilisé depuis des siècles pour le soubassement des monuments religieux et des grands bâtiments publics et privés. Ces deux pierres, aujourd'hui très rares, ont été assemblées notamment pour la construction du calvaire de Plougastel-Daoulas, édifié à partir du début du 17e s. pour conjurer la peste. Toutes les sculptures en kersantite reposent sur un socle en pierre de Logonna.

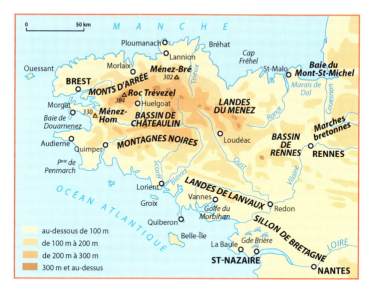

Pour voir des granits roses en Finistère, montez jusqu'à Morlaix et, de là, à la pointe de Primel-Trégastel. Un sentier des douaniers permet d'approcher au plus près ces falaises de 50 m de haut, dont la moindre entaille abrite des cristaux de sel qui fendront bientôt la roche. Ne manquez pas non plus le sentier des douaniers proche de Ploumanach. Surplombant les falaises de Trestraou, il découvre de spectaculaires exemples d'érosion avant d'aboutir à Pors-Rolland par un chemin ombragé de pins maritimes.

Beaucoup plus à l'est, le cap Fréhel, avec ses falaises de grès, offre un spectacle aussi impressionnant. Ici, la base des falaises est une succession de couches horizontales qui évoquent des gradins. Les rouges et les ocres du grès se marient à merveille avec les bleus changeants qui irisent la Manche à cet endroit.

LE MYSTÈRE DE L'ARRIÈRE-PAYS

La géologie bretonne est également riche de paysages moins spectaculaires que les falaises, mais tout aussi merveilleux. Par exemple, la forêt de Paimpont, la mythique forêt de Brocéliande, qui montre à son échelle des richesses minéralogiques locales. Son sol, composé de schistes rouges et verts, vieux de seulement quelques centaines de millions d'années, laisse affleurer par endroits des filons de minerai de fer qui furent exploités jusqu'à la fin du 19e s. En surface, vous contemplerez ainsi des ruisseaux aux eaux rouillées par le minerai, mais aussi des étangs, des tourbières et des landes, dans une forêt dominée par les chênes et les hêtres.

En parcourant la Bretagne et en vous intéressant à ses richesses géologiques, vous découvrirez bien plus que des panoramas : une méthode pour lire et comprendre la formation des paysages.

🙂 Avant d'aller admirer les roches bretonnes *in situ*, faites un détour par les Champs Libres, à Rennes *(voir p. 39)*. L'espace dédié aux sciences retrace dans la salle de la Terre l'histoire géologique du Massif armoricain.

L'Armor et les îles

Les Gaulois appelaient la zone des côtes « Armor », ou plus rarement « Arvor », ce qui signifie « pays au voisinage de la mer », par opposition à l'Argoat, le « pays de l'intérieur ».

LA CÔTE BRETONNE

Extraordinairement découpée, elle totalise 2 700 km ; elle n'en mesurerait que 600 si elle s'était contentée d'être rectiligne. Cette longue dentelle rocheuse compte une multitude de paysages magnifiques composés de criques et de grèves, de hautes falaises comme à Quiberon, de caps déchiquetés comme à la pointe du Raz, d'îles et d'écueils comme à Ouessant, de larges baies comme à Morlaix, d'amas granitiques comme à Ploumanach, de promontoires escarpés comme à Fréhel, de golfes comme celui du Morbihan et de rias comme dans les Abers. Tous ces panoramas sont rythmés par le va-et-vient régulier des marées (*voir p. 496*), qui sont les deuxièmes plus fortes marées du monde, et le ballet incessant des bateaux. Cette merveilleuse diversité fait toute l'originalité de la côte bretonne.

LES ÎLES

Les côtes bretonnes sont les plus riches de France en îles, îlots et archipels. On en compte plus de 120, dont une petite vingtaine est habitée. La plus vaste, 86 km², est **Belle-Île**, suivie de loin par **Ouessant** (18 km²) et **Groix** (15 km²). Toutes les autres n'excèdent pas 3 km², la plupart étant d'une superficie inférieure au kilomètre carré.

Toutes les îles bretonnes appartiennent au Massif armoricain, qui, loin de se limiter aux terres visibles, se prolonge sous la mer. Au large du Léon et du Trégor, le massif court sur plusieurs kilomètres, et repousse ses limites jusqu'à 50 km dans les zones du golfe normando-breton et le long du Morbihan. Le littoral de Bretagne Sud est longé par une dorsale rocheuse qui supporte Belle-Île, Groix, **Hœdic** et l'archipel de **Glénan**. Au nord et à l'ouest, les fonds marins sont composés de dépôts grossiers de graviers qui soutiennent des myriades d'affleurements rocheux (les **Sept-Îles**, **Bréhat**, **Callot**, **Cézembre**, etc.).

Quelle que soit leur taille, les milieux insulaires, même à un jet de pierre du continent, sont d'une importance écologique primordiale. Isolés et faiblement bâtis, ils constituent des sites de préservation exceptionnels de la faune et de la flore.

Les oiseaux sont les premiers à apprécier les îles, qui sont des sites de nidification et d'élevage privilégiés grâce à l'absence de

La Côte sauvage de la Presqu'île de Quiberon.
R. Mattes/hemis.fr

prédateur naturel. Certaines îles ont bien été colonisées par des rats échappés de navires ou négligemment importés par l'homme, mais le Conservatoire du littoral et d'autres associations s'attachent à restaurer ces écosystèmes en faisant disparaître les prédateurs gourmands en œufs frais.

LA FLORE

L'autre grande richesse des littoraux est la flore, dont les conditions de vie fluctuent énormément au rythme des marées et du climat. En effet, au gré des promenades, on remarque que la végétation est brûlée par le vent salin là où la côte est exposée, qu'elle est exubérante là où elle est abritée et qu'y poussent sans effort mimosas, palmiers, eucalyptus, lauriers-roses et autres plantes emblématiques des climats méridionaux. Certaines plantes sont baignées plusieurs heures par jour par l'eau salée, comme la soude maritime ou l'aster. D'autres sont fouettées jour et nuit par les embruns. D'autres encore sont immergées dans des vasières (spergulaires), s'épanouissent dans les dunes (oyats et liserons des dunes) ou dans les baies (salicornes). Toutes font preuve d'une extraordinaire capacité d'adaptation en créant des stratégies de croissance et de reproduction en synergie avec leur

milieu, si dur soit-il. Si les îles et les îlots représentent l'essentiel des espaces protégés, c'est justement pour pérenniser la richesse et la diversité de ces plantes, et des animaux qui les fréquentent.

LA FAUNE MARINE

La situation géographique de la Bretagne, lieu de transition entre la Manche et l'océan Atlantique, favorise le passage de nombreuses espèces migratrices et offre un cadre de vie d'exception à une infinie variété de mammifères, de poissons et de coquillages.

Oiseaux

Le **goéland argenté** est l'oiseau le plus commun du littoral breton ; il repousse même son habitat jusqu'au cœur des villes (à Rennes, sa présence est attestée depuis 1987). Il se reconnaît au gris clair qui recouvre ses ailes (1,40 m d'envergure) et à ses pattes roses. La **mouette tridactyle**, que l'on confond souvent avec le goéland argenté, est nettement plus petite (1 m) et l'extrémité de ses ailes est noire, ainsi que ses pattes. Avec 1,70 m d'un bout de l'aile à l'autre, le **fou de Bassan** est le plus imposant des oiseaux de mer. Sa tête jaunâtre achève son long cou et domine de grandes ailes dont la pointe est teintée de noir. Légèrement plus petit (1,50 m) le **grand cormoran** se distingue de

La vie marine

DES MARÉES EXCEPTIONNELLES

Les côtes bretonnes sont continuellement frappées par les vagues, qu'éloignent ou rapprochent les marées. Les **vagues**, ou, comme disent les marins, les lames, sont un mouvement ondulatoire produit par le vent. Même lorsque la brise ne souffle plus, l'ébranlement se propage à de grandes distances : c'est la **houle**. Par une illusion d'optique, l'eau semble se déplacer, mais il suffit de regarder flotter un bouchon pour constater qu'il reste immobile. Près du rivage, le mouvement ondulatoire des vagues est freiné par le fond : un déséquilibre se produit et la crête de la lame s'écroule en longs rouleaux d'écume avec un bruit sourd et rythmé, c'est le **ressac**. Quand la vague atteint un obstacle abrupt, rocher ou falaise, elle est soulevée, lance des embruns, puis retombe de tout son poids. Les jours de tempête, le spectacle peut être prodigieux.

Curieux phénomène que celui des **marées**. Il est causé par l'attraction de la Lune et, dans une moindre mesure, par celle du Soleil. Lorsque la Lune est au-dessus de la mer, elle attire l'eau vers elle, le niveau de la mer s'élève : c'est la marée haute. Six heures plus tard, la Lune n'est plus au-dessus de l'eau, l'attraction n'opère plus : c'est la marée basse. Lorsque le Soleil et la Lune sont à peu près alignés par rapport à la Terre, l'attraction est plus forte : c'est la marée de vive-eau ou **grande marée**. Ce phénomène se reproduit tous les quinze jours, lors de la pleine lune ou de la nouvelle lune. En Bretagne, les plus importantes se produisent en mars et septembre, lors des équinoxes.

L'amplitude des marées varie selon les zones littorales. Elle est particulièrement importante en Bretagne Nord. Dans la baie du Mont-St-Michel, elle atteint un record avec 14 m de **marnage**. En allant vers l'ouest, ce dernier diminue peu à peu jusqu'à se limiter à 6 m à Brest. En Bretagne Sud comme dans tout le golfe de Gascogne, l'amplitude moyenne des marées est de 5 m.

Quelle que soit son importance, la marée soumet la faune et la flore à de fortes turbulences *(voir Les estrans ci-après)*. Leur régime provoque aussi la formation de courants plus ou moins puissants selon la morphologie des côtes. Dans les baies (comme St-Brieuc, Douarnenez, Mont-St-Michel, Morlaix, etc.), ils sont relativement faibles et excèdent rarement un nœud, alors qu'ils atteignent facilement 3 nœuds sur le littoral nord. Dans les passages très étroits, comme les raz de Sein et d'Ouessant, ils peuvent monter jusqu'à 9 nœuds, soit 4,50 m/s. Dans tous les cas, la transformation des paysages littoraux au fil des heures – et les effets de lumière qui l'accompagnent – sont superbes !

LA PÊCHE À PIED

La pêche sur les **estrans**, les surfaces de rochers ou de sable découvertes à marée basse, est toujours très pratiquée, en particulier sur les archipels de Molène, de Glénan ou dans le golfe du Morbihan, où la zone d'estran est particulièrement étendue. Les jours de grande marée, chacun arpente la grève à la recherche de coquillages et de crustacés ou même de poissons tels que la sole, que l'on pique avec un gros harpon (foëne).

Sur les **estrans rocheux**, pour pêcher les **petits crustacés** (bouquets, étrilles) ou les **coquillages** (bigorneaux, patelles), munissez-vous de chaussures en caoutchouc ou d'une paire de tennis, d'un coupe-vent ou d'un ciré, d'un gant épais, d'un panier en bandoulière, d'une épuisette, d'un crochet métallique et d'un couteau.

Sur les **estrans sableux**, les grandes étendues délaissées momentanément par la mer laissent apparaître les silhouettes des pêcheurs accroupis près de leur panier, fouillant méthodiquement le sable à l'aide d'une griffe ou d'un grattoir, à la recherche de **coques, donaces, palourdes, pétoncles ou praires**. Les **couteaux** se pêchent à la ruse en déposant un peu de sel sur le petit trou en forme de serrure laissé par le bivalve quand il s'enfouit dans le sable. Croyant que la marée remonte, l'animal ressort : il suffit de bien le tenir par la coquille en le laissant se fatiguer jusqu'au moment où l'on peut le sortir. La pêche au filet permet de piéger les **crevettes**, roses ou grises.

Réglementation et sécurité

La pêche à pied ne demande aucune autorisation particulière, sauf pour l'usage des filets qui nécessite une autorisation délivrée par les Affaires maritimes (contact régional : ✆ 02 99 33 47 60). Elle est cependant formellement interdite dans certaines zones ostréicoles et à proximité des écluses à poissons. Pour certaines espèces, il existe un calendrier très précis de jours ouverts à la pêche et des quantités maximales de prise. C'est le cas, par exemple, du pouce-pieds.

Avant toute partie de pêche, renseignez-vous sur la **réglementation en vigueur** (interdiction sanitaire ou restrictions locales éventuelles). Prenez également connaissance des horaires et coefficients des marées (*voir p. 508*). La plus grande prudence est nécessaire lors du retour de marée. Pour ne pas se laisser surprendre, il est préférable de ne pas rester seul sur le rivage et de remonter dès que les autres pêcheurs quittent l'estran.

Écotourisme

Pour sauvegarder les espèces, il est recommandé de ne prélever que la quantité nécessaire à sa consommation personnelle. De même, les coquillages et les crustacés se ramassent à la saison autorisée et à la dimension voulue. Les femelles porteuses d'œufs sont relâchées. Les cailloux replacés *in situ* (goémon dessus). Le fruit de la pêche se couvre d'algues coupées et non arrachées, afin de permettre leur repousse. Ces gestes évitent un microcataclysme écologique.

Pêche à pied sur la plage de Port-Louis.
Ph. Roy/hemis.fr

son cousin huppé par sa taille et son corps plus imposants. Tous deux de noir vêtus, ils arborent un bec en forme de spatule de couleur jaune. La plupart des **sternes** ont le dessus de la tête couronné de noir et n'excèdent pas 90 cm d'envergure (pour la sterne caugek). Leurs ailes et leur queue pointues permettent de les identifier à coup sûr. Le **fulmar boréal** est assez proche des goélands par la taille, mais il se distingue par la rigidité de son vol plané et par les deux narines tubulaires qui dépassent de sa mandibule. Il partage cette singularité avec les **puffins**, les **océanites tempête** et les **albatros**, autres espèces de la même famille. L'**océanite tempête** est le plus petit volatile à fréquenter les côtes bretonnes. Ses 25 g pour 40 cm d'envergure, ses plumes brun-noir et ses mœurs nocturnes en font aussi le plus difficile à observer. Le **macareux moine**, rare, est nettement plus reconnaissable grâce à son bec tricolore et son œil cerclé de rouge. C'est un oiseau pélagique, c'est-à-dire qu'il passe le plus clair de son temps en mer, mais on peut le voir facilement sur l'île Rouzic, dans l'archipel des Sept-Îles (Côtes-d'Armor).

Coquillages, mollusques et crustacés

À marée basse, la mer laisse derrière elle planctons, microalgues et autres nutriments qui favorisent la colonisation de l'estran par les coquillages et autres mollusques. Ces derniers font à leur tour le délice des oiseaux, des poissons… et des pêcheurs à pied *(voir p. 496)*.

Poissons et autres nageurs

Pour les découvrir, vous pouvez visiter un aquarium ou assister à un retour de pêche.

Sardines et **maquereaux** composent le gros de la faune aquatique côtière. Les premières possèdent un corps fin, élancé et une peau argentée recouverte

de fines écailles. Les maquereaux sont beaucoup plus gros, jusqu'à 30 cm, et le dessus de leur peau présente une irisation bleu-vert. Ces deux espèces se déplacent en banc. Vous avez peu de chance de vous retrouver face à face avec une **lotte**, aussi appelée baudroie. Ce poisson particulièrement impressionnant – son énorme tête représente la moitié du corps – vit dans les fonds vaseux et peut atteindre 50 kg. Sa chair est fine et délicieuse. Sa chair charnue ne ressemble à aucun autre poisson. Le **lieu jaune**, à ne pas confondre avec le lieu noir qui fréquente les eaux écossaises, est un poisson très prisé ; il mesure jusqu'à 1,30 m. Le **bar**, poisson très combatif apprécié des pêcheurs pour sa sportivité, est également recherché par les gourmands. Pouvant peser 8 kg, il se rencontre dans les eaux agitées et se reconnaît à ses deux nageoires dorsales de même taille et à sa grande tache noire proche de l'ouïe. Ces vingt dernières années, pas moins de vingt-cinq espèces de mammifères marins ont été observées le long des côtes bretonnes. **Phoques** gris et veaux marins les fréquentent assidûment, tout comme les **dauphins** (bleu et blanc, grand dauphin) qui résident à l'année en Bretagne. Vous les verrez en cabotant notamment autour de l'île de Sein ou encore en mer d'Iroise. Le **rorqual** à museau pointu se laisse aussi régulièrement apercevoir, alors que le rorqual commun est… rare.

Du côté des cétacés de grande taille, on observe au large la visite de quelques spécimens de **baleines** à bosse et de cachalots.

L'Argoat

Longtemps enclavé par un relief tourmenté et des conditions de vie plus rudes que sur la côte, l'Argoat, ou « pays au voisinage de la forêt », a toujours été moins peuplé que l'Armor. Cette différence lui assure aujourd'hui un côté « sauvage » et préservé qui ne manque pas de charme : un pays de vallons et de prairies, avec un avant-goût de montagne.

LA FORÊT

Autrefois, la Bretagne possédait d'immenses forêts de chênes rouvres et de hêtres (*faou* en breton), aux sous-bois de houx et de fougères. Les études menées sur des fossiles trouvés dans des tourbières ont prouvé que la quasi-totalité de la région en était recouverte il y a 5 000 ans. Les générations qui se sont succédé depuis les Romains ont porté la hache dans ces massifs. Il n'en reste plus que des tronçons épars, dont les forêts de **Paimpont** ou de **Quénécan**. Sur les 330 000 ha boisés que compte la Bretagne (dont 90 % privés), seuls une dizaine de massifs dépassent 2 000 ha. Ce sont des bois accidentés, coupés de gorges, de ravins, de chaos de rochers, dont **Huelgoat** est l'exemple accompli.

Le domaine forestier breton évoque donc un ensemble de confettis reliés çà et là par des haies bocagères qui favorisent la circulation d'une faune spécifique. Rapaces, pics, chevreuils, cerfs et sangliers se partagent les espaces boisés. On trouve même des espèces rarissimes et menacées comme l'escargot de Quimper, qui ne fréquente que les sous-bois de la Cornouaille, ou la carabe à reflets d'or, un insecte que vous ne verrez que dans les forêts humides de la région, telles Huelgoat, le Cranou ou Clohars-Carnoët.

LA LANDE

Des landes, au départ non cultivées, ont remplacé les forêts. Hors des sommets, elles ont presque partout cédé devant l'effort paysan et sont devenues des terrains de culture, comme les landes de Lanvaux qui recouvrent le pays vannetais, par exemple. Aujourd'hui, la plupart des landes bretonnes font l'objet d'une protection spécifique, en

---

ENTRE TERRE ET MER

La **Loire**, le plus long des fleuves français, se jette dans l'Atlantique par un long (60 km) et vaste **estuaire**. Les eaux océaniques entrent profondément dans le fleuve et se mêlent aux eaux douces, suscitant le développement d'un écosystème singulier, auquel se rattachent le lac de Grand-Lieu *(voir p. 431)*, les marais de la Brière et ceux de Guérande *(voir p. 388)*. C'est la plus grande zone humide de France – 20 000 ha – après la Camargue.

Sur ces zones humides (vasières découvertes à chaque marée basse, rose-lières, prairies humides et marais) prolifère une flore particulièrement variée, qui se répartit en fonction de l'humidité et du degré de salinité du sol. Près de **700 espèces végétales** y ont été dénombrées. La grande richesse des milieux favorise également la présence permanente de nombreuses **espèces animales** : oiseaux (250 espèces), mammifères (50), poissons (40), reptiles et amphibiens.

Les zones humides, qui représentaient environ 40 000 ha à la fin des années 1970, ont depuis été réduites de moitié et cohabitent avec des installations industrielles et des secteurs fortement urbanisés. Afin de protéger cet écosystème fragile, l'estuaire est intégré au réseau européen **Natura 2000** depuis 1997 et classé en zone de protection spéciale (ZPS).

Le parcours artistique « Estuaire Nantes-St-Nazaire » *(voir p. 366)* est une belle invitation à découvrir ce territoire.

zones spéciales de conservation ou zones **Natura 2000** (*voir p. 503*). En fonction de leur proximité avec le littoral, de leur altitude ou de la qualité de leur milieu (sec, humide, etc.), les landes sont fréquentées par une faune très variée. Les oiseaux en composent l'essentiel, et beaucoup bénéficient d'une protection nationale. C'est le cas du courlis cendré, du busard St-Martin ou de la linote mélodieuse. Dans les pelouses ou les mares des landes, l'avifaune vient se régaler de lézard vivipare, de triton marbré ou de rainette.

LES TOURBIÈRES

L'humidité et l'acidité extrêmes des tourbières favorisent le développement d'une faune et d'une flore exceptionnelles. C'est probablement leur richesse en matières organiques qui permet l'épanouissement d'un si grand nombre d'espèces.
Les papillons y pullulent, comme la noctuelle des myrtilles et le damier de la Succise. On y trouve aussi une belle variété de criquets, de libellules et de grillons qui font le délice des batraciens et des reptiles, dont la couleuvre à collier et la vipère péliade. Tout ce beau monde attire naturellement une pléiade d'oiseaux, migrateurs ou sédentaires (courlis cendré et bécassine des marais), souvent rejoints par des putois, des loutres, des chevreuils et autres mammifères terrestres.
Disséminés un peu partout en Bretagne intérieure, ces milieux si spécifiques sont désormais protégés et étudiés à l'image de la **tourbière de Kerfontaine** dans le Morbihan.

LES DUNES

Si les dunes sont désormais systématiquement protégées (du piétinement et de la cueillette sauvage), ce n'est pas pour retenir le sable des plages, mais parce le massif dunaire accueille 20 % de la flore menacée de Bretagne.
Celle-ci se répartit en fonction de l'étagement de la dune, lui-même déterminé par le degré d'humidité du sable. Au plus près de la base, humide et salée, on trouve des plantes halonitrophiles (qui aiment l'eau). Plus on monte vers le sommet, très sec, plus les plantes grandissent. Les oyats, liserons et autres fétuques laissent alors la place à des arbrisseaux. On admire aussi chardons bleus, giroflées rosées des dunes, pavots cornus, alysses maritimes à la douce odeur de miel et chatons soyeux qui ondoient au gré du vent.
Cette végétation si particulière et ce sol sableux accueillent principalement des insectes (grande nébrie des sables et puce de mer), des vers, des mollusques et de petits crustacés (crabes et crevettes grises). Les oiseaux ne marchent dans les dunes qu'à l'heure de se nourrir ; quant aux poissons, ils ne sont représentés que par la redoutable **vive**, qui se laisse enterrer sous le sable mouillé.
Les dunes sont présentes tout le long du littoral sableux, les plus notables étant celles de la baie d'Audierne, de Gâvres-Quiberon, du Conquet, de la Côte de Granit rose, de Crozon, de Guisseny et de Keremma.

L'environnement

Pauvre en énergies fossiles et longtemps isolée, la Bretagne est restée à l'écart de l'industrialisation massive des 19e et 20e s. Elle a en outre farouchement refusé le nucléaire (en 1980, de violents conflits éclatent à Plogoff ; les Bretons obtiennent gain de cause, il n'y aura pas de centrale nucléaire sur leurs terres). La région doit cependant faire face à des défis environnementaux liés notamment

Le canal de Nantes à Brest, près de Malestroit.
E. Berthier/hemis.fr

à ses besoins énergétiques, à son agriculture et à son succès touristique.

L'ÉNERGIE

La Bretagne est une des régions françaises parmi les plus dépendantes en énergie. La production d'électricité, assurée pour plus de la moitié par la seule **usine marémotrice de la Rance**, couvre à peine 5 % de ses besoins annuels. Depuis la ratification par la France du protocole de Kyoto (2002), la région privilégie dans ses recherches les **énergies renouvelables**.

La filière **bois** s'est fortement développée dans la région. Le chauffage aux plaquettes de bois est en constante progression. Des installations de chaufferies au bois ont été réalisées pour alimenter des équipements collectifs et les secteurs industriel et agricole (usines, serres, élevages…). Fin 2014, 379 chaufferies bois fonctionnaient, de 2010 à 2014, la puissance cumulée a été multipliée par 8 et la production par 10.

De son côté, l'**énergie éolienne** est la première source renouvelable d'électricité dans la région. Actuellement, 148 parcs sont en activité avec 534 éoliennes, réparties sur 126 communes. Leur implantation reste néanmoins sujette à polémiques, du fait de l'impact sur le paysage et du bruit provoqué par les pales. Pour cette raison, plusieurs projets expérimentaux sont en cours, comme la construction de fermes hydroliennes pilote au large des îles de Bréhat et de Groix. En 2014, l'éolien a fourni 60 % de la production d'électricité régionale. La diffusion des **applications solaires thermiques**, comme le système combiné de production d'eau chaude sanitaire et de chauffage ou encore le chauffe-eau solaire individuel, progresse. Également d'origine solaire, le **photovoltaïque** comptait en 2014 17 757 sites, soit 8 % de l'électricité renouvelable produite dans la région, et éclaire déjà les phares et les balises. Au total, en 2014, 10 % de l'énergie consommée dans la région était d'origine renouvelable.

L'EAU, RICHESSE EN PÉRIL

Le Massif armoricain présente des reliefs peu fracturés et relativement imperméables, ce qui ne favorise pas vraiment la formation de grands bassins d'eau potable comme les nappes phréatiques. L'essentiel de l'eau potable consommée en Bretagne (70 %) provient donc de la captation d'eaux de surface (cours d'eau et retenues naturelles ou artificielles).

L'activité agricole est responsable de la dégradation générale des eaux de surface, altérées notamment par la présence d'engrais (phosphore, nitrates) et autres produits phytosanitaires (pesticides). Ces rejets massifs ont provoqué une forte pollution, qui se manifeste par la présence d'**algues vertes** dans les estuaires et certaines baies comme celles de Lannion, St-Brieuc et Douarnenez. Les autorités ont donc mis en place une série de mesures, comme le ramassage systématique de ces algues, et surtout le **traitement des eaux usées** qui a permis la réduction sensible des nitrates. La mesure la plus radicale est l'obligation faite aux communes non reliées à un système d'assainissement collectif de contraindre maisons et immeubles à se doter de systèmes individuels. De leur côté, les industriels doivent désormais limiter les rejets d'eaux non assainies.

Depuis quelques années, l'eau potable et les eaux de baignade (classement annuel) font ainsi l'objet d'une **surveillance constante**. L'objectif est de vérifier le travail d'amélioration des eaux de rivière et des plages du littoral, et ainsi s'assurer de la restauration des milieux aquatiques bretons. Depuis janvier 2018, la Bretagne est la région animatrice et coordinatrice en matière de politiques de l'eau, à la suite de la loi qui a remis la gestion de l'eau et des milieux aquatiques dans les mains des communautés de communes et d'agglomération

LA PROTECTION DU LITTORAL

Le littoral breton représente le tiers du linéaire côtier métropolitain. Au large du Finistère, particulièrement dans le rail d'Ouessant, la Bretagne voit de plus passer 25 % du trafic maritime hexagonal. C'est dire si les sources de pollution ou les risques industriels venus de la mer sont élevés. La surveillance et la protection d'une telle frange côtière posent bien sûr de réels problèmes. En mer, les choses se sont plutôt améliorées grâce à la mise en place de mesures juridiques et de nouveaux moyens de répression. Il faut mentionner à cet égard la création des CROSS, centres régionaux opérationnels de surveillance et de sauvetage (*voir p. 490*). Dès qu'une nappe d'hydrocarbure est repérée, ils ont toute autorité pour arraisonner les navires. Aujourd'hui, les amendes pour dégazage peuvent atteindre plusieurs centaines de milliers d'euros.

Sur terre, la problématique est différente. Le tourisme étant

---

UNE MINE D'INFORMATIONS

⊕ **www.bretagne-environnement.org** est un site spécialisé sur l'environnement. Ce portail rassemble tous ceux qui interviennent sur la question : biologistes, industriels, élus, citoyens et associations. Vous y trouverez de très nombreuses informations sur la faune et la flore, la géologie et les différents types de paysages bretons, ainsi que plusieurs articles sur l'eau, l'énergie et toutes les problématiques liées à la nature et à sa protection.

surtout balnéaire, la nécessité de protéger de larges portions de côte est devenue une priorité pour les autorités et les associations. Le but est de conserver les nombreux écosystèmes fragiles du littoral, et de réfréner l'ardeur immobilière des stations en pleine expansion.

Plus de 80 sites Natura 2000

Les sites majeurs font ainsi l'objet d'une protection spécifique, telle la pointe du Raz. Devenue grand site national, celle-ci est désormais interdite à la circulation (et au caravaning) : une nécessité, vu le million de personnes qui la visitent chaque année.

De son côté, le plan **Natura 2000** rassemble à l'échelle européenne des sites naturels choisis pour la fragilité ou la rareté de leurs espèces végétales et animales. Il privilégie une gestion équilibrée et durable des milieux, tout en prenant en compte les facteurs économiques et sociaux. En 2017, le programme concernait 88 sites en Bretagne (essentiellement littoraux comme l'Aber-Wrac'h, la baie de Morlaix ou le cap Sizun). Ces derniers sont classés en zones spéciales de conservation (ZSC) pour l'habitat et en zones de protections spéciales (ZPS) pour répondre à la directive « oiseaux ». La plupart des îlots et des îles sont ainsi protégés, de même que la rade de Lorient, les estuaires de la Loire *(voir p. 499)* et du Trieux ou la baie du Mont-St-Michel.

Le **Parc naturel régional d'Armorique**, créé en 1969, a beau être centré sur les monts d'Arrée, il protège une merveilleuse façade maritime. En plus des falaises et des côtes de la presqu'île de Crozon, il gère la Réserve internationale de la biosphère d'Iroise (îles d'Ouessant et de Molène), ainsi que l'île de Sein.

Le **Parc naturel régional du golfe du Morbihan** a été institué en 2014 *(voir p. 87)* tandis qu'un projet de

Parc naturel régional Rance Côte d'Émeraude est en cours d'étude. En Loire-Atlantique, au cœur de la presqu'île guérandaise, se niche le **Parc naturel régional de Brière** créé en 1970. Prairies humides, buttes, roselières, canaux sont les paysages caractéristiques de ce précieux territoire qui présente une faune et une flore d'une grande diversité.

Au-delà des sites d'exception, le littoral breton recèle des richesses naturelles moins impressionnantes mais d'un intérêt écologique certain. C'est là qu'intervient le **Conservatoire de l'espace littoral et des rivages lacustres**. Cet organisme possède ou gère 125 sites en Bretagne, qui est ainsi la région française la plus protégée.

Enfin, créée en 1958 par une poignée de naturalistes passionnés, l'association loi de 1901 **Bretagne vivante** gère de nombreux espaces protégés et reste un interlocuteur privilégié entre les structures publiques et les citoyens épris de nature. L'association publie *Bretagne vivante*, *Penn ar Bed*, et *L'Hermine vagabonde*.
www.bretagne-vivante.org.

ÉCOTOURISME

Depuis plusieurs années, la Bretagne s'est engagée, en termes de développement touristique, dans l'accompagnement de projets adoptant une démarche de développement durable. Ainsi, après la constitution du réseau **Bretagne Tourisme Responsable**, qui sélectionne les acteurs autour de trois critères (qualité d'accueil, politique économique et sociale responsable et respect de l'environnement), le comité régional du tourisme anime un site régional entièrement dédié au tourisme durable. voyagez-responsable. tourisme bretagne.com.

ORGANISER SON VOYAGE

Kayak sur la presqu'île de Crozon.
E. Berthier/hemis.fr

Venir en Bretagne

Par la route

LES GRANDS AXES

L'autoroute **A 11** est le principal axe routier menant en Bretagne depuis Paris. Au Mans, elle continue sa route vers Angers puis Nantes, tandis que l'**A 81**, qui devient l'**E 50**, file à l'ouest vers Rennes et poursuit son chemin jusqu'à Brest *via* St-Brieuc et Guingamp. Depuis la capitale, on peut également rejoindre Rennes *via* Caen et l'**A 13** puis l'**A 84** (autoroute des estuaires), mais la route est sensiblement plus longue.

 Bon à savoir – Il n'y a pas d'autoroute payante en Bretagne ; les voies express sont gratuites.
Informations autoroutières – *www.autoroutes.fr*.

LES CARTES MICHELIN

**Cartes Départements
308** (Finistère, Morbihan),
309 (Côtes-d'Armor, Ille-et-Vilaine) et **316** (Loire-Atlantique, Vendée).
Carte Région 512 (Bretagne).
Carte de France n° 721.

En ligne : calcul d'itinéraires sur **www.viamichelin.fr**.

En train

LE RÉSEAU GRANDES LIGNES

Le TGV relie **Paris-Montparnasse** aux principales villes de l'Ouest : **Nantes** (2h), **Rennes** (1h30), **St-Malo** (2h30), **Vannes** (2h30), **Brest** (3h30) via Rennes, Lamballe, St-Brieuc, Guingamp, Plouaret-Trégor, Morlaix et Landerneau, et enfin **Quimper** (3h30) via Rennes, Redon, Vannes, Auray, Lorient, Quimperlé et Rosporden. La ligne **Paris-Le Croisic** dessert Nantes, St-Nazaire et La Baule. Plusieurs villes régionales sont reliées directement à la Bretagne par le TGV : Marseille à Rennes, Lille à Nantes, Rennes et Quimper, Lyon à Nantes et Rennes, Strasbourg à Rennes, etc.
Les trains Intercités circulent sur la ligne Quimper-Nantes.
Informations et réservations – ℘ 36 35 (0,34 €/mn) - www. voyages-sncf.com - réserver un voyage : ℘ 0 899 500 500.

DISTANCES	Bordeaux	Lille	Lyon	Marseille	Paris	Strasbourg
Brest	631	762	1 012	1 285	594	1 072
Lorient	504	724	837	1 158	504	981
Morlaix	631	705	955	1 230	537	1 014
Nantes	334	602	666	970	385	863
Quimper	566	785	899	1 220	565	1 043
Rennes	450	574	719	1 043	350	828
Saint-Brieuc	545	619	869	1 144	451	929
Saint-Malo	520	560	838	1 113	405	897
Vannes	449	684	780	1 085	464	942

(0,34 €/mn) - suivre sa commande :
📞 09 70 60 99 60.

LES TRAINS EXPRESS RÉGIONAUX

En correspondance à Nantes,
Rennes et Vannes, les **trains
express régionaux** (TER)
desservent la quasi-totalité
des localités bretonnes. Au bout
de ces lignes, des bus, voire des
bateaux vous emmèneront dans
les lieux inaccessibles.

Informations et réservations –
TER Bretagne 📞 0 800 880 562
(appel gratuit depuis un poste fixe) -
www.ter.sncf.com/bretagne.

En avion

LES AÉROPORTS DE LA RÉGION

Aéroport de Rennes-Bretagne –
BP 29155 - 35091 Rennes Cedex 9 -
📞 02 99 29 60 00 - www.rennes.
aeroport.fr. Hop !, filiale d'Air France,
assure chaque jour un ou plusieurs
vols directs de Lyon, Marseille,
Nice, Paris-Roissy CDG et Toulouse.
Rennes est en outre reliée à
Bordeaux grâce à Chalair Aviation.
Volotea effectue aussi des vols
au départ de Marseille et de Nice.

Aéroport de Lannion –
Route de Trégastel -
22300 Lannion - 📞 02 96 05
82 22 - www.lannion.aeroport.fr.
Deux à trois liaisons par jour pour
Paris-Orly Ouest assurées par Hop !

**Aéroport de Lorient-Bretagne
Sud** – 56270 Ploemeur - 📞 02 97 87
21 50 - www.lorient.aeroport.fr.
Plusieurs vols par jour pour
Paris-Orly (Hop !).

**Aéroport de Quimper-
Cornouaille** – 29700 Pluguffan -
📞 02 98 94 30 30 - www.quimper.
aeroport.fr. Desserte quotidienne
de Paris-Orly et vol saisonnier pour
Figari assuré par Hop !

Aéroport Brest-Bretagne –
À 9 km au nord-est de Brest -
29490 Guipavas - 📞 02 98 32 86 00 -
www.brest.aeroport.fr. Plusieurs
vols quotidiens de Paris-Roissy
CDG ou Orly opérés par Air France.
Brest est en outre relié en vols
directs à Ajaccio et Bastia (en saison,
Volotea), Bordeaux (Chalair), Lille
(Fly Kiss), Lyon (Hop ! et EasyJet),
Marseille (Ryanair), Montpellier
(Volotea), Nice (Fly Kiss), Strasbourg
(Fly Kiss), Toulon (en saison, Tui Fly)
et Toulouse (Volotea). Vols assurés
toute l'année du lun. au vend. pour
Ouessant par la compagnie Finist'Air.

Aéroport Nantes-Atlantique –
CCI - 44346 Bouguenais Cedex -
📞 0 892 568 800 (0,34 €/mn) -
www.nantes.aeroport.fr. 7 vols
quotidiens pour Paris-Roissy CDG
et Orly (Air France) ; vols directs
également pour Ajaccio et Bastia
(Air Corsica et Volotea), Figari (Hop
et Volotea), Marseille (Air France et
Ryanair), Nice (Air France et EasyJet),
Bordeaux (Chalair), Lille (Hop !
et EasyJet), Lyon (Hop ! et EasyJet),
Montpellier (Hop ! et Volotea),
Pau (Chalair), Perpignan
(Hop ! et Volotea), Strasbourg
(Hop ! et Volotea) et Toulouse
(Hop !, EasyJet et Volotea).

LES COMPAGNIES AÉRIENNES

Air France KLM – 📞 36 54
(0,34 €/mn depuis un poste fixe) -
www.airfrance.fr.
Hop ! – 📞 0892 70 22 22
(0,34 €/mn) - www.hop.com.
Air Corsica – 📞 0825 35 35 35 -
www.aircorsica.com.
Fly Kiss – 📞 0820 67 05 06 -
https://fly-kiss.com.
Ryanair – 📞 0892 562 150
(0,34 €/mn) - www.ryanair.com/fr.
Chalair aviation – 📞 0892 700 499
(0,34 €/mn) - www.chalair.eu.
EasyJet – 📞 0 820 420 315
(0,34 €/mn) - www.easyjet.com.
Finist'Air – 📞 02 98 84 64 87 -
www.finistair.fr.
Tui Fly – www.tuifly.be.
Volotea – 📞 02 98 84 64 87 -
www.volotea.com.

Avant de partir

Le bon moment pour partir

MÉTÉO

Météo France : www.meteofrance.com ou ☎ 08 99 71 02 suivi du numéro du département (1,35 €/appel + 0,34 €/mn).

Été

Les températures sont clémentes et rarement caniculaires, en tout cas sur les côtes, où la brise marine rafraîchit constamment le littoral. Les terres, en revanche, peuvent subir d'importantes vagues de chaleur.

Printemps et automne

C'est l'époque des **grandes marées,** toujours spectaculaires, qui permettent d'éviter au mauvais temps de s'installer trop durablement. Les éclaircies subliment alors l'arrière-pays : la lande se couvre de mauve, de rose et de bleu au printemps, et les forêts rougissent en automne. Il n'est pas de meilleures saisons pour découvrir les paysages de l'Argoat. Seul inconvénient ponctuel : le brouillard.

Coefficient de marée : proportionnel à l'amplitude de la marée, il s'exprime en centièmes.	
Coef. 120	Marée exceptionnelle de vive-eau
Coef. 95	Marée moyenne de vive-eau
Coef. 70	Marée moyenne
Coef. 45	Marée moyenne de morte-eau
Coef. 20	Marée la plus faible de morte-eau

Hiver

Tempêtes sur les côtes, brouillard sur les terres : le tableau n'incite pas au tourisme. Pourtant, l'atmosphère très particulière des paysages sous la pluie ou en proie à la fureur des éléments est une expérience à vivre pour tous les amoureux de la nature.

Adresses utiles

LES INSTITUTIONS

Comité régional de tourisme de Bretagne

www.tourismebretagne.com.

Comités départementaux de tourisme

Haute Bretagne Ille-et-Vilaine – Rennes - ☎ 02 99 78 47 47 - www.bretagne35.com.
Morbihan – Vannes - ☎ 02 97 54 06 56 - www.morbihan.com.
Finistère 360 – Quimper - www.finisteretourisme.com.
Loire-Atlantique Développement – Nantes - tourisme-loireatlantique.com.
Les CDT et offices du tourisme de Bretagne disposent d'une documentaton variée et de qualité.

☺ Les bons plans

Sur leur site Internet, le comité régional de tourisme et les comités départementaux de tourisme proposent régulièrement des bons plans ou des idées séjours et permettent de réserver en ligne. Pour les visites, diverses de formules sont proposées : **Morbihan** – Réduction dans une quarantaine de sites de loisirs sur présentation du guide gratuit « Mes sorties et loisirs en Morbihan » disponible dans les offices de tourisme (www.morbihan.com).

Finistère – Le passeport Finistère permet de découvrir 32 musées et sites culturels à tarif réduit (passeport.culturel.finistere.fr). Le CDT édite de beaux documents thématiques sur le département : les ports, les phares, les enclos paroissiaux, les peintres, etc.

Loire Atlantique – Offres promotionnelles sur le site du CDT (tourisme-loireatlantique.com).

Offices de tourisme

Les adresses des offices de tourisme se trouvent dans la rubrique « S'informer » de chaque ville ou site dans la partie Découvrir. On trouve par ailleurs une mine d'informations sur le site officiel du tourisme en Bretagne : **www.tourismebretagne.com**

Autres adresses

Maison de la Bretagne – 8 r. de l'Arrivée - 75015 Paris - ✆ 01 53 63 11 50 - www.bretagne. bzh - lun.-vend., 9h30-18h.

Sites Internet

Quelques adresses utiles à retenir : www.eclats-de-bretagne.com www.iles-du-ponant.com www.bretagne.com www.inet-bretagne.fr www.sellor.com www.bretagne-environnement.org www.bretania.bzh

Labels

Fédération des Stations vertes Vacances – 8 r. Ramfer-de-Bretenière - 21016 Dijon Cedex - ✆ 03 80 54 10 50 - www.stationverte.com.

TRANSPORT

La Bretagne est dotée d'un réseau de transports en commun (bus, car, TER, etc.) assez dense. ♿ www.breizhgo.com.

Pour connaître itinéraires, tarifs et horaires des réseaux de transports interurbains départementaux, consulter : Pour l'Ille-et-Vilaine : www.illenoo-services.fr. Pour le Morbihan : www.lactm.com. Pour le Finistère : www.viaoo29.fr. Pour la Loire-Atlantique : http://lila. loire-atlantique.fr. ♿ L'été, des lignes spéciales sont mises en place pour desservir les plages.

PERSONNES À MOBILITÉ RÉDUITE

Dans ce guide, les sites et établissements qui peuvent accueillir des personnes à mobilité réduite sont signalés par le symbole ♿. Vous trouverez des renseignements (hébergements, activités adaptées, transports accessibles) pour préparer votre séjour, ainsi que la liste des sites labellisés **Tourisme et Handicaps**, sur les sites des comités départementaux du tourisme *(voir p. 508, mot-clé Handicap dans le moteur de recherche).*

Accessibilité des infrastructures touristiques

Par ailleurs, des sites spécifiques recensent toute l'offre proposée pour les personnes en situation de handicap : **http://handi.tourismebretagne. com** recense toute l'offre adaptée de la région (transports, hébergements, sites accessibles, prestataires pour louer joëlette ou handbike, etc.) : une mine d'informations ! **www.finistere-accessible.com :** la pointe de la Bretagne pour les personnes handicapées ; **www.handiplage.fr** : liste des plages adaptées et de leurs équipements.

Accessibilité de Rennes et de Nantes

Rennes est une ville assez difficile pour les personnes à mobilité réduite : le centre historique est pavé,

NOS CATÉGORIES DE PRIX				
	Hébergement		Restauration	
	Petites agglo-mérations	Grandes agglo-mérations & stations balnéaires	Petites agglo-mérations	Grandes agglo-mérations & stations balnéaires
Premier prix	jusqu'à 60 €	jusqu'à 80 €	jusqu'à 14 €	jusqu'à 20 €
Budget moyen	de 60 € à 80 €	de 80 € à 120 €	de 14 € à 25 €	de 20 € à 35 €
Pour se faire plaisir	de 80 € à 120 €	de 120 € à 150 €	de 25 € à 40 €	de 35 € à 50 €
Une folie	plus de 120 €	plus de 150 €	plus de 40 €	plus de 50 €

les trottoirs sont étroits et la plupart des commerces et restaurants ont une voire plusieurs grosses marches à l'entrée.

Nantes, en revanche, a été classée 2e ville européenne la plus accessible (2012). Consultez le site https://handinantes.fr/ pour découvrir l'offre adaptée (transports, promenades, restaurants, accessibilité des sites touristiques, etc.).

Transports
SNCF Accès Plus – www.accessibilite.sncf.fr : liste des gares adaptées.
Avion – Air France propose le service d'assistance Saphir, ✆ 09 69 36 72 77 - www.airfrance.fr

Se loger

♿ Retrouvez notre sélection d'hébergements dans « Nos adresses à… » situées en fin de description des principaux sites de la partie Découvrir.

NOTRE SÉLECTION

Hôtel ou chambre d'hôte, à vous de choisir ! Pour vous aider, nous vous fournissons une **fourchette de prix** (voir tableau ci-dessus) : pour l'hébergement, les prix communiqués correspondent aux tarifs minimum et maximum d'une chambre double, en **haute saison.** Pour compléter : **Le Guide Michelin France, Camping & Hôtellerie de**

plein air France et **Camping-car France**.

L'hôtellerie de plein air
Du camping traditionnel aux yourtes, tipis ou cabanes dans les arbres, l'hôtellerie de plein air bretonne ne manque pas d'initiatives.

Camping Plus Bretagne – www.campingplus.fr. Ce site propose une sélection de campings 3 et 4 étoiles en Bretagne.

Bretagne Tourisme – www.tourismebretagne.com. Le comité régional de tourisme met en ligne une liste détaillée de campings et d'hébergements insolites.

Clic & Camp 29 – Ce réseau d'une vingtaine de campings finistériens propose une solution « prêt à camper » : location d'une tente déjà montée, avec tout son équipement (capacité 4 pers., à partir de 29 €/nuit, 199 €/sem. en basse saison, 299/349 €/sem. en haute saison) - www.clicetcamp29.com.

L'« éco-tourisme »
Bretagne Tourisme Responsable – http://voyagez-responsable.tourismebretagne.com. Ce réseau recense des hébergeurs éco-labellisés pour leur engagement en termes de qualité d'accueil, de politique économique et sociale responsable et de respect de l'environnement.

CITÉ DE LA VOILE
ÉRIC TABARLY
LORIENT BRETAGNE SUD

10 ANS QUE L'ON VOUS FAIT QUITTER LA TERRE !

Quittez la terre ferme le temps
d'un parcours de visite
à la découverte de la voile
et de la course au large !

#citedelavoile

LORIENT
LA BASE

NOUVELLE VAGUE – RCS NANTES B 339 786 493 – Photos : Erwan Meunier / Getty

L'hébergement rural

Maison des Gîtes de France et du Tourisme vert – 40 av. de Flandre - 75019 Paris - ☎ 01 49 70 75 75 - www.gites-de-france.com.

Bienvenue à la ferme – Guide édité par l'Assemblée permanente des chambres d'agriculture - 9 av. George-V - 75008 Paris - ☎ 01 53 57 11 50 - www.bienvenue-a-la-ferme.com. La carte touristique des fermes bretonnes et le guide des fermes pédagogiques bretonnes peuvent être téléchargés sur www.bretagnealaferme.com ou www.bienvenue-a-la-ferme.com/bretagne, ou demandés gratuitement à l'Union bretonne du tourisme rural (UBTR, Chambre régionale d'agriculture de Rennes, ☎ 02 23 48 27 73).

Accueil Paysan Bretagne – Le guide national *Vacances paysannes* recense toutes les possibilités d'hébergement et d'accueil à la ferme en France : ☎ 04 76 43 44 83. Les plaquettes d'informations sur la Bretagne peuvent être téléchargées gratuitement sur le site www.accueil-paysan-bretagne.com.

Autres hébergements

Le site Internet du **comité régional de Bretagne** (www.tourismebretagne.com) et les offices de tourisme locaux recensent les locations labellisées. Vous trouverez aussi des adresses d'hébergements à louer auprès de **Clévacances** : www.clevacances.com.

Maisons d'hôtes

Charme Bretagne – www.charme-bretagne.com. Une sélection de maisons d'hôtes et gîtes de charme sur toute la région.

L'hébergement pour randonneurs

La Bretagne, particulièrement l'Argoat, foisonne en gîtes, campings et petits hôtels où les randonneurs sont les bienvenus. Pour réserver l'adresse la plus proche de votre itinéraire, consultez les organismes suivants :

Rando Accueil Bretagne – 7C r. Pierre-Texier - 35760 Montgermont - ☎ 02 99 26 13 50 - http://rando.abri.free.fr/. Cette association des relais et itinéraires recense et labellise quatre types d'hébergements spécifiques aux randonneurs : Rando Plume, Rando Gîtes, Rando Toile et Rand'hôtel. Différentes activités sont aussi proposées en VTT, à cheval, en canoë…

Guide et site Internet – Les randonneurs peuvent consulter le guide *Gîtes d'étape et refuges,* par A. et S. Mouraret - www.gites-refuges.com.

Les auberges de jeunesse

Ligue française pour les auberges de jeunesse – 67 r. Vergniaud - 75013 Paris - ☎ 01 44 16 78 78 - www.auberges-de-jeunesse.com. À Camaret, Concarneau et Quiberon.

Fédération unie des auberges de jeunesse – Centre national - 27 r. Pajol - 75018 Paris - ☎ 01 44 89 87 27 - www.fuaj.org. À Rennes, Belle-Île, Groix, Lorient, Nantes, Pontivy et Redon.

POUR DÉPANNER

Centrales de réservation des principales chaînes hôtelières : **B & B** – ☎ 0 892 78 29 29 (0,35 €/mn) - www.hotel-bb.com. **Campanile** – ☎ 0892 23 48 12 (0,35 €/mn) - www.campanile.com. **Kyriad** – ☎ 0 892 23 48 13 (0,35 €/mn) - www.kyriad.com. **Ibis** – www.ibis.com.

Assiette d'huîtres.
FoodCollection/Photononstop

Se restaurer

Retrouvez notre sélection de restaurants dans « Nos adresses à… » de la partie Découvrir.

NOTRE SÉLECTION

Pour répondre à toutes les envies, nous avons sélectionné des **restaurants** régionaux mais aussi classiques, exotiques ou à thème… ainsi que des lieux plus simples. Pour vous aider, nous vous communiquons une **fourchette de prix** *(voir tableau p. 510)* : pour la restauration, les prix mentionnés correspondent aux tarifs minimum et maximum des menus proposés sur place. Les mentions « **Astuce prix** » et « **bc** » signalent respectivement les formules repas à prix attractif, servies en général au déjeuner par certains établissements de standing ; les menus avec boisson comprise. Les prix que nous indiquons sont ceux pratiqués en **haute saison.** Voir aussi **Le Guide Michelin France** et le réseau des **fermes-auberges** (www.bienvenue-a-la-ferme.com).

LES LABELS

Sites remarquables du goût

En Bretagne Sud, les marais salants de Guérande (Loire-Atlantique) bénéficient de ce label pour le sel ainsi que Pénestin (Morbihan) pour la moule de bouchot. En ligne : www.sitesremarquablesdugout.com.

Autres labels

Le label **Tables et saveurs de Bretagne** rassemble une quarantaine de restaurants qui participent chaque année au concours « Arts et Saveurs » - www.tablesetsaveursdebretagne.com. Le label **Restaurant du terroir** a pour objectif de faire découvrir et de promouvoir le patrimoine culinaire, à travers une démarche valorisant les produits régionaux - www.restaurantduterroir.fr.

Enfin, le label **Crêperie gourmande** distingue les spécialistes de la crêpe, disposant à ce titre d'un véritable savoir-faire et privilégiant les produits régionaux.

🍃 Pour ces trois labels, liste sur www.tourismebretagne.com/sejourner/restaurants-gastronomie/labels.

Sur place de A à Z

Les **comités départementaux** et **comités régionaux** de tourisme *(voir p. 508)* mettent à votre disposition de nombreuses documentations.

Voir aussi le site http://osez. tourismebretagne.com dédié aux activités de plein air.

Pour trouver d'autres adresses de prestataires, reportez-vous aux rubriques « Visite » et « Activités » dans « Nos adresses à… » de la partie Découvrir.

Gastronomie

À RAPPORTER

Les labels

Produits AOC – En Bretagne Sud : cidre de Cornouaille, pommeau de Bretagne, eaux-de-vie de cidre de Bretagne.

Produits label Rouge de Bretagne – Les principaux sont le cidre royal Guillevic (Morbihan), le sel de Guérande (1991, le premier pour un produit marin), les porcs fermiers de tradition, les volailles fermières d'Argoat et de Janzé, les agneaux de Brocéliande, le veau Bretanin… Pour certains produits, comme les coquilles St-Jacques ou les sardines, le label Rouge se double parfois d'une IGP (indication géographique protégée).

Label AB – Cette filière regroupe 1 680 exploitations bretonnes et concerne les légumes et les fruits, ainsi que le lait, les œufs, le saumon naturel ou fumé, et les filets de truite.

Les spécialités

Conserverie – Courtin, à Concarneau, Le Connétable et les célèbres sardines de Douarnenez, Groix & Nature à Groix *(voir p. 179)* ou encore La Belle-Iloise, dans la presqu'île de Quiberon *(voir p. 129)*.

Condiments – Le sel de Guérande (gros sel et fleur de sel) à se procurer auprès d'un paludier.

Charcuterie – L'andouille de Guéméné-sur-Scorff préparée à base de chaudins de porc.

Fromages – Le curé nantais, la trappe au lait cru de l'abbaye de Timadeuc, le saint-paulin et le crémet nantais.

Les gourmandises – Crêpes de froment et galettes de sarrasin, far aux pruneaux parfumé à la cannelle, *kouign-amann*, *Traou Mads* de Pont-Aven, niniches de La Baule et Quiberon, crêpes dentelle de Quimper, berlingots nantais, far frit d'Étel, etc.

Les alcools – Le muscadet *(voir Le Pallet, p. 424)* ; le chouchen à Rosporden ; le pommeau, le lambig ou fine de Bretagne (eau-de-vie de cidre) ; le cidre de Cornouaille AOC ; la cervoise ; la Mor Braz, bière à base d'eau de mer produite du côté de Theix.

COURS DE CUISINE

Le Centre culinaire contemporain de Rennes – *8 r. Jules-Maillard-de la Gournerie - 35012 Rennes Cedex -* 02 99 31 45 45 - www. centreculinaire.com - *groupe de 8 pers. max.*, 55 €/4h ou 60 €/4h30. Ce cercle propose des stages et des ateliers *(1h30/4h)*, accessibles à tous et toute l'année. Vous y aborderez l'art des crêpes et des galettes, la cuisine aux algues, le menu gourmand d'un chef régional, ou les tables et les saveurs de Bretagne. Un atelier est axé sur les produits du marché de la place des Lices !

École EMC² *– 8 r. Jules-Maillard de la Gournerie - Atalante Champeaux - 35000 Rennes - ℘ 02 99 34 86 76 - www.ecole-maitre-crepier.fr.*
Les inconditionnels des **crêpes et des galettes** ne pourront échapper à la célèbre école qui forme les maîtres crêpiers. Au moins un samedi par mois pendant l'année *(voir le calendrier sur le site Internet)*, l'école ouvre ses portes à tous les gourmands pour un stage d'une journée de 9h à 17h; dégustation entre 13h et 14h *(90 €/pers., repas inclus)*.

CRIÉES

Les ventes des produits de la mer ont lieu, en général, tous les jours, une demi-heure après le retour des chalutiers, et durent à peu près deux heures. Concarneau, Douarnenez, Le Guilvinec, Loctudy et Lorient sont les plus importantes en Bretagne Sud.
Certaines peuvent être visitées avec un guide : Guilvinec/Plouhinec *(voir p. 259)* ; Keroman à Lorient *(voir p. 162)*.

Nature

BAIGNADE

Voir le tableau Sports et loisirs nautiques p. 518.

En mer
Les plages de sable fin ne font pas défaut en Bretagne, la question serait plutôt de savoir si vous les préférez confidentielles ou étendues à perte de vue. Les premières sont l'apanage des côtes sauvages et découpées (le Finistère et les îles n'en manquent pas) ; les secondes font le bonheur de la Bretagne Sud (La Baule, Carnac, Larmor-Plage).

En lac et en rivière
Certaines rivières et plans d'eau peuvent être accessibles à la baignade, mais renseignez-vous au préalable. La qualité de leurs eaux est contrôlée par l'Agence de l'eau Loire-Bretagne. ♿ En ligne : www.eau-loire-bretagne.fr.

Kayak sur la presqu'île de Crozon.
E. Berthier/hemis.fr

CANOË-KAYAK

Rivières, canaux et mer : la Bretagne regorge de lieux où pratiquer ces deux activités.

Pour info : **Comité régional de Bretagne de canoë-kayak (CRBCK)** – Base nautique Plaine de Baud - 35 r. J.-M.-Huchet - 35000 Rennes - ℘ 02 23 20 30 14 - www.canoe-kayak-bretagne.fr. Voir aussi la rubrique « Activités » dans « Nos adresses à… » située en fin de description des principaux sites de la partie Découvrir.

CROISIÈRES FLUVIALES

Rivières et canaux de Bretagne constituent un réseau de plus de 600 km de voies navigables.

Le canal de Nantes à Brest, ouvrage exceptionnel de 360 km, constitue un moyen agréable de découvrir la Bretagne intérieure *(voir p. 323 et 414).* Partant de Lorient, la croisière sur le Blavet, le tronçon oriental du canal de Nantes à Brest et l'Erdre, fait découvrir Josselin et Redon avant de gagner Nantes.

Du fond de la rade de Brest, la remontée de l'Aulne et de la partie occidentale du canal de Nantes à Brest conduit à Châteaulin et Carhaix-Plouguer.

Les principales compagnies de tourisme fluvial en Bretagne Sud sont installées à Blain, Sucé-sur-Erdre, Messac, Redon, Josselin, Rohan et Châteauneuf-du-Faou.

Une riche documentation est proposée par l'**Association des Canaux de Bretagne** – 1 r. Raoul-Ponchon - 35069 Rennes Cedex - ℘ 02 23 47 02 29 - www.canauxdebretagne. org. Elle édite le guide des voies navigables en Bretagne (informations concernant la navigation, la randonnée avec une présentation des escales d'une rive à l'autre).

Pour **louer une péniche** (à la journée, à la semaine ou au mois) et partir naviguer sur les canaux et rivières de Bretagne, rendez-vous sur le site www.locaboat.com.

Croisière dans l'estuaire de la Loire – *voir p. 413.*

GOLF

Liste des golfs, détail des parcours et des tarifs auprès de la **Ligue de Bretagne de golf** – immeuble « Le Calypso » - 104 r. Eugène-Pottier - 35000 Rennes - ℘ 02 99 31 68 80 - liguebretagnegolf.org, et, pour la Loire-Atlantique, auprès de la **Ligue de golf des Pays de la Loire** – 9 r. du Couédic - 44000 Nantes - ℘ 02 40 08 05 06 - www.ligue-golf-paysdelaloire. asso.fr.

ÎLES

Pour des excursions à la journée ou un séjour plus long. Attention, certaines liaisons ne sont assurées qu'en saison. Pour les passages de voiture (Belle-Île, Groix), il est impératif de réserver longtemps à l'avance.

Voir le tableau pratique pour la desserte des îles p. 520.

Voir aussi www.iles-du-ponant. com.

JARDINS

L'Association des Parcs et Jardins de Bretagne recense les jardins ouverts au public. www.apjb.org. 23 d'entre eux ont reçu le label **Jardin remarquable** ainsi que deux jardins en Loire-Atlantique. Pour retrouver les Jardins remarquables cités dans le guide : jardins de Brocéliande *(p. 41),* jardin de la Fontaine de Vie et parc de l'Athanor *(p. 41)* en Ille-et-Vilaine ; parc du château de Trévarez *(p. 322),* parc botanique de Cornouaille *(p. 227)* et les Arbres du Monde à Huelgoat *(p. 330)* dans le Finistère ; le jardin des Plantes de Nantes en Loire-Atlantique *(p. 354).*

Armor·lux

BÉNODET*| GUÉRANDE | LE CROUESTY*| LORIENT | NANTES
PLOZÉVET | PONTIVY | QUIMPER | RENNES
SAINT-GRÉGOIRE | THEIX | VANNES | VITRÉ

* ouverts de mars à novembre

www.armorlux.com

SPORTS ET LOISIRS NAUTIQUES					
Sites	Port (places)	Voile	Planche à voile	Char à voile	Surf
Bénodet (Ste-Marine) les Glénan	750	+++ 😊	++		
La Baule, presqu'île de Guérande	2 800	+++ 😊	+++ 😊	++	
Concarneau	792	+++	++		
Le Crouesty	1 432	+++	++		
Douarnenez Tréboul	600	+++	+++		
Étel	440	++	+		
Loctudy	650	+++	++		
Lorient	370	++	+		
Port-Blanc	200	+++ 😊	+++		
Quiberon	1 070	++	++	+++	+++
La Trinité-sur-Mer	1 250	+++ 😊	+		
Vannes	300	+++	++		

MARÉES

Horaires

On les trouve généralement dans les offices de tourisme, à la capitainerie du port, et dans la presse locale. Sur le site : maree. info.

Avec les horaires, sont donnés les coefficients de marée *(voir p. 508)*, importants pour vos parties de pêche à pied, et le calendrier des grandes marées.

PÊCHE

En eau douce

Quels que soient l'endroit et le type de pêche, il convient d'observer la réglementation nationale et locale ; de s'affilier pour l'année en cours, dans le département de son choix, à une association de pêche agréée par la préfecture ; d'acquitter les taxes afférentes au mode de pêche pratiqué ; d'obtenir, pour pêcher dans des eaux du domaine privé, l'autorisation du propriétaire riverain.

Fédération nationale de la pêche en France et de la protection du milieu aquatique – 17 r. Bergère - 75009 Paris - ☎ 01 48 24 96 00 - www.federationpeche.fr.
On peut se procurer des cartes et informations locales auprès des fédérations départementales pour la pêche et la protection du milieu aquatique.

À pied
Voir p. 496-497 et coefficients de marée p. 508.

En mer
Des petits patrons de pêche accueillent à leur bord des touristes attirés par la sportivité de la pêche en mer. Rappelons que la plupart de ces pêches ont lieu sur des bateaux de petite taille et dans des mers parfois agitées.

Plongée	Kayak	Sorties en mer	Plages/ ‡ = Thalasso
	+++ 😊	+++	Plage du Trez
+	++	+++	Baie de La Baule/‡
+	+	+++ 😊	Sables-Blancs/‡
	++	+	Fogeo/‡
+	+	+++	Les Sables-Blancs/‡
++	+++	+++	Kerhillio
		+	Langoz
+	++	++	Larmor-Plage
	+++ 😊	+	Trestel
+	++	+++	Grande Plage/‡
+	+	+	Kervillen
+	+++	+++	Mousterian (Séné)

😊 Les plaisanciers peuvent pratiquer la pêche en mer à partir de leur navire ou la chasse sous-marine, à titre d'agrément exclusivement. La liste des engins de pêche autorisés figure sur leur titre de navigation. La chasse sous-marine est, quant à elle, soumise à une réglementation stricte et il convient de s'informer préalablement auprès du service des Affaires maritimes.
Fédération française des pêcheurs en mer – 135 av. Clot Bey - 13008 Marseille - 📞 04 91 85 19 67 - www.ffpm-national.com.

PLAISANCE

Il existe près de 50 ports de plaisance en Bretagne. Liste complète et informations complémentaires sur les sites **www.nautismebretagne.fr** et **www.bretagne-info-nautisme.fr**.

Les principaux ports de plaisance en Bretagne Sud sont : Audierne, Bénodet, Concarneau, Douarnenez, Groix, La Trinité, Belle-Île (Le Palais), Lorient, Le Crouesty, Île-aux-Moines (Port-Blanc), Port-la-Forêt (Fouesnant-les-Glénan), Port-Louis, Redon et Vannes.
😊 Pensez à réserver vos anneaux bien en avance, car les ports affichent souvent complet.

PLONGÉE SOUS-MARINE

Ce sport est très pratiqué en Bretagne. Les amateurs de chasse sous-marine ou de paysages sous-marins trouvent, surtout le long des côtes sud (Port-Manech, Port-Goulphar à Belle-Île…), des criques limpides, poissonneuses et riches en algues.
Le **Comité interrégional Bretagne-Pays de-la-Loire de la Fédération française d'études et de sports sous-marins** (39 r. de la Villeneuve - 56100 Lorient - 📞 02 97 37 51 51 -

D'ÎLE EN ÎLE			
Îles	**Accès toute l'année**	**Trajet**	**Accès en haute saison**
Arz	Séné-Barrarac'h, Conleau ou via les croisières proposées tout autour du golfe du Morbihan	15mn	Vannes-gare maritime, Séné-Barrarac'h, Conleau, Port-Navalo, Locmariaquer ou via les croisières proposées tout autour du golfe du Morbihan
Belle-Île	Quiberon	20 à 40mn	Lorient, Vannes, La Turballe, Port-Navalo, La Trinité-sur-Mer
Glénan		35mn	D'avr. à sept. ou déb. oct. Beg-Meil, Loctudy, Quimper, Bénodet et Concarneau
Groix	Lorient	45mn	Lorient
Hoedic	Quiberon via Houat	55 à 85mn	Quiberon via Houat, Le Croisic, La Turballe
Houat	Quiberon	40mn	Quiberon, Le Croisic, La Turballe, Port-Navalo, Locmariaquer, La Trinité-sur-Mer
Moines (Morbihan)	Port-Blanc ou via les croisières proposées tout autour du golfe	5mn	Port-Blanc ou via les croisières proposées tout autour du golfe
Sein	Audierne	1h	Audierne, Brest, Camaret-sur-Mer

www.cibpl.fr) fournit tous les renseignements nécessaires.

🐾 Certaines interdictions sont à respecter en ce qui concerne la pêche sous-marine (voir Pêche, « En mer », p. 518).

RANDONNÉES ÉQUESTRES

Un superbe itinéraire, **Equibreizh,** fait le tour de la Bretagne (env. 2 500 km). Avec votre monture ou encadré par un centre de tourisme équestre, vous pouvez choisir votre parcours et vos étapes. Informations disponibles auprès du **Comité régional de tourisme équestre de Bretagne** – ✆ 02 97 84 44 00 - www.bretagne-equitation.com ou www.equibreizh.com.

🐾 Pour les passionnés de cheval, un petit détour au haras d'Hennebont (voir p. 165) s'impose.

Comités départementaux de tourisme équestre

CDTE de l'Ille-et-Vilaine – Maison départementale des Sports/ Équitation - 13 bis av. de Cucillé - 35065 Rennes Cedex - www.cdte35. com - cdte35@orange.fr.

CDTE du Morbihan – Sophie Bagniol - Bourgerel - 56450 Noyalo - ✆ 02 97 43 15 57 - www.cdte56.fr.

CDTE du Finistère – Patrick Le Henaff - Château de Quimerc'h - 29380 Bannalec - ✆ 06 69 49 29 29 - www.cdte29.fr.

CDTE de la Loire-Atlantique – Isabelle Delannoy-Corblin - www.cdte44.com.

RANDONNÉES PÉDESTRES

Les GR 34 (sentier des douaniers), 37, 38, 341 et 380 sillonnent l'Argoat en tous sens. Les chemins

Taille	Circulation	Atouts 😊
269 ha	à pied, à vélo	Un paradis pour les pêcheurs à pied. Moins visitée que sa voisine l'île aux Moines
20 km/ 9 km	en voiture, à vélo, à pied	Son nom parle pour elle : côtes superbes et douceur de vivre
14 ha	à pied, en bateau	Le lagon, le narcisse endémique, l'école de voile, la clarté des eaux
8 km/ 3,5 km	en voiture, à vélo, à pied	Conviviale, familiale et moins courue que sa voisine Belle-Île
209 ha	à pied	La tranquillité, la beauté de la lande
5 km/ 1,3 km	à pied	Comme Hoedic, en un peu plus grand…
6 km/ 3 km	à pied, à vélo	Les sentiers, entre pins maritimes et propriétés cossues
2 km/ 30 à 800 m	à pied	Pas d'arbres, pas de sources : une spectaculaire langue de terre posée sur la mer

de halage du canal de Nantes à Brest et les voies vertes (*voir p. 522*) sont également très appréciés.

Fédération française de la randonnée pédestre – 64 r. du Dessous-des-Berges - 75013 Paris - ☏ 01 44 89 93 90 - www.ffrandonnee.fr. La fédération donne le tracé détaillé des GR, GRP et PR ainsi que d'utiles conseils.

Comité régional de la randonnée pédestre de Bretagne – Etic Center - 9 r. des Charmilles - 35510 Cesson-Sévigné - http://bretagne.ffrandonnee.fr.

randobreizh-eole-production. com – Idéal pour préparer ses randonnées en Bretagne. Vous y trouverez la description des sites et des itinéraires (GR, GRP, véloroutes et voies vertes) ainsi qu'un guide complet des hébergements à proximité des itinéraires de randonnées.

France Randonnée – 9 r. des Portes-Mordelaises - 35000 Rennes - ☏ 02 99 67 42 21 - www.france-randonnee.fr. Elle propose des séjours et organise des randonnées à pied, à vélo, à cheval avec ou sans accompagnateur.

Conservatoire du littoral, ONF, parcs naturels régionaux… – Ces organismes proposent des randonnées ou de la documentation bien utile pour découvrir la région. Les syndicats d'initiative et les offices de tourisme offrent également des dépliants de balades et de randonnées.

Tourisme Bretagne – 🌿 rando. tourismebretagne.com : liste des circuits de randonnées (à pied, à vélo et à cheval) dans les différents territoires bretons.

VÉLO

Le pays gallo, l'Argoat, la Brière et certaines portions du littoral sont autant de régions offrant des parcours pour « toutes les jambes ». Sur place, les offices de tourisme et syndicats d'initiative fournissent généralement la liste des loueurs de cycles (avec points relais). Certaines gares proposent aussi des bicyclettes, qu'il est possible de restituer dans une gare différente. **www.velo.sncf.com**.

Les principaux sites de balades à vélo sont détaillés sur **www. randobreizh.org.**

Vous pouvez aussi contacter la **Ligue Bretagne de cyclotourisme** (B.P. 6 - 22400 Saint-Alban - www. ffct-bretagne.org) pour découvrir les **sorties week-end** ou **les circuits découverte** avec des guides – organisés par les clubs cyclotouristes de la région.

Voies vertes

D'anciennes voies ferrées, des chemins forestiers ou de halage ont été réhabilités pour accueillir les sportifs et les familles, en toute sécurité.

En Bretagne Sud, les principales sont les suivantes :

De Mauron à Questembert – Cet itinéraire de 53 km, situé à l'ouest de la forêt de Paimpont, passe à proximité de Loyat, Montertelot, Ploërmel, Le Roc-St-André, St-Marcel, Malestroit, Molac... De nombreux accès sont possibles tout au long du parcours. Se renseigner aux offices de tourisme de Tréhorenteuc, de Ploërmel ou de Questembert.

Le littoral – Parcours aménagés sur le front de mer près de Lorient, sur les presqu'îles de Quiberon et de Rhuys, les îles de Groix et Belle-Île.

De Carhaix à Rosporden – Cet itinéraire finistérien traverse les Montagnes Noires.

De Pont-l'Abbé à Quimper – Parcours en Cornouaille sur l'ancienne voie ferrée Quimper-Pont-l'Abbé.

Vélodyssée®

Avec ses 1 256 km de la Bretagne à la côte basque, la Vélodyssée présente l'itinéraire le plus long de France. En Bretagne Sud, il chemine sur près de 400 km de Carhaix-Plouguer au pays de Retz. Dans le Morbihan, il longe le **canal de Nantes à Brest** sur 140 km, de Redon jusqu'au lac de Guerlédan, et traverse La Gacilly, Josselin et Rohan notamment. En Loire-Atlantique, il permet de rallier Nantes à Moutiers-en-Retz. **www.lavelodyssee.com**

VOILE ET VIEUX GRÉEMENTS

Fédération française de voile – 17 r. Henri-Bocquillon - 75015 Paris - ✆ 01 40 60 37 00 - www.ffvoile.fr/ ffv/web/.

France Station Nautique – 17 r. Henri-Bocquillon - 75015 Paris - ✆ 01 44 05 96 55 - www.station-nautique.com.

Les stations de Bretagne Sud sont : Vannes agglomération-golfe du Morbihan et La Baule-presqu'île de Guérande.

Naviguer sur les vieux gréements

Il est possible d'embarquer pour une demi-journée, une journée, un week-end ou le temps d'une longue croisière sur l'un de ces merveilleux voiliers récemment restaurés. Tout au long de ce guide, « Nos adresses à... » vous renseignent sur les vieux gréements sur lesquels embarquer. **www.tourismebretagne. com,** rubrique « à faire », puis « plages et activités nautiques/ voiliers de Bretagne » : liste les vieux gréements bretons proposant des sorties en mer.

Patrimoine

ARCHÉOLOGIE

DRAC Bretagne – Hôtel de Blossac - 6 r. du Chapitre - 35044 Rennes Cedex - 02 99 29 67 67 - www.culturecommunication.gouv.fr/Regions/Drac-Bretagne.

DRAC Pays-de-Loire – 1 r. Stanislas-Baudry - 44035 Nantes Cedex 1 - 02 40 14 23 00 - www.culturecommunication.gouv.fr/Regions/Drac-Pays-de-la-Loire.

Cerapar - Centre de recherches archéologiques du pays de Rennes – Maison de l'archéologie - La Métairie - 35740 Pacé - 02 99 68 74 56 - http://cerapar.free.fr.

Société d'histoire et d'archéologie de Bretagne – 1 r. Jacques-Léonard - 35000 Rennes - 02 99 02 40 00 - www.shabretagne.com.

ROUTES THÉMATIQUES

Route des peintres de Cornouaille, route des phares et balises, route du lin, route du vent solaire, route des ports d'intérêt patrimonial ou circuit des villes d'art : la Bretagne voit naître chaque année de nouvelles routes thématiques.

Fortement évocateurs du patrimoine breton, tant architectural que naturel ou humain, ces itinéraires sont mis en place par des associations, des offices de tourisme et autres organismes, et bénéficient souvent d'une brochure explicative disponible dans les offices de tourisme.

VISITES GUIDÉES

Elles sont organisées toute l'année dans les grandes villes et en saison dans les plus petites.

PASSEPORT FINISTÈRE

32 musées et sites culturels du Finistère proposent, dès la seconde visite, un tarif privilégié sur présentation du passeport *(gratuit).* ♿ http://passeport.culturel.finistere.fr.

Dans tous les cas, informez-vous du programme à l'office de tourisme et pensez à vous inscrire. ♿ Reportez-vous aussi à « Nos adresses à… », situées en fin de description des principaux sites de la partie Découvrir, où nous mentionnons les visites guidées qui ont retenu notre attention sous la rubrique « Visiter ».

Petites cités de caractère

L'association des petites cités de caractère de Bretagne (www.cites-art.com) rassemble 22 communes de moins de 5 000 hab. Chacune doit présenter un ensemble urbain homogène et préservé. La charte de ces cités prévoit en sus la disparition des antennes de télévision et le contrôle de la pertinence et de l'esthétique des enseignes commerciales. Si l'on ajoute à cela la volonté de développer les circuits piétons et l'information touristique, les petites cités de caractère sont particulièrement attrayantes pour les visiteurs. On trouvera dans ce guide : ♿ Châteaugiron, Josselin, Le Croisic, Le Faou, Guéméné-sur-Scorff, Locronan, Malestroit, Piriac-sur-Mer, Pont-Croix, La Roche-Bernard, Rochefort- en-Terre. Vous pouvez commander une brochure spécifique aux cités d'art sur le site www.tourismebretagne.com.

Villes et Pays d'art et d'histoire

Ce réseau propose des visites (1h30 ou plus) conduites par des guides-conférenciers et des animateurs du patrimoine agréés.

Visites-découvertes et ateliers du patrimoine pour les enfants (*merc., sam. et vac. scol., voir p. 526*). Concarneau, Guérande, Lorient, Nantes, Quimper, Rennes, Vannes, Vitré.
Renseignements auprès des offices de tourisme des villes ou sur le site **www.vpah.culture.fr.**
Voir également le chapitre « En famille », *p. 526.*

Pour compléter

LUTTE

Le gouren – D'origine celte, cette technique de lutte traditionnelle s'est développée dans la région en conservant des valeurs (loyauté, fair-play) exprimées dans un serment. Pratiqué en club, le gouren donne lieu à de passionnantes compétitions (en salle l'hiver, et aussi en plein air l'été, lors de fêtes traditionnelles).
Ti ar Gouren, la Maison de la lutte et des sports bretons – *Voir p. 333.*
Fédération de gouren – 10 r. St-Ernel - 29800 Landerneau - 📞 02 98 85 40 48 - www.gouren.com.

MÉTIERS D'ART

Les adresses d'ateliers ou de boutiques d'artisans d'art que nous avons retenues se trouvent dans la rubrique « Achats » dans « Nos adresses à… » de la partie Découvrir. Arts graphiques, bois, cuir, facture instrumentale, pierre, terre, textile, verre… La Bretagne Sud est riche de sites dédiés aux métiers d'art à l'instar de La Gacilly, Rochefort-en-Terre ou encore Belle-Île-en-Mer. Le département du Morbihan compte à lui seul quelques 660 entreprises d'artisanat d'art.

SOUVENIRS

Les adresses de boutiques ou d'artisans que nous avons retenues se trouvent dans la rubrique « Achats » dans « Nos adresses à… » de la partie Découvrir.

Pour la maison
La **broderie bretonne** fait son grand retour sous l'impulsion de quelques passionnés dont Pascal Jaouen et David Le Gac, à Quimper, qui proposent matériel et réalisations dans leur boutique (*voir Nos adresses à Quimper, p. 233 et Nos adresses à Pont-l'Abbé, p. 283*).

Le Croisic.
G. Labriet/Photononstop

Les **faïenceries de Quimper,** dont celle d'H. B. Henriot, perpétuent une longue tradition de qualité *(voir p. 223).*

Pour se vêtir

Vous rapporterez les vêtements de marins : le **pull marin** bleu marine ou blanc ligné de bleu, les **bonnets** et **casquettes** bleus, l'inimitable **vareuse** (le Glazik), les jerseys rayés d'Armor Lux (www.armorlux.com) ou les tee-shirts ludiques de À l'Aise Breizh (www.alaisebreizh.com), sans oublier le traditionnel **ciré** jaune de Cotten (www.guycotten.com).

THALASSOTHÉRAPIE ET BALNÉOTHÉRAPIE

Vous trouverez les coordonnées des centres dans « Nos adresses à… » de la partie Découvrir. Par ailleurs, le CRT a mis en place un site Internet qui associe les 15 centres de thalasso de Bretagne et qui permet de composer des séjours sur mesure : **www. thalasseo.com/bretagne** ou **bien-etre-tourismebretagne.com.**
La Baule, Belle-Île, Bénodet, Carnac, Concarneau, Douarnenez, le golfe du Morbihan, Quiberon.
France Thalasso – Syndicat officiel de la thalassothérapie en France - www.france-thalasso.com.

URGENCES

Police Secours – ☎ 17.
Pompiers – ☎ 18 ou 112.
SAMU – ☎ 15. **SOS Médecins** – ☎ 3624 (0,12 €/mn).
Centre antipoison – ☎ 02 99 28 42 30 (Rennes).

Perte ou vol de carte bancaire ou chéquier
En cas de perte ou de vol, déposez immédiatement plainte auprès de la police et faites opposition :
Carte Visa – ☎ 0 892 705 705 (0,34 €/mn).
Mastercard – ☎ 0 800 90 13 87.
American Express – ☎ 01 47 77 72 00. **Chéquiers** – ☎ 0 892 68 32 08 (0,337 €/mn).

Téléphone portable
Orange – ☎ 0 800 100 740.
Bouygues Télécom – ☎ 0 800 29 10 00. **SFR** – ☎ 06 10 00 19 63 (dep. un poste fixe)/963 (dep. un mobile SFR). **Free** – ☎ 32 44.

VUE DU CIEL

Vous trouverez également quelques adresses dans « Nos adresses à… » des villes et sites décrits dans la partie Découvrir.
Aéro-Sub Multi-Services – ZA Quelarn - 29740 Plobannalec Lesconil - ☎ 02 98 87 89 48.
Aéroclub de la région de Lorient – Aérodrome de Lann-Bihoué - 56270 Ploemeur - ☎ 02 97 86 00 34 - www.aeroclub-region-lorient.com.
Promenade, survol de la côte et baptême de l'air en ULM :
Morbihan : **ULM-Club de Brocéliande** – Aérodrome de Ploërmel-Loyat - 56800 Loyat - ☎ 06 22 42 50 88 ou 06 88 27 24 86 - www.ulm-broceliande.fr.
Vols en montgolfière au dessus du golfe - *voir p. 105.*
Vols en hélicoptère au départ de Vannes et La Baule :
Helibreizh – Aérodrome de Vannes - 56260 Vannes - ☎ 02 97 44 68 21- www.helibreizh.com.
Pour obtenir la liste des centres de vol libre et des lieux de pratique :
Fédération française de vol libre (deltaplane et parapente) – 4 r. de Suisse - 06000 Nice - ☎ 04 97 03 82 82 - http://federation.ffvl.fr.
Fédération française de planeur ultraléger motorisé – 96 bis r. Marc-Sangnier - 94704 Maisons-Alfort Cedex - ☎ 01 49 81 74 43 - www.ffplum.info.
Vols en planeurs au départ de l'aérodrome de Ploërmel :
Planeurs de Brocéliande – Aérodrome de Ploërmel-Loyat - 56800 Loyat - ☎ 02 97 93 00 80 - www.planeurs- broceliande.fr.
Consultez la météo avant de partir en vol *(voir p. 14).*

En famille

Les infrastructures touristiques bretonnes sont de plus en plus adaptées aux enfants.

Tout le long du littoral, les plages sont équipées de clubs de voile ou d'activités accessibles dès 3 ans. Le réseau **Sensation Bretagne** regroupe ainsi 21 communes du littoral autour d'une charte de qualité d'accueil ; 7 d'entre elles se trouvent dans ce guide : Camaret-sur-Mer, Fouesnant-les-Glénan, Névez-Port-Manech, Carnac, Arzon-port du Crouesty-Port-Navalo et Pénestin.

🌿 www.sensation-bretagne.com.

Pour les amateurs de sports nautiques, le **Spot nautique** regroupe 54 centres bretons labélisés par la Ligue Bretagne de Voile et par la Fédération Française de Voile : location de planche à voile, dériveurs, catamarans, kayaks, etc., balades accompagnées sur l'eau, cours individuels ou collectifs.

🌿 http://le-spot-nautique.bzh.

Dans les terres, l'accent est davantage porté sur les activités nature grâce à des sorties guidées, liées notamment à la reconnaissance d'espèces.

De son côté, la Loire-Atlantique a mis en place une opération intitulée **Oh La L.A. Quelle aventure !** associant 22 sites touristiques qui proposent un accueil spécifique aux enfants de 6 à 12 ans (livrets jeux, jeux de pistes…). 🌿 www.tourisme-loireatlantique.com.

Nous avons sélectionné un certain nombre de sites intéressants pour les enfants *(voir le tableau ci-contre)*. Vous les repérerez dans la partie Découvrir grâce au pictogramme 👥.

LES LABELS

Villes et Pays d'art et d'histoire

Le réseau des Villes et Pays d'art et d'histoire *(voir la rubrique « Visites guidées », p. 523)* propose des visites-découvertes et ateliers du patrimoine aux enfants les mercredis, samedis et durant les vacances scolaires.

🌿 **Bon à savoir** – En juillet-août, dans le cadre de l'opération « L'Été des 6-12 ans », ces activités sont également proposées pendant la visite des adultes.

Stations vertes

La fédération des Stations vertes de vacances *(voir p. 509)* décerne chaque année un prix de l'accueil des enfants.

Famille Plus

Les communes labellisées s'engagent auprès des familles et des enfants à tout faire pour leur assurer un accueil adapté et des vacances réussies. Accueil personnalisé, animations pour tous les âges, commerces et services sous la main. En Bretagne Sud : Quiberon, Fouesnant-les-Glénan et Névez.

👥 SITES OU ACTIVITÉS À FAIRE EN FAMILLE			
Chapitre du guide	**Nature**	**Musées**	**Loisirs**
Bénodet		Musée du Bord de mer	
Blain et le canal de Nantes à Brest			Sentier du moine Guenael (forêt du Gâvre), la ferme de l'Orme
Carnac		Menhirs et musée de Préhistoire	
Clisson	Balade en barque ou à vélo dans le marais de Goulaine	Parc de la Garenne-Lemot	Volière à papillons du château de Goulaine
Concarneau	Balade en mer, plage des Sables-Blancs		Visite de la criée (en été, voir avec l'office de tourisme)
La Cornouaille		La Maison du vent, Haliotika, Musée de l'amiral à Penhors	Aquashow
Le Croisic		Le Grand Blockhaus et le musée des Marais-salants à Batz-sur-Mer	L'Océarium
Presqu'île de Crozon	Grottes de Morgat	Musée de l'ancienne abbaye de Landévennec, Maison des vieux métiers vivants d'Argol	Parc de jeux bretons à Argol
Douarnenez		Musée à flot	Les bateaux miniatures de Treiz-Port-Rhû
Le Faouët			Parc Aquanature du Stérou
Fouesnant-les-Glénan	Croisières maritimes, dont Capitaine Nemo		Les Balnéides, centre nautique Fouesnant Cornouaille
La Baule	Balade à vélo, la plage		
La Gacilly			Ferme du Monde
La Grande Brière	Les réserves ornithologiques, le dolmen de Kerbourg		Une promenade en chaland
Île de Groix	Sillonner l'île à vélo	Écomusée de l'île de Groix	Trampolines du Parcabout Chien noir
Presqu'île de Guérande			Visites-jeux du château de Careil

👥 SITES OU ACTIVITÉS À FAIRE EN FAMILLE			
Chapitre du guide	**Nature**	**Musées**	**Loisirs**
Josselin		Musée de la Poupée et du Jouet	Insectarium, Écomusée et Univers du Poète ferrailleur à Lizio
Kernascléden et ses alentours		Maison de la Chauve-souris	
Lorient	Sortie en bateau à voile	Cité de la voile Éric-Tabarly, sous-marin Flore, base de sous-marins de Keroman	Zoo de Pont-Scorff, centre de Kerguelen
Ensemble mégalithique de Locmariaquer		Dolmens, menhir et Table des Marchands	
Ménez-Hom	Sentier d'interprétation	Musée de l'École rurale en Bretagne à Trégarvan	
Monts d'Arrée	Observatoire aquatique de Châteaulin, réserve naturelle du Venec, sentier de découverte du Ménez-Meur		
Golfe du Morbihan	Balade dans une des réserves naturelles	Cairn de Gavrinis, château de Suscinio	
Nantes	Le Jardin des Hespérides	Muséum d'histoire naturelle, musée Jules-Verne, musée d'Histoire de Nantes	Planétarium, les Machines de l'Île, la volière à Goulaine
Forêt de Paimpont		Légendes arthuriennes au château de Comper, menhirs de Monteneuf-Archéosite de Brocéliande, La Porte des Secrets à Paimpont	Domaine de Trémelin
Pont-Aven	Promenade le long des rives de l'Aven et du Bois d'Amour	Activités en famille au musée de Pont-Aven (merc. pdt vac. scol.)	Labyrinthe et ferme de Pont-Aven Vedettes Aven Belon
Pornic	Balade à vélo sur le parcours Vélodyssée	Sémaphore de la pointe St-Gildas	Planète sauvage, Grand Parc des légendes
Port-Louis	Observatoire du plancton	Les musées de la citadelle	

👥 SITES OU ACTIVITÉS À FAIRE EN FAMILLE			
Chapitre du guide	**Nature**	**Musées**	**Loisirs**
Quimper		Musée départemental breton	Bonobo Parc, Aquarive
Quimperlé	Observatoire des chauves-souris, balade sur la berge de l'Ellé	Manoir de Kernault	Visite de la ville en kayak Parcours à pied dans le bois de Plaçamen et la ria de Merrien
Pontivy	Balade à vélo sur les bords du Blavet	Village de Poul-Fetan	
Pointe du Raz	Sentier « Le Trésor de Kourik le Korrigan »		
Redon		Maison Nature et Mégalithes (St-Just)	
Rennes	Parc ornithologique de Bretagne	Les Champs Libres, ateliers ludiques de l'office de tourisme, Écomusée du pays de Rennes, Espace Ferrié	Jardins de Brocéliande, parc des Gayeulles
La Roche-Bernard	Parc de Branféré		Maison de l'abeille
Rochefort-en-Terre	Balade à vélo sur la voie verte (Questembert)		Parc de préhistoire de Bretagne, Tropical Parc
Saint-Nazaire	Plages	Escal'Atlantic	Sous-marin Espadon
Vannes	Réserve naturelle de Séné		Le Jardin aux Papillons, l'aquarium de Vannes

Moniteur de voile tirant des Optimistes avec son bateau à moteur.
F. Guillemain/Photononstop

Mémo

Agenda

Voici une sélection parmi les principaux festivals et une liste des **pardons** traditionnels.

🌀 Retrouvez ces manifestations ainsi que d'autres de moindre importance, dans la rubrique « Agenda » de « Nos adresses à… » dans la partie Découvrir.

FESTIVALS

JANVIER-FÉVRIER

Nantes et Saint-Nazaire – La Folle Journée : musique classique (5 j. fin janv. - déb. fév.) - www.follejournee.fr.

AVRIL

Concarneau – Festival Livre et Mer, salon du livre maritime (3 j. fin avr.) - 📞 02 98 97 52 72 - www.livremer.org.

JUIN-SEPTEMBRE

Quimper – Les Jeudis de l'Évêché (jeu. à 21h) - 📞 02 98 94 62 15.
Nantes – Le Voyage à Nantes (mi juin-août.) - 📞 0892 464 044 - www.levoyageanantes.fr.
La Gacilly – Festival photo en plein air - 📞 02 99 08 68 00 - www. festivalphoto-lagacilly.com.

JUILLET

Baden – Festival du conte de Baden, passeurs d'histoires (3e sem.) - 📞 06 76 43 47 06 - contesbaden.com.
Carhaix-Plouguer – Festival des Vieilles Charrues (mi-juil., 4 j.) - 📞 0 820 890 066 - www. vieillescharrues.asso.fr.
Concarneau – Festival Le Chien jaune (3e sem.) - www.lechienjaune.fr.

Douarnenez – Temps Fête (2e quinz. juil., années paires) - www.tempsfete.com. Six jours de fête autour des vieux voiliers au port du Rosmeur et à Port-Rhû.
Quimper – Festival de Cornouaille (autour de mi-juil.) - 📞 02 98 55 53 53 - www.festival-cornouaille.bzh.
La Baule – Écrivains en bord de mer (4 j. vers la mi-juil.) - www. ecrivainsenborddemer.fr.
Rennes – Tombées de la Nuit (1re sem.) - 📞 02 99 32 56 56 - www.lestombeesdelanuit.com.
Redon – Les Musicales de Redon - www.lesmusicalesderedon.fr.
Vannes – Festival de jazz (fin juil.) - 📞 02 97 01 62 30 - www.festivaljazzenville.fr.
Châteauneuf – Festival de jazz (fin juil.) - www.fest-jazz.com.
Clisson – Les Médiévales de Clisson (les années impaires, 2 j. fin juil.) - www.lesmedievalesdeclisson.fr.

JUILLET-AOÛT

Pontivy – L'art dans les chapelles (déb. juil.-déb. sept.) - 📞 02 97 51 97 21 - www.artchapelles.com.
La Baule – La Baule Jazz Festival (mi juil.-mi août) - www.labaule.fr.
Belle-Île – Festival Lyrique-en-Mer - 📞 02 97 31 81 93 - festival-belle-ile. com.
Fouesnant-les-Glénan et 6 autres stations du littoral Sud – Festival Place aux mômes - se rens. à l'office de tourisme et sur : famille. tourismebretagne.com.
Rennes – Transat en ville - se rens. à l'office de tourisme ; Rendez-vous place du Parlement (mi-juillet-août, 22h30) - www.rendez-vous-parlement.com.

Redon – Les concerts du vendredi -
📞 02 99 71 06 04 - www.tourisme-pays-redon.com.
Quimperlé – Mercredis musicaux (dern. sem. de juil.-août).
St-Nazaire – Escales : deux jours et deux nuits de musique (fin juil.-déb. août) - 📞 02 51 10 00 00 - www.festival-les-escales.com.

AOÛT

Douarnenez – Festival de cinéma de Douarnenez (1 sem. durant la 2e quinz.) - www.festival-douarnenez.com.
Golfe du Morbihan – Les Musicales du Golfe (1re quinz.) - www.musicalesdugolfe.com.
Guérande – Les Celtiques de Guérande (1re quinz.) - 📞 0 820 150 044 - www.bro-gwenrann.org.
Île de Groix – Festival du film insulaire (2e quinz.) – 📞 02 97 86 57 44 - www.filminsulaire.com.
Lizio – Festival des artisans d'art et salon du modèle réduit (2e dim.) - 📞 02 97 74 92 67 - www.lizio.fr.
Lorient – Festival interceltique (dix jours, déb. du mois) - 📞 02 97 21 24 29 - www.festival-interceltique.bzh.
Presqu'île de Crozon – Festival du Bout du Monde (autour du 1er w.-end) - 📞 02 98 27 00 32 - www.festivalduboutdumonde.com.
Nantes – Les Rendez-vous de l'Erdre (dernier w.-end ou 1er w.-end de sept.) - 📞 02 51 82 37 70 - www.rendezvouserdre.com.
La Roche-Bernard – Festival des Garennes (1er w.-end) - se rens. à l'office de tourisme.
Quimperlé – Festival de théâtre de rue, Les Rias (dernière sem.) - http://www.lesrias.com.
Rochefort-en-Terre – Les Rencontres de violoncelles (fin août) - se rens. à l'office de tourisme.

SEPTEMBRE

Nantes – Régates de Trentemoult (mi-sept.).

OCTOBRE

Carhaix-Plouguer – Festival du livre en Bretagne (dernier w.-end) - 📞 02 98 99 37 50 - www.festivaldulivre-carhaix.org.

NOVEMBRE

Nantes – Festival des Trois Continents : films (dernier w.-end) - www.3continents.com.

DÉCEMBRE

Rennes – Trans Musicales de Rennes (1re sem.) - 📞 02 99 31 11 88 - www.lestrans.com.

FÊTES, FOIRES ET MARCHÉS

AVRIL

Nantes – Carnaval (mi-carême) - 📞 0892 464 044 (0,35 €/mn) - www.nantes-tourisme.com.

PÂQUES

La Trinité-sur-Mer – Spi Ouest-France Destination Morbihan - www.ouest-france.fr/spi

MAI

Golfe du Morbihan – La Semaine du golfe : fête maritime attirant des centaines de bateaux (w.-end de l'Ascension, années impaires) - 📞 02 97 62 20 09 - www.semainedugolfe.com.
Guérande – La Fête médiévale (dern. w.-end ou 1er w.-end de juin) - 📞 02 40 15 60 40 - www.ville-guerande.fr.
La Baule – Jumping international de France (4 j. vers la mi-mai) - 📞 02 40 60 02 80 - www.labaule-cheval.com ; Derby Dragon international de La Baule (fin mai) : course de bateaux.
Belle-Île – Le Tour de Belle-Île à la voile (déb. mai) – 📞 02 97 59 56 17 - www.tourdebelleile.com.

JUILLET

Pont-L'Abbé – Fête des brodeuses (mi-juil.) - ✆ 02 98 82 37 99 - www.fetedesbrodeuses.com.

Vannes – Fêtes historiques (mi-juil.) - ✆ 02 97 01 62 44 - www.mairie-vannes.fr.

Hennebont – Fêtes médiévales (dernier w.-end) - ✆ 06 24 98 58 50 - www.medievales-hennebont.com.

Clisson – Les Médiévales de Clisson (dernier w.-end) - ✆ 02 40 03 95 02 - www.lesmedievalesdeclisson.fr.

JUILLET-AOÛT

Pont-Scorff – L'Art chemin faisant… - ✆ 02 98 70 12 20 - art-chemin-faisant.tumblr.com.

Pointe du Raz – Arts à la pointe – (mi-juillet-mi-août) - ✆ 02 98 70 28 72 - http://artsalapointe.com.

AOÛT

Pont-Aven – Fête des fleurs d'ajonc (1er dim.) - ✆ 02 98 06 04 70 - http://fleurs-ajonc.e-monsite.com.

Vannes – Fêtes d'Arvor (13-15) - ✆ 02 97 47 11 10 - www.fetes-arvor.org.

Lorient – Les 4 jours CIC Bretagne de Plouay (fin août-déb. sept.) - www.grandprix-plouay.com.

Concarneau – Festival des filets bleus (5 j.) - ✆ 02 98 97 09 09 - www.festivaldesfiletsbleus.fr.

SEPTEMBRE

St-Herbot – Fête du beurre (4e dim.) - ✆ 02 98 86 90 07.

OCTOBRE-NOVEMBRE

Arzon, Port-Crouesty – Mille Sabords : plus grand salon nautique du bateau d'occasion (w.-end de la Toussaint) - ✆ 02 97 53 74 43 - www.lemillesabords.com.

PARDONS

MAI

St-Herbot – Pardon de St-Herbot (jeudi de l'Ascension) - ✆ 02 98 26 40 32.

Bubry – Pardon de St-Yves (4e dim.) - ✆ 02 97 51 74 83 - www.bagad-santewan.fr.

JUIN

Quimperlé – Pardon de la chapelle de Lothéa (dim. qui suit la Pentecôte).

Notre-Dame-du-Crann – Pardon de la chapelle N.-D.-du-Crann (dim. qui suit la Pentecôte) - ✆ 02 98 93 94 27.

St-Tugen – Pardon de St-Tugen (mi-juin) - ✆ 02 98 74 81 19.

Le Faouët – Pardon d'été de la Ste-Barbe (dernier dim.) - ✆ 02 97 23 23 23.

JUILLET

Locronan – Petite troménie (2e dim.) - ✆ 02 98 91 70 14 - La grande troménie a lieu tous les six ans (2e et 3e dim. de juil., prochaine éd. en 2019).

Ste-Anne-d'Auray – Grand pardon de Ste-Anne (le 26) - ✆ 02 97 57 68 80 - www.sainteanne-sanctuaire.com.

Fouesnant – Grand pardon de Ste-Anne (dim. suivant la Ste-Anne) - ✆ 02 98 56 00 91.

Bubry – Pardon de la Ste-Hélène (4e dim.) - ✆ 02 97 51 70 38.

AOÛT

Ste-Anne d'Auray – Pardon (le 15) - ✆ 02 97 57 68 80 - www.sainteanne-sanctuaire.com.

Persquen – Pardon de N.-D.-de-Pénéty (1er dim.).

Porcaro – Pardon de la Madone des motards (14 et 15) - www.teammadone.com.

Pleyben – Pardon de St-Germain (1er dim.).

Pont-Croix – Pardon de N.-D.-de-Roscudon (le 15).
Rumengol – Pardon de N.-D.-de-Rumengol (le 15) - ☎ 02 98 81 93 45.
Rochefort-en-Terre – Pardon de N.-D.-de-la-Tronchaye (1er dim. après le 15) - ☎ 02 97 43 31 50.
Ste-Anne-la-Palud – Grand pardon (dernier w.-end).
Le Faouët – Pardon de la St-Fiacre (3e w.-end) - ☎ 02 97 23 23 23.

SEPTEMBRE

Camaret – Pardon de N.-D.-de-Rocamadour et bénédiction de la mer (1er dim.) - ☎ 02 98 27 93 60 - www.camaretsurmer-tourisme.fr.
Pouldreuzic – Pardon de N.-D.-de-Penhors (1er dim.).
Carnac – Pardon de la St-Cornély (2e dim.) - ☎ 02 97 52 08 08 - www.ot-carnac.fr.
Pontivy – Pardon de N.-D- de-la-Joie (2e ou 3e w.-end).
Hennebont – Pardon de N.-D.-du-Vœu (dernier dim.) - ☎ 02 97 36 22 57.
Gourin – Pardon de St-Hervé (dernier dim.) - ☎ 02 97 23 41 83.

Bibliographie

PRESSE

Ouest France, quotidien - www.ouest-france.fr.
Le Télégramme, quotidien - www.letelegramme.fr.
ArMen, bimensuel - https://armen.bzh.
Bretagne magazine, trimestriel - www.bretagnemagazine.com.
Le Chasse-Marée, 9 numéros par an, pour passionnés de voile et de bateaux - www.chasse-maree.com.
Bretons, mensuel dédié à la culture - bretons.bzh.

OUVRAGES GÉNÉRAUX ET ALBUMS

Atlas de Bretagne, M. Bodlore-Penlaez, D. Kervalla, Coop Breizh, 2011.

Bretagne, Y. Le Gallo, Le Télégramme, 2003.
Les Éditions Bordessoules publient une collection traitant de l'histoire des départements bretons. ♿ : www.editions-bordessoules.fr.
Loire-Atlantique, Tourisme & Culture, L. Vilaine, Siloë, 2002.

Histoire/Ethnographie

Anatole Le Braz et la Légende de la mort, D. Besançon, Terre de Brume, 1996.
Histoire de Bretagne, H. Poisson et J.-P. Le Mat, Coop Breizh, 2000.
Histoire illustrée de la Bretagne et des Bretons, J. Cornette, Seuil, 2015.
La Bretagne, entre histoire et identité, A. Croix, Découvertes Gallimard, 2008.
Le Cheval d'orgueil, P. -J. Hélias, Terre Humaine, Plon, 1998.
Le Voyage en Bretagne, A. Lavalou (dir.), Bouquins Robert Laffont, 2012. Une anthologie de récits de voyages en Bretagne par les plus grands auteurs.
Un hiver en Bretagne, M. Le Bris, Nil Éditions, 1996.
L'imaginaire celtique, T. Jigourel, Fetjaine, 2012. Une bonne synthèse par un spécialiste du sujet.
Mémoires d'un paysan bas-breton, J.-M. Déguignet, An Here, 1999.
Dictionnaire de la tradition bretonne, G. Le Scouëzec, Éditions du Félin, 1999.
La Bretagne pour les nuls, J.-Y. Paumier, Éditions First, 2011.
L'Institut culturel de Bretagne (Skol-Uhel ar Vro) édite plusieurs séries de publications dans différentes collections. Voir : www.skoluhelarvro.net.

Art/Architecture

La Bretagne au fil de ses couleurs, H. Jaouen et B. Louviot, Ouest-France, 1996.
Monet à Belle-Île, D. Delouche, Le Chasse-Marée, 2006.
Gauguin et l'école de Pont-Aven, André Cariou, Ouest-France, 2006.

La Route des peintres en Cornouaille, R. Le Bihan, Palantines, 2005.
Cent peintres en Bretagne, H. Belbéoch et R. Le Bihan, Palantines, 1995.
Les Éditions du Patrimoine et la Caisse nationale des monuments historiques et des sites coproduisent des collections thématiques :
« Cahiers de l'inventaire » ;
« Itinéraires du patrimoine » ;
« Images du patrimoine » ;
« Parcours du patrimoine ».
Voir www.editions.monuments-nationaux.fr

Marine

De mémoire de phares, J. Guichard, Ouest-France, 2012. Témoignages des derniers gardiens de phares en mer d'Iroise.
Guide des gréements, Petite encyclopédie des voiliers traditionnels, Ar Men/Chasse-Marée, 2003.
Les Gens de mer, insolite et quotidien, N. Cazeils, Ouest-France, 1999.
Un photographe en mer d'Iroise, C. Courteau, Ouest-France, 2005.
À Éric, J. Tabarly et D. Gilles, Éditions du Chêne, 1999.

Romans

Belle-Isle, G. Flaubert, Coop Breizh, 2012.
Ces messieurs de Saint-Malo (3 vol.), B. Simiot, Albin Michel, 1990.
Gens de Bretagne, Omnibus, 1994, recueil de sept romans d'hier et d'aujourd'hui : - *La Fée des grèves*, P. Féval ; - *Pêcheur d'Islande*, P. Loti ; - *Le Sang de la sirène*, A. Le Braz ; - *Les Noces noires de Guernahem*,

A. Le Braz ; - *Remorques*, R. Vercel ; - *Sophie de Tréguier*, H. Pollès ; - *L'Herbe d'or*, P. J. Hélias.
Marion du Faouët, brigande et rebelle, C. Borgella, Laffont, 1999.
Un recteur de l'île de Sein, H. Queffélec, Bartillat, 2007.
À noter aussi les policiers régionaux (collections Enquêtes et Suspense et POL'Art) aux éditions Alain Bargain ; et collection Breizh Noir aux éditions Astoure.

Nouvelles

Nouvelles de Bretagne, collectif, Magellan & Cie, 2017. Six nouvelles d'écrivains bretons.

Divers

Ar-Men, E. Lepage, Futuropolis, 2017. Une bande-dessinée somptueuse narrant l'histoire du plus mythique des phares bretons.
La Bretagne par les voies vertes, M. Bonduelle, Ouest-France, 2008.
La Bretagne à vélo, P. Gavaud et E. Berthier, Ouest-France, 2011. Véloguide proposant 360 km d'itinéraires sécurisés sur les véloroutes et voies vertes.
Cuisine des châteaux de Bretagne, G. et B. du Pontavice, Ouest-France, 2001.
La Cuisine de Bretagne et d'Armorique, C. Thibault, Gisserot, Paris, 1996.
Les Chemins du Tro Breiz, A. Guigny, Itinéraires et découvertes, Ouest-France, 1996.
Sentiers des douaniers de Bretagne, D. Dantec, Itinéraires et découvertes, Ouest-France, 2007.
Pêcheurs d'images, P. Plisson, Éditions du Chêne, 1999.

Ma route des vacances

18 cartes des Régions de France

J.D Sudres / hemis.fr

512 REGIONAL France   INDÉCHIRABLE 512

MICHELIN

Bretagne

MICHELIN INNOVE SANS CESSE POUR UNE MEILLEURE MOBILITÉ PLUS SÛRE, PLUS ÉCONOME, PLUS PROPRE ET PLUS CONNECTÉE.

Les pneus s'usent plus vite sur les petits trajets en ville...

VRAI !

La fréquence des freinages et des accélérations en ville use davantage vos pneus ! Dans les embouteillages, armez-vous de patience et conduisez en douceur.

La pression des pneus agit uniquement sur la sécurité...

FAUX !

Au-delà de la tenue de route et de la consommation de carburant, une sous pression de 0,5 Bar diminue de 8 000 km la durée de vie de vos pneus. Pensez à vérifier la pression environ une fois par mois, surtout avant un départ en vacances ou un long trajet.

Si vous êtes confrontés à des **conditions hivernales occasionnelles**, allant de la pluie soudaine, aux chutes de neige ou au verglas, vous pouvez opter pour **un seul type de pneu.**

VRAI !

Le pneu révolutionnaire **MICHELIN CrossClimate** vous garantit mobilité et praticité quels que soient les aléas climatiques. C'est le tout premier pneu été avec une certification hiver !

Équiper ma voiture avec **2 pneus hiver** me garantit une sécurité maximum...

?

FAUX !

En hiver, en dessous de 7°C notamment, pour une meilleure tenue de route, vos quatre pneus doivent être identiques et changés en même temps.

2 PNEUS HIVER SEULEMENT = la tenue de route de votre véhicule n'est pas optimale.

4 PNEUS HIVER = c'est le choix d'une **meilleure sécurité** dans les virages, en descente et en cas de freinage.

Si vous êtes régulièrement confrontés à la pluie, à la neige ou au verglas, optez pour un pneu de la gamme **MICHELIN Alpin**. Cette gamme vous offre confort et précision de conduite pour affronter les obstacles de l'hiver.

MICHELIN

MICHELIN S'ENGAGE

▶ MICHELIN EST
LE **N°1 MONDIAL
DES PNEUS ÉCONOMES
EN ÉNERGIE** POUR
LES VÉHICULES LÉGERS.

▶ POUR **SENSIBILISER
LES PLUS JEUNES
À LA SÉCURITÉ ROUTIÈRE**,
MÊME EN DEUX-ROUES :
DES ACTIONS DE TERRAIN
ONT ÉTÉ ORGANISÉES
DANS **16 PAYS** EN 2015.

QUIZZ

1 POURQUOI BIBENDUM, LE BONHOMME MICHELIN, EST BLANC ALORS QUE LE PNEU EST NOIR ?

Le personnage de Bibendum a été imaginé à partir d'une pile de pneus, en 1898, à une époque où le pneu était fabriqué avec du caoutchouc naturel, du coton et du soufre et où il est donc de couleur claire. Ce n'est qu'après la Première guerre mondiale que sa composition se complexifie et qu'apparaît le noir de carbone. Mais Bibendum, lui, restera blanc !

2 SAVEZ-VOUS DEPUIS QUAND LE GUIDE MICHELIN ACCOMPAGNE LES VOYAGEURS ?

Depuis 1900, il était dit alors que cet ouvrage paraissait avec le siècle, et qu'il durerait autant que lui. Et il fait encore référence aujourd'hui, avec de nouvelles éditions et la sélection sur le site MICHELIN Restaurants dans quelques pays.

3 DE QUAND DATE « BIB GOURMAND » DANS LE GUIDE MICHELIN ?

Cette appellation apparaît en 1997 mais dès 1954 le Guide MICHELIN signale les « repas soignés à prix modérés ». Aujourd'hui, on le retrouve sur le site et dans l'application mobile MICHELIN Restaurants.

Si vous voulez en savoir plus sur Michelin en vous amusant, visitez l'Aventure Michelin et sa boutique à Clermont-Ferrand, France :
www.laventuremichelin.com

MICHELIN
Une meilleure façon d'avancer

Notes

Notes

Vannes : villes, curiosités et régions touristiques.
Du Guesclin, Bertrand : noms historiques ou termes faisant l'objet d'une explication.
Les sites isolés (châteaux, abbayes, grottes…) sont répertoriés à leur propre nom.
Nous indiquons par son numéro, entre parenthèses, le département auquel appartient chaque ville ou site. Pour rappel :
29 : Finistère
35 : Ille-et-Vilaine
44 : Loire-Atlantique
56 : Morbihan

LÉGENDE DES CARTES ET PLANS

Curiosités et repères

Itinéraire décrit, départ de la visite
Église
Mosquée
Synagogue
Monastère - Phare
Fontaine
Point de vue
Château - Ruine ou site archéologique
Barrage - Grotte
Monument mégalithique
Tour génoise - Moulin
Temple - Vestiges gréco-romains
Temple : bouddhique - hindou
Autre lieu d'intérêt, sommet
Distillerie
Palais, villa, habitation
Cimetière : chrétien - musulman - israélite
Oliveraie - Orangeraie
Mangrove
Auberge de jeunesse
Gravure rupestre
Pierre runique
Église en bois
Église en bois debout
Parc ou réserve national
Bastide

Sports et loisirs

Piscine : de plein air - couverte
Plage - Stade
Port de plaisance - Voile
Plongée - Surf
Refuge - Promenade à pied
Randonnée équestre
Golf - Base de loisirs
Parc d'attractions
Parc animalier, zoo
Parc floral, arboretum
Parc ornithologique, réserve d'oiseaux
Planche à voile, kitesurf
Pêche en mer ou sportive
Canyoning, rafting
Aire de camping - Auberge
Arènes
Base de loisirs, base nautique ou canoë-kayak
Canoë-kayak
Promenade en bateau

Informations pratiques

Information touristique
Parking - Parking - relais
Gare : ferroviaire - routière
Voie ferrée
Ligne de tramway
Départ de fiacre
Métro - RER
Station de métro (Calgary, ...) (Montréal)
Téléphérique, télécabine
Funiculaire, voie à crémaillère
Chemin de fer touristique
Transport de voitures et passagers
Transport de passagers
File d'attente
Observatoire
Station-service - Magasin
Poste - Téléphone
Internet
Hôtel de ville
Banque, bureau de change
Palais de justice - Police
Gendarmerie
Théâtre - Musée
Université
Musée de plein air
Hôpital
Marché couvert
Aéroport
Parador, Pousada (Établissement hôtelier géré par l'État)
A Chambre d'agriculture
D Conseil provincial
G Gouvernement du district, Délégation du Gouvernement Police cantonale
L Gouvernement provincial (Landhaus)
P Chef-lieu de province
Station thermale
Source thermale

Axes routiers, voirie

Autoroute ou assimilée
Échangeur : complet - partiel
Route
Rue piétonne
Escalier - Sentier, piste

Topographie, limites

Volcan actif - Récif corallien
Marais - Désert
Frontière - Parc naturel

Comprendre les symboles utilisés dans le guide

LES ÉTOILES

★★★ Vaut le voyage ★★ Mérite un détour ★ Intéressant

HÔTELS ET RESTAURANTS

9 ch.	Nombre de chambres	🛜	Wi-Fi
☕ 7,5 €	Prix du petit-déjeuner en sus	🏊	Piscine
50 € ☕	Prix de la chambre double, petit-déjeuner compris	CC	Paiement par cartes de crédit
bc	Menu boisson comprise	⌀	Carte de crédit non acceptée
▦	Air conditionné dans les chambres	P	Parking réservé à la clientèle
✕	Restaurant dans l'hôtel	Tram	Station de tramway la plus proche
♈	Établissement servant de l'alcool (à l'étranger)	M	Station de métro la plus proche

SYMBOLES DANS LE TEXTE

👥	À faire en famille	🛈	Organisme de tourisme
⚲	Pour approfondir	🙂	Astuce, conseil
👣	Promenade à pied	😊	Adresse coup de cœur
🚲	Randonnée à vélo	**A2 B**	Repère sur le plan
♿	Facilité d'accès pour les handicapés		

Collection sous la direction de Philippe Orain

Responsable d'édition et rédacteur en chef du guide : Catherine Guégan

Secrétaire d'édition : Emmanuelle Souty, Nicolas Jury

Rédaction : Aymar de la Bretesche, Béatrice Brillion, Thérèse de Chérisey, Marylène Duteil, Aude Gandiol, Pierrick Jegu, Hervé Kerros, Justine Guilbaud, Aulde Moreau, Véronique Moulin, Philippe Orain, Philippe Pataud-Célérier, Nicolas Peyroles, Pierre Plantier, Georges Rouzeau, Morgane Soularue, Emmanuelle Souty, Thierry Théault, Magali Triano

Remerciements : CDT d'Ille-et-Vilaine (Yolaine Provost-Gautier), du Morbihan (Armelle Jouan) et du Finistère (Jean-Luc Jourdain) ; Katia Foret - Le Voyage à Nantes

Ont contribué à ce guide : Thierry Lemasson, Alain Robert, Marc Martinet (**Cartographie**), Véronique Aissani, Carole Diascorn (**Couverture**), Maria Gaspar, Marie Simonet, Sophie Roques (**Iconographie**), Bénédicte Lathes, Isabelle Foucault, Marion Desvignes-Canonne, Estelle Sauvignier (**Données objectives**), Bogdan Gheorghiu, Cristian Catona, Hervé Dubois, Pascal Grougon (**Prépresse**), Dominique Auclair (**Pilotage**)

Plans de ville : © MICHELIN et © 2006-2016 TomTom. All rights reserved.

Conception graphique
Christelle Le Déan, Sandro Borel (maquette intérieure)
Laurent Muller (couverture)

Régie publicitaire et partenariats
business-solutions@tp.michelin.com
Le contenu des pages de publicité insérées dans ce guide n'engage que la responsabilité des annonceurs.

Contacts
Michelin
Guides Touristiques
27 cours de l'Ile Seguin, 92100 Boulogne Billancourt
Service consommateurs : tourisme@tp.michelin.com

Parution 2018

Que
pensez-vous
de nos produits ?

Déposez votre avis

satisfaction.michelin.com

Michelin Travel Partner

Société par actions simplifiée au capital de 11 288 880 EUR
27 Cours de l'Ile Seguin -
92100 Boulogne Billancourt (France)
R.C.S. Nanterre 433 677 721

© 2018 Michelin Travel Partner – tous droits réservés
Dépôt légal : 02 2018 – ISSN 0293-9436
Compograveur : Nord-Compo, Villeneuve-d'Ascq
Imprimeur : Lego Print, Lavis (Italie)
Imprimé en Pays : 02 2018

Usine certifiée 14001
Sur du papier issu de forêts gérées durablement (100 % PEFC)

L<small>E</small>G<small>UIDE</small>V<small>ER</small>T

- **Découvrir la Bretagne Sud :** 4 microrégions pour plonger au cœur de la destination.

- **Comprendre la Bretagne Sud :** des thématiques culturelles pour enrichir son voyage.

- **Organiser son voyage :** les informations pratiques pour préparer son voyage et profiter de son séjour sur place.

Des sites touristiques classés par **étoiles** :

★★★   Vaut le voyage

★★   Mérite un détour

★   Intéressant

Pour chaque chapitre, consultez  **nos adresses** répertoriées par catégories de prix :

NOS CATÉGORIES DE PRIX				
	Hébergement*		**Restauration**	
	Petites agglomérations	**Grandes agglomérations & stations balnéaires**	**Petites agglomérations**	**Grandes agglomérations & stations balnéaires**
Premier prix	jusqu'à 60 €	jusqu'à 80 €	jusqu'à 14 €	jusqu'à 20 €
Budget moyen	de 60 € à 80 €	de 80 € à 120 €	de 14 € à 25 €	de 20 € à 35 €
Pour se faire plaisir	de 80 € à 120 €	de 120 € à 150 €	de 25 € à 40 €	de 35 € à 50 €
Une folie	plus de 120 €	plus de 150 €	plus de 40 €	plus de 50 €

*Prix d'une chambre double en haute saison